大谷實著『刑法講義各論』

新版第 5 版

性犯罪処罰規定改正についての追補

（2025 年 3 月 1 日）

第4節　性的自由に対する罪

1　性犯罪処罰規定の改正

　性犯罪を処罰する規定は，諸外国で多様に展開されてきているが[1]，本稿では，性犯罪をわいせつ及び不自然な性的行為とし，それらの行為の処罰規定を対象として，わが国の法律，特に 2023（令和5）年に改正された刑法典における性犯罪処罰規定を中心に，法解釈論を試みることとしたい。

　性犯罪処罰規定は，明治 13（1880）年の旧刑法において初めて登場し，身体に対する罪として，強制猥褻罪（346条）及び強姦罪（347条）が親告罪として規定されたが，1907（明治40）年の現行刑法では，性犯罪を「**猥褻，及び重婚の罪**」とし，強制猥褻罪，準強制猥褻罪及び女性を客体とする強姦罪と準強姦罪が親告罪として規定された。その後，1958 年（昭和33）年の刑法改正により，2 人以上の者が現場において共同して犯した強姦罪等が非親告罪とされ，また，2004（平成16）年の改正によって，強姦罪及び強姦致死傷罪の法定刑が引き上げられるとともに，集団強姦罪を創設する刑法改正が行われた。しかし，基本的には現行刑法制定当時の犯罪類型が維持されてきたのである。

　一方，性犯罪被害者の声や性犯罪被害者支援団体等の支援活動及び男女共同参画基本計画等の社会や国の状勢を背景として，性犯罪処罰規定は必ずしも当時の社会における性犯罪の実態に即したものとなっていないとする観点から，2017（平成29）年に，性犯罪処罰規定の大幅な改正が行われた（平成29年6月23日法律第72号）[2]。この改正は，①強姦罪を強制性交等罪と改めて，行為を「**性交，肛門性交又は口腔性交**」として，犯罪構成要件を改めるとともに法定刑を引き上げ，②親や監護者等の立場に乗じて行う監護者わいせつ・性交等を処罰する規定を新設し，③親告罪としてきたものを非親告罪とするというものであった。

　しかし，性犯罪は，被害者の尊厳を著しく侵害し，その心身に長年にわた

---

[1] 樋口亮介＝深町晋也編著・性犯罪規定の比較法研究（成文堂・2020）。

[2] なお，松田哲也＝今井将人「刑法の一部を改正する法律について」法曹時報 69・11（2017）211頁参照。

2 第1編 個人法益に対する罪 第2章 自由および私生活の平穏に対する罪

り重大な苦痛を与え続ける悪質・重大な犯罪であり，厳正に対処すべきであるという社会の要請に基づき，2023（令和5）年に，性犯罪処罰規定を根本的に改める刑法改正が断行されたのである（令和5年6月23日法律第66号）。

　改正の要点を掲げると，①性犯罪の処罰規定が安定的に運用されることに資するため，強制わいせつ罪及び準強制わいせつ罪並びに強制性交等罪をそれぞれ統合し，同意しない意思の形成・表明・全うが困難な状態でのわいせつ行為又は性交等であることを中核とする要件に整理し，不同意わいせつ罪及び不同意性交等罪としたこと，②若年者の性犯罪被害の実態に鑑み，「13歳未満」とされてきたいわゆる性交同意年齢について，これを「16歳未満」としたうえで，その者が13歳以上であるときは，行為者が5歳以上年長である場合に処罰することとし，これにより13歳未満の者に対しわいせつな行為又は性交等をした者に加えて，13歳以上16歳未満の者に対し，わいせつな行為又は性交等をしたその者より5歳以上年長の者についても，不同意わいせつ罪または不同意性交等罪として処罰することとしたこと，③若年者の性被害を未然に防止するため，わいせつの目的で16歳未満の者に対し，威迫，偽計，利益供与等の手段を用いて面会を要求する行為等を処罰の対象とする罪を新設したこと，④性犯罪の被害者申告の困難性等に鑑み，性犯罪についての公訴時効期間を5年延長するとともに，被害者が18歳未満である場合には，その者が18歳に達するまでの期間に相当する期間，さらに公訴時効期間を延長したこと，以上の4点である[3]。

　なお，同時に，性犯罪に係る「性的な姿態を撮影する行為等の処罰及び押収物に記録された性的な姿態の撮影に係る電磁的記録の消去に関する法律」（令和5年6月23日法律第67号）が成立した。

　かくして，現行刑法典上の性犯罪は，「**第22章　わいせつ，不同意性交等及び重婚の罪**」となり，①不同意わいせつ罪（176条），不同意性交等罪（178条），③監護者わいせつ罪（179条1項），監護者性交等罪（同条2項），④不同意わいせつ致死傷罪（181条1項），⑤不同意性交等致死傷罪（同条2項），⑥18歳未満の者に対する面会要求等罪（182条），⑦淫行勧誘罪，以上7つの犯罪類型となっ

---

3 法務省・令和5年第211国会提出「刑法及び刑事訴訟法の1部を改正する法律案」関係資料参照。

第 4 節　性的自由に対する罪　*3*

たのである。

2　性犯罪処罰規定の保護法益

　わいせつな行為や性交等の行為は，それ自体としては人間として自然な行
為であるのに，犯罪として処罰されるのは，いかなる根拠によるのであろう
か。上記のように，わいせつ・性交等の犯罪は，相手方の同意を得ないで行
われるわいせつまたは性交等の行為を内容とする犯罪である。言い換えると，
自由な意思決定が困難な状態で行われる性的行為を本質とする犯罪なのである。
改正前の性犯罪は，旧刑法以来，暴行・脅迫又は抗拒不能を要件として成立
し，学説上は性的自由に対する罪とされてきたが，性的行為についての同意・
不同意は，憲法 13 条の個人の尊厳に基づく自由及び幸福追求権に係るもの
であり，本罪の保護法益は，性的な自由すなわち性的羞恥心を抱くような事
項に係る**自己決定の自由**であると解すべきである。

　刑法は，第 2 編第 22 章で「わいせつ，不同意性交及び重婚の罪」の下に，
性的行為に関する犯罪を規定しているが，この中には，社会の健全な性風俗
を保護法益とする社会法益に対する罪および個人の性的自由を保護法益とす
る個人法益に対する罪の 2 種類が含まれている。前者は，公然わいせつ罪（174
条），わいせつ物頒布等罪（175 条）及び重婚罪（184 条）であり，後者は不同意
わいせつ罪（176 条），不同意性交等罪（177 条），監護者わいせつ罪，監護者性
交等罪（178 条），不同意わいせつ等致死傷罪（181 条），16 歳未満の者対する面
会強要及び淫行勧誘罪（183 条）である。本稿では，後者についてのみ述べる
こととする。

　不同意わいせつ等の罪の本質は，性的行為の自由（性的羞恥心に係る事項につ
いての自己決定の自由）と解する見解が通説となっているように思われるが[4]，
近年では，性的人格権を保護法益とする見解[5]などが主張されている。特に「身

---

[4] 浅田和茂・刑法各論（第 2 版・成文堂・2024）117 頁，大塚裕史ほか・基本刑法 II 各論（第 4 版・
日本評論社・2024）64 頁。2023 年改正前のものとして，団藤重光・刑法綱要各論（第 3 版・創文
社・1990）189 頁，大塚仁・刑法概説（各論）（第 3 版増補版・有斐閣・2005）97 頁，西田典之（橋
爪隆補訂）（弘文堂・2018）97 頁，山口厚・刑法各論（第 2 版・有斐閣・2010）111 頁，高橋則夫・
刑法各論（第 4 版・成文堂・2024）128 頁。
[5] 辰井聡子「『自由に対する罪』の保護法益」町野朔古稀記念（上）（信山社・2014）425 頁。

体的内密領域の尊重を求める権利」とする説が有力に主張されている[6]。しかし，後述のように，現行法の不同意わいせつ罪等の性犯罪の規定は，性的行為自体の是非を問うものではなく，「同意しない意思を形成し，表明し若しくは全うすることが困難な状態」を中核的要素としているのであるから，性犯罪規定の立法趣旨を論ずる場合はともかく，性犯罪規定における保護法益としては，性的羞恥心を抱くような事項についての自己決定の自由又は性的自己決定権とすれば足りると解すべきである。

なお，性的事項について十分な判断能力を有していない年少者については，16歳未満の者に対する不同意わいせつ罪（176条3項）および不同意性交等罪（177条3項），16歳未満の者に対する面会要求等罪（181条）を規定し，**若年者の性的自己決定権を確保するために**手厚い保護を図っている。これに対し，乳幼児の臀部を撫でる行為にまで本罪を適用するのは妥当でないとする見解がある[7]。しかし，16歳未満の者については，わいせつ・性交等の行為が認められれば犯罪は成立するのであるから，当該行為がわいせつ・性交等と認められるかどうかが重要なのであり，幼児の陰部を撫でる行為も，わいせつと認められる以上，性犯罪の処罰規定を適用すべきである。

一方，年少者に対する性的犯罪については，**健全な青少年育成を目的とする**処罰規定が定められており，児童福祉法34条1項6号は，「児童に淫行をさせる行為」等を禁止し，それに違反した者については，10年以下の拘禁刑または300万円以下の罰金に処することとしている（児童福祉法60条1項）。また，地方公共団体では，青少年保護育成条例において，青少年に対する淫行またはわいせつ行為を禁止し，これに違反した者を処罰する規定が置かれている。さらに，児童買春，児童ポルノに係る行為等の処罰及び児童に関する保護等に関する法律においては，18歳未満の者に対する児童買春（4条），児童買春周旋等を処罰することにしている。

3 不同意わいせつ罪

次に掲げる行為又は事由その他これらに類する行為又は事由により，同意しない意

---

6 井田良・刑法学講義・各論（第3版・有斐閣・2023）117頁。
7 西田典之ほか編・注釈刑法（第2巻・有斐閣・2018）618頁。

思を形成し，表明し若しくは全うすることを困難な状態にさせ又はその状態にあることに乗じて，わいせつな行為をした者は，婚姻関係の有無にかかわらず，6月以上10年以下の拘禁刑に処する。

① 一 暴行若しくは脅迫を用いること又はそれを受けること。二 心身の障害を生じさせること又はそれがあること。三 アルコール若しくは薬物を摂取させること又はそれらの影響があること。四 睡眠その他の意識が明瞭でない状態にさせること又はその状態にあること。五 同意しない意思を形成し，表明し，又は全うするいとまがないこと。六 予想と異なる事態に直面させて恐怖させ，若しくは驚愕させること又はその事態に直面して恐怖し，若しくは驚愕していること。七 虐待に起因する心理的反応を生じさせること又はそれを憂慮していること。八 経済的又は社会的関係上の地位に基づく影響力によって受ける不利益を憂慮させること又はそれを憂慮していること（176条1項）。

② 行為がわいせつなものではないとの誤信をさせ，若しくは行為をする者について人違いさせ，又はそれらの誤信若しくは人違いをしていることに乗じて，わいせつな行為をした者も同様とする（同条2項）。

③ 16歳未満の者に対し，わいせつな行為をした者（当時16歳未満の者が13歳以上である場合については，その者が生まれた日より5年以上前の日に生まれた者に限る。）も，第1項と同様とする（同条3項）。

1 総説

不同意わいせつ罪は，16歳以上の男女に対し，「同意しない意思を形成し，表明し若しくは全うすることが困難な状態」にさせ又はその状態にあることに「乗じて」わいせつな行為をした者」について成立する。わいせつな行為自体には有害性はなく，それを不同意によって行うところに性的自由の侵害があり，処罰されるのである。また，かつては，婚姻制度は継続的な性的交渉を前提としており，婚姻中は夫婦が互いに性的行為を求め，また応ずる義務があるから，例えば妻に対して夫が強制性交等の行為に及んでも，婚姻が破綻している場合は格別，強制性交等罪は成立しないとする見解があった。そして，この立場を採る判例もあった[8]。しかし，2023年の刑法改正により，不同意わいせつ・性交等の罪においては，婚姻関係の有無を問わないとされ，配偶者間においても，不同意わいせつ罪が成立することとなった。

一方，16未満の者に対しては，手段の如何，同意の有無を問わずわいせつ

---

8 広島高松江支判昭62・6・18高刑集40・1・71。

6　第1編　個人法益に対する罪　第2章　自由および私生活の平穏に対する罪

な行為をすれば成立する。年少者の性的自由を保護するためである。ただし，16歳未満の者が13歳以上である場合は，行為者が5年以上前の日に生まれた者，つまり5歳以上の者に限って処罰される。例えば，14歳の相手方に対してわいせつ行為をした15歳の者は処罰されない。これに対し，14歳の少女を相手方として，19歳の者がわいせつ行為をしたときは，不同意わいせつ罪は成立する。前者の場合は，行為者と相手方とは，ある程度対等の関係にあり，性的行為について理解し合うことが可能であり，したがって相手方にある程度の性的同意能力が認められるからであり，後者の場合は，5年という年齢差のゆえに少女に性的行為に対する理解力が不足しているから同意能力はなく，15歳の少年である行為者は，性的自己決定を侵害したものとして犯罪が成立するのである。性的同意能力の存否を5年という年齢差で決めるのは問題だという見解もあり得るが，5歳の年齢差があれば，行為者と相手方とが対等の関係にあるということはあり得ないともいえるので，一律に5歳以上年齢差がある場合には，わいせつ行為を処罰することにしたのである[9]。

　不同意わいせつ罪は，未遂も処罰される（180条）。なお，16歳未満の者に対して，16歳未満であることの認識を欠き，不同意わいせつ行為をしたときは，刑法176条の1項または3項の区別をすることなく，同条の罪すなわち不同意わいせつ罪が成立する[10]。なお，本罪は非親告罪である

2　不同意わいせつ罪の成立要件

(1)　**わいせつな行為**　　不同意わいせつ罪は，男か女かにかかわりなく，人をして「同意しない意思を形成し，表明し若しくは全うすることが困難な状態にさせ又はその状態にあることに乗じて」わいせつな行為をしたときに成立する。ここでいう「わいせつな行為」とは，一般社会における普通（通常）人の正常な**性的羞恥心を害する行為**をいう。現代では，相手方の同意がないのに，いわば無理矢理キスをするとか，乳房や陰部に触れる行為，裸にして写真を撮る行為，相手方に対し自分の性器等に触れさせる行為は，わいせつな行為に当たる。

9　大塚裕史ほか・前掲基本刑法Ⅱ各論（第4版）75頁参照。
10　最決昭44・7・25刑集23・8・1068参照。

第 4 節　性的自由に対する罪　　*7*

　一方，判例によると，わいせつとは，「徒に性欲を刺激し又は興奮させ，か
つ，普通人の正常な性的羞恥心を害し，善良な性的道義観念に反する行為」[11]
とするものがある。この判旨は，社会法益に対する罪 (174条，175条) に対す
るものとしては妥当であるが，性的自由を害する罪としての不同意わいせつ
罪におけるわいせつの概念には当てはまらない。また，相手方の同意があれ
ば，既述のような乳房や陰部に触れ，あるいは人を裸にして写真を撮る行為
もわいせつには当たらない。また，自ら全裸になり，他人に見せつける行為
や自慰を行って射精する行為を他人に見せる行為は，その他人を強制して見
させる行為でない限り，わいせつ行為には当たらない[12]。

性的羞恥心を害する行為　　性的羞恥心とは，性に関し，一般人を基準として，他人か
ら見られた場合に恥ずかしいと感じる心理状態をいうが，新潟地判昭和 63 年 8 月 26 日
判時 1299 号 152 頁は，性的に未熟な 7 歳の女子でも女性としての意識を自覚しており，
胸等に触れられる行為には羞恥心・嫌悪感を抱いていたのであるから，本罪の客体に当
たるとした。しかし，被害者が性的感情としての「羞恥心を害されたかどうかではなく，
普通人の正常な性的羞恥心を害する行為」すなわち一般人を基準として性的羞恥心を害
する行為といえるかどうかが問題の核心であろう。したがって，被害者が性的羞恥心を
自覚し得るかどうかは重要でない。幼児の陰部を撫でる行為も，わいせつ行為に当たる。
なお，保護法益を青少年の健全な育成に求めた上で，身体的感覚 (およびその記憶) を通
じて健全な生育を害するおそれのある行為として，3 歳児に対するわいせつ行為を肯定
した福岡地飯塚支判昭和 34 年 2 月 17 日下刑集 1 巻 2 号 399 頁があり，これを肯定する
学説 (西田ほか編・前掲注釈刑法 2 巻 618 頁) もあるが，本罪の保護法益は性的自由又は自
己決定にあるから，青少年の健全育成を根拠とするのは妥当でない。

(2)　**相手方の不同意**　　不同意わいせつ罪が成立するためには，わいせつ
行為の相手方がわいせつ行為に同意していないこと，すなわち不同意による
行為であることを必要とする。ここで不同意による行為というのは，「同意し
ない意思を形成し，表明し若しくは全うすることが困難な状態にさせ又はそ
れに乗じて」わいせつの行為を行うことである。改正前の規定では，「暴行」
「脅迫」「心神喪失」「抗拒不能」といた要件を充足してわいせつな行為をした
場合に，強制わいせつ罪を構成するとされ，判断の基準を「反抗を著しく困
難にする程度」のものとしてきたが，それではあいまいであるという批判に

11　最大判昭 32・3・13 刑集 11・3・997，名古屋高金沢支判昭 36・5・2 下刑集 3・5＝6・396。
12　井田良・前掲書 125 頁。

答えて，2023（令和5）年の改正で性犯罪の本質的要素を「同意しない意思を形成し，表明し若しくは全うすることが困難な状態」とし，これを基準に不同意の要件の明確化を図ったのである。

　ここで「同意しない意思を形成することが困難な状態」とは，相手方のわいせつ行為を受け入れるか断るかといった意思を持つこと自体が難しい状態のことであり，例えば，咄嗟に胸を触られるとか，泥酔していて何をされているか分からない状態をいう。また，「同意しない意思を表明することが困難な状態」とは，同意しない意思は持っているが，それを外部に表すことが難しいことをいい，例えば，わいせつ行為を拒否する意思はあるが，過去のいきさつから断り切れない場合，あるいはわいせつ行為を迫られて驚き，断り切れない場合がこれに当たる。さらに，「同意しない意思を全うすることが困難な状態」とは，わいせつ行為には応じないという意思を示すことはできたが，それを貫くことが難しい状態のことであり，例えば，「やめて」といったけれども，相手方がそれに応じないでわいせつ行為をした場合がこれに当たる。したがって，真実，不同意であったことを要件とするものではない。

　(3)　**8つの原因行為・事由**　「同意しない意思を形成し，表明し若しくは全うすることが困難な状態にさせ，又はその状態にあることに乗じて」という規定は，いかにも抽象的であり，適正な運用を困難にすることが危惧されるところから，187条1項は，その例示として，8項目にわたる規定を設けている。

　1号は，「暴行若しくは脅迫を用いること又はそれらを受けたこと」である。ここで「暴行」とは，人の身体に対する有形力の行使をいい，「脅迫」とは，生命・身体・財産などに対する害悪の告知をいう。いずれも行為者が自ら相手方に対して行う場合をいう。また，「それを受けたこと」とは，第三者から暴行または脅迫を受けて不同意の意思の形成・表明・全うすることが困難な状態にさせることをいう。この類型における暴行・脅迫は，不同意わいせつ罪の手段となるものであるから，不同意わいせつ罪が成立すれば，それに吸収されて暴行罪または脅迫罪は成立しない。

　2号は，「心身の障害を生じさせること又はそれがあること」である。身体障害，知的障害，発達障害，精神障害を含む。行為者が相手方に心身の障害

を生じさせること，また「それがあること」とは，心身の障害者や病気および第三者から攻撃されて心身の障害をきたした者を含む趣旨である。

3号は，「アルコール若しくは薬物を摂取させること，又はそれらの影響がある」ことである。本号についても「アルコール若しくは薬物を摂取させる」のは行為者であり，それによって相手方を「同意しない意思の形成，表明，全うするのが困難な状態」に陥らせることを必要とする。「それらの影響があること」とは，例えば，相手方が過度の飲酒や薬物の摂取によって同意する意思の形成等が困難な状態にある場合に，それを利用してわいせつ行為に及んだ場合も含むとする趣旨である。

4号は，「睡眠その他の意識が明瞭でない状態にさせること又はその状態にあること」であり，例えば，本人の気づかない間に睡眠薬を投与して意識を朦朧とさせること，また，「その状態にあること」とは，例えば，泥酔して意識が朦朧としている状態の者の陰部に触るような場合をいう。

5号は，「同意しない意思を形成し，表明し又は全うするいとまがないこと」であり，例えば，社交ダンス中にとっさにキスをし，胸を触る行為がこれに当たる。

6号は，「予想と異なる事態に直面させ，若しくは驚愕させること又はその事態に直面して恐怖し，若しくは驚愕していること」である。例えば，訪問客に愛犬をけしかけて吠えさせ，驚いて逃げようとするのを取り押さえてキスをする行為がこれに当たる。また，「その事態に直面して恐怖し，若しくは驚愕していること」とは，例えば，産婦人科クリニックの診察室に入ったところ，予想に反してわいせつ行為をしようとするので驚き，恐怖に陥っている場合をいう。

7号は，「虐待に起因する心理的反応を生じさせること又はそれがあること」である。虐待とは，反復的又は習慣的に暴力をふるったり，冷酷又は冷淡な接し方をすることをいい，身体的虐待や放棄・放置といったネグレクト，あるいは侮辱・無視といった心理的虐待，性的虐待などがあるが，それらの虐待によって，一定の行為により心理的反応を生じさせることがあり，その場合には，「不同意の意思の形成・表明・全うが困難な状態」となる。「それがあること」とは，行為者以外の者によって心理的反応が生じている場合を

いう。例えば，性器への虐待のために，わいせつな映像を鑑賞させると，性器への接触に抵抗できない場合がこれに当たる。

8号は，「経済的又は社会的関係上の地位に基づく影響力によって受ける不利益を憂慮させること又はそれを憂慮していること」である。例えば，経済的関係の地位としては，金銭の貸主と借主，社会的関係の地位としては，教師と教え子，親子，兄弟姉妹など，それらの立場としての影響力によって不利益が生ずることを不安に思わせる場合がこれに当たる。「それを憂慮していること」とは，現に心配している場合をいう。いずれも「同意しない意思を形成し，表明し若しくは全うすることが困難な状態」に至る場合である。

不同意の意思に係る行為または事由の類型は，上記の行為または事由に尽きると思われるが，これらの類型は，わいせつ行為の相手方が同意しない意思の形成・表明・全うすることが困難と判断される場合を例示したものであり，それら以外にも不同意の意思の形成等が困難と評価すべき行為または事由はありうるのであり，その場合にも不同意の意思の形成・表明・全うすることが困難な事由とすべきである。177条が「次に掲げる行為又は事由その他これらに類する行為又は事由」としている所以である。

(4) **誤信および人違い**　同条2項は，「行為がわいせつなものではないとの誤信をさせ，若しくは行為する者について人違いをしていることに乗じて，わいせつな行為をした者も，前項と同じである」と規定している。例えば，被害者が，眠気及び部屋が暗く，また声が似ているので，犯人を自分の夫と誤信しているのに乗じてわいせつ行為をした場合[13]，同意は認められないから不同意わいせつ罪が成立する。あるいは，女性の患者が医師である被告人を信頼し，正常な診療がなされるものと信じて，陰部を露出して処置台に仰臥し，羞恥心から瞑目しているのに乗じてわいせつ行為をした場合[14]も，不同意わいせつ罪が成立する。

(5) **性的同意年齢**　同条3項は，16歳未満の者に対し，わいせつな行為をした者については，「同意しない意思を形成し，表明し若しくは全うすることが困難な状態にさせ又はその状態にあることに乗じ」なくても，不同意わ

---

13 広島高判昭33・12・24高刑集11・10・24参照。
14 東京高判昭33・10・31判タ85・75参照。

いせつ罪が成立するとしている。刑法は，16 歳未満の者は，性的に未熟なために，わいせつ行為に対する判断能力が欠けているとし，絶対的な保護の対象としたのである。しかし，性的同意年齢との関係では，既述のように，176条 3 項は，13 歳以上 16 歳未満の者に対しわいせつな行為をした者については，その 16 歳未満の被害者が生まれた日より 5 年以上前の日に生まれた者つまり被害者との年齢差が 5 歳以上の者に限って，犯罪の主体になるとされた。13 歳未満の者は，およそ性的行為の意味を認識・理解できないため，性的行為に対する同意能力が否定され，絶対的な保護の対象とされたのである。したがって，幼児についても，わいせつな行為と認められる限り，本罪の保護の対象となる。これに対し，13 歳以上 16 歳未満の者は，性的行為の意味をそれなりに認識・理解できるところから，年齢差が 5 歳以上の者との間では性的同意能力を認め，年長行為者を犯罪の主体とすることとし，その限りで13 歳以上 16 未満の者を保護することとしたのである[15]。

3　主観的要件

(1)　**故　意**　　不同意わいせつ罪は故意犯であるから，構成要件に該当する事実の認識が必要である。本罪における認識が問題となるのは，被害者の年齢についての錯誤である。16 歳未満の者を 16 歳以上と誤信してわいせつ行為をした場合は，**事実の錯誤**として故意を欠き，本罪は成立しない。また，13 歳以上 16 歳未満の者とわいせつ行為を行ったが，年齢差が 5 歳以上の者と誤信して 16 歳未満の者に対しわいせつな行為をしたときも事実の錯誤となり，故意が阻却されて犯罪は成立しない。これに対し，年齢差が 4 歳下の相手ならば許されると誤信し，合意の上わいせつな行為をした場合は**違法性の錯誤**であり，故意は阻却されず犯罪が成立する。

(2)　**意図・傾向**　　改正前の強制わいせつ罪において，主観的要件として，故意のほかに行為者自身の「性的意図」または「猥褻の傾向」が必要であるとする見解があった。また，最高裁判所は，わいせつ罪が成立するためには，「犯人が性欲を刺激させ，又は満足させるという性的意図が必要である」とし，被告人がもっぱら被害者の女性に報復し，侮辱し虐待する目的で被害者である 23 歳の女性を裸にして写真撮影をしても，わいせつ罪は成立しないとし

---

15 なお，この規定の解釈として独自の理解を示しているのは，井田良・前掲書 134 頁である。

ていた[16]。しかし，学説においては，そのような性的意図は，性的自由を保護
法益とする強制わいせつ罪の解釈にとって不要であるとする見解が有力と
なっていた[17]。

　最高裁判所は，上記のような学説の動向を踏まえて，平成29（2017）年11
月29日の大法廷判決において，被告人は，性的意図はなく金を得る目的で7
歳の女子に対し，被告人の陰茎を触らせ，口にくわえさせ，陰部を触るなど
をさせた行為について，「性的意図」を一律に本罪の成立要件とすることは相
当でないと判示して，強制わいせつ罪の成立を否定し，「昭和45年の判例の
解釈は変更されるべきである」としたのである[18]。かくして，不同意わいせつ
罪も性的自由を保護法益とするものであり，性的意図ないし性的傾向といっ
た主観的要件は不要であると解する。

4　未遂・罪数・他罪との関係

　不同意わいせつ罪は，被害者に対するわいせつ行為が行われた時点で既遂
となる。同罪の未遂も罰せられる（180条）。**実行の着手**は，176条1項にいう
「同意しない意思を形成し，表明し若しくは全うすることが困難な状態」にさ
せる場合には，その手段としての前述の8つの列挙為またはそれらに類する
行為を開始した時点で認められる。したがって，わいせつの意図で暴行・脅
迫をしたが，それにとどまった場合にも，不同意わいせつ罪の未遂となる。
また「その状態に乗じ」た場合には，わいせつ行為の開始時点が実行の着手
となる。

　同一の機会に同一の被害者に対して，複数のわいせつ行為をした場合は，
法条競合として不同意わいせつ罪一罪が成立する。16歳未満の者に対し，暴
行又は脅迫を用いてわいせつ行為をしたときは，暴行罪・脅迫罪又は強要罪
も法条競合として不同意わいせつ罪一罪が成立する。本罪を公然と行った場
合について，本罪一罪が成立するにすぎないとする有力な見解があるが[19]，
本罪によって公然わいせつ罪を評価し尽くすことはできないから，本罪と公
然わいせつ罪の観念的競合になると解すべきである。

16　最判昭45・1・29刑集24・1・1。
17　中森喜彦・刑法各論（第4版・有斐閣・2015）66頁，山口・108頁，高橋135頁。
18　最大判平29・11・29刑集71・9・467。
19　福田平・全訂刑法各論（第3版増補版・有斐閣・2002）183頁。

第4節 性的自由に対する罪 *13*

4 不同意性交等罪

① 前条第一項各号に掲げる行為又は事由その他これに類する行為又は事由により，同意しない意思を形成し，表明し若しくは全うすることが困難な状態にさせ又はその状態にあることに乗じて，性交，肛門性交，口腔性交又は膣若しくは肛門に身体の一部（陰茎を除く。）若しくは物を挿入する行為であってわいせつなもの（以下この条及び第179条第2項において「性交等」という。）をした者は，婚姻関係の有無にかかわらず，5年以上の有期拘禁刑に処する（177条1項）。
② 行為がわいせつなものではないとの誤信をさせ，若しくは行為をする者について人違いをさせ，又はそれらの誤信若しくは人違いをしていることに乗じて，性交等をした者も，前項と同様とする（同条2項）。
③ 16歳未満の者に対し，性交等をした者（当該16歳未満の者が13歳以上である場合については，その者が生まれた日より5年以上前の日に生まれた者に限る。）も，第一項と同様とする（同条3項）。

1 意 義

　不同意性交等罪は，16歳以上の者に対し，同意しない意思を形成し，もしくは表明し，又は全うすることを困難な状態にさせ，又はその状態にあることに乗じて性交等の行為をすることを内容とする犯罪である。性交等の行為自体には有害性はないが，それを不同意によって行うところに性的自由の侵害があり，5年以上の有期拘禁刑で処罰されるのである。不同意わいせつ罪と同様，婚姻関係の有無を問わない。配偶者間の不同意性交も犯罪となるのである。

　一方，16歳を性的同意年齢とし，16歳未満の者に対して性交等の行為をすれば，同意の有無を問わず不同意性交等罪が成立する。16歳未満の者は，一般的・類型的に同意能力を欠くとされているのである。ただし，既述のように，16歳未満の者（相手方）が13歳以上である場合は，その者が生まれた日より5年以上の前の日に生まれた者（5歳年上の者）に限って犯罪が成立する。例えば，14歳の少年が14歳の少女を相手方として性交等の行為をしたときは，不同意わいせつ罪は成立しないが，20歳の者がその少女を相手方とした場合は，同罪が成立するのである。若年者同士の性的行為を許容する趣旨からである。未遂も処罰される（180条）。

本罪は，相手方が同意していない性交等もわいせつ行為であり，濃厚な身体的接触を伴う肉体的交渉を強いられるという点で，性的自由の侵害として悪質かつ重大な犯罪であるところから，不同意わいせつ罪よりも刑を加重する**加重特別類型**である。したがって，行為の態様も不同意わいせつ罪と同様である[20]。2017（平成29）年の刑法改正までは，男性が女性を相手方として暴行・脅迫を用いて行う姦淫行為を強姦罪とし，「3年以上の有期懲役に処する」とされていた。しかし，性犯罪の社会における実態に即して処罰の適正を図り，主体及び客体いずれも「者」すなわち男女としたのである。また，行為は「姦淫」すること，すなわち男性性器（陰茎）を女性性器（膣）に挿入することとしていたが，これを「性交等」と改め，肛門や口腔に陰茎を挿入するといった性交以外の性交類似行為を重く処罰することした。さらに2023（令和5）年の改正では，「性交等」の概念を改め，「膣若しくは肛門に身体の一部（陰茎を除く。）若しくは物を挿入する行為」を付け加え，これを「性交等」としたのである。

2 行 為

本罪の行為は，16歳以上の者に対し，不同意の意思の形成・表明・全うを困難な状態にさせまたはそれに乗じて，性交等をすることである。不同意の意思の形成・表明・全うを困難にする具体的な判断基準は，不同意わいせつ行為に係る8つの列挙行為・事由と同じである。性交等の行為の主体及び客体は，男女を問わない。また，婚姻関係の有無を問わないから，配偶者間での不同意性交等の行為も本罪を構成する。さらに，16歳未満を相手方とした者に対しては，単に性交等の行為をしただけで，言い換えると相手方の同意があっても本罪は成立する。

ここで「性交」とは，**男性性器（陰茎）を女性性器に挿入すること**をいう。このような身体への挿入を伴う性的交渉を相手方の同意なくして行う行為は，人間の尊厳を著しく害する性的自由の侵害として悪質であり，不同意わいせつ罪より重く罰する必要がある。これが本罪の刑の加重根拠である。

しかし，その点では女性の膣内ばかりでなく男性器を肛門に挿入する**肛門性交**，口腔内に挿入する**口腔性交**においても変わりがないところから，2017年

[20] 松田＝今井「刑法の一部を改正する法律について」法曹時報 69・11・228。

の刑法では，これらも性交等として処罰することになった。したがって，この時点で性交等とは，被害者の膣内，肛門内，口腔内に自己若しくは第三者の陰茎を挿入する行為とされた。性交，肛門性交，口腔性交は，行為者か被害者のいずれかが男性であることを必要としたのである。しかし，さらに身体への挿入という点では，「膣若しくは肛門に身体の一部（陰茎を除く。）若しくは物を挿入する行為であってわいせつなもの」も陰茎を挿入することと変わりがないという理由で，2023年の改正ではこの態様の行為も性交等に入れられることとなった。なお，この場合は，口腔内への挿入は含まれない。例えば，歯科医が治療のために手指を口に挿入する行為は，どのような意図で行われても性的な意味を持たない場合がほとんどだからである。

かくして，2023（令和5）年の改正では，それまで不同意わいせつ罪とされてきた膣または肛門に身体の一部あるいは物を挿入する行為も性交等として，不同意性交等罪が新設されることになった。なお，ここで「身体の一部」とは，人の手足やその指をいう。「物」とは，日常生活で用いるすりこぎ棒やアダルトグッズとしての性具等のことである。それらを膣または肛門に挿入する行為であって，わいせつなものは「性交等」に当たることとされた。また，「わいせつなもの」とは，普通人の性的羞恥心を害する行為をいい，例えば，性具を膣や肛門に挿入すること，手足の指を性的行為として用いることなどがこれに含まれる。薬や生理用品を挿入する行為は，わいせつなものではないから，「性交等」に含まれないこと勿論である。

3　故　意

本罪は故意犯であり，不同意意思の形成・表明，全うが困難な状態にさせ，またはその状態に乗じて性交等の行為をすることの認識を必要とする。また，本条3項の行為については，不同意わいせつ罪の場合と同様，行為の相手方つまり客体が16歳未満の者であることの認識が必要である。したがって，16歳未満の者であることを認識して性交等をしたときは，不同意わいせつ罪の場合と同じように，直ちに本罪は成立する。16歳未満の者に暴行・脅迫を用いて性交等をしたときも，法条競合として本罪一罪が成立する。なお，行為および年齢等の錯誤の取り扱いは，不同意わいせつ罪の場合と同様である。

4 未遂・罪数

不同意わいせつ罪の未遂と不同意性交等罪の未遂の区別が問題となる。例えば，膣を撫でている際に抵抗され，その場を立ち去った場合，不同意わいせつ罪の既遂とも考えられるが，行為態様から区別することが困難な場合は，行為者の意図がいずれにあったかによって区別するほかにないであろう[21]。一方，不同意意思の形成・表明・全うする行為が性交等の行為に直接に結びついていない場合，例えば，自動車内で不同意性交等を行う目的で自動車内に女子を無理に引きずり込む行為は，性交等の行為に至る切迫した危険を有するから，不同意性交等罪の実行の着手があったといってよい[22]。同じ相手方に対し，同一の機会に連続して行われた一連の性交等の行為は，包括一罪となる[23]。不同意わいせつ罪と不同意性交等罪とが，時間的・場所的に接着して行われた場合は包括一罪，間隔が開いている場合は併合罪となる。なお，本罪も非親告罪である

5 監護者わいせつ罪及び監護者性交等罪

① 18歳未満の者に対し，その者を現に監護する者であることによる影響力があることに乗じてわいせつな行為をした者は，第176条第1項の例による（179条1項）。
② 18歳未満の者に対し，その者を現に監護する者であることによる影響力があることに乗じて性交等をした者は，第177条第1項の例による（同条2項）。
未遂は，罰する（180条）。

1 意 義

不同意わいせつ罪及び不同意性交等罪は，個人の性的自由または性的な事項に関する己決定の自由を侵害する犯罪であるが，特定の地位や人間関係を利用して，従属的立場にある者を相手方として性的行為を行う場合にも，不同意の意思の形成・表明・全うを困難な状態にさせまたはそれに乗じて行った場合と同じように，性的自由又は自己決定権を侵害していることは明らかである。そこで，それまでは処罰されなかった行為ではあるが，性犯罪処罰

---

[21] 大判大3・7・21刑録20・1541。
[22] 最決昭45・7・28刑集24・7・585。
[23] 東京地判平元・10・31判時1363・159参照。

の適正化の見地から，18歳未満の者が生活全般にわたり精神的・経済的に依存し，監護者がそのような**依存関係から生ずる影響力**に乗じて，18歳未満の者に対してわいせつな行為および性交等の行為をすることを類型化し，2017 (平成29) 年の改正で，監護者わいせつ罪および監護者性交等罪として処罰することとしたのである。なお，18歳未満の者に対するこの種の行為は，これまで児童福祉法34条1項6号の「児童に淫行させる行為」として処罰されてきたが，法定刑も本罪と変わらないところから，この規定で処理されることになった。なお，本罪も非親告罪である

2 主 体

本罪の主体は，18歳未満の者を「**現に監護する者**」すなわち監護者である。監護者でなければ本罪は成立しないから，本罪は身分犯である。ここで「監護する」とは，民法820条の親族に関する規定と同様に，監督し，保護することを意味する。しかし，本罪の趣旨は，監護者との依存関係があると，暴行・脅迫等の行為がなくても性交等の行為に抵抗できない場合を処罰することにあるから，法律上の監護権に基づかなくても，事実上，現に18歳未満の者を監護している者であれば，「現に監護する者」に該当する。現に同居している父母，養父母などが考えられるが，「監護」に当たるか否かの判断は，①同居の有無等の居住場所，②指導状況や身の回りの世話，②生活費の支出など，諸般の事情を考慮して，わいせつ等の行為について，被害者の一般的に有効な承諾がないとみられるような**強い支配・従属関係**の存否を基準になされるべきである。ちなみに，教師と生徒，医師と患者，スポーツクラブの指導者とクラブ員など，被害者との関係で監護者に当たらない者が地位・関係性を利用して行うわいせつ行為および性交等は，今後も児童福祉法34条1項6号によって処理されるが，「現に監護している」場合もあり得るから，その場合は，監護者わいせつ・性交等罪が適用される。

3 客 体

本罪の行為の客体は，**18歳未満の者**であり，男女を問わない。18歳未満とされたのは，18歳未満の者は，性的に未熟で判断力に乏しく自由な自己決定が出来ないこと，18歳に達すれば，精神的に相当程度成熟すると考えられていること，③児童福祉法4条は18歳未満の者を対象としている等の理由に

よる。ただし，16歳未満の者については，176条3項で不同意わいせつ罪が，また177条3項で不同意性交等罪が成立ので，本罪の客体としては，16歳及び17歳の男女ということになる。

4 行 為

本罪の行為は，現に監護する者であることによる影響力に「乗じて」，わいせつ・性交等の行為をすることである。「**影響力**」とは，人の意思決定に何らかの作用を及ぼしうる力のことである。「乗じて」とは，わいせつ・性交等の行為に抵抗できない心理状態にあることを「利用して」という意味である。しかし，積極的に利用する意思がなくても，客観的に支配・従属関係にあり，わいせつ・性交等の行為に抵抗することが困難な状況が認められる限り，それを認識してわいせつ・性交等の行為に及んだ以上，本罪が成立すると解すべきである。したがって，わいせつ・性交等の行為について，被害者が同意していたかどうかは関係がない。同意がないのにあったと誤信した場合も本罪を構成する。

本罪は故意犯であるから，その成立のためには，行為者はみずからが現に監護者であることの認識を必要とする。具体的には，同居させている，身の回りを世話している，生活させているといった「現に監護する者」であることを基礎づける事実の認識が必要である。この認識があって，わいせつ・性交等の行為に及べば，監護者であることによる影響力に乗じて行為したと判断してよいであろう。

5 罪数及び他罪との関係

179条1項は，18歳未満の者に対してわいせつな行為をした場合に，監護者わいせつ罪として176条の不同意わいせつ罪と同じ法定刑で処罰する規定である。同2項は，18歳未満の者に対して性交等の行為をした場合に監護者性交等罪として，177条の不同意性交等罪と同じ法定刑で処罰することを定めるものである。監護者が同一の被害者に対して，わいせつな行為と性交等の行為を数回にわたって行った場合は，各犯行の時間的・場所的接着性等を踏まえて，1個の行為と評価できる場合は包括一罪，そうでない場合は併合罪となる。監護者が，暴行・脅迫を用いて不同意性交等の行為をした場合は，不同意性交等罪が成立し，監護者性交等罪は成立しない。また，監護者わい

せつ・性交等の行為が同時に児童福祉法の淫行させる行為に当たる場合は，観念的競合となる。

6 不同意わいせつ・性交等罪及び監護者わいせつ・性交等罪の未遂

第176条，第177条及び前条の罪の未遂は，罰する（180条）。

1 不同意わいせつ罪及び性交等罪の未遂

不同意わいせつ罪および不同意性交等罪の未遂は罰せられる。不同意わいせつ罪は，被害者に対するわいせつ行為が行われたとき，また，不同意性交等罪は，膣等への挿入が行われたときに既遂となる。両罪の未遂も罰せられる。それらの**実行の着手**は，176条1項にいう「同意しない意思を形成し，表明し若しくは全うすることが困難な状態」にさせる場合においては，手段となる既述の8つの行為またはそれらに類似する行為のいずれかが開始された時点で認められる。また，「それに乗じ」て行う場合は，わいせつ行為または性交等の実行行為の開始時点である。手段としての8つの行為をしたが，それにとどまった場合は，行為者の目的・意図によって，不同意わいせつ罪の未遂となるか，不同意性交等罪となるかを区別すべきである。不同意わいせつ罪に当たる行為がなされたとき，行為者が最初から性交等を行うつもりであった場合は，その時点で不同意性交等罪の実行の着手が認められる。

実行の着手に関する判例　最決昭和45年7月28日刑集24巻7号585頁は，「被告人が同女をダンプカーの運転席に引きずり込もうとした段階において既に強制性交に至る客観的な危険性が明らかに認められるから，その時点において強姦行為の実行の着手があったと解するのが相当」と判示している（なお，大阪地判平成15年4月11日判タ1126号284頁参照）。

2 監護者わいせつ罪及び性交等罪の未遂

監護者わいせつ罪及び監護者性交等罪の適用に当たっては，暴行・脅迫等による強制の有無や，被害者の同意の有無は問題とならない。また，監護者性交等罪の被害者が16歳未満の者であるときは，179条ではなく，176条3項及び177条3項が適用される。

20　第1編　個人法益に対する罪　　第2章　自由および私生活の平穏に対する罪

監護者がわいせつ行為を目的として，その行為をした時点で既遂となる。不同意意思の形成・表明・全うすることが困難な状態にさせたときに実行の着手が認められ，実際にわいせつ行為を行わなかった場合に未遂となる。監護者が，18歳未満の者に性交等をする意思でわいせつ行為をしたが，性交等は行わなかったときは，178条3項の罪の実行の着手が認められ，不同意性交等罪の未遂となる。

7　不同意わいせつ・性交等致死傷罪

　①　第176条若しくは179条第2項の罪又はこれらの罪の未遂罪を犯し，よって人を死傷させた者は，無期または3年以上の拘禁刑に処する（181条1項）。
　②　第177条若しくは第179条第2項の罪又はこれらの罪の未遂罪を犯し，よって人を死傷させた者は，無期又は6年以下の拘禁刑に処する（同条2項）。

1　意　義

本罪は，不同意わいせつ罪，不同意性交等罪，監護者わいせつ罪・監護者性交等罪の**結果的加重犯**である。基本犯が，①不同意わいせつ罪，監護者わいせつ罪およびこれらの罪の未遂罪の場合（1項），②不同意性交等罪，監護者性交等罪およびこれらの未遂罪の場合，これら二つの場合を区別して，有期拘禁刑の下限に差が設けられている（2項）。死傷の結果は，わいせつの行為，性交等の行為から生じた場合だけでなく，その手段としての暴行・脅迫等の行為をも含む。基本犯が未遂に終わった場合でも，被害者に死傷の結果が発生した以上，本罪が適用される。

2　基本行為と密接に関連する行為

結果的加重犯における加重の根拠は，基本犯の性質上，致傷の結果が発生する特別の危険性に求められるから，手段としての暴行・脅迫等から結果が発生した場合とわいせつ行為・性交等の行為それ自体から結果が発生した場合に限られる。それでは，わいせつ・性交等の行為の機会に行なわれた暴行・脅迫によって死傷の結果が生じた場合にも本罪を適用すべきであろうか。例えば，不同意性交等の行為から被害者が逃げようとして転倒し傷害を負った場合はこれに含まれるが，不同意性交等の実行行為が終わった後に，被害者が専ら逃げようと走り出したので，それを阻止しようとして被害者に傷害を

負わせた場合について，学説は，①本罪の基本行為については，わいせつ・性交等の行為自体，または手段としての暴行・脅迫に限るべきであるとする説[24]，②わいせつ・性交等の行為に密接に関連する行為も基本行為に含まれるとする説[25]に分かれる。例えば，不同意わいせつ・性交等の目的で暴行を加えたところ，被害者が救を求めて二階から飛び降り負傷した場合[26]は，因果関係を認めるべきであろう。不同意性交をしようとして下半身を裸にしたところ，寒さと異常体質のために被害者がショック状態に陥ったので，被害者は死んだと誤信し，そのまま放置して凍死させた事案について，強制（不同意）性交等致死罪を認めた判例がある[27]。本罪を設けている趣旨は，不同意わいせつ・性交等の行為に付随して死傷の結果を生じさせる可能性が高いため，特に生命・身体の保護を図ることにあるから，基本となる行為をわいせつ・性交等ないしその手段となる暴行・脅迫の実行行為に限定する②説が妥当である。

3　死傷の結果の認識

本罪は結果的加重犯であるから，行為者に死傷の結果について認識がある以上，不同意性交等罪と傷害罪との観念的競合または殺人罪との観念的競合を認めるべきであるとする見解が有力である。しかし，この見解には疑問がある。問題を致傷と致死に分けて考えてみよう。

(1) 致傷の場合　　致傷の結果について考えてみると，不同意わいせつ・性交等罪は，傷害の結果を伴う場合が多く，また，暴行又は傷害についての未必的認識をもって行われるのが通常であるから，行為者が致傷の結果を予見している場合に本罪を適用しなければ不合理となる。これを認めないとすれば，単に不同意わいせつ・性交等罪と傷害罪との観念的競合となって，刑は不同意わいせつ・不同意性交等罪の法定刑にとどまり，不同意性交等致傷罪より軽くなって刑の均衡を失することになる。したがって，不同意わいせつ・不同意性交等罪および監護者わいせつ・性交等罪については，**故意のある結果的加重犯**を認めるべきであり，傷害の故意があるときは，不同意わいせ

24　曽根・70頁，西田 108頁，井田・142頁。
25　団藤・406頁，大塚 108頁，中森・70頁など。最決平 20・1・22 刑集 62・1・1 参照。
26　最決昭 36・2・11 裁判集刑 132・201。
27　最決昭 6・1・25 刑集 15・1・266。

22　第1編　個人法益に対する罪　第2章　自由および私生活の平穏に対する罪

つ・性交等罪，監護者わいせつ・性交等罪のみが成立し，傷害罪は構成しないと解すべきである[28]。

(2)　**致死の場合**　致死の結果について考えると，通説・判例は，致死の結果について認識がある場合については，殺人罪と181条1項及び2項の致死罪との観念的競合であるとしている[29]。しかし，不同意わいせつ・性交等罪などの各致死罪と殺人罪の観念的競合とすると，死の結果について二重に評価することになるから妥当はでない。また，不同意わいせつ・性交等致死罪の成立を認めなくても，傷害の結果について認識ある場合のような刑の不均衡を生ずることがない以上，端的に殺人罪と不同意わいせつ・性交等罪の観念的競合を認めるべきである[30]。

4　罪　数

不同意わいせつ・性交等の行為の終了後，その現場において被害者に内密にするよう迫り，暴行を加えて負傷させた場合は，不同意わいせつ・性交等罪と傷害罪との併合罪となる。また，発覚を恐れて被害者を殺害したときは，不同意わいせつ・性交等罪と殺人罪の併合罪となる。不同意性交等罪の行為によって被害者に傷害を負わせ，さらに死に至らせたときは，傷害の事実は致死の結果に吸収され，不同意性交等致死罪のみが成立する。

8　16歳未満の者に対する面会等要求罪

①　わいせつの目的で，16歳未満の者に対し，次の各号に掲げるいずれかの行為をした者（当該16歳未満の者が13歳以上である場合については，その者が生まれた日より5年以上前に生まれた者に限る。）は，3年以下の拘禁刑又は50万円以下の罰金に処する。　一　威迫し，偽計を用い又は誘惑して面会を要求すること。　二　拒まれたにもかかわらず，反復して面会を要求すること。　三　金銭その他の利益を供与し，又はその申し込み若しくは約束をして面会を要求すること（182条1項）。

②　前項の罪を犯し，よってわいせつの目的で当該の者と面会をした者は，2年以下の拘禁刑又は100万円以下の罰金に処する（同条2項）。

③　16歳未満の者に対し，次の各号に掲げるいずれかの行為（第2号に掲げる行為については，当該行為をさせることがわいせつなものであるものに限る。）を要求

28　大塚・108頁，中森・61頁，山口・174頁，井田143頁。
29　団藤・195頁，川端・203頁，高橋・147頁など。最判昭30・10・25刑集10・10・1455。
30　大塚・106頁，中森・70頁，井田・143頁，山口・115頁。

第4節　性的自由に対する罪　*23*

した者（当該 16 歳未満の者が 13 歳以上である場合については，その者が生まれた日より 5 年以上前の日に生まれた者に限る。）は，1 年以下の拘禁刑又は 50 万円以下の罰金に処する。　一　性交，肛門性交又は口腔性交をする姿態をとってその映像を送信すること。　二　前号に掲げるもののほか，膣または肛門に身体の一部（陰茎を除く。）又は物を挿入し又は挿入される姿態，性的な部位，（性器若しくは肛門若しくはこれらの周辺部，臀部又は胸部をいう。以下，この号において同じ。）を触り又は触られる姿態，性的な部位を露出した姿態その他の姿態をとってその映像を送信すること（同条 3 項）。

1　意　義

　本罪は，性的未熟さのために性犯罪の被害を受けやすい 16 歳未満の者を保護し，性犯罪による被害を防止するために，親等の監護者による性的保護状態を確保することを目的として，**性犯罪の予備的行為**を処罰するものである。性犯罪の予備的行為として，①面会を要求する行為（182 条 1 項），②面会する行為，（同条 2 項）及び，③性的映像の送信をする行為（同条 3 項）を定め，処罰することにしている。

2　面会要求等罪

　本罪の客体は，**16 歳未満の者**（男女）である。相手方が 13 歳以上 16 歳未満の者であるときは，その行為者が 5 歳以上年長者でなければ処罰されない（176 条 3 項，177 条 3 項参照）。

　本罪の行為は，①わいせつの目的で威迫し，偽計を用い，又は誘惑して面会を要求すること（182 条 1 項 1 号），②拒まれたにもかかわらず，反復して面会を要求すること（2 号），③金銭その他の利益を供与し，またはその申し込みもしくは約束をして面会を要求する行為である（3 号）。これらの行為をしたときは，面会要求罪として，1 年以下の拘禁刑又は 50 万円以下の罰金に処せられる（182 条 1 項）。

　上記の面会要求罪を犯し，よって「わいせつ目的で当該 16 歳未満の者と面会した」場合は，面会罪として，2 年以下の拘禁刑または 100 万円以下の罰金に処せられる（182 条 2 項）。性的保護状態を侵害した者として，刑を加重している。わいせつ目的で面会を要求していたが，偶然に相手方に会った場合は本罪を構成しない。

3 わいせつ映像送信要求罪

本罪の行為は，相手方に以下の映像，すなわち，①性交，肛門性交または口腔性交をとった映像，②膣または肛門に身体の一部（陰茎を除く）または物を挿入しまたは挿入される姿態をとった映像，③性的な部位（性器もしくはこれらの周辺部，臀部または胸部）を触りまたは触られる姿態をとった映像，④性的な部位を露出した姿態その他の姿態とった映像の送信を要求する行為であり，わいせつ映像送信要求罪として，1年以下の拘禁刑又は50万円以下の罰金に処せられる。要求した相手方が，実際にこれらの映像を送信した場合についての処罰規定はない。

9 淫行勧誘罪

営利の目的をで，淫行の常習のない女子を誘惑して姦淫させた者は，3年以下の拘禁刑又は30万円以下の罰金に処する（183条）

1 保護法益

本罪は，売春婦のように不特定人を相手にみだらな性行為をする習癖のない女性を勧誘して性交させる行為を内容とする犯罪である。その保護法益については，風俗犯の一種で性風俗・秩序を乱す行為を処罰することによって，性秩序を保護すると解する立場が有力であるが[31]，女性は本罪の被害者として処罰されないと解すべきであり，性的自由ないし貞操が保護法益である[32]。

2 成立要件

本罪の客体は，「淫行の常習のない女子」である。**淫行の常習のない女子**とは，貞操観念に乏しく，不特定人を相手に性交する習癖のない女性をいう。年齢には関係がない。本罪の行為は，女子勧誘して性交させることである。ここで「**勧誘**」とは，女子に性交させる決意を生じさせることをいう。欺く行為を手段とする場合も含むと解される。自らが性交の相手方になる場合であると，第三者と性交させる場合であるとを問わない。ただし，売春のあっせ

---

[31] 大塚仁・前掲刑法概説（各論）514頁，西田典之・前掲刑法各論424頁，高橋則夫・前掲刑法各論604頁，井田良・前掲講義刑法学・各論574頁。

[32] 団藤重光・前掲刑法綱要各論489頁，中森喜彦・前掲刑法各論71頁。

第4節 性的自由に対する罪 *25*

んは本罪には当たらない。

　本罪は，目的犯である。「**営利の目的**」とは，自らが財産上の利益を得る目的または第三者に利益を得させる目的をいう。この目的をもって「淫行の常習のない女子」を勧誘することが本罪の実行行為であり，当該女子が性交を開始することによって，本罪は既遂となる。暴行・脅迫を手段として本罪を犯したときは，暴行罪・脅迫罪と本罪との観念的競合となる[33]。

---

[33] 大谷實・刑法講義各論（新版第5版・成文堂・2019）139頁。

刑法講義各論

新版第5版

大谷 實

成文堂

新版第5版はしがき

　本書の初版は，1983年すなわち昭和58年に発行したものであるが，2000（平成12）年に新版とし，2007年には刑法典の現代用語化・平易化に即応して新版第2版を上梓した。そして，2015年には新版第4版補訂版を著し，この度，第5版を世に送ることとなった。初版発行以来37年間，昭和，平成，令和と3代にわたって版を重ねることができたことは，誠に感慨無量のものがある。改めて，読者の皆さんのご支援に感謝申し上げるとともに，発行所・㈱成文堂のご尽力に対し，深い敬意を表する次第である。

　本書の執筆方針は，初版以来変わりがない。本書に収録した「初版はしがき」をご覧頂ければ幸いである。改訂に当たっては，新しい判例および学説をできる限り網羅的に取り上げたが，特に，旧版でも簡単に取り上げた「自動車の運転により人を死傷させる行為等の処罰に関する法律」（自動車運転死傷処罰法）の重要性に鑑み，今回は本格的に解釈を展開してみた。また，2017年に「わいせつ，強制性交等及び重婚の罪」として，個人の性的自由に対する罪の罰則が大幅に改正されたところから，「性的自由に対する罪」の章を書き直すことにした。そのほか，インターネット上の犯罪や振り込め詐欺などの新しいタイプの犯罪についても言及してみた。常に「分かりやすく」をモットーに叙述を試みているが，本書が理解しやすいものとなっているかどうかは，読者の皆さんのご判断にゆだねるほかはない。

　今回の改訂に当たっても，成文堂の阿部成一社長および編集部の篠崎雄彦氏に大変お世話になった。記して感謝の意を表する。

　　2019年10月

　　　　　　　　　　　　　　　　　　大　谷　　實

新版第4版補訂版はしがき

2013年（平成25）年4月に新版第4版を上梓したばかりなので，補訂版とすることにかなり躊躇した。しかし，2013年に自動車運転に係る死傷事犯を包括的に整備した「自転車の運転により人を死傷させる行為等の処罰に関する法律」が制定・公布されて，危険運転致死傷罪（旧208条の2）と自動車運転過失致死傷罪（旧211条2項）が刑法典から削除された。

新法は特別刑法の分野に属するが，その制定については，被害者ばかりでなく社会的な関心も高かったところから，同法の制定の経緯および内容を概観することが必要であると考えられる。そこで，「過失傷害の罪」の節の中に「自動車者運転による死傷行為の処罰」の項目を設けて同法を解説することとした。

なお，文書偽造罪やわいせつ罪などで分かりにくい叙述が散見されたので，この機会に適切な表現に改めた。また，最新の判例，学説も必要に応じて引用し，第4版の補訂版とすることにした。

2015年7月

大　谷　　實

新版第 4 版はしがき

　本書は，旧版と比べると約 30 頁増えている。その理由は，主として刑法の改正によって刑法典の条項が追加または修正されたからである。改正は，大きく 2 つに分かれる。1 つは，強制執行妨害関係の罰則を整備して，構成要件の拡充を図り（刑法 96 条～9 条の 6 条 6 の 4），併せて，刑の加重規定を新設するとともに（96 条の 5），法定刑を引き上げる改正をしたのである（刑法 96 条～96 条の 4，96 条の 6）。もう 1 つは，サイバー関係の法整備のために，新たに刑法 19 章の 2 を設けて，不正指令電磁的記録に関する罪を創設した（刑法 168 条の 2 第 1 項，同第 3 項，168 条の 3）。そして，関連する犯罪の構成要件を拡充する修正をしたのである（刑法 75 条，234 条の 2 第 2 項）。

　これらの刑法改正は，2011（平成 23）年の「情報処理の高度化等に対処するための刑法等の一部を改正する法律」（法 74 号）を根拠とすものであるが，同法の基礎となったものは，1 つは，2002（平成 14）年の法務大臣からの法制審議会への諮問に従い，法制審議会刑事法部会（強制執行妨害犯罪等処罰関係）を設置して 4 回にわたる審議を経てまとめられた「要綱」である。もう 1 つは，2003（平成 15）年の法務大臣からの諮問にこたえるために法制審議会刑事法部会（ハイテク犯罪関係）を設置して，8 回にわたる審議を経て作成された「要綱」である。前者は，筆者自身が刑事法部会長のときのものであり，後者は，筆者が法制審議会委員として総会で審議に関与したときのものである。そうした筆者の経験を踏まえ前記の条項の解釈論を展開した次第である。

　本改訂でも，新しい判例や学説を網羅的にとりあげた。また，危険運転致死傷罪など，解釈が十分安定していない分野については，補足的な説明を加えた。

　この度の改訂にあっては，昨年出版した『刑法講義総論（新版第 4 版）』と符節を合わせて『刑法講義各論（新版第 4 版）』とすることにした。また，編集については，成文堂編集部の篠崎雄彦氏に大変なお世話になった。記して感謝申しあげたい。

　2013 年 2 月

　　　　　　　　　　　　　　　　　　　　　　　　大　谷　　　實

新版第3版はしがき

　本書の新版第2版の刊行日は，2007年4月1日であり，あまり時間が経過していない。しかし，その間，西田典之教授の『刑法各論』第4版，山中敬一教授の『刑法各論』第2版，松宮孝明教授の『刑法各論講義』第2版などが刊行され，また，刑法各論の学習に広く利用されている『刑法判例百選II〔各論〕』も2008年に第6版として刊行された。一方，本書新版第2版の公刊以来，パチスロ機で遊戯するに際し体感器を装着していた場合における窃盗罪の成否に係る最決平成19年4月13日を初めとして，判例誌に登載された注目すべき判例が出ている。さらに，2007年には自動車運転過失致死傷罪が新設された。

　そこで，本書の基本書としての性格から，以上のような動きに対応して改訂すべきであると考え，この度，『刑法講義総論』の改訂と符節を合わせて版を改め，新版第3版として公刊することにした次第である。旧版での説明不足を補い，あるいは叙述を分かりやすくするために若干の修正を施したが，自説を改めたところは皆無である。

　今回の改訂に当たっては，『刑法講義総論』の改訂と同じように，成文堂編集部の篠崎雄彦氏にお世話になった。改めて御礼を申し上げたい。

　　2009年4月

　　　　　　　　　　　　　　　　　　　　大　谷　　實

新版第2版はしがき

今回の改訂は，総論の改訂にあわせて，縦書きを横書きに改めることを主眼としているが，この機会に，近時の注目すべき主要な判例を追加し，また，判例の差し替えを試みることとした。さらに，大きく動きつつある近年の刑事立法や学説の動向にも配慮しながら，改めて全体を読み返して，叙述の内容および表現を精査し，不備な点や不適切と思われる箇所に手を加えてみた。私は，基本書としての理想の教科書を目指して努力を重ねてきたので，本書が，私の目標に一歩でも近づけることができたとすれば，望外の幸せである。

改訂に当たっては，同志社大学の私の研究室で育った新年度（2007年4月）から京都産業大学法科大学院に転籍される駿河台大学法学部助教授の岡本昌子さんから，判例や学説の整理などで大変なご尽力を頂戴した。また，この度も，成文堂の阿部耕一社長，土子三男取締役および編集部の皆さんにお世話になった。これらの方々に対し，記して深い謝意を表する次第である。

2007年3月

大 谷 實

新版第2版第2刷発行にあたって

平成19年5月，刑法の一部を改正する法律により，刑法第211条が改正され，いわゆる「自動車運転過失致死傷罪」(211条2項)が新設された(法律第54号)。

そこで，本版第2刷発行に際して，その概略を記すこととした。

2007年6月

大 谷 實

初版はしがき

　本書は，昨年に出版した「刑法各論」の上巻および下巻を改訂して1冊にまとめたものである。改訂の箇所は最小限にとどめたが，誤りを訂正しながら叙述の正確を期した。

　この書物を執筆するにあたって，著者は，3つの点を重視した。第1は，叙述はオーソドックスな手法によるが，新しく展開されている理論をできるだけとり入れ，実務との関連を念頭におきながら体系的に解説するということである。第2は，判決文をできるだけ原文のまま掲げるということである。わが国の実務における刑法解釈は，かなり成熟したものとなっており，判例を正確に学習することが刑法を学ぶ者にとって最も重要と考えるからである。第3は，刑法総論との関連をできるだけ明らかにすることである。総論と各論は，相即不離の関係にあるものとして研究され，また，学習されるべきだからである。

　このような見地にたって，新しく展開されている論点を網羅的にとりあげ，いちおう著者なりの考え方を示したために，本書は多少膨大なものとなったが，それなりに利用価値はあると考えている。なお，解釈上の結論は判例・通説に従った部分が多いといってよいが，それらを踏まえて著者独自の見解を示した点も少なくはない。研究者各位からの批判が得られれば幸いである。

　本書を完成させる過程で，同志社大学助教授瀬川　晃氏，沖縄国際大学助教授三宅孝之氏，京都産業大学助教授藤岡一郎氏から多大なご援助をいただいた。また，校正は，大谷大学講師青木紀博氏ほか同志社大学大学院法学研究科に在籍する諸君のお世話になった。さらに，成文堂社長阿部義任氏および同社編集長の土子三男氏からは，企画の段階から熱意あふれる激励と援助をいただいた。以上の方がたに対して，ここに記して謝意を表したい。

　　　昭和58年2月

著　　　者

凡　例　vii

凡　　例

1　判　例

(1)　引用判例の略称は，次の例による

▷大判大 4・10・28 刑録 21・1745➡大審院判決大正 4 年 10 月 28 日大審院刑事判決録 21 輯 1745 頁。

▷最判（決）昭 27・12・25 刑集 6・12・1387➡最高裁判所判決（決定）昭和 27 年 12 月 25 日最高裁判所刑事判例集 6 巻 12 号 1387 頁。

▷東京高判昭 30・5・19 高刑集 8・4・568➡東京高等裁判所判決昭和 30 年 5 月 19 日高等裁判所刑事判例集 8 巻 4 号 568 頁。

　　（大審院判例を原文のまま引用した箇所は，カタカナをひらがなに変え，適当に句読点を入れた）

(2)　略語

刑　録	大審院刑事判決録
刑　集	大審院刑事判例集，最高裁判所刑事判例集
裁判集刑	最高裁判所裁判集刑事
高刑集	高等裁判所刑事判例集
裁　特	高等裁判所刑事裁判特報
判　特	高等裁判所刑事判決特報
東　時	東京高等裁判所刑事裁判時報
一審刑集	第一審刑事裁判例集
下刑集	下級裁判所刑事判例集
裁　時	裁判所時報
刑　月	刑事裁判月報
判　時	判例時報
判　タ	判例タイムズ
新　聞	法律新聞
評　論	法律評論

2　法　　令

法令の略語は大方の慣用に倣った。なお，改正刑法草案は，草案と略記した。

3　雑誌・学説

雑誌は，ジュリストを「ジュリ」，法学セミナーを「法セ」，法学教室を「法教」にするほ

viii 凡 例

かは略語を用いない。2度以上出てくる著者または論文の執筆者名は，2度目以後「姓」だけを示す。学説は，「文献」欄の著者名によって引用する。

4 教科書

総 論 大谷 實『刑法講義総論』（新版第5版・2019，成文堂）

判例講義 大谷 實編『判例講義刑法』I総論（第2版・2014）II各論（第2版・2011，悠々社）

青柳 青柳文雄『刑法通論II各論』（1963，泉水堂）

生田 生田勝義＝上田寛＝名和鉄郎＝内田博文『刑法各論講義』（第3版補訂版・2005，有斐閣）

井田 井田 良『講義刑法学・各論』（2016，有斐閣）

伊東 伊東研祐『刑法講義各論』（2011，日本評論社）

井上＝江藤 井上正治＝江藤孝『新訂刑法学〔各則〕』（1994，法律文化社）

植松 植松 正『刑法概論II各論』（再訂版・1975，勁草書房）

内田 内田文昭『刑法各論』（第3版・1996，青林書院）

大越 大越義久『刑法各論』（第3版・2007，有斐閣）

大塚 大塚 仁『刑法概説（各論）』（第3版増補版・2005，有斐閣），『刑法各論上巻』（改訂版・1984），下巻（1971，青林書院）

大野＝墨谷 大野真義＝墨谷葵編『要説刑法各論』（2訂増補版・1994，嵯峨野書院）

大場 大場茂馬『刑法各論』上巻（11版・1922），下巻（8版・1923，中央大学，復刻版・1994，信山社）

岡野 岡野光雄『刑法要説各論』（第5版・2009，成文堂）

小野 小野清一郎『新訂刑法講義各論』（第3版・1950，有斐閣）

香川 香川達夫『刑法講義（各論）』（第3版・1996，成文堂）

柏木 柏木千秋『刑法各論』（1965，有斐閣）

川端 川端 博『刑法各論講義』（第2版・2010，成文堂）

吉川 吉川経夫『刑法各論』（1982，法律文化社）

木村 木村亀二『刑法各論』（復刊・1959，法文社）

木村（光） 木村光江『刑法』（第3版・2010，東京大学出版会）

江家 江家義男『刑法各論』（増補版・1963，青林書院）

小暮ほか 小暮得雄＝内田文昭＝阿部純二＝板倉宏＝大谷實編『刑法講義各論』（1988，有斐閣）

斉藤 斉藤金作『刑法各論』（全訂版・1969，有斐閣）

斎藤信治 斎藤信治『刑法各論』（第3版・2009，有斐閣）

齊藤誠二 齊藤誠二『刑法講義各論I』（新訂版・1979，多賀出版）

齊藤信宰 齊藤信宰『新版刑法講義各論』（2007，成文堂）

凡　例　ix

佐伯	佐伯千仞『刑法各論』（新訂版・1981，有信堂）
佐久間	佐久間修『刑法各論』（第 2 版・2012，成文堂）
澤登	澤登俊雄『刑法概論』（1976，法律文化社）
下村	下村康正『刑法各論』（1961，文久書林）
須之内	須之内克彦『刑法概説各論』（第 2 版・2014，成文堂）
曽根	曽根威彦『刑法各論』（第 5 版・2012，弘文堂）
高橋	高橋則夫『刑法各論』（第 3 版・2018，成文堂）
滝川＝竹内	滝川春雄＝竹内正『刑法各論講義』（1965，有斐閣）
滝川	滝川幸辰『刑法各論』（増補・1951，世界思想社，復刻版・1981，世界思想社）
団藤	団藤重光『刑法綱要各論』（第 3 版・1990，創文社）
中	中　義勝『刑法各論』（1975，有斐閣）
中森	中森喜彦『刑法各論』（第 4 版・2015，有斐閣）
中山	中山研一『刑法各論』（1984，成文堂）
夏目	夏目文雄『刑法提要各論』上（1960），下（1961，法律文化社）
西田	西田典之『刑法各論』（橋爪隆補訂・第 7 版・2018，弘文堂）
西田＝山口＝佐伯	西田典之＝山口厚＝佐伯仁志編『注釈刑法』第 2 巻（2017，有斐閣）
西原	西原春夫『犯罪各論』（第 2 版・1983，筑摩書房，訂補準備版・1991，成文堂）
林	林　幹人『刑法各論』（第 2 版・2007，東京大学出版会）
平川	平川宗信『刑法各論』（1995，有斐閣）
平野	平野龍一『刑法概説』（1977，東京大学出版会）
平場＝井上＝中山＝大野	平場安治＝井上正治＝中山研一＝大野平吉編『新版刑法概説 2 各論』（1982，有信堂）
福田	福田　平『全訂刑法各論』（第 3 版増補版・2002，有斐閣）
福田＝大塚	福田平＝大塚仁編『刑法各論講義』（1968，青林書院），『講義刑法各論』（1981，青林書院）
福田＝大塚＝宮澤＝小暮＝大谷	福田平＝大塚仁＝宮澤浩一＝小暮得雄＝大谷實編『刑法』(3)～(5)（有斐閣双書）（1977，有斐閣）
藤木	藤木英雄『刑法講義各論』（1976，弘文堂）
堀内	堀内捷三『刑法各論』（2003，有斐閣）
前田	前田雅英『刑法各論講義』（第 6 版・2015，東京大学出版会）
牧野	牧野英一『刑法各論』上巻（1950），下巻（1951，有斐閣）
町野	町野　朔『犯罪各論の現在』（1996，有斐閣）
松原	松原芳博『刑法各論』（2016，日本評論社）
松宮	松宮孝明『刑法各論講義』（第 5 版・2018，成文堂）
三原	三原憲三『新版刑法各論』（2009，成文堂）
宮内	宮内　裕『新訂刑法各論講義』（1960，有信堂）
宮本	宮本英脩『刑法大綱』（1935，弘文堂，覆刻版・1984，成文堂）

x 凡 例

安平	安平政吉『改正刑法各論』（1960，弘文堂）
山口	山口 厚『刑法各論』（第 2 版・2012，有斐閣）
山中	山中敬一『刑法各論』（第 3 版・2015，成文堂）

5 注釈書，講座，判例解説，判例研究等

ポケット	小野清一郎＝中野次雄＝植松正＝伊達秋雄『刑法（ポケット註釈全書）』（第 3 版増補・1989，有斐閣）
注釈	団藤重光編『注釈刑法』(3)～(6)（1965～1966，有斐閣），補巻(1)（1974），補巻(2)（1976）
大コン	大塚仁＝河上和雄＝佐藤文哉編『大コンメンタール刑法』(4)～(10)（1984～1991，青林書院），第 3 版(2)～(6)（2013～2015，青林書院）
条解	前田雅英＝池田修＝大谷直人＝松本時夫＝渡辺一弘＝河村博編『条解刑法』（第 3 版・2013，弘文堂）
刑事判例評釈集	刑事判例研究会『刑事判例評釈集』1～50 巻（1941～2000，有斐閣）
刑法判例研究 2	臼井滋夫＝前田宏－木村栄作＝鈴木義男『刑法判例研究 2』（1968，大学書房）
刑法判例研究 3	臼井滋夫＝木村栄作＝鈴木義男『刑法判例研究 3』（1975，大学書房）
判例刑法研究	西原春夫＝宮澤浩一＝阿部純二＝板倉宏＝大谷實＝芝原邦爾編『判例刑法研究』5 巻～7 巻（1980～1981〔有斐閣）
刑法判例研究	藤永幸治＝河上和雄＝亀山継夫『刑法判例研究』（1981，東京法令出版）
刑法の基本判例	芝原邦爾編・別冊法学教室『刑法の基本判例』（1988，有斐閣）
百選 I	山口厚＝佐伯仁志編『刑法判例百選 I 総論』（第 7 版）（2014，有斐閣）
百選 II	山口厚＝佐伯仁志編『刑法判例百選 II 各論』（第 7 版）（2014，有斐閣）
マニュアル	香川達夫＝川端博編『新判例マニュアル刑法 2 各論』（1998，三省堂）
刑事法講座	日本刑法学会編『刑事法講座』4 巻～7 巻（1952～1953，有斐閣）
刑法講座	日本刑法学会編『刑法講座』5，6 巻（1964，有斐閣）
現代刑法講座	中山研一＝西原春夫＝藤木英雄＝宮澤浩一編『現代刑法講座』4 巻，5 巻（1982，成文堂）
刑罰法大系	石原一彦＝佐々木史朗＝西原春夫＝松尾浩也『現代刑罰法大系』1～4 巻，7 巻（1982～1984，日本評論社）
刑法基本講座	阿部純二＝板倉宏＝内田文昭＝香川達夫＝川端博＝曽根威彦編『刑法基本講座』5 巻（1993），6 巻（1992，法学書院）
現代刑法論争 II	植松正＝川端博＝曽根威彦＝日髙義博『現代刑法論争 II』（第 2 版・1997，勁草書房）
現代的展開	芝原邦爾＝堀内捷三＝町野朔＝西田典之編『刑法理論の現代的展開（各論）』（1996，日本評論社）
エキサイティング	大谷實＝前田雅英『エキサイティング刑法〔各論〕』（2000，有斐閣）

目　　次　xi

目　　次

新版第5版はしがき
凡　例

序　論 ………………………………………… *1*
　1　刑法各論の意義 ………………… *1*
　2　刑法各論の体系 ………………… *1*
　3　刑法の解釈 …………………… *2*

第1編　個人法益に対する罪

第1章　生命および身体に対する罪 … *7*
第1節　人の意義 …………………… *7*
　1　総　説 …………………………… *7*
　　1　人の生命　*7*
　　2　刑法による保護　*7*
　2　人の始期 ……………………… *8*
　　1　学　説　*8*
　　2　学説の検討　*8*
　　　＊全部露出説の短所
　3　人の終期 ……………………… *10*
　　1　学　説　*10*
　　2　総合判定説から脳死説へ　*10*
　　　(1)　二つの死の概念
　　　(2)　臓器移植法の制定
　　　(3)　臓器移植法の改正
第2節　殺人の罪 ………………… *11*
　1　総　説 ………………………… *11*
　　1　殺人の罪の種類　*11*
　　2　殺人罪と同意殺人罪　*12*
　2　殺人罪(普通殺人罪) ………… *12*
　　1　客　体　*12*
　　2　行　為　*12*
　　3　故　意　*13*
　　4　未遂・既遂　*13*
　　5　罪　数　*13*

　3　尊属殺人罪の削除 ……………… *14*
　4　殺人予備罪 …………………… *15*
　　1　意　義　*15*
　　2　行　為　*15*
　　3　目　的　*15*
　　4　予備の中止　*16*
　5　自殺関与・同意殺人罪 ………… *16*
　　1　意　義　*16*
　　　(1)　自殺を不可罰とする根拠
　　　(2)　202条の趣旨
　　2　自殺関与(教唆・幇助)罪　*17*
　　　(1)　客体
　　　　＊脅迫による自殺
　　　(2)　行為
　　　　＊自殺関与罪と殺人罪の区別
　　　(3)　未遂
　　3　同意(嘱託・承諾)殺人罪　*20*
　　　(1)　客体
　　　(2)　行為
　　　　＊欺く行為に基づく同意
　　　　＊事前の意思表示の有効性
　　　(3)　故意
　　　　＊同意の認識
　　　(4)　未遂・既遂
　　　(5)　違法性阻却事由
　　　　(ア)　意義
　　　　(イ)　安楽死の場合
　　　　(ウ)　尊厳死の場合
　　　　　＊尊厳死と判例
　　4　罪数・他罪との関連　*23*
第3節　傷害の罪 ………………… *24*
　1　総　説 ………………………… *24*
　2　傷害罪 ………………………… *24*
　　1　客　体　*24*
　　2　行　為　*24*

xii 目　　次

(1) 傷害の意義
　　＊傷害とされた事例
(2) 傷害の方法
　　＊暴行以外の方法の例
(3) 胎児性傷害・致死
　(ア) 学説
　(イ) 学説の検討
　(ウ) 立法的解決
　　　＊胎児性傷害・致死と最高
　　　裁判例
(4) 傷害の未遂
3　故　意　29
(1) 学説
　(ア) 結果的加重犯説
　(イ) 故意犯説
　(ウ) 折衷説
(2) 学説の検討

3　傷害致死罪 ………………………*31*
　1　傷害致死罪　31
　　＊殺人と傷害致死の区別
　2　尊属傷害致死罪　32

4　現場助勢罪 …………………………*32*
　1　意　義　32
　2　要　件　32

5　同時傷害の特例 …………………*33*
　1　意　義　33
　(1) 本特例の趣旨
　　　＊207条の違憲性
　(2) 共同正犯の擬制
　　　＊本特例の法的性格
　2　要　件　35
　(1) 同一人に対する暴行であること
　(2) 共同実行行為とみなしうること
　(3) 検察官が証明できないこと
　(4) 被告人の証明不能
　3　適用範囲・効果　36
　　　＊承継的共犯の場合

6　暴行罪 ………………………………*37*

1　行　為　37
(1) 意義
　(ア) 四つの類型
　(イ) 暴行罪における「暴行」
　　　＊暴行と身体への接触
(2) 暴行の方法
2　故　意　40
3　違法性阻却事由　40

7　凶器準備集合・結集罪…………*40*
　1　意　義　41
　(1) 立法の背景
　(2) 罪質
　　　＊罪質をめぐる対立
　2　凶器準備集合罪　42
　(1) 行為の状況
　　(ア) 共同加害の目的
　　　(a) 加害の対象
　　　(b) 「共同」の意義
　　(イ) 集合
　(2) 行為
　　(ア) 凶器の意義
　　　＊凶器の例
　　(イ) 準備・集合
　(3) 故意
　(4) 既遂
　　　＊加害行為の開始後における
　　　本罪の成立
　(5) 罪数
　3　凶器準備結集罪　47
　(1) 行為の状況
　(2) 行為
　　(ア) 集合の態様
　　(イ) 結集と教唆・幇助
　　(ウ) 場所的移動の要否
　(3) 共犯の適用
　(4) 罪数

第4節　過失傷害の罪 …………………*49*
1　総　説 ……………………………*49*

目　　次　xiii

1　意　義　*49*
2　過失行為　*49*
2　過失傷害罪・過失致死罪 ········ *50*
3　業務上過失致死傷罪 ············· *50*
1　意　義　*50*
(1)　加重処罰の根拠についての学説
(2)　学説の検討
2　主　体　*51*
(1)　業務の意義
(2)　反復・継続性
(3)　生命・身体への危険
＊「業務」と判例
3　行　為　*53*
4　罪　数　*53*
4　重過失致死傷罪 ·················· *54*
＊重過失の意義
5　自動車運転死傷処罰法 ·········· *55*
1　総　説　*55*
2　犯罪類型　*56*
(1)　危険運転致死傷罪
(ア)　結果的加重犯
(イ)　行為類型
(ウ)　他罪との関連
(2)　準危険運転致死傷罪
(ア)　意義
(イ)　1項の危険運転行為
(ウ)　2項の危険運転行為
(3)　過失運転致死傷アルコール等
影響発覚免脱罪
(ア)　意義
(イ)　前提となる行為
(ウ)　影響発覚の免脱行為
(エ)　他罪との関連
(4)　過失運転致死傷罪
(ア)　意義
(イ)　自動車運転上の注意
＊降車時の運転者の注意
義務

(ウ)　致死傷の結果
(5)　無免許運転による加重
(ア)　意義
(イ)　適用
第5節　堕胎の罪 ····················· *64*
1　総　説 ···························· *64*
1　意　義　*64*
(1)　保護法益
(2)　具体的危険犯
2　違法性阻却事由　*65*
(1)　母体保護法と堕胎の解放
(2)　人工妊娠中絶
＊社会・経済的要件
2　堕胎の罪の基本概念 ············· *67*
1　客　体　*67*
2　行　為　*67*
(1)　堕胎の意義
(2)　侵害犯か危険犯か
＊「生育可能性」と殺人
3　故　意　*68*
3　堕胎罪 ···························· *69*
1　主　体　*69*
2　共犯関係　*69*
4　同意堕胎罪・同意堕胎致死傷罪
···························· *70*
1　同意堕胎罪　*70*
(1)　要件
(2)　共犯関係
2　同意堕胎致死傷罪　*70*
5　業務上堕胎罪・業務上堕胎致死傷
罪 ································ *71*
(1)　主体
(2)　共犯関係
6　不同意堕胎罪・不同意堕胎致死傷
罪 ································ *72*
＊「傷害の罪と比較して，重い刑によ
り処断する」の意義

第6節　遺棄の罪 ····················· *73*

xiv　目　次

1　総　説 …………………… *73*
　　1　意　義　*73*
　　2　客　体　*73*
　　3　遺棄の概念　*74*
　　　（1）刑法上の遺棄
　　　（2）学説
　　　（3）遺棄の意義
　　　（4）抽象的危険犯
　　　　　＊具体的危険犯か抽象的危
　　　　　険犯か
2　遺棄罪 ………………………… *76*
　　1　客　体　*76*
　　2　行　為　*77*
　　3　故　意　*77*
3　保護責任者遺棄罪・不保護罪 …*78*
　　1　意　義　*78*
　　2　主　体　*79*
　　　（1）法令
　　　（2）契約
　　　（3）事務管理
　　　（4）慣習・条理
　　　　　＊交通事故における保護義務
　　3　客　体　*81*
　　4　行　為　*81*
　　　　＊生存に必要な保護をしなかっ
　　　　た例
　　5　故　意　*81*
　　6　共　犯　*82*
4　遺棄等致死傷罪 ………………… *82*
　　＊殺意がある場合

第2章　自由および私生活の平穏に対する罪 …… *84*

第1節　逮捕および監禁の罪 ……… *84*

1　総　説 ……………………… *84*
　　1　意　義　*84*
　　2　客　体　*85*
　　　（1）自由の意義

　　　（2）侵害の意識
　　　（3）継続犯
　　　（4）尊属逮捕・監禁罪
2　逮捕・監禁罪 ………………… *86*
　　1　逮捕罪　*86*
　　　＊逮捕の例
　　2　監禁罪　*87*
　　　＊監禁に関する参考例
　　3　違法性阻却事由　*88*
　　　＊監禁の例
　　4　罪数・他罪との関連　*89*
3　逮捕・監禁致死傷罪 …………… *90*

第2節　脅迫の罪 ………………………… *90*

1　総　説 ……………………… *90*
　　1　意　義　*90*
　　2　脅迫の概念　*91*
　　3　法人に対する害悪の告知　*91*
2　脅迫罪 ……………………… *92*
　　1　行　為　*92*
　　　（1）加害の対象
　　　　（ア）対象の範囲
　　　　　　＊信用に対する加害
　　　　（イ）村八分
　　　　　　＊村八分の判例
　　　　（ウ）親族
　　　（2）害悪の告知
　　　（3）害悪の違法性
　　　　　＊脅迫の例
　　　（4）告知の方法
　　2　故　意　*95*
　　3　違法性阻却事由　*96*
　　4　罪数・他罪との関連　*96*
3　強要罪 ……………………… *96*
　　1　意　義　*96*
　　2　行　為　*97*
　　　（1）脅迫・暴行
　　　　　＊強要の限界例
　　　（2）強要

目　次　xv

3　結　果　*98*
4　故　意　*98*
5　未　遂　*98*
6　罪数・他罪との関連　*99*

第3節　略取，誘拐および人身売買
　　　　の罪……………………………………*99*
1　総　説…………………………………………*99*
1　意　義　*99*
　　＊人身取引議定書
2　保護法益　*100*
3　事実的支配（実力的支配）　*101*
2　未成年者略取・誘拐罪…………*101*
1　主　体　*101*
2　客　体　*102*
3　行　為　*102*
　（1）行為態様
　　　＊親権者による未成年者略取
　（2）故意，未遂，既遂
　（3）罪数・その他
　（4）被拐取者の同意
3　営利目的等略取・誘拐罪………*104*
1　客　体　*104*
2　目　的　*104*
　（1）営利の目的
　　　＊営利目的の限定
　（2）わいせつの目的
　（3）結婚の目的
　（4）生命・身体に対する加害の目的
3　既　遂　*106*
4　罪　数　*106*
4　身の代金目的略取・誘拐罪，身の
　　代金要求罪………………………………*106*
1　意　義　*107*
2　身の代金目的略取・誘拐罪　*107*
　（1）要件
　　　＊「憂慮する者」の意義
　（2）目的の内容
3　略取・誘拐者身の代金要求罪

108
　（1）主体
　（2）行為
　（3）罪数
4　被拐取者収受者の身の代金要求
　　罪　*110*
　（1）主体
　（2）他罪との関連
5　所在国外移送目的略取・誘拐罪
　　……………………………………………………*110*
　　＊所在国外移送目的略取の例
6　人身売買の罪……………………………*111*
1　総　説　*111*
2　人身買受け罪　*111*
　（1）主体・客体
　（2）行為
　（3）主観的要件
　（4）対象者の同意
3　未成年者買受け罪　*112*
4　営利目的等買受け罪　*113*
5　人身売渡し罪　*113*
6　所在国外移送目的人身売買罪
　　113
7　被略取者等所在国外移送罪……*114*
8　被拐取者引渡し等罪……………………*114*
1　被拐取者引渡し等罪　*114*
　（1）客体
　（2）行為
2　営利目的等被拐取者引渡し等罪
　　115
　（1）営利・わいせつ等目的引渡し
　　　等罪
　（2）身の代金取得目的収受罪
　（3）被拐取者収受者の身の代金要
　　　求罪
9　未遂罪……………………………………………*116*
10　身の代金目的略取・誘拐予備罪
　　……………………………………………………*116*

xvi　目　　次

11　被拐取者の解放による刑の減軽
　　（解放減軽）……………………… *116*
　　1　趣　旨　*117*
　　2　安全な場所　*117*
12　親告罪………………………………… *117*

第4節　性的自由に対する罪
　…………………………………………… *118*

1　総　説…………………………………… *118*
　　1　保護法益　*118*
　　　＊性的感情に対する罪
　　2　刑法改正　*119*
2　強制わいせつ罪………………………… *120*
　　1　意　義　*120*
　　2　行　為　*120*
　　(1)　わいせつな行為
　　　＊性的羞恥心を侵害する行為
　　(2)　暴行・脅迫
　　(3)　主観的要件
　　3　罪数・他罪との関連　*123*
3　強制性交等罪…………………………… *123*
　　1　意　義　*123*
　　2　行　為　*124*
　　(1)　暴行・脅迫
　　(2)　性交等
　　3　故　意　*126*
　　4　罪　数　*126*
4　準強制わいせつ罪・準強制性交等
　　罪………………………………………… *126*
　　1　意　義　*126*
　　2　抵抗困難な状態　*127*
　　(1)　心神喪失
　　(2)　抗拒不能
　　3　行　為　*128*
　　　＊否定した判例
5　監護者わいせつおよび監護者性交
　　等罪……………………………………… *130*
　　1　意　義　*130*
　　2　主　体　*130*

　　3　客　体　*131*
　　4　行　為　*131*
　　5　罪数・他罪との関連　*131*
6　強制わいせつ・強制性交等罪の未遂
　…………………………………………… *132*
　　1　予備と未遂　*132*
　　2　問題点　*132*
　　　＊実行の着手に関する判例
7　違法性阻却事由………………………… *133*
8　強制わいせつ等致死傷罪……………… *134*
　　1　死傷の結果　*134*
　　(1)　強制性交等の機会
　　　＊判例の態度
　　(2)　死傷と因果関係
　　2　死傷の結果の認識　*136*
　　(1)　致傷の場合
　　(2)　致死の場合
　　3　罪　数　*137*
9　淫行勧誘罪……………………………… *137*
　　1　保護法益　*137*
　　　＊売春防止法の規定
　　2　構成要件　*138*

第5節　住居を侵す罪
　…………………………………………… *138*

1　総　説…………………………………… *138*
　　1　個人法益説　*138*
　　2　保護法益　*139*
　　　＊住居侵入罪の保護法益
2　住居侵入罪……………………………… *140*
　　1　客　体　*140*
　　(1)　住居
　　　㋐　事務室・実験室
　　　　＊住居の具体例
　　　㋑　囲繞地
　　　㋒　住居権
　　(2)　人の看守している邸宅・建造
　　　物・艦船
　　　㋐　看守

目　次　xvii

㋑　邸宅

㋒　建造物

＊建造物と囲繞地

㋓　艦船

2　行　為　143

(1)　侵入

(2)　同意

＊同意が問題となる場合

(3)　同意権者

＊姦通目的と住居侵入

3　既　遂　147

4　違法性阻却事由　147

5　罪数・他罪との関連　147

3　不退去罪……………………… 148

1　意　義　148

2　行　為　148

4　未遂罪………………………… 149

1　住居侵入罪の未遂　149

2　不退去罪の未遂　149

第6節　業務に対する罪…………… 149

1　総　説……………………… 149

1　犯罪類型　149

2　保護法益　150

＊業務と経済活動

2　業務妨害罪………………… 150

1　客　体　150

(1)　業務

＊継続性の要件

(2)　公務と業務

＊判例の流れ

2　行　為　153

(1)　虚偽の風説の流布

(2)　偽計

＊いやがらせ電話

(3)　威力

(4)　妨害

3　違法性阻却事由　156

＊ピケッティングの違法性

4　罪数・他罪との関連　156

3　電子計算機損壊等業務妨害罪

…………………………… 157

1　意　義　157

2　客　体　157

3　行　為　188

4　動作阻害の結果の発生　159

(1)　「使用目的」に沿うべき動作を

させないこと

(2)　電子計算機をして使用目的に

反する動作をさせること

(3)　阻害の事態が現実に発生する

こと

5　業務妨害　159

6　故　意　160

7　未　遂　160

8　罪数・他罪との関連　160

第7節　秘密を侵す罪……………… 160

1　総　説……………………… 160

＊秘密保護の立法

2　信書開封罪………………… 161

1　客　体　161

2　行　為　162

3　違法性阻却事由　162

3　秘密漏示罪………………… 163

1　主　体　163

＊特別法上の罪

2　客　体　164

3　行　為　164

4　違法性等阻却事由　165

4　親告罪……………………… 165

1　信書開封の場合　165

2　秘密漏示の場合　166

第3章　名誉および信用に対する罪

…………………………… 167

第1節　名誉に対する罪…………… 167

1　総　説……………………… 167

xviii 目 次

1 意 義 *167*
2 保護法益 *168*
　＊具体例
2 名誉毀損罪 …………………… *169*
1 客 体 *169*
2 行 為 *170*
　(1) 公然
　　＊「公然」に関する判例
　(2) 事実の摘示
　(3) 名誉毀損
　　＊新聞による名誉毀損罪
　(4) 犯罪の終了
　　＊インターネットと名誉毀損
　(5) 故意
3 真実の証明による不処罰 …… *175*
1 意 義 *175*
2 不処罰の要件 *175*
　(1) 事実の公共性
　　＊月刊ペン事件判決
　(2) 目的の公益性
　(3) 特例
　　(ア) 犯罪行為に関する特例
　　(イ) 公務員等についての特例
3 真実性の証明 *178*
　(1) 要件
　　＊真実性の立証の範囲と対象
　(2) 真実性の証明の法的効果
4 真実性の誤信 *181*
　(1) 学説
　　(ア) 違法性阻却説
　　(イ) 故意阻却説
　　(ウ) 責任阻却説
　　(エ) 過失名誉毀損罪説
　　　＊最高裁の態度
　(2) 真実性の誤信の取扱い
　(3) 230条の2と35条との関係
5 その他の違法性阻却事由 *184*
　＊弁護活動と名誉毀損

4 死者の名誉毀損 ……………… *185*
1 保護法益 *185*
2 行 為 *185*
3 故 意 *186*
5 侮辱罪 ………………………… *186*
1 意 義 *186*
2 客 体 *186*
3 行 為 *186*
6 親告罪 ………………………… *187*
7 罪数・他罪との関連 ………… *187*
第2節　信用に対する罪 …………… *188*
1 総 説 ………………………… *188*
　＊判例による本罪の罪質
2 信用毀損罪 …………………… *189*
1 客 体 *189*
　　＊「信用」の拡大
2 行 為 *190*
3 罪数・他罪との関連 *190*

第4章　財産に対する罪 …………… *192*
第1節　財産犯総論 ………………… *192*
1 財産犯 ………………………… *192*
　＊特別法上の財産犯
2 財産犯の分類 ………………… *192*
1 財物罪と利得罪 *192*
2 領得罪と毀棄罪 *193*
　　＊盗取罪と交付罪
3 個別財産に対する罪と全体財産
　　に対する罪 *193*
3 財産犯の客体 ………………… *193*
1 財 物 *194*
　(1) 財物の意義
　　＊管理可能性に関する諸説
　(2) 情報の財物性
　(3) 動産と不動産
　(4) 財産的価値
　　＊価値の要否に関する学説・
　　判例

目　次　xix

(5) 所有権の対象としての財物
　(ア) 無主物
　　＊ゴルフ場内のロストボール
　(イ) 葬祭対象物(納棺物)
　(ウ) 禁制品(法禁物)
　　＊禁制品(法禁物)に対する
　判例の態度
2　利得罪　199
4　財産犯の保護法益……………200
1　財産犯の意義　200
2　財物罪の保護法益　201
3　利得罪の保護法益　201
4　奪取罪の保護法益　201
(1) 学説
(2) 「他人の占有」の意義
　(ア) 占有説と本権説の問題点
　(イ) 平穏な占有
　　＊判例の流れ
5　不法領得の意思………………205
1　判例と学説　205
2　不法領得の意思の内容　207
(1) 主観的違法要素
(2) 責任要素
(3) 不法領得の意思
　　＊不法領得の意思と判例・学説
3　一時使用と不法領得の意思(使
　用窃盗)　209
(1) 学説
(2) 学説の検討
　　＊使用窃盗と判例
4　領得罪と毀棄・隠匿の罪との区
　別　211
　　＊利用処分する意思と判例
第2節　窃盗の罪………………213
1　総　説…………………………213
1　意　義　213
2　保護法益　213
2　窃盗罪…………………………213

1　客　体　213
(1) 占有の意義
(2) 事実上の支配
　(ア) 支配領域内にある場合
　　＊事実上の支配の例
　(イ) 支配領域外にある場合
　　＊占有が認められた事例
(3) 占有の意思
　　＊占有の意思と占有の事実と
　の関係
(4) 占有の主体
　(ア) 法人
　(イ) 死者の占有
　　＊死者の占有に関する判例
(5) 占有の帰属
　(ア) 複数の者が占有している場
　合
　　＊共同占有の場合
　(イ) 封緘委託物の場合
　　＊施錠されていない場合
2　行　為　222
(1) 行為——窃取
　　＊パチスロ機で遊戯する行為
(2) 着手時期
　　＊限界となる例
(3) 既遂時期
　　＊既遂時期をめぐる学説
(4) 共罰的事後行為
(5) 窃取額
3　主観的要件　226
4　違法性阻却事由　226
5　罰金刑の追加　227
6　罪数・他罪との関連　227
　　＊罪数に関する参考例
3　不動産侵奪罪…………………228
1　意　義　228
2　客　体　228
3　行　為　229

xx 目　次

＊判例による侵奪
4　故意・不法領得の意思　*231*
5　罪数・他罪との関連　*231*
4　親族間の犯罪に関する特例…… *231*
1　意　義　*231*
＊親族相盗例の適用の排除
2　適用の要件　*233*
(1)　親族
(2)　目的物との関係
＊判例における「親族関係」
3　効　果　*235*
(1)　刑の免除と親告罪
＊不均衡の是正策
(2)　親族関係の錯誤
＊錯誤の取扱い

第3節　強盗の罪…………………… *237*
1　総　説……………………… *237*
＊強盗罪の特別罪
2　強盗罪…………………… *238*
1　客　体　*238*
2　行　為　*238*
(1)　暴行・脅迫
(ア)　判断の方法
(イ)　判断の基準
(ウ)　「暴行」の特殊性
(エ)　暴行・脅迫の相手方
＊ひったくりと強盗
(2)　強取
(ア)　因果関係
(イ)　強取の意思
(a)　暴行・脅迫と財物奪取
(b)　畏怖に乗じた場合
＊畏怖状態の利用と強盗
(c)　強盗殺人と財物の奪取
3　未遂・既遂　*244*
4　主観的要件　*244*
5　罪数・他罪との関連　*245*
3　強盗利得罪…………………… *245*

1　客　体　*245*
2　行　為　*246*
(1)　財産上の処分行為
(ア)　交付罪との比較
＊処分行為をめぐる学説・判例
(イ)　2項強盗の限定
(2)　利益の取得
＊利益の移転が認められた事
例
(3)　故意
3　違法性阻却事由　*250*
4　罪数・他罪との関連　*250*
4　事後強盗罪…………………… *250*
1　意　義　*251*
2　主　体　*251*
3　行　為　*252*
＊窃盗の機会に関する判例
4　未遂・既遂　*253*
5　共　犯　*253*
＊事後強盗罪は真正身分犯か
5　昏酔強盗罪…………………… *254*
1　意　義　*254*
2　行　為　*254*
3　故　意　*255*
6　強盗致死傷罪…………………… *255*
1　意　義　*255*
＊本罪の趣旨
2　主　体　*256*
3　行　為　*256*
(1)　強盗致傷罪・強盗傷人罪
(2)　強盗致死罪・強盗殺人罪
＊死者の占有に関する学説
(3)　強盗の機会
＊「強盗の機会」が否定される
べき場合
(4)　因果関係
＊脅迫による傷害
4　既遂・未遂　*260*

目　　次　xxi

　　　　＊強盗致死傷未遂罪に関する学説
　　5　主観的要件　*261*
　　6　罪数・他罪との関連　*261*
　7　強盗・強制性交等罪および同致死
　　　　罪……………………………………*262*
　　1　意　義　*262*
　　2　行　為　*262*
　　3　未遂の取り扱い　*263*
　　4　強盗・強制性交等致死罪　*263*
　8　強盗予備罪……………………………*264*
　　1　意　義　*264*
　　2　行　為　*264*
　　3　目　的　*265*
　　　　＊事後強盗目的の予備
　　4　中止犯　*265*
　　5　罪　数　*266*
第4節　詐欺の罪……………………………*266*
　1　総　説……………………………………*266*
　　1　意　義　*266*
　　2　保護法益　*267*
　　　　＊判例の態度
　　3　親族間の犯罪に関する特例の準
　　　　用　*268*
　2　詐欺罪（一項詐欺罪）……………*268*
　　1　客　体　*269*
　　　　＊預金通帳の財物性
　　2　行　為　*269*
　　　　＊機械は錯誤に陥らない
　　(1)　詐欺行為
　　　　＊自己名義の預金通帳の交付
　　　　と一項詐欺
　　(ア)　不作為による詐欺
　　　　＊釣銭詐欺
　　(イ)　詐欺行為の性質
　　　　＊悪徳商法と詐欺罪
　　(ウ)　詐欺行為の相手方
　　(a)　三角詐欺
　　(b)　クレジットカードの不正

　　　　使用
　　　　(α)　学説
　　　　(β)　学説の検討
　　　　　＊最高裁の判例
　　(2)　錯誤
　　(3)　交付行為
　　(4)　財物の占有の移転
　　　　＊自由支配内
　　3　実行の着手・既遂　*279*
　　(1)　実行の着手
　　(2)　既遂
　　4　財産的損害　*280*
　　(1)　相当対価の支払い
　　(2)　交付自体
　　(3)　各種証明書
　　(4)　預金通帳の詐取
　　(5)　正当な権利と損害額
　　5　主観的要件　*283*
　　6　違法性阻却事由　*283*
　　7　罪数・他罪との関連　*284*
　3　詐欺利得罪（二項詐欺罪）………*285*
　　1　意　義　*285*
　　(1)　客体
　　(2)　処分行為
　　　　(ア)　財産上の利益の移転
　　　　(イ)　処分意思
　　　　　＊処分行為をめぐる判例
　　2　詐欺利得罪の諸類型　*288*
　　(1)　無銭飲食・宿泊
　　(2)　キセル乗車
　　　　＊自動改札装置の利用
　　　　(ア)　学説の対立
　　　　(イ)　取扱い
　　　　(a)　乗車駅
　　　　(b)　下車駅
　　　　　＊キセル乗車に関する判
　　　　　例
　　3　関連問題　*292*

xxii 目 次

(1) 詐欺罪と詐欺利得罪との関係
(2) 不法原因給付と詐欺罪
　　＊売淫料に関する判例

4 準詐欺 ………………………… *294*
　1 意 義 *294*
　2 行 為 *294*

5 電子計算機使用詐欺罪 ………… *295*
　1 意 義 *295*
　2 行 為 *296*
　(1) 財産権の得喪・変更に係る電
　　　磁的記録
　(2) 不法利得の手段としての加害
　　　行為(不法利得行為)
　　(ア) 不実の電磁的記録の作出
　　　　＊虚偽の情報
　　(イ) 電磁的記録の供用
　(3) 不法な利益の取得
　3 着手・既遂時期 *298*
　4 罪数・他罪との関連 *299*

第5節　恐喝の罪 ……………………… *299*
1 総 説 …………………………… *299*
2 恐喝罪 …………………………… *300*
　1 客 体 *300*
　2 行 為 *300*
　(1) 恐喝
　　(ア) 脅迫
　　　(a) 脅迫の程度
　　　　　＊吉凶禍福
　　　(b) 告知の方法
　　(イ) 暴行
　(2) 交付行為
　　(ア) 畏怖
　　(イ) 交付
　3 未遂・既遂 *303*
　4 主観的要件 *304*
　5 罪数・他罪との関連 *304*
3 恐喝利得罪 ……………………… *305*
　＊処分行為の要否

4 権利行使と恐喝罪 ……………… *306*
　1 意義と学説 *306*
　2 違法性阻却 *306*
　　＊権利行使についての判例の態度

第6節　横領の罪 ……………………… *308*
1 総 説 …………………………… *308*
　1 意 義 *308*
　2 保護法益 *308*
　3 親族間の犯罪に関する特例 *309*
　　＊後見人による横領と親族相盗例
2 横領罪 …………………………… *310*
　1 意 義 *310*
　2 主 体 *310*
　3 客 体 *310*
　(1) 物
　(2) 自己の占有
　　＊法律上の支配関係
　(3) 振り込め詐欺
　(4) 委託信任関係
　　＊集金横領の場合
　(5) 物の他人性
　　(ア) 売買の目的物
　　(イ) 金銭の他人性
　　　(a) 封金
　　　(b) 不特定物としての金銭
　　　(c) 使途が定められた金銭
　　　　　＊委託された金銭の費消
　　(ウ) 委任された行為に基づいて
　　　　取得した金銭
　　　　＊共有物
　　(エ) 不法原因給付・寄託物
　　　(a) 不法原因給付物
　　　(b) 不法原因寄託物
　　　　(α) 意義
　　　　　　＊判例の考え方
　　　　(β) 肯定説
　　　　(γ) 否定説
　　　　(δ) 折衷説

目　次　xxiii

＊刑法上の他人性
(オ)　盗品等処分の処分代金
　　＊盗品等処分代金の横領と判例
(カ)　公務所から保管を命ぜられ
　　た自己の物
4　行　為　321
(1)　横領の意義
　　＊領得行為説の難点
(2)　権限逸脱
(3)　実行行為の性質
5　故意・不法領得の意思　324
(1)　不法領得の意思の内容
(2)　第三者に領得させる意思
(3)　本人のためにする意思
(4)　一時流用する意思
(5)　集金横領
　　＊判例における不法領得の意思
6　二重売買　326
(1)　横領罪を認める通説・判例
(2)　通説・判例の問題点
(ア)　意思表示にとどまる場合
(イ)　金銭の授受があった場合
(ウ)　背信的悪意者の場合
　　＊二重売買と詐欺罪
3　業務上横領罪 ……………………… 329
1　意　義　329
2　主　体　329
(1)　業務の意義
(2)　業務の根拠・内容
　　＊付随的業務
3　客　体　330
4　行　為　331
4　共　犯 ……………………………… 331
1　横領罪の場合　331
2　業務上横領罪の場合　331
(1)　共同して占有している場合
(2)　共同して占有していない場合
5　罪数・他罪との関連 ………… 333

1　罪　数　333
　　＊横領後の横領
2　他罪との関連　334
6　遺失物等横領罪 ……………… 335
1　意　義　335
2　客　体　335
3　行　為　336
第 7 節　背任の罪 ……………… 336
1　総　説 ……………………………… 336
1　意　義　336
　　＊草案の規定
2　罪　質　337
(1)　学説の対立
(2)　判例の立場
(3)　学説の検討
　　＊権限濫用説
(4)　事務の内容
(5)　全体財産に対する罪
3　親族間の犯罪に関する特例　339
2　背任罪 ……………………………… 339
1　主　体　339
(1)　事務処理者
(2)　事務の範囲
　　＊他人の事務・自己の事務
(3)　信任関係
　　＊債権者の任務
2　行　為　341
　　＊蛸配当
3　主観的要件　342
(1)　故意
(2)　目的
(ア)　図利・加害目的
(イ)　図利・加害目的と本人図利
　　目的
(ウ)　目的の内容
4　財産上の損害　344
　　＊貸越債務の弁済
5　二重抵当と背任罪　346

xxiv　目　　次

(1)　学説・判例
(2)　背任罪の成立
③　他罪との関連 ………………… 347
　1　背任罪と横領罪の区別　347
(1)　問題の所在
(2)　学説
(3)　区別の基準
(4)　判例
　2　詐欺罪等との関係　349
第8節　盗品等に関する罪 ………… 350
①　総　説 …………………………… 350
　1　意義と学説　350
　　＊「贓物」から「盗品等」へ
　2　学説の検討　351
　3　保護法益　351
②　客　体 …………………………… 352
　1　財産罪によって領得された物
　　352
(1)　動産・不動産
(2)　違法な行為
(3)　領得された物
　2　追求可能な物　354
(1)　民事上の返還請求権
(2)　不法原因給付物
　3　金銭の盗品性　355
③　盗品等無償譲受け罪，盗品等運
　搬・保管・有償譲受け・有償処分
　あっせん罪 …………………… 356
　1　主　体　356
　2　行　為　356
(1)　盗品等無償譲受け罪(旧贓物
　　収受罪)
(2)　盗品等運搬罪(旧贓物運搬罪)
　　＊疑問の残る判例
(3)　盗品等保管罪(旧贓物寄蔵罪)
(4)　盗品等有償譲受け罪(旧贓物
　　故買罪)
(5)　盗品等有償処分あっせん罪(旧

贓物牙保罪)
　　＊被害者を相手とする処分
　3　故　意　359
　4　法定刑　360
④　罪数・他罪との関連 ………… 360
　1　罪　数　360
　2　他罪との関連　361
⑤　親族等の間の犯罪に関する特例
　…………………………………… 361
　1　趣　旨　361
　　＊刑の免除の根拠
　2　要　件　362
第9節　毀棄および隠匿の罪 …… 363
①　総　説 …………………………… 363
②　公用文書等毀棄罪 …………… 364
　1　客　体　364
(1)　公用文書
　　＊未完成文書
(2)　電磁的記録
　2　行　為　365
　　＊公用文書の隠匿
③　私用文書等毀棄罪 …………… 366
　1　意　義　366
　2　客　体　366
　　＊事実証明のための文書
　3　行　為　367
　4　親告罪　367
④　建造物等損壊罪・同致死傷罪… 367
　1　客　体　367
(1)　「他人」の意義
(2)　建造物
　　＊建造物か器物かの判断基準
(3)　艦船
　2　行　為　369
　　＊ビラ貼りと建造物損壊罪
　3　建造物損壊致死傷罪　370
⑤　器物損壊罪・動物傷害罪 …… 370
　1　客　体　370

目　次　xxv

2　行　為　*371*

3　親告罪　*371*

6　境界損壊罪……………………*371*

1　意　義　*371*

2　客　体　*372*

3　行　為　*372*

＊境界損壊に関する判例

7　信書隠匿罪……………………*373*

1　客　体　*373*

2　行　為　*373*

3　親告罪　*374*

第2編　社会法益に対する罪

第1章　公衆の平穏および安全に対する罪……………………*377*

第1節　騒乱の罪……………………*377*

1　総　説……………………*377*

＊法益に関する学説

2　騒乱罪……………………*378*

1　主　体　*378*

＊判例における「多衆」

2　行　為　*380*

＊抽象的危険犯か具体的危険犯か

3　主観的要件　*380*

(1)　共同意思の性質

(2)　共同意思の内容

＊共同意思に関する判例

4　行為態様と処罰　*382*

(1)　首謀者

(2)　指揮者・率先助勢者

(3)　付和随行者

5　集団外の関与者　*384*

6　他罪との関連　*384*

3　多衆不解散罪……………………*385*

1　主　体　*385*

2　行　為　*386*

3　処　罰　*387*

第2節　放火および失火の罪………*387*

1　総　説……………………*387*

1　意　義　*387*

＊公共危険の意義

2　行　為　*388*

＊不作為による放火

3　焼　損　*389*

(1)　学説の対立

(2)　判例の立場

(3)　判例・学説の検討

＊独立燃焼説

4　罪　数　*392*

2　現住建造物等放火罪…………*392*

1　意　義　*393*

2　客　体　*393*

(1)　住居

＊住居の限界例

(2)　複合建造物の現住性

＊一体性の判断基準

(3)　現在性

3　行　為　*395*

4　故　意　*396*

5　罪数・被害者の同意　*396*

3　非現住建造物等放火罪………*396*

1　客　体　*397*

＊豚小屋は建造物か

(1)　他人所有非現住建造物等放火罪

(2)　自己所有非現住建造物等放火罪

2　行　為　*398*

3　公共の危険の発生　*398*

＊公共の危険が発生しなかった例

4　故　意　*399*

＊公共の危険発生の認識

4　建造物等以外放火罪（非建造物放火罪）……………………*400*

1　客　体　*400*

2　公共の危険の発生　*401*

＊本罪における「公共の危険」

xxvi 目 次

3 故 意 *401*
＊判例の立場
⑤ 延焼罪……………………………*402*
⑥ 放火予備罪…………………………*403*
⑦ 消火妨害罪…………………………*404*
　1 行為の状況 *404*
　2 行 為 *404*
⑧ 失火罪………………………………*405*
　1 他人所有建造物等失火罪 *405*
　2 自己所有非現住建造物等失火罪
　　405
⑨ 業務上失火罪・重過失失火罪…*405*
　1 業務上失火罪 *406*
　　＊「業務」に関する判例
　2 重過失失火罪 *407*
　　＊重過失失火の具体例
⑩ 激発物破裂罪………………………*407*
　1 意 義 *407*
　2 客 体 *407*
　3 行 為 *407*
　4 損 壊 *408*
⑪ 過失激発物破裂罪・業務上過失激
　発物破裂罪・重過失激発物破裂罪
　……………………………………*408*
⑫ ガス漏出等罪・ガス漏出等致死傷
　罪……………………………………*409*
　1 意 義 *409*
　　＊具体的危険の発生
　2 ガス漏出等罪 *409*
　3 ガス漏出等致死傷罪 *410*

第3節 出水および水利に関する罪
　……………………………………*410*
① 総 説………………………………*410*
② 現住建造物等浸害罪………………*410*
　1 客 体 *411*
　2 行 為 *411*
　3 故 意 *411*
③ 非現住建造物等浸害罪…………*411*

　1 客 体 *411*
　2 行 為 *412*
　3 故 意 *412*
④ 水防妨害罪…………………………*412*
　1 行為の状況 *412*
　2 行 為 *412*
⑤ 過失建造物等浸害罪………………*413*
⑥ 出水危険罪…………………………*413*
⑦ 水利妨害罪…………………………*413*
　1 意 義 *413*
　2 行 為 *414*

第4節 往来を妨害する罪………*414*
① 総 説………………………………*414*
　＊交通犯罪
② 往来妨害罪…………………………*415*
　1 客 体 *415*
　2 行 為 *415*
③ 往来妨害致死傷罪………………*416*
④ 往来危険罪…………………………*417*
　1 意 義 *417*
　2 行 為 *417*
　(1) 鉄道・標識の損壊等
　(2) 灯台・浮標の損壊等
　3 往来の危険 *418*
　　＊往来の危険の意義
　4 故 意 *419*
⑤ 汽車等転覆・破壊罪…………*419*
　1 客 体 *419*
　2 行 為 *420*
　(1) 汽車等の転覆または破壊
　(2) 艦船の転覆・沈没・破壊
　　＊沈め屋事件
　3 故 意 *421*
⑥ 汽車転覆等致死罪……………*421*
　1 「よって死亡させた」の意義 *421*
　2 殺意がある場合 *422*
⑦ 往来危険による汽車等転覆・破壊
　罪……………………………………*423*

目　　次　　xxvii

1　意　義　423

2　客　体　423

3　致死の結果　423

*三鷹事件判決の少数意見

8　過失往来危険罪，過失汽車等転覆・破壊罪‥‥‥‥‥‥‥‥‥‥‥‥‥‥425

1　過失往来危険罪　425

2　過失汽車等転覆・破壊罪　425

3　業務上過失往来危険罪，業務上過失汽車等転覆・破壊罪　425

第2章　公衆の健康に対する罪‥‥‥426

第1節　飲料水に関する罪‥‥‥‥426

1　総　説‥‥‥‥‥‥‥‥‥‥‥‥‥426

2　浄水汚染罪‥‥‥‥‥‥‥‥‥‥‥427

1　客　体　427

2　行　為　427

3　水道汚染罪‥‥‥‥‥‥‥‥‥‥‥427

4　浄水毒物等混入罪‥‥‥‥‥‥‥‥428

5　浄水汚染致死傷罪・水道汚染致死傷罪・浄水毒物混入致死傷罪‥‥428

6　水道毒物等混入罪・水道毒物等混入致死罪‥‥‥‥‥‥‥‥‥‥‥429

7　水道損壊・閉塞罪‥‥‥‥‥‥‥‥429

1　客　体　429

2　行　為　430

第2節　あへん煙に関する罪‥‥‥‥430

1　総　説‥‥‥‥‥‥‥‥‥‥‥‥‥430

2　あへん煙輸入罪‥‥‥‥‥‥‥‥‥431

1　客　体　431

2　行　為　431

3　あへん煙吸食器具輸入等罪‥‥‥432

4　税関職員によるあへん煙等輸入等罪‥‥‥‥‥‥‥‥‥‥‥‥‥‥432

1　意　義　432

2　主　体　432

3　行　為　433

5　あへん煙吸食罪‥‥‥‥‥‥‥‥‥433

6　あへん煙吸食場所提供罪‥‥‥‥433

7　あへん煙等所持罪‥‥‥‥‥‥‥434

第3章　公衆の信用に対する罪‥‥‥435

*取引の安全に対する罪

第1節　通貨偽造の罪‥‥‥‥‥‥‥436

1　総　説‥‥‥‥‥‥‥‥‥‥‥‥‥436

1　保護法益　436

*新円切替え事件

2　外国通貨の保護　437

3　諸類型　437

2　通貨偽造罪‥‥‥‥‥‥‥‥‥‥‥437

1　客　体　437

2　行　為　438

(1)　偽造

(2)　変造

*変造の例

3　主観的要件　439

4　既　遂　439

3　偽造通貨行使等罪‥‥‥‥‥‥‥439

1　客　体　440

2　行　為　440

(1)　行使

(2)　交付

(3)　輸入

3　主観的要件　441

4　未　遂　442

5　罪数・他罪との関連　442

4　外国通貨偽造罪‥‥‥‥‥‥‥‥442

5　偽造外国通貨行使等罪‥‥‥‥‥443

6　偽造通貨等収得罪‥‥‥‥‥‥‥443

1　客　体　443

2　行　為　444

3　主観的要件　444

7　偽造通貨収得後知情行使等罪‥‥444

1　意　義　445

2　客　体　445

3　行　為　445

xxviii 目 次

8 通貨偽造等準備罪 …………… 446
  1 意 義 446
  2 客 体 446
  3 行 為 446
  4 主観的要件 447
  5 共犯・罪数 447

第2節 文書偽造の罪 ………………… 447

1 総 説 ……………………………… 447
  1 意 義 447
  2 保護法益 448
  3 名義人の真正か内容の真正か
   448

2 文書偽造の罪の基本概念 ……… 449
  1 文書の意義 449
  (1) 可視性・可読性
  (2) 意思・観念の表示
  (3) 持続性
  (4) 社会生活上の重要性
   ＊文書の例
  (5) 名義人の存在
   ＊名義人の実在性
  (6) 文書の確定性および原本性
   ＊写しの文書性
  (7) 写真コピーと文書
   (ア) 判例の立場
   (イ) 学説
   (ウ) 写真コピーの文書性
    ＊肯定判例の定着
  2 偽造の意義 455
  (1) 広義の偽造
  (2) 狭義の偽造
  (3) 虚偽文書作成と変造
  (4) 形式主義と実質主義
  (5) 有形偽造
   (ア) 狭義の偽造の内容
    (a) 名義人と作成者
    (b) 偽造の程度
    (c) 偽造の方法・手段

   (イ) 変造
    (a) 要件
     ＊偽造と変造の区別
    (b) 変造の手段・方法
  (6) 無形偽造（虚偽文書の作成）
   (ア) 有形偽造との区別
    ＊偽造と虚偽文書作成との間
    の錯誤
   (イ) 無形偽造の手段・方法
  3 行 使 460
  (1) 意義
  (2) 客体
  (3) 行使の方法・程度
   ＊行使罪に関する判例
  (4) 行使の相手方
   ＊積極説の判例
  (5) 行使の目的

3 詔書偽造等罪 ………………………… 463
  1 意 義 464
  2 客 体 464
  3 行 為 464

4 公文書偽造等罪 ………………… 464
  1 意 義 465
  2 有印公文書偽造等罪 465
  (1) 主体
   ＊補助公務員の作成権限
  (2) 客体
   ＊公文書の例
  (3) 行為
   (ア) 印章・署名
   (イ) 印章・署名の使用
   (ウ) 偽造・変造
  3 無印公文書偽造等罪 468

5 虚偽公文書作成等罪 ………… 468
  1 意 義 468
  2 主 体 469
  3 行 為 469
  (1) 虚偽公文書の作成

目　次　xxix

　　（ア）　虚偽の記載
　　（イ）　間接正犯
　　　　＊間接正犯を認めた判例
　（2）　虚偽公文書の変造
　4　処　罰　471
6　公正証書原本不実記載等罪 …… 472
　1　意　義　472
　2　公正証書原本不実記載罪　472
　（1）　客体
　（2）　行為
　　（ア）　公務員
　　（イ）　虚偽の申立て
　　（ウ）　不実の記載・記録
　　（エ）　着手・既遂時期
　　（オ）　中間省略の登記
　（3）　故意
　3　免状等不実記載罪　475
　（1）　客体
　（2）　行為
7　偽造公文書・虚偽公文書行使等罪
　　……………………………………476
　1　客　体　476
　2　行　為　476
8　私文書偽造等罪 ……………… 477
　1　意　義　477
　2　私文書偽造罪　477
　（1）　客体
　　　＊判例における事実証明に関
　　　する文書
　（2）　行為
　　（ア）　代理名義の冒用
　　　　＊代理名義の冒用をめぐる学説
　　（イ）　代理権限の濫用
　　　　＊代理権限濫用と文書偽造
　　（ウ）　肩書の冒用
　　　　＊資格の冒用
　　（エ）　名義人の同意
　　（オ）　通称名の使用

　　　　＊偽名・仮名の使用
　3　有印私文書偽造罪　484
　　　＊判例における署名
　4　有印私文書変造罪　485
　5　無印私文書偽造罪・無印私文書
　　　変造罪　485
9　虚偽診断書等作成罪（虚偽私文書
　　作成罪）………………………… 486
　1　主　体　486
　2　客　体　486
　3　行　為　486
10　偽造私文書・虚偽診断書等行使罪
　　……………………………………487
11　罪数・他罪との関連 ………… 487
　1　一般基準　487
　2　偽造・変造等の罪とその行使罪
　　488
12　電磁的記録不正作出罪 ……… 489
　1　意　義　489
　2　私電磁的記録不正作出罪　490
　（1）　客体
　（2）　行為
　　　＊虚偽記録の作出は不正作出か
　（3）　主観的要件
　3　公電磁的記録不正作出罪　492
　4　他罪との関連　492
13　不正作出電磁的記録供用罪 …… 493
　1　意　義　493
　2　客　体　493
　3　行　為　494
　4　主観的要件　494
　5　未遂罪　494
　6　罪数・他罪との関連　494
第3節　有価証券偽造の罪 ……… 495
1　総　説 ……………………… 495
　1　意　義　495
　2　通貨との類似性　495
　　　＊有価証券偽造の特別罪

xxx　目　次

2　有価証券偽造等罪‥‥‥‥‥‥*496*
　1　客　体　*496*
　　㋐　有価証券の意義
　　　＊「有価証券」に当たらない例
　　㋑　テレホンカードの偽造・変造
　　（a）　問題点
　　（b）　有価証券性
　　　　＊テープ貼付カード
　2　行　為　*499*
　　（1）　偽造
　　　　＊架空人名義の冒用
　　（2）　変造
　3　主観的要件　*501*
3　有価証券虚偽記入罪‥‥‥‥*501*
　1　客　体　*501*
　2　行　為　*501*
　3　目的・罪数　*503*
4　偽造有価証券行使等罪‥‥‥‥*503*
　1　客　体　*503*
　2　行　為　*503*
　3　目　的　*504*
　4　罪　数　*504*

第4節　支払用カード電磁的記録に
　　　　関する罪‥‥‥‥‥‥‥*504*
1　総　説‥‥‥‥‥‥‥‥‥‥*504*
　1　意　義　*504*
　2　保護法益　*505*
2　支払用カード電磁的記録不正作出
　　等罪‥‥‥‥‥‥‥‥‥‥‥*506*
　1　支払用カード電磁的記録不正作
　　　出罪　*506*
　　（1）　意義
　　（2）　客体
　　（3）　行為
　　（4）　主観的要件
　　（5）　未遂罪・他罪との関連
　2　不正電磁的記録カード供用罪
　　　509

（1）　意義
（2）　客体
（3）　行為
（4）　主観的要件
（5）　未遂罪・他罪との関係
　3　不正電磁的記録カード譲り渡
　　　し・貸し渡し・輸入罪　*510*
　　（1）　譲り渡し罪
　　（2）　貸し渡し罪
　　（3）　輸入罪
3　不正電磁的記録カード所持罪
　　‥‥‥‥‥‥‥‥‥‥‥‥‥*510*
　1　意　義　*510*
　2　行　為　*511*
4　支払用カード電磁的記録不正作出
　　準備罪‥‥‥‥‥‥‥‥‥‥*511*
　1　意　義　*511*
　　（1）　客体
　　（2）　行為
　　㋐　電磁的記録情報取得・提供
　　　　罪
　　㋑　電磁的記録情報保管罪
　　㋒　電磁的記録情報機器等準備
　　　　罪
5　罪数関係‥‥‥‥‥‥‥‥‥*512*
　1　適　用　*512*
　2　具体例　*513*

第5節　印章偽造の罪‥‥‥‥‥*513*
1　総　説‥‥‥‥‥‥‥‥‥‥*513*
　1　意　義　*513*
　2　印章・署名の真正の保護　*514*
2　印章・署名‥‥‥‥‥‥‥‥*515*
　1　印　章　*515*
　　（1）　印章と印顆
　　（2）　省略文書
　　（3）　印章の範囲
　2　署　名　*516*
3　御璽偽造罪・御璽不正使用等罪

目　次　xxxi

　　　　　……………………………517

4　公印偽造罪……………………518
　　1　客　体　*518*
　　2　行　為　*518*

5　公印不正使用等罪……………518
　　1　客　体　*519*
　　2　行為・故意　*519*
　　3　他罪との関連　*519*

6　公記号偽造罪…………………520
　　1　意　義　*520*
　　2　客　体　*520*
　　3　行　為　*521*

7　公記号不正使用等罪…………521
8　私印偽造罪……………………521
9　私印不正使用等罪……………522

第6節　不正指令電磁的記録に関す
**　　　　る罪**……………………………522

1　総　説……………………………522
　　1　意　義　*522*
　　　　＊コンピュータ・ウイルス
　　2　保護法益　*523*

2　不正指令電磁的記録作成等罪
　　　　……………………………………523
　　1　客　体　*523*
　　（1）　不正指令電磁的記録
　　（2）　その他の記録
　　2　行　為　*524*
　　（1）　不正指令電磁的記録作成罪
　　（2）　不正指令電磁的記録提供罪
　　（3）　不正指令電磁的記録供用罪
　　（4）　未遂罪
　　3　主観的要件　*525*

3　不正指令電磁的記録収得等罪
　　　　……………………………………526
　　1　行　為　*526*
　　2　罪数関係　*526*

第4章　風俗に対する罪……………527

第1節　わいせつおよび重婚の罪…527

1　総　説……………………………527
　　1　意　義　*527*
　　　　＊特別法の規定
　　2　わいせつの意義と判断方法　*528*
　　（1）　わいせつの意義
　　　　　＊規範的構成要件要素として
　　　　　のわいせつ性
　　（2）　わいせつ性の判断方法
　　　（ア）　諸見解
　　　（イ）　判例
　　　（ウ）　春画・春本論
　　　　　＊わいせつ物の有害性

2　公然わいせつ罪………………531
　　1　行　為　*531*
　　　　＊わいせつ行為の例
　　2　ストリップ・ショウ　*532*
　　（1）　演者と興行主との関係
　　（2）　罪数

3　わいせつ物頒布等罪…………533
　　1　総　説　*533*
　　2　客　体　*534*
　　（1）　文書・図画
　　（2）　電磁的記録に係る記録媒体
　　（3）　その他の物
　　（4）　電磁的記録その他の記録
　　3　行　為　*535*
　　（1）　頒布
　　（2）　公然陳列
　　（3）　所持・保管
　　4　故　意　*537*
　　5　罪　数　*537*
　　6　法定刑　*537*

4　重婚罪……………………………538
　　1　意　義　*538*
　　2　主　体　*538*
　　　　＊姦通罪
　　3　行　為　*539*

xxxii 目 次

第2節 賭博および富くじに関する罪
……………………………………539
1 総 説…………………………539
2 賭博罪…………………………540
　1 行 為 540
　(1) 偶然の勝敗
　　＊片面的賭博
　(2) 財物の得喪
　2 違法性阻却事由 541
3 常習賭博罪……………………542
　1 意 義 542
　2 主 体 543
　　＊遊戯場経営者の常習性
　3 行 為 544
　4 共犯・累犯加重 544
　(1) 共犯関係
　(2) 累犯
4 賭博場開張図利罪・博徒結合図利
　罪………………………………545
　1 賭博場開張図利罪 545
　(1) 行為
　(2) 主観的要件
　(3) 既遂
　(4) 罪数
　2 博徒結合図利罪 546
5 富くじ罪(富くじ発売罪・富くじ取
　次ぎ罪・富くじ授受罪)…………546
　1 意 義 547
　2 類 型 547

第3節 礼拝所および墳墓に関する罪
……………………………………547
1 総 説…………………………547
2 礼拝所不敬罪…………………548
　1 客 体 548
　2 行 為 548
　　＊公然不敬行為の例
3 説教等妨害罪…………………549
　1 客 体 549

　2 行 為 549
4 墳墓発掘罪……………………550
　1 客 体 550
　2 行 為 550
5 死体損壊等罪…………………550
　1 客 体 550
　2 行 為 551
　(1) 損壊・遺棄
　　＊死体の放置と遺棄
　(2) 行為
　　＊納棺物と財物罪
　(3) 他罪との関連
6 墳墓発掘死体損壊等罪…………553
7 変死者密葬罪…………………553
　＊変死者の例

第3編 国家法益に対する罪

第1章 国家の存立に対する罪……557
第1節 内乱に関する罪……………557
1 総 説…………………………557
　＊特別法
2 内乱罪…………………………558
　1 主 体 558
　2 行 為 559
　3 主観的要件 560
　(1) 故意
　(2) 目的
　4 処罰の態様 560
　(1) 首謀者
　(2) 謀議参与者・群衆指揮者
　(3) 職務従事者
　(4) 付和随行者・暴動参加者
　5 共 犯 561
3 内乱予備・陰謀罪………………562
4 内乱幇助罪……………………562
第2節 外患に関する罪……………563
1 総 説…………………………563

目　　次　　xxxiii

```
　　＊保護主義
　2　外患誘致罪……………………564
　3　外患援助罪……………………564
　4　外患予備・陰謀罪……………565
第3節　国交に関する罪……565
　1　総　説…………………………565
　　＊改正前の規定
　2　外国国章損壊罪………………566
　　1　客　体　566
　　2　行　為　567
　　3　目　的　567
　　4　請　求　568
　3　私戦予備・陰謀罪……………568
　　1　行　為　568
　　2　目　的　568
　4　中立命令違反罪………………569
　　1　意　義　569
　　2　行為の状況　569
　　3　行　為　569


第2章　国家の作用に対する罪……571
第1節　公務員と公務所……………571
　1　総　説…………………………571
　2　公務員の意義…………………572
　　1　国または地方公共団体の職員
　　　572
　　2　法令により公務に従事する者
　　　572
　　　＊公務と公務員
　　3　議員，委員，その他の職員　573
　　　＊機械的労働と職員
　3　公務所の意義…………………575
第2節　公務の執行を妨害する罪…575
　1　総　説…………………………575
　　＊公務の保護と憲法14条
　2　公務執行妨害罪………………576
　　1　客　体　576
　　2　行　為　576
```

```
　（1）　職務の執行
　　　＊「執行するに当たり」の例
　（2）　職務執行の適法性
　　（ア）　適法性の意義
　　（イ）　適法性の要件
　　　（a）　抽象的権限
　　　（b）　具体的権限
　　　（c）　要件・方式の履践
　　　　＊要件・方式の違背と判例
　　（ウ）　判断基準
　　　＊判例と適法性の判断方法
　（3）　行為
　　　＊公務員に向けられた暴行の
　　　事例
　（4）　妨害
　　　＊1回の瞬間的暴行
　　3　故　意　584
　　　＊適法性の錯誤と判例
　　4　罪数・他罪との関連　584
　3　職務強要罪・辞職強要罪………585
　　1　意　義　585
　　2　行　為　585
　　3　目　的　585
　4　封印等破棄罪……………………586
　　1　客　体　587
　　（1）　封印・差押えの表示
　　（2）　違法性の要件
　　　＊法改正の趣旨
　　2　行　為　588
　　3　故　意　589
　　　＊適法性に関する錯誤の判例
　　4　法定刑　589
　　5　他罪との関連　590
　5　強制執行妨害目的財産損壊等罪
　　……………………………………590
　　1　意　義　590
　　2　主　体　591
　　3　目　的　591
```

xxxiv　目　　次

　　4　行　為 *592*
　　(1)　1号の行為
　　(2)　2号の行為
　　(3)　3号の行為
　6　強制執行行為妨害等罪‥‥‥‥‥*594*
　　1　意　義 *594*
　　2　1項の罪 *595*
　　3　2項の罪 *595*
　7　強制執行関係売却妨害罪‥‥‥‥*596*
　　1　意　義 *596*
　　2　客　体 *597*
　　3　行　為 *597*
　8　加重封印等破棄等罪‥‥‥‥‥‥*598*
　　1　趣　旨 *598*
　　2　行　為 *598*
　9　公契約関係競売等妨害罪‥‥‥‥*599*
　　1　意　義 *599*
　　＊不動産競売における特別売却
　　　手続
　　2　行　為 *600*
　　＊偽計競争入札妨害罪の例
　10　談合罪‥‥‥‥‥‥‥‥‥‥‥‥*601*
　　1　意　義 *601*
　　2　目　的 *601*
　　(1)　公正な価格
　　(2)　二つの目的の関係
　　3　行　為 *603*

第3節　逃走の罪‥‥‥‥‥‥‥‥‥*603*
　1　総　説‥‥‥‥‥‥‥‥‥‥‥‥*603*
　2　逃走罪‥‥‥‥‥‥‥‥‥‥‥‥*604*
　　1　主　体 *604*
　　2　行　為 *604*
　　＊未遂
　3　加重逃走罪‥‥‥‥‥‥‥‥‥‥*605*
　　1　主　体 *605*
　　2　行　為 *606*
　　3　実行の着手 *606*
　4　被拘禁者奪取罪‥‥‥‥‥‥‥‥*607*

　　1　客　体 *607*
　　2　行　為 *607*
　5　逃走援助罪‥‥‥‥‥‥‥‥‥‥*608*
　　1　意　義 *608*
　　2　行　為 *608*
　　＊被拘禁者奪取罪の未遂と本罪
　6　看守者等による逃走援助罪‥‥‥*609*
　　1　主　体 *609*
　　2　行　為 *609*

第4節　犯人蔵匿および証拠隠滅の罪
　　　‥‥‥‥‥‥‥‥‥‥‥‥‥‥*610*
　1　総　説‥‥‥‥‥‥‥‥‥‥‥‥*610*
　　＊本罪の性質
　2　犯人蔵匿等罪‥‥‥‥‥‥‥‥‥*611*
　　1　客　体 *611*
　　＊真犯人であることの審判
　　2　行　為 *613*
　　3　故　意 *614*
　　4　罪　数 *614*
　　5　共犯関係 *614*
　　＊犯人隠避罪を認めた事例
　3　証拠隠滅等罪‥‥‥‥‥‥‥‥‥*615*
　　1　客　体 *615*
　　(1)　共犯者の刑事事件
　　(2)　「刑事事件」の意味
　　2　行　為 *617*
　　(1)　証拠の隠滅
　　(2)　証拠の偽造・変造
　　＊参考人の虚偽供述
　　3　他罪との関連 *618*
　　4　共犯関係 *619*
　4　親族間の犯罪‥‥‥‥‥‥‥‥‥*620*
　　1　親族間の犯罪に関する特例
　　　620
　　(1)　意義
　　(2)　要件
　　2　親族の他人への教唆行為 *620*
　　3　他人の親族への教唆行為 *621*

目　　次　　xxxv

　　4　犯人の親族への教唆行為　*621*

　5　証人等威迫罪……………………*622*

　　1　意　義　*622*

　　2　客　体　*622*

　　3　行　為　*623*

　　　＊強請強談・威迫

　　4　故　意　*624*

　　5　罪　数　*624*

第5節　偽証の罪…………………………*624*

　1　総　説……………………………*624*

　　＊本罪の特別罪

　2　偽証罪…………………………*625*

　　1　主　体　*625*

　　2　行　為　*625*

　　(1)　宣誓

　　　＊被告人の親族による偽証

　　(2)　虚偽の陳述

　　(ア)　宣誓

　　　＊事後宣誓と判例

　　(イ)　虚偽の意義

　　　＊判例における「虚偽」

　　(3)　間接正犯

　　3　主観的要素　*629*

　　4　着手時期と既遂　*629*

　　5　共　犯　*630*

　　6　罪　数　*631*

　3　虚偽鑑定等罪…………………*631*

　　1　主　体　*631*

　　2　行　為　*631*

　4　自白による刑の減免…………*632*

第6節　虚偽告訴の罪……………………*632*

　1　総　説……………………………*632*

　2　虚偽告訴等罪…………………*633*

　　1　行　為　*633*

　　2　主観的要素　*634*

　　(1)　故意

　　(2)　目的

　　3　罪　数　*636*

　3　自白による刑の減免…………*636*

第7節　汚職の罪…………………………*636*

第1款　職権濫用の罪……………………*637*

　1　総　説……………………………*637*

　　＊職権濫用罪の沿革

　2　公務員職権濫用罪……………*638*

　　1　主　体　*638*

　　2　行　為　*638*

　　(1)　職権の濫用

　　(ア)　職権の意義

　　(イ)　濫用行為

　　　＊電話盗聴と職権濫用

　　(2)　結果

　　　＊職権濫用の参考例

　　3　罪　数　*642*

　3　特別公務員職権濫用罪………*642*

　　1　主　体　*642*

　　2　行　為　*643*

　4　特別公務員暴行陵虐罪………*643*

　　1　主　体　*643*

　　2　客　体　*644*

　　3　行　為　*644*

　　4　違法性阻却事由・罪数　*644*

　5　特別公務員職権濫用致死傷罪・特
　　別公務員暴行陵虐致死傷罪……*645*

第2款　賄賂の罪…………………………*645*

　1　総　説……………………………*645*

　　1　意　義　*645*

　　　＊賄賂の罪の立法主義

　　2　沿　革　*646*

　2　賄賂の意義……………………*647*

　　1　職務関連性　*647*

　　(1)　「職務に関し」の意義

　　　＊内閣総理大臣・国務大臣の
　　　職務権限

　　(2)　転職前の職務

　　(3)　職務密接関連行為

　　　＊職務密接関連行為と判例

xxxvi 目 次

2 賄賂の意義 *651*
(1) 賄賂の目的物
＊判例における賄賂
(2) 対価的関係
3 収賄罪 ……………………… *653*
1 主 体 *653*
2 行 為 *653*
3 故 意 *653*
4 受託収賄罪 ………………… *654*
＊将来の職務に関する受託
5 事前収賄罪 ………………… *654*
1 主 体 *655*
2 行 為 *655*
6 第三者供賄罪 ……………… *655*
1 意 義 *655*
2 行 為 *655*
7 加重収賄罪 ………………… *656*
1 意 義 *656*
2 主 体 *656*
3 行 為 *657*
8 事後収賄罪 ………………… *657*
9 あっせん収賄罪 …………… *658*

1 意 義 *658*
2 主 体 *659*
＊地位利用と学説・判例
3 行 為 *659*
10 没収・追徴 ………………… *660*
1 意 義 *660*
2 対象者 *660*
3 没収の対象 *660*
＊任意的没収の場合
4 追 徴 *661*
＊追徴価額算定の基準
11 贈賄罪 ……………………… *662*
1 主 体 *662*
2 行 為 *662*
3 収賄罪との関係 *663*
12 贈収賄罪と他罪・罪数 ……… *663*
1 他罪との関連 *663*
2 罪 数 *664*

事項索引 ……………………………… *665*
判例索引 ……………………………… *673*

序　論

1　刑法各論の意義

　刑法は，犯罪と刑罰とを定める法である。刑法学は，この刑法を対象とする学問分野であるが，一般に刑法総論と刑法各論とに分けて論じられている。刑法総論は，刑法典「第1編　総則」（1条～72条。以下「刑法総則」という）を対象として，個々の刑罰法規に共通する一般的な原理の認識・解明を任務とする。これに対して，刑法各論は，刑法典「第2編　罪」（77条～264条。以下「刑法各則」という）の定める条文を対象として，総論の一般的原理を基礎としながら，個別の犯罪に固有の成立要件を明らかにするとともに，個々の犯罪の成立要件相互の関係ないし区別の認識・解明をその任務としている。

　刑法各則は，通常，「～の行為をした者は，～の刑に処する」という形式で規定されている。例えば，刑法199条は，「人を殺した者は，死刑，無期若しくは5年以上の懲役に処する」と規定している。このように，個別の犯罪とそれに対応する刑罰を定めている法規を刑罰法規という。個々の刑罰法規は，刑法77条から264条に定められているが，刑法典以外にも，例えば，「組織的な犯罪の処罰及び犯罪収益の規制等に関する法律」のような特別刑罰法規および「道路交通法」のような行政刑罰法規といった数多くの刑罰法規がある。刑法各論は，本来これらの刑罰法規をも対象とすべきであるが，刑法典に定める刑罰法規は犯罪として基本的なものであり，これらを解明すれば各論としては十分であるから，本書では叙述の範囲を主として刑法典の定める刑罰法規に限定し，特別刑罰法規および行政刑罰法規は必要に応じて検討する。

2　刑法各論の体系

　刑法は，社会秩序の維持を最終的な目的とする。この目的を達成するために，国家は，その国家において保護しなければならない利益を選択し，これ

に対する侵害行為を犯罪として処罰する。この利益を**保護法益**または法益という。法益は，国家の社会秩序を維持するために保護されるのであるから，犯罪はすべて国家の利益を侵害するものであるが，刑法が直接に保護を図る利益は，例えば，殺人罪における人の生命，通貨偽造罪における公共の信用，公務執行妨害罪における国家の統治作用というように，個別の犯罪によってその性質を異にする。刑罰法規においては，保護すべき法益をあらかじめ特定し，行為主体のほか法益を侵害する行為，行為状況および結果などが規定される。したがって，法益の性質をいかに理解するかは，その犯罪の本質を決定するものであり，個々の行為が犯罪となるか否かを決める基準となる。

犯罪は，国家や社会の利益を侵害するものであるが，刑法が直接に保護する利益は，個人の利益（個人法益），社会・公共の利益（社会法益），国家自体の利益（国家法益）に分かれる。この方法によって刑法の体系化を図る立場を**法益三分説**という。現行刑法典も法益を３つに分ける考え方に依拠していると見られるが，①立法当時の法益に対する分析が未熟であったこと，②日本国憲法の制定に伴い国家主義から個人主義へと価値観が転換したことから，刑法典の章別に従って法益を分類することが不可能となっている。したがって，本書では，刑法典の配列順序を大幅に変更して叙述する。

日本国憲法は，個人主義に立脚している。**個人主義**とは，あらゆる人間社会における価値の根元は個人にあり，具体的な生きた個々の人間は，国政の上で最大限に尊重されるべきであるとする原則をいう。この観点から刑法各論の体系化を試みると，第１に，**個人法益**が刑法によって保護すべき利益の基底となり，第２に，**社会法益**は，個人の集合体としての公衆の利益として個人法益の次に配置すべきであり，第３に，**国家法益**は，国家の存立，機構および作用が国民の総意に由来し，また個人は国家の保護を受けて初めて幸福を追求できるのであるから，国家法益は，あらゆる法益の頂点に位置するものである。こうして，本書では，個人法益，社会法益および国家法益の順序で叙述することにする。

③ 刑法の解釈

刑法の解釈では，罪刑法定主義の要請として類推解釈が禁止され**厳格解釈**

が重んじられる。そのため，刑法の存在形式である言語の意味を可能な限り客観的に認識することが要求される。しかし，法文で用いられる言語は，法益保護を通じた社会秩序維持の目的に向けられたものであるから，言語自体の解釈ではなく，言語のもつ**法的意味の認識**が重要となる。一方，言語は，法解釈ではそれ自体独立した意味をもつわけではなく，法文および他の条項との関連において規範的な意味をもつのである。したがって，文理解釈，論理解釈も必要となる。

　刑罰法規は，「〜の行為をした者は，〜の刑に処する」という形式で規定されるが，刑罰法規の前半に当たる部分が法律要件としての犯罪であり，後半に当たる部分がその法律効果としての刑罰である。刑法各論は，これら双方にわたる各刑罰法規のもつ意味の認識・解明を任務とするのである。

　刑罰法規における犯罪を規定する部分は，例えば，刑法199条の「人を殺した者」のように，当該犯罪の一般的な成立要件を定めるもので，これを犯罪構成要件または**構成要件**という。構成要件は，法益侵害の態様・程度が重大であるため，社会秩序を維持するうえで放置できない行為すなわち**当罰的行為**を，立法者が社会通念に基づいて法律的に抽象化・類型化し，犯罪となる行為の形式的な「枠」を示して**可罰的行為**としたものである。行為が犯罪となるかならないかは，通常，構成要件に該当するか否かによって決まるから，刑法各論では，構成要件の解釈が最も重要となるのである。

　刑罰法規は，社会秩序の維持を図るために立法化されたものであるから，その解釈においても社会秩序維持の目的と関連づけてその客観的意味を明らかにする必要がある。したがって，刑法の解釈においても**目的論的解釈**は不可欠のものである。しかし，法の目的をいかに認識するかは解釈者の価値観によって異なってくるのであり，目的論的解釈方法は，刑法の厳格解釈の要請に反する危険を伴う。それゆえ，何よりもまず，法文の言語的意味を客観的に認識し，形式論理の法則を可能な限り尊重することが要求される。次に，論理的な解釈の結果として複数の結論が導かれるときに初めて目的論的解釈を駆使して，1つの結論を選ぶべきである。

　しかし，この場合にも解釈者のイデオロギーや価値観の介入をできる限り抑制し，通常の判断力を有する一般人の理解すなわち社会常識ないし**社会通**

4 序 論

念に即した結論を導かなければならない。一般国民が刑罰法規の趣旨を正しく理解すれば，当該行為が犯罪となることを了解するであろうという程度の**客観性**を有する必要がある。この客観性は，特に政治的な犯罪のように価値観が対立する場合には容易に確保できない。ここにおいて，判例，慣習および条理を考慮し，さらに立法者意思，当該刑罰法規の犯罪学的意味および比較法などの考察が必要になってくる。

このようにして，刑法各論は，法益保護の見地に立って，刑罰法規から真に処罰に値する行為を客観的に導き出し，犯罪者の人権保護を図りながら適切な刑罰権を実現し，もって社会秩序の維持を図るという刑法の目的に奉仕するのである。

第 1 編

個人法益に対する罪

6　第1編　個人法益に対する罪

　個人法益に対する罪は，個人法益を侵害し，または，これを危険にする犯罪である。日本国憲法13条は，「すべて国民は，個人として尊重される。生命，自由及び幸福追求に対する国民の権利については，公共の福祉に反しない限り，立法その他の国政の上で，最大の尊重を必要とする」と規定している。これは，あらゆる法的価値の根元が個人の尊重にあることを宣言するものであり，この見地から，刑法においても個人法益を最優先して保護しなければならないのである。

　個人法益の第1は，生命である。生命こそ個人主義の価値の根元だからである。第2は，身体ないし健康の安全である。「すべて国民は，健康で文化的な最低限度の生活を営む権利を有する」（憲25条1項）とされているのも，間接的に上の趣旨を明らかにしたものである。第3は，自由である。憲法で「自由及び幸福追求」と定められたのは，広く自由権を保障する趣旨と解されるが，身体の自由，行動の自由は自由主義社会の根幹をなすものとして重要な保護法益である（憲19条〜24条など）。第4に，個人主義は，人格の尊厳に基づき他から干渉を受けずに，平穏な生活における自由な人格の発展・形成を予定する。すなわち，住居の安全，秘密や名誉・信用の保護は，幸福追求にとって不可欠なものである。第5に，私的所有を認めて経済活動の自由を保障する経済体制のもとでは，生存の経済的基盤である財産も重要な保護法益となる。憲法は「財産権は，これを侵してはならない」（憲29条1項）と宣言しているところである。

　このようにして刑法は，生命，身体，自由，生活の平穏，名誉，信用および財産を刑法上の保護法益とし，これらに対する不法な侵害を犯罪とする刑罰法規を設けているのである。

第1章

生命および身体に対する罪

第1節　人　の　意　義

1 総　説

1　人の生命

　生物学的な意味でのヒトの生命は，精子と卵子の結合による受精卵（胚）の誕生によって始まる。受精卵は，やがて子宮に着床し，胎児として成長し，出生して人となる。すなわち，ヒトの生命は，**受精→着床→胎児→出生→死亡**という経過をたどるのである。そして，人はやがて確実に死亡し，一生を終える。その意味で，生物学的には，受精卵の誕生から死に至るまでがヒトであり，その間をヒトの生命として捉えることができる[1]。しかし，ヒトの生命をすべて保護すべきかどうかは，国によって異なっている。現行刑法は，「胎児」と「人」に限って保護している。なお，受精卵はヒトの生命として保護されないが，「物」として保護することは可能である[2]。

2　刑法による保護

　人の生命を保護するために，刑法は生命・身体に対する罪を設けている。生命・身体に対する罪は，人または胎児の生命・身体を侵害し，または危険にする行為を内容とする犯罪であり，①殺人の罪，②傷害の罪，③過失傷害の罪，④堕胎の罪，⑤遺棄の罪がこれに当たる（第2編第26章～30章）。各罪の

1　西田・5頁，山口・5頁。なお，山口ほか・理論刑法学の最前線Ⅱ（2006）〔佐伯〕1頁。
2　石原明「体外受精の法的視点と課題」ジュリ807号31頁。反対，町野・110頁，西田・5頁，平川・30頁，山口・5頁，松宮・19頁。

行為の客体は，堕胎の罪を除き「人」である。法律上「人」の概念は一般に法人を含むのであるが，人の生命・身体に対する罪の客体は生命・身体を有する必要があるから，人は自然人に限り法人を含まない。

生命・身体を有するものであれば，将来成長の希望のない嬰児であろうと，自然の死期が迫っている高齢者であろうと，その状態のいかんを問わず人である[3]。また，堕胎の罪では行為の客体は胎児であるから，堕胎の罪との関係で人と胎児を区別する基準の確定が重要となる。区別の要点は，胎児が人となる時期すなわち人の始期にある。一方，人が死亡すれば生命・身体に対する罪の客体とはならないから，原則として殺人・傷害等の罪は成立しないことになる。したがって，人の終期をどの時点に置くかの問題は犯罪の成否にかかわるのみならず，死体を犯罪の客体とする死体損壊の罪（190条）と生命・身体の罪との分水嶺となる。

2 人 の 始 期

1 学 説

人の始期は，出生である。出生前の生命体を胎児という。胎児の生命は，刑法上堕胎の罪によってのみ保護される。それゆえ，胎児に侵害を加えた結果，その胎児が障害を受けて出生しまたは出生後に死亡した場合，「人」に対する侵害としての生命・身体に対する罪を構成することはないと解すべきである（➡27頁以下）。人の出生をめぐっては，かつて，ⓐ陣痛開始説，ⓑ独立呼吸説，ⓒ全部露出説，ⓓ一部露出説，ⓔ生存可能性説が対立していたが，現在ではⓓ説が通説となっており，判例もこれを採用していると見られる[4]。

2 学説の検討

一部露出説[5]は，胎児の身体の一部が母体より露出した時点をもって人の始期とする説である。全部露出説[6]は，分娩が完成して胎児が母体から完全に分

---

3 大判明43・5・12刑録16・857。
4 大判大8・12・13刑録25・1367。ただし，旧刑法下の大判明36・7・6刑録9・1217は，「一部露出しても人でない」としていた。
5 小野・157頁，瀧川・22頁，木村・11頁，佐伯・96頁，植松・247頁，団藤・372頁，福田・147頁，香川・358頁，西原・9頁，齊藤〔誠〕・32頁，平川・37頁，山中・11頁，西田・8頁，前田・11頁，林・11頁，山口・9頁，高橋・11頁。

離した時点をもって人の始期とする説である。民法上は全部露出説が通説であり，一般社会の意識からみてもこの説のほうが自然であるとも考えられるが，生命・身体の罪は独立の生命を有する個体の生命・身体を保護するものであるから，この法益保護の目的からは，「胎児」が母体から独立して直接に侵害の客体になりうる状態に達した以上は，「人」として保護に値すると解すべきである。また，一部露出中の「胎児」の肢体に直接侵害を加えたか否かを基準とすることによって，堕胎と殺人との区別を容易にしうる。これら2点において一部露出説がすぐれていると考える。なお，一部露出後に再び母体内に戻ったときは，胎児として扱うべきである[7]。

　母体外で生存可能な程度に成熟している胎児であれば「人」として保護に値するとも考えられ，この点からは，分娩の開始すなわち規則的な陣痛を伴う分離作用の開始時をもって「人」の始期とする出産（陣痛）開始説[8]を支持すべきである。しかし，この説においては分娩開始の確認が困難であることに決定的な欠陥がある。また，胎児が母体外において肺による呼吸が可能になった時点を人の始期とする独立呼吸説[9]によると，人の生命に対する刑法的保護が弱くなること，呼吸開始の時点を確認するのが困難であることから，支持しがたい。一方，母体外において生命を保持する可能性のある胎児は人に当たるとする生存可能性説[10]によると，母体外で生存可能な胎児を母体内で死なせれば殺人ということになって妥当でない。

> **全部露出説の短所**　　一部露出説に対して，直接に攻撃できたかどうかという「行為の態様によって客体の性質を区別」するものであると批判し，全部露出説を主張する有力な見解がある。しかし，全部露出説によるときは人の生命に対する保護が遅きに失するとともに，「胎児」が母体から分離後に死亡した場合，それに対する攻撃が一部露出後のものか全部露出後のものかを判定することが困難であるという理由で，支持しがたい。

6　平野龍一・犯罪論の諸問題〔下〕(1982) 262頁，小暮ほか〔町野〕・14頁，中森・5頁，松宮・12頁。

7　反対，大塚・各論上19頁。

8　井田・17頁。ドイツの通説。井田良「人の出生時期をめぐる諸問題」刑事法ジャーナル2号123頁。

9　大場・上45頁。

10　伊東・14頁。

3 人 の 終 期

1 学 説

人の終期は死亡である。人は死亡によって生命を失い，その身体も死体となり死体損壊罪の客体となるにすぎない。死亡の時期については，ⓐ脈搏が不可逆的に停止した時期とする**脈搏停止説**[11]，ⓑ呼吸が不可逆的に停止した時期とする**呼吸停止説**[12]，ⓒ呼吸・脈搏の不可逆的停止および瞳孔散大の三徴候を基礎として総合的に判定するとする**総合判定説**（三徴候説）[13]，ⓓ脳機能の不可逆的喪失の時期とする**脳死説**[14]がある。これまでは，ⓒ説が有力であったが，近年になって，ⓓ説がむしろ優勢になりつつある。

2 総合判定説から脳死説へ

(1) 二つの死の概念　思うに，人の死の判定は，法律上様々な効果を生じさせるから，一つの基準をもって判定するのが望ましい。また，死の概念は医学を基礎とするものであり，その認定は医学常識ないし医学上の定説となっているものを基礎とすべきである。一方，死は社会的意味を有するから，社会通念として認められるものでなければならないであろう。この観点から考えてみると，医学界においては脳死説が通説化しつつあるというものの，社会通念上脳死説が承認されているとするのも現時点では時期尚早と考えられ，死の判定は依然として心臓死を基準とするⓒ説が妥当であろう。

(2) 臓器移植法の制定　こうした状況のもとで，脳死説を基礎とした「臓器の移植に関する法律」（法104号。「臓器移植法」と略す）が1997（平成9）年に制定され，同年10月16日から施行されて，既に脳死体からの臓器移植が実施されてきた。同法6条は，脳死状態にある者がドナー・カードを有している場合であって，その遺族が臓器の摘出を拒まないとき，または遺族がいないときは，脳死を判定して，「死体（**脳死した者の身体を含む**）」から臓器を摘出することができるとするのである。これによって，少なくとも臓器移植に関す

---

11 佐伯・56頁，香川・359頁。
12 大場・上36頁。
13 福田・147頁，大塚・10頁，中森・7頁，前田・13頁，平川・43頁，井田・20頁，佐久間・17頁。
14 植松・247頁，団藤・377頁，平野・156頁，齊藤〔誠〕・34頁，岡野・3頁，小暮ほか〔町野〕・21頁，西田・9頁，林・22頁，伊東・14頁，山口・10頁，条解535頁。なお，山中・15頁。

る限り，脳死説が法的に容認されたのであるが，その結果として，臓器移植の場合の死とそれ以外の場合の死というように，二つの死の判定ないし概念が生ずることになったことは，問題として残るであろう。なお，総合判定説によれば，臓器移植法に違反して行われた臓器摘出は，殺人罪の構成要件に該当し，違法性の程度が問題となるが，脳死説によれば，死体損壊罪の成立が問題となるにすぎない。

(3) **臓器移植法の改正**　　臓器移植法の制定は，心臓移植にとって大きな転機となったが，許容要件が厳格であったため，提供者（ドナー）の数が少なく，法制定後10年以上経ってもわずか80例の移植数にとどまった。

　こうして，法改正の動きが活発となり，2009（平成21）年に改正法（法83号）が成立し，2010（平成22）年に施行されたのである。改正の要点は，ドナー・カードがない場合およびドナーの意思が確認できないときは，遺族だけの同意で移植できることにしたことである。これによって15歳未満の意思能力の無い者から臓器を摘出することが可能になった[15]。違法性阻却事由の要件を緩和したものと解すべきである。

第2節　殺　人　の　罪

1 総　　説

1　殺人の罪の種類

　殺人の罪は，故意に他人の生命を侵害する犯罪であり，①殺人罪（199条），②殺人予備罪（201条），③同意殺人罪・自殺関与罪（202条）に分けて規定されており，その保護法益は個人の生命である。なお，刑法は，過失によって他人の生命を侵害する行為を過失傷害の罪として規定し（第2編第28章），本罪から区別している。諸外国の立法例では，①殺人を謀殺と故殺に分け，前者を重く罰するもの（フランス刑法，ドイツ刑法，英米刑法など），②毒殺を特に重く罰するもの（フランス刑法など），③嬰児殺を軽く罰するものなどがあり（フランス刑法，イギリス刑法など），行為者の意思，行為の態様，客体の性質等の観点から

---

15 大谷實・新いのちの法律学（2011）226頁。

12　第1編　個人法益に対する罪　第1章　生命および身体に対する罪

殺人の罪を類型化するのが一般である。これらの類別は，主として処罰の軽重に反映させる目的に基づくものであるが，上記のような形式的理由によって法定刑の軽重を認める根拠は，薄弱である。

2　殺人罪と同意殺人罪

わが国の刑法は，殺人罪の構成要件を単純化して，殺人罪（199条）および同意殺人罪（202条）の二つに区別した。この立法形式は，殺人罪の具体的事情はきわめて多様であるから，それぞれの事情に応じて妥当な判断を行い，刑の量定に反映させる方が合理的であるとする趣旨に基づいている。あらゆる態様の殺人行為を殺人罪と減軽類型としての同意殺人罪に分けて法定刑の幅を広くし，具体的事情に応じた刑の量定を裁判所に委ねようとしたものである。殺人の加重類型として，刑法では尊属殺人罪（200条）が，また，特別刑法では人質殺害罪（人質による強要行為等の処罰に関する法律4条）および組織的殺人罪（組織犯罪処罰法3条1項3号，2項）等があるが，そのうち尊属殺人罪は，後に述べるように憲法14条に違反するという理由で，1995（平成7）年の刑法改正で削除された。なお，殺人の罪については，予備罪（201条），未遂罪（203条）がある。一方，自殺それ自体は犯罪ではないが，自殺関与罪（202条）およびその未遂は処罰される（203条）。

［2］　殺人罪（普通殺人罪）

人を殺した者は，死刑又は無期若しくは5年以上の懲役に処する（199条）。未遂は，罰する（203条）。

1　客　体

本罪の客体は，「人」である。人とは，行為者を除く自然人をいう。自殺は本罪の対象にならない。

2　行　為

本罪の行為は，人を殺すことである。「人を殺」すとは，自然の死期以前に人の生命を絶つ行為をいう。有形的方法（＝物理的方法——刺殺，毒殺，絞殺，射殺など）であると，無形的方法（＝心理的方法——精神的苦痛を与えて悶死させる行為など）であるとを問わない。他人または被害者本人を道具とする間接正犯でもよい[16]。例えば，被害者の錯誤ないし意思無能力を利用して死亡の結果を生じ

第2節　殺人の罪　　*13*

させた場合は，被害者自身を道具とする殺人罪の間接正犯である[17]。**不作為**による殺人も認められる[18]。

3　故　意

客体に関しては，単に人であることの認識があれば足りる。また，行為に関しては，殺人の手段となる行為により死の結果が発生可能であることを認識し，あえてその行為に出る意思がある場合に認められる。

4　未遂・既遂

殺人行為の結果として被害者が死亡することによって，殺人罪は既遂に達する。殺人の実行の**着手時期**は，他人の生命を侵害する現実の危険を惹起した時であり，殺人の意思で相手の首を絞めるとか，銃で狙いを定める行為をした場合には，殺人罪における構成要件的結果発生の現実の危険を生じさせており，実行の着手が認められる。実行に着手したが結果が発生しなかった場合，あるいは殺人行為も被害者の死亡もあったが両者を結ぶ**因果関係**がない場合は，いずれも未遂である。殺人の実行行為は，結果防止に努力しなければ結果が発生してしまう状態を生じさせた場合に終了する。

5　罪　数

個人の生命は一身専属的であり，各個人の生命はそれぞれ独立した価値をもつから，個々の**客体ごと**に罪数の評価がなされ，被害者の数に応じて罪数が決定される。すなわち，1個の行為によって数人を殺したときは，被害者の数に応じて数個の殺人罪が成立し観念的競合となる[19]。1人を殺す意思でなされた殺人予備罪，殺人未遂罪および同一機会になされた同一客体に対する数個の殺害行為は，包括して殺人一罪となる。例えば，人を殺そうとして牛乳に農薬を混入させて与えたが，気づかれて失敗したので首を絞めて殺した場合，毒物による殺人未遂は，絞首による殺人既遂の罪に包括されて一罪となる[20]。刺殺する際に被害者の衣服を破った場合は器物損壊罪が問題となる

---

[16] 大判昭8・4・19刑集12・471〔愚鈍者の利用〕，最決昭27・2・21刑集6・2・275〔精神障害者の利用〕，最決平16・1・20刑集58・1・1〔命令して車ごと海に転落させる行為〕。

[17] 前掲最決昭27・2・21〔意思能力のない被害者の利用〕，最判昭33・11・21刑集12・15・3519〔偽装心中〕。

[18] 大判大4・2・10刑録21・90，名古屋高判平15・10・5裁判所HP。

[19] 大判大6・11・9刑録23・1261。

[20] 大判昭13・12・23刑集17・980。

が，この種の被害は，通常，殺人行為に付随して生ずるものであるから，殺人罪に吸収され一罪として評価される。同一機会の殺人未遂が殺人既遂罪に吸収されるのと同じである。

３ 尊属殺人罪の削除

1995（平成7）年の刑法改正前の 200 条は，「自己又は配偶者の直系尊属を殺したる者は，死刑又は無期懲役に処す」と定め，尊属殺人罪を条文化していた。尊属殺人罪は，被害者が行為者本人または配偶者の直系尊属である場合に重く罰する尊属傷害致死罪（旧 205 条 2 項），尊属遺棄罪（旧 218 条 2 項）および尊属逮捕・監禁罪（旧 220 条 2 項）の規定とともに，その身分関係を重視し刑を加重して処罰するとしたものである。その立法趣旨は，「忠孝一本」「祖先崇拝」の思想を基盤とする家族主義に由来し，尊属に対する畏敬の念を植えつけるために，尊属を特別に保護しようとすることにあった。しかし，この家族主義は日本国憲法の制定に伴い改められたことから，最高裁判所は，「夫婦，親子，兄弟等の関係を支配する道徳は，人倫の大本，古今東西を問わず承認せられているところの人類普遍の道徳原理，すなわち学説上所謂自然法に属する」点に加重処罰の根拠を求めた[21]。

しかし，日本国憲法の個人の尊厳（憲 13 条）と平等の原則（同 14 条 1 項）に立脚するとき，尊属を客体とする行為であるという形式的理由だけで行為者を重く罰する刑罰法規は，憲法 14 条 1 項に違反するのではないかが問題となり，違憲説[22]と合憲説[23]が対立してきた。最高裁判所は，1973（昭和 48）年の大法廷判決によって，遂に 200 条の尊属殺人に限り憲法 14 条 1 項に違反し無効であるとして，これを違憲であるとするに至った[24]。その後，尊属殺人規定は残っていたが，1995（平成7）年の刑法改正に際し，尊属関連の加重規定はすべて削除されたのである。

---

21 最大判昭 25・10・11 刑集 4・10・2037。
22 団藤・388 頁，井上＝江藤・24 頁，福田・全訂版（1988）176 頁，大塚・改訂版（1987）17 頁。
23 瀧川・29 頁，植松・484 頁，柏木・332 頁。
24 最大判昭 48・4・4 刑集 27・3・265。

第2節　殺人の罪　*15*

4　殺人予備罪

第199条の罪を犯す目的で，その予備をした者は，2年以下の懲役に処する。ただし，情状により，その刑を免除することができる（201条）。

1　意　義

殺人予備とは，殺人の実行を目的としてなされる準備行為で実行の着手に至らない行為をいう。殺人予備罪は**目的犯**であり，殺人の目的で殺害行為の準備をすることが必要である。殺人予備は，殺人という基本的構成要件を修正ないし拡張してつくられた構成要件であるから，みずからが（もしくは他人と共同して）実行行為をする目的で予備を行った場合にのみ成立し（**自己予備罪**），他人に殺人を行わせる目的で予備を行う他人予備は本罪に当たらない。他人が実行する準備について本罪の成立を認める判例[25]があるが，みずからの実行行為の準備のみを処罰するものと解すべきである。201条で「第199条の罪を犯す目的で」と規定されているのは，この趣旨を明らかにするものである。

2　行　為

予備行為は，43条にいう実行行為と異なり，行為の外形から客観的に確定するのが困難である。それゆえ，予備の段階に達したか否かは，殺す目的の存在を前提として，犯罪の遂行に実質的に役に立つ行為といえるかどうかから判断しなければならない。他人を殺害する目的で凶器を携え同人宅に押し入って探し歩く行為，殺害を意図して被害者等が日常通行する農道の道端に毒入りジュースを置く行為，凶器を持って被害者の居室に侵入する行為は，殺人予備に当たる。人を刺殺するために日本刀を入手するなどの純粋の準備行為も，場合によっては予備行為に含まれる。大量殺人目的でサリン生成用化学プラントを設置する工場を完成させただけでは，殺人予備行為に当たらない[26]。

3　目　的

予備罪が成立するためには，単に漠然と準備行為を認識するだけでは足り

---

[25] 東京高判平10・6・4判時1650・155。なお，前田・21頁。
[26] 前掲東京高判平10・6・4。

16　第1編　個人法益に対する罪　第1章　生命および身体に対する罪

ず，具体的に殺人を遂行する意図を必要とする。ただし，この目的は必ずしも確定的である必要はなく，例えば，談判が決裂したときには刺し殺そうとする意図のもとに刀剣を携え相手方の居宅を訪れる場合のように，**条件付の目的**[27]，あるいは**未必の目的**で足りる[28]。

4　予備の中止

殺人の目的でその予備を行ったが，みずから実行行為に出ることを中止した場合について，判例[29]は中止犯の適用を否定する立場を採っており，また，これを支持する説[30]も有力であるが，実行に着手した後に中止すれば43条ただし書により刑の必要的減免が認められるのに，犯情がより軽い実行前の段階で中止した場合については裁量的に刑が減免されるにすぎなければ，刑の均衡を失する場合がありうるから，**43条ただし書**の規定を準用して，刑の必要的免除を認めるべきである。

5　自殺関与・同意殺人罪

> 人を教唆し若しくは幇助して自殺させ，又は人をその嘱託を受け若しくはその承諾を得て殺した者は，6月以上7年以下の懲役又は禁錮に処する（202条）。未遂は，罰する（203条）。

1　意　義

自殺とは，みずから自由な意思に基づき自己の生命を絶つことをいう。ただし，自殺行為は犯罪ではない。

(1)　**自殺を不可罰とする根拠**　　自殺を不可罰とする理由に関しては，ⓐ可罰的違法行為であるが責任が阻却されるとする説[31]，ⓑ違法ではあるが当罰性を有しないとする説[32]，ⓒ自殺は自己の法益の処分行為であるから違法ではないとする説[33]などが主張されている。

27　大判明42・6・14刑録15・769。
28　大阪高判昭39・4・14高刑集17・2・219。
29　大判大5・5・4刑録22・685。
30　小野・163頁，植松・総論334頁，前田・25頁。
31　瀧川・30頁，井上＝江藤・21頁，瀧川＝竹内・13頁，林・24頁。
32　大塚・18頁，中・22頁，曽根・11頁。
33　平野・158頁，香川・370頁，齊藤〔誠〕・97頁，岡野・9頁，小暮ほか〔町野〕・26頁，中森・10頁，前田・15頁，井田・30頁，伊東・65頁。なお，西田・14頁。

第2節　殺人の罪　**17**

　思うに，人の生命は個人法益であるが，社会・国家の存立の基礎となる法益として最高の価値を有するものであるから，法益の主体といえども生命を勝手に処分することは，法律上許されるものではない。しかし，生存の希望を失った者がみずから生命を断つことに国家が刑罰をもって干渉することは，「個人の尊重」を侵害する結果を招くことになる。現行刑法は，個人の幸福追求権（憲13条）を保障するために，生命についての自己決定を認めて自殺を犯罪としない趣旨と解すべきであり，ⓑ説が妥当である。もとより，殺人罪の構成要件に該当するものではない。

(2)　**202条の趣旨**　　刑法は自殺自体を犯罪としないが，自殺に関与する教唆・幇助行為（**自殺関与**）および嘱託・承諾による殺人（**同意殺人**）を処罰する。これは，生命は本人だけが左右しうるものであり，他人の自殺への関与は，その者の存在を否定し，その生命を侵害するものとして可罰性を有するとする趣旨である[34]。すなわち，生命はあらゆる価値の根源であるという見地から，本人が同意していてもその同意は無効であり，他人が自殺に関与することは違法であって当罰性を有するとする思想に基づくと解すべきである。

　このようにして，第1に，自殺自体は当罰性を有しない行為であり，自殺に関与する「教唆」もしくは「幇助」は刑法総則における共犯ではなく**独立の犯罪類型**である。第2に，同意殺人罪は，法益の主体である被殺者本人が自由な意思決定に基づいて生命を放棄している場合であるから，法益侵害の程度が普通殺人罪より小さく，同情に値する場合が多いとする趣旨に基づき，普通殺人罪に対する違法・責任減軽類型として別個に規定されていると解すべきである[35]。第3に，自殺関与罪は，同意殺人と行為の態様を異にするものであるが，本人の意思に反しない生命の侵害に関与した点で共通するものとされ，同一条項に並列的に規定されたのである。

2　自殺関与（教唆・幇助）罪

　本罪は，意思能力ある者を，教唆して自殺させ，または自殺行為を幇助して自殺させることを内容とする犯罪である。

(1)　**客　体**　　自殺とは，みずからの自由な意思決定に基づき自己の生命

34　平野・158頁，井田・30頁。
35　植松・249頁。違法・責任減軽類型とするものとして，団藤・399頁，大塚・19頁。

18　第1編　個人法益に対する罪　第1章　生命および身体に対する罪

を断つことをいうから，本罪の**客体**は，自殺の意味を理解し，自由な意思決定の能力を有する者でなければならない。意思能力を欠く幼児または心神喪失者の自殺を教唆・幇助したときは，本罪ではなく**間接正犯**としての殺人罪に問われる[36]。脅迫・強制による自殺の場合も同様である。

> **脅迫による自殺**　福岡高宮崎支判平成元年3月24日高刑集42巻2号103頁は，一人暮らしの老女（66歳）から借りた金の返済の目途がたたなくなり，自殺させて返済を免れようと考え，同女が金を貸したことは出資法違反で刑務所に入ることになると脅し，さらに「警察の追及から逃がすため」と称して諸所を連れ回して疲れさせ，もはや逃げ隠れする場所がない旨錯誤に陥らせ，身内に迷惑がかかるのを避けるためには自殺する以外ないと執拗に慫慂して心理的に追いつめ，犯行当日には警察の追及が間近に迫っていると告げて，これ以上庇護してやることはできない旨突き放し，やむなく自殺を決意した老女に農薬を嚥下させて死亡させたという事案について，「その自殺の決意は真意に添わない重大な瑕疵ある意思である」と判示して殺人罪の成立を認めた。被害者の置かれた状況，その心理状態から，被告人の意思の支配下で自殺させたと評価することができ，妥当な判断といえよう[37]。

(2)　**行　為**　本罪の行為は，意思決定能力ある者に教唆によって自殺意思を起こさせるか，自殺意思ある者の自殺を幇助することである。**教唆**とは，自殺意思のない者に，故意に自殺意思を起こさせることである。その方法のいかんを問わない。**幇助**とは，例えば，自殺を決意している者に自殺の方法を教え，またはその用具を提供するなど，すでに自殺の決意ある者に対して，その自殺行為を援助し，自殺を容易にさせることをいう。死後，家族の面倒をみてやるというような精神的幇助を含む。合意に基づく同死すなわち「心中」の1人が生き残った場合も自殺幇助の適用を妨げない[38]。

> **自殺関与罪と殺人罪の区別**　教唆の方法・手段は，自殺意思を起こさせるに足りるものであればよいが，意思決定の自由を奪う程度の方法・手段であるときは殺人罪の間接正犯となる。問題となるのはいわゆる**偽装心中**の場合である。判例は，「真意に添わない重大な瑕疵ある意思」に基づいて死を決意したときは殺人罪に該当するとしている[39]。事案は，被告人（X）が愛人（A）に「別れ話を持ちかけたが，同女はこれに応ぜず心中を申し出たため困り果て同女の熱意に釣られて渋々心中の相談に乗ったものの，……同

---

[36] 前掲最決昭27・2・21。

[37] 大谷・判例講義II2頁。

[38] 大判大15・12・3刑集5・558。同旨，小野・164頁，木村・18頁，団藤・400頁，大塚・20頁，瀧川・35頁，中谷・25頁。

[39] 最判昭33・11・21刑集12・15・3519。佐伯・百選II（第7版）4頁。

女が自己を熱愛し追死してくれるものと信じているのを奇貨とし，同女のみを毒殺しようと企て」，あらかじめ用意してきた青化ソーダを同女に与え服用させ死亡させたというものであった。

第1説は上記判決を支持するとともに，その理論づけを試み，行為者の追死することが自殺の決意にとって本質的である場合は，被害者の追死に対する誤信は，自殺に対する自由な意思決定を奪うから自殺教唆の範囲を逸脱し，被害者を道具とする間接正犯であるとする[40]。これに対し，第2説[41]は，202条の減軽の根拠は，同意による法益性の減少にあり，同意は自己の法益を処分する意思である以上，法益に関係する錯誤のみが同意を無効にするという考え方に立ち（**法益関係的錯誤の理論**），相手方が追死してくれるものと誤信して行う自殺の場合，相手方が死んでくれるから自分も死ぬという動機に錯誤があるにすぎず，「死ぬ」ことについて錯誤はないから，本人の意に反して生命を侵害したことにならないと主張する。この説によると，癌患者でないのに医師が患者といつわって自殺させたような場合は，同意が無効なので殺人罪が成立するとされる[42]。

問題の核心は，追死すると欺いて死なせた場合，自殺者本人に意思決定の自由がないといえるか，行為者の側からはみずからの意思どおりに相手方を死なせたといえるかにある。この観点からは，被害者が「死ぬ」ことを認識している以上自殺することについては錯誤がないから，本人の意に反する生命侵害にならぬとするのはあまりにも形式的である。また，先の判旨が「重大な瑕疵ある意思」が認められる限り殺人罪になるというのであれば不当である。欺く行為が殺人の実行行為として評価できるものであることが必要だからである。したがって，詐欺行為の内容・程度，自殺させる際の器具の準備等，行為者の関与の程度を総合して，当該行為をとれば経験則上一般に行為者の意思どおりに本人を死なせることが可能なものでなければならない[43]。被告人Xは，青化ソーダを準備してAに交付したとはいえ，Aは自殺意思を有しており，XはAを自己の意思どおりに支配して自殺させたとはいえないから，自殺幇助罪で処断すべきであったように思われる。なお，他人の自殺行為に直接手を貸す行為は，自殺幇助罪でなく**同意殺人**の問題である。例えば，切腹の際の介錯や毒物を口中に差入れる行為など殺人の実行行為に相当する行為をとった以上は，同意殺人罪となる。

(3) **未　遂**　本罪が既遂となるためには，被教唆者・被幇助者が自殺を遂げたことを要する。教唆・幇助によって本人が自殺行為をとったが死にきれなかったときは未遂となる。未遂となった原因のいかんを問わない。自殺

40　小野・164頁，団藤・400頁，中・27頁，大塚・21頁，藤木・193頁，齊藤〔誠〕・105頁，井田・36頁。

41　植松・249頁，平野・158頁，中山・36頁，小暮ほか〔町野〕・28頁，曽根・14頁，中森・10頁，山中・30頁，西田・17頁，山中・29頁，山口・15頁。

42　西田・16頁。

43　福岡高宮崎支判平元・3・24高刑集42・2・103。塩谷・百選Ⅱ（第5版）7頁，**大谷・判例講義Ⅱ**1頁参照。

20　第1編　個人法益に対する罪　第1章　生命および身体に対する罪

の教唆ないし幇助を行ったが，本人が意をひるがえして自殺行為に入らなかったときについては，本罪の未遂を認める肯定説[44]と未遂を認めない否定説[45]とが対立している。本罪の教唆・幇助は，それ自体が自殺へと駆り立てる危険な行為（自殺の結果を生じせしめる現実的危険を有する行為）として独立に処罰されるものであるから，肯定説が妥当である。

3　同意（嘱託・承諾）殺人罪

本罪は，被殺者の嘱託を受け，またはその承諾を得て殺す行為を内容とする犯罪である。被殺者の嘱託・承諾は，同意殺人の共犯となりうるが，自殺におけると同じ理由で不可罰である（➡17頁）。

(1)　客　体　殺人の意味を理解し，死について自由な意思決定能力を有する者であることを要する。被殺者が意思能力を欠くか，あるいは自由な意思決定ができない状態にあるときは殺人罪の問題となる。

(2)　行　為　被殺者の嘱託を受け，または，その承諾を得てこれを殺すことである。**嘱託**とは，被殺者がその殺害を依頼することをいい，**承諾**とは，被殺者がその殺害の申込みに同意することをいう。この嘱託・承諾は，**被害者の同意**の法理[46]に準じたものであり，本人が同意している点に着眼して殺人罪の違法性を減軽する事由として類型化されたものである。したがって，被害者の同意の要件が準用され，①嘱託・承諾は，被殺者本人の意思によるものでなければならないこと，②通常の弁識能力を有する者の真意に基づいてなされたものでなければならないこと[47]，③承諾は黙示的なもので足りるが[48]，嘱託は明示的になされるべきであること[49]，④同意は構成要件要素であるから，本罪が成立するためには相手方が同意していることを認識していること，以上4つの要件が必要である。なお，嘱託・承諾は殺人の実行開始時に存在していなければならず，殺人未遂の場合に被害者が事後に同意しても

44　宮本・280頁，平野・159頁，澤登・103頁，前田・19頁。なお，曽根・15頁。
45　団藤・408頁，中・29頁，吉川・19頁，大塚・22頁，香川・373頁，中山・37頁，内田・22頁，岡野・12頁，中森・12頁，西田・14頁，林・27頁，山口・13頁，佐久間・30頁，井田・40頁。なお，高橋・19頁。
46　大谷・総論251頁。
47　前掲最判昭33・11・21。佐伯仁志「被害者の錯誤について」神戸法学年報1号51頁参照。
48　木村・15頁，大塚・22頁。反対，柏木・334頁。
49　木村・15頁，齊藤〔誠〕・118頁。

第2節　殺人の罪　*21*

承諾があったとはいえない。

欺く行為に基づく同意　(1)死の決意に至る過程に欺く行為があっても「死の結果」に真意が認められる限りは同意殺人になるとする説，(2)「重大な瑕疵ある意思に基づく同意」のときは殺人になるとする説（偽装心中），(3)法益に関係のある錯誤は無効であるがそれ以外の場合は有効であり，末期ガンであると欺いて承諾させ殺した場合は殺人であるとする説，(4)被殺者に死の決意があるか否かが重要なのではなく，何らかの錯誤を利用して自己の意思のままに殺害する場合は殺人であるとする説が対立しており，(4)説が妥当である。

事前の意思表示の有効性　「生」の終末期症状を呈したときは一切の医療を拒否する旨の意思を，意思能力を有する時に書面にしておいた場合，その書面は同意として有効であろうか。この事前の意思表明は，生前に効力を生ずる遺言すなわち生前遺言（living will）または事前の意思表示とよばれるものであり，アメリカでは立法によって書面に同意の法的効力を認める州がほとんどであるが，延命治療を中止する段階で同意が有効にはたらくと解してよいかについては疑問もある。しかし，決定的な段階で意思表示ができない場合にかぎり事前の意思表示に効力を認めることは，かえって本人の自己決定を尊重するゆえんであろう（➡23頁）。

(3)　**故　意**　本罪の故意は，嘱託または承諾の存在を認識して，殺意をもって殺害行為に出たことが必要である。嘱託・承諾がないのにあると**誤信**して殺したときは，殺人罪と本罪とは構成要件的に重なり合うから**38条2項**により本罪が成立する[50]。嘱託・承諾の認識は実行の着手時にあればよく，当初は普通殺人の故意であっても殺害行為時に認識があれば足りる。

　殺害行為時に同意があったのにないと誤信した場合の取扱いについて，学説は，ⓐ38条2項を適用できないが重い罪を犯す意思で軽い罪を犯したのだから本罪を適用すべきであるとする説[51]，ⓑ当事者間に嘱託・承諾の関係がなく，殺人の故意に影響を及ぼすことがないから普通殺人罪が成立するとする説[52]，ⓒ普通殺人罪の未遂とする説[53]，ⓓ本罪と殺人未遂罪の包括一罪とする説[54]などに分かれている。同意殺人も人の生命を人工的に断絶する点では殺人と実行行為を共通にし，両罪は構成要件的に重なり合うから，殺人の故意で同意殺人の結果を生じさせた場合は抽象的事実の錯誤が認められ，法定

---

[50] 大判明43・4・28刑録16・760。曽根・15頁。
[51] 中・24頁，大塚・23頁，中山・38頁，川端・36頁，岡野・11頁，曽根・15頁，前田・19頁。
[52] 内田・19頁。
[53] 平野・総論250頁，中森・11頁，山口・17頁，高橋・18頁。
[54] 山口・17頁，井田・39頁。

22　第1編　個人法益に対する罪　第1章　生命および身体に対する罪

的符合説によって軽い同意殺人罪の罪責を問うべきである[55]。被殺者が自殺意思を有しているにすぎない場合は，行為者と被殺者との間に嘱託・承諾の関係がないから普通殺人罪となる。合意に基づく同死すなわち**心中**の1人が死亡し，他の者が未遂にとどまったときにも，それが自殺関与罪または同意殺人罪の要件を満たすときは，自殺関与罪または同意殺人罪が成立する。

> **同意の認識**　同意傷害の場合は，同意があったことについて認識がなくても違法性を阻却するのに対し[56]，本罪においては認識が必要であるとするのは矛盾ではないかという疑問が生ずる。たしかに両者は同意を要件とする点で共通するから統一的に解すべきであろうが，同意殺人は同意傷害と異なり可罰的違法性を有するもので，「嘱託を受け，承諾を得る」ことを構成要件要素として，違法性および責任が減少するものと解される。そして，構成要件要素である「嘱託・承諾」は故意の対象であり，同意の認識は故意の内容になると考える。殺害の嘱託を受け，傷害の故意で死亡させた場合を傷害致死罪とした（札幌高判平25・7・11 LEX/DB 25503243）がある。

⑷　**未遂・既遂**　　本罪の**実行の着手**は，行為者が被殺者に対する殺害行為を開始した時に認められ，殺害したときに**既遂**となる。同意と殺人行為との間には，因果関係がなければならない。

⑸　**違法性阻却事由**（安楽死・尊厳死）　　延命治療の不開始または中止が違法性阻却事由に当たるかについて，安楽死と尊厳死が問題となる。

（ア）**意　義**　　**安楽死**とは，病者が激烈な身体的苦痛に襲われ自然の死期が迫っているときに，苦痛の除去のために病者の嘱託・承諾に基づいて死期を早める処置をいう。**尊厳死**とは，回復の見込のない患者に無益な治療を施すことを止め，人間としての尊厳を保たせつつ死を迎えさせることをいい，品位ある死（death with dignity）または自然死（natural death）ともいう。前者は，楽に死なせることを目的とするのに対し，後者は「**品位ある死**」の確保を目的とするから，両者には質的な相違がある。しかし，いずれも殺人罪または同意殺人罪の構成要件に該当する行為であることは明らかであり，問題は殺人罪または同意殺人罪の違法性を阻却するか，その要件は何かにある。

55　大谷・総論 176 頁。

56　大谷・総論 256 頁。

第 2 節　殺人の罪　　*23*

（イ）**安楽死の場合**　　安楽死について結論だけを述べると，①患者の死が避けられず，死期が切迫していること，②患者が耐えがたい身体的苦痛に襲われていること，③患者の肉体的苦痛を除去・緩和するために他に採るべき代替手段がないこと，④生命の短縮を承諾する患者の明示の意思表示があること[57]，これらを要件として，安楽死は人道的立場から社会的相当性を有し，違法性を阻却すると解する[58]。

（ウ）**尊厳死の場合**　　尊厳死は，医学的にみて回復の可能性のない患者に対し，単に延命のためにのみ行う延命治療は，医療本来の趣旨に反するという考え方に基き，延命治療を行わずに（治療の不開始・中止により）自然の死を迎えさせることは，次の要件のもとに人道的見地から社会的相当性を有し，違法性を阻却すると解する。①患者の状態が医学的に見て回復する可能性がないこと，②患者が尊厳死を希望する意思を事前に表示していること，③決定的な段階で意思を表示できないときは，事前の意思表示，または，少なくとも近親者の証言によって，患者が正常な状態の時に尊厳死を希望していたことが確認されていること。なお，実行の方法として，鼻孔カテーテル等による人工的な栄養補給の中止を認めることができるかが問題となるが，自然の死を迎えさせるという趣旨からすると，延命のために特別な処置を実施しないということが大切であるから，その中止も認めるべきであろう。

尊厳死と判例　　最決平成 21 年 12 月 7 日刑集 63 巻 11 号 1899 頁は，「被害者が気管支ぜん息の重積発作を起こして入院した後，本件抜管行為までに，同人の余命等を判断するために必要とされる脳波等の検査は実施されておらず，発症からいまだ 2 週間の時点でもあり，その回復可能性や余命について的確な判断を下せる状況にはなかったものと認められる。そして，被害者は，本件時，こん睡状態にあったものであるところ，本件気管内チューブの抜管は，被害者の回復をあきらめた家族からの要請に基づき行われたものであるが，その要請は上記の状況から認められたとおり被害者の病状等について適切な情報が伝えられた上でされたものでなく，上記抜管行為が被害者の推定的意思に基づくということもできない。以上によれば，上記抜管行為は，法律上許容される治療中止には当たらないというべきである」としている。

4　罪数・他罪との関連

人を教唆して自殺を決意させ，さらに嘱託を受けて人を殺したときは，自

---

57 詳細は，大谷・総論 258 頁。
58 横浜地判平 7・3・28 判時 1530・28，名古屋高判昭 37・12・22 高刑集 15・9・674。

24   第1編　個人法益に対する罪　第1章　生命および身体に対する罪

殺教唆未遂罪は嘱託殺人罪に吸収されて嘱託殺人罪のみが成立する。1個の生命が侵害されたにすぎないからである。自殺を教唆し，さらに本人の自殺を幇助したときも1個の自殺関与罪が成立するにとどまる。なお，決闘の場合は「同意」があるようにみえるが，その前提に相手方を殺害する意思がある以上は「同意」があるとはいえない[59]。この場合には**決闘殺人罪**（決闘罪に関する件3条）が成立し，同意殺人罪となるものではない[60]。

第3節　傷　害　の　罪

1 総　　説

傷害の罪は，他人の身体に対する侵害を内容とする犯罪であって「身体に対する罪」ともいい，その**保護法益**は人の身体の安全である。刑法は，傷害の罪として，①傷害罪（204条），②傷害致死罪（205条），③現場助勢罪（206条），④暴行罪（208条），⑤凶器準備集合・結集罪（208条の3）を規定している。なお，傷害の罪の特別罪として，集団的暴行罪（暴力1条），常習的傷害・暴行罪（同1条の3），集団的傷害・暴行請託罪（同3条），決闘罪（決闘2条，3条）および火炎びん使用罪（火炎びん2条）などが定められている。

2 傷　害　罪

人の身体を傷害した者は，15年以下の懲役又は50万円以下の罰金に処する(204条)。

1 客　体

自己以外の者すなわち他人の身体である。行為者自身の身体に対する傷害すなわち**自傷行為**は本罪を構成しない。

2 行　為

本罪の行為は，人を傷害することである。傷害罪は，傷害の結果が発生しなければ犯罪を構成しないから，結果犯である。

(1) **傷害の意義**　傷害の概念に関しては，ⓐ人の生理的機能に障害を加

---

59 小暮・注釈(5)69頁。
60 大阪高判昭62・4・15判時1254・140。

第 3 節　傷害の罪　*25*

えることと解する生理的機能障害説[1]，ⓑ人の身体の完全性を害することと
解する身体完全性侵害説[2]，ⓒ人の生理的機能を害すること並びに身体の外
形に重要な変更を加えることと解する折衷説[3]とが対立している。例えば，女
性をその意に反して丸坊主にする行為は，ⓐ説によると傷害にならないが，
ⓑ説およびⓒ説によると傷害となる。傷害罪は人の身体の安全を保護法益と
するものであるから，人の身体の生理的機能に対する傷害に限ることなく，
本人の意思に反して身体の外形に変更を加える行為も傷害に含まれる。ただ
し，髪の毛1本とか爪の端の切断のような軽微な外形の変更は，社会通念上
一般に看過しうるから，後述の暴行罪はともかく，傷害罪は構成しないと解
する[4]。

　このようにして，**傷害**とは人の生理的機能に対して障害を加えること，並
びに人の身体の外形に対して重要な変更を加えることと解する折衷説が妥当
である。例えば，毛髪の切断，美容のためにたくわえた男性のひげの剃去は，
傷害に当たると解する。傷害は，被害者において身体的苦痛を伴うものであ
ることを要しない。また，現に病気の者の病状をさらに悪化させるのも傷害
である。

傷害とされた事例　(1)**生理的機能の障害**　「胸部の疼痛[5]」，「精神興奮と筋肉激動によ
る脳出血[6]」，「病毒の感染[7]」，「長時間の失神状態[8]」，「健康状態の不良変更[9]」，「PTSD
(Post Traumatic Stress Disorder——心的外傷後ストレス障害[10])」。(2)**外形の変更**　キ
スマーク[11]，女性の毛髪の切断[12]。なお，大審院の判例は，人の毛髪の切断，ひげの剃去
は傷害でなく暴行であるとし[13]，また，「他人に対し暴行に因り精神身体に影響を及ぼす

1　平野・167頁，中山・43頁，曽根・16頁，中森・15頁，西田・45頁，前田・21頁，林・47頁，
　　井田・47頁，山口・45頁。
2　団藤・409頁，植松・255頁，小暮・注釈(5)76頁。
3　福田・151頁，大塚・26頁，内田・26頁，平川・52頁，伊東・74頁。
4　小野・169頁，団藤・408頁，大塚・26頁。なお，小暮ほか〔町野〕・35頁。
5　最決昭32・4・23刑集11・4・1393。
6　大判大14・12・23刑集4・780。
7　最判昭27・6・6刑集6・6・795。
8　大判大8・7・31刑録25・899。
9　福岡高宮崎支判昭62・6・23判時1255・38。
10　最決平24・7・24裁時1560・1，富山地判平13・4・19判タ1081・261〔肯定例〕，福岡高判平12・
　　5・9判時1728・159〔否定例〕。
11　東京高判昭46・2・2高刑集24・1・75。
12　東京地判昭38・3・23判タ147・92。
13　大判明45・6・20刑録18・896，大判大3・7・4刑録20・1403など。

26　第1編　個人法益に対する罪　第1章　生命および身体に対する罪

べき打撃を加え，人事不省の状態に陥らしめたる場合は，観念上其官能の障碍に因る精
神的傷害ありと言うこと得ざるに非るも其の人事不省が直に回復し毫も障害が残存せざ
るに拘らず尚之健康状態の不良変更を来したるものとして傷害罪の対象と為すが如き
は，社会の通念に照し到底之を認容し難き所な」りとしており[14]，生理的機能障害説に
傾いているが，この種の事例は，きわめて軽微な場合を除き傷害に当たると解すべきで
ある[15]。なお，段打によってこぶができた程度では傷害にならないとする見解もあるが，
この場合も外形の重要な変更と解すべきである。

(2)　**傷害の方法**　　傷害は，暴行すなわち**有形的方法**による場合が普通であ
る。しかし，刑法は「人の身体を傷害し」と定め傷害の方法に限定を加えて
いないから，傷害の結果を生じさせることができる方法であれば，有形的方
法によると**無形的方法**によるとを問わない[16]。例えば，人を畏怖させて精神障
害を生じさせ，あるいは詐称誘導により落し穴に陥れて負傷させるなど，脅
迫・欺罔による場合も傷害となる。また，病人に栄養・医薬を与えないで衰
弱させる場合は**不作為による**傷害であり，被害者の錯覚を利用して毒物を服
用させる場合は，被害者の行為を利用する**間接正犯**である。なお，暴行などの
傷害行為と傷害の結果との間には因果関係が必要となる。

暴行以外の方法の例　　被告人は，急性淋菌性尿道炎にかかっていることを自覚してい
ながら女性の性器外陰部に同人の陰茎を押し当て，同女に右疾病を感染させたという事
案につき，最高裁判所は「傷害罪は他人の身体の生理的機能を毀損するものである以上，
その手段が何であるかを問わないものであり，本件のごとく暴行によらずして病毒を他
人に感染させる場合にも成立するのである」と判示した[17]。なお，毒物の使用や病気を
感染させる行為は，それ自体有形力の行使として暴行に当たると解すべきである。それ
ゆえ，病原菌の入った飲み物を飲ませたが，相手がたまたま発病しなかった場合でも暴
行罪が成立するのである[18]。嫌がらせ電話により心身を疲労させる行為は，暴行によら
ない傷害に当たる[19]。一方，最決平成17年3月29日刑集59巻2号54頁は，自宅から
隣家に居住する被害者に向けて，同人に精神的ストレスによる障害が生じるかも知れな
いことを認識しながら，あえて連日連夜ラジオの音声および目覚まし時計のアラーム音
を大音響で鳴らしつづけ精神ストレスを与え，同人に慢性頭痛症，睡眠障害，耳なり症
の傷害を負わせた行為は，傷害罪の実行行為に当たると判示した。本件は，暴行による

14　大判大15・7・20新聞2598・9。
15　大塚・各論上62頁。
16　反対，山口・46頁［暴行の日常用語的理解を超える］。
17　前掲最判昭27・6・6。
18　同旨，西田・42頁。
19　東京地判昭54・8・10判時943・122。

傷害には当たらないという考え方に立ち,「精神的ストレスを与えるかもしれないことを認識しながら」として傷害の未必の故意を認定して傷害罪の成立を認めたものである[20]。鹿児島地判昭和59年5月31日判タ531号251頁は,暴行脅迫を加え「命が惜しければ指を歯でかんでつめろ」と命じ,被害者に指をつめさせた行為を傷害罪に当たるとしている。

(3) 胎児性傷害・致死　　胎児性傷害・致死とは,母体に侵害を加えてその胎児に有害作用を及ぼし,その結果として障害を有する「人」を出生させること,または,その障害のために死に致らしめることをいう。

(ア) 学　説　　胎児性傷害・致死が人の生命・身体に対する罪を構成するかについて,ⓐ刑法は堕胎の罪によって胎児の生命を独立に保護しているから,実行行為の時に胎児であったものについては,堕胎の罪以外に成立する余地がないとする**否定説**[21],ⓑ侵害行為の作用が出生した以後における人に継続して及んでいる場合に限り,人に対する罪を構成するとする**作用必要説**[22],ⓒ胎児は母体の一部であるから胎児に傷害を加えることは人（母体）に対する傷害になるとする**母体一部傷害説**[23],ⓓ正常な子供を出産する母体の機能を害するという意味において母体に対する傷害を認める**母体機能傷害説**[24],ⓔ人に傷害・死亡の危険性を有する行為をなし,その結果として人に致死傷を生ぜしめた以上,その作用が胎児に及んだか人に及んだかとは関係なく人に対する罪が成立するとする**作用不問説**[25]が対立している。

（イ) 学説の検討　　胎児性傷害・致死の問題は,ドイツにおけるサリドマイド事件を契機として論議され,わが国においても水俣病に関して論じられてきたものであり,いわゆる薬害・公害の当罰性を考慮してその可罰化を図る解釈論が展開されてきた。しかし,現行法は,行為の時点で客体が胎児である場合,その生命・身体は堕胎の罪によって保護しているのであるから,

---

20　松原・判例講義Ⅱ3頁。

21　福田・150頁,大塚・9頁,小暮ほか〔町野〕・16頁,岡野・2頁,中森・33頁,西田・25頁,前田・37頁,林・15頁,山口・26頁。

22　平野龍一・犯罪論の諸問題（下）267頁,内田・696頁。なお,福岡高判昭57・9・6高刑集35・2・85,大谷實「刑法における人の生命の保護」団藤古稀2巻345頁参照。

23　最決昭63・2・29刑集42・2・314。山中・百選Ⅱ（第6版）8頁,**大谷・判例講義Ⅱ4頁**参照。

24　藤木英雄・新しい刑法学（1974）176頁,大塚・注解1320頁。

25　藤木・188頁,板倉宏・現代社会と刑法理論（1980）295頁。熊本地判昭54・3・22刑月11・3・168。なお,山中・47頁。

胎児を客体とする行為について人の生命・身体に対する罪は成立する余地がないと解するほかはなく，胎児に対する傷害を認める⑥説は，胎児を人と解する類推解釈であり罪刑法定主義に反する見解として到底支持することができない。

そこで，胎児性傷害・致死について，母体という「人」に対する罪としてその可罰性を認めようとする©説および⑥説が注目されるのであるが，胎児性傷害・致死は，一般に母体の機能を害した結果としてでなく胎児自体に侵害が及んで生ずるものであるから，⑥説は妥当でない。また，胎児は母体と一体となって存在しているものではあるが刑法上は堕胎の罪によって独立して保護されているのであるから，胎児を母体の一部とする©説も支持しがたい。⑥説は，胎児性傷害・致死について，出生した「人」を客体とする生命・身体の罪の範囲で可罰性を認めようとするものであり，胎児に対する侵害が出生後の人に継続して作用しつづけ，その結果として致死傷の結果が生じた場合に限り犯罪の成立を肯定する点で傾聴に値するが，胎児の段階で受けた傷害は人になってからも何らかの形で作用しつづけるから，胎児に対する傷害は実際上すべて人の生命・身体に対する罪を構成し，結果的に⑥説と異ならないことになって妥当でない。

（ウ）**立法的解決**　胎児性傷害・致死につき人の生命・身体に対する罪が成立すると解する各説によると，①現行法が胎児を母体から独立に堕胎の罪によって保護していることに矛盾すること，②あやまって母体内で胎児を死に致らしめた場合は過失堕胎として不可罰になることと比較し，傷害の程度がそれより軽いため生きたまま出生したときは過失傷害罪，その後死亡したときは過失致死罪として処罰することになり不均衡を生ずること，③妊婦があやまって転倒したため胎児に傷害を与え，障害をもって出生させた場合にも過失傷害罪ないし過失致死罪が成立することとなり，処罰範囲が不当に拡張されることなどから，⑧説が妥当である。それゆえ，胎児性傷害・致死の可罰化を図るためには，**立法的解決**が必要であり，かつそれが最も妥当な方法であろう[26]。

26　大塚・9頁，松宮・15頁，松原久利「熊本水俣病事件と胎児性致死傷」刑法雑誌 29 巻 4 号 38 頁参照。

第3節　傷害の罪　*29*

胎児性傷害・致死と最高裁判例　　前掲最決昭和 63 年 2 月 29 日は，「現行刑法上，胎児は，堕胎の罪において独立の行為客体として特別に規定されている場合を除き，母体の一部を構成するものと取り扱われていると解されるから，業務上過失致死罪の成否を論ずるに当たっては，胎児に病変を発生させることは，人である母体の一部に対するものとして，人に病変を発生させることに他ならない。そして胎児が出生し人になった後，右病変に起因して死亡するに至った場合は，結局，人に病変を発生させて人に死の結果をもたらしたことに帰するから，病変の発生時において客体が人であることを要する立場を採ると否とにかかわらず」業務上過失致死罪が成立すると判示し，母体一部傷害説に立って上告を棄却した[27]。この判旨は，作用必要説の立場に立ちつつ，錯誤論に関する法定的符合説的な考え方を採って，作用不問説の結論に至ったものと評することができる。たしかに，胎児性傷害は，「人（母親）に傷害を加えようとして，人（子）に傷害の結果を生じさせた」ことになろうが，錯誤論が適用できるのは，実行行為の時に他の客体が人として存在することを要することは明らかであり[28]，上告審の判旨には解釈論として無理があるというべきであろう。その意味で，同乗の妊娠中の女性が交通事故のショックで早産し，そのため分娩後 36 時間後にその分娩児が死亡した事案につき，その分娩児は胎児または死産児に準ずべきであるから，運転者には分娩時以後の業務上過失致死罪を問うべきでないとした秋田地判昭和 54 年 3 月 29 日刑月 2 巻 3 号 264 頁は，妥当である。しかし，例えば，静岡地判平成 18 年 6 月 8 日（朝日新聞 2005 年 11 月 28 日朝刊）は，3 日後に出産予定の女性が交通事故後に胎盤剥離を起こし，緊急帝王切開手術によって生まれた子が 30 時間後に死亡した事案について，自動車運転過失致死罪の成立を認めており，この種の交通事件については，胎児性傷害を認める傾向が顕著になってきている。

(4)　**傷害の未遂**　　傷害の未遂を罰する規定はないが，有形的方法による傷害の未遂は暴行罪を構成することがある。

3　故　意

傷害罪は故意犯であるが，暴行罪との関係では結果的加重犯である。そこで，本罪の故意の内容をどのように考えるかについて見解が対立している。

(1)　**学　説**　　学説は，ⓐ結果的加重犯説，ⓑ故意犯説，ⓒ折衷説に分かれている。

（ア）**結果的加重犯説**　　本罪を結果的加重犯と解し，傷害罪の故意は暴行につき認識があれば足り，傷害については認識がなくてもよいとする説である[29]。その根拠は，①傷害罪には必ず傷害の故意が必要であるとすると，暴行

27　大谷・判例講義Ⅱ4 頁参照。
28　同旨，西田・25 頁。

30 第1編 個人法益に対する罪 第1章 生命および身体に対する罪

の意思で傷害を与えたときは暴行罪(208条)によっても傷害罪(204条)によっても処罰できず，結局過失傷害罪（209条）によらざるをえないが，過失傷害罪の法定刑は暴行罪の法定刑よりも軽いから（30万円以下の罰金・科料），暴行の故意で行為し，傷害の結果を発生させた場合にこれを過失傷害罪とするのであれば，暴行の故意で傷害に至らなかった場合（2年以下の懲役，30万円以下の罰金，拘留，科料）に比べ，かえって軽く罰せられることになり**刑の権衡を失すること**，②暴行罪に関する208条が，「暴行を加えた者が人を傷害するに至らなかったときは」暴行罪であると規定しているから，傷害の結果が発生した場合には，当然に傷害罪が適用されるべきであるという2点にある。

　(イ) 故意犯説　　暴行の故意があるにすぎないのに，それより重い傷害の結果について責任を問うのは責任主義に反するという見解に立って，傷害の意思で傷害した場合と，その意思がなくして傷害した場合を無差別に取扱うことは不合理であると主張し，暴行の認識があり傷害の認識なくして傷害の結果を生じさせたときは，**暴行罪と過失傷害罪の観念的競合**と解するのである[30]。

　(ウ) 折衷説　　有形的方法(暴行)による傷害の場合には暴行の故意をもって足りるが，無形的方法によって傷害の結果を生じさせた場合には傷害の故意を必要とすると解する説である[31]。

　(2) 学説の検討　　結果的加重犯説の①の根拠には十分な理由があるとともに，②の根拠も文理上当然に認められるべきであって，故意犯説は採用すべき余地がないと思われる。一方，結果的加重犯説によると，例えば，脅迫の意思で脅迫を加えたところ，被害者が恐怖の余り逃走を試みて転倒し負傷したような無形的方法による場合についても，傷害罪を論ずる余地が生ずる。この種の事案につき傷害罪を認めた判例は現在のところ見当たらないが，もし判例がこの場合も傷害に当たるとするのであれば不当である。208条の「暴行を加えた者が人を傷害するに至らなかったときは」とする規定を結果的加重犯説の根拠とするにしても，この規定は，暴行を加えると傷害の結果を生

---

29 瀧川・43頁，江家・202頁。最判昭25・11・9刑集4・11・2239。
30 この場合には暴行罪と同じ法定刑。木村・23頁，吉川・27頁。
31 小野・170頁，植松・255頁，団藤・412頁，平野・168頁，福田・152頁，大塚・28頁，香川・375頁，藤木・195頁，内田・27頁，齊藤〔誠〕・166頁，中森・18頁，曽根・19頁，前田・36頁。

第3節　傷害の罪　*31*

じさせる場合が一般であるという暴行行為の性質を根拠とするものであるから，暴行以外の無形的方法の場合には，結果的加重犯とすることはできないというべきである。

　結論として，本罪の**故意**については，**有形的方法による場合は暴行の意思**をもって足りるが，**無形的方法による場合には傷害の故意**を必要とすると解すべきであり，折衷説が妥当である（通説）。結果的加重犯としての傷害罪を論ずる場合には，結果的加重犯の一般的要件が適用されるのは当然である。

③　傷害致死罪

　身体を傷害し，よって人を死亡させた者は，3年以上の有期懲役に処する（205条）。

1　傷害致死罪

　本罪は，傷害罪の結果的加重犯であり，暴行または傷害の故意で人に傷害を加え，その結果として被害者を死亡するに致らせたことを内容とする犯罪である。したがって，第1に，行為者が死の結果について認識している必要はない。この認識があるときは殺人罪を構成する。第2に，暴行または傷害と死亡という結果との間に因果関係がなければならない。ただし，暴行または傷害から直接に死の結果が生ずることを必ずしも要しない[32]。致死の結果は，暴行・傷害行為の客体に生ずることを原則とするが，因果関係が認められる限り，上記の客体以外の者に結果が生じても傷害致死罪となる[33]。第3に，死の結果が行為者にとって全く予想外のものであり，それを予見することが不可能であるときは，死の結果について行為者を非難することはできないから，致死について過失のあったことが必要である。判例[34]は致死についての過失を不要としているが，責任主義の見地からこれを必要と解すべきである。

殺人と傷害致死の区別　　殺意と傷害ないし暴行の故意の区別は，殺人罪と傷害致死罪の分水嶺となるが，その認識は行為者の意思内容にかかる問題であるだけに一義的に論ずることはできない。多くの判例は，(1)凶器の性状，(2)行為の動機，(3)行為に至った経

32　反対，丸山雅夫「結果的加重犯と直接性原理」警察研究54巻12号55頁，小暮ほか〔町野〕・43頁。

33　東京地判昭49・11・7判タ319・295。反対，大塚・30頁。

34　大判大14・12・23刑集4・780，最判昭26・9・20刑集5・10・1937。

32 第1編 個人法益に対する罪 第1章 生命および身体に対する罪

緯と行為自体の経過，(4)行為の態様，(5)被告人と被害者との人間関係，(6)被告人の性格，(7)被告人の供述などから総合的に判断している。

2 尊属傷害致死罪

本罪は，尊属殺人罪の項で述べたとおり憲法に違反する罪として（➡14頁），刑法典から削除された。

4 現場助勢罪

> 前2条（204条，205条）の犯罪が行われるに当たり，現場において勢いを助けた者は，自ら人を傷害しなくても，1年以下の懲役又は10万円以下の罰金若しくは科料に処する（206条）。

1 意 義

本罪は，「前2条の犯罪が行われるに当たり」，すなわち傷害罪または傷害致死罪を生じさせる暴行が行われている際に，その場所で煽動的行為をなし，行為者の犯罪意思を強める行為を処罰するものである。いわゆる「弥次馬」が「はやしたてる」ことによって，本来ならば生じないであろう傷害や傷害致死の結果を発生させる危険があるからである。「勢いを助け」る行為の性質については，ⓐ現場における幇助行為を特別罪として定めたものとする説[35]，ⓑ幇助と区別される煽動的行為を定めたものとする説[36]がある。傷害の幇助行為のうち現場において行われたものだけが軽く処罰される理由はないと解すべきであり，ⓑ説が妥当である。

2 要 件

本罪の行為は，犯罪が行われるに当たり，現場において勢いを助けることである。「犯罪が行われるに当たり」とは，傷害または傷害致死を惹起するような暴行が行われている際に，という意味である。「現場」とは，その暴行が開始されてから結果発生に至るまでの時および場所を指す。現場であるかどうかは，社会通念に従って客観的に判断される。「勢いを助け」るとは，単に「やれ，やれ」というように，はやしたてるにすぎない行為をいう。犯罪意思を

---

[35] 瀧川・45頁，木村・26頁，団藤・417頁，福田・153頁，平川・56頁，西田・47頁，山口・49頁。

[36] 平野・169頁，大塚・31頁，吉川・29頁，西原・17頁，内田・33頁，齊藤〔誠〕・239頁，中森・16頁，曽根・21頁。

第3節　傷害の罪　*33*

強化させる弥次馬的声援であれば足り，言語によると動作によるとを問わない。正犯の実行を容易にしたことも要しない。しかし，少なくとも被害者に傷害または傷害致死の結果を発生させたことが必要である。

　特定の正犯者の暴行を精神的に幇助するときは，本罪ではなく傷害罪の幇助犯を構成する。それゆえ，相手方に一方的に暴行を加えているときに「もっとやれ」というように煽動すれば幇助行為となる。実際には，相互に暴行を加える喧嘩などで，どちらに加勢するわけでもなく，また，いずれに傷害の結果が生ずるかに関心なくしてなされる煽動行為だけが本罪の行為となるにすぎない。判例も，本罪は「所謂傷害の現場に於ける単なる助勢行為を処罰するものにして，特定の正犯者を幇助する従犯とは自ら差別の存するものあるを認むべ[37]」としている。したがって，一方の者に向って「愚図愚図いうなら，いっそ伸ばしてしまえ」という行為は，弥次馬的な声援としてであっても傷害罪の幇助犯である。幇助犯も群衆心理に基づく以上は本罪を適用すべきであるとする見解[38]もあるが，本罪の予定する行為を逸脱するものとして，妥当ではない。なお，助勢者みずからが人を傷害すれば，傷害罪の共同正犯または同時犯が成立して，助勢行為はその罪に吸収される。

5　同時傷害の特例

> 　二人以上で暴行を加えて人を傷害した場合において，それぞれの暴行による傷害の軽重を知ることができず，又はその傷害を生じさせた者を知ることができないときは，共同して実行した者でなくても，共犯の例による（207条）。

1　意　義

　同時傷害とは，二人以上の者が，意思の連絡なしに同一機会に個々独立して暴行を加え，その結果，その者に傷害を生じさせることをいう。

(1)　**本特例の趣旨**　　207条は，同時犯としての暴行による傷害について処罰の特例を定めたものである。二人以上の者が同一機会に他人に暴行を加え傷害の結果を生じさせた場合において，それが共同正犯の結果といえない以上は，各人が自己の行為によって生じた結果についてのみ責任を負担させら

---

[37] 大判昭2・3・28刑集6・118。
[38] 山口・49頁。

34 第1編 個人法益に対する罪 第1章 生命および身体に対する罪

れるにすぎない。数人の暴行のいずれかによって傷害の結果が発生したこと
は明らかであっても，検察官によって具体的にそのうちの誰の暴行によって
結果が発生したかに関して因果関係の証明がなされない限り，各人それぞれ
につき暴行ないし軽い傷害の限度で処罰されることとなる。しかし，同時犯
としての暴行においては，発生した傷害の原因となった暴行を特定すること
が困難な場合が多い。この立証の困難というだけの理由で，同時犯としての
暴行による傷害ないし重い傷害の結果について何人にも責任を負担させるこ
とができないとするのは不合理であり，また，実際に傷害を加えた者の罪責
を免れさすことにもなる。

207条の違憲性　この規定は，「疑わしきは被告人の不利益に」ということ，すなわち
嫌疑刑を肯認するもので憲法違反であるとする見解がある。「共犯と『みなす』ことによっ
て，2人ともこの傷害について処罰するのは，2人のうちのどちらか1人は『むじつの罪』
を負わされることになるのであって，このような規定はおそらく憲法に反するというべ
きであろう」とされるのである[39]。たしかに，共同正犯でないものを共同正犯として法
律上取扱うのであり，一種の嫌疑刑を認めていることになるから，立法論としては改め
るべきであるが，傷害の原因となるべき暴行を現に行っているのであるから，挙証責任
の転換を図って暴行犯人に傷害の罪責を問うことがあっても，直ちに憲法31条に違反
するとまではいえないように思われる。

(2)　**共同正犯の擬制**　207条は，この立証の困難を救うための政策的規定
であり，個々の暴行と傷害の因果関係を推定することにより，挙証責任を被
告人に転換するとともに，一種の法律上の擬制を用いて，共同実行者でなく
ても「共犯の例による」としたものである。すなわち，本条は，因果関係に
関する挙証責任の転換を前提として，共同正犯でなくても共同正犯とすると
して，共同正犯についての法律上の擬制を定めたものである[40]。

本特例の法的性格　207条の法的性格については，(1)法律上の推定を認めたものとす
る説[41]，(2)因果関係を推定することにより挙証責任の転換を認めたものとする説[42]，(3)
行為者間の意思疎通・共同止犯関係の存在を推定するための規定であるとする説[43]があ

---

39 宮本・289頁，大場・241頁，平野・170頁，中森・17頁。
40 団藤・418頁，小暮・注釈(5)97頁，福田・154頁，大塚・32頁，岡野・20頁，中森・18頁，西
　　田・48頁，井田・65頁，高橋・57頁。
41 小野・174頁，瀧川・46頁，植松・258頁，香川・382頁。
42 柏木・304頁，藤木・201頁，小暮ほか〔町野〕・43頁。
43 西原・18頁，齊藤〔誠〕・286頁。

る。なお，嫌疑刑を回避するためには，単に挙証責任の転換によって共同正犯が擬制されるというだけでは足りず，その擬制を合理的に根拠づけるに足りる程度の事実について，検察官は挙証責任を負うと解すべきである。

2 要 件

本条が適用されるためには，次の要件が必要となる。なお，本条は「疑わしきは被告人の利益に」の原則に対する例外規定であるから，その解釈は厳格にすべきである[44]。

(1) **同一人に対する暴行であること** 2人以上の者が，意思の連絡なくして同一人に故意に基づいて暴行を加えた事実が存在しなければならない。一方が動物を傷害する故意であった場合，または一方もしくは双方に過失があるにすぎないときは，本条は適用されない。共謀または意思の連絡があるときは，本条ではなく60条の共同正犯が適用される[45]。ただし，共謀または意思の連絡がないことを積極的要件としているものではなく，共謀，意思の連絡がない場合に本条の適用が問題となるという趣旨である[46]。「共同して実行した者でなくても」という文言は，単に共同者でない場合という意味にすぎない。教唆犯，幇助犯を含まないことは，もちろんである。

(2) **共同実行行為とみなしうること** 共同正犯でなくても共同正犯として擬制するものであるから，数人の暴行が，外形上，意思の連絡に基づく1個の共同実行行為として評価されるものでなければならない。すなわち外形上共同正犯現象となしうるものであることを要する。207条は，意思の連絡のみを擬制するものだからである。1個の共同実行行為といえるためには，時間的・場所的に近接しているか，少なくとも同一機会に数人による暴行が行われたことを原則とするが，共同実行行為と認められるような特別の状況があるときは，同一機会という要件を欠いても本条は適用される[47]。これらの事実は，「1個の共同実行行為」というための判断基準にすぎないからである。したがって，例えば，同一原因で2人以上の者が暴行を加えたときは，時間・場所において多少異なっていても一連の行為といえる。

---

44 西田・44頁。
45 大阪高判昭34・11・9下刑集1・11・2337。
46 最判昭24・1・27裁判集刑7・109。
47 大判昭和11・6・25刑集15・823，札幌高判昭45・7・14高刑集23・3・479。

36　第1編　個人法益に対する罪　第1章　生命および身体に対する罪

(3)　**検察官が証明できないこと**　数人の暴行によって傷害を生じた場合において，検察官が当該傷害を生じさせた者を特定できないか，または，2人以上の者がともに暴行によって傷害を加えたことは明らかであるが，各人の暴行がそれぞれどの程度の傷害を加えたかについて，検察官が証明できないことを要する[48]。しかし，本条は因果関係の存否が明らかでない場合について，共同実行の意思の擬制によって共同正犯とするものであるから，その擬制を合理的に根拠づけるためには，2人以上の者が，少なくとも当該の傷害を生ぜしめるに足りる程度の暴行を行ったという事実があり，共同して傷害の結果を惹起したと認められても止むをえない状況があることを要すると解すべきである[49]。したがって，検察官は同時犯としての暴行だけではなく当該傷害を惹起するに足りる暴行が存在したことについて立証することを要する。この立証がなされれば，共謀または意思連絡の不存在が立証されても本特例は適用される[50]。

(4)　**被告人の証明不能**　被告人において，自己の暴行と傷害の結果との間の因果関係の不存在が証明できないことを要する。因果関係の不存在について証明できれば，本特例は適用されない。

3　適用範囲・効果

本条は，**傷害の結果についてのみ**適用される[51]。判例は傷害致死罪にも適用されるとしており[52]，これを支持する有力な学説[53]がある。立証の困難という点では傷害致死罪の場合でも同じであるという理由からである。しかし，「傷害した場合」についてのみ規定しているのであるから，傷害以外の罪に適用するのは類推となるであろう。また，実質的にみても，致死の結果をもたら

---

[48] 大判昭12・9・10刑集16・1251。

[49] **大谷・判例講義Ⅱ5頁**，西田・46頁。

[50] 反対，西原・17頁，齊藤〔誠〕・186頁。

[51] 同旨，江家・206頁，植松・250頁，柏木・340頁，福田・154頁，大塚・33頁，吉川・31頁，中山・60頁，西原・18頁，内田・35頁，岡野・20頁，曽根・22頁，中森・20頁，西田・47頁，佐久間・43頁，高橋・59頁。

[52] 最判昭26・9・20刑集5・10・1937，最決平28・3・24刑集70・3・1。**大谷・判例講義Ⅱ5頁**参照。

[53] 団藤・419頁，中・42頁，香川・383頁，藤木・202頁，前田・33頁，山口・51頁。なお，小暮ほか〔町野〕・43頁。同条の「傷害」には「死亡」も含まれると解するのは，井田・65頁，松宮・44頁。

第3節 傷害の罪 *37*

す程度の重大な傷害は，暴行による傷害と比較し立証が容易であり，刑法および刑事訴訟法の基本原理を修正してまで立証の困難を救う必要はないと解される。それゆえ，致死について証明できないときは**傷害罪の限度**で共犯の例によるべきである。同じ理由から，外形上傷害と類似する強姦致死傷罪(181条)，特別公務員職権濫用・暴行陵虐致死傷罪（196条），強盗致死傷罪（240条）などにも適用すべきではない。殺人罪に適用されないことはもちろんである。

本条は，「共犯の例による」としているので当然に 60 条が適用されることになるが，この規定が判決に示すべき法令(刑訴335条1項)に当たるかどうかは明らかでない。しかし，60 条が適用されることは疑いないのであるから，「法令」に該当すると解すべきである。なお，同時犯を共同正犯として認定する場合には，訴因変更の手続を要しない。

承継的共犯の場合　例えば，A が甲に暴行を加えているとき，途中から B が加担して共同して暴行を加え，その結果傷害を負わせたが，A と B のいずれの暴行によるか不明であるとき，本特例の適用があるであろうか。この事案の場合，同時性を否定することは困難であり，本特例の適用を認めるべきであるとする見解もあるが[54]，本特例は共犯が認められない場合に共犯を擬制するものであるから，本特例の適用は認めるべきではなく，傷害の承継的共同正犯を検討すべきであろう[55]。下級審判例では，本条の適用を肯定するもの[56]，適用可能性を示唆するもの[57]があるが，妥当でない。

6 暴 行 罪

暴行を加えた者が人を傷害するに至らなかったときは，2 年以下の懲役若しくは 30 万円以下の罰金又は拘留若しくは科料に処する（208条）。

1 行 為

刑法上の暴行は多義的であるが，本罪の行為は，**狭義の暴行**である。

(1) **意 義**　刑法上暴行とは，広く不法な有形力（物理力）の行使をいう。暴行罪の**保護法益**は，傷害罪におけると同様に人身の不可侵性すなわち**人の身体の安全**であり，したがって，人の身体に対する不法な物理力の行使が暴行罪における暴行である[58]。ここで「不法な」としているのは，日常生活にお

---

[54] 林・56頁。
[55] 西田・46頁。
[56] 大阪地判平 9・8・20 判タ 995・286。
[57] 大阪高判昭 62・7・10 判時 1261・132，名古屋高判平 14・8・29 判時 1831・158。

38　第1編　個人法益に対する罪　　第1章　生命および身体に対する罪

いて適法に身体に対して物理力を行使する場合が多いところから，これと区別するためである。

（ア）**四つの類型**　　刑法上暴行の語が用いられる場合としては，4種類がある。第1は，**最広義**の暴行であって，人に対すると物に対するとを問わず，不法な有形力の行使のすべてをいう（77条〔内乱罪〕，106条〔騒乱罪〕，107条〔多衆不解散罪〕）。第2は，**広義**の暴行であって，人に向けられた直接・間接の有形力の行使をいい，人の身体に対して加えられると物に対して加えられるとを問わない（95条1項〔公務執行妨害罪〕，同条2項〔職務強要・辞職強要罪〕，98条〔加重逃走罪〕，100条2項〔逃走援助罪〕，195条〔特別公務員暴行陵虐罪〕，223条1項〔強要罪〕）。第3は，**狭義**の暴行であって，人の身体に対する直接・間接の有形力の行使をいい，本罪における暴行はこれに当たる。第4は，**最狭義**の暴行であって，人の反抗を抑圧するに足りる程度の**人または物**に対する有形力の行使をいう（176条，〔強制わいせつ罪〕，177条〔強制性交等罪〕，236条〔強盗罪〕，238条〔事後強盗罪〕）。

（イ）**暴行罪における「暴行」**　　本罪の保護法益は，人の身体の安全であるから，本罪における暴行は，人の身体の安全を害する性質の不法な有形力の行使，すなわち**人の身体に対する直接または間接の不法な有形力**の行使である。したがって，殴る，蹴る，手で他人の肩を押して土間に転落させる[59]というような傷害の結果を生じさせる危険を有する行為だけでなく，相手方につばを吐きかけ，食塩をふりかける行為[60]，すなわち傷害の未遂といえない物理力の行使であっても，それが直接人の身体に加えられれば暴行である。逆に，身体に直接加えられなくても，傷害の結果発生の具体的危険を生じさせる行為であれば暴行である。208条が「**人を傷害するに至らなかったとき**」としているのは，暴行罪が傷害未遂をも含む趣旨を明らかにするためである。しかし，少なくとも相手の五官に直接・間接に作用して不快ないし苦痛を与える性質のものであることが必要である[61]。人に向って石を投げ，それが相手方に命

58　最判昭 29・8・20 刑集 8・8・1277。

59　大判昭 8・4・15 刑集 12・427，大判大 11・1・24 新聞 1958・22。

60　大判昭 8・4・15 刑集 12・427，福岡高判昭 46・10・11 刑月 3・10・1311。反対，内田・38頁，松原・48頁。

61　最判昭 29・8・20 刑集 8・8・1277，大阪地判昭 42・8・13 下刑集 9・5・1277。条解 561 頁。

中する現実の危険を生じさせた以上は，現に命中しなくても暴行であり[62]，また，狭い4畳半の部屋で在室中の被害者を脅かすために日本刀の抜き身を振り回す行為も本罪の暴行である[63]。

暴行と身体への接触　大判昭和8年4月15日刑集12巻427頁は「暴行とは人の身体に対する不法なる一切の攻撃方法を包含し其の暴行が性質上傷害の結果を惹起すべきものなることを要するものに非ず」とする。したがって，「身体的苦痛とその発生可能性[64]」，「被攻撃者に著しい恐怖心を起こさせる程度[65]」といった基準は不要であろう。被告人は夜間Aを驚かす目的で，Aの数歩手前を狙って50メートルほど手前から投石したがAに命中しなかった場合につき，東京高判昭和25年6月10日高刑集3巻2号222頁は「暴行とは人に向って不法なる物理的勢力を発揮することで，その物理的力が人の身体に接触することは必要でない。例えば，人に向って石を投げ又は棒を打ち下せば仮令石や棒が相手方の身体に触れないでも暴行罪は成立する」としている。それゆえ，日本刀を突きつける行為[66]，並進走行中の自動車の幅寄せ[67]も暴行である。これに対し，「暴行罪も，身体に対する侵害の結果の発生が必要なのであって，石があたらなかったときは，頭の真上をとんでいった場合でも暴行とすることはできない」とする見解（接触必要説）[68]があるが，狭きに失するであろう。有形力の行使については，身体に接触しない場合の暴行罪の成否が争われているが，接触不要説が多数説である。

(2)　**暴行の方法**　暴行罪における暴行は，人の身体に直接有形力を行使すること，および傷害の現実的危険を有する有形力の行使を含む。詐称誘導，精神的加虐行為などは精神的に不安・不快を与えるものではあるが有形力の行使でなく，暴行には当たらない。しかし，被害者本人を道具とする間接正犯として，傷害未遂の結果を惹起したときは暴行となる。物理的作用では，病毒，光，熱，電気，臭気，音波などが問題となりうるが，これらは暴行としては非典型的な類型に属するから，傷害の未遂といえるときにのみ可罰的とすべきである[69]。判例も，おそらくこの見地から騒音による暴行だけを認めて

62　後掲東京高判昭25・6・10。反対，平野・166頁，小暮ほか〔町野〕・37頁。なお，中山・50頁。

63　最決昭39・1・28刑集18・1・31。岩間・百選Ⅱ（第7版）10頁。曽根・24頁，中森・13頁，林・58頁。

64　小暮・注釈(5)101頁。

65　澤登〔佳〕「暴行・脅迫の意義」刑法講座5巻232頁。

66　最決昭28・2・19刑集7・2・280。

67　東京高判昭50・4・15刑月7・4・480。

68　平野・167頁，西田・41頁，山口・44頁。反対，大塚・35頁，曽根・24頁，中森・14頁，山中・38頁，井田・54頁（接触不要説）。

69　江家・200頁，植松・262頁　齊藤〔誠〕・332頁，大塚・36頁，条解561頁。

いるにすぎない[70]。嫌がらせのため並走中の自動車に幅寄せする行為のように，身体的接触を目的としていない場合には，暴行ではなく脅迫とすべきであるとする見解もあるが[71]，傷害の現実的危険を有する行為であり，そのことを認識している以上は，暴行とすべきである[72]。

2 故 意

人の身体に対して有形力を行使することを認識することであり，未必的認識で足りる。行為時の認識内容は，単に誰かに暴行を加えるかもしれないという抽象的な認識だけでは足りず，未必の故意においても暴行の事実について具体的な認識が必要となる。

3 違法性阻却事由

人の身体に対する物理力の行使は，例えば，相撲・ボクシング・柔道などのスポーツ，子供に対する親の懲戒行為など日常的に適法に行われる。暴行が人の身体に対する「**不法な**」有形力の行使と一般に定義されているのも，このような社会生活上一般に用いられる適法な有形力の行使と区別する趣旨からである。これらの有形力の行使は，外形上暴行罪の構成要件に該当するが，35 条の正当行為または業務行為として違法性を阻却する。性交の際の加虐行為としての暴行も，相手方の同意を得てなされる限り違法性を阻却する。暴行が正当防衛，緊急避難などの違法性阻却事由に当たるときとか，労働争議行為の手段として用いられた場合にも，一定の要件のもとに違法性が阻却される。

7 凶器準備集合・結集罪

二人以上の者が他人の生命，身体又は財産に対し共同して害を加える目的で集合した場合において，凶器を準備して又は凶器の準備があることを知って集合した者は，2 年以下の懲役又は 30 万円以下の罰金に処する（208 条の 3 第 1 項）。前項の場合において，凶器を準備して又はその準備があることを知って人を集合させた者は，3 年以下の懲役に処する（同条 2 項）。

---

[70] 最決平 17・3・29 刑集 59・2・54。最判昭 29・8・20 刑集 8・8・1277。
[71] 西田・41 頁。
[72] 林・58 頁。

第3節　傷害の罪　　*41*

1　意　義

(1)　立法の背景　　本罪は 1958（昭和 33）年の刑法一部改正に際し，証人等威迫罪（105 条の 2）と併せて，暴力団対策の一環として新設されたものである。1955（昭和 30）年頃，暴力団の抗争が頻発し，いわゆるヤクザの出入りにおいて，殴り込み等のために相当数の人員が集合して，一般市民の生命・身体・財産に危害が及ぶのではないかという著しい社会不安をもたらし，治安上憂慮すべき事態が生じた。しかし，刑法には，これを規制する適切な刑罰法規がなかったため，生命・身体・財産に対する侵害を未然に防止するとともに（**予備罪的性格**），生命等に危害が加えられるのではないかという人心の不安の除去を図るため（**公共危険犯的性格**），105 条の 2 とともに本罪が新設されたのである。しかし，その後，大衆運動，街頭行動が過激化するにつれて，判例では本罪を社会の平穏を害する罪として捉える立場が有力となり[88]，本来の暴力団抗争よりも，むしろ過激派集団と機動隊との衝突や過激派集団相互間の抗争に多く適用され，困難な解釈問題を生じさせることになったのである。

(2)　罪　質　　本罪は，複数の者が共同して，他人の生命・身体・財産に危害を加えるために凶器を持って集合する行為を犯罪とするものであり，その殺傷等の危害を未然に防止するとともに，その危害が一般市民にも及ぶ可能性があるという人心の著しい不安を除去することを目的として創設されたものである。したがって，その罪質は，第 1 に，他人の生命・身体・財産に対する共同加害行為を未然に防止する予備罪的な性格を有するものである。しかし，予備として処罰できない集合・結集行為を特別に犯罪とするのは，それが一般市民の生活の安全ないし平穏を害するからである。したがって，その罪質は，第 2 に，**社会法益に対する罪**としての性格を併せ持っていると考えられる。

　凶器準備集合罪の保護法益については，(a)個人法益に対する罪とする説[89]，(b) 社会法益に対する罪とする説[90]，(c) 個人法益に対する罪と社会法益に対

88　最決昭 45・12・3 刑集 24・13・1707〔清水谷公園事件〕。増井・百選Ⅱ（第 7 版）18 頁。
89　内田・43 頁。
90　中・193 頁，藤木・83 頁。

42　第1編　個人法益に対する罪　第1章　生命および身体に対する罪

する罪とを併有する罪[91]とする説が対立しているが，(c) 説が妥当である。ただし，本罪の適用に当たっては，立法の趣旨を考慮して，個人法益に対する罪の性格を優先すべきであり，その枠内で社会生活の平穏に対する罪としての性格を考慮すべきである。

> **罪質をめぐる対立**　最判昭和58年6月23日刑集37巻5号555頁は，本罪は**抽象的危険犯**であるから，迎撃形態の凶器準備集合罪が成立するためには，必ずしも相手方からの襲撃の蓋然性ないし切迫性を必要とせず，凶器準備集合の状況が社会生活の平穏を害しうる態様で存在すれば足りるとしている。抽象的危険犯説の立場を採るわけである[92]。本罪を第1次的には個人法益に対する罪と解する立場からすると，例えば，角材を所持するというように，個人の生命・身体・財産に対する共同加害の危険の発生が必要となるから，具体的危険犯説を採ることになる[93]。

2　凶器準備集合罪 (1項)

本罪は，他人の生命，身体または財産に対し共同して害を加える目的で2人以上の者が集合した場合において，その集合者のなかで凶器を準備して集合した者および凶器の準備があることを知って集合した者について成立する。

(1) 行為の状況　本罪の行為は，2人以上の者が共同加害の目的で集合したという状況のもとでなされることを要する。この行為の状況は，実行行為の前提として存在する状況ばかりでなく，2人以上の者が，各自凶器を持参して集合した結果として生じた状況をも含む[94]。

(ア) 共同加害の目的　共同加害の目的とは，他人の**生命・身体・財産**に対して他の者と共同して害を加え行為を実行しようとする目的をいう。

(a) 加害の対象　個人法益における生命・身体・財産に対する罪 (名誉・自由・貞操は含まない) を犯す目的に限られる。本罪の公共の平穏に対する罪としての性質上，凶器を必要としない罪，例えば，損壊の対象とならない財産上の利益を害する罪 (窃盗，詐欺など) を目的とする場合は含まれない。ただし，生命，身体の侵害または財産の損壊を含むものである限り，強姦または

91　通説。前掲最決昭45・12・3，最判昭58・6・23刑集37・5・555。
92　前掲最判昭58・6・23 [団藤補足意見]，西田・58頁。
93　中森・20頁，曽根・29頁。
94　団藤・422頁，高田・注釈(5)104頁，大塚・37頁。

強盗を目的とする場合も含む[95]。公務執行妨害罪のような国家法益に対する罪，放火罪のような社会法益に対する罪を犯す目的の場合も含むとする見解が通説であるが，これは，明らかに文理に反し不当である[96]。ただし，上記の各罪が，公務執行妨害罪や放火罪のように生命・身体・財産の侵害をも含むものである以上は，本罪の「害を加える」対象となる。

(b) 「共同」の意義　「共同して」については，2人以上の者が一体となって共同実行の形で実現する目的であることを要すると解する説[97]もあるが，行為者みずから加害行為を行う目的があることを必ずしも要せず，加害行為を共謀し，①その一部の者に実行させる目的である場合，②実行の準備を目的とする場合，③実行について謀議することを目的とする場合なども共同加害の目的に含まれると解する[98]。それゆえ，単に気勢をあげる目的[99]では足りない。各自が一体となって加害行為を行う意思を有しない場合，例えば，付和随行の意思では足りないと解すべきである[100]。加害の目的があれば足りるから，積極的加害目的であることは必ずしも要せず，例えば，相手が襲撃したときは迎撃して相手を殺傷する目的のように受動的な目的であってもよい[101]。

加害の対象および内容は具体的に特定されていることは必要でなく[102]，相手方の行為その他の事情を条件とし，条件成就のときには加害行為に出る目的で足りる[103]。ただし，各自が一体となって加害行為を行う目的が集団に認められて初めて社会の平穏を害する集団となるから，集合した者が各自共同加害目的をもっていることを必要とし，単に行為の状況の存在を認識しているだけでは足りないと解すべきである[104]。したがって，共同加害の目的をもって集団に加わった者を援助する助勢的意思で足りるとした判例[105]には

---

95 条解 568 頁。
96 中山・63 頁，内田・45 頁。反対，団藤・422 頁，大塚・37 頁，中森・21 頁，西田・59 頁。
97 団藤・422 頁，高田・注釈(5)104 頁，大塚・38 頁。大阪地判昭 37・4・19 下刑集 4・3＝4・324。
98 小暮ほか〔町野〕・49 頁，中森・21 頁。なお，平野龍一「刑法各論の諸問題」法セ 220 号 66 頁。
99 大阪高判昭 46・4・26 高刑集 24・2・320。
100 植松・264 頁，高田・注釈補巻(1)191 頁。
101 最決昭和 37・3・27 刑集 16・3・326。
102 大阪高判昭 54・10・30 刑月 11・10・1146。
103 大阪高判昭 39・8・11 下刑集 6・7＝8・816。
104 東京地判昭 50・3・4 判タ 320・316。

疑問がある。

（イ）**集　合**　　本罪が成立するためには，2人以上の者が共同加害の目的をもって凶器を準備し，または準備があることを知って一定の場所に集まっているという状況があることを必要とする。すでに，一定の場所に集まっている2人以上の者がその場で凶器を準備し，またはその準備のあることを知ったうえで共同加害目的を有するに至った場合も集合に当たる[106]。

(2)　**行　為**　　凶器を準備して，または凶器の準備がすでにあることを認識して集合することである。

（ア）**凶器の意義**　　凶器とは，人の殺傷，物の損壊を本来の用途として製造された器具もしくはその性状を有する物体（**性質上の凶器**）をいう。斧，鎌，ハンマーなどのように，本来は他の用途のために製造された道具であるが人の殺傷，物の損壊の器具として使用できるもの（**用法上の凶器**）をも含む。したがって，長さ1メートル前後の角棒も状況によっては凶器となる。用法上の凶器かどうかの判断は，当該器具または用具を準備して人が集合した場合に，集団の加害目的の意欲の程度，携帯の態様など具体的状況から判断して，**集合の段階において**生命・身体・財産に危害が加えられるのではないかという不安を住民に抱かせるような危険物かどうかを基準として行う。

凶器の例　　判例は，(1)性質上の凶器，用法上の凶器に分類し，(2)用法上の凶器というためには，社会通念上危険感を抱かせるに足りるものであることを要し[107]，(3)危険感の判断基準としては，集合状態における当該物件自体の外観のほか，用具として利用できる「転用の蓋然性」を考慮して判断すべきであるとしている[108]。では，多数の暴力団組員がダンプカーに乗り，同車を発進させて人を死亡させるために運転者がエンジンをかけたまま発進できる状態にしていたときはどうか。最判昭和47年3月14日刑集26巻2号187頁は「右ダンプカーが人を殺傷する用具として利用される外観を呈していたものとはいえず，社会通念に照らし，ただちに他人をして危険感をいだかせるに足り」ないとしてダンプカーの凶器性を否定した。上の判例の判断基準からは劇薬，ビン類，石塊などは状況によって凶器とされるであろうが，紐や手拭は除外されることになろう[109]。長さ1メートル前後の角材[110]，角材の柄付きプラカード[111]も凶器に当たる。なお，軽犯

---

105 最判昭52・5・6刑集31・3・544。橋本・百選II15頁。
106 最決昭45・12・3刑集24・13・1707。**大谷・判例講義II7頁**参照。
107 前掲最決昭45・12・3。
108 江藤孝・判例刑法研究(5)86頁。
109 藤木・85頁。

罪法1条2号では，刃物，鉄棒など人の生命・身体に重大な害を加えるのに使用される器具を隠して携帯する者を処罰する。

（イ）**準備・集合**　凶器を**準備**するとは，凶器を必要に応じて，いつでも当該加害目的を実現するために使用できる状態におくことをいう[112]。集合の場所と準備しておく場所が一致していることは必要でないが，事実上，当該加害目的に使用されうる状態にあることが必要である。加害行為に使用することが不可能ないし著しく困難であるときは準備とはいえない。**集合**とは，2人以上の者が時間および場所を同じくすることをいう。ただし，本罪は公衆（社会）の平穏に対する罪としての性格をも有するものであるから，集合は公衆の平穏を害しうる態様のものでなければならない[113]。本罪は**抽象的危険犯**であり，上記の態様の集合に加わった時点で本罪が成立する[114]。加害目的を実現しても本罪の成立には影響しない。

準備があることを知って「集合」したとは，すでに凶器の準備がなされていることを認識して，共同加害の目的で集合するという意味である。集合したが凶器の準備がなされていることを知らなかったときは，本罪は成立しない。しかし，集合した後に共同加害目的をもち，凶器の準備あることを知って集合体から離脱しなかった以上は，**不真正不作為犯**としての「集合」になると解すべきである[115]。

(3)　**故意**　2人以上の者が，互いに相手が自己と共同行為をする目的のもとに時および場所を同じくしていることを認識し，また，相手方においても自己について同様に認識しているであろうことを併せて認識していることが必要である[116]。なお，この認識以外に，本罪は目的犯であるから，他の者と一体となって加害行為を行う目的をもって集合することが必要である[117]。

110　前掲最決昭45・12・3。
111　東京地判昭46・3・19刑月3・3・444。
112　東京高判昭39・1・27判時373・47，函館地判平14・10・3 LEX/DB 28085002。
113　最判昭58・6・23刑集37・5・555。
114　前掲最判昭58・6・23。
115　広島高松江支判昭39・1・20高刑集17・1・47。
116　条解569頁。
117　大塚・41頁，西原・391頁。みずから単に気勢をそそる目的でもよいとするものとして，大阪高判昭46・4・26高刑集24・2・320。団藤・413頁，高田・注釈(5)108頁，前田・61頁。

46　第1編　個人法益に対する罪　第1章　生命および身体に対する罪

(4)　**既　遂**　　本罪は，2人以上の者が共同加害の目的をもって「集合」したことにより既遂となる。加害目的を実現した場合，例えば，集合した後に人を殺傷しても本罪の成立に影響はない。加害目的をもって集合すれば直ちに本罪は成立するが，共同加害の目的のもとに統一された集合状態が続く限り社会不安を醸成するから，本罪は継続犯である。しかし，本罪は生命・身体・財産に対する罪の予備段階の行為を類型化した側面も有するものであり，集合状態が発展して加害行為の実行段階に至ったときは，集合状態がいぜん継続していてそれ自体社会不安を作り出す状況があっても，本罪の継続はなくなる。したがって，集合体が加害行為を開始した後に共同加害の意思をもって新たに集合体に加わっても本罪は成立しない[118]。

学説上は，集合自体はその性質上解散するまで人の集まりとして継続するから，目的の内容となっている共同加害行為の実行段階に至っても準備のための集合状態は継続していると解し，上記の場合に凶器準備集合罪の成立を認める説が有力であり[119]，判例[120]もこの立場を採っているようであるが，妥当でない。ただし，広く同一の集団とみられるときにも，例えば，共同加害の目的のもとに統一された集合体の間で，いくつかの異なるグループに分けることができるときは，先頭集団が加害の実行行為に入っても他の集合体について本罪を適用できる場合があろう。

加害行為の開始後における本罪の成立　　前掲最決昭和45年12月3日〔清水谷公園事件〕は，「凶器準備集合罪は，個人の生命，身体または財産ばかりでなく，公共的な社会生活の平穏をも保護法益とするものと解すべきであるから，右『集合』の状態が継続するかぎり，同罪は継続して成立しているものと解するのが相当である」としている。

(5)　**罪　数**　　本罪の予備罪的性格にかんがみ，加害行為との関連では本罪は予備行為となるから，殺人予備罪などとは観念的競合となる[121]。本罪から殺人等の加害行為に発展すれば，殺人罪などと本罪とは牽連関係に立つと解する判例がある[122]。ただし，最高裁判所は，加害の実行と本罪との罪質の

118　植松・264頁，平野・171頁，高田・注釈補巻(1)192頁，香川・388頁，吉川・33頁，中山・64頁，齊藤〔誠〕・412頁，岡野・29頁，山口・59頁。
119　ポケット474頁，藤木・86頁。
120　前掲最決昭45・12・3刑集24・13・1707。
121　東京高判昭49・3・27刑月6・3・202〔放火予備〕。ポケット475頁，団藤・422頁，高田・注釈(5)111頁，大塚・41頁，中森・25頁。

第3節　傷害の罪　*47*

相違を重視して，両者は併合罪の関係に立つとしている[123]。

3　凶器準備結集罪（2項）

２人以上の者が共同して他人の生命・身体・財産に害を加える目的で集合した場合において，凶器を準備し，または凶器の準備があることを知って人を集合させる行為を内容とする犯罪である。

(1)　**行為の状況**　本罪も，２人以上の者が共同して他人の生命・身体・財産に害を加える目的で集合したという要件が必要である（➡42頁）。

(2)　**行　為**　①凶器を準備して，または，②その準備があることを知って，人を集合させることである。

(ア)　**集合の態様**　本罪の行為は２つに分かれる。第１は，みずから凶器を準備したうえで人を集合させる場合であり，第２は，凶器の準備があることを知って人を集合させる場合である。集合してきた者は，凶器を準備し，またはその準備あることを知っている必要はない。人を集合させるとは，他人に働きかけて，２人以上の者が共同加害の目的で時および場所を同じくすること，すなわち，凶器準備集合罪における集合の状態を積極的に作り出すことをいう[124]。

(イ)　**結集と教唆・幇助**　働きかける**行為**について，教唆に当たるものであると煽動に当たるものであるとを問わないとする見解もあるが[125]，本罪は，凶器準備集合の状態を積極的に作り出す点において凶器準備集合罪より重く罰せられる根拠があり，したがって，凶器準備集合の状態を形成するにつき**主導的役割を演ずる行為**，すなわち２人以上の者を集合させて自己の支配下に置く行為が必要であるから，単に凶器の準備があることを知って他人に集合を誘うような行為および単なる煽動または幇助は，結集行為には当たらないと解すべきである[126]。１人の者に集合を働きかける場合は，集合罪の教唆犯にすぎない[127]。

(ウ)　**場所的移動の要否**　結集は，凶器準備集合の状態を積極的・主導的

122　大阪高判昭47・1・24高刑集25・1・11。
123　最決昭48・2・8刑集27・1・1。藤木・86頁。
124　高田・注釈(5)109頁。
125　大塚・42頁。
126　東京地判昭48・7・3刑月5・7・1139。
127　ポケット475頁。

48　第1編　個人法益に対する罪　第1章　生命および身体に対する罪

に形成すれば足り，必ずしも人の場所的移動を必要としない。共同加害の目的が成立していない集団に働きかけ，凶器を準備するとともに共同加害の意図を徹底させ集合体をつくる場合[128]，共同加害の目的で凶器を準備して集合している者に対し，解散させないで指揮・統率して集合を継続させる場合も本罪に当たる。本罪は人を集合させている間継続して成立する継続犯である。

　(3)　**共犯の適用**　　集合罪および結集罪に対しては，原則として共犯規定の適用がある。しかし，第1に，集合罪の教唆に当たる行為のうち結集罪が成立するものについては，集合罪の**教唆犯**の規定は適用されない。「結集」は集合罪の教唆を含んでいるからである。第2に，集合罪は，参集した者相互の間で共同加害の目的を共有して2人以上の者が集合しなければ成立しないから**必要的共犯であり**，共同正犯の規定は初めから適用を受けない。

　問題となるのは，集合罪および結集罪について，**共謀による共同正犯**を認めることができるかである。集合罪についてはこれを肯定する判例がある[129]。しかし，集合罪は共同加害の目的のもとにみずから集合することを要する**自手犯**と解すべきであるから，正犯者は集合の現場において共同加害の目的をもつ必要があり，共謀共同正犯は成立しないと解すべきである[130]。これに対し結集罪においては，「集合させる者」は，必ずしも集合の現場に参集する必要はないから，その者の集合させる行為が他の者との共謀によるときは，共謀共同正犯が成立する。

　(4)　**罪　数**　　同一人が同じ機会に結集罪と集合罪をともに行ったときは，包括して重い結集罪一罪を構成する[131]。凶器準備集合罪が目的とした加害行為，例えば，殺人や傷害に発展したときは，それらの罪と併合罪になる[132]。また，集合罪は加害行為との関係では予備となるから，予備罪との観念的競合となる[133]。

128　名古屋高金沢支判昭 36・4・18 高刑集 14・6・351。
129　東京高判昭 49・7・31 高刑集 27・4・328，東京地判昭 63・3・17 判時 1284・149。否定する判例として，東京地判昭 48・4・16 判時 716・113。
130　内田・51 頁，藤木・86 頁，中森・22 頁，高橋・68 頁。反対，西田・65 頁，山口・64 頁。
131　最決昭 35・11・15 刑集 14・13・1677。
132　最決昭 48・2・8 刑集 27・1・1。
133　条解 571 頁。

第4節　過失傷害の罪

1　総　説

1　意　義

　過失傷害の罪は，過失によって他人の生命・身体を侵害する犯罪である。刑法各則では第28章「過失傷害の罪」のもとに過失傷害罪（209条），過失致死罪（210条），業務上過失致死傷罪（211条1項前段）および重過失致死傷罪（同条1項後段）の各罪が規定されている。人の生命・身体は，故意による行為よりもむしろ過失によって侵害される場合が多い。特に技術革新に伴って各種交通機関（自動車，鉄道，船舶，航空機）の事故，工場・鉱山・土木建築などによる労働災害，薬品・食品による事故，医療過誤および公害などによって過失致死傷の罪が多発している。

　刑法は，1947（昭和22）年の刑法一部改正において重過失致死傷罪を創設し，また，1968（昭和43）年には自動車事故による死傷者数の激増およびその悪質化にかんがみ，業務上過失致死傷罪および重過失致死傷罪の罰金刑を引上げた。他方，近年では悪質かつ重大な自動車事故に対処するため，危険運転致死傷罪を含む「自動車の運転により人を死傷させる行為等の処罰に関する法律」が2013年に制定・公布された（➡55頁）。一方，道路交通法，労働安全衛生法，食品衛生法などの取締法規によっても過失致死傷罪の防止が図られている。

2　過失行為

　過失傷害の罪は，行為者の過失行為すなわち法律上の注意義務に違反して行われた行為によって死傷の結果を惹起することを内容とする。したがって，過失致死傷罪の構成要件的行為の内容は，**法律上の注意義務違反**によって定まる。注意義務の内容は，交通事故に関しては道路交通法，労働災害に関しては労働安全衛生法，薬害に関しては薬事法，食品事故に関しては食品衛生法というように，災害・事故を未然に防止する種々の取締法規によって明らかにされているほか，慣習・条理などを根拠として導かれる。この注意義務すなわち**客観的注意義務**および**主観的注意義務**に違反した行為が過失行為である[1]。過失致死傷の罪が成立するためには，過失行為と結果との間に因果関係

50　第1編　個人法益に対する罪　第1章　生命および身体に対する罪

が必要となる。過失行為は，作為によると不作為によるとを問わない[2]。なお，上記の因果関係が認められないときは過失犯の未遂であり，現行法上は処罰されない。

2 過失傷害罪・過失致死罪

　過失により人を傷害した者は，30万円以下の罰金又は科料に処する（209条1項）。親告罪である（同条2項）。過失により人を死亡させた者は，50万円以下の罰金に処する（210条）。

3 業務上過失致死傷罪

　業務上必要な注意を怠り，よって人を死傷させた者は，5年以下の懲役若しくは禁錮又は100万円以下の罰金に処する（211条1項前段）。

1 意　義

本罪は，行為者の過失が業務上のものであることを根拠とする過失傷害罪および過失致死罪の加重類型である。

(1)　**加重処罰の根拠についての学説**　刑が加重される根拠について，ⓐ行為主体が業務者であるため，通常人とは異なって特に重い注意義務が課されており，この注意義務に違反するところに重い責任の課される理由があるとする説[3]，ⓑ行為主体の注意能力が通常人に比べ一般的かつ類型的に高度であるから，違法性および責任の程度がより大きいとする説[4]，ⓒ個々の行為者の違法性・責任が重大であることを理由とする説[5]，ⓓ責任の程度が大きい点を理由とする説[6]などがある。

(2)　**学説の検討**　業務者であっても注意能力が非業務者より類型的に高度であるとはいえないからⓑ説は妥当でなく，また，ⓒ説によれば，違法性および責任が重大でない場合は，業務者の行為でも単純過失となってしまう

1　大谷・総論182，188頁参照。
2　大判昭2・10・16刑集6・413。
3　小野・182頁，団藤・432頁，川端・73頁，西田・71頁。なお，前田・40頁，山口・67頁。最判昭26・6・7刑集5・7・1236。
4　平野・89頁，大塚・45頁，曽根・33頁。
5　内田・61頁，林・67頁。
6　平野・89頁，山口・67頁。

から，現行法の解釈としては適当でない。思うに，人の生命・身体に対して危害を加えがちな危険な業務に従事する者は，不注意による死傷の結果を防止するため特別に高度の注意義務が課されて然るべきであり，その結果として高度の注意能力も要求される。したがって，業務者が重く罰せられるのは，政策的見地からその身分のために注意義務が通常人に対するより特に重く課されており，これに違反するところに重い責任が課されると解する@説が妥当である。業務者である以上は，具体的な注意能力または注意義務違反の程度とかかわりなく本罪が適用される。

2　主　体

本罪は，過失により死傷の結果を惹起しがちな業務に従事する者についてのみ成立する**身分犯**である。刑法上一般に業務とは，人が社会生活を維持するうえで，自己の選択により反復・継続してなす事務（仕事）をいう。ただし，本罪の成立上必要な業務は，その執行に際し人の生命・身体に対して客観的に危険を有する業務であることを要する。それゆえ，業務といえるためには，以下の性質を有する事務でなければならない。

(1)　業務の意義　　業務は，人が**社会生活を維持**するうえで行う事務であることを要する。判例によると，業務とは「人の社会生活上の地位に基づき反覆継続して行う行為であって，かつ，その行為は他人の生命，身体等に危害を加える虞があるものであることを要する」。業務とは社会生活上の地位に基づく活動すなわち職務，職業・営業などを指すが，例えば，自動車を反復・継続して運転する者は，娯楽として運転する場合であると営業のために運転する場合であるとを問わず，また本務であるか兼務であるかにかかわりなく同じ注意義務が課されていると考えられるから，「社会生活上の地位」は業務の要件とならず，むしろこれを「社会生活上の事務」と置きかえるべきである[7]。したがって，本罪における業務は，自然的ないし個人的な生活活動（育児，家事，飲食等）を除く事務を総称したものである。

7　最判昭 33・4・18 刑集 12・6・1090。植松・272 頁，大塚・45 頁，西原・19 頁，中森・26 頁，西田・71 頁，山口・68 頁，高橋・72 頁。

(2) **反復・継続性**　　業務は，**反復・継続**して従事する事務であることを要する。業務者に対して高度の注意義務を要求する主な理由は，人の死傷の原因となるような危険な事務を現に反復・継続的に行い，あるいは反復・継続的に行おうとする者は，通常人に比べ死傷の結果を惹起する可能性が大きいところから，これらの者にその注意能力を高めさせるために，警告を発して心理的強制を加えることにあると考えるべきである。それゆえ，例えば，自動車運転免許を得ているが，平素は自転車またはスクーターで注文取りや商品の配達に従事していた者が，たまたま正月休みを利用して友人から自動車を借りてこれを運転し，あやまって人を死傷させたときは，過失致死傷罪が成立するにすぎない[8]。

　一方，反復・継続して事務に従事する**意思**がある以上，1回限りの行為であっても業務となる[9]。資格の無い者が最初に診療し，あやまって患者を死なせれば，業務上過失致死罪が成立する[10]。反復・継続して診療を行う意思がある以上は，業務上必要な注意義務を尽くすべき注意能力が要求されて然るべきだからである。

(3) **生命・身体への危険**　　業務は，それ自体人の生命・身体に対する類型的危険を含むものであるか，または，危険を生じやすい生活関係において，人の生命・身体の危険を防止することを業務の内容とする事務も含む[11]。例えば，保護者または建造物等の管理者の地位に基づく**保護・管理事務**も業務である。なお，**自転車の運転**も危険な場合があるが，その危険性は類型的に小さいところから，業務から除外されるのである。また，業務は，適法な事務であることを要しない。運転免許を有しない者の自動車の運転[12]および無免許医業なども業務である。

　結論として，本罪における**業務**とは，社会生活上の事務として反復・継続して行うか，または反復・継続して行う意思をもって行う行為であって，人

---

[8] 東京高判昭 35・3・22 東時 11・3・73。
[9] 前掲東京高判昭 35・3・22。福岡高宮崎支判昭 38・3・29 判タ 145・199。藤木・注釈(5)130 頁，大塚・46 頁，中山・71 頁，前田・76 頁。反対，小暮ほか〔町野〕・55 頁，西田・72 頁。なお，伊東・90 頁，高橋・73 頁。
[10] 福岡高判昭 25・12・21 高刑集 3・4・672。
[11] 前掲最判昭 33・4・18，最決昭 60・10・21 刑集 39・6・362。
[12] 大判大 13・3・31 刑集 3・259。

第4節　過失傷害の罪　*53*

の生命・身体に危害を加えるおそれのある事務，または，人の生命・身体の危険を防止することを義務の内容とする事務をいう。

「業務」と判例　　大判大正8年11月13日刑録25輯1081頁は，業務とは「人が継続して或事務を行うに付有する社会生活上の地位にして」と説いたが，最高裁の指導的判例は「業務とは，本来人が社会生活上の地位に基き反覆継続して行う行為であって…かつその行為は他人の生命身体等に危害を加える虞あるものであることを必要とするけれども，行為者の目的がこれによって収入を得るにあるとその他の欲望を充たすにあるとは問わない[13]」と判示した。この判決によって，「社会生活上の地位」という要件は，実質的に不要になったとする見解も生まれた[14]。たしかに，この要件は不要であるが，少なくとも「社会生活上の事務」という要件は必要となろう。この要件をなくしてしまうと，母親が乳児に反復・継続して授乳する行為も業務ということになりかねないからである[15]。一方，「他人の生命身体等に危害を加える虞ある」ことは，業務の要件として不要とする見解[16]もあるが，通常の自転車の走行によって生じた致傷結果について業務上過失傷害とするのは，社会常識に合わないように思われる。

3　行　為

「業務上必要な注意を怠り」とは，その業務を行う際に要求される注意義務に違反することをいう。例えば，医師は，医療水準に基づく注意義務に違反して診療し死傷の結果を惹起すれば，その者に医師としての注意能力がなかったとしても本罪を構成する。注意義務の根拠・範囲は，業務の性質に従い，法令，慣習，条理などから具体的に定められる。それゆえ，行政法規によって定められる安全義務に違反しても，直ちに本罪の注意義務に違反したとはいえない。

4　罪　数

業務上過失致死傷罪と各種行政取締法規違反の罪との罪数関係では，後者の違反行為自体を前者の行為として評価できるときは観念的競合となるが，例えば，自動車運転者が過失行為により死傷の結果を惹起した場合，その当時免許証を携帯していなかったとか，酒気帯び運転罪を犯していたときのように，行為の重なり合いが認められないときは併合罪の関係に立つ[17]。自動

---

[13] 前掲最判昭33・4・18。

[14] 植松・272頁，団藤・434頁。

[15] 福田平・刑法の判例（1967）232頁。

[16] 曽根・34頁。なお，大阪地判平23・11・28判タ1373・250参照。

車運転によって，あやまって人を傷害したのに救護しないで逃走したときは（**ひき逃げ**），報告義務違反の罪と救護義務違反（道交法 72 条 1 項）の罪が成立し，観念的競合の関係に立つ[18]。

4 重過失致死傷罪

重大な過失により人を死傷させた者は，5 年以下の懲役若しくは禁錮又は 100 万円以下の罰金に処する（211 条 1 項後段）。

本罪は，単純過失のうち特に違法性の程度が大きく，責任が重い場合を類型化して法定刑を引き上げたものである。したがって，わずかな注意，きわめて軽度の注意を払うことによって結果が予見でき（予見可能性），かつ，結果の発生を容易に回避することができるとき（回避可能性），または，故意の立証はできないが，それに近接するような無謀なものであるときに重大な過失となる[19]。例えば，狩猟者が鳥の形のようなものを認め，それが人でないことを確認せず，直ちに猟銃を発射した場合[20]，継続・反復を前提としない自動車の無免許および無謀運転による人身事故などがある[21]。

重過失の意義　「重過失失火罪及び重過失致死傷罪における『重大な過失』とは，建物等の焼燬や人の死傷の結果がその具体的状況下において通常人として容易に予見できたのに，これを怠り，あるいは，結果を予見しながら，その回避の措置をとることが同様容易であったのに，これを怠ったというような注意義務の懈怠の著しい場合を指す[22]」。闘犬用の犬を放し飼いにしたため，犬が幼女 2 名に傷害および致死の結果を生じさせた場合は，本罪に当たる[23]。神戸地判平成 11 年 2 月 1 日判時 1671 号 161 頁は，夫婦げんかの際に日本刀で襖を突き刺し，背後にいた長男を死亡させた事件につき，「極めてわずかな注意」を払うことによって結果を防止できたという理由で重過失致死罪を適用した。

---

17 最大判昭 49・5・29 刑集 28・4・114。
18 最大判昭 51・9・22 刑集 30・8・1640。
19 広島高判昭 44・2・27 判時 566・95。
20 東京高判昭 35・7・27 東時 11・7・205，東京高判平 12・6・13 東時 51・1＝12・76（土佐犬事件）。
21 最決昭 29・4・1 裁判集刑 94・49，大阪高判昭 36・5・11 下刑集 3・5＝6・406。
22 東京高判昭 62・10・6 判時 1258・136。
23 那覇地沖縄支判平 7・10・31 判時 1571・153。

第4節 過失傷害の罪　*55*

5　自動車運転死傷処罰法

1　総　説

　自動車運転に係る死傷事犯は，もともとは業務上過失致死傷罪（211条）または同罪と道路交通法上の犯罪（例えば，酒気帯び運転罪〔65条1項〕）の併合罪として処理されてきたものであるが，飲酒運転や信号無視運転などの悪質・危険な運転行為による死傷事犯の増加を契機として，2013（平成25）年に，自動車運転に係る死傷事犯の処罰を包括的に整備した「**自動車の運転により人を死傷させる行為等の処罰に関する法律**」（平成25年11月27日法律第86号。以下，「自動車運転死傷処罰法」と略す）が成立し，翌年に施行された。かくして，自動車運転による死傷事犯は，すべて自動車運転死傷処罰法によって処理されることになったのである（ちなみに，本法において「**自動車**」とは，道路交通法2条1項9号に規定する自動車および10号に規定する原動機付自転車をいう）。なお，同法の制定に至るまでには，以下のような経緯があった。

　先ず，悪質・危険な自動車運転の死傷事犯については，既述のように業務上過失致死傷罪または同罪と道路交通法違反罪の併合罪として処罰されていたが，自動車の無謀運転による悪質・危険な交通事犯に対処するために，2001（平成13）年に，**危険運転行為を故意犯として捉え**，危険運転行為を基本犯とする結果的加重犯とし，刑法第2編「傷害の罪」に準ずる罪として「**危険運転致死傷罪**」が新設されたのである（旧208条の2）。その結果，致傷の場合は15年以下の懲役，致死の場合は1年以上の有期懲役に処することとされた。

　危険運転致死傷罪の創設は，悪質・危険な無謀運転の抑止に寄与したが，その反面，例えば，無免許運転で過去にも死傷事故を起こしているような悪質な運転者については，危険運転致死傷罪を適用することができなかったため，2007（平成19）年に**自動車運転過失致死傷罪**が新設された（旧211条2項）。人を死傷させた者に対する罰則の強化が図られ，法定刑の上限を業務上過失致死より重い7年の懲役としたのである[24]。しかし，その後も，より重く処罰すべき様々なケースがあり，自動車運転過失致死傷として重く罰するだけでは，交通事故被害者やその遺族の納得が得られないとする世論の批判を背景に，

24　伊藤栄治ほか・法曹時報59巻8号7頁。

56　第1編　個人法益に対する罪　第1章　生命および身体に対する罪

自動車運転による致死傷の全体を包括する特別法すなわち自動車運転死傷処罰法が制定され，今日に至っている次第である[25]。

上記のような背景から，本法は，①危険運転致死傷罪，②準危険運転致死傷罪，③過失運転致死傷アルコール等影響発覚免脱罪，④過失運転致死傷罪，⑤加重無免許運転罪，⑥通行禁止道路進行罪を規定しており，自動車の運転による死傷事犯全般に対する罰則をカバーする特別法となった。そして，従来の危険運転致死傷罪（旧208条の2）および自動車運転過失致死傷罪（旧211条2項）は，刑法典から切り離されて本法に組み入れられることになったのである[26]。

本書は，刑法第2編「罪」すなわち刑法各則を対象とするものであり，特別刑法は原則として取り扱わないこととしてきたが，自動車運転による交通事故は量的・質的に重大な人身上の被害をもたらすものであり，交通事犯を総合的に処理する自動車運転死傷処罰法は，社会秩序維持の観点から極めて重要な法律であるところから，以下においては，刑法各則における犯罪と同様の手法で解釈を展開することとする。

2　犯罪類型

(1)　危険運転致死傷罪（2条）

> 次に掲げる行為を行い，よって，人を負傷させた者は15年以下の懲役に処し，人を死亡させた者は1年以上の有期懲役に処する。
> 1　アルコール又は薬物の影響により正常な運転が困難な状態で自動車を走行させる行為
> 2　その進行を制御することが困難な高速度で自動車を走行させる行為
> 3　その進行を制御する技能を有しないで自動車を走行させる行為
> 4　人又は車の通行を妨害する目的で，走行中の自動車の直前に進入し，その他通行中の人又は車に著しく接近し，かつ，重大な交通の危険を生じさせる速度で自動車を運転する行為
> 5　赤信号又はこれに相当する信号を殊更に無視し，かつ，重大な交通の危険を生じさせる速度で自動車を運転する行為
> 6　通行禁止道路を進行し，かつ，重大な交通の危険を生じさせる速度で自動車を運転する行為

（ア）結果的加重犯　本罪は，1号から6号までの行為を基本犯とする結果的加重犯である。結果的加重犯の基本行為は，例えば，その典型である傷

---

[25] 川本哲郎・交通犯罪対策の研究（2015）47頁。
[26] 本法の解説として，保坂和人「自動車の運転により人を死傷させる行為等の処罰に関する法律について」警察学論集67巻3号（2002）43頁。

害致死傷罪のように，暴行または傷害といった刑法上の故意行為を内容とするものであるが，本罪の行為は，道路交通法上の犯罪のうち，死傷の結果を生じやすい危険行為を類型化して基本行為とし，重い結果が生じた場合を重く処罰する結果的加重犯である[27]。

本罪を結果的加重犯と解する点については，二つの点が問題となる。一つは，1号から6号の行為と致死傷の結果との間に**因果関係**が必要であるということである。そして，因果関係の存否の判断は，刑法上の因果関係論によって解すべきであるから[28]，危険運転行為と死傷の結果との間に相当な因果関係が無ければ本罪は成立しない。飲酒運転中に，子供が急に飛び出して死亡したような場合は，相当な因果関係の存在が否定されて本罪は成立しない[29]。もう一つは，危険運転と死傷との間に少なくとも過失が認められなければならないとする学説が有力であり，その説によると，危険運転行為の際に死傷の結果を防止する**注意義務の違反**が必要になるということである。

たしかに，結果的加重犯とする立場からは，重い結果の発生について過失が必要になるが，しかし，飲酒のために正常な運転ができない状態にあることを運転者が認識している以上，死傷の結果を予見し回避する義務は通常認められるから，あえて発生した結果につて過失を問題とする必要はないであろう。判例は，結果的加重犯の重い結果については因果関係があればよく，過失を必要としないとしている[30]。

（イ）**行為類型**　危険運転致死傷罪は，故意の危険運転行為として，以下の6種類を規定している（2条）。

（a）**酩酊危険運転**（1号）　アルコールまたは薬物の影響により正常な運転が困難な状態で自動車を走行させ，よって，人を死傷させる行為である。ここでアルコールとは酒類をいうが，必ずしも飲料用に作られたものであることを必要とせず，アルコール分を含むものであれば足りる[31]。薬物とは，ア

27　大谷・総論108頁。なお，中森・29頁。
28　大谷・総論199頁。
29　最判昭26・9・20刑集5・10・1937。なお，井上宏ほか「刑法の一部を改正する法律の解説」法曹時報5巻4号（2002）43頁。
30　最判昭26・9・20刑集5・10・1937。井上宏「自動車運転による死傷事犯に対する罰則等の整備について」ジュリスト1216号39頁。なお，西田・54頁。
31　東京高八王子支判平14・10・29判タ1118・299。

ルコール以外のもので，人の精神的または身体的能力に影響を及ぼす薬理作用を有するものをいう。麻薬，覚せい剤，あへん等の規制薬物に限らず，規制外の危険ドラッグ，睡眠剤等の医薬品，シンナー，ボンド等も含まれる[32]。

「正常な運転が困難な状態」とは，道路および交通の状況等に応じた運転操作を行うことが困難な心身の状態をいう。例えば，ブレーキ等の運転操作を行うことが現実に困難な心身の状態であり，病気や過労などが競合して正常な運転が困難な心身の状態になったときも含む。道交法上の酒気帯び運転罪（65条）にいう「酒気帯び」状態では足りず，酩酊等の影響で前方注視やハンドルおよびブレーキ操作が現実に困難な心身の状態になることが必要である。

本罪の**故意**は，飲酒等の影響で「正常な運転が困難な状態」にあることの認識を必要とする[33]。ただし，「自分は大丈夫だ」と思って運転したとしても故意がなかったとはいえない。例えば，「足元がふらふらしている」または「意識が朦朧としている」というように，正常な運転の困難性を基礎づける事実の認識があれば足りる。したがって，アルコール等の影響により，一瞬，急ブレーキを踏むのが遅れて事故を起こしてしまったような場合は含まれない[34]。

(b) **高速度危険運転**（2号）　進行を制御することが困難な高速度で自動車を走行させ，よって，人を死傷させる行為である。「進行を制御することが困難な高速度」とは，道路の状況に応じて進行することが困難な程度の高速度をいい，ハンドルやブレーキの操作のわずかなミスで事故を起こすような速度で走行させることである。例えば，アイスバーン状態の道路を高速度で走行したためにブレーキ操作が不可能となり，死傷事故を起こした場合がこれに当たる。

本罪の**故意**は，例えば，道路事情のために高速度で自動車を走行させれば制御が困難になることまでは認識する必要はないが[35]，車体のぶれやハンドル操作が制御困難となっているといった，**制御困難性を基礎付ける事実**の認識

---

32 東京高判平 27・3・231 LEX/DB25506206。
33 最決昭 23・10・31 刑集 65・7・1138。
34 西田・56頁，高橋・78頁。
35 函館地判平 14・9・17 判時 1818・176。

が必要である。

(c) **未熟危険運転**（3号）　進行を制御する技能を有しないで自動車を走行させ，よって，人を死傷させる行為である。「**進行を制御する技能を有しない**」とは，ハンドル，ブレーキ，アクセル等の基本的な自動車操作の技量を有しないことをいう。無免許である場合が多いであろうが，無免許でも制御技能を有することはありうる。逆に，免許を有していても，長年ペーパードライバーであった者も「制御する技能を有しない」場合はありうる。本罪も**故意犯**であり，「運転はしたことがない」とか，「進行を制御する技能はない」というように，制御の未熟性を示す事実についての認識が必要である。

(d) **通行妨害危険運転**（4号）　本罪は**目的犯**であり，本罪が成立するためには，第1に，相手方の自由かつ安全な通行を積極的に妨害する目的が必要である。未必的目的では足りないと解する[36]。第2に，「走行中の自動車の直前に進入」することを要する。具体的には，割り込み，幅寄せ，煽り，対向車線への割り出し等の行為を行うことである。第3に，重大な交通の危険を生じさせる速度で自動車を運転することを要する。

「**重大な交通の危険を生じさせる速度**」とは，妨害行為の結果，相手方と接触すれば大きな死傷事故を生じさせると一般に認められるような速度のことであり，時速20～30キロであれば，通常これに当たると解されている[37]。したがって，例えば，幅寄せといった妨害行為をしても，大きな事故に結びつかないようなスピードで運転している場合は，本罪の行為とはならない。本罪も**故意犯**であるから，「重大な交通の危険を生じさせる速度」についての認識が必要であるが，実際上は「○○キロで走行していた」というように，速度についての認識があれば足りる。

(e) **赤信号無視運転**（5号）　赤信号またはこれに相当する信号を殊更に無視し，かつ，重大な交通の危険を生じさせる速度で自動車を運転し，よって，人を死傷させる行為である[38]。「**赤信号**」とは，法令に基づき公安委員会が設置した信号機が表示する赤色灯火の信号のことであり，「これに相当する

36　高橋・80頁。
37　最決平18・3・14刑集60・3・363。
38　大阪高判平15・8・21判タ1143・300。

60　第1編　個人法益に対する罪　第1章　生命および身体に対する罪

信号」とは，警察官の手信号その他の信号をいう（道交法6条1項）。

「**殊更に無視し**」とは，「およそ赤色信号に従う意思がない」ことをいう[39]。信号による規制を初めから意に介さない場合をいうから，赤色信号であることを看過した場合や信号の変わり際で赤色信号であることを未必的に認識したにすぎない場合は，「殊更に無視」した場合に当たらない。なお，ここでも「重大な交通の危険を生じさせる速度」で自動車を運転する行為を必要とする。

　(f)　**通行禁止道路進行**（6号）　通行禁止道路を進行し，かつ，重大な交通の危険を生じさせる速度で自動車を運転し，よって人を死傷させる行為である。「**通行禁止道路**」とは，道路標識や道路標示等によって自動車の通行が禁止されている道路であって，これを通行することが人または車に交通の危険を生じさせるものとして政令で定められているものをいう。具体的には，車両通行止め道路，一方通行道路，自転車および歩行者専用道路等をいい，これ等の道路を「重大な交通の危険を生じさせる速度」で自動車を運転する行為を処罰するものである。本罪においても，「重大な交通の危険を生じさせる速度」の**認識**を必要とする。

　(ウ)　**他罪との関連**　本罪は，結果的加重犯であり，その基本行為は故意犯であるから，本罪が成立するときは過失運転致死傷罪（➔63頁）は成立しない。また，走行中の直前に割り込む等の行為については，暴行または傷害の故意が認められるが，危険運転致死傷罪は，傷害罪および傷害致死罪の特別類型であるから，本罪が成立するときは，傷害罪，傷害致死罪は成立しない[40]。危険運転行為が，1号から6号の行為類型に該当する場合には，包括して一罪が成立する。

　(2)　**準危険運転致死傷罪**（3条）

> 　アルコール又は薬物の影響により，その走行中に正常な運転に支障が生じるおそれがある状態で，自動車を運転し，よって，そのアルコール又は薬物の影響により正常な運転が困難な状態に陥り，人を負傷させた者は12年以下の懲役に処し，人を死亡させた者は15年以下の懲役に処する（1項）。自動車の運転に支障を及ぼすおそれがある病気として政令で定めるものの影響により，その走行中に正常な運転に支障が生じるおそれがある状態で，自動車を運転し，よっ

39　最決平20・10・16刑集62・9・2797。
40　中森・32頁，西田・55頁，山口・57頁。井上・前掲42頁。

第4節 過失傷害の罪　　*61*

て，その病気の影響により正常な運転が困難な状態に陥り，人を死傷させた者も，前項と同様とする（2項）。

（ア）**意　義**　　本条の行為は，2条の危険運転致死傷罪を構成するほどではないが，悪質性・危険性が高い運転行為，すなわち正常な運転に支障が生じる状態で自動車を運転し，現実に「正常な運転が困難な状態に陥り」，その結果，人を死傷させた場合について，2条の罪に準ずる危険運転行為として処罰するものである。

（イ）**1項の危険運転行為**　　アルコールまたは薬物の影響により，その走行中に正常な運転に支障が生ずるおそれのある状態で運転し，よって，そのアルコールまたは薬物の影響により正常な運転が困難になり，人を死傷させる行為である。「正常な運転に支障が生じるおそれ」とは，正常な運転が困難な状態ではないが，自動車を運転するのに必要な注意力，判断力，操作能力が相当程度に減退している危険な状態をいう。そのような状態で自動車を運転し，現実に「正常な運転が困難な状態」になって人を死傷させた場合に成立する。本罪の**故意**としては，「その走行中に正常な運転に支障が生じることのおそれ」を認識することで足りる。

（ウ）**2項の危険運転行為**　　自動車の運転に支障を及ぼすおそれのある病気として政令が定めるものの影響により，その走行中に正常な運転に支障が生じるおそれがある状態で自動車を運転し，その結果，正常な運転が困難な状態に陥り，人を死傷させる行為である。対象となる病気の例としては，統合失調症，てんかん，再発性の失神などがある（政令166号第3条）。本罪の**故意**も，その走行中に正常な運転に支障が生じるおそれがあることの認識で足りる。

(3)　**過失運転致死傷アルコール等影響発覚免脱罪**（4条）

　　アルコール又は薬物の影響によりその走行中に正常な運転に支障が生じるおそれがある状態で自動車を運転した者が，運転上必要な注意を怠り，よって人を死傷させた場合において，その運転の時のアルコール又は薬物の影響の有無又は程度が発覚することを免れる目的で，更にアルコール又は薬物を摂取すること，その場を離れて身体に保有するアルコール又は薬物の濃度を減少させることその他の影響の有無又は程度が発覚することを免れるべき行為をしたときは，12年以下の懲役に処する。

（ア）**意　義**　　本罪は，アルコールや薬物の影響によって危険運転致死傷罪に該当する行為に出た者が，不注意で死傷事故を起こして逃走したよう

62 第1編 個人法益に対する罪 第1章 生命および身体に対する罪

な場合，アルコール等の影響の有無・程度の立証が困難となり，結局，行為
者は過失運転致死傷罪と道路交通法上の救護義務違反罪の併合罪等で軽く処
罰されることになり，いわゆる「逃げ得」になるところから，これを許さない
趣旨で本罪が設けられたのでる。その意味で，本罪は，生命・身体と併せて
刑事司法作用を保護法益とする罪と解される[41]。

（イ）**前提となる行為**　本罪が成立するためには，二つの犯罪，すなわち，
①アルコールまたは薬物の影響によりその走行中に正常な運転に支障を生じ
るおそれがある状態で自動車を運転する行為，および，②運転上必要な注意
を怠り，よって人を死傷させる行為が必要である。それらの行為の後に，免
脱行為すなわち，③アルコール等の「影響が発覚することを免れるべき行為」
が結びついて一罪となる結合犯である。①については故意が必要であり，②
については，運転上必要な注意を怠る過失が必要となる。

（ウ）**影響発覚の免脱行為**　本罪の行為の本体は，事故に対するアルコー
ルまたは薬物の影響の確定を妨害する行為，つまり「発覚することを免れる
べき行為」である。その典型例は「更にアルコール又は薬物を摂取する」こ
と，「その場を離れて身体に保有するアルコール又は薬物の濃度を減少させ
ること」である。アルコール等の「摂取」の場合は摂取の時点で本罪が成立
するが，「濃度の減少」の場合は，一定程度の時間が経過して体内のアルコー
ル等の濃度に変化が生じたことを要するから，アルコール等の濃度を減少さ
せるなど，アルコールの検査結果が変化する等の時間の経過をもって成立す
ると解すべきである[42]。

　本罪が成立するためには，免脱行為の時点で，人の死傷の結果が生じてい
ることの認識が必要である。また，免脱の目的が必要であり，人の死傷事故
を警察に通知するためにその場を離れたような場合は，本罪は成立しない。

（エ）**他罪との関連**　人の死傷事件について免脱行為が行われたが，同事
件に危険運転致死傷罪または準危険運転致死傷罪が適用されて有罪となった
場合，本罪との関係が問題となるが，本罪は，もともと上記二罪を補充する
ものとして犯罪とされたものであるから，免脱行為とは吸収関係に立ち本罪

---

41 前田・52頁，西田・62頁，なお，中森・34頁。
42 中森・34頁，西田・62頁。

だけが成立する[43]。

⑷ 過失運転致死傷罪

> 自動車の運転上必要な注意を怠り，よって人を死傷させた者は，7年以下の懲役若しくは禁錮又は100万円以下の罰金に処する。ただし，その傷害が軽いときは，情状により，その刑を免除することができる（5条）。

（ア）**意 義**　本罪は，刑法211条2項の自動車運転致死傷罪を「過失運転致死傷罪」として自動車運転死傷処罰法に移行したものである。業務上過失行為の事犯のうち，自動車運転に関わって人を死傷させた場合を重く処罰する。悪質・重大な交通事犯の重罰化の要請に応えて，業務上過失致死傷罪の加重類型として新設されたものである。

（イ）**自動車運転上の注意**　「自動車運転」とは，自動車の運転者がアクセル，ブレーキ等の自動車の各種装置を操作して自動車を発進・停止させる行為をいう。発進から停止までを含み，必ずしも道路上であることを要しない。道路上を走行中，自動車を停止させる行為も運転に当たるが，停止した後に降車するためドアを開ける行為は運転に当たらないとするのが判例である[44]。「運転上の注意」とは，自動車の各種装置を操作して動かす上で必要な注意義務をいい，基本的には道路交通法などの取締規定に基づくが，要は，自動車運転者が自動車を動かす上で必要とされる客観的注意義務に帰着する。

> **降車時の運転者の注意義務**　最決平成5年10月12日刑集47巻8号48頁は，「運転者は，自らフェンダーミラー等を通じて後方の安全を確認した上で開扉を指示するなどの適切な措置を採るべき注意義務を負い，安全確認を同乗者に代行させることは許されない」と判示した。

（ウ）**致死傷の結果**　運転上必要な注意を怠り，よって死傷の結果を生じさせた場合に本罪が成立し，「7年以下の懲役若しくは禁錮または100万円以下の罰金」に処せられる。しかし，過失運転致傷の場合，「傷害が軽い」ときは，「情状によりその刑を免除することができる」とされている。この「刑を免除する」という「ただし書き」について，「本来であれば起訴猶予によって処理すべき場合である」[45]から，敢えて規定するまでもないとする見解もあるが，この種の事件の捜査処理について，基本的指針を実定法上明らかにする

---

[43] 西田・63頁，前田・12頁。
[44] 東京高判平25・6・11判時2214・1279。
[45] 中森・35頁。

64 第1編 個人法益に対する罪 第1章 生命および身体に対する罪

という趣旨で意義があると考える[46]。

(5) 無免許運転による加重（6条）

> 第2条（第3号を除く）の罪を犯した者（人を負傷させた者に限る）が，その罪を犯した時に無免許運転をしたものであるときは，6月以上の有期懲役に処する（1項）。第3条の罪を犯した者が，その罪を犯した時に無免許運転をしたものであるときは，人を負傷させた者は15年以下の懲役に処し，人を死亡させた者は6月以上の有期懲役に処する（2項）。第4条の罪を犯した者が，その罪を犯した時に無免許運転をしたものであるときは，15年以下の懲役に処する（3項）。前条の罪を犯した者が，その罪を犯した時に無免許運転をしたものであるときは，10年以下の懲役に処する（4項）。

（ア）**意 義**　本条は，自動車運転死傷処罰法2条から5条までの罪を犯したとき無免許であった者につき，これらの罪と無免許運転罪の併合罪による処断刑よりも重い法定刑とすることを規定したものである。法定刑を加重する根拠としては，ⓐ無免許運転や危険性が現実化した点に求める見解[47]，ⓑ責任非難の増大に求める見解[48]があるが，無免許で危険な運転をするという悪質性に加重処罰の根拠があるとみるべきであるから，ⓐ説が妥当である。

（イ）**適 用**　本条が適用されるためには，「その罪を犯した時」すなわち危険運転致死傷罪（3号を除く），準危険運転致死傷罪，アルコール等影響発覚免脱罪，過失運転致死傷罪が行われた時に無免許であったことを要する。当該行為以外の時に無免許運転を行ったとしても，本罪の加重の対象とはならない。また，本罪が成立するためには，無免許運転の**故意**を必要とする。例えば，運転免許証の更新を忘れて正規の運転免許証を携帯していると錯覚して自動車を運転したような場合は，本罪を構成しない。

第5節　堕　胎　の　罪

1 総　　説

1 意　義

堕胎の罪は，自然の分娩期に先だって人工的に胎児を母体から排出・分離

---

46 井上宏ほか・前掲法曹時報54・4・75，山口・70頁。
47 髙橋・87頁。
48 山中・80頁。

させる行為を内容とする犯罪である。

(1) 保護法益　刑法は，堕胎の罪として，①堕胎罪（212条），②同意堕胎罪（213条前段），③同意堕胎致死傷罪（同条後段），④業務上堕胎罪（214条前段），⑤業務上堕胎致死傷罪（同条後段），⑥不同意堕胎罪（215条1項），⑦同未遂罪（同条2項），⑧不同意堕胎致死傷罪（216条）を規定している。堕胎の罪の**保護法益**は，現行法が結果的加重犯として母親に致死傷の結果が発生した場合を重く処罰していることにかんがみ（213条後段，214条後段，216条），第1次的には**胎児**の生命・身体の安全であり，第2次的には**母体**の生命・身体の安全であると解すべきである（通説）。少数説として，ⓐ胎児の生命・身体の安全とする説[1]，ⓑ胎児の生命・身体および母体の身体の安全とする説[2]がある。ⓐ説は，母体については別に殺人罪・傷害罪を適用すれば足りるとすることを根拠とするが，この見解は，刑法が堕胎罪を軽く罰しているだけでなく，同意堕胎致死傷のように妊娠中の女子に死傷の結果が生じた場合に重く罰する点を正しく理解していない憾みがある。ⓑ説は，母親の死亡を加重の要件としている213条後段などの規定に合致しないというべきである。

(2) 具体的危険犯　堕胎罪自体は，胎児または母体の生命・身体に対する侵害の発生を要件としないから，本罪は，生命・身体に対する危険犯である[3]。母体にとって自然の分娩と異なるところがなく，胎児も排出された後にその生命・身体に何らの影響も受けない人工出産のような場合には，胎児・母体双方の安全に対する侵害の危険は生じないから，人工的な胎児の排出であっても堕胎の概念には含まれない。本罪は**具体的危険犯**であると解すべきである[4]。

2　違法性阻却事由

堕胎特に同意堕胎の自由化は，近年，欧米において個人の尊厳ないし自己決定権を根拠に新しい展開を見せているが，わが国では，堕胎天国といわれるほどに自由化が進んでいる。

1　木村・32頁，香川・394頁。

2　江家・210頁，斉藤・202頁。

3　大判明42・10・19刑録15・1420，反対，平野・161頁，西田・22頁，山口・20頁〔侵害犯とする〕。

4　団藤・446頁，板倉・注釈(5)193頁，小暮ほか〔町野〕・60頁，中森・30頁，前田・94頁。なお，大塚・49頁。

66　第1編　個人法益に対する罪　第1章　生命および身体に対する罪

(1)　**母体保護法と堕胎の解放**　わが国では，**母体保護法**（昭和23年制定の旧優生保護法）によって，母体の生命・健康を保護する観点から，①妊娠の継続または分娩が身体的または経済的理由により母体の健康を著しく害するおそれのあるもの，②暴行もしくは脅迫によって，または抵抗もしくは拒絶することができない間に姦淫されて妊娠したものについての堕胎は，法令上の違法性阻却事由に当たるものとされ（母体保護14条1項），堕胎罪，同意堕胎罪について大幅な自由化が図られてきた。したがって，この法律によって正当化されない場合にのみ堕胎罪が問題となるにすぎないから，本罪が適用される裁判例は，今日では皆無に等しい。

(2)　**人工妊娠中絶**　堕胎行為は，母体保護法によって法令上違法性が阻却される。同法は，**人工妊娠中絶**を「胎児が，母体外において，生命を保続することのできない時期〔通常妊娠満22週未満—平成3年1月厚生事務次官通知〕に，人工的に，胎児及びその附属物を母体外に排出すること」（2条2項）と定義し，手術は，医師会指定の医師（指定医師）のみができるものと定めている。医師は，本人および配偶者の同意——配偶者が知れないとき，もしくはその意思を表示することができないとき，または妊娠後に配偶者がなくなったときには本人の同意——を得たうえで，母体保護法14条1項の定める要件を満たすかどうかを医師みずからが判断し，手術を実施できる。上記の要件を満たす限り，医師による業務上の堕胎行為は違法性を阻却する。ただし，母体保護法の定める要件を欠くときでも，緊急避難[5]または社会的相当行為として35条により違法性を阻却する場合がある[6]。

社会・経済的要件　この要件を満たす中絶は，妊娠の継続または分娩が，身体的または経済的理由により母体の健康を著しく害するおそれのあるときに認められるものである。ここで経済的理由とされているが，これは，単に貧困を指すのではなく，それによって母体の健康に影響を与える可能性を必要とするものである（治療的堕胎）。しかし，その判断は，手術を担当する医師が行うものとされており，そして，医師には「経済的理由」が妊婦の健康を害するか否かの調査・確認義務は課されていないのであるから，実際上，本人等の申出があれば妊娠中絶手術を実施できる結果となり，そのため人工妊娠中絶がほぼ完全に自由になっているのである。

5　大判大10・5・7刑録27・257。
6　団藤・442頁，大塚・51頁。反対，瀧川・53頁，瀧川＝竹内・46頁。

2 堕胎の罪の基本概念

1 客 体

本罪の客体は，妊娠中の女子（妊婦）および胎児である。**胎児**とは，受胎（受精卵の子宮への着床終了）の時期から刑法において人として扱われるまでの生命体をいい，その妊娠期間の長短を問わない[7]。体外受精卵・胚は胎児ではなく[8]，一方，母体外で生命を保続できる状態にまで成長した胎児も堕胎罪の客体となり，臨月の胎児を母体内で殺しても堕胎罪にほかならない（➡9頁）。生命のあることを必要とするから，**死胎**は胎児ではない。しかし，生きている胎児に対して堕胎行為があった以上は，死産であっても堕胎罪に当たる[9]。

2 行 為

本罪の行為は，堕胎である。

(1) **堕胎の意義**　判例によると，「**堕胎**」とは自然の分娩期に先立って人為的に胎児を母体から分離・排出する行為をいうとされている[10]。これによると自然の分娩開始後に胎児に攻撃を加え殺害する行為は，堕胎にも殺人にもならないという不当な結論となる。それゆえ，**堕胎**とは，「胎児に攻撃を加えて出生前または出生後に死亡させ，または胎児もしくは母体の生命・身体にとって具体的に危険を有する方法により，人工的に胎児を母体から分離ないし排出することをいう」と定義すべきである。堕胎の結果として胎児が死亡することは必要でない[11]。

本罪の保護法益は，第1次的に，胎児の生命・身体の安全であるから（➡65頁），堕胎は胎児を母体内において殺害する場合をも含む。流産およびすでに死亡した胎児を排出する行為は堕胎ではない。一方，自然の分娩期が到来したが，いまだ胎児が一部露出の状態に達する以前に人工的にこれを母体から分離して胎児の生命・身体を害した場合も堕胎である[12]。堕胎の方法は，薬物，器具を用いるのが通常であるが特に制限はない。

7　大判昭2・6・17刑集6・208，大判昭7・2・1刑集11・15。
8　団藤・448頁，小暮ほか〔町野〕・59頁，中森・30頁，西田・19頁。
9　大判大6・1・26新聞1230・29。
10　大判明42・10・19刑録15・1420。
11　前掲大判昭2・6・17。
12　木村・33頁。

68   第1編　個人法益に対する罪　第1章　生命および身体に対する罪

(2) **侵害犯か危険犯か**　　堕胎行為は，母体内で殺害したときはその時点で，また，それ以外の場合には胎児を母体外に排出した時に完成し**既遂**となる (通説)。本罪を**侵害犯**とする説[13]によれば，胎児が死亡した時に既遂となる。堕胎により胎児を排出したところ，その胎児が生命を保続できる状態にあったのでこれを殺害した場合，判例は堕胎罪と殺人罪の併合罪になるとしているが[14]，その結果との間に一般的な結びつきが認められるので牽連犯とすべきである[15]。胎児を母体外で殺す意思で堕胎し，その後にこれを殺害した場合も牽連犯と解すべきである。

　堕胎が施術されても堕胎の結果が生じないときは，未遂罪を罰する場合 (215条2項) を除いて処罰されない。懐胎していないのに懐胎していると誤信して堕胎の施術をしたときには**客体の不能**が問題となるが，それが堕胎の実行行為といえる限り堕胎の罪の未遂となる (215条参照)。胎児が死亡しているのを知らずに堕胎の施術をしたときも同じである[16]。

「生育可能性」と殺人　　堕胎ないし人工妊娠中絶によって排出された胎児が生命機能を有している場合は，いかに取扱うべきであろうか。生育可能性がある場合は，母体外に排出されている以上，人として保護に値することは当然であるから，それを殺害すれば作為によると不作為によるとを問わず殺人になるとする点では，今日争いはない。問題は，胎児が排出後に独立に呼吸をしているといった生命機能を有しているけれども，生育可能性がない場合である。生命機能を有している以上，死期が切迫していてもその生命体は人であるから，殺人罪の客体になると解すべきである[17]。生育能力のない者は人として保護に値しないとする見解[18]もあるが，そうすると終末期患者は人として保護に値しないという結論になろう。なお，生育不可能の嬰児を放置して死なせたような不作為による場合は，おそらく作為義務を認めることは困難であろうから，積極的に殺害した場合に限って殺人罪を認めるべきであろう。

3　故　意

　本罪は故意犯であるから，胎児を母体内で殺害すること，または自然の分

---

13 平野・161頁，西田・23頁，山口・20頁。
14 大判大11・11・28刑集1・705。
15 小野・187頁，福田・162頁，大塚・54頁。なお，中森・40頁〔堕胎は殺人に吸収される〕。
16 大判昭2・6・17刑集6・208。
17 最決昭63・1・19刑集42・1・1，大谷實「判批」判タ670号60頁，原田國男「判批」法曹時報41巻4号1286頁。
18 平野龍一・犯罪論の諸問題〔下〕(1982) 265頁，西田・23頁，林・36頁，山口・29頁。

娩期に先立って胎児を母体外に排出することの認識を必要とする。妊婦を殺害し，または傷害を加えて堕胎の結果を生じさせたときは，殺人罪または傷害罪と堕胎罪との観念的競合となる。妊婦が，上記の認識に基づいて自殺し，胎児は死亡したが自殺未遂にとどまったときは堕胎罪に当たる。

③ 堕 胎 罪

妊娠中の女子が薬物を用い，又はその他の方法により，堕胎したときは，1年以下の懲役に処する（212条）。

1 主 体

本罪の主体は，妊娠中の女子すなわち妊婦である（**身分犯**）。堕胎の罪の各犯罪のうち堕胎罪（**自己堕胎罪**ともいう）が基本的な犯罪であり，業務上堕胎罪は同意堕胎罪の加重類型であるから，本罪の共犯関係については65条2項が適用される[19]。**行為の態様**としては，①堕胎行為を女子みずから単独で行う場合，②他人に実施させる場合，③他人と共同して行う場合があり，いずれも堕胎である。「その他の方法」による堕胎のなかには，他人に堕胎を実施させる場合および他人と共同で行う場合も含まれる。これらの行為は一種の自傷行為であるが，本罪の保護法益はもっぱら胎児の生命であるから処罰に値するのである。

2 共犯関係

同意堕胎罪および業務上堕胎罪において，同意した妊娠中の女子には単独犯としての本罪が適用され，同意堕胎罪または業務上堕胎罪の教唆・幇助となるのではない[20]。他人に実施させる場合，同意（業務上）堕胎罪の教唆犯となるが[21]，65条2項によって本罪の刑が科されるとする見解がある。しかし，同意堕胎罪および業務上堕胎罪は，妊婦の同意を要件として成立するのであるから，その妊婦の同意を堕胎罪の教唆・幇助として処罰の対象とするのは適当でない。妊婦が他の者と共同して堕胎施術を実施した場合は共同正犯となり，妊婦には本罪が，他の者には同意堕胎罪が適用されるとするのが判例

---

[19] ポケット486頁。
[20] 団藤・449頁，大塚・54頁，中森・37頁，高橋・23頁。
[21] 西田・21頁。

である[22]。この場合においても，妊婦は「その他の方法」によって堕胎を遂げたにすぎないと解すべきであり，あえて共同正犯として60条を適用する必要はない。

4 同意堕胎罪・同意堕胎致死傷罪

女子の嘱託を受け，又はその承諾を得て堕胎させた者は，2年以下の懲役に処する。よって女子を死傷させた者は，3月以上5年以下の懲役に処する（213条）。

1 同意堕胎罪

同意堕胎とは，女子の嘱託を受けまたはその承諾を得て堕胎することをいう。

(1) **要件** 「女子」とは，妊娠中の女性すなわち妊婦のことである。女子の嘱託・承諾は自由かつ真意に基づくものであることを要する[23]。「堕胎させた」とは，妊婦以外の行為者が堕胎することをいう。本罪と業務上堕胎罪が他人堕胎とよばれるのはそのためである。それゆえ，妊婦に頼まれて堕胎薬を買い与える行為は，堕胎罪の幇助犯であって同意堕胎罪ではない。

(2) **共犯関係** 妊婦を教唆し，その承諾を得て堕胎したときは，堕胎の教唆はその実行行為に吸収されて本罪のみが成立する。妊婦の嘱託を受け，または承諾を得た者が，みずから堕胎の実行行為に出ることなく，他人に依頼してその妊婦を堕胎させたときは，同意堕胎罪の教唆犯となる[24]。妊婦から堕胎の嘱託を受けた者が堕胎したところ，妊婦の身体に異常が生じたので，それに乗じ医師に依頼して緊急避難として胎児を排出させたときは，医師の適法行為を利用した本罪の間接正犯である[25]。妊婦に依頼され，堕胎手術者を斡旋したときは，堕胎罪の幇助犯および本罪の教唆犯となるが，前者は後者に吸収されて本罪の教唆犯一罪が成立する。

2 同意堕胎致死傷罪

堕胎行為によって妊婦を死傷させたときは，同意堕胎致死傷罪となる。本罪は，同意堕胎罪の結果的加重犯であるから，堕胎行為によって死傷の結果

---

22 大判大8・2・27刑録25・261。
23 仙台高判昭36・10・24高刑集14・7・506。
24 中森・33頁，西田・20頁。
25 大判大10・5・7刑録27・257。

第5節 堕胎の罪 *71*

が発生したことを要すること無論であるが，堕胎に通常随伴する創傷は堕胎行為のなかに含まれるから，ここにいう致傷ではない。同意堕胎が未遂にとどまったときも本罪が成立すると解すべきである[26]。堕胎行為は，母体にとって健康の損傷を随伴するものであり，その危険は堕胎自体が未遂にとどまったかどうかにかかわりなく存在するから，堕胎が未遂にとどまったのにかかわらず妊婦に死傷の結果が生じたときは，本罪に当たると解すべきである[27]。同意堕胎罪の未遂が不可罰となっていることを根拠として，堕胎が既遂に達したことを必要とする説[28]も有力であるが，堕胎行為は性質上傷害的なものである点に着目すべきである。

5 業務上堕胎罪・業務上堕胎致死傷罪

医師，助産師，薬剤師又は医薬品販売業者が女子の嘱託を受け，又はその承諾を得て堕胎させたときは，3月以上5年以下の懲役に処する。よって女子を死傷させたときは，6月以上7年以下の懲役に処する（214条）。

(1) **主 体**　本罪の主体は，医師，助産師，薬剤師または医薬品販売業者である。本罪は，同意堕胎罪の身分による加重類型であり，同意堕胎の施術を実施しやすい立場の者を業務者として類型化し，予防的な見地に立って法定刑を重くしたものである。「医師」には歯科医師も含まれる。助産師とは，分娩を助け，産婦や新生児を助けることを業とする女子をいう（保健師助産師看護師法3条）。本罪は，業務者という身分によって刑を加重するものであるから，同意堕胎罪を基本犯とする加減的身分犯（不真正身分犯）である。

(2) **共犯関係**　業務者が妊婦を教唆し堕胎の承諾を得たうえ，さらに医師を教唆して同女に対して堕胎をしたときは，堕胎罪の教唆犯となるかにみえるが，教唆行為は業務上堕胎罪の教唆犯に吸収されて同罪一罪が成立する。ただし，教唆者が業務者でないときは，65条2項に従い同意堕胎罪の教唆犯が成立する[29]。医師が指定医師であるときは，母体保護法が適用される。な

---

26 大判大13・4・28新聞2263・17。
27 前掲大判大13・4・28。ポケット488頁。
28 団藤・450頁，福田・162頁，大塚・55頁，内田・77頁，中森・38頁，山口・22頁，高橋・24頁。
29 大判大9・6・6刑録26・382。

72　第1編　個人法益に対する罪　　第1章　生命および身体に対する罪

お，本罪の結果的加重犯である業務上堕胎致死傷罪については，同意堕胎致死傷罪を参照されたい（➡70頁）。

6　不同意堕胎罪・不同意堕胎致死傷罪

> 女子の嘱託を受けないで，又はその承諾を得ないで堕胎させた者は，6月以上7年以下の懲役に処する（215条1項）。未遂は，罰する（同条2項）。よって女子を死傷させた者は，傷害の罪と比較して，重い刑により処断する（216条）。

不同意堕胎罪は，妊婦の同意を得ないで堕胎することを内容とする犯罪である。主体のいかんを問わない。「嘱託を受けないで，又はその承諾を得ないで」というのは，「嘱託も承諾もなしに」の意味である。また，妊婦を殺害・傷害することによって本罪を犯せば，殺人罪・傷害罪と本罪との観念的競合となる。**不同意堕胎致死傷罪**は，不同意堕胎罪および同未遂罪の結果的加重犯であり，傷害の罪に比較して「重い刑により」処断される。したがって，不同意堕胎罪の法定刑（6月以上7年以下の懲役）と傷害罪（15年以下の懲役または50万円以下の罰金・科料）および傷害致死罪（3年以上の有期懲役）の法定刑を比較し，法定刑の上限と下限のそれぞれ重い方に従って処断される。致傷の場合は6月以上15年以下の懲役（不同意堕胎罪の法定刑と傷害罪の法定刑），致死の場合は3年以上20年以下の懲役（傷害致死罪の法定刑）となる。

> **「傷害の罪と比較して，重い刑により処断する」の意義**　　この規定は，刑法各則に8箇所ある。その趣旨は，必ずしも明確でないが[30]，「重い刑により」とある以上は，法定刑の上限および下限とも，重い方に従う意味と解すべきである。この趣旨を間接的に判示するものとして最判昭和28年4月14日刑集7巻4号841頁参照。

---

[30] 大判明42・12・3刑録15・1722は，法定刑の上限が重いほうの条項に定められた刑に従うとする。

第6節　遺棄の罪　*73*

第6節　遺棄の罪

1　総　説

1　意　義

遺棄の罪とは，生命の危険に関し他人の保護が必要となる者を危険な場所に移転せしめること（**移置**），または，これに対して生存に必要な保護を与えないこと（**不保護**）によって，生命に危険を生じさせることを内容とする犯罪である。刑法典は，本罪に当たるものとして，①単純遺棄罪（217条），②保護責任者遺棄罪（218条），③遺棄致死傷罪（219条）を規定している。遺棄の罪の**保護法益**については，ⓐ生命・身体の安全と併せて社会風俗とする説[1]，ⓑ生命・身体の安全であるとする説（通説）[2]，ⓒ生命の安全であるとする説[3]とが対立している。ⓑ説は本罪の規定の位置が傷害の罪の後に配置されていることを主たる根拠とするが，218条が「生存に必要な保護をしなかったとき」と規定していること，身体に対する危険を含むとすれば本罪の成立範囲が曖昧になることから，**生命の安全**を保護法益とするものと解すべきであり，ⓒ説が妥当である。したがって，精神的・経済的に保護が必要な者に対し，その保護をしない不作為は，遺棄ではない。また，法律上扶養義務ある者が，その義務を怠っただけで直ちに遺棄の罪が成立するのではなく，義務を怠ったことが生命に対し危険を生じさせる性質のものでなければならない。なお，**尊属遺棄罪**は，1995（平成7）年の刑法改正により削除された。

2　客　体

遺棄の罪の客体は，老年，幼年，身体障害，疾病のため扶助を必要とする者すなわち**要扶助者**である。「扶助を必要とする者」とは，他人の保護によらなければみずから日常生活を営む動作をすることが不可能もしくは著しく困難なため，自己の生命に生ずる危険を回避できない者のことである。「扶助を必要とする」状態は，**老年，幼年，身体障害，疾病**を原因とする場合に限られ

1　大塚・58頁。
2　大判大4・5・21刑録21・670〔生命身体に対して危険を発生せしむるおそれ〕。
3　平野・163頁，小暮ほか〔町野〕・65頁，西田・28頁，林・39頁，山口・31頁，高橋・30頁，松原・28頁。

る。したがって，老人，幼児であっても具体的に保護を要しない場合は遺棄の罪の客体ではない。また，本罪の客体は**制限列挙的**に規定されているから，老年，幼年，身体障害，疾病の者以外は，保護を必要とする場合でも遺棄の罪の客体にはならない。

ここで「疾病」とは，肉体的・精神的に健康を害されている状態をいう。その原因のいかんを問わない。飲酒[4]，麻薬の使用，催眠術の施術等によって正常な意識を失っている者，妊娠・飢餓・疲労・負傷によって**身体的**に日常生活上の動作をすることができない者も含むと解すべきである。なお，218条は「老年者，幼年者，身体障害者又は病者」と規定するのみで「扶助を必要とする者」という要件は規定していないが，同じ遺棄罪である以上217条と同様に解すべきことは当然である。

3 遺棄の概念

遺棄とは，一般の語義によると，「捨てること，置き去りにすること」だとされている。

(1) **刑法上の遺棄**　刑法において遺棄というときは，①要扶助者をその従来の場所から生命に危険な他の場所に移転させる行為（**移置**），②要扶助者を生命の危険な場所に置いたまま立ち去る行為（**作為による置き去り**）および要扶助者が生命にとって危険な場所に行くのを放置する行為（**不作為による置き去り**），③要扶助者が保護者に接近するのを妨げる行為（**接近の遮断**）が問題となる。

(2) **学　説**　遺棄の概念については，ⓐ遺棄を広狭二義に分け，217条の遺棄は狭義の遺棄としての移置（①）をいい，広義の遺棄は移置のほかに要扶助者を危険な場所に放置する場合（②，③）を含み，218条の遺棄は広義の遺棄をいうとする通説・判例[5]，ⓑ217条の遺棄は移置（①）および接近の遮断（③）のみを含むのに対し，218条の遺棄はそれ以外に不作為による置き去り（③）を含むと解する説[6]，ⓒ217条，218条いずれの「遺棄」も移置（①）と解する説[7]，ⓓ要扶助者の現在（従来）の保護状態を不良に変更し，生命・身体に

---

4 最決昭43・11・7判時541・83。
5 最判昭34・7・24刑集13・8・1163。
6 福田・165頁，大塚・59頁，山口・35頁，高橋・34頁。
7 小暮ほか〔町野〕・68頁，内田・88頁，西田・31頁，林・41頁。

第 6 節　遺棄の罪　*75*

新たな危険を生ぜしめる行為をいうとする説[8]とが対立している。

　218 条は遺棄と不保護を区別して規定しているから，遺棄のなかに不保護に当たる不作為による遺棄を含ませるⓐ説は妥当でない。また，217 条と 218 条はいずれも「遺棄」と規定するにすぎず両者を異ったものとして把握する各説には疑問がある。行為者と被遺棄者との間に場所的離隔を生じさせなくても遺棄となりうるとするⓑ説およびⓓ説によると，例えば，保護者を監禁し，あるいは殺害することも遺棄となって不当である。

　218 条が「遺棄」を不保護と区別して規定しているのは，作為による遺棄すなわち被遺棄者を場所的に移転し生命に危険を生ぜしめる**移置**のみを遺棄とし，それ以外の場所的離隔を伴う行為は**不保護**に含ませる趣旨と解すべきである。これによって，従来極めて曖昧であった 218 条の**作為と不作為の区別**および**遺棄**と**不保護**の区別が明確になるとともに，217 条の遺棄も同一の意味を有するものとして統一的に把握することが可能となる。

　⑶　**遺棄の意義**　　以上の検討から，**遺棄**とは，被遺棄者をその現在の場所から生命にとって危険な他の場所に移転させる行為をいい，①要扶助者を生命にとって危険な場所に置いたまま立ち去る行為，②要扶助者が生命にとって危険な場所に行くのを放置する不作為，③要扶助者が保護者に接近するのを妨げる行為，④場所的離隔を伴わず保護状態を不良に変更し危険を作り出す行為は，いずれも**不保護**に当たり，保護責任を有する者に限り不保護罪を構成するものと解すべきである。

　⑷　**抽象的危険犯**　　遺棄といえるためには，要扶助者を移置するだけでは足りず，それによって，要扶助者の生命に危険のある状態を作り出すか，危険を増加させる性質を有する行為であることを要する。しかし，法文上具体的な危険の発生が明記されていないから，本罪は生命に対する**抽象的危険犯**と解すべきである。ただ，遺棄の罪質上，何らかの程度の危険が生じうることを要すると考えられるから，他人の適切な救助が予想されるなど，社会通念上およそ生命の危険が発生しないとみられる場合には，本罪を構成しないと解すべきである。

8　江家・215 頁。なお，近年，217 条および 218 条いずれにおいても「遺棄」は移置と置き去りを含むとする説が有力となっている。曽根・42 頁，佐久間・60 頁，高橋・34 頁。

76　第1編　個人法益に対する罪　　第1章　生命および身体に対する罪

なお，遺棄および不保護に関連して，被害者の同意の有効性が問題となっている。同意は公序良俗に反するから無効であるとする見解や生命に対する危険がある場合は無効とする見解[9]などが主張されている。遺棄罪を生命に対する危険犯と考える以上，生命に対する危険が認められる遺棄についての同意は，無効と解すべきである。

具体的危険犯か抽象的危険犯か　　前掲大判大正4年5月21日は「刑法217条の罪は，扶助を要すべき老者，幼者，不具者又は病者を遺棄するに因りて直ちに成立し，其行為の結果が現実に生命身体に対する危険を発生せしめたるや否やは問う所に非ず」として，抽象的危険犯説を採っている[10]。一方，具体的危険犯と解する立場も有力であるが[11]，遺棄罪の構成要件には，特に危険の発生が明記されていないから，具体的危険犯説は法文上の根拠を欠くというべきであろう。しかし，抽象的危険犯と解しても，例えば，捨子した後に他人が救助するのを見とどけてから立ち去る場合とか，産院のベッドに新生児を放置して母親が逃げた場合には，一般的には，遺棄の罪の構成要件に該当しない。すなわち，本罪は，ある程度の危険の発生を必要とする**準抽象的危険犯**と解すべきである[12]。

2　遺 棄 罪

　老年，幼年，身体障害又は疾病のために扶助を必要とする者を遺棄した者は，1年以下の懲役に処する（217条）。

1　客　体

本罪の客体は，老年，幼年，身体障害または疾病のために扶助を要すべき者である。「老年，幼年」とは，老人，幼児の意味であり，「身体障害」は，身体器官の不完全な者を指す。「**疾病**」には，身体上の病気のほか精神病にかかっている者，その他広く身体上，精神上の疾患をもつ者が含まれる。これらの者のうち「扶助を必要とする者」だけが本罪の客体となる。「**扶助を必要とする者**」（要扶助者）とは，他人の助を借りなければ，生命の危険を回避できない者，すなわちみずから日常生活を営む動作をすることが不能ないし著し

9　大塚・58頁，曽根・31頁，山口・31頁。

10　抽象的危険犯説が通説である。これに対し，団藤・452頁，中山・85頁，佐久間・58頁は，具体的危険犯説を採る。

11　団藤・452頁，吉川・46頁。

12　山口厚・危険犯の研究（1984）252頁，山口・31頁，川端・99頁，大谷・総論109頁。なお，中森・42頁。

く困難な者をいう（➡73頁）。

2 行 為

本罪の行為は，「遺棄」することである。遺棄とは，要扶助者を従来の場所から生命に危険な他の場所に移転させることをいう[13]。要扶助者を危険な場所に移転させる移置以外に，例えば，視力障害者が接近するのを見て橋を破壊するといった**作為による置き去り**も，生命・身体を危険にする以上遺棄に当たるとする説が有力である[14]。しかし，既述のとおり，218条は不保護と遺棄とを区別しており，遺棄は移置を意味するのである。そして，同じ文言を用いる本罪の遺棄も移置と解すべきであるから，作為か不作為かを問わず置き去りは不保護に当たり，本罪の行為には当たらないと解する。

作為による置き去りと関連して，要扶助者が救助を求めて自宅に侵入しようとするのを阻止する**接近の遮断**は，行為者が要扶助者の生命に危険な状態を新たに作り出す行為ではなく，従来の状態のまま放置したにすぎないから，生命に危険を生ぜしめる定型的行為とはいいがたい[15]。門口で通行人が急病で倒れているのを発見した場合において，その病者を危険な道路に移せば遺棄であるが，そのまま放置しておく行為は軽犯罪法1条18号の罪を構成するにすぎない。

3 故 意

遺棄罪は，故意犯であるから，遺棄の故意が必要である。したがって，遺棄の客体である老年者，幼年者，身体障害者または病者であること，要扶養者であること，および遺棄行為の認識が必要である。さらに，自己の遺棄行為が生命に対する危険を生じさせることの認識を必要とするかについて，否定説と肯定説がある。否定説は，遺棄罪は抽象的危険犯であるから，同罪の構成要件に該当する事実の認識があれば足り，抽象的危険の発生を認識することは不要であるとする[16]。肯定説は，ある程度の具体的な危険の認識が必要であると解する[17]。思うに，遺棄罪は，準抽象的危険犯であるから，構成要

---

13 大判明45・7・16刑録18・1083〔解雇した者の追い出し〕。
14 木村・46頁，大塚・58頁。反対，小野・190頁，瀧川・61頁。
15 反対，木村・46頁。
16 大阪高判昭53・3・14判タ396・150〔保護責任者遺棄罪の事例〕。
17 東京高判昭60・12・10判時1201・148。団藤・注釈（5）［大塚］214頁，前田・107頁。なお，高橋・37頁

78　第 1 編　個人法益に対する罪　　第 1 章　生命および身体に対する罪

件に該当する事実の認識があっても，生命に対する危険についての認識が全くない場合は故意を認めることはできないであろう。しかし，具体的な危険の発生を認識する必要はなく，例えば，「泥酔して風呂に入った内妻が入浴中に寝てしまうかも知れない」程度の生命に対する抽象的危険の発生の認識は必要であると考える。

> **問題となる事例**　　東京高判昭和 60 年 12 月 10 日判時 1201 号 148 頁は，泥酔状態の内妻が水風呂に入っているのを放置して死亡させたという保護責任者遺棄罪の事案について，内妻は，従前から酔いの程度がひどいときには風呂に入り，酔いがさめたときには，自分一人で風呂から上がって着替えていたことなどから，被告人には，被害者が極度に衰弱しているとの認識が全くなかったから，被告人には故意を認められないとして重過失致死罪で処断した。

③　保護責任者遺棄罪・不保護罪

> 老年者，幼年者，身体障害者又は病者を保護する責任のある者がこれらの者を遺棄し，又はその生存に必要な保護をしなかったときは，3 月以上 5 年以下の懲役に処する（218 条）。

1　意　義

本罪は，行為者に「保護する責任」があるために遺棄罪よりも刑が加重される罪（**不真正身分犯**）であり，保護責任者（保護者）についてのみ成立する。要扶助者の生命の安全を図るために，要扶助者の生命の安全を支配できる立場にある者すなわち保護責任者に対し，要扶助者の保護を特に義務づけ，この義務に違反して遺棄した者に対し重い責任非難を加える趣旨で法定刑を加重するものである。保護責任は一種の作為義務であるとして**違法要素**とする見解もあるが[18]，要扶助者を危険な場所に移す点では単純遺棄の行為と同じであり，保護責任者を重く罰するのは，もっぱら責任の程度によると解すべきであり，保護責任は**責任要素**と解するのが妥当である[19]。なお，保護責任者については，要扶助者の生存に必要な保護をしない不作為も処罰する。この犯罪を特に**不保護罪**という。不保護罪は，保護義務に反する不作為を構成要

18　内田・92 頁，中森・45 頁，井田・97 頁。
19　曽根・45 頁，林・42 頁。なお，山口・37 頁。

件的行為とするものであるから**真正不作為犯**であるとともに，保護責任を有する者についてのみ成立する犯罪であるから**真正身分犯**である。

2 主 体

本罪の主体は，老年者，幼年者，身体障害者または病者を保護すべき責任ある者，すなわち保護責任者である。**保護責任者**とは，老年者，幼年者，身体障害者または病者すなわち要扶助者の生命に対する危険から保護すべき法律上の義務を負う者をいう。ただし，不真正不作為犯としての殺人に必要な保護義務とは異なる。いかなる場合に保護責任が発生するかについて刑法は明らかにしていないが，社会通念上，危険の防止が委ねられており，要扶助者の**生命の安全を支配できる地位**にあるとき，その者に保護責任が生ずると解すべきである。保護責任の根拠は，法令，契約，事務管理および慣習・条理である。

(1) **法 令** 法令に基づく保護責任としては，民法による親権者の監護義務（820条），親族の扶養義務（877条以下）などの**私法上の保護義務**，警察官職務執行法による警察官の保護義務（3条），精神保健福祉法による保護義務（20条）などの**公法上の保護義務**がある。ただし，保護責任は要扶助者の生命・身体をその危険から保護すべき**現実の義務**をいうのであるから，法令上の義務が直ちに保護責任の根拠となるのではない。例えば，民法上の先順位の扶養義務者であっても，後順位者が老人などの要扶助者を看護すべき状態にあるときは，その後順位者に保護責任が課されることとなる[20]。

(2) **契 約** 例えば，介護契約を結んで，寝たきり老人の介護を開始した者が介護を怠って放置した場合が問題となる。保護ないし看護を内容とする契約には多様な形態があり，例えば，雇傭契約に基づく同居において，被傭者が保護を要すべき状態に至ったときは保護する旨の契約が暗黙のうちに含まれていると解すべき場合もある[21]。契約上の義務を怠っても，他の者によって要扶助者が保護を受けているときは保護責任は生じない。

(3) **事務管理** 保護責任は，民法上の事務管理における管理者についても生ずる。事務管理とは「義務なくして他人のために事務の管理を始めた」

---

20 大判大7・3・23刑録24・235。
21 大判大8・8・30刑録25・963。

80 第1編 個人法益に対する罪 第1章 生命および身体に対する罪

(民 697 条) 場合の管理する行為をいう。例えば，病者を引き取り自宅に同居さ
せたときは，その引き取り主に引き取る民法上の義務がなくても，病人が保
護を必要とする限り継続して保護すべき義務がある[22]。

(4) **慣習・条理** 慣習に基づく保護義務は，例えば，雇人が病気になった
ときは適当な保護をなすのが一般の慣習であるような場合に発生する[23]。条
理に基づく保護義務は，**物の道理**，事柄の道筋から導かれる義務すなわち信
義誠実ないし公序良俗を基礎として導かれるものである。例えば，業務上堕
胎を行った医師が排出した嬰児が生育可能性を有するのに放置して死亡させ
た事例[24]，ホテルの一室で少女に覚せい剤を注射し，少女が錯乱状態になっ
たのを置き去りにした事例[25]は，**先行行為**を理由とした条理に基づいて保護
責任が課されたものである。

> **交通事故における保護義務** 道路交通法 72 条は，自動車事故により人に傷害を生じ
> させた運転者の救護義務を定め，違反者に 5 年以下の懲役または 50 万円以下の罰金を
> 科するとしている。いわゆる**ひき逃げ**の場合，運転者が事故を起こし負傷者を出したこ
> とを認識しながら逃走したときは，救護義務違反罪を構成することになる。その際，運
> 転者が自己の過失に基づく事故によって負傷した者が保護を要すべき状態にあることを
> 認識しながら，何等の保護もせず立ち去ったような場合には不保護罪の成立が問われる。
> 問題は，この場合に保護責任が発生したかにある。自己の過失による先行行為は，それ
> 自体で保護責任の根拠になるとする立場を採れば，当然に本罪を構成することになる。
> しかし，具体的状況のもとで被害者の生命の危険（安全）が運転者の手に委ねられている
> かどうかが重要であるとする立場からは，直ちに保護責任が生ずるとはいえない。判例
> のなかにも，この種の轢き逃げに本罪を適用したものはない。
> これに対して，いったん救助のために引き受けた場合，例えば，病院に運ぶために自
> 動車に乗せたうえで，途中で車外に降ろして置き去りにしたときは，要扶助者を引き受
> けて自己の支配下に置き保護状態を作り出したのであるから，事務管理を根拠とする保
> 護関係が認められ，保護責任者遺棄罪が成立する[26]。なお，自動車の外に飛び降りた重
> 傷の被害者を，ことの発覚をおそれ，道路より 3 メートル離れた畑内の窪みに移し置き
> 去りにした事例につき，東京高判昭和 45 年 5 月 11 日高刑集 23 巻 2 号 386 頁は，保護責
> 任者遺棄罪とした。この場合には，行為者は被害者の生命の危険を左右できる立場にあっ

---

[22] 大判大 15・9・28 刑集 5・387。

[23] 前掲大判大 8・8・30。

[24] 最決昭 63・1・19 刑集 42・1・1，東京高判平 23・4・18 LEX/DB 25472521。奥村・百選 II（第
7 版）20 頁。

[25] 最決平元・12・15 刑集 43・13・879。

[26] 最判昭 34・7・24 刑集 13・8・1163。**川本・判例講義 II 9 頁**参照。

第6節　遺棄の罪　*81*

たから，妥当な判決であったと思われる。

3　客　体

本罪の客体は，老年者，幼年者，身体障害者または病者である。217条と規定の仕方が違っているので同条の文言とその表現は異なるが，単純遺棄罪の客体と同じである。また，218条には「**扶助を必要とする者**」という語句がないけれども，これは保護責任の対象となる者として当然予定されている構成要件要素だからである。

4　行　為

本罪の行為は，遺棄である。「**遺棄**」とは，被遺棄者をその従来の場所から生命に危険な他の場所に移転させることをいう（➡74頁）。それゆえ，①被遺棄者の位置を動かさないで行為者みずからが立ち去る場合，②行為者が被遺棄者の接近を遮断する場合，③行為者と被遺棄者との離隔を除去しない場合，④被遺棄者が任意に立ち去るのを放置する場合は，いずれも不保護に当たると解すべきである。

本条は，保護責任を前提とする規定であるから，遺棄罪におけると異なり，積極的に要扶助者を不良な保護状態に変更する移置の場合ばかりでなく，さらに「生存に必要な保護」をしないで，すなわち場所的離隔を伴わず，要扶助者の日常生活における行動に必要な援助・保護をしない不作為の場合にも成立する。この**真正不作為犯**としての保護責任者遺棄罪を**不保護罪**または保護義務懈怠罪という。何が生存に必要な保護であるかは，保護を要する原因の性質，その必要性の程度などを考慮して具体的・個別的に決定されるべきである。

生存に必要な保護をしなかった例　(1)数日同棲した者による相手方の連れ子の置き去り[27]，(2)喧嘩により重傷を負った同僚の放置[28]，(3)注射した覚せい剤により錯乱状態になった少女の放置[29]，(4)堕胎により出生させた未熟児の放置[30]。

5　故　意

本罪の故意については，遺棄罪について述べたところのほかに（➡76頁），

27　東京地判昭48・3・9判タ298・349。
28　岡山地判昭43・10・8判時546・98。
29　前掲最決平元・12・15。
30　前掲最決昭63・1・19。

82 第1編 個人法益に対する罪 第1章 生命および身体に対する罪

行為者が自己と要保護者との間に保護責任を基礎づける事実の存在すること
を認識していることが必要である。それゆえ，このような事実について錯誤
があるときは，38条2項により軽い遺棄罪の成立が問題となる。

6 共 犯

本罪は身分犯であり，遺棄罪との関係では不真正身分犯であるが，不保護
罪は真正身分犯である。したがって，保護責任者遺棄罪に非身分者が加功し
たときは65条2項が適用され，不保護罪に加功したときは65条1項が適用
される。

4 遺棄等致死傷罪

前2条（217条，218条）の罪を犯し，よって人を死傷させた者は，傷害の罪と比較
して，重い刑により処断する（219条）。

本罪は，遺棄罪および保護責任者遺棄罪の結果的加重犯である。本罪は，行
為者が上記の両罪いずれかの故意をもって行為し，致死傷の結果を発生させ
たときに成立する。遺棄行為と死傷の結果との間に因果関係が必要である（最
決平元・12・15刑集43・13・879）。一方，遺棄の行為につき殺意があるときは常
に殺人罪を認めるべきであるとする見解[31]があるが，例えば，殺意を抱いて
要扶助者を置き去りにした場合でも，当該不作為が殺人の実行行為の程度に
達していないときは殺人罪ではなく，本罪に当たると解すべきである[32]。結
果的加重犯としての本罪は，致死の結果について故意ある場合も含むのであ
る。本罪は，傷害の罪に比較し，重きに従って処断される。その意義につい
ては前述した（➡72頁）。

殺意がある場合　　通説・判例は，殺意のある場合には，殺人罪が成立しうるとする立
場を採る[33]。作為による遺棄の場合も含めて，殺意をもって遺棄し，それと相当因果関
係にある致死傷の結果が発生した以上，殺人罪または殺人未遂罪が成立し，遺棄の罪は
それに吸収される場合が通常であろう。しかし，これをあらゆる場合について肯定する
ときは，第1に，殺意をもって置き去りにした場合は，その行為がおよそ致死の結果を
生じさせない性質のものであるときでも殺人未遂罪となってしまう[34]。第2に，保護責

---

31 団藤・456頁，前田・168頁。なお，西田・37頁。
32 大塚・66頁，曽根・46頁，山口・38頁，高橋・40頁。
33 大判大4・2・10・刑録21・90。
34 西田・35頁。

第6節　遺棄の罪　*83*

任者の地位と不作為による殺人の保障人的地位とを同視することになるであろう[35]。要するに，殺人罪の作為義務違反は，保護責任者遺棄罪における保護責任の懈怠より高度の生命に対する危険を含むものでなければならない[36]。なお，判例は，貰い受けたゼロ歳の幼児を殺す意思で必要な食物を与えなかった例[37]，業務上過失により意識不明の重体に陥っている被害者を自動車に同乗させて，死んでもやむをえないと決意し救護措置をとらずに走行して死亡させた例[38]につき，不作為の殺人を認めている。

35　前田・68頁。
36　大谷・総論 139頁。
37　大判大4・2・10刑録21・90。
38　東京地判昭40・9・30下刑集7・9・1828。なお，殺人罪の成立を否定するものとして最決昭63・1・19刑集42・1・1。

第2章

自由および私生活の平穏に対する罪

「個人の尊重」(憲13条) は，生命および身体の保護を出発点として，身体活動の自由，意思決定の自由および私生活の平穏を確保することによって保護される。個人の自由な人格形成ないし幸福追求の活動にとって，自由および私生活の平穏は不可欠であり，その保護は，生命および身体の安全に次いで重要なものである。自由および私生活の平穏に対する罪とは，上記の意味での法益を侵害し，またはそれを危険にすることを内容とする犯罪であって，①逮捕および監禁の罪 (第2編第31章)，②脅迫の罪 (同第32章)，③略取，誘拐および人身売買の罪 (同第33章)，④性的自由および感情に対する罪 (同第22章のうち176条〜182条)，⑤住居を侵す罪 (同第12章)，⑥業務に対する罪 (同第35章のうち233条後段〜234条の2)，⑦秘密を侵す罪 (同第13章) の7種の罪から成っている。なお，個人の自由および私生活の平穏に対する侵害は，強盗罪や恐喝罪のような財産罪，職権濫用の罪等にも含まれるが，これらの罪は，本質的に自由および私生活の平穏以外の法益に関するものであるから，別個に検討するのが適当である。

第1節　逮捕および監禁の罪

1　総　　説

1　意　義

逮捕および監禁の罪は，逮捕または監禁によって人の身体活動の自由すなわち行動の自由を奪う行為を内容とする犯罪である。逮捕罪と監禁罪とは，

行為の態様を異にするが，同じ条項に規定されており，法定刑も同一である
から，**逮捕・監禁罪**として一括して理解すべきである。

逮捕・監禁罪の保護法益は，人の身体活動の自由，**特に移動の自由**である。
刑法は，身体活動の自由を保護するために逮捕・監禁罪（220条）を定めるほ
か，逮捕・監禁に随伴して生ずる致死傷を加重類型として独立の犯罪とし，
逮捕・監禁致死傷罪（221条）を規定している。なお，組織犯罪処罰法3条1項
4号は，組織的な逮捕および監禁の罪として本罪の加重類型を定め，処罰の
強化を図っている。ちなみに，人身保護法は「法律上正当な手続によらない
で，身体の自由を拘束されている者」（2条1項）の救済手段を講じているほか，
特別刑法の罪として人身保護妨害罪（人保26条），職業紹介の罪（職安法63条1
号）などによって身体活動の自由の保護が図られている。ちなみに，尊属逮
捕・監禁罪は，1995年（平成7）年の刑法改正により削除された。

2 客 体

本罪の客体は，人すなわち自然人である。本罪は，身体活動の自由を保護
法益とするから，意思に基づく身体の活動能力を全く有しない嬰児や意識喪
失状態の者については，成立しない。したがって，本罪の客体は，身体活動
の自由を有する**自然人**に限られる。意思に基づく身体活動の能力があれば足
りるから，必ずしも意思能力を有することは必要でない。

(1) **自由の意義** 身体活動の「自由」の意義について，ⓐ可能的な自由と
する説（通説），ⓑ現実的な自由とする説[1]が対立している。身体活動の自由は，
その主体が行動したいときに行動できるということを意味するから，現実の
行動の自由である必要はなく，潜在的または**可能的な自由**で足りると解すべ
きである。最決昭和33年3月19刑集12巻4号636頁は，ⓐ説を採っている。
ⓐ説によると，現に熟睡中の者の部屋に鍵をかける行為も監禁となり不当で
あるとする批判もあるが，そもそも身体活動の自由とは行動したいときに行
動できるという状態と解すべきであり，上記の批判は当たらない。したがっ
て，睡眠中の者，泥酔者，偽計によって身体を拘束されている者も本罪の客
体となる[2]。

---

1 平野・「潜在的意思と仮定的意思」判時1569・3，岡野・50頁，川端・108頁，堀内・51頁，山
中・107頁，西田・82頁，山口・83頁。

86　第1編　個人法益に対する罪　第2章　自由および私生活の平穏に対する罪

(2) **侵害の意識**　本罪の客体となる被害者が身体活動の自由を侵害されていることについての**意識**を要するかについて，学説上は必要説[3]と不要説[4]が対立している。必要説は，自由の意識を欠く者に対して身体活動の自由の侵害はありえないことを根拠とするが，身体活動の自由を可能的な自由で足りると解する以上は，その自由が侵害されている限り，本罪を構成するのは当然である[5]。監禁されていることを意識していなくても，それが錯誤に基づく場合は監禁罪の成立を妨げない。例えば，強姦の意図であるのに家まで送ってやると欺いて女性を車に乗せて走行する行為は，監禁罪を構成するのである[6]。

(3) **継続犯**　本罪は，身体活動の自由の拘束が継続する限り犯罪は継続するから，**継続犯**である。したがって，拘束状態が終るまで共犯の成立が可能である。また，本罪が成立するためには，その行為が確実に人の身体の自由を拘束したと認められる程度の時間的継続を要する。単に一時的に身体を拘束するにすぎないときは，暴行罪，脅迫罪等を構成するにとどまる[7]。しかし，身体活動の自由を完全に拘束したといえる程度に継続して行われる限り，その時間の長短を問わない。

(4) **尊属逮捕・監禁罪**　1995（平成7）年の改正により削除された。

2　逮捕・監禁罪

不法に人を逮捕し，又は監禁した者は，3月以上7年以下の懲役に処する（220条）。

1　逮捕罪

逮捕とは，人の身体を**直接的**・身体的に拘束してその身体活動の自由を奪うことをいう。その方法のいかんを問わない。身体を縄で縛るというような有形的方法（**物理的方法**）による場合は勿論のこと，例えば，ピストルを突きつけて一定の時間その場所から動けないようにする無形的方法（**心理的方法**）

2　京都地判昭45・10・12刑月2・10・1104〔生後1年7月の幼児も本罪の客体〕。佐藤（陽）・百選Ⅱ（第7版）22頁，**川本・判例講義Ⅱ11頁**参照。

3　井上＝江藤・53頁，山中・108頁，西田・83頁，山口・83頁。

4　福田・172頁，大塚・76頁，吉川・57頁，香川・413頁，内田・117頁，西田・70頁。

5　広島高判昭51・9・21刑月8・9＝10・380。中森・46頁，前田・114頁。

6　前掲最決昭33・3・19。

7　大判昭7・2・29刑集11・141。

による場合も含む。ただし，偽計や脅迫等の心理的方法によるときは，その
ために被害者の自由意思が完全に奪われる程度のものであることを要する[8]。
被害者自身または第三者の行為を利用する間接正犯，さらに不作為によると
きも逮捕となりうる。いずれも被害者の身体活動の自由が奪われた段階で**既
遂**となる。

　逮捕は，その行為によって身体活動とくに移動の自由を奪い，ある程度の
時間的継続を必要とする。例えば，縄で両足を縛ったが直ちにこれを解き放っ
たとき，または，身体に抱きついたがすぐに解放した場合は，暴行罪にとど
まる。本罪は**故意犯**であるから，人の身体活動の自由を奪うことについての
認識が必要である。それが「不法に」行われるものであることの意識を要す
るとする説[9]もあるが，その意識は違法性の意識の問題であり，故意の要素で
はないと考える。

> **逮捕の例**　　本文の例については監禁であるとする見解もあったが，ピストルを身体に
> 押し当て「いう通りにしろ」と申し向けて被害者の身体を直接自己の支配下に置くとき
> は，逮捕と解すべきである[10]。一方，被害者を後手に縛って放置する行為については，暴
> 行罪説[11]，逮捕罪説[12]に分かれるが，身体の自由を確実に奪ったといえないから，前説が
> 妥当である（通説）。しかし，これに看守をつける場合は逮捕になる[13]。

2　監禁罪

　監禁とは，人の身体を**間接的**（場所的）に拘束して，その身体活動の自由を
奪うこと，すなわち，人が一定の区画された場所から脱出することを不能ま
たは著しく困難にすることをいう。その区画内で行動の自由が認められてい
ても監禁である。拘束の手段・方法のいかんを問わない。不作為による場合，
間接正犯による場合でもよい[14]。一室に閉じこめて施錠し脱出を不能にする
有形的方法による場合は勿論[15]，被害者ないし第三者の錯誤を利用する場合，

8　吉川経夫「逮捕監禁罪」刑事法講座 7 巻 1571 頁。
9　曽根・51 頁。
10　曽根・49 頁。
11　大塚・77 頁，内田 218 頁。なお，木村・59 頁。
12　吉川・59 頁，香川・415 頁。
13　ポケット 497 頁。
14　大判昭 14・11・4 刑集 18・497。
15　大判大 4・11・5 刑録 21・1891。

88 第1編 個人法益に対する罪 第2章 自由および私生活の平穏に対する罪

さらに脅迫を手段とするなどの**無形的方法**によるときも監禁罪を構成する。

脅迫による場合は，被害者をして一定の場所から立ち去ることをできなくする程度のものであることを要する[16]。例えば，入浴中の者の衣類を奪い，その他**羞恥心**のためにその場所から脱出するのを著しく困難にする場合は，無形的方法による監禁である[17]。脱出の方法があっても生命や身体の危険があるなど，社会通念上**恐怖心**のために一般に人が脱出するのに困難を感ずる方法で身体活動の自由を奪うときは，監禁となりうる。脱出の可否および困難性は，物理的障害の有無・程度，被害者の年齢・性別・体力・犯人との関係など，諸般の事情を考慮して判断されなければならない[18]。したがって，自動車を疾走させ人身に危険を生じさせて脱出を困難にすれば，脱出が絶対に不能でなくても監禁であるし[19]，脱出の方法があるのに，それを発見するのが客観的に困難であるときも同様である。**監禁する場所**は，いわゆる「囲い場所」であることを必要としない。外囲いのない原動機付自転車から降りられないようにするのも監禁である[20]。本罪は**故意犯**であるから，人の身体活動の自由を奪うことについて**認識**があることを要する。ただし「不法に」それが行われるということの意識は必要でない。

> **監禁に関する参考例** (1)最決昭和34年7月3日刑集13巻7号1088頁は，「施錠をはずして，監禁の場所外に逃れることができる場合でも，脅迫行為により後難を恐れるの余りその場を脱出できなくさせて行動の自由を拘束したときは，不法に監禁した場合に当る」とした原審判決を支持している。(2)被害者がたまたま錠はずしの名人であったために容易に脱出できたとしても，監禁罪を構成する。

3 違法性阻却事由

220条は，「不法に」と規定しているが，これは法令に基づき逮捕・監禁が適法に行われる場合があるところから（例—刑訴199条，207条など），特に違法性を有するものが本罪に当たることを明らかにするため，**注意的に**付けられた文言である。したがって，違法性阻却事由はその一般原則によって決定さ

---

16 最大判昭28・6・17刑集7・6・1289。
17 反対，西田・75頁，前田・117頁。
18 条解604頁。
19 最決昭30・9・29刑集9・10・2098。
20 最決昭38・4・18刑集17・3・248。川本・判例講義Ⅱ10頁参照。

第 1 節　逮捕および監禁の罪　*89*

れる。

　一方，可能的自由の侵害が認められる以上は逮捕・監禁罪の構成要件に該当するが，**被害者の同意**が認められる以上は，違法性を阻却する。問題となるのは，①家まで送ってやると騙して，同意を得てオートバイの荷台に乗せて疾走する行為，②入院中の母親のところまで送っていってやると欺いてタクシーに乗せる行為は，監禁罪を構成するかである。同意は真意に基づくことを要するから，本当のことを知ったならば同意しないといえる以上は，その同意は無効であり，いずれも違法性を阻却しない。また，③エレベータに乗ったところ，故障でないのに故障のために「修理されるまで降りられません」と欺いて滞留に同意させた場合も，その同意は無効である。これに対し，法益関係的錯誤の理論により，①②の行為に関する同意は有効であり違法性を阻却するが，③の場合は無効であるから違法性を阻却しないとする見解が有力であるが[21]，妥当でない。なお，逮捕・監禁罪の成立には自由を侵害されているという意識が必要であるとする見解に立ち，①②について構成要件に該当しないとする見解もあるが[22]，妥当でない。

> **監禁の例**　　前掲最決昭和 33 年 3 月 19 日は，特殊飲食店を経営している者が，同店で接客婦として働いていた女性が逃げ出したので，同女の意に反して連れ戻すため，同女の入院中の母のところに連れて行くと誤信させ，タクシーで被告人宅まで直行させ脱出不能の状態にさせた事案につき，監禁罪の成立を認めた。監禁の事実を意識していることが必要だとする立場（現実的自由説）からは，「降ろしてくれ，停めてくれ」と意思表示した後に本罪が成立することになるが，被害者が意識する以前の外見上平穏な状態であっても，偽計による無効な同意に基づいて相手方を自動車に乗車させ，脱出を著しく困難にしたときには，本罪が成立すると解すべきである[23]。

4　罪数・他罪との関連

　逮捕罪と監禁罪とは同一性質の犯罪であるから，人を逮捕し，引きつづいて監禁したときは，単純な一罪が成立するにすぎない[24]。また，本罪の保護法益は一身専属的であるから，複数の者を同時に逮捕・監禁すれば，被害者各人について犯罪が成立し観念的競合となる。逮捕・監禁の手段となった暴行・

21　山口・87 頁。
22　山中・110 頁。
23　広島高判昭 51・9・21 刑月 8・9＝10・380。
24　前掲最大判昭 28・6・17。

90 第1編 個人法益に対する罪 第2章 自由および私生活の平穏に対する罪

脅迫は，逮捕・監禁行為自体に含まれているので逮捕・監禁罪に包括される
が，逮捕・監禁が未遂にとどまれば暴行罪，脅迫罪だけが成立する。これに
対し，逮捕・監禁の手段として暴行・脅迫を用いても，暴行・脅迫罪は構成
しない[25]。ただし，逮捕・監禁の手段と全く別の目的・動機でなされた暴行・
脅迫については，暴行罪・脅迫罪が成立する[26]。

③ 逮捕・監禁致死傷罪

> 前条（220条）の罪を犯し，よって人を死傷させた者は，傷害の罪と比較して，重い
> 刑により処断する（221条）。

本罪は，逮捕・監禁によって被害者を死傷に至らしめた場合に成立する**結
果的加重犯**である。傷害の罪に比較して重い方に従って処断されるから，致
傷の場合は204条の法定刑と逮捕・監禁罪の法定刑とを比較し，また，致死
のときは205条の法定刑と比較して，法定刑の上限および下限がともに重い
方に従って処断される（➡24頁，72頁）。逮捕監禁致傷罪については3月以上
15年以下の懲役，同致死罪については3年以上の有期懲役となる[27]。

第2節 脅迫の罪

① 総　説

1 意　義

脅迫の罪とは，脅迫を手段として個人の私生活の平穏を侵害する罪，およ
び脅迫・暴行を手段として個人の意思決定ないし身体活動の自由を侵害する
罪をいう。前者は脅迫罪（222条）であり，後者は強要罪（223条）である。通
説は，脅迫の罪の保護法益は個人の意思決定の自由および身体活動の自由で
あるとし，脅迫罪は意思決定の自由に対する罪であるのに対し，強要罪は意
思決定の自由および身体活動の自由に対する罪であるとする[1]。しかし，**脅迫**

---

[25] 大判昭11・5・30刑集15・705。
[26] 最決昭43・9・7刑集22・9・853。
[27] 最判平15・7・10刑集57・7・903。女性を9年余りにわたり監禁したいわゆる新潟女性監禁事件
最高裁判決である。

罪は，恐怖心を起こさせるに足りる行為を内容とするところにその本質があるから，保護法益は**私生活の平穏**であると解すべきである[2]。ただし，恐怖心を生じさせることによって結果的に意思決定・行動の自由も制限されるから，副次的に自由も本罪の保護法益となっている。これに対して**強要罪**は，文字どおり自由に対する侵害を犯罪の実質とするものであり，ただ，恐怖心を生じさせることによって身体活動の自由を侵害する点で脅迫罪と共通する。なお，組織犯罪処罰法は，本罪について加重処罰規定を設けている（3条1項5号）。

2 脅迫の概念

脅迫の概念は，刑法上多義的に用いられている。**広義**の脅迫は，単に害悪を告知すれば足り，害悪の内容，性質および程度のいかんを問わないし，告知の方法も問わない。例えば，公務執行妨害罪（95条1項）にいう「脅迫」がこれに当たる。**狭義**の脅迫は，脅迫の罪における「脅迫」であり，これは，相手方またはその親族の生命，身体，自由，名誉および財産に対し害悪を加えることを相手方に告知することである。**最狭義**の脅迫は，強制わいせつ，強姦罪（176条177条）および強盗罪（236条）における「脅迫」であり，これらの場合は，何らかの害悪を告知する行為でよいが，相手方の反抗を抑圧する程度のものであることを要する。

3 法人に対する害悪の告知

法人に対する害悪の告知が脅迫罪に当たるかについて，ⓐ肯定説[3]，ⓑ否定説[4]が対立している。ⓐ説は，脅迫罪は意思決定の自由を保護法益と解する以上，害悪の告知は，法人の機関を媒介として意思決定の自由を侵害する危険があるということを根拠とするが，本罪の保護法益は人の私生活の平穏と解すべきであるから，被害者は自然人に限られるべきであり，ⓑ説が妥当である。判例も，名誉毀損や侮辱については法人が被害者となりうるが（最決昭58・11・1刑集37・9・1341），脅迫罪については，否定している（東京高判昭50・7・

---

1 団藤・460頁，福田・168頁，大塚・66頁，内田・109頁，井田・123頁，高橋・86頁。なお，曽根・48頁。なお，西田・75頁。

2 平野・173頁，中・90頁，西原・151頁，中森・48頁，前田・76頁，山口・73頁，山中・134頁，高橋・63頁。

3 所・注釈(5)248頁，西田・68頁。

4 通説。東京高判昭50・7・1刑月7・7＝8・765，大阪高判昭61・12・16高刑集39・4・592。**川本・判例講義Ⅱ13頁**参照。高松高判平8・1・25判時1571・48。

92　第1編　個人法益に対する罪　第2章　自由および私生活の平穏に対する罪

1刑月7・7＝8・765）。これに対し，強要罪の保護法益は意思決定に基づく行動の自由であり，害悪の告知は法人の機関を媒介として意思決定の自由を侵害するから，法人に対する害悪の告知は，強要罪にいう害悪の告知に当たると解する[5]。

2 　脅 迫 罪

> 　生命，身体，自由，名誉又は財産に対し害を加える旨を告知して人を脅迫した者は，2年以下の懲役又は30万円以下の罰金に処する（222条1項）。親族の生命，身体，自由，名誉又は財産に対し害を加える旨を告知して人を脅迫した者も，前項と同様とする（同条2項）。

1 　行 　為

本罪の行為は，生命，身体，自由，名誉または財産に対する害悪の告知である。「脅迫」は狭義の脅迫であり，相手方を畏怖させることができる程度の害悪の告知をいう。相手方がこの告知を認識することは必要であるが，現実に恐怖心を抱いたことを要しない。それゆえ，本罪は**抽象的危険犯**である。

⑴　**加害の対象**　　告知される加害の対象は，相手方またはその親族の生命，身体，自由，名誉，財産である。

（ア）**対象の範囲**　　対象をこれらに限定すべきかについて，ⓐ制限的列挙規定説，ⓑ例示的列挙規定説との対立がある[6]。罪刑法定主義の観点からみて前者が妥当である。**貞操に対する加害**は，それが性的自由の侵害を意味する場合にのみ本罪の対象となる[7]。また，職業や社会的信用に対する加害の告知は，それが名誉毀損ないし財産上の加害を直接に含んでいない限り本罪から除かれる。

> **信用に対する加害**　　判例は，一応制限的列挙規定であるとする前提に立ち，名誉・財産等の概念を拡張する立場にあると思われる。例えば，「俺達に手向いして此の商売（料理屋営業）が遣って行けると思うか」と通告した事案につき，「財産に対し害を加うべきことを以て」脅迫したことに当たるとしたものがある[8]。この事案では，直接の法益は233条の「信用」であるが，財産に対する直接の加害といえなくもない。

---

[5] 曽根・53頁，中森・41頁，山口・75頁。

[6] ⓐ説として，平野・173頁，曽根・53頁，山口・74頁，高橋・92頁。ⓑ説として，宮本・305頁，西原・152頁。

[7] 大塚・69頁，瀧川＝竹内・61頁。なお，団藤・462頁，福田・170頁〔身体・自由・名誉に準ずる〕。

[8] 大判昭7・7・20刑集11・1104。

（イ）**村八分**　共同して特定の者との交際を断つ私的制裁（共同絶交）をいう。村八分の決議の通告は，名誉に対する加害の告知に当たるとするのが通説・判例である。

しかし，個人が他人と交際するかどうかは各人の自由であり，交際を共同して断つことも自由であるから，村八分を決定すること自体は違法ではなく，それが名誉毀損罪ないし侮辱罪に該当するときにのみ違法になると解すべきである。村八分の決定によって名誉が損なわれることは否定できないが，すでに「決定」によって相手方の社会的評価は低下しているのであるから，これを通告することは，「害を加うべき」ことの通告にはならないと考えられる[9]。村八分は名誉毀損罪または侮辱罪の問題であって，これに脅迫罪を適用すべきではない。ただし，村八分が被通告者の属する集団内での生存そのものを脅かすものであるときは，生命，身体，自由または財産に対する加害の通告であるから脅迫となる[10]。加害の内容は，それが現実に行われれば犯罪となる性質のものであることを要しない[11]。

村八分の判例　大判明治 44 年 9 月 5 日刑録 17 輯 1520 頁は，「一定の地域に於ける住民が一定の制裁を以て団結し，其一部の人に対し絶交を宣言する行為は是れ寔に其個人を社交団体の外に排斥し其人格を蔑如するの結果を来し，人の社会的価値たる名誉を毀損するものなり」と判示している。名誉に対する加害としたものとして，大判大正 9 年 12 月 10 日刑録 26 輯 912 頁など多数。戦後の下級審判例としては，大阪高判昭和 32 年 9 月 13 日高刑集 10 巻 7 号 602 頁があり，ここでは村八分は，「他人と交際することについての自由とこれに伴う名誉とを阻害することの害悪の告知」として捉えられている。

（ウ）**親　族**　親族の範囲は 6 親等内の血族，配偶者および 3 親等内の姻族である（民 725 条）。内縁の妻も含むとする説[12]もあるが，罪刑法定主義に則り，民法上親族とされない以上は否定すべきである[13]。法律上の手続きを完了していない養子も同様である。

(2)　**害悪の告知**　告知される害悪の内容は，相手方の性質および四囲の

9　平野龍一「刑法各論の諸問題」法セ 201 号 66 頁，西田・76 頁。反対，曽根・54 頁，中森・42 頁。
10　大嶋一泰「脅迫の罪」判例刑法研究 5　185 頁。
11　大判大 2・11・29 刑録 19・1349。
12　平川・162 頁。
13　中森・48 頁，西田・76 頁，前田・77 頁，山口・74 頁，高橋・92 頁。

94 第1編 個人法益に対する罪 第2章 自由および私生活の平穏に対する罪

状況から判断して，一般に人を畏怖させるに足りる程度のものでなければならない。また，加害の告知によって本罪は成立するから，現実に被告知者が恐怖心を抱いたかどうかを問わない。したがって，加害の内容が一般に人を畏怖させるに足りるものである以上は，加害の具体的内容や方法の告知がなくても脅迫となる。例えば，「半殺しにしてやる」と言えば足り，どのような方法で半殺しにするかについて告知する必要はない。

一般的には人を畏怖させるに足りない程度の害悪の内容であっても，例えば，相手方が特別の臆病者であるなど特殊の心理状態において恐怖心を生ずるとみられる場合に，行為者がこれを知りつつ害悪を告知することについて，ⓐ脅迫になるとする主観説[14]，ⓑ脅迫にならないとする客観説[15]とが対立している。客観的にみて脅迫の性質を有しない行為であっても，相手方の性質を特に知って脅迫の意思で行為した以上，その相手方にとっては害悪の告知となるから脅迫とすべきであり，ⓐ説が妥当である。

相手方を畏怖させるためには，告知者が害悪の発生を現実に左右できると一般の人が感ずるものでなければならない。例えば，「天罰がくだる」と告知するような吉凶禍福を説き天変地異を予告する**警告**は，本罪を構成しない。害悪が脅迫者以外の第三者によって加えられるものとして告知した場合（**間接脅迫**）は，行為者の直接または間接の影響力によって客観的に加害が実現しうるようなものであることを要する。しかし，相手方が恐怖心をもつ性質を有する害悪の告知かどうかが重要なのだから，現実に害悪の発生を左右できる立場にある必要はなく，第三者は実在しない虚無人であってもよい。ただし，脅迫者は，相手方に対し，みずからその第三者を左右しうる地位にあることを明示的ないし黙示的に知らせる必要がある。告知された害悪は，現実に発生しているものではなく，**将来に発生するもの**であることが必要である。

(3) **害悪の違法性**　　害悪の内容は違法であることを要するかについて，特に犯罪の被害者が告訴すると申し向けて脅迫する場合に問題となるが，適法な事実の告知は違法にならないとする説[16]が有力である。告訴の告知が通

---

14 大塚・70頁，山口・74頁。
15 曽根・53頁，中森・42頁，山中・117頁，前田・77頁。

常恐怖心を生じさせるものとして害悪の告知となる以上，脅迫に当たると解する。ただし，それが権利の行使として正当なものであるときは違法性を阻却すると解すべきである。

脅迫の例　(1)町村合併をめぐる対立抗争中，被告人は通告の相手方Ａと親しいＢ名義で「出火御見舞申し上げます，火の元に御用心」と記載した郵便はがきをＡ宛に投函し，Ａがこれを受け取った場合について，最判昭和35年3月18日刑集14巻4号416頁は，四囲の状況から判断して右文面の葉書を読めば「火をつけられるのではないかと畏怖するのが通常であるから，右は一般に人を畏怖させるに足る性質のものである」と判示している[17]。なお，特殊な迷信家である場合の加害の告知の程度は，一般人を基準として判断すべきであろう。(2)最判昭和27年7月25日刑集6巻7号941頁は「お前を恨んで居る者は俺丈けじゃない。何人居るか判らない。駐在所にダイナマイトを仕掛けて爆発させ貴男を殺すと云うて居る者もある」と告げたことは，「被告人がこの第三者の決意に対して影響を与え得る位置に在ることを相手方に知らせた場合」に当たるとしている。(3)広島高松江支判昭和25年7月3日高刑集3巻2号247頁は，「人民政府ができた暁には人民裁判によって断頭台上に裁かれる」と申し向けた事案に対して，「被告人自身において又は被告人の左右し得る他人を通じて可能ならしめられるものとして通告せられたもの」でないとした[18]。(4)大阪地判平成23年4月28日裁判所HPは，警部補である被告人が，警察署の取調室等において，「お前の人生無茶苦茶にしたるわ」「殴るぞ」と脅した行為を脅迫罪とした。

(4)　**告知の方法**　相手方が加害の告知を認識できればよいから，文書，口頭，態度のいずれでもよく，加害の告知方法のいかんを問わない。明示，黙示のいずれでもよい。ナイフを示して「金を出せ」というのは，**態度による脅迫**である。相手方に脅迫内容が伝達できる手段を施せば告知となるのである。告知したが相手方に伝達されなかったときは未遂として不可罰である。相手が加害が行われるであろうということを認識しない限り，恐怖心をもつことはないからである。

2　故　意

本罪の故意は，加害の告知の認識をもって行為に出る意思である。相手方に恐怖心を抱かせる目的は必要でなく，また，加害の告知の認識があれば害悪を実現する意思がない場合や警告のつもりであっても故意となる[19]。

---

16 曽根・55頁，中森・42頁，山中・118頁，山口・76頁。反対，西田・68頁。
17 嘉門・百選Ⅱ（第7版）24頁，**川本・判例講義Ⅱ12頁**参照。
18 名古屋高判昭45・10・28判時628・93〔人民裁判予告の葉書〕。
19 大判大6・11・12刑録23・1197。

96 第1編 個人法益に対する罪 第2章 自由および私生活の平穏に対する罪

3 違法性阻却事由

自己の権利を行使するために脅迫した場合，その権利行使が権利の濫用と認められるときは，脅迫罪の違法性を阻却しない[20]。例えば，万引きした女性に性交に応じなければ告訴するといって脅す場合は，違法性を阻却しない。

4 罪数・他罪との関連

加害の告知後その害悪を実行したときは，その実行した犯罪が独立して成立し，両者は併合罪の関係に立つ。しかし，脅迫と加害の実行とが同じ場所で時間的に前後して行われたときは，脅迫は実行した犯罪に吸収される。債権取り立てに行った先で，「払わなければ殴る」と申し向けて，支払いを拒んだ債務者を殴った場合は，暴行罪だけが成立する[21]。脅迫された被害者が転倒して傷害を負ったときは，脅迫の故意にとどまる限り傷害罪は成立しないと解すべきである（➡30頁）。

③ 強 要 罪

生命，身体，自由，名誉若しくは財産に対し害を加える旨を告知して脅迫し，又は暴行を用いて，人に義務のないことを行わせ，又は権利の行使を妨害した者は，3年以下の懲役に処する（223条1項）。親族の生命，身体，自由，名誉又は財産に対し害を加える旨を告知して脅迫し，人に義務のないことを行わせ，又は権利の行使を妨害した者も，前項と同様とする（同条2項）。前2項の罪の未遂は，罰する（同条3項）。

1 意 義

強要罪は，生命，身体，自由，名誉もしくは財産に対して害を加えるべきことをもって脅迫し，または暴行を用いることにより，一定の作為または不作為を強要することを内容とする犯罪である。本罪の保護法益は，意思決定に基づく**行動の自由**である。すなわち，本罪は一定の決意をした者にその決意の内容と異なる行為を強制する場合だけでなく，まだ意思決定をしていない者に決意を強制し，または一定の決意を不可能にする行為をも含む。したがって，本罪の保護法益は，意思実現の自由および意思決定の自由の2つであり，その性質は**侵害犯**である。

---

20 山中・119頁。大判大3・12・1刑録20・2303。
21 大判大15・6・15刑集5・252。

2 行　為

　本罪の行為は，相手方またはその親族の生命，身体，自由，名誉，財産に対して害を加えることを告知して脅迫し，または，暴行を用いて，人に義務のないことを行わせ，または権利の行使を妨害することである。

　(1)　**脅迫・暴行**　「**脅迫**」は，脅迫罪における脅迫と同じ意味である。本罪は，恐怖心を生じさせることによって相手方の意思に瑕疵を生じさせ，その意思に基づいて作為・不作為をとらせる心理的強制力を用いる点に本質がある。物理的強制力によって被害者を全く機械的に行動させたにすぎないときは，本罪を構成しない。「**暴行**」は，被害者が恐怖心を抱きそのため行動の自由が侵害されるに足りる程度の有形力の行使であり，広義の暴行をその内容とする。被害者に対して直接に暴行が加えられる必要はなく，第三者ないし物に対して加えられる暴行（**対物暴行**）でも，それが被害者において感応し，恐怖心を抱くに足りるものであれば「暴行」である[22]。被害者を畏怖させる性質を有さない有形力の行使，例えば，一定の場所に留まる権利がある者をその意思を無視して身体を運び出す場合は，有形力の行使であっても本罪の「暴行」ではないと解すべきである[23]。2 項においては親族に対する暴行は強制の手段として規定されていないが，例えば，相手方の目前においてその子供に暴行を加える行為は，要求に従わなければさらに子供への加害を継続するという意味で，2 項の脅迫になると解すべきである[24]。

> **強要の限界例**　単なる物理的強制力によって一定の作為・不作為をなさしめる場合は，本罪ではなく逮捕罪の問題となる。その限界例として，目の不自由な者からその用いている杖を奪い，行うべき権利の行使を妨害した場合は，杖なしに歩行させることはその者の行動の自由を侵害するものであるから，強要罪を構成すると解すべきである。

　(2)　**強　要**　脅迫・暴行を手段として人に義務のない行為をさせ，または行うべき権利を妨害することをいう。暴行・脅迫の相手方と，義務のないことを行わされ，または行うべき権利を妨害される者とは，必ずしも一致しなくてよい[25]。それゆえ，本罪の**被害者**は，上記の両者である。

---

[22] 反対，西田・79 頁，中森・44 頁，山口・78 頁。
[23] 大判昭 4・7・17 刑集 8・400。
[24] 西田・79 頁。
[25] 大塚・73 頁，内田・103 頁。反対，中森・50 頁，西田・79 頁。

3 結 果

「**義務のないことを行わせ**」とは，行為者において相手方に当該行為（作為・不作為）を行わせる権利ないし権限がなく，被害者にそれに従う義務がないのにこれを強制することをいう。例えば，謝罪文を要求する権利がないのに暴行・脅迫によってこれを作成・交付させる場合[26]，労働組合集会の視察に来ていた巡査部長に詫状を書かせて参集者に読み上げさせる行為は，強要に当たる[27]。ここにいう権利・義務は**法律上**のものであるから，謝罪をし自己批判するのが社会倫理上当然であっても，暴行・脅迫を用いてこれを強要するときは，義務のない行為をさせたことに当たる[28]。このような場合には義務があると解して，強要罪の成立に疑問を提起する見解[29]もあるが，当該行為のなされた状況により可罰的違法性を欠くときがあるといえるにすぎない。

暴行・脅迫を用いて法律上の義務ある者にそれを履行させたときは，本罪の未遂ではなく暴行罪または脅迫罪が成立すると解すべきである。これに対し，労務を提供する義務ある者に暴行・脅迫を加えて契約外の労働を強制したときは，強要罪を構成する。強要された行為の一部が相手方の義務の範囲を超えるときは，義務なき行為を強要したことになるからである。「**権利の行使を妨害**」するとは，公法上・私法上の権利行使を妨害することをいう。例えば，選挙権の行使を妨げ，告訴権者の告訴を中止させ[30]，または契約の解除権を行使させない場合である。

4 故 意

本罪の故意は，暴行・脅迫をもって人をして義務なきことを行わせ，または行うべき権利を妨害することを認識して行為に出る意思である。

5 未 遂

本罪は**実害犯**である。それゆえ，暴行・脅迫を開始した時に実行の着手があり，その結果を生じさせることができなかったときは，本罪の未遂罪（223条3項）となる。強要罪は，暴行または脅迫によって相手方が現実に恐怖心を

---

26 大判大 15・3・24 刑集 5・117。
27 最判昭 34・4・28 刑集 13・4・466。
28 曽根・54 頁，山中・122 頁，林・80 頁，山口・79 頁。
29 平野・174 頁，内田・106 頁，中森・50 頁。
30 大判昭 7・7・20 刑集 11・1104。

抱き，その結果として義務のないことを行い，または行うべき権利を妨害されたという**因果関係**を要する。例えば，人を畏怖させるに足りる暴行・脅迫を加えたが，相手方が恐怖心を抱かず，任意に義務のない行為をしたときは未遂罪となる[31]。暴行・脅迫そのものが未遂に終った場合は，不可罰である[32]。

6 罪数・他罪との関連

本罪は，自由に対する罪の基本的な犯罪類型であるから，自由を侵害する逮捕・監禁罪，略取・誘拐罪，強姦罪，強制わいせつ罪が成立するときは，法条競合により本罪は適用されない。しかし，人を不法に逮捕して交番に連行するような場合は，逮捕と連行が1個の行為と評価できても，強要罪と逮捕・監禁罪はそれぞれ独立に評価することができるから，観念的競合と解すべきである[33]。1個の強要行為によって複数人の自由を侵害したときは，数罪が成立し観念的競合となる。なお，第三者強要を処罰するために，「人質による強要行為等の処罰に関する法律」(昭和53年法48号) がある。

第3節　略取，誘拐および人身売買の罪

1 総　説

1 意　義

略取，誘拐および人身売買の罪は，人を従来の生活環境から離脱させ，自己または第三者の事実的支配に置き，人身の自由を侵害する行為を内容とする犯罪である。身体を直接・間接に拘束して行動の自由を侵害する行為を内容とする逮捕・監禁罪とは異なる。

刑法典は，略取および誘拐の罪として，①未成年者略取・誘拐罪 (224条)，②営利目的等略取・誘拐罪 (225条)，③身の代金目的略取・誘拐罪 (225条の2第1項)，④身代金要求罪 (同条2項, 227条4項後段)，⑤所在国外移送目的略取・誘拐罪 (226条)，⑥被略取者引渡し等罪 (227条) を定めている。一方，人身売

---

[31] 大判昭7・3・17刑集11・437。
[32] 団藤・466頁，前田・80頁。なお，中森・51頁。
[33] 内田・107頁。

100　第1編　個人法益に対する罪　第2章　自由および私生活の平穏に対する罪

買の罪は，「人身取引」の防止に関する国際的な取り組みと，わが国における人身取引に関連する反社会的行為の発生に鑑み，2005（平成17）年の「刑法等の一部改正」によって新設された犯罪であり，人身売買罪（226条の2），被略取者等所在国外移送罪（226条の3）が追加された。新設された罪については，すべて未遂犯処罰規定が設けられ（228条），国外犯処罰規定（3条11号，3条の2第5号）が適用される。

> **人身取引議定書**　「人身取引」については，国連において2000（平成12）年12月15日，国際的な組織犯罪の防止に関する国際連合条約を捕足する人（特に女性および児童）の取引を防止し，抑止しおよび処罰するための議定書が採択され，翌年12月25日に発効している。

2　保護法益

　略取，誘拐および人身売買の罪が人身の自由を保護法益とするものであることについては異論はない。しかし，本罪は嬰児のような身体の自由を有しない者をも客体とするため，略取・誘拐罪の保護法益との関連で学説の対立があり，同じことは新設された**人身売買の罪**でも問題となる。**保護法益**に関しては，ⓐ被略取者等の身体の自由であるとする説[1]，ⓑ被略取者等の自由および親権者等の監護権の侵害とする説（通説）[2]，ⓒ人的保護関係の侵害とする説[3]，ⓓ被略取者等の自由および身体の安全とする説[4]が対立している。

　本罪は，被略取者等の従来の生活環境から離脱させて，自己または第三者の事実的支配の下に置くことを本質とする犯罪であるから，その保護法益が人の身体の自由にあることは明らかである。他方，嬰児や意識喪失状態の者のように監護を要するものを客体とする。したがって，本罪の罪質は**継続犯**である。略取・誘拐および人身売買は，監護されている本来の状態を不良に変更することによって生存ないし生活の安全を害する性質を有していると解すべきであり，ⓓ説が妥当である。したがって，嬰児等を客体とする場合は，状態犯と解すべきである。

1　香川・425頁，内田・127頁，山中・125頁。
2　大判明43・9・30刑録16・1569，福岡高判昭31・4・14裁特3・8・409。名和・百選Ⅱ（第5版）25頁，**川本・判例講義Ⅱ14頁**参照。
3　井上＝江藤・57頁，吉田敏雄「行動の自由の保護」基本講座6巻83頁。
4　平野・176頁，曽根・57頁，西田・85頁，前田・82頁，山口・92頁。

3　事実的支配（実力的支配）

　略取，誘拐および人身売買の罪に共通するものとして，被略取者等を**事実的支配下**に置くことが必要である。ここで「事実的支配」とは，物理的または心理的な影響を及ぼし，その意思を左右できる状態の下に対象者を置き，自己の影響下から離脱することを困難にする状態をいう[5]。事実的支配の有無は，場所的移動の有無および程度，拘束の状態，対象者の年齢，犯行場所の状況，反抗の手段・方法等を考慮し，社会通念によって決められる。身体を拘束する行為は，逮捕・監禁にも当たる。

　略取・誘拐との関連で，被略取者等を**場所的に移動させる**ことが必要かについて学説は分かれているが，判例は必要説を採る[6]。略取・誘拐の罪においては，不法な事実的支配の移転または取得が重要であるから，場所的な移転は必ずしも要しないと解すべきである[7]。例えば，監護者を騙して立ち去らせることも略取・誘拐に当たる。このことは，保護法益を同じくする人身売買罪にも当てはまる。既に略取・誘拐された者をさらに略取・誘拐することは可能かについて，肯定説[8]と否定説[9]が対立している。この場合にも元の保護状態からさらに引き離すことになるから，肯定説が妥当である。

2　未成年者略取・誘拐罪

　未成年者を略取し，又は誘拐した者は，3月以上7年以下の懲役に処する（224条）。未遂は，罰する（228条）。親告罪である（229条）。

1　主　体

　本罪の主体については，制限がない。監護者による略取・誘拐は予想できないとする説[10]もあるが，被略取者等の生活の安全も保護法益であると解される以上は，監護者も本罪の主体に当たると解すべきである（通説）。

5　保坂＝島戸「刑法等の一部を改正する法律」ジュリ1298号78頁。
6　大判大12・12・3刑集2・915。
7　福田・176頁，大塚・84頁，内田・132頁，川端・130頁，曽根・59頁，中森・55頁。
8　団藤・478頁，大塚・85頁，中山・114頁。福岡高判昭31・4・14裁特3・8・409。
9　内田・132頁，香川・注釈(5)260頁。
10　香川・426頁。

102 第1編 個人法益に対する罪 第2章 自由および私生活の平穏に対する罪

2 客 体

本罪の客体は，未成年者である。未成年者は心身の発育が不完全であり，一般に思慮が浅薄であるところから，成人よりも厚く保護する趣旨に基づいて定められた規定であり，成人とは異なり，営利等の目的（225条）がない場合であっても，犯罪は成立するとしたものである。「**未成年者**」とは，18歳未満の者をいう（民4条）。婚姻した未成年者は，民法上は成年に達した者とみなされるが（民753条），婚姻後も生理的には未成年者であることに変わりはないから，本罪の客体に含まれる（通説）[11]。

3 行 為

略取または誘拐することである。両者を併せて**拐取**という。

(1) **行為態様**　略取・誘拐は，他人を本来の生活環境から離脱させ，自己または第三者の事実的支配の下に置く行為をいい，暴行や脅迫等の**強制的手段**を用いる場合が略取であり，**偽計または誘惑を手段**とする場合が誘拐である。両種の手段が併せ用いられる場合は，略取・誘拐の一罪である[12]。例えば，嬰児を監護者の知らない間に連れ出す行為，麻酔薬を用いて意識を失わせ連れ去る行為は，略取に当たる。虚偽の事実をもって相手方を錯覚に陥れる場合のほか，その程度に達しないが，甘言を用いて相手方の判断を誤らせる場合は，誘拐である[13]。例えば，相手方を心神耗弱に陥れ，あるいは知慮浅薄に乗じて事実的支配の下に置く場合も誘拐である[14]。暴行・脅迫・欺罔・誘惑等の行為は，必ずしも被拐取者に加えられる必要はなく，監護者に加えられても略取・誘拐になることを妨げない。監護者を欺き同意を得て未成年者を連れ出す行為は，誘拐である[15]。

親権者による未成年者略取　被告人Xは，別居中の妻Aが養育している2歳の長男Bを連れ去ることを計画し，Bの通っている保育園の前で，Bを迎えに来ていたC（Aの母親）が自動車にBを乗せる準備をしている隙に，Bを抱きかかえて，自分の自動車に乗せ走り去ったという事案につき，最決平成17年12月6日刑集59巻10号1901頁は，

---

[11] 反対，藤木・228頁，中森・57頁，山口・93頁，高橋・111頁。
[12] 大判昭10・5・5刑集14・454。
[13] 大判大12・12・3刑集2・915。
[14] ポケット505頁。
[15] 大判大13・6・19刑集3・502。

第3節　略取，誘拐および人身売買の罪　　*103*

「Ｘは，Ａの共同親権者の１人であるＡの実家においてＡおよびその両親に監護養育されて平穏に生活していたＢを祖母のＣに伴われて保育園から帰宅する途中に前記のような態様で有形力を用いて連れ去り，保護されている環境から引き離して自分の事実的支配下に置いたのであるから，その行為が未成年者略取罪の構成要件に該当することは明らかであり，Ｘが親権者の１人であることは，その行為の違法性を例外的に阻却されるかどうかの判断において考慮されるべき事情であると解される」と判示した。子の監護をめぐる争いに刑事司法は介入すべきでないとする反対意見もあったが，本罪は，被略取者等の生活の安全を保護法益と解する以上，少なくとも本件が未成年者略取の構成要件に該当することは明らかである[17]。

(2)　**故意，未遂，既遂**　　本罪の**故意**は，客体が未成年者であること，自己の行為が拐取に当たることを認識して行為に出る意思である。未必的認識で足りる。未成年者を成人と誤認した場合は本罪の故意は認められず，営利等の目的がなければ犯罪は成立しない。営利等の目的が認められるときは，営利目的等略取・誘拐罪が成立し（225条），本罪はそれに吸収される。拐取の手段を用いれば実行の着手があり，例えば，保護者の隙を見てその嬰児を連れ去ろうとしたが，発見されて嬰児を取り返された場合は未遂である[16]。拐取行為によって被拐取者を自己または第三者の事実的支配に置いたときに既遂となる。

(3)　**罪数・その他**　　略取の手段として行われた暴行・脅迫は略取罪に吸収されるが，逮捕・監禁が行われた場合は逮捕・監禁罪が成立し，観念的競合となる。拐取後に拐取者が引き続いて被拐取者を監禁すれば，新たな行為によって監禁罪が成立することになり[17]，略取・誘拐罪と監禁罪とは併合罪となる[18]。

略取・誘拐罪は**継続犯か状態犯**かについて，本罪の保護法益との関連で見解が分かれている。本罪を被拐取者の自由を侵害する罪と解する立場は継続犯説を採り，嬰児など行動の自由を欠く者については監護権を侵害する罪と解する見解は，状態犯説を採る。しかし，行動の自由を欠く者については生活の安全を侵害する罪と解すべきであるから，保護状態が不良に変更されれば，

16　東京高判平 20・2・4 東時 59・1＝12・40。
17　内海・百選Ⅱ（第 7 版）26 頁。
18　大判昭 13・11・10 刑集 17・799，大コン(8)606 頁。

104 第1編 個人法益に対する罪 第2章 自由および私生活の平穏に対する罪

その間，被拐取者の生活の安全は侵害されているから，この場合にも継続犯と解すべきである[19]。

(4) **被拐取者の同意** 略取・誘拐の罪において被害者の同意は違法性を阻却するかについて，ⓐ略取・誘拐は公序良俗に反する行為であるから違法性を阻却しないとする説[20]，ⓑ未成年者の同意は違法性を阻却しないとする説[21]，ⓒ同意能力がある者の真摯な同意があるときは違法性を阻却するとする説[22]とが対立している。本罪の保護法益は被拐取者の自由および生存ないし生活の安全と解すべきであるから，自己の判断で適切な行動をなしうる年齢に達した未成年者には同意能力を認め，その同意が真意に基づくものであれば違法性を阻却すると解する。

③ 営利目的等略取・誘拐罪

営利，わいせつ，結婚又は生命若しくは身体に対する加害の目的で，人を略取し，又は誘拐した者は，1年以上10年以下の懲役に処する（225条）。未遂は，罰する（228条）。営利又は生命若しくは身体に対する加害の目的による場合を除き，本罪は親告罪である（229条）。

1 客 体

本罪の客体は，人である。未成年者であるか成年者であるか，また，男性か女性かを問わない。未成年者である場合は，意思能力の有無を問わない[23]。

2 目 的

本罪は目的犯であって，営利，わいせつ等の目的で人を拐取することを要する。本罪が未成年者拐取罪より重く処罰されるのは，その性質上，他の動機によるときよりも**自由に対する侵害の程度**が大きいためである[24]。したがって，「目的」は主観的違法要素である。なお，以下のいずれの目的も，人的関係である特殊の他位または状態を示すものであるから，この目的も一種の身

---

19 大判大13・12・12刑集3・871。大塚・83頁，山口・91頁は状態犯説を採る。
20 大塚・83頁。
21 吉川・64頁，香川・428頁，中山・119頁。
22 曽根・60頁，中森・55頁，西田・87頁，山中・128頁，山口・92頁，高橋・104頁。なお，最決平15・8・18刑集57・3・371（否定例）。
23 大判明44・3・31刑録17・497。
24 東京高判昭31・9・27高刑集9・9・1044。

第 3 節　略取，誘拐および人身売買の罪　*105*

分に当たる[25]。

(1)　営利の目的　　拐取行為によってみずから財産上の利益を得，または第三者に得させる目的をいう[26]。必ずしも営業的であることを要しない。また，継続的または反復的に利益を得る目的であることを要せず，一時的に利益を得る目的であってもよい。必ずしも被拐取者自身の負担によって得られるものに限らない。取得すべき利益が不法なものか否かも問わない。例えば，サラリーマン金融の返済のために売春に従事させて債務を弁済させる目的であってもよい。身の代金目的も営利目的に入ると解すべきであるが[27]，225 条の 2 の規定が適用されるから，本罪の目的には含まれない。被拐取者を利用し，その自由の侵害を手段として利益を得る目的であることを要するが，必ずしも拐取行為自体によって利益を得る場合に限らず，例えば，拐取行為後の他の行為によって利益を得る目的，および拐取行為に対する第三者からの報酬を得る目的であってもよい[28]。

> **営利目的の限定**　　営利の目的については，被拐取者の直接的利用によって利益を得る目的に限るべきであるとする見解[29]，および被拐取者の犠牲において得られる財産上の利益を目的とする場合に限るべきであるとする見解[30]がある。問題は，自由等の侵害と財産上の利益の取得とが不可分の関係にあるかどうかに帰着するから，「営利の目的」をこのように限定する必要はない（通説）。

(2)　わいせつの目的　　姦淫その他の性的自由を侵害する目的をいう。被拐取者をわいせつ行為の主体または客体とする目的の両者を含む。単なる同棲生活の目的もわいせつの目的と解すべきである。例えば，ストリップ劇場でわいせつ行為をさせて働かせ利益を得る目的のときは，営利目的に当たる。

(3)　結婚の目的　　行為者または第三者と結婚させる目的をいう。「結婚」は，法律上の婚姻のみならず事実上の結婚すなわち内縁をも含む。法律上の

25　大谷・総論 453 頁参照。
26　最決昭 57・6・28 刑集 36・5・680，大判大 7・10・16 刑録 24・1268〔未成年の女子に娼妓稼業をさせる目的〕。
27　前掲東京高判昭 31・9・27。
28　最決昭 37・11・21 刑集 16・11・1570，団藤・480 頁，福田・177 頁，大塚・87 頁，内田・132 頁，中森・58 頁。反対，佐伯・122 頁，曽根・41 頁。
29　宮本・308 頁。
30　前掲東京高判昭 31・9・27。平野・177 頁，中森・58 頁。

106　第1編　個人法益に対する罪　第2章　自由および私生活の平穏に対する罪

婚姻の意思がある場合に限るべきであるとする見解[31]もあるが，内縁の場合も動機において法律上の結婚の目的と異ならないし，また，「婚姻」(184条229条) とせずに「結婚」としているところから，規定の仕方として内縁をも含ませる趣旨と解すべきである (通説)。ただし，夫婦生活の実質を伴わない肉体関係の維持目的は，「わいせつの目的」に当たる[32]。

(4)　**生命・身体に対する加害の目的**　　自己または第三者が被拐取者等を殺害し，傷害し，またはこれに暴行を加える目的を内容とする。例えば，**臓器摘出の目的**で略取・誘拐したときは，営利性を伴わなくても，本罪の目的に含まれる。暴力団関係者が暴行または傷害の目的で略取，誘拐する場合もこれに当たる。

3　既　遂

本罪は，営利等の目的をもって被拐取者を自己または第三者の事実支配に置けば既遂となり，それぞれの目的を遂げたことは必要でない。

4　罪　数

営利等の目的で人を拐取し，被拐取者を利用して第三者に詐欺行為をしたときは，本罪と詐欺罪の併合罪である[33]。営利等の目的で同時に数人を拐取すれば本罪の観念的競合，わいせつの目的で被害者を拐取し強制わいせつ行為に至れば本罪と強制わいせつ罪との牽連犯となる。営利等の目的で未成年者を拐取したときは，未成年者拐取罪は本罪に吸収される。営利等の目的で拐取したが，わいせつ・結婚の目的で他の場所に移したときは，同一法益を侵害するにすぎないから包括的一罪である[34]。

4　身の代金目的略取・誘拐罪，身の代金要求罪

　近親者その他略取され又は誘拐された者の安否を憂慮する者の憂慮に乗じてその財物を交付させる目的で，人を略取し，又は誘拐した者は，無期又は3年以上の懲役に処する (225条の2第1項)。未遂は，罰する (228条)。人を略取し又は誘拐した者が近親者その他略取され又は誘拐された者の安否を憂慮する者の憂慮に乗じて，その財

31　江家・232頁。
32　岡山地判昭43・5・6下刑集10・5・561。
33　大判昭17・1・30刑集21・1。
34　大判大13・12・12刑集3・871。

物を交付させ，又はこれを要求する行為をしたときも，前項と同様とする（225条の2 第2項）。略取され又は誘拐された者を収受した者が近親者その他略取され又は誘拐 された者の安否を憂慮する者の憂慮に乗じて，その財物を交付させ，又はこれを要求 する行為をしたときは，2年以上の有期懲役に処する（227条4項後段）。

1 意 義

身の代金に係る拐取罪と要求罪は，1964（昭和39）年に追加されたものであ る。それまでは，この種の犯罪は，営利目的等拐取罪もしくは恐喝罪（249条） で処理されてきた。しかし，身の代金に係る犯罪の有害性，被害の残酷性， その伝播性・模倣性は，これらの2つの犯罪と異質のものであるところから， **犯罪社会学的類型**をも考慮し，一般予防的見地に立って新設されたものであ る。

2 身の代金目的略取・誘拐罪（225条の2第1項）

本罪は，近親者その他の者が略取されまたは誘拐された者（被拐取者）の安 否を憂慮することに乗じて，その財物を交付させる目的で，人を拐取するこ とを内容とする犯罪であり，営利目的等拐取罪（225条）の加重類型である。

(1) 要 件　　本罪は**目的犯**であり，近親者その他被拐取者の安否を憂慮 する者の憂慮に乗じて，その財物を交付させる目的で拐取することが必要で ある。「**安否を憂慮する者**」の意義については，@近親その他親身になって被 拐取者の安否を憂慮する者をいい，里子に対する里親，住込店員に対する店 主も含むという説，ⓑ事実上の保護関係にある者に限るとする説，ⓒ親族に 限らず，知人その他の安否を憂慮する者すべてを含むとする説が対立してい る。ここで安否を憂慮する者とは，被拐取者との密接な人間関係があるため， 被拐取者の安全について親身になって憂慮するのが社会通念上当然とみられ る特別な関係にある者をいう[35]と解すべきである。それゆえ，被拐取者と親 族関係のない者も含む。被拐取者の自由または保護状態を回復するためには， いかなる財産的な犠牲をもいとわないと通常考えられる程度の特別な人間関 係があればよい[36]。

---

[35] 最決昭62・3・24刑集41・2・173。齋野・百選Ⅱ（第7版）28頁，**川本・判例講義Ⅱ15頁**参照。
[36] ただし，大阪地判昭51・10・25刑月8・9＝10・435は，パチンコ店経営者と従業員との関係に ついて消極に解した。一方，東京地判平4・6・19判タ806・227［富士銀行事件］は，末端の銀 行員を拐取して頭取に身の代金を要求した事案につき積極に解した。

憂慮に「乗じて」とは，安否を憂慮する者の心配を**利用して**その人の所有・管理している財物を交付させるという意味である。「安否を憂慮する者の憂慮に乗じて」というのは「憂慮」を「利用して」という意味であるから，心配を利用して財物を交付させ，または財物の交付を要求したと認められれば，**被拐取者と密接な人間関係にある者が現実にいなかったとしても**，また，その者がいて，現実に被拐取者の安否について心配していなかったとしても本罪は成立する。

> **「憂慮する者」の意義**　(1)通説は，被拐取者と近しい親族関係その他これに準ずる特殊な人的関係があることにより，被拐取者の生命または身体に対する危険を親身になって心配する立場にある者と解し，単に被拐取者に同情するにすぎない第三者は含まれないが，親族関係の有無を問わず，親子，兄弟におけると同じように安否を憂慮すると考えられる者はすべて含むと解する[37]。したがって，親族関係に準ずるという要件は不要であろう。一方，(2)知人その他であっても被拐取者の安否を憂慮すると考えられる者はすべて含むとする説[38]は，広すぎると思われる。

(2)　**目的の内容**　　本罪は，金銭等の財物についてのみ規定されているから，その他の財産上不法の利益を得る目的の場合は含まれず，例えば，**債務の弁済を免除させる目的**で人を略取・誘拐したときは営利拐取罪が成立する。本罪の目的で未成年者を拐取したときは，本罪のみを構成する。営利目的による営利拐取罪と本罪とは吸収関係に立ち，本罪だけが成立する。これに対し，わいせつ・結婚の目的による営利拐取罪は，本罪とその罪質を異にするから，観念的競合になると解すべきである。本罪に関しては予備も罰せられる（228条の3）。本罪には解放減軽規定が適用される（228条の2。➡116頁）。

3　略取・誘拐者身の代金要求罪（225条の2第2項）

本罪は，人を略取しまたは誘拐した者が近親者その他被拐取者の安否を憂慮する者の憂慮に乗じ，拐取後に身の代金などの財物を交付させ，またはこれを要求した場合に成立する。身の代金を交付させまたは身の代金を要求する行為をした者を，身の代金目的で拐取または収受した者と同格に処罰する罪である。

---

[37] 最決昭62・3・24刑集41・2・173頁。長島敦「みのしろ金誘拐罪の新設等に関する刑法の一部を改正する法律の逐条解説」書時16・7・52。
[38] 団藤・482頁。東京地判平4・6・19判タ806・227。

第3節　略取，誘拐および人身売買の罪　　*109*

（1）**主　体**　　本罪の主体は，「略取し又は誘拐した者」（拐取者）である。略取・誘拐とは，未成年者拐取罪（224条），営利目的等拐取罪（225条），身の代金目的拐取罪（225条の2第1項），国外移送目的拐取罪（226条）の各罪を犯した者に限られる（**身分犯**）。したがって，本罪の主体は拐取の実行行為者に限られ[39]，行為者を教唆・幇助した共犯者は除かれる[40]。

（2）**行　為**　　本罪の行為は，「**安否を憂慮する者**」の憂慮に乗じて，その者の財物を交付させ，または要求することである。「**財物を交付させ**」とは，相手方に財物を提供させることをいい，相手方の提供する財物を受け取る場合のほか，相手方が黙認している状態のもとでその財物を取得する場合も含む[41]。「**要求する行為をした**」とは，財物の交付を求める意思表示をいう。要求の意思表示がなされた以上既遂に達し，要求の相手方がその意思表示を知りうる状態に達したことを要しない。「安否を憂慮する者」の憂慮に乗じたことを要するから，要求はしたが相手方が「安否を憂慮する者」でなかったときのように，現に被拐取者を憂慮している状況を利用していない場合，および「**憂慮」と財物の交付との間に因果関係がない**ときは本罪は成立しない[42]。ただし，要求行為には当たる。

（3）**罪　数**　　身の代金目的拐取者が本罪を犯した場合は，牽連犯になるとするのが判例であるが[43]，両罪は連続して行われるものであるから，包括して225条の2の規定に当たる一罪が成立する。未成年者を拐取後に身の代金を要求したときは，未成年者略取・誘拐罪と身の代金要求罪との牽連犯とすべきである[44]。本罪にも解放減軽規定が適用される（228条の2）。なお，本罪は，例えば被拐取者が殺害され，拐取罪・収受罪が成立した後に行われた場合も成立する[45]。

39　大塚・90頁，吉川・69頁，山口・99頁。反対，団藤・484頁，藤木・280頁，中森・59頁。
40　反対，ポケット509頁，藤木・230頁，西田・92頁。
41　大塚・90頁。
42　大塚・90頁，中森・59頁，西田・92頁。
43　最決昭58・9・27刑集37・7・1078。香川・注釈補巻⑴225頁など。
44　同旨，大塚・91頁。反対，最決昭57・11・29刑集36・11・988。団藤・484頁。
45　中森・58頁，反対，山口・99頁。

110 第 1 編 個人法益に対する罪 第 2 章 自由および私生活の平穏に対する罪

4 被拐取者収受者の身の代金要求罪（227 条 4 項後段）

被拐取者を収受した者（➡116 頁）が，近親その他の被拐取者の安否を憂慮する者の憂慮に乗じて，財物を交付せしめ，またはこれを要求することを内容とする犯罪である。

(1) 主 体 本罪の主体は，被拐取者を収受した者に限る（**身分犯**）。すなわち，身の代金目的による被拐取者の収受者（227 条 4 項前段），未成年者拐取罪，営利拐取罪および所在国外移送拐取罪を犯した者を幇助する目的で被拐取者を収受した者（227 条 1 項），身の代金拐取罪を犯した者を幇助する目的で被拐取者を収受した者（227 条 2 項），および営利・わいせつの目的で被拐取者を収受した者（227 条 3 項）である。

(2) 他罪との関連 身の代金目的による被拐取者収受者が本罪を犯した場合は，包括して 227 条 4 項の規定に当たる罪が成立し，その他の被拐取者収受罪と本罪とは牽連犯となる[46]。本罪にも解放減軽規定が適用される（228 条の 2）。

5 所在国外移送目的略取・誘拐罪

所在国外に移送する目的で，人を略取し，又は誘拐した者は，2 年以上の有期懲役に処する（226 条）。未遂は，罰する（228 条）。

本罪は，所在国外に移送する目的で人を拐取することを内容とする犯罪である（**目的犯**）。「所在国」とは，人が現に所在している国という意味であり，わが国が承認した国家に限らず，事実上国家としての実質を備えたものであればよい。人が現に居住しているかどうかを問わない。日本国を旅行中の外国人を日本国外に移送する目的の場合も含む。所在国の領土，領海または領空外に移送する目的であれば足り，営利・結婚などの目的が競合しているときでも，およそ所在国外に移送する目的が認められる以上は本罪が適用される[47]。現実に被拐取者を国外に移送したことを要しない[48]。

---

[46] 前掲最決昭 58・9・27。吉川・69 頁，中山・105 頁。反対，団藤・483 頁，大塚・91 頁〔包括一罪〕。

[47] 大判昭 12・9・30 刑集 16・1333。

[48] 大判昭 12・3・5 刑集 16・254。

第 3 節　略取，誘拐および人身売買の罪　　*111*

所在国外移送目的略取の例　　最決平成 15 年 3 月 18 日刑集 57 巻 3 号 371 頁は，日本人である妻と別居中の夫であるオランダ人の男が，親権者である妻のもとで平穏に暮らしていた，2 人の間に生まれた 2 歳 4 か月の長女をオランダに連れ帰る目的で，妻が付き添って入院していたベッドから両足を引っ張って逆さまに吊り上げ，脇にかかえて連れ去り，自動車に乗せて発進させた場合は，国外移送目的の略取に当たり，たとえ夫が親権者の 1 人であり，長女を母国に連れ帰ろうとしたのであっても，その行為の違法性は阻却されない，と判示している。なお，本罪は，2005（平成 17）年の改正により，「日本国外に移送」から「所在国外に移送」に拡大され，日本国外に限らず，広く人が所在する国からその国外に移送する目的による行為も処罰されることとなった。

6　人身売買の罪

　人を買い受けた者は，3 月以上 5 年以下の懲役に処する（226 条の 2 第 1 項）。未成年者を買い受けた者は，3 月以上 7 年以下の懲役に処する（同条第 2 項）。営利，わいせつ，結婚又は生命若しくは身体に対する加害の目的で，人を買い受けた者は，1 年以上 10 年以下の懲役に処する（同条第 3 項）。人を売り渡した者も，前項と同様とする（同条第 4 項）。所在国外に移送する目的で，人を売買した者は，2 年以上の有期懲役に処する（同条第 5 項）。未遂は，罰する（228 条）。

1　総　説

　人身取引議定書が，「搾取の目的」で「他の者を支配下に置く者の同意を得る目的で行われる金銭若しくは利益の授受」の手段を用いて，「人を獲得」するなどの行為の処罰を義務付けていることを受けて，2005（平成 17）年の刑法一部改正は 226 条の 2（人身売買の罪）を新設し，人身の売渡行為および買受行為をより広く犯罪としたうえ，目的や客体，行為に応じて法定刑を区分している[49]。なお，人身売買罪における人身売渡し罪と人身買受け罪とは，必要的共犯の関係に立つ。

2　人身買受け罪（226 条の 2 第 1 項）

　本罪は，人身売買の罪のうち人身の買受け行為を犯罪とするものである。

　(1)　**主体・客体**　　主体については特に制限はない。客体は 2 項との関連で**成年者**に限られる。

　(2)　**行　為**　　人を買い受けることである。「**人を買い受けた**」とは，対価を支払って現実に人身に対する不法な事実的支配の引渡しを受けることをい

---

[49] 保坂＝島戸・前掲「刑法等の一部を改正する法律」ジュリ 1298 号 77 頁。

う。対価は金銭であることを要しない。例えば，被売者の労働・サービスの取得も対価に当たる。**人身の交換**が買受けに当たるかについては疑問があるが，人身の提供も対象者の自由を拘束する動機となりうるから，これを肯定すべきであろう。「支配の引渡しを受ける」とは，単に支配の移転を意味するのではなく，買受けた者が物理的または心理的に対象者の意思を支配し，自己の影響下から離脱するのを困難にすることをいう。ただし，必ずしも自由を完全に拘束する必要はない。「意思の支配」を得たかどうかは，自由拘束の程度，対象者の年齢，犯行場所などの具体的情況を考慮し，社会通念によって決せられる。例えば，パスポートを取り上げるのも，情況によっては意思の支配に当たる。

本罪は自由および生活の安全を侵害する罪であるから，本罪が既遂となるためには，単に契約が成立しただけでは足りず，**事実的支配の移転**を必要とする。ただし，場所的移転を必ずしも要しない。売買または交換の申し込みがあれば買受け行為の実行の着手があり，その結果，事実的支配の移転がなければ未遂である。

(3) **主観的要件**　本罪は，226条の2第3項の罪と異なり，故意以外に主観的要件は必要としない。買受け行為自体を処罰の対象としたのは，常に営利目的が認められる同条4項の売渡し行為と必要的共犯（対向犯）の関係に立つだけでなく，対価を払って人に対する事実上の支配を取得した点で，被買者の自由のさらなる侵害の危険が高いという理由による。買受け後に被買者を逮捕・監禁すれば逮捕・監禁罪との牽連犯となる。

(4) **対象者の同意**　対象者が支配下に置かれることにつき同意していた場合は，それが自由かつ真摯なものである以上，違法性を阻却する。ただし，搾取の目的や，暴行・脅迫，欺もう・誘惑，金銭の授受等の手段が認められる以上，実際上真意に基づく同意があったとはいえない場合が多く，その同意は原則として無効と解すべきである。

3　未成年者買受け罪 (226条の2第2項)

本罪は，未成年者を買い受けた者について，未成年者の保護を図る観点から，1項の買受け罪の法定刑を加重したものである。客体が未成年者であることを除き，構成要件は買受け罪と同じである。

4 営利目的等買受け罪（226条の2第3項）

営利，わいせつ等の目的を要件として法定刑を加重する犯罪である（**目的犯**）。わいせつ等の目的を有する行為は，その性質上，自由に対する侵害の危険が大きいという理由に基づく。また，既述の人身取引議定書において，搾取の目的で金銭の授受の手段を用いて人を支配下に置くことを処罰することが求められているとともに，近時の悪質な人身売買行為が行われている実態を考慮し，1年以上10年以下の懲役に処するものとされた。

5 人身売渡し罪（226条の2第4項）

本罪は，人身買受け罪と必要的共犯関係に立つ人身売渡し行為を犯罪とするものである。「**人を売り渡した**」とは，対価を得て人身に対する事実的支配を相手方に引き渡すことをいう。事実的支配の移転があれば，必ずしも**場所的移転を必要としない**。売買または交換の申し込みに対する同意があれば実行の着手となる。人身の受け渡しがあれば，対価の授受がなくても既遂となる。対価を受領する目的がある以上，常に営利目的が認められることから，営利目的等の特段の主観的要件を規定することなく，1年以上10年以下の懲役に処することとしたのである。

6 所在国外移送目的人身売買罪（226条の2第5項）

本罪は，所在国外に移送する目的で人身売買した者を重く処罰する罪であり（**目的犯**），法定刑を2年以上の有期懲役としたものである。この類型の行為は，人身の自由ないし生活の安全を侵害する程度が大であるところから，法定刑を重くしている。「**売買**」とは，対価を得て人身を引き渡すこと，および対価を支払って人身の引渡しを受けることである。売主および買主双方に成立する**必要的共犯**である。売買または交換の申込が実行の着手であり，相手方から見ればその同意が実行の着手と考えられる。実際に所在国に移送したことは，本罪の成立にとって関係がない。所在国外移送目的とともに営利の目的があっても，本罪が成立する。本罪を犯した後，被売者を実際に所在国外に移送したときは，本罪と被略取者等所在国外移送罪との牽連犯となる。

7 被略取者等所在国外移送罪

略取され，誘拐され，又は売買された者を所在国外に移送した者は，2年以上の有期懲役に処する（226条の3）。未遂は，罰する（228条）。

本罪は，被拐取者および被売者を所在国外に移送することを内容とする犯罪である。従来の226条2項後段のうち「日本国外」を「所在国外」に拡大したものである。「略取され，誘拐され」た者とは拐取行為の被害者をいい，「売買された者」とは，人身売買によって授受された者をいう。「移送」とは他の場所に移すことであり，所在国外の領空・領海の外に出たときに既遂となる。人身売買罪の犯人が本罪を犯したときについて，ⓐ併合罪説[50]，ⓑ牽連犯説（多数説）が対立しているが，両罪は目的・手段の関係に立つから，牽連犯と解すべきである[51]。

8 被拐取者引渡し等罪

第224条，第225条又は前3条の罪を犯した者を幇助する目的で，略取され，誘拐され，又は売買された者を引き渡し，収受し，輸送し，蔵匿し，又は隠避させた者は，3月以上5年以下の懲役に処する（227条1項）。第225条の2第1項の罪を犯した者を幇助する目的で，略取され又は誘拐された者を引き渡し，収受し，輸送し，蔵匿し，又は隠避させた者は，1年以上10年以下の懲役に処する（227条2項）。営利，わいせつ又は生命若しくは身体に対する加害の目的で，略取され，誘拐され，又は売買された者を引き渡し，収受し，輸送し，又は蔵匿した者は，6月以上7年以下の懲役に処する（227条3項）。第225条の2第1項の目的で，略取され又は誘拐された者を収受した者は，2年以上の有期懲役に処する（227条4項前段）。未遂罪は，罰する（228条）。

1 被拐取者引渡し等罪（227条1項，2項）

被略取者等の収受等の行為の処罰規定を整備するために改正したものである。本罪は，略取・誘拐の罪の各罪の正犯者を幇助する目的で略取され，または誘拐された者または売買された者を引き渡し，収受し，輸送し，蔵匿し，または隠避させることを内容とする犯罪であり，3月以上5年以下の懲役に処せられる。所定の犯罪が完了した後の犯人に対する幇助行為を独立の犯罪

---

50 香川・442頁。
51 大判昭12・3・5刑集16・254。

としたもので，いわゆる拐取罪の幇助犯または**事後従犯**となる。

(1) **客体**　本罪の客体は，被拐取者または被売者である。前者は，未成年者拐取，営利拐取，国外移送拐取および身の代金目的拐取の各罪の被害者である。後者は人身売買罪によって売買された者である。

(2) **行為**　本罪の行為は，未成年者拐取，営利拐取，国外移送拐取，人身売買，国外移送，および身の代金目的拐取の各罪を犯した者を幇助する目的で，被拐取者または被売者を引き渡し，収受し，輸送し，蔵匿し，または隠避させることである（**目的犯**）。①「**引き渡し**」とは，対象者の支配を他の者に移転させることである。②「**収受**」とは，有償・無償を問わず客体の交付を受けてこれをみずからの事実的支配下に置くことである。③「**輸送し**」とは，対象者をある場所から他の場所に移転させることである。④「**蔵匿**」とは，被拐取者，被売者が保護者や官憲から発見されるのを妨げるために場所を提供することである。必ずしも自己の手許に置くことは必要でない。⑤「**隠避**」とは，蔵匿以外の方法で発見を困難にさせる行為をいう。これらの行為が，本犯の実行行為がなされる前に本犯と意思を通じて行われたときは，本犯の共同正犯または幇助犯が成立する。227条1項の罪については後述の解放による減軽規定（228条の2）の適用はないが，同条2項の罪については同規定が適用される。

2　営利目的等被拐取者引渡し等罪

本罪は，被拐取者または被売者を引き渡し，収受し，輸送し，または蔵匿する行為を内容とする犯罪である。営利，わいせつまたは生命もしくは身体に対する加害の目的を必要とする**目的犯**である。

(1) **営利・わいせつ等目的引渡し等罪**（227条3項）　被拐取者・被売者を客体とし，営利またはわいせつまたは生命もしくは身体に対する加害の目的で，収受し，輸送し，蔵匿することを内容とする犯罪であり，6月以上7年以下の懲役に処せられる。結婚の目的である場合は，本罪は成立しない。本罪は，もともと親告罪とされていたが，2005（平成17）年の改正により非親告罪とされ，解放による減軽規定も適用されない。

(2) **身の代金取得目的収受罪**（227条4項前段）　被拐取者を客体として，近親者その他被拐取者の安否を憂慮する者の憂慮に乗じ，その財物を交付させ

116 第1編 個人法益に対する罪 第2章 自由および私生活の平穏に対する罪

る目的で収受することを内容とする犯罪であり，2年以上の有期懲役に処せられる。本罪にも**解放減軽規定**が適用される（228条の2）。

⑶ 被拐取者収受者の身の代金要求罪（227条4項後段） 被拐取者を収受した者が近親その他の被拐取者の安否を憂慮する者の憂慮に乗じて，財物を交付せしめ，またはこれを要求することを内容とする犯罪である。身の代金目的による被拐取者の収受者が本罪を犯した場合は，包括して227条4項の規定に当たる罪が成立し，その他の被拐取者収受罪と本罪とは牽連犯となる（前掲最決昭58・9・27）。本罪にも減軽規定が適用される（228条の2）。

9 未 遂 罪

第224条，第225条，第225条の2第1項，第226条から第226条の3まで並びに前第227条第1項から第3項まで及び第4項前段の罪の未遂は，罰する（228条）。

略取・誘拐および人身売買の罪の未遂罪は原則として処罰される。ただし，225条の2第2項，227条4項後段に規定する身の代金要求罪は未遂罪の規定を欠く。未遂の形態はありえないとする趣旨からである。

10 身の代金目的略取・誘拐予備罪

第225条の2第1項の罪を犯す目的で，その予備をした者は，2年以下の懲役に処する。ただし，実行に着手する前に自首した者は，その刑を減軽し，又は免除する（228条の3）。

身の代金目的略取・誘拐罪の悪質性にかんがみ，予備の段階でも処罰することとしたものである。実行に至ることを未然に防止するためという刑事政策的配慮から，刑の必要的減軽・免除を認めている。自首は，実行の着手前に行われることが必要である。

11 被拐取者の解放による刑の減軽 （解放減軽）

第225条の2又は第227条第2項若しくは第4項の罪を犯した者が，公訴が提起される前に略取され又は誘拐された者を安全な場所に解放したときは，その刑を減軽する（228条の2）。

1 趣 旨

　身の代金目的の拐取罪または身の代金目的の被拐取者収受等の罪を犯した者は，犯罪の性質上被拐取者を殺害するおそれがあるところから，犯人に犯罪からの後退の道を与え，被拐取者の生命の安全を図るという**刑事政策的配慮**から，刑の必要的減軽の規定が設けられたものである。「解放」とは，被拐取者に対する事実的支配を解くことをいう。しかし，単に事実的支配から解放するだけでは本条は適用されず，安全な場所に解放しなければならない。

2 安全な場所

　「安全な場所」とは，被拐取者が安全に救出されると認められる場所をいう。その安全性は，被拐取者が近親者や官憲などによって救出されるまで生命・身体に具体的な危険が生じない程度を意味する[52]。本規定の趣旨にかんがみれば，少しでも安全な場所に解放することを促すことが必要だから「漠然とした抽象的危険」があっても，安全性に欠けるとすべきではない。解放が公訴の提起前に行われなければ本条の適用はなく，公訴提起後の解放は裁量的減軽の対象となるにすぎない。

12 親 告 罪

> 　第224条の罪及び同条の罪を幇助する目的で犯した第22条第1項の罪並びにこれらの罪の未遂罪は，告訴がなければ公訴を提起することができない（229条）。

　未成年者拐取罪に関する罪については，例えば，共同親権者が自らの子を拐取した場合に，親権者も未成年者拐取罪の主体になりうるので，親権者が被害に遭った未成年者のその後の成長に影響を与えることがありうる。そこで，被拐取者の名誉等を保護する観点から，処罰を求めるか否かの判断を被害者やもう一方の親権者の意思に委ねる方が良いとの観点から，親告罪とするものである。告訴権は，被拐取者及びその法定代理人に認められるが（刑訴法230条，231条1項），単なる監護者については学説の対立があるところ，本罪の保護法益は自由及び安全をも含むと解する本書の立場からは，事実上の監護者についても告訴権を認めることとなる[53]。

---

[52] 最決昭54・6・26刑集33・4・364，東京地判平14・4・17判時1800・157。

118　第1編　個人法益に対する罪　第2章　自由および私生活の平穏に対する罪

　なお，改正前の規定では，わいせつ目的及び結婚目的の拐取罪に関する罪については，被拐取者の名誉を保護する観点から親告罪とされていたが，2017（平成29）年の刑法改正によって，性犯罪を非親告罪化するに伴い，これらの犯罪についても非親告罪とされたのである。また，改正前の規定では，法律婚を保護するため，「略取され，誘拐され，又は売買された者が犯人と婚姻したときは，婚姻の無効または取消しの裁判が確定した後でなければ，告訴の効力がない」（旧229条）とするただし書が付されていた。しかし，拐取された未成年者が当の犯人と結婚したのにその犯人を告訴するというのは，被拐取者が初めから結婚する意思がなかったか，または婚姻関係が破綻している場合であり，告訴によって法律婚の保護を図る必要はないので，2017（平成29）年の改正でただし書は削除されたのである。

第4節　性的自由に対する罪

1　総　　説

1　保護法益

　性的自由に対する罪は，暴行または脅迫を用いて行われるわいせつまたは性交等の行為およびこれに準ずる行為を内容とする犯罪である。本罪の保護法益は，性的自由すなわち性的羞恥心を抱くような性的事項についての自己決定の自由である。

　刑法は，第2編第22章で「わいせつ，強制性交等及び重婚の罪」の下に，性的な行為に関する犯罪を規定しているが，この中には，社会の健全な性風俗を保護法益とする**社会法益に対する罪**と，個人の性的自由を保護法益とする**個人法益に対する罪**の2種類が含まれている。前者は，公然わいせつ罪（174条），わいせつ物頒布等罪（175条）および重婚罪（184条）であり，後者は強制わいせつ罪（176条），強制性交等罪（177条），監護者わいせつ罪と監護者性交

53　福岡高判昭31・4・14裁特3・8・409。反対，西田・86頁，山口・104頁。なお，大塚裕史ほか・基本刑法Ⅱ各論 第2版（2018）68頁参照。

等罪（179条）および淫行勧誘罪（182条）である。ここでは，後者についてのみ述べる。

性的感情に対する罪　わいせつ罪または性交等罪の保護法益は，個人の性的自由であるとするのが従来からの通説である。これに対し本書は，初版以来，性的自由に対する罪と併せて正常な性的羞恥心も保護法益であると主張してきた。その理由は，本罪の保護法益を単純に性的自由にすぎないと解すると，とっさに接吻する行為や人の陰部に手で触れる行為など，自由の侵害を伴はない性的行為も含まれてしまい無限定となるところから，正常な性的羞恥心を害するような行為に限定すべきであると考え，あえて性的羞恥心を害する行為を含ませる趣旨で性的感情に対する罪の観念を導入して自説を展開してきた次第である[1]。これに対して近年においては，「人が性的羞恥心を抱くような事項についての自己決定の自由が保護法益の内容である」とする見解が通説となってきた[2]。この見解は，性的羞恥心を性的自由概念の中核として捉えている点で妥当であり，また，性的自由と性的感情を別個のものとしてきた私見よりも優れているところから，今日の通説に倣って，本罪を「性的羞恥心を抱くような自己決定の自由に対する罪」つまり「性的自由に対する罪」と改めることにした。

2　刑法改正

1907（明治40）年の現行刑法の制定以来，性的自由に関する犯罪は，「猥褻，姦淫及び重婚の罪」として定められてきたが，1958（昭和33）年の刑法改正により，二人以上の者が現場において共同して犯した強姦罪等が非親告罪化され，また，2004（平成16）年の刑法改正により強姦罪および強姦致死傷罪の法定刑が引き上げられるとともに，集団強姦等罪を創設する改正が行われてきたが，基本的には刑法制定当時の構成要件等が維持されてきたのである。

しかし，性犯罪被害者の声や性犯罪被害者支援団体等の諸活動および男女共同参画基本計画等の動向を背景として，性犯罪に関する罰則は必ずしも現代の性犯罪の実態に即したものとなっていないとする観点から，性的自由に関する犯罪の見直しが求められてきた。その結果，2017（平成29）年に「わいせつ，強制性交等及び重婚の罪」として，個人の性的自由に関する罰則が大幅に改正されたのである。すなわち，①強姦罪を強制性交等罪と改めて構成要件を見直すとともに法定刑を引き上げ，②親の立場などに乗じて行う監護者性交等罪を新設し，さらに，③親告罪とされてきたものを非親告罪とした

1　大谷・新版第4版補訂版111頁。なお，西田・第6版89頁。
2　山口・105頁。なお，中森・65頁，西田・99頁，高橋・136頁。

120 第1編 個人法益に対する罪 第2章 自由および私生活の平穏に対する罪

のである。こうして，個人の性的自由を侵害する行為の厳正な処罰を目的と
した刑法改正が実現した次第である。

> **刑法典以外の性的行為に関する犯罪** 児童福祉法上の犯罪として，(1)「児童に淫行さ
> せる行為」(34条1項6号)，(2)児童買春処罰法上の犯罪として，児童（18歳未満の者）を
> 相手として児童買春する行為（4条)，(3)青少年保護育成条例上の犯罪として，地方公共
> 団体において制定されている青少年育成条例は，青少年に対する淫行またはわいせつな
> 行為を禁止し，違反行為を処罰することとしている。

2 強制わいせつ罪

> 13歳以上の者に対し，暴行又は脅迫を用いてわいせつな行為をした者は，6月以上
> 10年以下の懲役に処する。13歳未満の者に対し，わいせつな行為をした者も，同様と
> する（176条)。未遂は，罰する（180条)。

1 意 義

強制わいせつ罪は，人に性交以外のわいせつ行為を暴行・脅迫を手段とし
て行うときに成立する。相手方の反抗を抑圧することによって性的自己決定
を侵害する犯罪であり，客体の差異に基づき，本条には**二つの構成要件**が含ま
れている。すなわち，①強制わいせつ罪は，13歳以上の者に対し，暴行また
は脅迫を用いてわいせつな行為をしたときに成立する（前段。6月以上10年以下
の懲役)。②13歳未満の者については，性的な事柄に対する判断力が十分でな
いという前提のもとに，わいせつな行為をした以上，手段の如何，同意の有
無を問わず，本罪の成立を認める（後段。6月以上10年以下の懲役)。未遂も処罰
される（180条)。

なお，13歳未満の者に対して，13歳未満であることの認識を欠き，暴行ま
たは脅迫を用いてわいせつな行為をしたときは，刑法176条の前段および後
段の区別をすることなく，同条の罪が成立する[3]。

2 行 為

(1) **わいせつな行為** 本罪は，人に対して「わいせつな行為」をしたとき
に成立する。わいせつな行為とは，判例によると「徒に性欲を刺激又は興奮
させ，かつ，普通人の正常な性的羞恥心を害し，善良な性的道義観念に反す

---

[3] 最決昭44・7・25刑集23・8・1068。

第4節　性的自由に対する罪　*121*

る行為」とされている[4]，本書の旧説では，本罪における「わいせつな行為」の意義も基本的には判例と同趣旨と解すべきであるとしてきたが[5]，既述のごとく，本罪の保護法益を性的自己決定の自由と改めたことに関連して，判例の定義に一部従いながら，「わいせつな行為とは，普通人の性的羞恥心を害する行為をいう」と改めることにした[6]。近年では，「わいせつな行為」を定義するにあたり，強制わいせつ罪の場合は，「（自ら行うか否かについての）性的な自由の対象となる行為である」のに対し，公然わいせつ罪の場合は，「（他人が行うことを見るか否かについての）性的自由の対象となる行為」をいうとして，性的自由の点からわいせつの定義をする説が有力となっている[7]。しかし，こうした見解からは，わいせつの意義は明らかにならないと考える。問題は，性的自由を侵害する「わいせつな行為とは何か」にあり，私見は，その時代の社会における「普通人の正常な性的羞恥心を害する行為」であるということに帰着する。無理やりキスをする行為，乳房や陰部に触れる行為[8]などは，当分の間は，「**普通人の正常な性的羞恥心を害する行為**」として，「わいせつな行為」と認められるであろう。

性的羞恥心を侵害する行為　新潟地判昭和63年8月判時1299号152頁は，性的に未熟な7歳の女子でも女性としての自己を意識しており，胸等に触れられる行為には羞恥心・嫌悪感を抱いていたのであるから本罪の客体になるとした。しかし，被害者が性的感情としての「羞恥心・嫌悪感」を抱いたかどうかではなく，「普通人の正常な性的羞恥心を害する行為」すなわち一般人を基準として性的羞恥心を害される行為といえるか否かが問題の核心であろう。具体的には，乳房や陰部を触る行為[9]，裸にして写真を撮る行為[10]などがわいせつに当たる。

(2)　**暴行・脅迫**　わいせつな行為を強要する手段としての「暴行・脅迫」は，相手方の反抗を抑圧する必要はないが，反抗を著しく困難にすることが必要であるとするのが通説である[11]。問題となるのは，例えば，不意に相

4　名古屋高判金沢支判昭36・5・2下刑集3・5＝6・399，最大判昭32・3・13刑集11・3・997。
5　大谷・新版第4版補訂版113頁。
6　なお，前田・93頁。
7　山口・107頁。なお，曽根・66頁，中森・65頁，高橋・128頁。
8　東京高判昭32・1・22刑集10・1・10。
9　名古屋高金沢支判昭36・5・2下刑集3・5＝6・399。
10　東京高判昭29・5・29判時40・138。
11　なお，大塚・99頁。

手の陰部を触る行為のように，反抗を著しく困難にする程度の暴行ではないが，暴行自体がわいせつな行為となる場合の扱いである。この点にについて，ⓐ単に暴行罪（刑208条）の成立を認めれば足りるとする説[12]，ⓑ強制わいせつ罪の成立を認める説[13]，ⓒ178条1項の準強制わいせつ罪が成立するとする説[14]が対立しているが，手段たる暴行がわいせつ行為とは別に行われる必要はないから，隙を狙って陰部に性器を押し当てるといった行為は，反抗できない暴行を手段としてわいせつな行為を強要したといえるから，本罪の成立を認めるべきであり，ⓑ説が妥当である。

(3) **主観的要件**　　本罪は，暴行・脅迫を用いて（もしくは，13歳未満の者の同意によって）わいせつな行為を行えば完成する**挙動犯**である。本罪は故意犯であるから，構成要件に該当する事実の認識が必要である。本罪において認識が問題となるのは，被害者の年齢についての錯誤である。13歳未満の者を13歳以上であると誤信して，暴行・脅迫を用いずにわいせつな行為を行った場合には，**事実の錯誤**として故意を欠き，本罪は成立しない。これに対し，13歳以上の者を13歳未満であると誤信して暴行・脅迫を用いずにわいせつな行為を行ったときは，刑法176条後段の罪の故意は認められるが，構成要件に該当する事実は認められず，本罪は不能犯となる[15]。この場合の犯罪の成否について，「未遂犯（旧刑179条）が成立しうるに過ぎない」[16]とする見解があるが，一般人の立場から見て，客体が12歳と間違えられる可能性があれば，未遂犯（180条）が成立することになるであろう[17]。

　本罪の主観的要素として，故意のほかに行為者自身の「**性的意図**」ないし「**猥褻の傾向**」が必要であるとする見解があった。また，最高裁判例は，強制わいせつ罪が成立するためには，「犯人の性欲を刺激させ又は満足させるという性的意図が必要である」[18]とし，被告人がもっぱら被害者の女性に報復し，侮辱し虐待する目的で被害者である23歳の女性を裸にして写真撮影を

---

12 中・85頁。大判大7・8・20刑録24・1203，大判大13・10・22刑集3・749。
13 大塚・99頁，中森・66頁，西田・99頁，井田・199頁，山口・108頁，高橋・131頁。
14 松原・86頁。
15 高橋・131頁。
16 山口・108頁。
17 大谷・総論376頁。
18 最判昭45・1・29刑集24・1・1。

しても，強制わいせつ罪は成立しないとされたのである。

　学説においては，このような性的意図は，保護法益である性的自由の侵害の有無と無関係であるとして，この要件は不要とする見解が有力となっていた[19]。最高裁判所は，こうした学説の流れを踏まえて，平成29年11月29日の大法廷判決によって，被告人は，性的意図はなく金を得る目的で，7歳の女児に対し，被告人の陰茎を触らせ，口にくわえさせ，陰部を触るなどの行為について，「性的意図」を一律に本罪の成立要件とすることは相当でないと判示して，強制わいせつ罪の成立を肯定し，「昭和45年の判例の解釈は変更されるべきである」としたのである[20]。性的意図は，性的自由の侵害の有無とは無関係であるから，これを本罪の主観的要件とすることは妥当でなく，その意味で，最高裁の新判例は妥当であると考える。

3　罪数・他罪との関連

　13歳未満の者に対し暴行・脅迫を用いてわいせつな行為をしたときは，本罪一罪が成立する[21]。本罪を公然と行った場合について，本罪一罪が成立するにすぎないとする有力な見解があるが[22]，それが公然と行われた場合，本罪によって公然わいせつ罪を評価し尽くすことはできないから，本罪と公然わいせつ罪との観念的競合となる[23]。

3　強制性交等罪

　13歳以上の者に対し，暴行又は脅迫を用いて性交，肛門性交又は口腔性交（以下「性交等」という。）をした者は，強制性交等の罪とし，5年以上の有期懲役に処する。13歳未満の者に対し，性交等をした者も，同様とする（177条）。未遂は，罰する（180条）。

1　意　義

　本罪は，①13歳以上の者に対して，暴行・脅迫を用いて強制的に性交等の行為をすること，また，②13歳未満の者に対して単に性交等の行為をするこ

---

[19] 団藤・491頁，平野・180頁，中森・66頁，西田・100頁，前田・96頁，山口・108頁，高橋・132頁。
[20] 最大判平29・11・29刑集71・9・467。
[21] 最決昭44・7・25刑集23・8・1068。
[22] 小野・134頁，木村・231頁，福田・183頁。
[23] 大判明43・11・17刑録16・2010。団藤・490頁，前田・96頁。

とを内容とする犯罪である。その保護法益は，個人の性的行為または性的自己決定の自由である。客体が13歳以上の場合は，暴行または脅迫を手段とすることが必要である。これに対し，13歳未満の場合は，手段はどのような場合であっても良い。被害者が承諾していても本罪は成立する。13歳の者は，一般的・類型的に同意能力を欠くとされているのである。

本罪は，強制わいせつの**特別類型**であり，濃厚な身体的な接触を伴う肉体的交渉を強いられるという悪質性・重大性により，強制わいせつ罪の加重類型とされ，「5年以上の有期懲役に処する」ものとされたのである[24]。2017（平成29）年の刑法改正までは，男性が女性を相手方として暴行・脅迫を用いて強制的に性交する行為を強姦罪とし，「3年以上の有期懲役に処する」とされていた。しかし，性犯罪の実態に即して処罰の適正化を図り，主体および客体いずれも「**者**」すなわち男女とした。また，行為は「**姦淫**」すなわち男性性器を女性性器に挿入することとしていたが，これを「**性交等**」と改め，肛門に陰茎等を挿入するといった性交以外の**性交類似行為**も重く処罰することとしたのである。

なお，配偶者間での強制性交等罪の成立について，婚姻中の夫婦は，互いに性交渉に応ずる義務があるから，夫婦間で強制性交に及んでも，婚姻が破綻している場合は格別，原則として本罪は成立しないとする見解もあったが，夫婦間といえども，暴行・脅迫を手段とする性交渉に応ずべき法律上の義務があるとはいえないから，夫婦間の行為についても本罪は成立する[25]（➔133頁）。

2 行 為

本罪の行為は，①13歳以上の者に対し，暴行または脅迫を用いて，性交，肛門性交，口腔性交（以下では，それらを併せて，「性交等」という）をすること（刑177条前段），②13歳未満の者に対し，単に性交等をすることである（同条後段）。②では，相手方の同意があっても本罪は成立する。

(1) 暴行・脅迫　①の暴行・脅迫については，ⓐ相手方の反抗を抑圧する

---

[24] 松田＝今井「刑法の一部を改正する法律について」法曹時報69・11・228。

[25] 山中・163頁，西田・102頁，山口・109頁，井田，108頁。東京高判平19・9・26判タ1268・345。なお，婚姻関係が破たんしていた場合に限り本罪の成立を認めるものとして，広島高松江支判昭62・6・18高刑集40・1・71。

程度の最狭義の暴行・脅迫とする説[26]，ⓑその強弱の如何を問わないとする説[27]，ⓒ相手方の反抗を著しく困難にする程度（多数説）などが対立しているが，本罪の保護法益は性的自由であり，この観点からすると，相手方の反抗を著しく困難にする程度の暴行・脅迫を加えた以上，その自由の侵害が認められるから，ⓒ説が妥当である[28]。

(2) **性交等**　本罪は，「性交，肛門性交又は口腔性交」を行うことによって成立する。「**性交**」とは，男性性器（陰茎）を女性性器（膣）に挿入することをいう。このような陰茎の膣内への挿入を伴う性交渉は，人間性の基本的な行為として大切なものであり，これを暴行・脅迫をもって強制する行為の悪質性・重大性が加重処罰の根拠である。その点では，行為者または第三者の膣内，肛門内，口腔内に陰茎を挿入する行為を強要する場合についてもいえる。そこで，性交だけでなく，「肛門性交又は口腔性交」をも行為態様に含むこととしたのである。かくして**性交等**とは，被害者の膣内，肛門内，口腔内に自己もしくは第三者の陰茎を入れ，または自己もしくは第三者の膣内，肛門内もしくは口腔内に被害者の陰茎を入れる行為をいうのである[29]。

強制性交等罪の実行行為は，暴行・脅迫を用いて膣，肛門，口腔に陰茎の一部を挿入することである[30]。**陰茎以外の異物を挿入する行為**は，わいせつな行為となる。実行の着手時期は，強制性交等の行為に至る実質的・客観的危険性が認められる時点で認められる。最決昭和45年7月25日刑集24巻7号585頁は，通行中の女性をダンプカーの運転席に引きずり込み，5キロメートル離れた場所で強制性交したという事案につき，引きずり込みの時点で強制性交に至る客観的危険性が認められるとして，実行の着手を肯定し，引きずり込みの際の暴行によって生じた傷害につき，強制性交等致死傷罪（181条）の成立を認めた[31]。既遂時期は，膣等内への「挿入」または「没入」で足り，射精を要しないとするのが判例である[32]。

26　瀧川・324頁。
27　植松・190頁。
28　最判昭24・5・10刑集3・5・10・711。
29　松田＝今井・前掲論文222頁。
30　大判大2・11・19刑録・19・1255。
31　最判昭28・3・13刑集7・3529参照。
32　大判大2・11・19刑録19・1255。

3 故 意

13歳未満の者を相手方として性交等をしたときは，強制わいせつ罪の場合と同じように，暴行・脅迫を用いなくても本罪は成立する。13歳未満の者に対し，暴行・脅迫を用いて性交等をしたときも，強制性交罪が成立する[32]。なお，行為および年齢等の錯誤の取り扱いは，強制わいせつ罪の場合と同様である（➡122頁）。

4 罪 数

同じ相手方に対し，同一の機会に接着してなされた一連の性交等の行為は包括一罪となり[33]，強制わいせつの行為と強制性交等の行為とが，時間的・場所的に接着して行われれば包括一罪，間隔が開いているときは併合罪となる[34]。

4 準強制わいせつ罪・準強制性交等罪

> 人の心神喪失若しくは抗拒不能に乗じ，又は心神を喪失させ，若しくは抗拒不能にさせて，わいせつな行為をした者は，第176条の例による（178条1項）。未遂は，罰する（180条）。人の心神喪失若しくは抗拒不能に乗じ，又は心神を喪失させ，若しくは抗拒不能にさせて，性交等をした者は，前条の例による（178条2項）。未遂は，罰する（180条）。

1 意 義

準強制わいせつ罪は，人の心神喪失もしくは抗拒不能に乗じて，または心神を喪失させもしくは抗拒不能にさせてわいせつな行為をした場合に成立する（178条1項）。未遂は罰せられる（180条）。一方，**準強制性交等罪**は，人の心神喪失もしくは抗拒不能に乗じて，または心神を喪失させ，もしくは抗拒不能にさせて，性交等をした場合に成立する（178条2項）。未遂は罰せられる（180条）。これに対し，わいせつ行為または強制性交等を目的として，暴行・脅迫を用いて被害者を抵抗困難な状態にさせ，その状態を利用してわいせつ行為または性交等の行為をした場合は，本罪ではなく強制わいせつ罪（176条）・強制性交等罪（177条）が成立する[35]。

---

32 大判大2・11・19刑録19・1255。
33 東京地判平元10・31判時1363・158。
34 名古屋高判昭30・4・21高刑裁特2・9360。

第 4 節　性的自由に対する罪　*127*

　本罪は，性的自由を保護する見地から，暴行・脅迫を用いる場合ばかりでなく，人の心理的に抵抗困難な状態を利用してわいせつ・強制性交等を行う場合も性的自由を侵害するものとして，同じように処罰するものであり，その意味で本罪は，強制わいせつ罪または強制性交等罪の補充類型であり，また拡張類型でもある。

2　抵抗困難な状態

(1)　**心神喪失**　「心神喪失」という用語が使われているが，刑法 39 条 1 項の「心神喪失」とは異なる。ここでいう心神喪失とは，精神の障害または意識の障害により，自己の性的行為について正常な判断ができない状態にあることをいう。具体的には，失神，睡眠，泥酔，高度の精神障害などのために，自己に対してわいせつな行為または強制性交等が行われることについての認識を欠いている状態をいう[36]。なお，13 歳未満の者の心神喪失に乗じてわいせつの行為をしたときは，強制わいせつ罪となる（176 条後段）。

(2)　**抗拒不能**　「抗拒不能」とは，自己の性的自由が侵害されることについての認識はあるが，わいせつな行為または強制性交等に対しては抵抗するのが著しく困難な状態をいう。抗拒不能には，物理的抗拒不能と心理的抗拒不能とがある。物理的抗拒不能とは，例えば，手足を縄で縛られている場合のように，物理的に抵抗できない場合をいう。心理的抗拒不能とは，例えば，被害者が寝ぼけていて行為者を夫と間違えているのを利用して性交した場合のように，心理的に抵抗できない場合をいう[37]。

　心理的抗拒不能は，二つに分けて考えることができる。一つは，そもそもわいせつ・強制性交等の行為が行われることの認識がなく，抵抗できない場合である。例えば，陰部に薬を挿入すると偽り，目を閉じさせて性交した場合がこれに当たる[38]。性的自由の侵害について認識がないところからやや疑問があるが，抗拒不能にさせられて性的自由が侵害されたと考えてよいであ

35　最判昭 24・7・9 刑集 3・8・1174。
36　東京高判昭 51・12・13 東時 27・12・165（25 歳であるが 4，5 歳程度の知能の精神薄弱の女性を強制性交した事例）。
37　広島高判昭 33・12・24 高刑集 11・10・701。
38　大判大 15・6・25 刑集 5・285，東京高判昭 51・8・16 東時 27・8・108，名古屋地判昭 55・7・28 判時 1007・140。

ろう。もう一つは，わいせつ・強制性交等自体は認識しているが，それを拒否できない心理状態の場合である。前者については，患者である少女が医師を信頼しているのに乗じ，医師が適正な治療をするかのように誤信させて性交した事例を「抗拒不能にさせて」性交したとして，準強制性交等罪を認めた判例[39]，また，被害者が眠気などの事情のために行為者を夫と誤信しているのに「乗じて」性交をした事例につき準強制性交等罪を認めた判例[40]がある。後者については，にせ婦人科医師が治療行為を装い，治療のためには性交が必要であるとして，治療のためなら止むを得ないと誤信した被害者の承諾をえて性交した事案につき準強制性交等罪の成立を認めた判例[41]などがある。

　問題となるのは，後者のように，被害者が性交等であることを認識していながらそれに承諾している場合である。いわゆる「錯誤による同意」の有効性の問題であり，性的行為について認識がある場合は錯誤がなく，それに基づく同意は有効であるから，準強制わいせつ罪または準強制性交等罪は成立しないという有力な見解がある[42]。この見解によると，被害者に性的行為についての認識がある以上，本罪は成立しないことになる。しかし，性的行為の認識はあっても，「指示に従わなければ地獄に落ちる」といわれて怖くなり，性交に応じたような場合[43]，性的自由が侵害されていることは明らかであり[44]，**「自由な意思の下に行動する精神的余裕があったか否か」**を基準として，抗拒不能を判断すべきであろう[45]。

3　行　為

　人の心神喪失もしくは抗拒不能に乗じ，または心神を喪失させ，もしくは抗拒不能にしてわいせつな行為をした場合が準強制わいせつ罪（178条1項），強制性交等をした場合が準強制性交等罪（同条2項）である。

　「心神喪失若しくは抗拒不能に乗じ」とは，精神障害または意識障害のため

39　大判大 15・6・25 刑集 5・285。
40　広島高判昭 33・12・24 高刑集 11・10・701。同旨，仙台高判昭 32・4・18 高刑集 10・6・491。
41　名古屋地判昭 55・7・28 判時 1007・140。東京地判昭 62・4・16 判時 1304・147。
42　西田・105 頁，山中・170 頁。
43　京都地判平 18・2・21 判タ 1229・344。
44　中森・68 頁。
45　東京地判昭 58・3・1 判時 1006・145。なお，大谷・総論 254 頁。

に性的行為につき正常な認識・判断ができない状態，または心神喪失以外の事由で違法な性的行為に抵抗できない状態にあることを「利用して行う」という趣旨である。

「心神を喪失させ」，「抗拒不能にさせ」るとは，暴行・脅迫以外の手段を用いて心神喪失・抗拒不能の状態を作り出すことをいう。催眠術の施用や多量に飲酒させて泥酔状態に陥れる場合が「**心神を喪失させ**」る例である。自分を信頼しているのに乗じて，医師が治療のためであると信じさせて抵抗できない心理状態にさせるのが「**抗拒不能にさせ**」る例である[46]。強制わいせつ・強制性交と同じ法定刑で処罰されるのであるから，実質上暴行・脅迫を用いたと同程度に相手方の自由意思を侵害してわいせつ・性交等をすることを要すると解する。それゆえ，単に治療のためと偽っただけでは犯罪は成立しないが[47]，性交を抗拒することにより被ると予想される危難を避けるため，その行為を受け容れるほかはないとの心理状態に追い込んだときは，本罪に当たる[48]。暴行・脅迫のために畏怖・困惑し，抵抗できない心理状態に至ったときは，強制わいせつ罪または強制性交等罪が適用される。

否定した判例　東京地判昭和58年3月1日刑月15巻3号255頁は，被告人が霊感治療のためと称して女子を相手に性交しても，正常な判断能力を有する成人女性が相手方と性行為を持つことを認識しながらこれに応じ，暴行・脅迫と同程度に相手方の自由意思を無視したと認めざるを得ないような特段の事情が認められないときは，準強制性交等罪は成立しないと判示した。なお，岡山地判昭和43年5月6日下刑集10巻5号561頁参照。

　本罪の**故意**としては，被害者が上記の状態にあることを認識することが必要である。強制性交の故意で性交したが客観的には準強制性交となる場合[49]，例えば，睡眠薬を多量に飲んで寝ている女子を縛り上げて性交等をした場合は，強制性交等罪と準強制性交等罪は性的自由の侵害の点で構成要件上重なり合うから，準強制性交等罪が成立する。

46　前掲大判大15・6・25。
47　東京地判昭58・3・1刑月15・3・255。前田・125頁。なお，名古屋地判昭55・7・28刑月12・7・709〔にせ医師が治療行為と称して姦淫した例〕。
48　前掲東京地判昭62・4・15。
49　津地判平4・12・14判タ822・281。

5 監護者わいせつおよび監護者性交等罪

18歳未満の者に対し，その者を現に監護する者であることによる影響力があることに乗じてわいせつな行為をした者は，第176条の例による（179条1項）。18歳未満の者に対し，その者を現に監護する者であることによる影響力があることに乗じて性交等をした者は，第177条の例による（同条2項）。未遂は，罰する（180条）。

1 意 義

強制わいせつ，強制性交等罪は，個人の性的自由または性的自己決定権を保護するための罪であるが，特定の地位や人的関係を利用して，従属的立場にある者と性的行為を行う場合にも，暴行・脅迫を用いて行い，または，心神喪失や抗拒不能の状態を利用して行った場合と同じように，性的自由を侵害していることは明らかである。そこで，従来は処罰されなかった行為ではあるが，性犯罪処罰の適正化の見地から，18歳未満の者が生活全般にわたり精神的・経済的に依存し，監護者がそのような**依存関係から生ずる影響力**に乗じて18歳未満の者に対してわいせつな行為や性交等の行為をすることを犯罪化し，監護者わいせつ罪および監護者性交等罪の構成要件を創設して処罰範囲を拡張し，176条および177条と同じように処罰することとしたのである[50]。

2 主 体

本罪の行為の主体は，18歳未満の者を「**現に監護する者**」すなわち監護者である。監護者でなければ本罪を構成しないから，本罪は構成的身分犯である。ここで「監護する」とは，民法820条の親権の規定と同様に，監督し，保護することを意味する。しかし，本罪の趣旨は，監護者との依存関係があると，暴行・脅迫が無くても性交等の行為に抵抗できない場合を処罰することにあるから，法律上の監護権に基づかなくても，事実上，現に18歳未満の者を監督し保護している者であれば，「現に監護する者」に該当する。典型的には同居している父母，養父母などが考えられるが，「**監護**」**に当たるか否かの判断**は，①同居の有無等の居住場所，②指導状況や身の回りの世話，③生活費の支出など，諸般の事情を考慮して，わいせつ等の行為について，被害者の一般的

---

[50] 松田哲也＝今井将人「刑法の一部を改正する法律について」法曹時報69巻11号（2017）247頁。

第 4 節　性的自由に対する罪　　*131*

に有効な承諾がないとみられるような強い支配・従属関係の存否を基準にな
されるべきである。ちなみに，教師と生徒，医師と患者，スポーツのコーチ
と選手の間にも支配・従属関係が認められるが，これ等の場合には，有効な
承諾はあり得るであろう。

3　客　体

　本罪の行為の客体は，**18 歳未満の者**である。18 歳未満とされたのは，18 歳
未満の者は未熟で判断力に乏しく自由な意思決定ができないこと，18 歳に達
すれば精神的に相当程度成熟すると考えられること，児童福祉法 4 条が 18
歳未満の者を保護の対象としていることなどの理由による。

4　行　為

　本罪の行為は，現に監護する者であることによる影響力に「乗じて」わい
せつ等の行為をすることである。「**影響力**」とは，人の意思決定に何らかの作
用を及ぼしうる力のことである。「**乗じて**」とは，わいせつ等の行為に抵抗で
きない心理状態にあることを「**利用して**」という意味である。しかし，積極的
に利用する意思がなくても，客観的に支配・従属関係にあり，わいせつ等の
行為に抵抗することが困難な状況が認められる限り，それを認識してわいせ
つ等の行為に及んだ以上，本罪を構成すると解すべきである。したがって，
わいせつ等の行為について，被害者が同意していたかどうかは関係がない。
同意がないのにあったと誤信した場合も犯罪は成立する。

　本罪は故意犯であるから，その成立のためには，行為者はみずからが現に
監護する者であることの認識を必要とする。具体的には，同居させている，
身の回りの世話をしている，生活させているといった「現に監護する者」で
あることを**基礎づける事実**の認識が必要である。この認識があってわいせつ
等の行為に及べば，監護者であることによる影響力に乗じて行為したと判断
してよいであろう。

5　罪数・他罪との関連

　179 条 1 項は，18 歳未満の者に対してわいせつの行為をした場合に，監護
者わいせつ罪として 176 条の強制わいせつ罪と同じ法定刑で処罰するもので
ある。同 2 項は，18 歳未満の者に対して性交等の行為をした場合に監護者性
交等罪として，177 条の強制性交等罪と同じ法定刑で処罰することを定める

ものである。監護者が同一被害者に対して数回にわたってわいせつな行為または性交等をした場合は，各犯行の時間的・場所的接着性等を踏まえて，1個の行為と評価できる場合は包括一罪，そうでない場合は併合罪となる。

監護者が暴行・脅迫を用いて強制性交等の行為をした場合は，強制性交等罪が成立し，監護者性交等罪は成立しない。また，監護者わいせつまたは性交等の行為が，同時に児童福祉法の淫行させる行為に当たる場合は，観念的競合となる。

6 強制わいせつ・強制性交等罪の未遂

第176条から前条までの罪の未遂は，罰する（180条）。

1 予備と未遂

強制わいせつ，強制性交等，準強制わいせつ・準強制性交等の罪については，強盗罪における（237条）と異なり，**予備は処罰されない**。おそらくこの種の犯罪の衝動性に着目したものであろう。各犯罪の**実行の着手時点**は，原則として共通している。手段としての暴行・脅迫あるいは心神喪失・抗拒不能状態を作り出す行為を必要とする場合は，それぞれの犯罪を実現する意思でこれらの手段たる行為を開始すれば結果発生の切迫した危険が発生したといえるから，その時点に**実行の着手**がある。手段たる行為を要しないときは，わいせつ・性交等の行為の開始時点に実行の着手がある。行為者側に性交能力の欠如（インポテンツ等）があっても，また，被害者側に幼女，鎖陰等のために陰茎の挿入が不能であっても，性交等に当たる定型的行為がある以上は不能犯ではない。

2 問題点

以上の一般論を前提として，未遂罪の適用上問題となるのは次の2点である。第1に，**強制わいせつ未遂罪と強制性交等未遂罪との区別**が問題となるが，両罪は，行為態様がきわめて類似しているところから，**行為者の意図がいずれにあったか**によって区別すべきである[51]。第2に，暴行・脅迫が直接に性交等の行為と結びついていないとき，例えば，自動車内で強制性交する目的をもって車内に女子を無理に引きずり込む行為は，強制性交等罪にいう暴行といえ

[51] 大判大3・7・21刑録20・1541。

るかが問題となるが，ここにいう暴行は，性交行為と不可分のものを指すから，単に性交行為の準備のためにする暴行は含まない。ただし，当該暴行が，強制性交・わいせつ**行為に至る切迫した危険性**を有するときは，その暴行が性交等・わいせつ行為の直接の手段といえない場合でも，実行の着手があったものと解すべきである[52]。

実行の着手に関する判例　最決昭和45年7月28日刑集24巻7号585頁は，「被告人が同女をダンプカーの運転席に引きずり込もうとした段階においてすでに強制性交に至る客観的な危険性が明らかに認められるから，その時点において強姦行為（旧）の着手があったと解するのが相当」と判示している。なお，大阪地判平成15年4月11日判タ1126号284頁参照。

７　違法性阻却事由

　夫が妻に暴行・脅迫を加えてわいせつ・強制性交等の行為をした場合は，違法性阻却が問題となる。既述のように，刑法の規定上強制性交等罪の客体は「者」とされ，また強制わいせつ罪の客体は「者」とされているにすぎず，特に客体について限定が加えられていないから，いずれにおいても妻が客体となりうることは明らかである[53]。したがって，妻に対して強制性交・強制わいせつの行為に及べば各罪の構成要件に該当するから，犯罪の成立上問題になるとすれば，客体が妻であるということが**違法性阻却事由**となりうるかどうかである。

　この点につき，婚姻制度は，継続的な性的交渉を前提としており，婚姻中は夫婦が互いに性交渉を求め応ずべき法律上の義務があるから，妻に対し強制性交等の行為に及んでも，婚姻が破綻している場合は格別，強制性交等罪は成立しないとする見解があり，この立場を採る判例もある[54]。しかし，夫婦間といえども相互に性的自己決定の自由を認めるべきであるから，暴行・脅迫を手段とする性交渉に応ずべき法律上の義務があるとするのは疑問であり，近年では，別居中とか破綻状態にあるといった限定を付さない見解が有

[52] 山口・107頁。
[53] 札幌高判昭30・9・15高刑集8・6・901。
[54] 広島高松江支判昭62・6・18高刑集40・1・71。**川本・判例講義Ⅱ17頁**参照。なお，別居中の妻に対する強姦罪の成立を認めたものとして，東京高判平19・9・26判タ1268・345。

134 第1編 個人法益に対する罪 第2章 自由および私生活の平穏に対する罪

力となっている。問題は，夫婦間の性交渉として**社会的相当性の範囲内**にあるかどうかに帰着するように思われる。なお，被害者がその性的行動に同意しているときは，178条に該当しない限り，その原因・動機に瑕疵があっても本罪を構成しない[55]。

8 強制わいせつ等致死傷罪

> 第176条，第178条第1項若しくは第179条第1項の罪又はこれらの罪の未遂罪を犯し，よって人を死傷させた者は，無期又は3年以上の懲役に処する（181条1項）。第177条，第178条第2項若しくは第179条第2項の罪又はこれらの罪の未遂罪を犯し，よって人を死傷させた者は，無期又は6年以上の懲役に処する（181条2項）。

1 死傷の結果

本罪は，強制性交等罪などの結果的加重犯である。基本犯が，①強制わいせつ罪・監護者わいせつ罪・準強制わいせつ罪およびこれらの未遂罪の場合，②強制性交等罪・監護者性交等罪・準強制性交等およびこれらの未遂罪の場合，これら二つの場合を区別して，有期刑の下限に差が設けられたのである。死傷の結果は，性交等の行為から生じた場合だけでなく，その手段としての暴行・脅迫をも含む[56]。

(1) **強制性交等の機会**　問題となるのは，わいせつ・強制性交等の行為の**機会**に行われた暴行・脅迫によって死傷の結果を生じた場合にも，本罪を適用すべきかである。例えば，強制性交等未遂の後，逃走するために傷害を負わせたときはどうか[57]。学説は，ⓐ本罪の基本行為については，わいせつ・性交等の行為自体，または，その手段たる暴行・脅迫に限るべきであるとする説[58]，ⓑわいせつ・性交等の行為に**密接に関連する行為**も基本行為に含まれるとする説[59]に分かれる。本罪を設けて重い法定刑で処罰する趣旨は，強制わいせつ・強制性交等の行為に付随して死傷の結果が生ずる可能性が高いため，

---

55 平川・200頁，西田・102頁，山中・168頁，山口109頁，井田・108頁，高橋・135頁。
56 最決昭43・9・17刑集22・9・862。
57 大判明44・4・28刑録17・1330〔肯定〕。
58 曽根・70頁，西田・108頁，井田・116頁。
59 植松・215頁，団藤・495頁，大塚・105頁，中森・70頁，前田・105頁，佐久間・125頁。前掲最決昭43・9・17，東京高判平12・2・21判時1740・107〔逮捕を免れる目的で被害者に暴行を加え負傷させた場合〕。

第4節　性的自由に対する罪　　*135*

特に生命・身体の保護を図ろうとすることにあるから，基本となる行為をわいせつ，性交行為等ないし暴行・脅迫の実行行為に限定する@説が妥当である。なお，本罪の基本となる犯罪には，強制わいせつ・強制性交等の罪ばかりでなく，その**未遂罪**も含まれる[60]。

判例の態度　判例は，強制わいせつ・強制性交等致死傷罪に関して，死傷の結果の発生がわいせつ・強制性交等の行為自体による場合だけでなく，強制性交等の手段である暴行・脅迫による場合も成立するとしてきたが[61]，暴行・脅迫については，死傷の結果が「強制わいせつ・強制性交等の機会」に「通常随伴する行為」から生じたものであれば足りるとして，強制性交等未遂後，逃走のため傷害を負わせた事案に強制性交等致死傷罪を適用した[62]。この考え方は最高裁でも受け継がれ，例えば，最決平成20年1月22日刑集62巻1号1頁は，熟睡中の被害者にわいせつな行為をした者が，覚せいした被害者から衣服を捕まれ，わいせつな行為の意思を喪失した後に，その場から逃走するため，被害者に暴行を加えて傷害を負わせた場合，その暴行は，準強制わいせつ罪に随伴するものといえるとして，強制わいせつ致傷罪の成立を認めている。また，下級審では，被告人の行なった強制わいせつ行為と時間的・場所的に接着し，強制わいせつ行為に随伴する一連，一体の行為と認められる暴行によって負わせた傷害に強制わいせつ致傷罪を認めた判例もある[63]。しかし，強制わいせつ・強制性交等致死傷罪は，強盗致死傷罪と異なり，「よって」という結果的加重犯を明示する文言があるのだから，強制性交等の基本行為に内在する危険の範囲で結果的加重犯を認めるべきである[64]。なお，千葉地判平成23年7月21日（裁判所HP）は，女性を強制性交した後に発覚を防ぐため頸部を圧迫して窒息死させた事案について，被告人に強制性交の意思が継続していたとはいえず，強制性交行為に随伴するものとはいえないといった理由で，強制性交等致死罪を認めず，殺人罪と強制性交等罪の併合罪とした。

(2)　**死傷と因果関係**　わいせつ・性交等の行為またはその手段となる暴行・脅迫行為と死傷の結果との間には，因果関係が存在することを要する。判例は，性器の没入によって処女膜を裂傷させた場合[65]や病気を感染させること，キスマークを付けることも[66]傷害に当たるとする。ただし，法定刑の重さからみて，キスマークなどの**軽度の傷害は本罪に含まれない**と解すべきであ

60　最判昭23・11・16刑集2・12・1535，最判昭24・7・9刑集3・8・1174〔中止未遂でもよい〕。
61　前掲最決昭43・9・17。
62　大判明44・6・29刑録17・1330。山本・百選Ⅱ（第7版）32頁，**川本・判例講義Ⅱ19頁**。
63　東京高判平12・2・21判時1740・107。
64　大谷・総論198頁。
65　最大判昭25・3・15刑集4・3・355。
66　東京高判昭46・2・2高刑集24・1・75。

136 第1編 個人法益に対する罪 第2章 自由および私生活の平穏に対する罪

ろう[67]。強制性交等の目的で暴行を加えたところ被害者が救いを求めて2階から飛び降り負傷した場合[68]は，因果関係が認められる。強制性交しようとして下半身を裸にしたところ，寒さと異常体質のために被害者がショック状態に陥ったので，被害者は死んだと誤信し，そのまま放置して凍死させた事案について強制性交等致死罪を認めた判例がある[69]。屍姦が本罪を構成するものでないことは勿論であるが，強制性交等の目的で暴行を加え死亡させた直後に姦淫すれば，包括して強制性交等致死罪を構成する[70]。強制性交等の被害者が羞恥心により，または精神の異常をきたして自殺した場合は，特別の事情がない限り因果関係の存在は認めるべきでない（通説）[71]。

2 死傷の結果の認識

本罪は結果的加重犯であるから，いやしくも死傷の結果について認識がある以上は本罪に該当せず，強制性交等罪と傷害罪との観念的競合または強制性交等罪と殺人罪との観念的競合を認めるべきであるとする見解が有力である[72]。しかし，この見解には疑問がある。問題を致傷と致死に分けて考えてみよう。

(1) **致傷の場合** 致傷の結果についてみると，強制わいせつ・強制性交等の実行行為は，傷害の結果を伴う場合が多く，また，通常，暴行または傷害についての未必的認識をもって行われるのであるから，行為者が致傷の結果を予見する場合にも本罪を適用しなければ不合理な結果となる。また，これを認めないとすれば，単に強制性交等罪と傷害罪との観念的競合となって刑は強制性交等罪の法定刑にとどまり，強制性交等致傷罪より軽くなって刑の均衡を失することとなる[73]。それゆえ，強制性交等致傷罪については故意のある結果的加重犯を認めるべきであり，傷害の結果について故意があるときは強制性交等致傷罪のみが成立し，別に傷害罪は構成しないと解すべきであ

---

[67] 反対，最大判昭25・3・15刑集4・3・355，前田・129頁。なお，大阪地判昭42・12・16判タ221・234。

[68] 最決昭35・2・11裁判集刑132・201。

[69] 最決昭36・1・25刑集15・1・266。

[70] 最判昭36・8・17刑集15・7・1244。

[71] 最判昭38・4・18刑集17・3・248。

[72] 団藤・495頁，平野・181頁，福田・185頁，藤木・174頁。最判昭31・10・25刑集10・10・1455。

[73] 団藤・495頁。

第4節　性的自由に対する罪　　*137*

る[74]。

(2)　**致死の場合**　　致死の結果についてみると，通説・判例は，致死の結果に関し認識がある場合については殺人罪と強姦致死罪の観念的競合を認める[75]。しかし，強姦致死罪と殺人罪との両罪を認めて観念的競合とすると，死の結果について二重に評価することになるから妥当ではない。また，強制性交等致死罪の成立を認めなくても，傷害の結果について認識ある場合のような刑の不均衡を生ずることがない以上，端的に**殺人罪と強制性交等罪の観念的競合**を認めるべきである[76]。

3　罪　数

強制性交等の行為終了後，その現場付近において，被害者に内密にするよう迫り暴行を加えて負傷させたときは，強制性交等罪と傷害罪の併合罪となる[77]。発覚を恐れて，強制性交終了後に被害者を殺害したときは，強制性交等罪と殺人罪の併合罪となる[78]。強制性交等によって被害者に傷害を与え，さらに死に至らせたときは，傷害の事実は致死の結果に吸収され，強制性交等致死罪のみが成立する[79]。

9　淫行勧誘罪

営利の目的で，淫行の常習のない女子を勧誘して姦淫させた者は，3 年以下の懲役又は 30 万円以下の罰金に処する（182 条）。

1　保護法益

本罪は，売春婦のように不特定人を相手にみだらな性行為をする習癖のない者を勧誘して性交させる行為を内容とする犯罪である。その**保護法益**については，風俗犯の一種と解する立場[80]があるが，女性は被害者として処罰されないのであるから，性的自由ないし貞操が保護法益であると解すべきであ

74　大塚・106 頁，中森・61 頁，山中・155 頁，西田・108 頁，山口・113 頁。

75　大判大 4・12・11 刑録 21・2088，最判昭 31・10・25 刑集 10・10・1455。

76　大塚・106 頁，中森・70 頁，西田・108 頁。前田・106 頁，井田・117 頁，佐久間・125 頁，前田・147 頁。札幌地判昭 47・7・19 判時 691・104。

77　大判大 15・5・14 刑集 5・175。

78　大判昭 7・2・22 刑集 11・107。

79　最判昭 23・11・16 刑集 2・12・1535。

80　大塚・514 頁，西原・186 頁，西田・424 頁，高橋・591 頁。

138 第1編　個人法益に対する罪　　第2章　自由および私生活の平穏に対する罪

る[81]。なお，売春防止法の制定により，実際上本罪が適用される例はほとんどなく，本条の実質的意味は乏しくなった。

> **売春防止法の規定**　　同法は，「売春が人としての尊厳を害し，性道徳に反し，社会の善良の風俗をみだす」(1条) という基本的認識を前提として，欺き・困惑・親族関係による影響力の利用または脅迫・暴行などの方法で売春させる罪 (7条)，売春させることを内容とする契約をする罪 (10条) などを犯罪としている。なお，児童福祉法では児童に淫行させる行為などを処罰し (34条1項6号)，さらに，近年，青少年保護 (育成) 条例が制定され，青少年の貞操の保護が図られている。

2　構成要件

　本罪の**客体**は，淫行の常習のない女子である。「淫行の常習のない女子」とは，貞操観念に乏しく，不特定人を相手に性交する習癖のない女性をいう。年齢には関係がない[82]。本罪の**行為**は，女子を勧誘して姦淫させることである。「勧誘」とは，女子に**姦淫の決意を生じさせる行為**をいう。欺く行為を手段とする場合も含む。みずからが姦淫の相手方になる場合であると第三者と性交させる場合であるとを問わない。ただし，売春の斡旋は本罪には当たらない。本罪は**目的犯**である。「営利の目的」とは，みずからが財産上の利益を得る目的または第三者に得させる目的をいう。この目的をもって「淫行の常習のない女子」を**勧誘**することが実行行為であり，当該女子が相手方と姦淫行為を開始することによって**既遂**に達する。暴行・脅迫を手段として本罪を犯したときは，暴行罪・脅迫罪と本罪との観念的競合である。

第5節　住居を侵す罪

1　総　　説

1　個人法益説

　住居を侵す罪は，住居または人の看守する邸宅・建造物・艦船の管理支配権を侵害する犯罪であり，行為の態様に従って，①住居侵入罪 (130条前段) と

---

[81] 団藤・489頁，平野龍一「刑法各論の諸問題」法セ205号72頁，中森・71頁。
[82] 大判大8・4・24刑録25・596。

②不退去罪（同条後段）とに分かれる。本罪の性格および保護法益が何であるかについては，立法上一致していない。古い立法例では本罪を社会法益に対する罪の一種とするものが多く，わが旧刑法も本罪を社会法益に対する罪の章に規定していた。また，現行刑法の立法者も，その刑法典における位置からみて，本罪を社会法益に対する罪として理解していたと解される。これらの立法は，住居の侵害は家族全体または近隣の私生活の平穏を害するという観点に立脚するものであるが，今日においては，住居を侵す罪を個人法益に対する罪の一種として理解する**個人法益説**が通説となっている。

2　保護法益

　個人法益のうち，住居侵入罪はいかなる法益を保護するかについて，ⓐ家父長の住居権であるとする旧住居権説[1]，ⓑ事実上の住居の平穏であるとする平穏説[2]，ⓒ住居に誰を立入らせ誰の滞留を許すかを決める自由であるとする住居権説[3]（許諾権説）とが対立している。住居を侵す罪は，人が現に住居などを平穏に管理支配している事実状態を権利として保護する犯罪であると解すべきであり，住居等の一定の場所を管理支配する権利すなわち住居権または管理支配権が本罪の保護法益であり，ⓒ説が妥当である。

住居侵入罪の保護法益　　住居を侵す罪の保護法益は「住居内における共同生活者の全員」の平穏自体であるとする平穏説は，(1)判例[4]が，かつて家長としての地位にある者だけが立ち入り許諾権（住居権）をもつとした点を不当とすること，(2)住居権概念があいまいであること，(3)住居権の主体は誰かの問題が生じること，これら３点を理由に住居権説を批判する[5]。この見地に立てば，住居権の侵害よりも，目的の違法などその行為が「住居の平穏を害する態様のものであるかどうかによって決定されるべきもので，住居者の承諾の有無はその判断資料にすぎない[6]」ということとなり，侵入の仕方という行為の態様に重点が置かれる。しかし，①平穏説がいう「平穏」の意義が不明確であること，②

1　大判大7・12・6刑録24・1506。
2　団藤・501頁，植松・320頁，福田・203頁，大塚・111頁，香川・452頁，藤木・232頁，岡野・73頁，前田・109頁，佐久間・129頁。最判昭49・5・31裁判集刑192・571〔保護すべき法律上の利益は住居などの事実上の平穏である〕。
3　平野・183頁，中山・140頁，内田・171頁，川端・163頁，中森・77頁，西田・110頁，山中・160頁，山口・115頁，林・98頁，伊東・128頁。
4　大判大7・12・6刑録24・1506。
5　団藤・501頁。
6　福田・注釈(3)244頁。

平穏を保護法益とすると，住居についてはプライバシーそのものを平穏として捉え，官公庁等の建造物については円滑な事務の遂行を平穏として捉えることになるが，それは本罪と業務妨害罪との保護法益を混同していること[7]，③不退去罪においては，行為態様の平穏ということは問題となりえないこと[8]を考えると，この説は妥当でない。最判昭和58年4月8日刑集37巻3号215頁は，「刑法130条前段にいう『侵入し』とは，他人の看守する建造物等に管理者の意思に反して立入ることをいうと解すべきであるから，管理権者が予め立入り拒否の意思を積極的に明示していない場合であっても，建造物の性質，使用目的，管理状況，管理権者の態度，立入りの目的などからみて，現に行われた立入り行為を管理権者が容認していないと合理的に判断されるときは，他に罪の成立を阻却すべき事情が認められない以上，同条の罪の成立を免れないというべきである」と判示した。住居権説に立つ重要な判例と解される[9]。

2 住居侵入罪

正当な理由がないのに，人の住居若しくは人の看守する邸宅，建造物若しくは艦船に侵入した者は，3年以下の懲役又は10万円以下の罰金に処する（130条前段）。未遂は，罰する（132条）。

1 客 体

本罪の客体は，人の住居または人の看守する邸宅，建造物または艦船である。

(1) **住 居** 「住居」については，ⓐ人の起臥寝食のために占居する場所とする説，ⓑ日常生活に使用するために人が占居する場所であるとする説[10]，ⓒ人が占居する場所とする説[11]が主張されている。住居については，「人の看守する場所」という要件が不要とされているから，要保護性の特に高い場所に限るべきであり，ⓒ説は広すぎる。一方，起臥寝食以外でも日常生活で保護を必要とする場所があるから，ⓐ説は狭きに失する。思うに，本罪は，人が平穏に管理支配している事実状態を権利として保護するものであるから，長時間読書に使用する場所なども住居としてよく，本罪でいう「住居」とは，日常生活で使用するために人が占居する場所をいうと解するⓑ説が妥当であ

---

7 山口・116頁。仙台高判平6・3・31判時1513・175，井田・百選Ⅱ（第5版）32頁参照。
8 西田・110頁。
9 十河・百選Ⅱ（第7版）34頁参照。
10 最決昭28・5・4刑集7・5・1042。
11 木村・72頁。

る[12]。

　（ア）**事務室・実験室**　　住居は，**日常生活に使用する場所**であれば足りるから，一時的滞在の場所としてのホテルの一室も住居である（通説）[13]。テント舎，キャンピングカーも住居になりうるし，必ずしも房室たることを要しない。また，住居は現に日常生活の用に供されている限り，住居者が常に現在している必要はなく，一時不在の場所または一定の期間だけ使用する住居ないし**別荘**も住居となる。住居は建物全体である必要はなく，区画された一部であってもよい。また，建物の周辺部分ないし居室の周辺の共用部分も住居である。アパートの出入口，エレベーター，外階段踊り場等の共用部分[14]も住居である。野外の土管の中，橋の下，寺院の床下などは，日常生活に堪えうる設備を有していない場所であることが普通であるから，原則として住居には該当しない。

> **住居の具体例**　　アパート，下宿屋の一室，戸障子の外の縁側，アパートや集合住宅の共用部分としての階段通路および屋上，住居等の屋根の上[15]は，住居の一部である。

　（イ）**囲繞地**　　問題となるのは，住居に使用される建造物のほかに**囲繞地**は住居の一部となるかである。囲繞地とは，垣根，塀，門のような建物の周囲をかこむ土地の境界を画する設備が施され，建物の付属地として建物利用に供されることが明示されている土地をいう[16]。130条の法文からすると，「住居」が囲繞地をも含むとすることについては疑問もあるが，住居の管理支配権の保護という観点からすれば，住居と不可分の囲繞地の管理支配も保護する必要があり，これを住居の一部としても不当ではないであろう。最高裁判所も後述の「建造物」に囲繞地が含まれることを明言している[17]。

　（ウ）**住居権**　　住居権は，現に住居を平穏に管理支配しているという事実を基礎とするものであるから，住居は必ずしも適法に占拠されたものであることを要しない[18]。例えば，賃貸借契約が消滅した後に，家主が立退きを求

12　福田・204頁，大塚・112頁，西原・183頁。札幌高函館支判昭27・11・5高刑集5・11・1985。
13　反対，大塚・112頁，中森・78頁，前田・112頁〔継続性を要件とする〕。
14　名古屋地判平7・10・31判時1552・153。
15　東京高判昭54・5・21高刑集32・2・134。
16　最判昭51・3・4刑集30・2・79。
17　最大判昭25・9・27刑集4・9・1783。
18　最決昭28・5・14刑集7・5・1042。

めて賃借人の意思に反してその住居に立ち入れば，住居侵入罪を構成しうる[19]。なお，「人の」住居とは，自らが居住者でない住居という意味である。「他人」とは当該住居に対して住居権を有する者のことであり，これを**居住者**という。それゆえ，以前には住居権を有して他人と同居していた者が，その住居から離脱後にその住居に侵入すれば，その者はすでに住居権を失っているから，その行為は住居侵入に該当するのである[20]。別居中の夫が，妻の不貞の現場の写真を撮りに侵入した行為は住居侵入に当たる[21]。死者は「人」に含まれないから，居住者全員を殺害した後に侵入しても，住居侵入罪は成立しない。

(2) **人の看守している邸宅・建造物・艦船**　　邸宅，建造物および艦船は，「人の看守する」ものでなければならない。

(ア) **看　守**　　「人の看守する」とは，他人が事実上管理支配していることをいう[22]。「事実上管理支配」するとは，一定の場所に，他人の侵入を防止する人的・物的設備を施し，立入り禁止の意思を客観的に明示することをいう[23]。管理人[24]，または監視人[25]を置くこと，施錠することなどがその例である。単に立入り禁止の立札を立てるだけで足りるかについては有力な反対論がある[26]。更地に立てるような場合は侵入防止の設備とはいえないから看守していることにならないが，建物・敷地を管理するための設備が施されており，門や扉等で立入り禁止の意思が客観的に推認できるときは，看守に当たると解すべきである[27]。

(イ) **邸　宅**　　「邸宅」とは，居住用の建造物で住居以外のものをいう。空き家，閉鎖中の別荘，集合住宅の1階の出入口から各居室までの共用部分は，「邸宅」に当たる[28]。邸宅には，囲繞地も含まれる。

(ウ) **建造物**　　「建造物」とは，屋根を有し支柱などによって支えられた

19　大判大9・2・26刑録26・82，名古屋高金沢支判昭26・5・9判特30・55。
20　最判昭23・11・25刑集2・12・1649。
21　東京高判昭58・1・20判時1088・147。
22　最判昭59・12・18刑集38・12・3026。**川本・判例講義II20頁**参照。
23　中森・79頁。
24　最決昭32・2・28裁判集刑117・1357。
25　最大判昭25・9・27刑集4・9・1783。
26　大塚・115頁，西田・111頁，佐久間・132頁。
27　平野・183頁，中森・79頁，山口・122頁。最判昭58・4・8刑集57・3・215。

土地の定着物で，人が出入りすることのできる構造のものをいう。ここでは，**住居・邸宅以外の建造物**を意味し，例えば，官公署，学校，事務所，工場などをいう。囲繞地も含まれる[29]。広島の原爆ドームは区画されておらず，生活の場として予定されていないから建造物でないとした判例がある[30]。例えば，建造物の周辺に臨時の囲壁を設置して外部との通行を遮断したにすぎない場合でも，それによって囲まれた建物の周囲の地域は建造物の一部である。建造物の一部である事務室や会議室でも「建造物」となる。判例によれば，警察署の囲繞地の周囲のコンクリート塀も，建造物の一部を構成するものとして，本罪の客体となる[31]。

> **建造物と囲繞地**　130条の「建造物」は，建物のみならず，その囲繞地を含む。それゆえ，大学の研究所の周囲に一時的に設けた金網の柵を押し倒して入った場合は，囲繞地に侵入したものとして，建造物侵入罪に当たる[32]。一方，東京高判平成5年7月7日[33]は，「囲繞地であるためには，その土地が建物に接してその周辺に存在し，かつ管理者が外部との境界に門塀などの設置により，建物の付属地として，建物利用のために供されるものであることが明示されれば足りる」と判示して，小学校の校庭も建造物となりうるとした。なお，社宅・マンションのような集団的な家屋の周辺が門扉などで囲まれているとき，その集団的な家屋の付属地帯は住居か邸宅かについて争われているが[34]，それらの家屋が現に住居に使用されている限り，囲繞地として住居の一部に含まれると解すべきである[35]。もっとも，住居・邸宅・建造物は，いずれも同一構成要件内の客体の相違にすぎず，その区別を論ずる実質的な意味は少ない。

　（エ）**艦船**　「艦船」とは，軍艦および船舶のことであり，大小を問わないが，人が侵入できる構造のものであることを要する。

2　行　為

　本罪の行為は，正当な理由なしに侵入する行為である。侵入の意義については，保護法益の考え方を反映して，ⓐ住居権者の意思に反して立ち入るこ

28　最判平20・4・11刑集62・5・1217，広島高判昭63・12・15判タ709・269。**齊藤・判例講義Ⅱ21頁参照。**
29　最大判昭25・9・27刑集4・9・1783。
30　広島地判昭51・12・1刑月8・11＝12・517。
31　最決平21・7・13刑集63・6・590。
32　前掲最判昭51・3・4。
33　判時1484・140。
34　最判平20・4・11刑集62・5・1217，**齊藤・判例講義Ⅱ20頁参照。**
35　大塚・113頁。

ととする説，ⓑ平穏を害する態様で立ち入ることとする説が対立している。

(1) **侵　入**　「侵入」とは，住居権者の意思または推定的意思に反して立ち入る行為をいう。言い換えると，住居・邸宅・建造物・艦船の住居権者ないし管理支配権者，すなわち住居については**居住者**，邸宅・建造物・艦船については**看守者**の意思または推定的意思に反して立ち入る行為と解すべきである[36]。現実に住居権ないし管理支配権が侵害されることを要するから，侵入があったというためには，身体の全部が客体に入ることを要する[37]。住居権ないし管理支配権の侵害があったというためには，一定の時間，住居権ないし管理支配権を継続して侵害する必要がある。侵入されている限り侵害は継続するから，本罪は**継続犯**である[38]。

(2) **同　意**　居住者・看守者の意思に反していることが構成要件要素となっているから，無断で住居等に立ち入っても**同意**がある限り構成要件に該当しない[39]。同意は，任意かつ真意に基づいたものであることを要する。居住者または看守者の意思は，明示の意思であると推定的意思であるとを問わない。推定的意思ないし同意は，四囲の状況から合理的に認識しうれば足りる[40]。例えば，日本刀を携えて勝手口から侵入する場合[41]，家人が知らない間に錠を開けて侵入する場合，入場券なしに入場する場合などについては，推定的同意は認められない。意思または推定的意思に反して侵入する限り，暴力的に侵入したか否か，公然か非公然かを問わない。

違法な目的で立ち入った場合，例えば，詐欺ないし強盗目的で他人の家へ立ち入った場合，立ち入りについては同意があっても，それが錯誤に基づくものであって真意に基づく同意がないときは，「侵入」に当たると解すべきである[42]。違法な目的で被害者の住居に立ち入っても，居住者の有効な同意ないし推定的同意がある限り，「侵入」には当たらない。

36　前掲最判昭 58・4・8，最決平 19・7・2 刑集 61・5・379。関・百選Ⅱ（第 7 版）38 頁参照。
37　福田・208 頁，大塚・120 頁。なお，ポケット 313 頁〔身体の一部を入れれば足りる〕。
38　最決昭 31・8・22 刑集 10・8・1237。
39　最判昭 25・11・24 刑集 4・11・2393。木村・74 頁，江家・237 頁，植松・323 頁，柏木・391 頁，福田・206 頁，大塚・116 頁。なお，最判昭 23・5・20 刑集 2・5・489〔違法性阻却とする〕。
40　前掲最判昭 58・4・8。
41　大判昭 9・12・20 刑集 13・1767。
42　前掲最判昭 23・5・20〔強盗目的で店に入れば侵入となる〕。

第5節　住居を侵す罪　　*145*

同意が問題となる場合　(1)同意は，住居権者の任意かつ真意に基づくものでない限り無効であるとするのが通説・判例である。したがって，多数の言動に威圧されて与えられた同意[43]，錯誤によって与えられた同意は無効であり[44]，また，同意の範囲を超えてなされた立ち入りは，侵入罪に当たるとされる（大判昭和5年8月5日刑集9巻541頁）。例えば，強盗の意図を隠して「今晩は」と挨拶し，家人が「おはいり」と答えた場合は，「外見上家人の承諾があったように見えても，真実においてはその承諾を欠く」のである[45]。これに対しては，このような錯誤に基づく同意は，住居への立ち入りについては同意しているのであるから有効であり[46]，この場合に，同意は無効であって住居侵入罪を構成するというのであれば，「友人が遊びに来たと思って招じ入れたところ，実は借金の取り立てに来たのであったという場合も」住居侵入罪になってしまうとする批判がある[47]。この立場は，法益に関係する錯誤のみが同意を無効にするという「法益関係的錯誤論」を前提として，立ち入ることに同意している以上は同意は有効であるとするのであるが，この場合は，むしろ包括的同意に含まれる場合として同意を有効と解すべきであろう。行為者の意図・目的を知ったならば通常居住者が同意しなかったといえる限り，それを隠して同意を得た以上，その同意は無効であって，住居侵入罪の構成要件該当性は否定できず，あとは違法性の存否・程度の問題とすべきである。

　(2)居住者・看守者の同意ないし意思が明示されない場合に問題となる事例として，デパートの売り場，ホテルのロビーなど一般客の来集する場所への侵入がある。この場合は，客体の性質に応じて社会通念上一般に許される範囲の立入り行為である限り，看守者によって包括的に同意が与えられているものと解すべきである。それゆえ，**包括的な同意**の範囲を超える侵入は，居住者・看守者の意思に反する立入りに当たる。近年の判例として，前掲最判昭和58年4月8日がある（「管理権者が予め立入り拒否の意思を積極的に明示していない場合であっても，該建造物の性質，使用目的，管理状況，管理権者の態度，立入り目的などからみて，現に行われた立入り行為を管理権者が容認していないと合理的に判断されるとき」）。判例が「侵入」を認めたものとして，①発煙筒を発煙させる目的で皇居の一般参賀会場に入った場合[48]，②万博会場内の中華民国館に肖像画を損壊する目的で入った場合[49]，③国体開会式を妨害する目的で開会式場に入場券を所持して入場した場合[50]。④現金自動預払機利用客のカードの暗証番号を盗撮する目的で銀行支店出張所に立ち入った場合[51]がある。

[43] 最大判昭25・10・11刑集4・10・2012。
[44] 前掲最判昭23・5・20。
[45] 最大判昭24・7・22刑集3・8・1363。団藤・505頁，大塚・117頁。
[46] 平野・184頁，西田・97頁，山口・123頁，高橋・159頁。
[47] 町野朔「被害者の承諾」判例刑法研究2　216頁，曽根・81頁，中森・79頁，西田・114頁，山中・190頁，山口・126頁。
[48] 東京地判昭44・9・1刑月1・9・865。
[49] 大阪地判昭46・1・30刑月3・1・59。
[50] 仙台高判平6・3・31判時1513・175。
[51] 最決平19・7・2刑集61・5・379。

146 第1編 個人法益に対する罪 第2章 自由および私生活の平穏に対する罪

(3) **同意権者** 同意を有効に与えうる者は，居住者または看守者である。したがって，住居権を有しない**留守番**または監視人などが，居住者の意思に反して同意を与えても，有効な同意があったということはできない[52]。住居権は，住居に対する平穏な管理支配という事実に基づく権利であるから，住居権は居住者のすべてが平等に享有するものであって，家父長的な立場の者がこれを独占する[53]といった性質のものではない。同意能力が認められる限り，未成年者であっても独立して有効な同意を与えることができる。共同生活を営んでいる場合，他の居住者の推定的同意が得られるかどうかは，同意の有効・無効とは関係がないと解すべきである[54]。ただし，住居権の行使が**他の居住者の住居権**を侵害する場合には，その範囲で，同意の効力が制約を受ける。例えば，現に住居を占居している他の居住者が立入り拒否の意思を示している場合には，その者の住居権を侵害することになるから，同意は無効と解すべきである。

妻の同意を得て**姦通の目的**で姦夫がその住居に立ち入る行為は侵入に当たるかについて，かつて判例はこれを肯定したが，学説は，積極説[55]と消極説[56]とに分かれている。妻も独立の住居権を有しているのであるから，夫の推定的同意が得られるかどうかにかかわりなく有効な同意を与えうるとすべきであって，その限りでは消極説が妥当である。しかし，その同意が夫の住居に対する住居権を害する場合，例えば，夫が在宅している住居に，夫の意思に反して妻が姦夫を引き入れるような場合には，夫の住居権の侵害となるから，住居侵入に当たると解すべきである。

> **姦通目的と住居侵入** 夫の不在中その妻と姦通する目的で，あらかじめ同女の承諾を得てその住居に侵入した行為につき，大判大正7年12月6日刑録24・1506は「斯る場合に於ては当然本夫たる住居権者が被告の住居に入ることを容容する意思を有すと推測し得べからざるを以て妻（の）……承諾は固より何等其効力を生ずべきに非ず」と判示した[57]。これに対して，尼崎簡判昭和43年2月29日下刑集10巻2号211頁は「夫の不

---

52 大阪高判昭34・5・29下刑集1・5・1159。
53 大判昭14・12・22刑集18・565。
54 反対，東京高判昭57・5・26東時33・5・30〔全員の同意が必要〕。
55 植松・325頁，大塚・119頁，内田・175頁。
56 中森・80頁，堀内・77頁，西田・114頁，山口・26頁，山中・190頁。
57 同旨，前掲大判昭14・12・22。

在中に住居者である妻の承諾を得ておだやかにその住居に立ち入る行為は，たとい姦通の目的であったとしても……住居の平穏を害する態様での立ち入りとはいえない」と判示している。本文の立場からは，両判決とも支持しがたい。同様に，娘が親の反対を無視して恋人を自室に請じ入れても，本罪は成立しない。

3　既　遂

本罪の**実行の着手**は，住居等への侵入の開始であるが，本罪は住居権ないし管理支配権の侵害を必要とするから，例えば，侵入者が住居等内に入り込んでも，それだけでは侵入は完成せず，一定時間の滞留があって初めて**既遂**に達すると解すべきである。侵入している間住居権の侵害が継続するから，そのまま滞留することが別に不退去罪を構成するものではない[58]。

4　違法性阻却事由

住居侵入罪における「侵入」は，住居者・看守者の意思に反していることを構成要件要素の１つとするものであるから，同意があるときは構成要件に該当しないのであって，違法性を阻却するものではない。法文において「**正当な理由がないのに**」の文言が用いられているが，「違法に」という意味である。住居侵入は，法令行為（刑訴102条，218条，220条，税犯2条，3条など），その他の正当行為として違法性を阻却する場合が多いので，あえてこの文言が注意的に付け加えられたのである。

5　罪数・他罪との関連

本罪は継続犯であるから，住居侵入罪が成立した後，退去しないでそのまま滞留したときは，不退去罪は住居侵入罪に吸収されて成立しない。本罪の個数は，住居権または管理支配権を基準に決まるが，実際上は住居・建造物等の個数によって決まるであろう[59]。住居侵入罪は，他の犯罪を実現する手段として犯される場合が多く，例えば，窃盗罪における「侵入」は，いわば窃盗罪の手段ないし未遂に相当する性格をもっている。このように，他の犯罪と住居侵入罪が客観的に手段・目的の関係にあると認められるときは**牽連犯**となる。窃盗，強盗，強盗致死傷，傷害，殺人，放火の各罪との間には牽連関係がある。強盗予備の目的で住居に侵入した場合は，強盗予備罪と住居侵

---

[58]　最決昭31・8・22刑集10・8・1237。
[59]　東京高判昭27・4・16判特29・138。

入罪との観念的競合になる[60]。殺人予備の目的であるときも同じである。面会を強要する目的で被害者宅の玄関のガラス戸を手拳で破り室内に入り込んだときは，器物損壊罪は牽連犯となる[61]。

③ 不 退 去 罪

要求を受けたにもかかわらず人の住居若しくは人の看守する邸宅，建造物若しくは艦船から退去しなかった者は，3年以下の懲役又は10万円以下の罰金に処する（130条後段）。未遂は，罰する（132条）。

1 意 義

不退去とは，住居，人が看守している邸宅・建造物・艦船に適法にまたは過失で立ち入った者が，退去の要求を受けたのに正当な理由がなくその場から立ち退かないことをいう。退去しないという不作為が構成要件の内容となるものであるから，不退去罪は典型的な**真正不作為犯**である。退去を求めても立ち退かないときに本罪が成立するが，住居権または管理支配権に対する侵害は退去しない限り継続しているから，不退去罪は**継続犯**である[62]。住居侵入罪も侵入して滞留している限り管理支配権を侵害する状態が続くのであるから継続犯であり，侵入後に退去を求めたが立ち退かない場合には住居侵入罪だけが成立する。

2 行 為

不退去である。不退去とは「要求を受けたにもかかわらずこれらの場所から退去しなかった」ことをいう。要求は，退去を要求できる者によらなければならない。退去を要求できる者すなわち**退去要求権者**は，居住者，建造物等の看守者およびそれらの者から授権された者である[63]。事実上管理支配していることが住居権の根拠となるから，例えば，不法占拠者といえども退去要求権を有する。退去要求権者の退去要求があって退去しない不作為が本罪の実行行為である。退去の要求は，言語または動作によって相手方が明確に了知しうる方法でなされなければならない。要求あることを認識し，退去に必

---

[60] 東京高判昭25・4・17判特12・14。
[61] 最判昭57・3・16刑集36・3・260，東京高判昭63・10・5判時1305・148。
[62] 前掲最決昭31・8・22。
[63] 大判昭5・12・13刑集9・899。

要な合理的な時間が経過した後に立ち退かないとき，**既遂**に達する。したがって，適法に，または過失で立ち入った者の滞留が住居権者の意思に反する状態になっても，退去の要求をしない限り不退去罪とはならない。

④ 未　遂　罪

1　住居侵入罪の未遂

住居侵入罪は，居住者または看守者の意思に反して住居権ないし管理支配権を侵害したとき，すなわち住居等に立ち入ることによって成立する。身体を住居等に侵入させる行為を開始したときに**実行の着手**となる。例えば，侵入するために侵入を妨害する居住者を突きとばすとか，施錠を壊す行為をしたが立ち入ることができなかった場合に未遂罪となる。

2　不退去罪の未遂

132条は不退去罪の未遂を規定しているが，理論的にはともかく実際上は考慮に値しないであろう。退去を要求された者が，退去するのに必要な時間が経過する前に，家人によって突き出された場合などが本罪の未遂になるとする見解[64]もあるが，この場合は退去義務が生じていない予備の段階であると解すべきである[65]。

第6節　業務に対する罪

① 総　　説

1　犯罪類型

業務妨害罪は，虚偽の風説を流布し，または偽計を用い，もしくは威力を用いて人の業務を妨害する行為を内容とする犯罪である。刑法は，第35章「信用及び業務に対する罪」として，①信用毀損罪（233条前段），②業務妨害罪（同条後段，234条），③電子計算機損壊等業務妨害罪（234条の2）を規定している。しかし，信用毀損罪は個人の経済的信用を保護法益とする犯罪であり，個人

---

[64] 大塚・123頁，内田・179頁，佐久間・133頁，松宮・138頁，山中・195頁，高橋・160頁。
[65] 中森・81頁，曽根・83頁，西田・115頁，前田・116頁。

150 第1編 個人法益に対する罪 第2章 自由および私生活の平穏に対する罪

の社会的活動を保護法益とする業務妨害罪とは罪質を異にするので，ここで
は信用毀損罪をこれと類似する名誉に対する罪の一種として分類し，「名誉
および信用に対する罪」として取り扱う（➡188頁）。

2 保護法益

刑法の規定の仕方が明確な根拠を欠いていることもあって，業務妨害罪の
罪質ないし保護法益は，かなり曖昧な面をもっている。学説上は，ⓐ信用毀
損罪と並列して規定されているということを根拠に，業務妨害罪を名誉・信
用に対する罪と併せて分類する立場[1]，ⓑ業務は主として経済的活動をその
内容とするという点を根拠に，財産に対する罪として分類する立場[2]，ⓒ人の
社会的行動の自由を保護法益とすることを根拠に自由に対する罪として分類
する立場[3]，ⓓ人格的性格とともに財産罪に類似した犯罪として分類する立
場[4]などがある。たしかに，業務妨害罪には経済活動を保護する側面もあるが，
人の社会生活上の地位における**人格的活動（社会的活動）の自由**を保護法益とす
る犯罪と解すべきであり，ⓒ説が最も妥当である。

業務と経済活動 香川・注釈(5)399頁は「経済的活動と直接・間接に関連をもつ人格的
活動の自由を保護法益とする」としている。しかし，例えば，キリスト教の牧師の布教
活動は間接的な経済的活動といえなくもないが，継続的に行われる牧師の社会奉仕活動
のような非経済的活動を妨害する場合に，これを業務妨害罪から除外する理由はないと
解する。

2 業務妨害罪

虚偽の風説を流布し，又は偽計を用いて人の業務を妨害した者は，3年以下の懲役
又は50万円以下の罰金に処する（233条後段）。威力を用いて人の業務を妨害した者
も，前条の例による（234条）。

1 客 体

人の業務である。

(1) 業 務 本罪の客体は業務である。「業務」とは，自然人，法人その

---

1 瀧川・101頁，中山・147頁。
2 宮本・410頁，藤木・249頁。
3 平野・185頁，内田・209頁，岡野・89頁，曽根・71頁，中森・71頁。
4 大塚・154頁，西田・137頁，佐久間・54頁。

他の団体が職業その他社会生活上の地位に基づいて継続して従事する事務（仕事）をいう[5]。本罪は人の社会的活動の自由を保護法益とするものであるから，娯楽として行う行為や家庭生活上の行為は除外される。事務は，文化的活動であると経済的活動であるとを問わず，また，報酬の有無とも関係がない[6]が，平穏に行われているものであることを要する。例えば，宗教団体の社会奉仕活動も，業務となりうる（要保護性）。

　業務といえるためには，業務上過失致死傷罪におけると同様に，反復的または継続的な事務であることを要するから（継続性の要件），例えば，団体の結成式のごとき1回的な行事は含まない[7]。継続的性質を有する業務であり，それが平穏に行われている限り刑法上保護に値すると解すべきであり[8]，例えば，行政法規に違反している営業活動であっても，常に本罪の業務性が否定されるわけではなく，耕作権を有しない者が行う農業[9]，知事の許可を得ていない者の浴場営業[10]，パチンコの景品交換の仕事[11]も「業務」である。路上生活者の段ボール小屋を環境整備のために撤去する工事は止むをえないものであり，刑法的保護に値する業務である。しかし，地下室で麻薬を製造するような平穏に行われていない営業は，もとより保護すべき業務ではない。

> **継続性の要件**　　平野・186頁は，継続性の要件は重要でなく「職業またはこれに準ずるものである」かどうかを要件にすべきだとされる。前掲大判大正10年10月24日は，会社の創立総会も業務であるとしたが，これは創立総会が，継続を要すべき事業の一環として行われたものであるとする趣旨から「業務」とされたのであって，1回限り行われるものでも業務であるとしたものではない。したがって，同判決は，韓国民団青年支部の結成式を業務としなかった本文掲示の判決と矛盾するものではない。

　(2)　**公務と業務**　　公務の執行を暴行・脅迫によって妨害した場合は，公務執行妨害罪が成立する（95条1項）。しかし，妨害の手段が，威力，偽計にとどまった場合，公務も業務に含まれるとして業務妨害罪の成立を認めるべき

5　大判大15・2・15刑集5・30。
6　大判大10・10・24刑録27・643〔会社創立事業〕。
7　東京高判昭30・8・30高刑集8・6・860。
8　東京高判昭27・7・3高刑集3・7・1134。
9　東京高判昭24・10・15高刑集2・2・171。
10　前掲東京高判昭27・7・3。
11　横浜地判昭61・2・18判時1200・161，最決平14・9・30刑集56・7・395。

かについて，ⓐ積極説，ⓑ消極説，ⓒ身分振分け説，ⓓ公務振分け説，ⓔ修正積極説が対立している。

刑法は，①特に業務について限定を加えていないこと，②公務執行妨害罪における公務についても何ら限定を加えていないことから，立法論としてはともかく，現行法の解釈としては公務を業務から除外するのは適当でない（**積極説**）。それゆえ，ⓐ本罪における業務から公務を除くとする**消極説**[12]，ⓑ非公務員の行う公務に限り本罪によって保護されるとする**身分振分け説**（公務区分説）[13]，ⓒ公務のうち非権力的公務とくに私企業的性格をもつ公務だけが業務に含まれるとする**公務振分け説**（二分説）[14]，ⓓ権力性など一定の基準により公務を区分して，その一方のを業務の対象とし，併せて公務執行妨害罪の対象ともなりうるとする限定積極説[15]，さらに，ⓔ偽計による妨害については積極説を採る修正積極説[16]は，いずれも刑法上の根拠を欠くと考えられる。

思うに，業務妨害罪は個人の社会的活動の自由を保護法益とするものであるが，公務も公務員としての個人の社会的活動にほかならないから，公務の性質いかんにかかわりなく本罪によって保護されると解する**積極説**が妥当である[17]。積極説に対しては，公務執行妨害罪という純然たる国家法益に対する罪と本罪のような個人法益に対する罪とを安易に混同するものであるとの批判があり，また，逮捕行為のように自力で抵抗を排除しうる機能を付与されている場合まで威力や偽計に保護を認めるのは妥当でないとの批判もある。しかし，公務執行妨害罪は，公務を国家の統治作用の見地から犯罪としたのに対し，公務にかかる業務妨害罪は，**公務を個人の社会的活動の自由の点から捉えた罪**であると解される。したがって，公務の妨害があり，それが公務執行妨害罪（95条1項）を構成する場合は，業務妨害罪との観念的競合になると解すべきである。

---

12 吉川・116頁。大判大4・5・21刑録21・663。
13 内藤・注釈(5)400頁。
14 団藤・535頁，中山・150頁，藤木・20頁，岡野・92頁，中森・73頁，平川・208頁，曽根・73頁，山中・215頁。
15 福田・199頁，大塚・159頁，前田・137頁。
16 西田・140頁，山口・161頁。
17 植松・351頁，西原・285頁。

判例の流れ　　戦後の判例は，初め公務は業務に含まれないと解したが[18]，最大判昭和 41 年 11 月 30 日刑集 20 巻 9 号 1076 頁は，旧国鉄職員の業務が公務とされるのは，その事業等が権力的ないし支配的作用を伴うことによるのではなく，その実態は民営鉄道のそれと同じであることを理由に業務妨害罪が成立するとし，公務振り分け説に立つことを明らかにした[19]。また，最決昭和 62 年 3 月 12 日刑集 41 巻 2 号 140 頁は，先の大法廷判決に従いつつ，強制力を行使する権力的公務である場合を除き公務は「業務」に当たるとして，警察官の公務など物理的強制力を伴う公務に限って業務に含まれないという限定積極説による解釈を示した。公務振り分けの基準を「強制力を行使する権力的な公務」か否かに求めるものである。その後の判例として，最決平成 12 年 2 月 17 日刑集 54 巻 2 号 38 頁は，公職選挙法における選挙長の立候補届出受理事務を，強制力を行使する権力的公務でないから「業務」に当たるとした。また，最決平成 14 年 9 月 30 日刑集 56 巻 7 号 395 頁は，東京都による路上生活者の意思に反した段ボール小屋の撤去を業務に当たるとして，業務妨害罪の成立を認め，限定積極説の立場を採っている[20]。

2　行　為

　　本罪の行為は，①虚偽の風説を流布し，②偽計を用い，または，③威力を用いて，人の業務を妨害すること，以上の 3 個の態様を含んでいる。①と②を併せた罪名を**偽計業務妨害罪**，③を**威力業務妨害罪**とよぶ。

(1)　**虚偽の風説の流布**　　虚偽の事項を内容とする噂を，不特定または多数の者に知れわたるようにすることをいう[21]。**虚偽**とは，客観的事実に反することをいい，その事実について科学上争われている段階でも虚偽となる。虚偽は，行為者が確実な資料・根拠を有しないで述べた事実も含むものであり，その資料・根拠の確実性は，社会通念に照らし客観的に判定すべきであるとする判例があるが[22]，行為時の水準を基準にして真実か否かを判断すべきである[23]。**風説**とは，噂・評判をいう。必ずしも悪事醜行を含まなくてもよい[24]。行為者が創作したものかどうかも問わない。**流布**とは，世間に広めることをいい，行為者がみずから公然と文書・口頭で伝達するほか，口伝えに噂として伝播する場合を含む。

18　最大判昭 26・7・18 刑集 5・8・1491。
19　最決昭 54・1・10 刑集 33・1・1。齊藤・判例講義 II 25 頁参照。
20　塩見・百選 II（第 7 版）48 頁。
21　大判大 5・12・18 刑録 22・1909。
22　東京地判昭 49・4・25 刑月 6・4・475。
23　前田・218 頁。
24　団藤・533 頁，曽根・75 頁。大判明 44・2・9 刑録 17・52。

154 第1編 個人法益に対する罪 第2章 自由および私生活の平穏に対する罪

(2) **偽 計** 「偽計を用い」るとは，人を欺き・誘惑し，または他人の無知，錯誤を利用することである。人への働きかけを必ずしも要しない[25]。他人の適正な判断または業務の円滑な実施を誤らせるに足りる程度の手段・方法であることを要する。詐欺罪における「欺く」行為よりは広く解すべきである。例えば，商品の品質等について事実を歪曲して誹謗する怪文書を頒布する場合，人を錯誤に陥れる行為ばかりでなく錯誤に陥っている者を利用する場合，さらに繰り返し電話をかける場合も，その態様のいかんによっては偽計となる。

被害者の保有する商標と酷似するものを使用して粗悪品を売り出す行為，漁場の海底に障害物を沈めておき漁網を破損させる行為[26]，機械設備などに細工を施してその使用を妨げる行為[27]，虚偽内容の仮処分申請書を提出し，係判事を欺いて得た家屋明渡しの仮処分命令を執行して社屋を明け渡させ，従業員を退去させて業務の実施を不能にする行為[28]も，偽計に当たる。他人を欺くことをもって偽計とする見解は狭すぎるし，陰険な手段を用いる一切の行為を偽計とする見解は広すぎると解すべきである。なお，偽計の相手方と業務を妨害された被害者とが同一人である必要はない。

> **いやがらせ電話** 東京高判昭和48年8月7日高刑集26巻3号322頁は，約3カ月の間に970回にわたり昼夜を問わず中華ソバ店に電話をかけた行為は「相手方の錯誤ないし不知の状態を利用するものであることを全く否定し得ないものがある」として，不知・錯誤の利用という点で偽計を用いた場合に当たるとしたものと解される。なお，マジックホンの使用により電話料金の計算を誤らせた事例に偽計業務妨害罪の成立を認めた最決昭和59年4月27日刑集38巻6号2584頁がある[29]。偽計による業務妨害と重なり合う不正競争防止法5条，商標法74条・80条の各罪は，偽計業務妨害罪と法条競合の関係に立つ。

(3) **威 力** 威力を用いるとは，人の自由意思を制圧するに足りる勢力を示すことをいう。現実に自由意思を制圧されたことを要しない[30]。威力は，

---

[25] 後掲最決昭59・4・27。
[26] 大判大3・12・3刑録20・2322。
[27] 福岡地判昭61・3・3判タ595・95〔電力量計の操作〕，大阪高判昭49・2・14刑月6・2・118〔放送線の切断〕。
[28] 大判昭15・8・8刑集19・529。
[29] 鎮目・百選II（第6版）51頁。

第6節　業務に対する罪　　*155*

必ずしも直接現に業務に従事している他人に対して行使されることを要しない[31]。行為自体が被害者の自由意思に働きかける必要もない[32]。暴行・脅迫を用いるだけでなく、社会的地位や経済的優越による権勢を利用する場合も含まれる[33]。営業中の商家の表側ほとんどに強制的に板囲いをして営業不能にした場合[34]、電車の運転手を殴打して電車の操縦を妨げた場合[35]、満員の営業食堂にしま蛇20匹を撒き散らした場合[36]、競馬場に釘を撒き散らして競馬挙行を妨害した場合[37]、弁護士の鞄を力づくで奪取した場合[38]、事務机に猫の死骸を入れる場合[39]、大声や怒号を発して卒業式の遂行を妨げる場合（最決平23・7・7刑集65・5・619）などは、いずれも威力業務妨害罪に当たる。

偽計と威力の区別については、偽計の態様で行われる場合であっても、行為の結果として人の自由意思を制圧するものであるときは威力と解すべきである。例えば、自動車の進行を妨害する目的で相手方に障害の存在を示す態様で釘などを公然と撒き散らしたときは、危険な障害物の存在は相手方の自由意思を制圧するものとなるから威力となる。

本罪の**故意**は、虚偽の風説を流布し、偽計または威力を用いて人の業務を妨害することを認識して行為に出る意思であり、未必的認識で足りる。

(4)　**妨　害**　　妨害行為は、単に業務の執行自体を妨害することだけでなく、広く業務の運営を阻害する一切の行為を含む[40]。現実に「妨害した」ことを要するかについて、判例は、本罪を具体的危険犯と解し、業務の安全を保護するという見地から、妨害の結果を発生させるおそれのある行為で足りるとしている[41]。しかし、明文で「業務を妨害した」とされているほか、本罪は自由に対する罪であるから、たとえば、いやがらせ電話のために通常の営業

30　最判昭28・1・30刑集7・1・128〔役員室に侵入して団体交渉を強要〕、最判平23・7・7刑集65・5・619〔卒業式を前に保護者らに大声で呼びかける〕。齊藤・判例講義Ⅱ24頁参照。
31　最判昭32・2・21刑集11・2・877〔貨車に積載された石炭の落下〕。
32　反対、平野・188頁、曽根・73頁、林・132頁。
33　前掲最判昭28・1・30。
34　大判大9・2・26刑録26・82。
35　大判大14・2・18刑集4・54。
36　大判昭7・10・10刑集11・1519。
37　大判昭12・2・27新聞4100・4。
38　最決昭59・3・23刑集38・5・2030。明照・百選Ⅱ（第7版）52頁参照。
39　最判平4・11・27刑集46・8・623。
40　大判昭8・4・12刑集12・413。

156 第1編 個人法益に対する罪 第2章 自由および私生活の平穏に対する罪

に支障が生じたというように，業務の運営が実際に害されるという結果の発生が必要となる**侵害犯**と解すべきである[42]。

3 違法性阻却事由

威力業務妨害罪は労働争議行為との関連で問題となる。争議行為特に同盟罷業（ストライキ）は，使用者側に経済的圧力を加え正常な業務の遂行を妨害する争議手段であるから，威力業務妨害罪の構成要件に該当することは明らかである。しかし，憲法により争議権が保障され（憲28条），その一態様として同盟罷業が是認されている以上は，労働力の給付を停止する加害行為は，労働組合法1条1項によって正当行為となる。

> **ピケッティングの違法性**　労働力給付の集団的停止を超えて，積極的に使用者の業務を妨害する行為，例えばスクラムによって就業を阻止する態様のピケッティングは，違法性を阻却しない。すなわち同盟罷業に必然的に随伴する業務の妨害の範囲を超えるときは，威力業務妨害罪が成立する[43]。

4 罪数・他罪との関連

偽計および威力を用いて他人の業務を妨害したときは，233条と234条とに当たる単純一罪である。信用を毀損すると同時に業務を妨害するときは，観念的競合を認めるべきである[44]。同一の行為が業務を妨害するとともに背任となるときは，業務妨害罪と背任罪の観念的競合である[45]。公務執行妨害罪と威力業務妨害罪とが同時に成立するときは，法条競合により公務執行妨害罪のみが成立すると解する説[46]が有力であるが，両罪は保護法益を異にするから観念的競合になると解すべきである。

---

[41] 大判昭11・5・7刑集15・573。佐伯・136頁，団藤・538頁，福田・201頁，大塚・159頁，注釈(5)403頁，西原・285頁，藤木・251頁，佐久間・150頁。

[42] 小野・224頁，瀧川・100頁，平野・188頁，曽根・75頁，中森・75頁，西田・142頁。なお，前田・141頁，高橋・204頁。

[43] 最大判昭33・5・28刑集12・8・1694は，ストライキ中，第2組合員による出炭業務を妨げるため，軌道上に坐り込んだ行為を業務妨害罪に当たるとした。

[44] ポケット527頁〔単純一罪〕。

[45] 大判大5・6・26刑録22・1153。

[46] ポケット527頁。

第6節 業務に対する罪　*157*

3　電子計算機損壊等業務妨害罪

　人の業務に使用する電子計算機若しくはその用に供する電磁的記録を損壊し，若しくは人の業務に使用する電子計算機に虚偽の情報若しくは不正な指令を与え，又はその他の方法により，電子計算機に使用目的に沿うべき動作をさせず，又は使用目的に反する動作をさせて，人の業務を妨害した者は，5年以下の懲役又は100万円以下の罰金に処する（234条の2）。前項の未遂は，罰する（234条の2第2項）。

1　意　義

　本罪は，電子計算機（コンピュータ）に対する加害行為を手段とする業務妨害を，新たに業務妨害罪の1類型として捉え，偽計・威力業務妨害罪より重く処罰するものとして1987（昭和62）年の刑法一部改正によって追加されたものである。元来，偽計・威力業務妨害罪は，自然人を対象とする犯罪であるが，電子計算機の普及により，電子情報処理組織による大量迅速な情報処理（情報の保存・検索・分析・伝達）に基づく事務処理の範囲が拡大し，これまで人間の手によって行われていた業務の多くが，コンピュータによって代替され，それに伴ってコンピュータに対する加害行為を手段とする業務妨害が問題となってきた。

　コンピュータの事務処理の特質は，大量性・迅速性にあるが，同時に複数の事務を処理することが可能となり，ひとたびその事務が侵害されると，重大かつ広範な被害が発生するところから，コンピュータに対する加害行為を手段とする業務妨害を新たな業務妨害罪として類型化し，偽計・威力による業務妨害罪の法定刑よりも重く処罰することとしたものである。したがって，本罪の保護法益は，電子計算機による業務の円滑な遂行であると考えられる。

2　客　体

　本罪の客体は，電子計算機によって遂行される人の業務である。ここにいう業務も233条後段および234条の「業務」と同じであり，自然人，法人その他の団体が，職業その他の社会生活上の地位に基づいて，継続して従事することを必要とする事務をいう。ただし，特に電子計算機を使用して行われているものに限られる。

　234条の2は，「人の業務に使用する電子計算機」と定め，これに加害して

158 第1編 個人法益に対する罪 第2章 自由および私生活の平穏に対する罪

「人の業務を妨害した」場合を本罪に当たるとしている。しかし，本罪の趣旨からも明らかなように，コンピュータによる業務が従前の人の業務に代わりつつあるために本罪が設けられたのであるから，ここにいう電子計算機は，人に代わって業務遂行に使用されているものであることを要する。すなわち，「人の業務に使用する電子計算機」とは，他人の業務において，それ自体が一定の独立性をもって，あたかも人が行う業務であるかのように自動的に情報処理を行うものとして用いられる電子計算機をいう。したがって，情報処理を行わないで，他の機器（自動販売機，自動改札機など）に組み込まれて，その構成部品となっているコンピュータ，例えばマイクロコンピュータを内蔵する家電製品，電卓，電子辞書などは，「電子計算機」に該当しない[47]。問題となるのはワードプロセッサーであるが，それ自体が独立して情報の保存，検索等の情報処理能力を有する装置である限り，「電子計算機」に当たると解される[48]。公務に使用されるすべての電子計算機を含む。

3 行 為

本罪の行為は加害行為である。加害の手段は，①人の業務に使用する電子計算機もしくはその用に供する電磁的記録を損壊する行為，②人の業務に使用する電子計算機に虚偽の情報もしくは不正の指令を与える行為，③その他の方法である。電子計算機・電磁的記録の「損壊」とは，それらの物自体を物理的に毀損すること，磁気ディスクなどに記録されているデータを消去することなど，その効用を喪失させる一切の行為をいう[49]。「虚偽の情報」とは，その内容が真実に反する情報をいう[50]。「不正な指令」とは，当該事務処理の過程において与えられるべきでない指令をいう。「与え」るとは，これらの情報または指令を電子計算機に入力することである。事情を知らないプログラマーまたはオペレーターを利用して，虚偽の情報または不正な指令を電子計算機に入力させる行為は，間接正犯としての加害行為となる。

「その他の方法」とは，①②以外の電子計算機に向けられた加害手段であっ

---

47 福岡高判平 12・9・21 判時 173・131〔否定例——パチンコに取り付けられた ROM〕。
48 米澤編・刑法等一部改正法の解説（1988）103 頁，西田・144 頁。
49 大阪地判平 9・10・3 判タ 980・285〔天気予報画像の消去〕，京都地峰山支判平 2・3・26 刑事裁判資料 273・218〔作業用プログラムの消去〕。
50 前掲大阪地判平 9・10・3。

第6節　業務に対する罪　*159*

て，その動作に直接影響を及ぼすような性質のものをいう。例えば，電子計算機の電源の切断，温度・湿度等の動作環境の破壊，通信回線の切断，入出力装置等の付属設備の損壊，処理不能データの入力などがこれに当たる。電子計算機に向けられたものであることを要するから，コンピュータールームの占拠やオペレーターの拘束は含まないと解すべきである[51]。

4　動作阻害の結果の発生

本罪が成立するためには，加害行為により，電子計算機をして使用目的に沿うべき動作をさせないこと，または使用目的に反する動作をさせたという**動作阻害の結果の発生**を必要とする。

(1)　**「使用目的」に沿うべき動作をさせないこと**　　使用目的とは，電子計算機を使用している者が，具体的な業務遂行の過程において，電子計算機による情報処理によって実現を目指している目的をいう。「**動作**」とは，電子計算機の機械としての動き，すなわち電子計算機が情報処理のために行う入力・出力・検索・演算等の動きをいう。「使用目的に沿うべき動作」とは，右の使用目的に適合した動作をいい，したがって，「使用目的に沿うべき動作をさせず」とは，このような電子計算機の使用目的に適合する動きを停止することをいう。

(2)　**電子計算機をして使用目的に反する動作をさせること**　　「使用目的に反する動作」とは，電子計算機をして使用目的に反する動きをさせることをいう。

(3)　**阻害の事態が現実に発生すること**　　これらの事態が現実に発生しない限り本罪は成立しないから，これらの事態は，加害行為による一種の**構成要件的結果**である。加害行為とこの結果との間には因果関係が必要となる。

5　業務妨害

加害行為によって電子計算機の機能障害を生じさせ，その結果として「人の業務を妨害した」ことを要する。「妨害した」とは，電子計算機の動作阻害によって電子計算機による業務の遂行に混乱を生じさせることをいう。実質上は偽計・威力業務妨害罪におけると同一の意味であり，侵害犯と解すべきであるが[52]，判例のように具体的危険犯と解する場合でも，具体的危険の発

51　西田・145頁。
52　西田・144頁，高橋・204頁。なお，前田・141頁。反対，大塚・166頁（具体的危険犯とする）。

160 第1編 個人法益に対する罪 第2章 自由および私生活の平穏に対する罪

生と，その前提となる加害行為および機能障害との間には因果関係が存在することを要する。

6 故 意

本罪の故意は，加害行為による動作阻害および業務妨害を認識して行為に出る意思である。未必の故意で足りると解すべきである。本罪は侵害犯であるから，業務妨害の結果について認識することが必要となるが，具体的危険犯と解する場合にも，危険の発生について認識することを要する。

7 未 遂

本罪の未遂罪は，2011（平成23）年サイバー関係の罰則に関する法整備（→522頁）の際に，規定された（234条の2第2項）。加害行為が行われたが，動作障害の結果が現実に発生しなかった場合，および業務妨害の結果が発生しなかった場合に未遂となる。例えば，他人の業務を妨害するため，その業務に使用されている電子計算機に対し，ネットワークを通じて不正な指令を与えようとしたが，防護操作が作動したため，動作障害に至らなかった場合である。

8 罪数・他罪との関連

本罪の罪数は，加害行為と業務妨害の結果を中心に確定すべきであり，加害行為が複数であっても1個の業務妨害を生じさせるときは単純一罪である。電子計算機を損壊して業務を妨害したときは，器物損壊罪と本罪との観念的競合になる。爆発物取締罰則違反の罪を犯して本罪を犯したときも観念的競合になる。電磁的記録を消去して本罪を犯したときは，電磁的記録毀棄罪（258条，259条）と本罪との観念的競合である。

第7節 秘密を侵す罪

1 総 説

秘密は，国家機密，企業秘密，個人の秘密に分かれ，それぞれ法的保護が必要であるが，刑法典は個人の秘密の侵害のみを犯罪としている。他方，秘密は，①探知，②漏示，③窃用によって侵害されるが，刑法典は，個人の秘

密について，探知と漏示の一部を処罰するにすぎない。このようにして，秘密を侵す罪は，個人の秘密を侵害することを内容とする犯罪であり，その保護法益は，**個人の秘密**である。それゆえ，国家・公共団体の秘密は含まないが，法人のほか法人格のない団体の秘密も保護の対象となる。

　個人は，一身上のみならず家庭その他社会生活上の秘密をもって生活している。この秘密を他人にみだりに漏らされるときは，私生活の平穏を害されるところから，刑法において保護する必要が生ずるのである。刑法は，秘密を侵す罪として，①信書開封罪（133条），②秘密漏示罪（134条）を定めてその保護を図っているが，情報化社会の到来に伴ってコンピュータ情報の不正入手事件が多発しているため，個人情報や財産的情報等の刑法的保護が必要になってきている。

秘密保護の立法　本罪の保護法益は，国家・公共団体の秘密をも含むとする見解があるが，本罪は個人法益の罪であるから，これら公共の秘密の保護は，本罪以外において問題とすべきである。なお，国家・公共団体の秘密の漏示に関しては，例えば国家公務員法100条1項，2項，109条12号，地方公務員法34条1項，2項，60条2号などに処罰規定がおかれているほか，国家機密保護法の立法が問題となっている。ちなみに，草案318条は，企業秘密漏示罪を新設しているが，財産的情報の刑法的保護も課題として取り上げられている[1]。

2　信書開封罪

　正当な理由がないのに，封をしてある信書を開けた者は，1年以下の懲役又は20万円以下の罰金に処する（133条）。親告罪である（135条）。

1　客　体

　本罪の客体は，封をしてある信書である。「**信書**」とは，特定の人から特定の人に対して宛てた，意思の伝達を媒介すべき文書をいう。特定の人は，自然人であると法人，法人格を有しない団体であるとを問わない。国または公共団体に宛てた場合について，ⓐこれを「信書」に当たるとする説（通説），ⓑ本罪の秘密は私的関係における秘密に限られるから「信書」に当たらないとする説[2]とが対立している。国または公共団体に宛てた文書にも個人的秘密

1　芝原ほか「財産的情報の刑法的保護」刑法雑誌30巻1号1頁。
2　ポケット322頁。

が記載されることは少なくないから，ⓐ説が妥当である。ただし，発信人，受信人のいずれもが**国または公共団体**である場合は除かれる。

信書は意思を伝達する文書に限られるかについて，判例および多数説はこれを肯定するが[3]，意思の伝達を内容とするものであれば足りるから，特定の意思を表示する文書のみならず，単なる事実の記載，感情の表現，図画，写真，原稿なども事情によっては信書といえる。**内容物が空虚である封筒**なども，封をして特定人に宛てている以上は，意思を伝達する手段であるというべきである[4]。

信書は封がされている限り本罪の客体となり，発送前であるかどうかを問わない。「**封**」とは，外包を破るか壊さない限り内容が認識できないように，信書と一体となるような態様で信書に施す外包装置のことである。封筒に入れて糊で封ずる場合が典型例である。限界事例としては，封筒をクリップで留めるとか，小包に縄ひもをかける場合が考えられるが，これらは封に当たらない。信書を机の引き出しに入れて施錠しておくときも，その装置が信書と一体となったものではないから封とはいえない。受信者が開けた後に再度封をした文書は，信書に当たると解すべきである[5]。

2 行 為

本罪の行為は，封をした文書を故意に開封することである。「開けた」とは封を破棄して開くことをいい，それによって信書の内容が知りうる状態になれば既遂となる。したがって，本罪は**抽象的危険犯**であり[6]，信書の内容が作成者にとって秘密事項であるかどうかを問わない。封を破棄して開く行為が必要であるから，それ以外の方法で信書の内容を知っても開封ではない。なお，日本郵政公社の取扱中に係る信書を開く行為は，郵便法77条によって3年以下の懲役または50万円以下の罰金に処せられる。

3 違法性阻却事由

信書の開封は「正当な理由がないのに」なされたものでなければならない。

---

3 大判明40・9・26刑録13・1002。福田・209頁，藤木・255頁，前田・118頁。なお，ポケット324頁。

4 植松・327頁，大塚・126頁，吉川・93頁，西原・180頁。

5 大塚・126頁。反対，ポケット320頁，柏木・398頁，吉川・93頁，香川・461頁。

6 反対，中森・82頁，山口・129頁〔具体的危険犯とする〕。

正当な理由がない場合にのみ違法となるから，正当な事由による開封は違法性を阻却する。信書の開封が法令上認められている場合[7]，権利者が開封に同意している場合などがこれに当たる。**親権の行使**（民820条）として子に宛てられた信書を開封する場合，それが親権行使の範囲内にあると認められる限り違法性を阻却する[8]。

3 秘密漏示罪

　医師，薬剤師，医薬品販売業者，助産師，弁護士，弁護人，公証人又はこれらの職にあった者が，正当な理由がないのに，その業務上取り扱ったことについて知り得た人の秘密を漏らしたときは，6月以下の懲役又は10万円以下の罰金に処する（134条1項）。宗教，祈禱若しくは祭祀の職にある者又はこれらの職にあった者が，正当な理由がないのに，その業務上取り扱ったことについて知り得た人の秘密を漏らしたときも，前項と同様とする（134条2項）。親告罪である（135条）。

1 主 体

　本罪は，依頼者との信頼関係に基づいて，人の秘密に接する機会の多い職業に従事する者に対してのみ成立する**真正身分犯**である。「医師」とは，医師の資格を有する者，「薬剤師」とは，薬剤師の資格を有する者をいう。「医薬品販売業者」とは，許可を受けて医薬品の販売業を営む者をいい（薬事法29条），「助産師」とは，分娩を助け，産婦や新生児を助けることを業とする女子をいう（保健婦助産師看護師法3条）。「弁護人」とは弁護士でない者が弁護人となった場合をいい，刑事訴訟法上の特別弁護人のことである（刑訴31条2項）。「宗教の職にある者」とは，神官，僧侶，牧師などをいい，「祈禱の職にある者」とは，祈禱師のことである。

> **特別法上の罪**　秘密の漏示は，本罪の主体以外の者の行為も処罰されることに注意を要する。国家公務員（国家公務員法109条12号など），地方公務員（地方公務員法60条2号など），司法書士（司法書士法23条），行政書士（行政書士法22条）などについても秘密保持の義務が定められ，さらに感染症予防法（67条，68条），児童福祉法（61条）にも医師等による秘密漏示を処罰する規定が置かれている。なお，特定秘密の保護に関する法律（平成25年12月13日法律108号）参照。

---

7 例えば，郵便41条2項，刑訴111条，刑事施設法93条以下など。
8 大塚・127頁，藤木・255頁，前田・119頁。反対，柏木・398頁，内田・197頁〔性急な手段として訓育になじまないとする〕。

2 客 体

本罪の客体は，秘密である。「**秘密**」は，本罪の主体が業務上取り扱った人の秘密であることを要する。秘密とは，特定の小範囲の者にだけ知られている事実であって，本人が他の者に知られたくないという意思をもっており，他人に知られることが客観的にみて本人の不利益になると認められるものをいう。秘密とすることについて客観的な利益が認められる事実であることを要するかについて，ⓐ本人が主観的に秘密にしようとする意思があれば足りるとする**主観説**[9]，ⓑ客観的にみて本人にとって秘密として保護するに値するものでなければならないとする**客観説**[10]，ⓒ客観的に秘密とする利益があり，かつ，本人も秘密とすることを欲するものでなければならないとする**折衷説**[11]，ⓓ客観的に秘密として保護に値するもの，または本人が特に明示した主観的秘密のいずれかで足りるとする説[12]が対立している。本罪の目的が本人が秘密にしておきたいという意思の保護にあることは無論であるけれども，秘密の内容が客観的にみて保護すべき利益を有していなければならないと解すべきであり，ⓒ説が妥当である。

秘密は，自然人の秘密である場合が普通であるが，法人などの**団体の秘密**も含む[13]。秘密は，私生活上の秘密に限るべきであるとする見解[14]と公生活上の秘密も含むとする見解[15]とが対立しているが，本罪は個人法益を保護するためのものであるから，私生活上の秘密に限るべきである。それゆえ，秘密の主体が国または地方公共団体である場合の秘密は本罪の客体ではない[16]。秘密は，それぞれの身分者が業務を遂行する過程で知ったものでなければならない。例えば，酒場等で偶然見聞した事柄は，秘密ではない。

3 行 為

本罪の行為は，秘密を「漏ら」すことである。秘密を侵害する行為には探

---

9 吉川・96頁，藤木・256頁。

10 団藤・510頁，福田・210頁，大塚・129頁，中森・73頁，西田・119頁，前田・119頁。

11 平野・189頁，山口・130頁，佐久間・139頁。

12 藤木・256頁。

13 通説。反対，西田・112頁，松宮107頁〔自然人に限る〕。

14 ポケット323頁，福田・211頁，大塚・130頁，吉川・96頁。

15 植松・331頁，柏木・400頁。

16 反対，大塚・130頁。

知と漏示とがあるが，現行法は探知行為を信書の開封に限って処罰し，私的な会話の盗聴などは罰しない。「**漏ら**」すとは，秘密を知らない者に告知する行為をいう。1人に対してであろうと多数の者に対してであるとを問わず，その方法のいかんも問わない。他言を禁じて秘密を教えたとき，さらに秘密を記載した書面を放置して他人が読むのにまかせていた場合のように，**不作為**の場合も含む。漏示行為は，告知が相手方に到達すれば既遂に達し，相手方が現に秘密を知ったことを要しない。その意味で本罪は**抽象的危険犯**である。

　医師が鑑定の過程で知り得た秘密を漏らす行為は，本罪を構成する（最決平24・2・3刑集66・4・405）。

4　違法性等阻却事由

　本罪は「正当な理由がないのに」秘密を漏らしたことを要件として成立する。「正当な理由がないのに」とは「**正当な事由がなく**」という意味である。違法性が阻却される場合としては，以下のものが考えられる。第1に，法令上告知義務を負う者が人の秘密を告知したときには，違法性を阻却する。例えば，感染症予防法12条では，医師が患者を保健所長・都道府県知事等に届け出る義務が定められており，これに基づく告知は法令上の正当行為である。第2に，秘密の主体である本人が同意しているときには，秘密とする意思が失われるから，構成要件該当性を阻却する。第3に，医師・弁護士などが業務上知りえた秘密について第三者の利益を保護するために他人の秘密を漏示する場合は，緊急避難また社会的相当性を基準に違法性阻却を認めるべきである[17]。

4　親　告　罪

　この章の罪は，告訴がなければ公訴を提起することができない（135条）。

1　信書開封の場合

　本罪が親告罪とされるのは，訴追がなされることによって発信者または受信者の秘密が公になり，被害者にとってかえって不利益になるとする配慮に基づいている。告訴権者は被害者であるが，誰が**告訴権**を有するかについて，

---

17 大判昭5・2・7刑集9・51。

ⓐ発信者・受信者ともに常に告訴権を有するとする説（通説），ⓑ発信者は常に告訴権を有するが信書の到着後は受信者も告訴権を有するとする判例の立場[18]，ⓒ発信者は常に告訴権を有するが信書の発信後は受信者も告訴権を有するとする説[19]，ⓓ信書が受信者に到達する以前は発信者が，到達した後は受信者が告訴権を有するとする説[20]が対立している。信書における秘密は，発信者のみならず受信者にも共通するのが通常であるから，発信または到達によって区別する実益はなく，発信者，受信者ともに常に告訴権を有すると解すべきであり，ⓐ説が妥当である。

2 秘密漏示の場合

告訴権者については，ⓐ秘密の主体であるとする説[21]，ⓑその秘密が漏示されたことによって直接被害を受けた者とする説[22]が対立しているが，犯罪によって被害を受けた者が告訴権を有すると解すべきであるから，ⓑ説が妥当である。

---

18 大判昭11・3・24刑集15・307。
19 江家・244頁。
20 木村・95頁，西原・181頁。
21 内田・200頁，曽根・85頁，中森・83頁，山口・133頁。
22 大塚・131頁。

第3章

名誉および信用に対する罪

名誉に対する罪と信用に対する罪とは，いずれも人に対する社会的評価を保護法益とする犯罪である。しかし，名誉は人の人格に対する社会の評価をその内容とするものであるのに対し，信用は人の経済的側面に対する社会の信頼をその内容とするものであるから，信用に対する罪は後述する財産に対する罪と近接する罪である。

第1節　名誉に対する罪

1　総　　説

1　意　義

名誉に対する罪は，人の名誉を保護するために，公然と他人の名誉を毀損し，または侮辱する行為を犯罪とするものである。人は，社会的生活関係を維持するうえで一定の名誉を保持しており，名誉を侵害されることによって，個人的生活ばかりでなく社会的生活関係が破壊され，社会生活上重大な不利益をこうむる可能性がある。現代の社会では，個人の尊重が重視されるにつれて，名誉・信用の価値が重要なものとなってきている。ことに，社会の情報化にともなって名誉の侵害が深刻となり，プライバシー保護の必要性が増大している。こうして名誉は，憲法13条の個人の尊重における人格権として保障されるとともに，刑法は，人の名誉を傷つけた場合は，**事実の有無を問うことなしに**，現に社会で通用している名誉（事実的名誉）を保護するために犯罪として処罰することにしているのである。刑法は，名誉に対する罪として，

①名誉毀損罪 (230条1項)，②死者の名誉毀損罪 (230条2項)，③侮辱罪 (231条) を規定している。

一方，憲法で保障されている表現の自由 (21条) は，情報化社会において益々重要性を増しており，真実を表現・報道する自由は国民の知る権利とともに十分に保障されなければならない。人の名誉についても，本来あるべき社会的評価を表現する自由は，積極的に保障されなければならないのである。名誉の保護と表現の自由・知る権利との調和を図る趣旨のもとに，昭和22 (1947) 年の刑法の一部改正の際に，事実証明に関する規定 (230条の2) が設けられたが，本規定の意義は，ますます大きくなってきている。

2　保護法益

名誉に対する罪の保護法益は，人の名誉である。人の名誉は，①自己または他人がくだす評価とは独立の客観的に存在している人の価値 (真価) それ自体としての**内部的名誉**，②人に対して社会が与える評価 (評判・世評) としての**外部的名誉** (社会的名誉＝事実的名誉)[1]，③本人がもっている自己に対する価値意識・感情としての**名誉感情** (主観的名誉) とに分かれる。

内部的名誉は客観的にその人に備わっているもので，他から侵害される性質のものではないから，法的保護の範囲外に属する。問題は，後二者をどう考えるかである。学説は，ⓐ名誉を保護するための名誉毀損罪および侮辱罪は，ともに外部的名誉を保護法益とするとする**外部的名誉説** (通説)，ⓑ名誉毀損罪は外部的名誉を保護法益とするが，侮辱罪は主観的名誉を保護法益と解する**二分説**[2]，ⓒ両者を保護法益とする**総合説**[3]に分かれる。

思うに，刑法が名誉毀損罪と侮辱罪の成立要件として，ともに「公然」という要件を入れているのは，名誉に対する罪が人の社会的評価を低下させるという点に着眼しているからであり，仮に，内部的名誉ないし個人の名誉感情を保護法益と考えるのであれば，侮辱罪において「公然」の要件は不要になるであろう。したがって，本罪の保護法益は，個人の外部的名誉すなわち人の価値に対して社会が与える評価 (評判または世評＝事実的名誉) であると考

1　大塚・135頁。
2　団藤・512頁，江家・24頁，福田・187頁，川端・180頁。
3　平野・191頁，大塚・135頁。

第1節　名誉に対する罪　*169*

えるべきであり，判例もこの立場に従っている[4]。

　名誉に対する罪の保護法益が外部的名誉であるとすると，現実に人の社会的評価を低下させることが本罪の成立要件となるかが問題となる。学説上は，230 条が「毀損した」とし，231 条が「侮辱した」と規定されているから，本罪は結果犯でありまた侵害犯であるとする見解がある[5]。しかし，将来はともかく，現時点では本人に対する社会的評価が現に低下したことを立証することは困難であるから，現行法の名誉に対する罪は，名誉が現実に侵害されたこと，あるいは侵害の危険の発生をその成立要件としていないと解すべきである。その意味で，本罪は**抽象的危険犯**である（通説）[6]。ただし，本罪が抽象的危険犯であると解されているのは，裁判所が侵害の発生の有無を認定するのが困難であるという，もっぱら訴訟法的な要請に基づくものであり，一般の抽象的危険犯（例—現住建造物放火罪）のような法益の重大性に基づくものではない。それゆえ，単なる挙動犯と解すべきではなく，危険発生の危険の立証はできないが，経験則上，当該行為には名誉を毀損する危険が含まれていることが必要であると解すべきである（準抽象的危険犯）。

具体例　例えば，深夜には人通りのない工場の正門に，名誉を毀損する事実を内容とする看板を掲示したような場合は，少なくともその時点では名誉を毀損したとすべきではない。

2　名誉毀損罪

　公然と事実を摘示し，人の名誉を毀損した者は，その事実の有無にかかわらず，3 年以下の懲役若しくは禁錮又は 50 万円以下の罰金に処する（230 条 1 項）。親告罪である（232 条 1 項）

1　客　体

　本罪の客体は，人の名誉である。名誉の**主体**としての「人」は，自然人，法人および法人格のない団体を含む（通説）[7]。社会的活動の主体である以上，そ

4　大判大 15・7・5 刑集 5・303。
5　内田・222 頁，平川・227 頁，曽根・89 頁。
6　大判昭 13・2・28 刑集 17・141。
7　大判大 4・6・22 刑録 21・875，大判大 15・3・24 刑集 5・117，最決昭 58・11・1 刑集 37・9・1341。
　小名木・百選Ⅱ（第 5 版）41 頁参照。

170 第1編 個人法益に対する罪 第3章 名誉および信用に対する罪

の名誉は保護されるべきだからである。ただし，単一の評価が成立しうる団体を対象とするものでなければその名誉が毀損されることはないから，例えば，「東北人」とか「この地域の住民は，金遣いがあらい」というような漠然とした集団の名義で名誉を侵害する場合は除かれる[8]。

名誉とは，**人に対する社会的評価**をいう[9]。名誉の**内容**は，第1に，人の行為・人格にかかわる倫理的価値だけでなく，政治的・社会的・学問的・芸術的能力に対する名誉，身体的・精神的健全さに関する名誉も，それが人の社会的評価に関連する限り保護の対象となる。ただし，人の経済的な支払能力および支払意思に対する社会的評価は信用毀損罪において保護されるから，本罪の客体ではない。第2に，世評と現実の価値とが一致していない**仮定的名誉**も保護の対象となる。例えば，過去において犯罪等の違法行為をなした者[10]，反倫理的な行為をした者も，社会一般によって普通その人に加えられる評価の範囲で名誉が保護される。また，社会的に不当に高い評価を受けているいわゆる**虚名**も，それが事実として社会的に通用している以上は保護されるべきであるから，虚名を剥ぐ行為も名誉毀損となりうる。第3に，名誉は現在の人に対する社会的評価であるが，現在の名誉は人の過去および将来にも関連するから，例えば，幼児の将来に対する社会的評価も含む。

2 行 為

本罪の行為は，公然と事実を摘示して人の名誉を毀損することである。

⑴ **公 然** 「公然」とは，**不特定または多数の者が直接に認識できる状態**をいう。公然の意義については，かつて，ⓐ不特定かつ多数人が認識しうる状態とする説，ⓑ特定・不特定を問わず多数人が認識しうる状態とする説，ⓒ不特定または多数人が認識しうる状態とする説が対立していた。しかし，「公然」の要件は，名誉を低下させる事実が他の者に伝わり，広く社会に流布される危険な行為を類型化し，私的・個人的に，すなわち特定かつ少数人に対して情報を伝達する行為を除外するためのものであるから，公然をもって不特定かつ多数人が認識できる状態であるとするⓐ説，および特定・不特定

---

8 内田・210頁，中森・85頁，佐久間・143頁。前掲大判大15・3・24。
9 大判昭8・9・6刑集12・1590。
10 大判大5・12・13刑録22・1822。

第1節　名誉に対する罪　*171*

を問わず多数人が認識できる状態とする⑥説は，いずれも狭きに失するから©説が妥当である[11]。ただし，不特定または多数人が現に認識したことは必要でない[12]。

不特定の者とは，相手方が特殊な関係によって限定された者ではないことをいう[13]。例えば，公道上の通行人，公開の場における参集者などである。**多数人**とは，社会一般に知れわたる程度の員数という意味であり，単に複数というだけでは足りず，相当の員数であることを要する。行為が同時に多数人に対して行われることは必要でなく，文書の郵送[14]，個々の面接などによって順次連続して多数人に対して行われた場合も公然である。

問題は，不特定または多数人が知ることを期待して，特定かつ少数人に摘示した場合をいかに扱うべきかにある。判例[15]および多数説[16]は，公然とは，不特定または多数の者の「**視聴に達せしめ得る状態**」にあるとの立場から，伝播して不特定または多数人が認識しうる可能性があれば公然性を認めうると解している（いわゆる**伝播性の理論**[17]）。しかし，「公然と事実を摘示し」とは，一般の人が直接に認識できるように摘示することを意味すると解すべきであるから，摘示の結果として伝播の可能性が生じたかどうかは関係がないと考えられる[18]。したがって，特定かつ少数の者に情報を伝達しただけでは足りず，当該の行為それ自体で情報が社会一般に流布される可能性のあることが必要であると解する。個人的な噂話なども公然と事実を摘示したことになるおそれがあるからである。

> **「公然」に関する判例**　判例が「不特定または多数人」とした趣旨は，「法律が公然と規定し，而して判例が之を不特定又は多数人と解するに至りたる所以のものは，蓋多数人なるときは動もすれば秘密の保たれ得ざるの虞あるが故に外ならざるを以て，多数

---

[11] 大判昭3・12・13刑集7・766，最判昭36・10・13刑集15・9・1586。
[12] 大判明45・6・27刑録18・927。
[13] 大判大12・6・4刑集2・486。
[14] 大判大5・5・25刑録22・816。
[15] 大判大8・4・18新聞1556・25〔伝播性〕，最判昭34・5・7刑集13・5・641。
[16] 団藤・513頁，瀧川＝竹内・121頁，大塚・137頁，西原・152頁，中森・87頁，佐久間・134頁，高橋・173頁。なお，井田・166頁。
[17] 最判昭34・5・7刑集13・5・641。武田・百選Ⅱ40頁，**齊藤・判例講義Ⅱ25頁**参照。
[18] 平野・193頁，福田・注釈(5)345頁，曽根・90頁，西田・124頁，平川・刑法の基本判例110頁，山口・137頁。

なりと雖，其の員数の点に顧み又其の集合の性質に鑑み，克く秘密の保たれ得て絶対に伝播の虞なきが如き場合に於ては，公然と称するの要なきものと解するを相当とすべし[19]」とするにある。なお，伝播性の理論を説く近時の判例として，東京高判昭和58年4月27日高刑集36巻1号27頁〔関係者3名への文書の郵送〕参照。公然性が否定された事例としては，検事取調室において担当検事および検察事務官2人だけの面前で被告訴人が告訴人に対してなした発言[20]，被害者の自宅の玄関内で被害者ほか同人の母と妻および女中が居合わせたところでなした侮辱的発言[21]などがある。伝播性の理論は，摘示の相手方が不特定・多数であっても情報社会一般に流通する危険がない場合に限定的に用いられるべきであろう[22]。

(2) **事実の摘示** 名誉毀損罪は，被害者の社会的評価を害するに足りる事実が具体的に示された場合にのみ成立する。すなわち，摘示される事実は，人の社会的評価を害するに足りる事実であることを要する。「その事実の有無にかかわらず」とは，摘示事実の内容が真実であると虚偽であるとを問わないとする趣旨である。また，公知の事実であると非公知の事実であるとを問わない。公知の事実で，その事実を摘示しても人の社会的評価を低下させるおそれが全くないときは，不能犯と解すべきである。悪事醜行であることを必ずしも要せず[23]，身体上の欠陥も含まれる[24]。将来の予想事実について，学説は積極説[25]と消極説[26]とに分かれるが，予想を述べる基礎となった過去または現在の事実との関連において名誉を毀損することになると解すべきである。事実は，特定人の名誉に関するものであることを要するが，被害者の氏名を明示する必要はなく，被害者が誰であるかを確定できれば足りる[27]。夢物語的事実は，ここにいう事実ではない。また，「馬鹿者」というような評価が核心となっている場合は，侮辱罪の問題となる（➜186頁）。

摘示の方法・手段には制限がない。口頭，文書，図画による場合が通常であ

---

19 大判昭12・11・19刑集16・1513。
20 最決昭34・2・19刑集13・2・186。
21 最決昭34・12・25刑集13・13・3360。
22 西田・112頁。
23 大判大7・3・1刑録24・116。
24 佐伯仁志「名誉とプライヴァシーに対する罪（上）」現代的展開77頁は，身体障害など人の責任において変更できない「事実」は含まないとしている。
25 植松・334頁，青柳・412頁，大塚・138頁。
26 中野次雄「名誉に対する罪」刑事法講座4巻823頁。
27 最判昭28・12・15刑集7・12・2436。

るが，姿態・身振りによっても可能である。事実は行為者が直接見聞したものとして摘示される場合であろうと，風聞，噂，伝聞の形で摘示される場合であるとを問わない。摘示の際にその事実が真実であることを特に主張することも必要でない。本罪において事実の摘示が要件とされているのは，一定の具体的事実の存在を社会一般に印象づけることによって名誉の低下をもたらすことにあるから[28]，事実の摘示は，特定人の名誉が害される可能性をもつ程度に**具体的**であることが必要である[29]。

(3) **名誉毀損**　「名誉を毀損した」とは，人に対する社会的評価を害するおそれのある状態を生じさせたということであり，現実に社会的評価が低下したことは必要でない[30]。人の社会的評価を低下させるような事実を公然と摘示すれば，その時点で既遂に達するのである。既述のように (→170 頁)，本来ならば現実に名誉が侵害されたことを必要とするのであるが，それを立証することが困難であるため，社会的評価を低下させるに足りる事実の摘示を行ったかどうかを判断し，「毀損した」ことの判断に置き換えているのである。その意味で本罪は抽象的危険犯であるが，**準抽象的危険犯**として，摘示された事実が不特定または多数の者によって現実に認識されたか，あるいは認識される可能性が生じたことを要すると解すべきである。なお，新聞紙に名誉毀損記事を掲載した場合には，新聞紙の配布によって名誉毀損罪の既遂に達する[31]。

新聞による名誉毀損罪　新聞紙上に事実を摘示して名誉を毀損する場合は，以下のように解決される。第 1 に，新聞記者，編集者，発行人が，共謀して記事を掲載する場合には，それぞれ共同正犯として罰せられる[32]。第 2 に，新聞記者に材料を提供した者は，通常，教唆犯となる[33]。第 3 に，新聞の配達人は，記事内容を熟知しているときに限り幇助犯が問題となるであろうが，配達を拒むことは実際上困難であろうから，不可罰とすべき場合が多いであろう。なお，同一人に対して数個の名誉毀損記事を連続して新聞紙上に掲載したとしても，包括的一罪である[34]。

---

[28] 中野・前掲 824 頁。噂・風聞（東京地判昭 41・11・30 下刑集 8・11・1432），モデル小説の創作（東京地判昭 32・7・13 判時 19・1）。
[29] 東京高判昭 33・7・15 高刑集 11・7・394。
[30] 大判昭 13・2・28 刑集 17・141。
[31] 大判大 12・5・24 刑集 2・437。
[32] 大判大 15・8・6 刑集 5・374。
[33] 大判昭 6・10・19 刑集 10・462。

174　第1編　個人法益に対する罪　第3章　名誉および信用に対する罪

(4)　**犯罪の終了**　　本罪は**抽象的危険犯**であり，人の社会的評価を低下させるような事実を公然と摘示した以上は犯罪が成立する。したがって，本罪は状態犯である[35]。継続犯とする見解も有力であるが[36]，名誉棄損の効果は時間の経過とともに減少するので，行為が終了すれば本罪も終了する**状態犯**と解すべきである。

インターネットと名誉棄損　　インターネットによる人権侵害は，近年，様々な形で問題となっているが，特に刑法上は名誉毀損罪との関連が注目される。これまで提起された論点は，主に3点である。

その1は，**プロバイダーの責任**である。名誉毀損等の違法なコンテンツの削除を求められたが，これを無視して放置していた場合，削除できるのはプロバイダーだけであるから，プロバイダーに作為(削除)義務を認めて，名誉毀損罪の単独正犯または幇助犯の成立を検討すべきであろう[37]。

その2は，名誉毀損罪の終了時期である。大阪高判平成16年4月22日判タ1169号316頁は，Xがインターネット上にAの名誉を毀損する事実を適示した事案について，記事が削除されるまでの間は，その事実は利用者が閲覧できる状態のままであるから，名誉を侵害する危険は存続する。したがって，Xがウエブサイトの管理者に削除を申し入れた時点までは犯罪は終了しないとしたのである。インターネット上の名誉毀損罪の告訴期間に関連して犯罪の終了時期が問題となり，状態犯説について再検討を促す見解がみられるが[38]，時間の経過とともに事実の摘示による名誉侵害の危険は減少するので，インターネット上に事実が摘示された時点で犯罪は終了したと考えるべきであり，上記の判例の見解は妥当でない。

その3は，**真実性の誤信**の取り扱いである。インターネットの個人利用者であるXが，自ら開設したホームページ上に，フランチャイズ形式の飲食店を営むA社はオカルト集団であるといった虚偽の事実を公然と摘示した事案に関し，東京地裁は，真実性の誤信について相当な資料・根拠はないが，インターネット上では被害者側はこれに反論することができるところから，個人利用者に対して要求される程度の情報収集をしている以上，故意を阻却するとしたのである[39]。インターネット上は，真実性の誤信について故意を阻却する相当性の判断基準を緩めてよいとしたわけである。しかし，東京高裁は「被害者に反論の可能性がある」という理由で相当性判断の基準を緩めることは，被害者保

34　大判明45・6・27刑録18・927。

35　中森・89頁，山中・186頁。山口・平成17年度重要判例解説159頁，高橋・170頁。なお，松原・135頁。

36　西田・134頁，前田・192頁。後掲大阪高判平16・4・22。

37　西田・132頁，山口厚「プロバイダーの刑事責任」法曹時報52巻4号，只木誠「インターネットと名誉毀損」現代刑事法1巻8号49頁。

38　西田・134頁。松原・115頁。

39　東京地判平20・2・20判時2009・151。

第1節　名誉に対する罪　　*175*

護に欠け，相当でない」と判示して破棄し[40]，最高裁もこの判断を維持したのである[41]。妥当な判断として，支持すべきであろう[42]。

(5)　**故　意**　　人の社会的評価を低下させるに足りる事実を公然と摘示することについて認識し，行為に出る意思である。人の名誉を毀損する目的は必要でない[43]。摘示事実を真実であると信じていたかどうかを問わない。

3　真実の証明による不処罰

前条（230条）第1項の行為が公共の利害に関する事実に係り，かつ，その目的が専ら公益を図ることにあったと認める場合には，事実の真否を判断し，真実であることの証明があったときは，これを罰しない（230条の2第1項）。前項の規定の適用については，公訴が提出されるに至っていない人の犯罪行為に関する事実は，公共の利害に関する事実とみなす（同条2項）。前条（230条）第1項の行為が公務員又は公選による公務員の候補者に関する事実に係る場合には，事実の真否を判断し，真実であることの証明があったときは，これを罰しない（同条3項）。

1　意　義

名誉毀損罪は，摘示された事実の真否とかかわりなく成立するのが原則であり，たとえ虚名であっても一応刑法的保護に値すると考えるのが現行法の建前である。他方，民主主義社会においては，虚名を保護する以上にそれを剥ぐ公共的利益が認められることも少なくない。その意味で「真実を述べる権利」は保障されなければならない。そこで憲法の保障する表現の自由（憲21条）と名誉の保護との調和を図るため，「事実の摘示」を不可罰とする230条の2が設けられたのである。この種の規定は，帝国憲法下においても旧新聞紙法，旧出版法に設けられていたのであるが，日本国憲法の制定に伴なう1947（昭和22）年の刑法一部改正により本条が追加され，以下に述べるように広く真実の証明が認められるようになり，不処罰の範囲が拡大されたのである。

2　不処罰の要件

230条1項の名誉毀損行為が不処罰となるためには，①摘示された事実が

40　東京高判平21・1・30判タ1309・91。
41　最決平22・3・1刑集64・2・1。
42　西田・133頁。
43　大判大6・7・3刑録23・782。

176 第1編 個人法益に対する罪 第3章 名誉および信用に対する罪

公共の利害に関するものであること（事実の公共性），②摘示の目的がもっぱら公益を図るためのものであること（目的の公益性），③事実の真実性が証明できたこと（事実の真実性の証明）の3つの要件を満たす必要がある。

(1) 事実の公共性　当該行為によって摘示された事実は，「公共の利害に関する事実」に係るものでなければならない。「**公共の利害に関する**」とは，その事実の摘示が公共の利益増進に役立つという意味である。したがって，「**事実**」とは，公衆の批判にさらすことが公共の利益増進に役立つと認められる事実をいい，身体・精神の障害，病気，性生活等のプライバシーに属するものは原則として含まれない。ただし，それが社会的影響力をもつ場合は，私生活の行状に関するものであってもよい。公共の利益は，国家または社会全体（全体社会）の利益であることを必ずしも要せず，**一地域ないし小範囲の社会**（部分社会）の利益をも含む[44]。ただし，事実の公共性は，事実を公表する相手方の範囲との関連において決まるから，その地方の住民ないし小範囲の社会の構成員に公表する場合に限られ，これと無関係な社会一般に公表するときは，表現の自由の濫用として事実の公共性を失うものと解すべきである[45]。

事実の公共性は，正当な言論の行使に係るものであるから，公共の利害に結びつく事実であっても，その公表が**表現の自由の濫用**にいたるときは，事実の公共性を認めることはできないと解すべきである。それゆえ，「公共の利害に関する」といえるためには，その事実を公表することが公共の利益増進にとって必要な限度のものでなければならない（**必要性**）。また，その事実が公共の利害に関するものであることが，ある程度明白でなければならない（**明白性**）であろう[46]。事実の公共性は，摘示された事実がそれ自体として公共的性質のものであることを要求しているのでなく，その事実が公共性を有しているかどうかを評価・判断するための資料となれば足りるのであるから，私生活上の事実であっても，この要件を満たす場合がありうる[47]。なお，事実の公共性は，摘示事実の内容・性質に照らし客観的に判断されるべきであり，表現方法の不当性[48]および事実調査の程度など事情によって左右されるべき

---

44 大阪地判平4・3・25判タ829・260。
45 大塚・140頁。
46 福田・注釈(5)365頁。
47 中森・79頁。最判昭56・4・16刑集35・3・84〔月刊ペン事件判決〕。

ものではない[49]。

> **月刊ペン事件判決**　私行に関しても事実の公共性を認めることができるであろうか。前掲最判昭56年4月16日は，宗教団体の会長の私行に関して，「私人の私生活の行状であっても，そのたずさわる社会的活動の性質及びこれを通じて社会に及ぼす影響力の程度などのいかんによっては，その社会的活動に対する批判ないし評価の一資料として，刑法230条ノ2第1項にいう『公共の利害に関する事実』にあたる場合があると解すべきである」として，当該会長の女性関係に関する事実につき公共性を認めている[50]。社会的に大きな影響力を有する人物の私行は公共の利益増進に関連するから，この判決は妥当であろう。

(2)　**目的の公益性**　230条の2が適用されるためには，「その目的が専ら公益を図ることにあったと認める場合」でなければならない。「**目的**」とは動機のことであり，名誉毀損の違法性を阻却するための主観的要件である。「専ら」，公共の利益を増進させることが動機となって公然事実を摘示したことを必要とするから，恐喝の目的，被害の弁償を受ける目的，さらに読者の好奇心を満足させる目的であるときは[51]，目的の公益性に当たらない。また「**専ら**」というときは，他の動機を排斥することを意味するが，唯一の動機のみによって行動するということを人間に期待することは実際上困難であるから，**主たる動機**が公益を図るものであればよい[52]。公共の利害に関する事実かどうかについて明白性を欠き，しかも，公衆の批判にさらす必要性が明確でない場合は，目的の公益性ではなく事実の公共性の問題となる。

(3)　**特　例**　230条の2第1項については，事実の公共性または目的の公益性を推定する観点から，2つの特例が定められている。

(ア)　**犯罪行為に関する特例**　本特例は，第1に，捜査について一般国民の協力を容易にし，第2に，犯罪事実を世論の監視下に置くことによって捜査の怠慢または不当に対する批判の自由を保障するために設けられたものである。「公訴が提起されるに至っていない」というのは，捜査開始前のもの，

48　東京高判昭28・2・21高刑集6・4・367〔インチキブンや事件〕。
49　最判昭56・4・16刑集35・3・84。
50　**齊藤・判例II 28頁**，臼木・百選II（第7版）42頁。
51　東京高判昭30・6・27東時6・7・211。
52　東京高判昭40・5・22下刑集7・5・869。東京地判昭58・6・10判時1084・37。注釈（5）〔福田〕565頁。

不起訴処分のものをも含む趣旨である。起訴後の裁判に現われた犯罪事実の報道は，裁判公開の原則から当然に許される。これに反し，前科の公表等は当然に除外されるとともに[53]，時効，恩赦などにより法律上公訴の提起の可能性が存在しなくなったときには，本特例の趣旨からみて事実の公共性の推定は受けられないと解すべきである（草案310条2項参照）。また，犯人以外の者，ことに被害者に関する事実の摘示は本項の趣旨に即さないから，その事実の摘示は，名誉毀損罪を成立させる[54]。

　（イ）**公務員等についての特例**　　公務員の選定・罷免は国民固有の権利に由来するものである。それゆえ，公務員に関する事実については，事実の公共性および目的の公益性が推定され，真実性の証明がなされるだけで名誉毀損罪による処罰を免れる。公務員を選定・罷免することは国民の権利であり，公務員は全体の奉仕者として，そのあらゆる行動を国民の監視下におくべきであるとの考え方に基づき，摘示にかかる事実が直接には公共の利害に関しない場合であっても，また，もっぱら公益を図る目的でなくても，結果的に公務員の適性を判断する資料になったという趣旨から，事実の公共性を認めるとともに，目的の公益性をも認めるものである。したがって，私行に関する事実のみならず，単に私怨を晴らす目的に出たものであっても，常に真実性の証明が許されることになる[55]。ただし，公務員にもプライバシーの権利は認められるべきであるから，事実が公務員としての資質・能力と全く関係がない場合には真実性の証明を許すべきでない。判例も，片腕のない議員に対し，「肉体の片手落は精神の片手落に通じる」と発言した事例につき，公務員の職務と関係のない身体的不具の事実を摘示することは許されないとしている[56]。

3　真実性の証明

　名誉毀損罪について公訴の提起があった場合において，裁判所は，被告人の行為が事実の公共性および目的の公益性の要件を満たしていると認めたときには，被告人側の申立の有無にかかわらず摘示事実の真否を判断しなけれ

---

[53]　最判平6・2・8刑集48・2・149。

[54]　前掲・注釈（3）〔福田〕369頁，中森・80頁，山口・140頁。

[55]　大阪高判昭30・3・25裁特2・6・180。

[56]　最判昭28・12・15刑集7・12・2436。

ばならない。裁判所には職権調査義務があるからである。真実なものと判断するに足りる証拠があり，真実であるとの心証を得たときに，初めて被告人を無罪とすることができる。

(1) **要件** 第1に，① 事実の公共性，② 目的の公益性の要件を満たしていると認めるときは，裁判所は事実の真否の判断をしなければならない[57]。逆に，これら2つの要件が満たされない限り，プライバシー保護の見地から摘示事実の真否について判断することは許されないと解すべきである[58]。したがって，①②の要件は，被告人を無罪にするための実体法上の要件であるとともに，裁判所が真実性について審理を開始するための手続上の要件でもある[59]。その限りで，法は被害者のプライバシー等の保護を図るのである。

第2に，真実性の立証は，被告人側がこれを行わなければならない。このような手続的要件が設けられた趣旨については学説上の対立があるが[60]，被害者の名誉の保護と真実を表現する自由の保護との調和という観点から，被告人の真実の証明を要件に違法性を阻却するものと解すべきである（➡175頁）。すなわち，事実の真否に関する**挙証責任**は被告人側にある。

第3に，事実の真否の判断の結果，摘示事実が真実であることの証明があったことを必要とする。証明の対象は，摘示された事実である。**証明の対象**については，噂や風聞の形で事実が摘示された場合，例えば，「……の噂がある」と表示した場合，証明の対象は噂や風聞の存在か，それともその内容となっている事実かの問題があるが，風聞や噂ではなく，その事実と解すべきである。名誉が害されるのは，その事実が存在するように見えるからである[61]。

真実性の証明の方法については，ⓐ証拠の優越の程度に真実であることの証明がなされれば足りるとする説[62]，ⓑ合理的な疑いをいれない程度に真実

---

57 東京高判昭28・2・21高刑集6・4・367。
58 平野・195頁，町野朔「名誉毀損罪とプライバシー」刑罰法大系3 317頁，鈴木〔茂〕・判例刑法研究5 293頁，西田・115頁，山口・140頁。反対，注釈(5)367頁，大塚・141頁。なお，中森・83頁。
59 柏木・407頁。
60 佐伯仁志「名誉・プライヴァシーの侵害と刑事法上の問題点」ジュリ959号46頁。
61 最決昭43・1・18刑集22・1・7。団藤・516頁，中森・81頁，西田・115頁。
62 藤木・243頁，曽根・93頁，西田・128頁，山口・143頁，高橋・179頁，松原・138頁。

180 第1編 個人法益に対する罪 第3章 名誉および信用に対する罪

であることの証明が必要であるとする説（通説）[63]が対立している。被告人側は検察官に比べ証拠の収集能力において著しく劣ることにかんがみ，また，公益のための表現（言論）の自由を保障するためには被告人の負担を軽減すべきであるから，ⓐ説が妥当である。

　事実の真実性については，摘示事実の全部について証明する必要はなく，その主要な点について証明すれば足りる。事実の真否が審理の結果不明に終ったときには，証明があったことにはならない[64]。真実性の証明については自由な証明で足りるとする見解もあるが，刑事訴訟法上の例外を認める理由はないから，厳格な証明が必要であると解する（通説）[65]。

> **真実性の立証の範囲と対象**　通説・判例は，真実性の立証は摘示事実の細部にわたる必要はなく，その主要部分についてなされればよいとするが，では，「ある者が犯罪を行った疑いがあるとの噂がある」という形で事実を摘示した場合，証明の対象は何か。大阪高判昭和25年12月23日判特15号95頁は「形式的には犯罪の証明が不十分であっても健全な常識にてらし一応犯罪容疑の存在を推測させるだけの客観的な状況の存在が明らかになれば」よいとした。なお，「人の噂であるから真偽は別として」という表現につき，最決昭和43年1月18日刑集22巻1号7頁は「その風評の内容たる事実の真否」が証明の対象であるとした。しかし，「この立場を徹底するときは，行為者に酷になりすぎる虞がないではない[66]」。それゆえ，「その事実の存在につき客観性のある噂であるならば，**噂の存在**の真実性が証明されれば足りる」と解すべきである[67]。

(2)　真実性の証明の法的効果　真実性の証明の法的効果に関して，学説は，ⓐ処罰阻却事由説[68]，ⓑ違法性阻却事由説（通説），ⓒ構成要件該当性阻却事由説[69]に分かれている。わが国の刑法は，230条において真実を述べることも許さないという建前をとっており，また，事実の証明という訴訟法上の要件をもって不可罰としているのであるから，文理解釈のみによると，名誉毀損罪は成立するけれども表現の自由を保障するために処罰しないだけである

---

63 最大判昭44・6・25刑集23・7・975。なお，最決昭51・3・23刑集30・2・229。
64 東京高判昭28・2・21高刑集6・4・367。
65 反対，小野・刑事判例評釈集17巻244頁，小暮ほか〔曽根〕・149頁。
66 大塚・142頁。
67 植松・342頁。
68 植松・340頁，内田・217頁，中森・94頁，前田・160頁，伊東・183頁，高橋・184頁。なお，平野・198頁。
69 団藤・初版増補421頁，中・117頁。

第 1 節　名誉に対する罪　*181*

とする@説がもっとも明快である。立法当時の政府の見解もそうであったし，最高裁判所もかつてはこの見解によっていたとみられる[70]。

　しかし，230 条の 2 は，個人の名誉の保護と表現の自由の保障の調和を図った規定であり，事実の公共性と目的の公益性を前提として要求したうえで，真実を表現することを正当な表現の自由の行使として保護しようとする趣旨によるものと解すべきである。真実性の証明の効果は，構成要件に該当するが真実の表現を正当なものとして評価し，**違法性を阻却する**と解すべきである。

　ところで，230 条の 2 が問題となる場合として，行為者が，①確実な資料・根拠に基づいて事実を摘示し，その結果真実性の証明に成功した場合，②確実な資料・根拠に基づいて事実を摘示したが，真実性の証明に失敗した場合，③確実な資料・根拠に基づかないで事実を摘示したが，真実性の証明に成功した場合，④確実な資料・根拠に基づかないで事実を摘示し，真実性の証明に失敗した場合に分けて考えることができる。230 条の 2 がその典型として予定している行為は①の場合であるが，真実の表現は保護しなければならないとする趣旨からすると，230 条の 2 が予定しているのは，①と③の場合と考えられる。したがって，いい加減な調査・資料に基づいたものであっても，結果的に真実であることが証明された以上は，その表現を違法とすべきではない。

4　真実性の誤信

　それでは，行為者が事実を真実と思ったが，裁判所で真実性の証明に失敗した場合は，常に犯罪の成立を認めるべきであろうか。これが真実性の誤信の問題である。

　(1)　**学　説**　真実性の誤信については，真実性の証明の法的効果に関する学説の対立を反映して，学説は多岐に分かれている。

　(ア)　**違法性阻却説**　これには，二つの説が含まれている。@違法性阻却事由説の立場から，確実な資料・根拠に照らし誤信したことに相当な理由がある場合にも，表現の自由の正当な行使と評価すべきであるから，35 条によって違法性を阻却するとする説[71]，⑥処罰阻却事由説から，230 条の 2 の要

70　最判昭 34・5・7 刑集 13・5・641。中野次雄・刑事法と裁判の諸問題（1987）66 頁。

182　第1編　個人法益に対する罪　第3章　名誉および信用に対する罪

件を充たすときは正当な言論の行使でなくても不可罰となるが，その要件を充たさなくても摘示された事実の資料・根拠の確実性などを考慮して，実質的判断から違法性を阻却すべきであるとする説である[72]。

（イ）**故意阻却説**　　違法性阻却説の立場から，真実性の証明ができなかった以上は，違法性を阻却することはないが，証明可能な程度の資料・根拠に照らし誤信したことに相当な理由があるときは，故意または責任故意を阻却するとする説である[73]。

（ウ）**責任阻却説**　　違法性阻却事由説の立場から，厳格責任説に従って，真実性の誤信は違法性阻却事由の錯誤として故意を阻却しないが，誤信したことにつき相当な理由があるときは責任を阻却するとする説である[74]。

（エ）**過失名誉毀損罪説**　　これには，二つの説が含まれている。ⓐ処罰阻却事由説の立場から，真実性の誤信はいかなる事情があれ違法性を阻却せず，230条の2は，事実を真実であると誤信したことにつき過失がある場合には，過失名誉毀損罪として処罰することを定めた特別の規定（38条1項ただし書）であるとする説[75]，ⓑ違法性阻却事由説の立場から，ⓐと同様に解する説である[76]。

最高裁の態度　　最大判昭和44年6月25日刑集23巻7号975頁は「刑法230条の2の規定は，人格権としての個人の名誉の保護と，憲法21条による正当な言論の保障との調和をはかったものというべきであり，これら両者間の調和と均衡を考慮するならば，たとい刑法230条の2第1項にいう事実が真実であることの証明がない場合でも，行為者がその事実を真実であると誤信し，その誤信したことについて，確実な資料，根拠に照らし相当の理由があるときは，犯罪の故意がなく名誉毀損罪は成立しないものと解するのが相当である」と判示して，最判昭和34年5月7日刑集13巻5号641頁を変更した。故意阻却説を明らかにした大法廷判決である[77]

71　団藤・527頁，藤木・246頁，平川・235頁，中森・93頁。
72　前田・130頁。なお，中森・94頁。
73　団藤・初版増補（1972）421頁，大塚・147頁，川端・192頁，山中・203頁，佐久間・151頁。最大判昭44・6・25刑集23・7・975。佐久間・百選Ⅱ（第7版）44頁，**齊藤・判例講義Ⅱ29頁**参照。
74　福田・194頁。
75　内田・220頁，町野朔「名誉毀損とプライバシー」刑罰法体系3巻334頁，山口・147頁，高橋・185頁。
76　西田・119頁。
77　曽根・百選Ⅱ（第6版）43頁。

第1節　名誉に対する罪　*183*

(2)　**真実性の誤信の取扱い**　　これらの学説のいずれが妥当であろうか。厳格責任説を採る私見[78]からすると，責任阻却説を支持することになりそうである。しかし，事実の公共性および目的の公益性が認められる場合には，真実を述べることはむしろ奨励すべきことであるから，真実であることが証明できる程度の確実な資料・根拠に基づいて事実を摘示した場合にも，正当な言論の行使として，社会的相当性を有し，真実を表現したのと同様の価値を認めるべきである。また，証言してくれれば確実に証明できるはずの者が，突如死亡して証言できなかったような場合にも違法性を阻却しないとするのは不合理であろう。結論として，証明可能な程度の確実な資料ないし根拠に基づいて真実と信じて事実を摘示したが，立証に失敗した場合には，35条の正当行為として違法性を阻却すると解すべきである。

　この観点から学説をみると，①真実性の誤信は常に違法であるとする前提から，これを故意ないし責任の問題として論ずる故意阻却説および責任阻却説は，それだけで支持することはできない。また，②230条の2を処罰阻却に関する規定としながら，真実性の誤信につき実質的違法性の観点から違法性阻却を認める説は，結論としては（ア）ⓐ説と同じになると思われるが，この考え方によると，230条の2の要件を充たした場合になぜ不処罰となるのか，その根拠が明らかにならない。さらに，③過失名誉毀損罪説も，真実性の証明ができなかった以上は常に違法であるとする前提自体すでに支持することができない。同時に，230条の2は，真実性の証明ができない場合について過失を処罰する特別の規定であるとする解釈にも問題がある。230条の2は，230条の構成要件に該当した事実につきその不処罰を定めるための規定であり，同条が230条とは別個の構成要件を含んでいると解釈することには，無理があるように思われるからである。結論として，（ア）ⓐ説が妥当である。

(3)　**230条の2と35条との関係**　　以上の検討の結果，真実性の証明の要件を欠く場合は230条の2を適用することはできないが，証明可能な程度に確実な資料・根拠に基づいて事実を摘示したものである以上は，たとえその真実性の証明に失敗しても，230条の2に準じて，35条の正当行為として違法性を阻却すると解する。

78　大谷・総論339頁。

184　第1編　個人法益に対する罪　第3章　名誉および信用に対する罪

　問題は，230条の2と35条との関係をどう捉えるかにある。この点につき，処罰阻却事由説を採りつつ35条による違法性阻却を認める説は，35条が原則であり，230条の2は不当な言論の行使につき特別の不処罰を認める例外規定と解している。そして，35条を適用するに当たっては，①名誉侵害の程度，②摘事実の公共性の程度，③摘示事実に関する資料・根拠の確実性，④表現方法の通常性，⑤表現活動の必要性の程度などを考慮して，正当性を判断すべきであると主張している[79]。しかし，現行法は「**初めに名誉ありき**」という観点から名誉を厚く保護する建前に立っており，公共性を有する言論であっても真実性の証明がないかぎり違法性を阻却しないとする立場から，230条の2を設けて，一種の法令行為として厳格な要件のもとに違法性を阻却するとしたものと解される。この観点からすると，35条を適用するにしても，**事実の公共性**および**目的の公益性**の要件はそのまま維持し，もっぱら真実性の証明ができなかったことについて，証明可能な程度に確実な資料・根拠に基づいていたかどうかを検討すべきである。その意味で，230条の2が原則であり，それが適用できない場合に初めて35条の適用が問題となり，例外的に230条の2に準じて違法性を阻却するものと考えるべきである。

5　その他の違法性阻却事由

　名誉毀損行為は，230条の2において違法性が阻却されるが，それ以外にも違法性阻却の一般原理に従って違法性を阻却する場合がある。例えば，被害者の同意，正当な弁護権の行使，芸術的・学術的業績に対する「**公正な評価**」，議員の議会における論議，正当な労働組合活動などである。

弁護活動と名誉毀損　最決昭和51年3月23日刑集30巻2号229頁は，弁護人が「被告人以外の特定人が真犯人であることを広く社会に報道して，世論を喚起し，被告人を無罪とするための証拠の収集につき協力を求め，かつ最高裁判所の職権活動による原判決の破棄ないし再審請求の道を開くため，右の特定人が真犯人である旨の事実摘示をしたのであって，被告の無罪を得るために当該被告事件の訴訟手続内において行ったのではないから，訴訟活動の一環としてその正当性を基礎づける余地もない」（いわゆる丸正事件）と判示した。なお，「公正な評価」は，事実の叙述でなく意見の表明である点で230条の2の問題から区別される[80]。また，衆・参両議院の議員が議院で行った演説・討論に

---

[79] 前田・130頁。
[80] 団藤・505頁，平川・230頁。

第1節　名誉に対する罪　*185*

ついては，一身的刑罰阻却事由として「院外で責任を問はれない」（憲法51条）が，地方自治体の議員活動については刑法35条および230条の2が問題となる。

④　死者の名誉毀損

死者の名誉を毀損した者は，虚偽の事実を摘示することによってした場合でなければ，罰しない（230条2項）。親告罪である（232条1項）。

1　保護法益

死者の名誉毀損の保護法益については，ⓐ死者自体の名誉とする説（通説），ⓑ遺族の名誉とする説[81]，ⓒ遺族が死者に抱く敬虔感情とする説[82]，ⓓ死者に対する社会的評価としての公共的法益とする説[83]などが主張されている。しかし，ⓒ説によると遺族のいない死者には本罪の成立する余地がなくなるから不当であり，ⓓ説によると本罪が親告罪とされていることと矛盾し，いずれも妥当でない。

刑法が「死者の名誉」として規定しているばかりでなく，死者も歴史的存在者としてそれ自体の名誉を有していると解すべきであるから，本罪の法益の中核をなすものは**死者自体の名誉**であると考えられる。すなわち，本罪は，生存中に有していた名誉に対して，その保護を死後にまで及ぼしたものと解すべきである[84]。このように解しても，本罪が遺族の名誉ないし名誉感情を侵害するものであり，また，死者に対する社会的評価としての公共的法益の侵害を含むものであることを否定するわけではないから，副次的にはⓑ説およびⓓ説が主張する法益を認めてさしつかえない。死者を法益の主体とするのは法体系全体の構造と調和しないとする批判があるが，本罪は，死者に人格や権利の主体としての地位を認めるわけではないから，この批判は不当である。

2　行　為

本罪の行為は，虚偽の事実を公然と摘示して死者の名誉を毀損することで

---

[81] 宮本・313頁。
[82] 大塚・148頁，中森・95頁，前田・126頁。
[83] 中野次雄「名誉に対する罪」刑事法講座4巻820頁，平野龍一「刑法各論の諸問題」法セ203号79頁。
[84] 植松・335頁，山中・205頁。

ある。虚偽の事実は，行為者自身が虚構したか否かを問わない。結果として真実であるときは，本罪を構成しない。虚偽の事実を真実と誤信して摘示した場合は，たとえ誤信することにつき過失があっても，虚偽の事実の認識はないから，死者の名誉毀損には当たらない。

3 故 意

本罪が「虚偽の事実」の摘示を要件とする以上，故意を認めるためには，死者の名誉を毀損する意思があり，虚偽の事実であることを確定的に認識していることを必要とする。未必の故意では足りないと解すべきである[85]。死者と信じて名誉毀損行為に出たところ，実は，相手方が生存していた場合，①虚偽の事実を確定的に認識して摘示したときは名誉毀損罪が成立し，②死者と信じて真実を摘示したときは，事実の錯誤として名誉毀損罪の故意を阻却し，不可罰となる。

5 侮 辱 罪

> 事実を摘示しなくても，公然と人を侮辱した者は，拘留又は科料に処する（231条）。親告罪である（232条1項）。

1 意 義

本罪は，外部的名誉を保護する点で名誉毀損罪と異ならないが，事実の摘示を要件としない点でこれと異なる。事実の摘示がない場合の方が名誉侵害の程度が小さいために，名誉毀損罪よりも軽い法定刑になっているにすぎない。侮辱罪と名誉毀損罪とは，**事実の摘示の有無**について相違があるにすぎず，罪質において共通する。

2 客 体

本罪の客体も人の名誉である。**外部的名誉**が保護法益であると解すべきであるから，侮辱を感じえない幼者や精神病者は無論のこと，法人，法人格を有しない団体に対しても本罪は成立する（通説）[86]。

3 行 為

本罪の行為は，事実を摘示しないで，公然と人を侮辱することである。公

---

85 反対，条解641頁。
86 最決昭58・11・1刑集37・9・1341，川口・百選Ⅱ（第7版）46頁。

然についてはすでに述べた（➡170頁）。「事実を摘示しなくても」という文言は，230条1項の「事実を摘示し」を受けたものであるから，名誉毀損に当たる事実を摘示しないで侮辱することが本罪の行為である。「**侮辱**」とは，他人の人格を蔑視する価値判断を表示することである。その態様のいかんを問わない。不作為も情況によっては侮辱となりうる[87]。事実を摘示すれば名誉毀損となるが，抽象的な事実（「何々でしくじった」，「選挙ブローカー」といってけなす場合など）を示すことによって軽蔑するのは侮辱である。罵言や嘲笑を浴びせかけるのが通常の行為であるが，動作や態度によって侮辱することもありうる。ちなみに，身体的欠陥を指摘して嘲笑する場合において，それが事実の摘示に当たるかどうかが問題となるが，他人の社会的評価を害するに足るべき具体的事実の摘示がない限り名誉毀損とはならないから[88]，身体的欠陥それ自体を摘示して嘲笑したような場合は侮辱罪に当たる。身体的欠陥が人間的評価に関連する具体的事実と結びつけられたときに，初めて名誉毀損罪における「事実」となるのである。

6 親 告 罪

　この章の罪は，告訴がなければ公訴を提起することができない（232条1項）。告訴することができる者が天皇，皇后，太皇太后，皇太后又は皇嗣であるときは内閣総理大臣が，外国の君主又は大統領であるときはその国の代表者がそれぞれ代わって告訴を行う（同条2項）。

　名誉に対する罪が親告罪とされているのは，訴追することによってかえって被害者の名誉を侵害するおそれがあることを考慮したためである。告訴権者は，刑事訴訟法（230条以下）の定めるところによるが，死者の名誉を毀損した罪については，死者の親族または子孫も告訴権を有する（同233条1項）。

7 罪数・他罪との関連

　名誉毀損罪の罪数は，**被害者の数**を基準にして決定されるから，例えば，1通の文書で2人以上の者の名誉を毀損すれば本罪の観念的競合となり[89]，ま

---

87 ポケット524頁。
88 大判大15・7・5刑集5・303。

た，新聞紙上に同一人の名誉を侵害すべき記事を連載したときは包括的一罪となる[90]。名誉毀損罪と侮辱罪との罪数関係については，侮辱罪の保護法益との関連で見解の対立を生ずる。第1に，両者を事実の摘示の有無による行為態様の相違と解する通説・判例の立場によれば，例えば，1個の文章をもって事実を摘示し侮辱的言辞を用いても，両罪は法条競合として名誉毀損罪のみが成立するが，侮辱罪を名誉感情に対する罪とする立場によれば観念的競合になるであろう。第2に，通説・判例の立場によれば，230条の2の適用を受けて名誉毀損罪が成立しないときは侮辱罪の成立することはありえないが[91]，侮辱罪を名誉感情に対する罪と考えれば，被害者の名誉感情を害している以上は侮辱罪の成立を否定できない[92]。人に暴行を加えて侮辱した場合について，@暴行罪の成立だけを認める説[93]，ⓑ暴行罪と侮辱罪との択一的競合とする説[94]，ⓒ暴行罪と侮辱罪との観念的競合とする説[95]が主張されているが，暴行罪には侮辱の要素も含まれているから，暴行罪のみが成立すると解すべきである。

第2節　信用に対する罪

1　総　説

　信用に対する罪を業務妨害罪と併せて叙述する立場が有力であるが，この罪は，元来人の**社会的地位における経済的信用**を保護法益とする罪であり，業務妨害罪は，人の社会的地位における活動の自由を害する罪であるから，むしろ，自由・私生活の平穏に対する罪として把握すべきである。本罪は，人の経済的側面における社会的評価を害する罪であり，名誉に対する罪が人の人格的側面における社会的評価を害する罪である点で共通する。したがって，

89　東京高判昭35・8・25下刑集2・7=8・1023。
90　大判明45・6・27刑録18・927。
91　大判大5・11・1刑録22・1644。
92　団藤・530頁。
93　ポケット524頁。
94　柏木・413頁。
95　大塚・131頁。

第2節　信用に対する罪　*189*

両者は，いずれも人の社会的評価を害する罪として統一して認識されるべきものであるが，実生活の面では人格的に評価の低い人でも経済的信用のある者がおり，これを独立の法益として保護する必要があると認められたものである。なお，信用を毀損されることによって人の経済生活が害されることは疑いなく，その意味で本罪は財産犯としての性格をも有することは否定できないが，信用の毀損が常に財産の侵害を伴うとは限らないから，財産犯からは一応独立した犯罪とされているのである。

判例による本罪の罪質　　大判大正5年6月26日刑録22輯1153頁は，「刑法第233条の虚偽風説の流布に依る信用毀損罪は，故意に虚偽の事実を伝播して人の支払能力又は支払意思に対する他人の信頼に危害を加ふるに因て成立するものとす。故に虚偽の事実を伝播する1箇の行為が其事実の如何に依り或は信用毀損並びに名誉毀損の罪名に触ることあるべく，又単に信用毀損若しくは名誉毀損の罪名に触るることあるべく……刑法の解釈上信用毀損罪に於ける信用は性質上之を財産的法益の一種と認むるを至当とす」としている。

2　信用毀損罪

虚偽の風説を流布し，又は偽計を用いて，人の信用を毀損した者は，3年以下の懲役又は50万円以下の罰金に処する（233条前段）。

1　客　体

本罪の客体は，人の信用である。**信用**とは，経済的信用[1]すなわち人の支払能力または支払意思に対する社会的信頼である（通説）[2]。支払意思を含ませるのは，たとえ支払能力があっても支払意思がなければ信用されないという意味からである。経済生活面における信用の主体は，自然人ばかりでなく，経済生活において取引の主体となる法人，法人格を有しない団体をも含む。

「信用」の拡大　　最判平成15年3月11日刑集57巻3号293頁は「刑法233条が定める信用毀損罪は，経済的な側面における人の社会的な評価を保護するものであり，同条にいう『信用』は，人の支払能力又は支払意思に対する社会的な信頼に限定されるべきものではなく，販売される商品の品質に対する社会的信頼を含むと解するのが相当である」と判示して，本罪の拡大を明言した。この判例に賛同する見解もあるが[3]，これによ

1　大判明44・2・9刑録17・52。
2　大判大5・6・1刑録22・854。
3　山中・210頁，山口・152頁。

190　第1編　個人法益に対する罪　第3章　名誉および信用に対する罪

ると業務妨害罪との区別が困難になるであろう。

2　行　為

本罪の行為は，虚偽の風説を流布し，または偽計を用いて人の信用を毀損することである。信用毀損の手段は，これら2種類に限る。「虚偽の風説の流布」とは，真実でない事実を不特定または多数の者に伝播させることをいう。「**虚偽**」とは，客観的真実に反することである（通説）[4]。「**風説**」とは噂のことであり，行為者みずからが創作したものか否かを問わない[5]。「**流布**」とは，不特定または多数の者に伝播させることである。行為者がみずから公衆に告知しなくても，不特定または多数のものに伝播する可能性があることを認識して行為した以上は，流布に当たる[6]。「**偽計**」とは，人を欺き，誘惑し，あるいは人の錯誤・不知を利用することをいう。偽計の意味については，他人を欺くことであるとする説[7]，広く陰険な手段を用いることとする説[8]などがあるが，信用毀損の手段という観点からみると，前者は狭すぎ，後者は広すぎる[9]。

「**毀損する**」とは，人の経済面における社会の信頼を低下させるおそれのある状態を作り出すことであり，現実に低下させたこと（例えば取引停止・取付けなど）は必要でない[10]。本罪については，ⓐ抽象的危険犯とする説[11]，ⓑ具体的危険犯とする説（通説），ⓒ侵害犯とする説[12]が対立しているが，名誉毀損罪におけると同じように，客観的に見て信用に対する何らかの危険が生じたことを要する準抽象的危険犯と解すべきである（➡169頁）。

3　罪数・他罪との関連

本罪と名誉毀損罪および侮辱罪との関係については，公然と虚偽の事実を流布し，名誉毀損罪および信用毀損罪の2つの構成要件に該当した場合が問題となる。学説は法条競合説[13]と観念的競合説[14]とに分かれるが，信用毀損も

4　反対，藤木・249頁〔行為者が真実と認識した事実に反すること〕。
5　大判大2・1・27刑録19・85。
6　大判大5・12・18刑録22・1909。
7　植松・350頁，福田・197頁。なお，平野・187頁。
8　ポケット526頁，柏木・416頁。
9　大塚・155頁。
10　前掲大判大2・1・27。
11　中森・85頁，条解653頁。
12　内田・230頁，曽根・99頁，前田・202頁。
13　内田・230頁。

名誉毀損の一態様と考えられるところから，法条競合の特別関係と解すべきである。

---

14 木村・82頁，大塚・156頁，曽根・98頁。

192 第1編 個人法益に対する罪 第4章 財産に対する罪

第4章

財産に対する罪

第1節 財産犯総論

1 財産犯

　財産に対する罪を財産犯と称する。財産犯とは，個人の財産を保護法益とする犯罪をいい，刑法2編36章ないし40章において定められている窃盗および強盗の罪（第2編第36章），詐欺および恐喝の罪（同第37章），横領の罪（同第38章），盗品等に関する罪（同第39章），毀棄および隠匿の罪（同第40章）を総称するものである。わが国は，私有財産制度を原則として採用しており，私有財産制度は財産を不法な侵害から保護するのでなければ成立しえないから，個人の財産の保護は刑法の重要な任務となる。日本国憲法29条1項は，「財産権は，これを侵してはならない」と規定しているところである。

特別法上の財産犯　刑法典以外においても個人の財産を法益とする犯罪が定められている。例えば，無形的（無体）財産権の保護として，特許法196条，197条の罪，実用新案法56条，57条の罪，意匠法69条，70条の罪，商標法78条，79条の罪，著作権法119条，120条の罪などが定められている。現行刑法は，財産犯の最も基本的な窃盗罪において財産上の利益を保護していないから，いわゆる無体財産権の盗用を特別刑法によって抑止する必要があるわけである。草案318条は，企業秘密の漏示を犯罪として創設し，無体財産権保護の強化を図っている。

2 財産犯の分類

1 財物罪と利得罪

　財産犯は，客体の相違によって財物罪と利得（利益）罪とに分かれる。**財物**

罪とは，財物（動産・不動産）を客体とする罪をいう。窃盗罪，強盗罪，遺失物等横領罪は動産のみを客体とする財物罪であり，不動産侵奪罪および建造物損壊罪は不動産のみを客体とする財物罪である。これに対し，詐欺罪，恐喝罪，横領罪，盗品関与罪（贓物罪）および器物損壊罪は，動産・不動産いずれをも客体とする財物罪である。**利得罪**とは，財産上の利益（債権・無体財産など）を客体とする犯罪をいい，刑法各本条の2項に定められている2項強盗，2項詐欺，2項恐喝の各罪（いわゆる2項犯罪）および背任罪がある。

2 領得罪と毀棄罪

財産犯は，行為様態の相違によって領得罪と毀棄罪に分かれる。**領得罪**とは，その物の経済的価値を取得する意思すなわち不法領得の意思（→205頁）をもって財産を侵害する犯罪をいい，①占有移転を伴う**奪取罪**（占有移転罪）としての窃盗罪，不動産侵奪罪，強盗罪，詐欺罪および恐喝罪，②占有移転を伴わない横領罪がある。**毀棄罪**とは，財産の効用を滅却・減少させる犯罪をいい，毀棄罪および背任罪の一部がこれに当たる。この分類は，不法領得の意思を必要とする立場の結論であるが，不要とする立場は，領得罪に代えて財産取得罪の観念を用いる。

盗取罪と交付罪　本文以外に盗取罪と交付罪の分類がある。**盗取罪**（＝盗罪）とは，奪取罪のうち，被害者の意思に基づかないで占有を取得する罪すなわち窃盗罪，不動産侵奪罪および強盗罪をいう。**交付罪**とは，相手方の意思に基づいて財物の占有を取得する犯罪であり，詐欺罪および恐喝罪がある。

3 個別財産に対する罪と全体財産に対する罪

個別財産に対する罪とは，被害者の個々の財産権，すなわち財物の所有・占有およびそれ以外の個々の財産権（債権・無体財産など）を侵害する犯罪をいう。全体財産に対する罪とは，被害者の財産状態全体に対して侵害が加えられ，その損害が発生した場合に成立する犯罪をいう。財産罪のうち背任罪が後者に当たり，それ以外の罪はすべて前者に属する。

3 財産犯の客体

財産犯の客体には，財物と財産上の利益の2種類がある。財物を客体とする財産犯を財物罪，財産上の利益を客体とする財産犯を利得罪と称する。

194　第1編　個人法益に対する罪　第4章　財産に対する罪

1　財　物

この章（第36章）の罪については，電気は，財物とみなす（245条）。

(1)　**財物の意義**　　財物を客体とする財産犯においては，客体を「**財物**」とする場合（235条，236条1項，246条1項，249条1項），および単に「**物**」とする場合とがあるが（252条，261条），「電気は，財物とみなす」とする245条を準用する犯罪（251条）の客体は「財物」とされ，準用しない犯罪は「物」とされているというものの，両者は同じ意味と解される。

財物の意義をめぐっては，ⓐ有体物とする**有体性説**（通説），ⓑ管理可能な限り無体物も財物とする**管理可能性説**[1]が対立している。民法85条は，「この法律において『物』とは，有体物をいう」と規定している。有体物には，固体ばかりでなく液体および気体も含まれるが，刑法上の財物を有体物であるとする考え方を有体性説というのである。刑法上もかつては有体性説が有力であった。この立場によるとガスや蒸気は財物となしうるが，電気その他のエネルギーは無体物であるから電気窃盗などを処罰できない。こうして**電気の盗用**をいかに取締まるかが論議をよんだが，大審院は，電気は管理可能であるから財物であると判示したのである[2]。この判例を契機として，財物を管理可能性を有するものとする管理可能性説が有力となった。ただし，財物を管理可能なものとすると，牛馬や人の労働力，債権も含まれることになり「財物」という観念から程遠くなるところから，電気と性質上同視される熱気や冷気などのエネルギーといった自然界にある物質性を備えたものに限るとする**物理的管理可能性説**が有力となった。

このような背景から，刑法は，「**電気は，財物とみなす**」という立法的解決をしたのである。この解釈をめぐって，ⓐ電気以外のエネルギーは財物でないとする説[3]，ⓑ注意的規定であるから，管理可能なもの一般が財物に当たるとする説[4]に分かれている。思うに，刑法が「みなす」としているのは，元来，財物でないものを刑法上の保護の必要性，処罰の妥当性の見地から財物とし

1　団藤・548頁，福田・215頁，大塚・172頁，西原・205頁，藤木・270頁，佐久間・173頁。
2　大判明36・5・21刑録・9・874。
3　平野・200頁，吉川・122頁，中山・195頁，内田・232頁，曽根・106頁，中森・102頁，平川・331頁，山中・230頁，西田・148頁，山口・173頁，松宮・178頁。
4　団藤・548頁，福田・215頁，大塚・170頁，西原・223頁。

て擬制しているものである[5]。したがって，245 条の趣旨は，財物を原則として有体物に限るものとし，ただ，例外的に電気を財物として取扱うものとしたにすぎないとする⒜説が妥当である。たしかに，保護の必要性，処罰の妥当性の見地からすると，電気以外の物理的に管理可能なエネルギーも財物とすべきであろうが，罪刑法定主義を維持するためには厳格解釈が必要であり，この見地からは，電気と同様に物理的に管理可能であっても，熱気や冷気などのエネルギーは財物に含まれないことになる。なお，245 条は横領の罪，盗品等に関する罪および毀棄の罪には準用されないから，これら各罪について，電気はその客体とはならないと解すべきである[6]。

管理可能性に関する諸説　　この説には，⑴およそ管理可能性を有するエネルギーであれば足り，水力，火力，牛馬や人の労働力，債権も含むとする説[7]，⑵自然力を利用したエネルギーに限るとする説[8]，⑶物理的管理可能なものを財物とし，事務的に管理可能なものは含まないとする説[9]がある。判例は，すでに旧刑法の解釈として管理可能性説を採用し，財物は「五官の作用に依りて認識し得べき形而下の物たるを以て足れりとし，有体物たることを必要とせず。……約言すれば可動性及び管理可能性の有無を以て窃盗罪の目的たることを得べき物と否らざる物とを区別する唯一の標準となすべきものとす[10]」と判示していた。

⑵　情報の財物性　　企業の秘密，ノウ・ハウなどの情報自体は，いずれの立場を採っても財物ではないが，それを記録した文書，磁気テープ，フロッピー，フォト・コピー等は情報が化体したものとしての財物である[11]。なお，①会社の機密書類を同社所有の複写器を使って複写し，これを社外に持ち出したケースにつき「全体的にみて，単なる感光紙の窃取でなく，同社所有の複写した」機密書類の窃取であるとした判例[12]，②大学入試問題用紙[13]，③新薬の情報[14]，④住民基本台帳閲覧用マイクロフィルム[15]，⑤信用金庫の残高明

5　平野・200 頁。
6　反対，団藤・637 頁，大塚・282 頁。
7　牧野・614 頁。
8　団藤・548 頁，香川・486 頁。
9　小野・228 頁。
10　前掲大判明 36・5・21。
11　東京地判昭 59・6・28 刑月 16・5＝6・476。なお，財産上の利益につき 2 項犯罪として保護されることはある。林陽一「財産的情報の刑法的保護」刑法雑誌 30 巻 1 号 9 頁。
12　東京地判昭 40・6・26 下刑集 7・6・1319。
13　東京高判昭 56・8・25 判時 1032・139。

196　第1編　個人法益に対する罪　第4章　財産に対する罪

細書[16]等については，いずれも情報そのものではなく，情報が化体された物（紙，マイクロフィルム等）として扱っている。なお，⑥外部のコンピュータに直接入力して情報を窃用する行為を窃盗とせずに背任とした判例[17]がある。いずれも情報としての価値自体は財物に当たらないとする考え方によるものである。

(3)　**動産と不動産**　　財物は動産と不動産に分かれる。民法は「土地及びそ定着物は，不動産とする」（民86条1項）と規定している。**定着物**とは，その自然の状態を毀損しなければ分離が不可能であるか，または分離によりその固有の使用が不可能になる物をいう。建物その他の構築物および立木がその例であり，工場に設置されている機械類も不動産である[18]。立木，石碑などの定着物は，土地から分離されて不法に侵害される場合には動産となる。

　不動産は，窃盗罪，強盗罪の客体にはならない。これらの罪では「占有を侵して持ち去る」点に本質があり，その客体は性質上**可動性**が必要であるとともに，不動産は，その占有を侵害されても，その位置が変わるものではなく，被害回復の点で動産とは著しく異なるからである。学説上はかつて，不動産に対する占有侵害においても動産と同様の可罰性が認められるとの理由から，不動産窃盗の成立を肯定する見解が有力であった。しかし，昭和35年の刑法一部改正に際して不動産侵奪罪（235条の2）の規定が創設されたため，他人の不動産に対する侵奪行為が処罰されることになり，右の見解は立法的に解決されたのである。

(4)　**財産的価値**　　財産罪の客体である以上，財物は財産的価値があることを要する。物の財産的価値については，ⓐ主観的・感情的な価値でも社会観念上刑法的保護に値するものであれば財物に当たるとする通説・判例，ⓑその物が人の物質的，精神的な欲望を満足させうる性質のもので，その使用価値を金銭的に評価しうることをいうとする説[19]が対立している。

14　東京地判昭59・6・15判時1126・3。
15　札幌地判平5・6・28判タ838・268。
16　東京地判平9・12・5判時1634・155。
17　東京地判昭60・3・6判時1147・162。
18　大判明35・1・27民録8・1・77。
19　江家・264頁。

第1節　財産犯総論　　*197*

その物が客観的にみて売買等の交換価値を有するものでなくても，所有者・占有者にとって価値のある**主観的価値**があれば，財物として保護する必要があるから，恋人の手紙や写真も所有者にとって精神的欲望を満足させる価値を有する限り，不法な侵害から保護される必要があり，ⓐ説が妥当である。しかし，その価値が極めて低く，類型的に刑罰をもって保護する程度に達しないと判断されるときは，財産罪の客体とはならない。ポケットから汚れたちり紙13枚を窃取した事案について窃盗未遂とした判決は[20]，極めて微小な価値を有するにすぎない物は財物とならないとする趣旨を示したものといえるであろう。

価値の要否に関する学説・判例　　判例は，一貫して経済的交換価値が不要であることを説き[21]，また，金銭的価値の考慮も不要であり，単に**所有権の対象**となりうる物であればよいとする立場をとるようである[22]。学説上も所有者・所持者の主観的価値があればよいとする見解が通説となっている。財物性を認めた判例として，公正証書の原本に貼った消印済の収入印紙を剝ぎとって領得したケース[23]，石垣の付近にあった価格約2銭の石塊を領得したケース[24]，金額その他をいったん記入したが，振出の必要がなくなったのでそのまま保管し支払期日もすでに経過している小切手用紙を領得したケース[25]，「松戸競輪」と題するタブロイド判用紙2枚をすり取ったケース[26]などがある。財物性を否定した判例として，パンフレット2通が在中しているにすぎない封筒[27]，メモ1枚[28]，ちり紙13枚[29]がある。なお，窃取した物が軽微な価値しかないとしても，別の客体を窃取する結果発生の現実の危険があれば，窃盗未遂となりうる。

(5)　**所有権の対象としての財物**　　所有権の対象になりえない物は，財物ではない。

(ア)　**無主物**　　鳥獣保護区域内の**鳥獣**，河川敷内の**砂利**[30]などは所有権の

20　後掲東京高判昭45・4・6。
21　大判明44・8・15刑録17・1488。
22　最判昭25・8・29刑集4・9・1585。
23　前掲大判明44・8・15。
24　大判大元・11・25刑録18・1421。
25　最決昭29・6・1刑集8・6・787。
26　東京高判昭31・5・31裁特3・11・591。
27　東京高判昭54・3・29東時30・3・55。
28　大阪高判昭43・3・4高刑集10・3・225。
29　東京高判昭45・4・6東時21・4・152。
30　最判昭32・10・15刑集11・10・2597。

198   第1編　個人法益に対する罪　第4章　財産に対する罪

対象となっていないから財物ではなく，これらを不法に捕獲し，または無許可で採取して領得しても，窃盗罪または占有離脱物横領罪には当たらない。しかし，それらが採取などの行為によって人の所有に帰属したときは，財産罪の客体となる。人間の**生体**または**死体**それ自体は，所有権の対象とはなりえないから財物ではない[31]。ただし，例えば，髪を切り取った場合など，生体または死体からその一部を分離した物が誰かの所有に帰属した以上は財物となる。採血された血液，試験管に保存された精子や受精卵，移植のために摘出した臓器も財物である。また，死体を埋葬した後に，文化財として保存されるような場合，あるいは医学上の標本としての死体やミイラなどのように，葬祭・礼拝の対象としての性質を失い，何人かの所有に属するに至ったときは財物となりうる。

> **ゴルフ場内のロストボール**　最決昭和62年4月10日刑集41巻3号221頁は，ゴルファーが誤ってゴルフ場内にある人工池に打ち込み放置したロストボールは，ゴルフ場側において早晩その回収，再利用を予定していたものである以上，ゴルフ場側の所有に帰していたのであって，窃盗罪の客体に当たると判示した。

（イ）**葬祭対象物**（納棺物）　葬祭対象物としての死体，遺髪，遺骨または棺内収納物（納棺物）は，客観的に財産的価値を有している物であっても，財産罪の客体にはならないと解すべきである[32]。学説上は，葬祭対象物，特に棺内収納物を窃取したときは，190条の罪と窃盗罪との観念的競合になるとする見解が有力である[33]。しかし，死体損壊等の罪の客体も「財物」であることに変わりはないのに，あえて財産罪と区別して特にこの規定が置かれているのは，埋葬に供された「物」はすでに実質上**所有権が放棄されている**とする趣旨からであり，死体等は190条によって保護されれば足りるとする説[34]が妥当である。

（ウ）**禁制品**（法禁物）　財物の意義に関して特に問題が生ずるのは，法禁物である。法禁物とは，覚せい剤，麻薬，あへん，銃砲刀剣類のように，法令上私人による所有・占有が禁止されている物をいう。これらの物について

---

[31] 中森・91頁，林・174頁，山口・172頁。町野・113頁は，臓器は人格権の対象物であり，財物ではないとする。

[32] 大判大4・6・24刑録21・886，東京高判昭27・6・3高刑集5・6・938。

[33] 団藤・363頁，柏木・423頁，福田・217頁。なお，前田・587頁。

[34] 前掲大判大4・6・24。平野・201頁，中山・196頁，中森・103頁，山中・19頁，西田・154頁。

第1節　財産犯総論　　*199*

は，法律上正当にこれを所有・占有する権利が認められていないのであるから，財産罪の客体となりえないのではないかが問題となる。判例は，「事実上の所持」が法益であるから禁制品も財物になるとして，奪取罪の成立を認めている。禁制品も，その没収には一定の手続を必要とするから，**法律上の没収手続**によらなければ没収されないという限度で，その財物性を認めるべきである[35]。

> **禁制品（法禁物）に対する判例の態度**　　判例は，かつて偽造証書は所有権の目的物になりえないとの理由で詐欺罪の成立を否定していたが[36]，最判昭和24年2月15日刑集3巻2号175頁は，「財物取罪の規定は人の財物に対する事実上の所持を保護せんとするものである」として，法律上所持を禁じられている隠匿物資に対する詐欺罪の成立を認めた[37]。ポケット531頁は，偽造貨幣等には所有権が存立しえないから財物でないとするが，妥当でない。なお，不法原因給付物に関し，通貨偽造のための資金[38]，賄賂のための委託金[39]など，その給付が不法原因給付となり，給付者が返還を請求できない物（民法708条）についても，財物性は認められる。

2　利得罪

利得罪は，財産上の利益を客体とする財産犯である。財産上の利益は，財物以外の財産上の利益の一切をいい，積極的財産の増加であると，消極的財産の減少であるとを問わない。また，一時的利益であってもよい。行為者が財産上の利益を侵害し，利益を取得する態様としては，およそ次の3つの場合がある。第1は，相手方に一定の**財産上の処分**をさせる場合であり，例えば，債権者を欺いてみずから負担している債務を免除させたり，債務の履行期限を延期させる場合である。第2は，相手方に対して一定の**労務**（役務）を提供させる場合であって，例えば，タクシーや列車に乗車して運行させる場合である。第3は，相手方に一定の**財産上の意思表示**をさせる場合であり，例えば，暴行・脅迫を加えて土地所有権移転の意思表示をさせるとか，被害者に債務の負担を約束させる場合である。

財産上の利益は，法律上の財産権（債権・抵当権など）だけでなく，一応適法

35　大塚・176頁，西田・141頁，大コン(7)・339頁，山口・183頁。反対，ポケット531頁。

36　大判大元・12・20刑録18・1563。

37　恐喝罪につき，最判昭25・4・11刑集4・4・528。

38　大判昭12・2・27刑集16・241。

39　最判昭23・6・5刑集2・7・641。

な経済的価値または利益をも含むと解すべきである（➡201頁）。民法上の財産権の存否が明らかでなくても（無対価労務の提供など），財産上の利益を認めるべき場合があるからである。

4 財産犯の保護法益

1 財産犯の意義

財産犯の保護法益は，個人の財産である。刑法上の財産の意義をめぐっては，ドイツにおいて展開され，わが国においても議論されている法律財産説，経済財産説および法律・経済財産説がある[40]。ⓐ**法律財産説**は，法律上保護される利益すなわち民事法上の個々の権利すなわち財産権をもって刑法上の財産とする説であり，民事法上正当な所有物・占有物または法律関係（債権・債務関係）に基づく財産上の利益のみが刑法上の財産であるとする。ⓑ**経済財産説**[41]は，経済的利益それ自体をもって刑法上の財産とする説であり，事実上の所有物・占有物または財産上の利益も刑法上の財産であるとする。ⓒ**法律・経済財産説**[42]は，一応民事法上適法な外観を有する所有物・占有物または経済的利益を刑法上の財産であるとする。

法律財産説は，民事法上の権利・義務関係に基づく利益だけが刑法上の財産であるとするところから，この説によると，犯人が経済的利益を現に取得し被害者がそれを失っていても，民事法上の正当な権利がなければ財産は侵害されていないという不合理な結果を招くことになる。一方，経済財産説は，現に存在している経済的利益を保護する点で徹底しているが，明らかに違法な利益であっても刑法上保護するという点において，社会秩序の維持という刑法の基本的な機能に矛盾する。

刑法の目的が法益保護を通じて社会秩序を維持することにある以上[43]，法秩序によって承認される利益，すなわち民事法上保護される利益のみを保護すべきであるとする法律財産説が基本的に正しいとみるべきであろう。しか

---

[40] 林幹人・財産犯の保護法益（1984）13頁。

[41] 大塚・164頁。

[42] 団藤・547頁，曽根・104頁，中森・105頁，山中・235頁，林・148頁。なお，林幹人・前掲236頁，芝原・刑法の基本判例118頁。

[43] 大谷・総論4頁参照。

第1節　財産犯総論　*201*

し，取引関係が複雑化した社会においては，権利・義務関係の確定は必ずしも容易でなく，もし，刑法が民事法上保護される利益のみを保護するというのであれば，かえって，民事法上正当な利益を保護しえない事態を招く。したがって，事実上法の直接の非難を受けずに存在している利益，すなわち一応適法な経済的利益が存在すると認められる限り，その利益は保護する必要が生ずる。結論として，法律・経済財産説をもって妥当と考える。

2　財物罪の保護法益

法律・経済財産説に立脚すると，財物罪の法益は，究極においては所有権その他の本権であるが，民事法上の権利・義務関係に基づくことを必ずしも要せず，社会生活上特定の人の占有ないし所有に属する物であるとみられる客観的状況のもとで現実の所有ないし占有がなされている限り，その所有ないし占有は一応適法なものとして刑法上保護されるべきである。これに対し，法律財産説によれば，民事法上正当な所有物ないし占有物だけが財物罪における財産となる。また，経済財産説によれば，事実上人が所有ないし占有している財物であればすべて財産として扱われることとなる[44]。

3　利得罪の保護法益

法律・経済財産説に立脚すると，利得罪の法益は，債権，抵当権のような法律上の権利・義務関係に基づく経済的価値ないし利益ばかりでなく，民事法上一応適法と認められる経済的利益も含む。これに対し，法律財産説は，民事法上権利として認められる経済的利益のみを利得罪の法益であるとする。経済財産説は，およそ経済的価値が認められる以上，違法な経済的利益も財産上の利益になるとするであろう[45]。

4　奪取罪の保護法益

奪取罪（窃盗，不動産侵奪，強盗，詐欺，恐喝）の保護法益は平穏な占有である。

（1）**学説**　奪取罪の保護法益については，ⓐ事実上の占有の基礎となっている所有権その他の本権（賃借権・質権など）であるとする本権説[46]，ⓑ

---

44 最決平元・7・7刑集43・7・607。上嶌・百選Ⅱ（第7版）54頁，**齊藤・判例講義Ⅱ33頁**参照。
45 大谷實「財産罪の保護法益と財物罪・利得罪」研修487号21頁参照。
46 小野・235頁，瀧川・119頁，佐伯・142頁，内田・250頁，曽根・109頁，松宮・197頁。なお，団藤・561頁。

事実上の占有（＝所持）それ自体であるとする占有説（所持説）[47]，ⓒ一応適法な占有すなわち平穏な占有とする平穏占有説[48]が対立している。

本権説は，奪取罪は他人の財物の占有を侵害するものではあるが，保護法益は，究極においてはその占有の基礎となっている法律上の権利すなわち所有権その他の権利（本権）であると解し，242条にいう「他人の占有」は，権原に基づく占有すなわち適法な原因に基づく財物の占有を意味すると主張する。それゆえ，所有権者等の本権者が不法な占有者から自己の所有物・賃借物を取り戻す行為は，奪取罪を構成しないとされる。

占有説は，複雑化した社会においては，現に財物が占有されているという財産的秩序の保護を図る必要があるとする見地から，占有自体が法益であるとし，242条にいう「占有」は，権原によらない違法な占有も含むことを注意的に規定したにすぎないと主張する。それゆえ，他人の占有する財物である限り，その占有が適法であると違法であるとにかかわりなく，所有者等の本権者みずからがそれを奪い返せば奪取罪を構成し，例えば，窃盗犯人から自己の物を取り戻そうとするときは，自救行為の場合を除き民事手続による以外に方法はないとする。

⑵ **「他人の占有」の意義**　　奪取罪の保護法益を明らかにするための法規上の根拠としては，**刑法242条**以外にない。しかし，同条は，「自己の財物であっても，他人が占有し」と規定するのみで，「他人の占有」が法律上正当な権原に基づくものであることを要するか否かについては答えていない。したがって，この文言の形式的な解釈からは，本権説，占有説のいずれの立場も可能であり，問題は，実質上いかなる観点に立つのが妥当かに帰着する。

（ア）**占有説と本権説の問題点**　　問題の核心は，占有が民事法上不法なものであり，所有権者等の本権者に対し，現に占有している者が法律上適法な占有を主張できない場合でも，本権者が民事手続に基づいて適法に当該財物を取り戻すまでは，事実上の占有それ自体を保護すべきか否かに帰着する。この点につき，本権説は，正当な権原のない者の占有は刑法上保護されず，

---

[47] 牧野・594頁，木村・106頁，大塚・181頁，岡野・105頁，川端・307頁。なお，前田・152頁。
[48] 平野・206頁，福田・219頁，藤木・273頁，中森・107頁，山口・188頁。なお，西田・169頁，山中・265頁。

第1節 財産犯総論 *203*

本権者が窃取等の行為によっていかなる時にその占有を取り戻しても奪取罪は成立しないと主張するが，もしこれを肯定するとすれば**自力救済が多発し**，財産秩序は著しく混乱することになるであろう。

一方，占有説は，占有という事実自体を保護すべきであるとするのであるから，明らかに不法な利益であってもこれを保護しなければならないこととなり，社会秩序の維持という刑法本来の目的に反することになろう。その意味で，刑法上保護すべき占有は法秩序の承認を得られるものでなければならない。また，窃盗罪等の奪取罪の保護法益が単なる占有に尽きるとすれば，事後行為としてその目的物の領得や処分が行われた場合に，それが別に横領罪や損壊罪を構成するものでないということの説明がつかなくなるであろう。奪取罪が所有権その他の本権を保護法益とする構成要件とみることによって，初めて奪取罪を状態犯であると解することができるのであり，占有説によったのでは，これらの事後行為を窃盗罪等と包括的に評価して**共罰的事後行為**（不可罰的事後行為）とする通説的な理論構成は不可能となるのである[49]。それゆえ，奪取罪の保護法益は，究極においては所有権その他の本権に基づく占有であり，占有それ自体は独立の保護法益ではないと解すべきである。この観点からすると，奪取罪の**被害者**は，占有者および本権者ということになる[50]。

（イ）平穏な占有　　しかし，社会の複雑化とともに，現実の占有が適法な権原に基づくものか否かが客観的には明確にならなくなり，社会生活上の財産秩序は，一応適法な権原に基づくと認めうる占有を基礎として成り立っているのが現実である[51]。また，財物の占有が侵害される時点において，その占有が侵害者との関係において果たして権原に基づくものか否かを個々に確認することは不可能に近い[52]。そこで，法律・経済財産説の立場に従い平穏占有説を採用するにしても，奪取罪における「他人の占有」は**事実上の占有**と解するほかはなく，本権者が侵害された占有の回復を図るためにする窃盗等の行為は，少なくとも奪取罪の構成要件に該当すると解すべきである。

---

[49] 団藤・562頁，大塚・182頁。なお，岡野・115頁。
[50] 植松・382頁，大塚・182頁。
[51] 藤木・273頁。
[52] 大塚・181頁。

204　第1編　個人法益に対する罪　第4章　財産に対する罪

学説は，ⓐ事実上の占有ないし所持に絞りをかけ，「平穏な占有[53]」ないし「一見不法な占有とみられない財物の占有[54]」を侵害した場合に，初めて奪取罪の構成要件に該当し，本権者が窃盗犯人から盗品を取り戻す場合には構成要件に該当しないとする立場，ⓑ事実上の占有に絞りをかけず，およそいかなる事情があれ，事実上の占有を侵害した以上は奪取罪の構成要件に該当すると解し，違法性阻却の面から妥当な解決を図ろうとする立場[55]に分かれる。

思うに，①平穏な占有か否かの判断は行為時においては困難であること，②事実上の占有が侵害されている以上原則として本権が侵害され，権利の行使として行われる場合などは例外であるから，違法性阻却の場面で権利行使などの正当化事由を考慮すれば足りること，③本権に基づく占有か違法な占有かは，違法性の段階で個別的・具体的に判断すれば足りることから，平穏占有説に立脚しても，ⓑ説が妥当であると考えられる。それゆえ，私見は構成要件の段階では占有説と結論を同じくするが，占有説は占有自体を奪取罪の保護法益と解するから，違法性の段階で絞りがかけられる場合はほとんど考えられない。一方，構成要件の実質化を目指す論者が，財物奪取罪についてすべての占有侵害が構成要件に該当すると解するのは[56]，明らかに矛盾であろう。

例えば，窃盗犯人が事実上支配する盗品も「他人の占有」する財物に当たるから，本権者が窃盗等の手段を用いてそれを取り戻す行為，あるいは第三者がさらに盗品等を窃取する行為は，窃盗罪の構成要件に該当する。しかし，奪取罪の保護法益は，元来本権であるから，事後的に本権の存在が明らかになり，権利行使として占有を取り戻すためになす行為の必要性・緊急性，手段の相当性などが認められるときは，自救行為ないし社会的相当性の見地から，違法性を阻却すると解すべきである。

判例の流れ　判例は，当初本権説に立っていた[57]。しかし，最高裁判所になってから判例は動揺を示しはじめ，まず，窃盗犯人からその占有していた盗品等を喝取した事案

53　平野他・判例演習各論（1962）191頁，西原・229頁。
54　大塚・181頁。
55　前田・151頁。なお，木村光江・財産犯論の研究（1988）507頁。
56　前田・総論（第5版・2011）86頁。
57　大判大7・9・25刑録24・1219。

第1節　財産犯総論　　*205*

について「正当の権利を有しない者の所持であっても，その所持は所持として法律上の保護を受ける」として**恐喝罪**の成立を認めた[58]。その後，最判昭和34年8月28日刑集13巻10号2906頁は，財物の所持者が法律上正当にこれを所持する権限を有するか否かを問わず，物の所持という事実上の状態それ自体が法益であるとして，債務者が法令上担保に供することが禁止され債務担保としては無効な国鉄公傷年金証書を担保として交付した後，債権者の妻を欺いて占有を回復した事案に対して**詐欺罪**を適用し，前掲大正7年9月25日判決は，変更を免れないとした。

窃盗罪についても同旨の判決が出るに至った。譲渡担保にとった貨物自動車の所有権が債権者に帰属したと認められる場合において，債務者の会社更生手続によって管財人のもとで引き続き占有保管されていた自動車を債権者側が無断で運び去ったという事案につき，前掲の34年判決を引用して，不法な占有についても窃盗罪の成立を認めたものである[59]。さらに，最決平成元年7月7日刑集43巻7号607頁[60]は，買戻約款付自動車売買契約により自動車金融をしていた貸主が借主の買戻権喪失により自動車の所有権を取得した後，借主の事実上の支配内にある自動車を承諾なしに引き揚げた行為は，242条にいう他人の占有に属する物を窃取したものとして窃盗罪を構成すると判示した。これは，「借主の**事実上の支配内**にあったこと」を理由として窃盗罪の構成要件該当性を認め，一定の場合には違法性が阻却されることを示唆するものとして，占有説を正面から認めたものと評価されている。

学説を見ると，戦後の判例の変化に伴って，本権説の側から，「他人の占有」には必ずしも法的権原のあることを要しないとする平穏占有説などの中間説が主張されるに至ったが，この立場によると，窃盗犯人から被害者が盗品等を窃取する場合は窃盗でないのに対し，第三者が窃取すれば窃盗になるというように，相手方との関係において占有が相対化するという不合理が生じる。判例はおそらくこのような不合理を解消すべく，少なくとも構成要件の段階では「他人の占有」を事実上の占有と解したものと思われ，いわゆる純粋の占有説に立ち占有それ自体が保護法益であるとしたわけではないように思われる。

5　不法領得の意思

1　判例と学説

財物罪は故意犯であるから，毀棄罪を除く財物罪について，主観的要件として故意を必要とするのは当然である。しかし，判例は，**故意とは別個の主観**

---

[58] 最判昭25・4・11刑集4・4・528，最判昭24・2・15刑集3・2・175〔隠匿物資である元軍用アルコールの詐取〕。
[59] 最判昭35・4・26刑集14・6・748。
[60] 齊藤・判例講義Ⅱ33頁参照。

的構成要件要素として、「権利者を排除して、他人の物を自己の所有物として、その経済的用法に従い、利用処分する意思[61]」が必要であるとしてきた。これによると、**不法領得の意思**とは、①権利者を排除して本権者として振舞う意思（「**振舞う意思**」と略す）、および、②物の経済的用法（ないし本来の用法）に従いこれを利用し処分する意思（「**利用処分する意思**」と略す）をいう。

不法領得の意思については、ⓐ窃盗罪等の領得罪の主観的要素としてこれを必要であるとする**必要説**、ⓑ主観的要素としては故意で足りるとする**不要説[62]**が対立している。さらに、必要説のなかで、㋑振舞う意思と利用処分する意思の双方を必要とする説[63]、㋺振舞う意思のみを必要とする説[64]、㋩利用処分する意思のみを必要とする説[65]が対立している。㋑説は、一時使用のために他人の財物を自己の占有に移すいわゆる**使用窃盗[66]**、および毀棄・隠匿の意思で他人の占有する財物を奪取する行為[67]は、前者は振舞う意思、後者は利用処分する意思を欠き、いずれも不法領得の意思が認められないから窃盗罪を構成しないとする。これに対し、㋺説は、振舞う意思が必要であるから使用窃盗は不可罰であるとし、㋩説は、毀棄・隠匿の意思で他人の占有する財物を奪取した場合には、利用処分する意思を欠くから窃盗罪は成立しないとする。

不法領得の意思に関する学説の対立は、奪取罪の保護法益についての学説の対立を反映していると解するのが通説である[68]。**本権説**は、奪取罪の主観的要件は単なる占有侵害の認識を内容とする故意のほかに、本権の侵害をも認識する不法領得の意思を必要とするのに対し、**占有説**は、単に財物の占有を認識して行為すれば足りると解するので、㋑説および㋺説は本権説に馴染み、不要説は占有説に馴染む。これに対し㋩説は、領得罪と毀棄・隠匿の罪との

---

61 大判大4・5・21刑録21・663，最判昭26・7・13刑集5・8・1437。
62 植松・367頁，中・137頁　大塚・200頁，内田・255頁，曽根・121頁，平川・347頁，川端・282頁，佐久間・188頁。
63 柏木・424頁，平野・206頁，西原・231頁，藤木・280頁，中森・113頁，西田・171頁，山中・254頁，前田・157頁，山口・195頁，井田・206頁，松原・207頁。
64 小野・237頁，団藤・563頁，福田・230頁。
65 江家・270頁，岡野・104頁，高橋・217頁。なお，宮本・351頁。
66 大判大9・2・4刑録26・26。
67 前掲大判大4・5・21。
68 なお，内田・254頁，前田・161頁。

区別に関するもので，特に利欲犯的な財産犯を重く罰することを狙いとするものであるから，本権説，占有説の対立とは直接の関連がないといえよう。

2　不法領得の意思の内容

わが刑法は，ドイツ刑法（242条，249条）のように不法領得の意思を明文で認めていないから，解釈論としてはいずれの説も可能であるが，次の2つの根拠により，振舞う意思と利用処分する意思の双方を必要とする④説が妥当である。

(1)　**主観的違法要素**　財物罪の本質が究極において所有権その他の本権の侵害にあると解される以上（➡201頁），その主観的要件としては単なる占有侵害の意思では足りず，それに伴って所有権者（本権者）として振舞う意思が記述されない構成要件要素として必要になり，このような領得の意思を欠く占有侵害すなわち使用窃盗（➡209頁）は，窃盗罪にはならないと解すべきである[69]。振舞う意思は，所有権その他の本権に対する侵害または危険性を基礎づける主観的要件（**超過的内心傾向**）として領得罪の構成要件要素となるものであり，この意思がなければ一時的な占有侵害は本権に対する侵害の危険を生ぜしめないという意味で，その法的性質は主観的違法要素であると解すべきである。

(2)　**責任要素**　窃盗罪と器物損壊罪とは，財物に対する占有ないし所有権の侵害という点では同一（ないし後者の方が大）であるにかかわらず，現行法が窃盗罪の方を重く罰しているのは，毀棄・隠匿の意思で占有を侵害する場合よりも，財物を利用処分する意思で侵害する場合の方が，**類型的に責任が重いという根拠**に基づいていると解すべきである。利用処分する意思は，領得罪の**利欲犯的性質**のために類型的に責任を重くする事由として構成要件に入れられたものと解することができ，その**法的性質**は責任要素であると考えられる[70]。

利用処分する意思の具体的内容については，ⓐ使用価値・交換価値を享受する意思とする説[71]，ⓑ物の本性に合った利用の意思とする説[72]，ⓒ毀棄・隠

69　団藤・563頁。
70　平野・警研61・5・5，山口・20頁。反対，中森・115頁（違法要素とする）。
71　柏木・424頁。
72　前田・244頁。

208 第1編 個人法益に対する罪 第4章 財産に対する罪

匿以外の意思とする説，ⓓ財物から生ずる何らかの効用を享受する意思とする説[73]とが対立している。利用処分する意思は，毀棄・隠匿の罪との区別に必要な主観的要素であるから，必ずしも経済的利得の意思であることは必要でなく，もっぱら財物を毀棄・隠匿する意思以外の意思，すなわち財物から生ずる何らかの効用を享受する意思があれば足りると解すべきであり，ⓒ説またはⓓ説が妥当である。それゆえ，報復の目的で交際していた女性からバッグ等を奪う行為[74]，強制性交の際に性交に応じさせる手段として携帯電話を取り上げる行為[75]など，もっぱら毀棄・隠匿の意思で財物の占有を侵害しても窃盗罪は成立しないと解すべきである[76]。また，物自体を利用する意思であることが必要であり，他の利得を目的として取得するのでは足りない。

(3) **不法領得の意思** 以上検討したところから，不法領得の意思は，権利者を排除して他人の物を自己の所有物として，これを利用しまたは処分する意思[77]，すなわち**振舞う意思**および**利用処分する意思**をその内容とすると解すべきである。それゆえ，不法領得の意思があったというためには，振舞う意思および利用処分する意思の双方が認められることを要し，その一方を欠くときは不法領得の意思を認めることはできない。なお，恒久的にその物のもつ経済的利益を保持する意思があることは必要でない[78]。また，目的物の物質そのものを領得する意思も，価値だけを領得する意思も，ともに不法領得の意思の内容となる。

> **不法領得の意思と判例・学説** リーディングケースは，前掲大判大正4年5月21日であり，「本罪の成立に必要なる故意ありとするには，法定の犯罪構成要件たる事実に付き認識あるを以て足れりとせず，不法に物を自己に領得する意思あることを要す。而して所謂領得の意思とは，権利者を排除して他人の物を自己の所有物として其経済的用方（法）に従い之を利用若しくは処分するの意思に外なら（ず）」と判示し，校長を陥れるために教育勅語を隠匿した事例につき不法領得の意思を欠くため窃盗罪にはならないとした[79]。最高裁判所になってからもこの判旨が踏襲されている[80]。

---

73 斉藤豊治「不法領得の意思」現代刑法講座4巻266頁。
74 東京高判平12・5・15判時1741・157，最決平16・11・30刑集58・8・1005。
75 大阪高判平13・3・14判タ1076・297。
76 中森・115頁，最決平16・11・30刑集58・8・1005，最決昭37・6・26裁判集刑143・201。
77 前掲大判大4・5・21。
78 最判昭26・7・13刑集5・8・1437。
79 前田・百選Ⅱ（第5版）57頁，齊藤・判例講義Ⅱ34頁参照。

3 一時使用と不法領得の意思（使用窃盗）

一時使用とは，他人の財物を**一時無断使用した後に返還する意思**でその占有を侵害することをいう。例えば，返還する意思で自動車を無断で乗り廻す場合がこれに当たる。一時使用については，**使用窃盗**として窃盗罪が問題となるが，理論的には強盗罪などの窃盗罪以外の奪取罪についても問題となる。

(1) **学 説** 一時使用については，ⓐ占有取得が認められる以上奪取罪の成立を認めるべきであるとする説[81]，ⓑ可罰的な占有侵害が認められない限り不可罰であるとする説[82]，ⓒ占有侵害が認められても振舞う意思が認められない限り奪取罪は成立しないとする説[83]がある。

(2) **学説の検討** 一時使用目的による占有の取得も，それが所有権その他の本権の侵害を伴う態様において行われた場合は単なる一時使用ではないから，必要説に立っても奪取罪の成立を認めるべきである。本権の侵害を伴う態様の財物の一時使用目的による占有侵害には，権利者を排除して，自己の所有物として占有を取得する意思すなわち不法領得の意思を認めうる場合があるからである。問題は，不法領得の意思の内容いかんにあるが，所有権またはその他の本権を有する者でなければ使用できないような態様において利用する意思，具体的には，当該財物を利用する場合には，社会通念上使用貸借または賃貸借によらなければ使用できないような形態において財物を利用する意思が認められるときは，不法領得の意思があると解すべきである[84]。

例えば，使用権のきわめて重視される財物については，短時間の無断使用の意思であっても窃盗になるし，自動車を長時間無断で乗り廻す意思の場合には，ガソリンの費消，タイヤの摩耗をも含めて自動車に対する窃盗罪が成立すると解すべきである。いわゆる乗り捨てのごとき使用後**放棄する意思**が認められる場合には，放棄するという本権侵害の意思および乗り廻すという利用処分する意思に基づく占有侵害が認められるから，不法領得の意思を認めてよい。

---

80 前掲最判昭 26・7・13。
81 木村・114 頁，江家・276 頁。
82 大塚・201 頁，前田・157 頁。
83 団藤・563 頁。大判大 9・2・4 刑録 26・26，最判昭 32・3・19 裁判集刑 118・367。
84 平野・207 頁，西田・174 頁。

210　第1編　個人法益に対する罪　第4章　財産に対する罪

　不要説は，例えば，広場に置いてある他人の自転車に乗ってその広場を一周する無断一時使用の場合は，可罰的な占有侵害に当たらないから不可罰であり，「どれだけの財物の利用が客観的に侵害されたか」によって判断すべきであるとするが[85]，この場合にも占有の侵害ないしその危険性は認められるのであり，少なくとも窃盗未遂になることは否定できないであろう[86]。また，無断一時使用の可罰性の程度の判断も，窃盗罪が状態犯である以上は，占有の奪取時になされる必要があるから，その時点での意思の内容で判断せざるをえないのであり，使用窃盗を一定の範囲で不可罰とする限り，主観的違法要素としての不法領得の意思を否定することはできないのである[87]。

使用窃盗と判例　判例は，返還意思がある場合は不法領得の意思がないとして，使用窃盗の可罰性を否定してきた。例えば，前掲大判大正9年2月4日は，「当初より無断使用の末之を破壊し且乗捨てる意思」があるときは，**自転車の無断借用**であっても窃盗罪が認められるとしてきた。また，最判昭和26年7月13日刑集5巻8号1437頁は，強盗犯人が逃走のため他人の船を乗り捨ての意思で使用した事案につき，不法領得の意思を認めている。一方，最決昭和43年9月17日裁判集刑168号691頁は，自動車を夜間無断で使用し，これを翌朝までに元の位置に戻しておく行為を反復した事案につき「窃盗品の運搬に使用したり，あるいは，その目的をもって，相当長時間にわたって乗り廻しているのであるから，たとえ，無断使用した後に，これを**元の位置に戻しておいた**にしても，被告人らに不正領得の意思を肯認することができる」として窃盗罪の成立を認めている。なお，「元の場所に戻しておくつもりで」約4時間余り他人の自動車を無断で乗り廻した場合に不法領得の意思を認めたものとして最判昭和55年10月30日刑集34巻5号357頁がある[88]。一方，東京地判昭和55年2月14日刊月12巻1＝2号47頁は，会社の機密資料を社外に持ち出してコピーを作成し，約2時間後に原本をもとの保管場所に戻した事案につき，右資料の経済的価値である記載内容自体をコピーして転職後の会社に譲り渡す意図で利用することに不法領得の意思を認めて窃盗罪が成立するとした。本文の「財物を利用する意思」に即した解釈によるもの思われる。札幌地判平成5年6月28日判タ838号268頁は，住民基本台帳閲覧用マイクロフィルムを借り出し，短時間区役所外に持ち出してフィルムを複製したうえ返却した行為を窃盗罪とした。これに対し，被害者の資産を知るため，または自己の所有物であるかのように第三者にみせびらかす目的で預金通帳を無断で持ち出し，目的を達成したあと通帳を直ちに元の場所に返還する意思である場合は，不法領得の意思を認めるべきではない[89]。草案322条は「占

85　前田・157頁。
86　山口・197頁。
87　中森・114頁，西田・173頁，林・192頁。
88　日高・百選Ⅱ（第5版）59頁，齊藤・判例講義Ⅱ35頁参照。

有者の同意を得ないで，他人の自動車，航空機その他原動機を備えた乗物を一時的に使用した者は，3年以下の懲役，10万円以下の罰金又は拘留に処する」と規定し，自動車等の使用窃盗につき広く処罰しようとするが，ここまで拡げる必要があるかどうかは検討を要する。

4　領得罪と毀棄・隠匿の罪との区別

　利用処分する意思は，領得罪と毀棄・隠匿の罪とを区別するために必要となるものである。それゆえ，専ら毀棄・隠匿の意思で占有を侵害する場合を除き，利用処分する意思を認めて差し支えない。市議会議員の選挙の投票用紙を投票に利用する目的である場合[90]，趣味を満足させるための下着の窃盗の場合[91]，いずれも不法領得の意思を認めてよい。これに対し，犯行の発覚を防ぐため腕時計等を投棄しようとしてこれらを死体から取りはずした場合[92]，自己に覚せい剤事犯の累が及ぶのを恐れ，廃棄する意思で覚せい剤を取り上げた場合[93]など，何らかの目的をもってその財物の占有ないし所有を侵害しても，専ら毀棄・隠匿する意思であるときは，不法領得の意思は認められない。

　利用処分する意思が領得罪の成立にとって必要であるとする説に対しては，毀棄・隠匿の意思で他人の財物の占有を取得した者が，毀棄・隠匿の行為に出なかった場合は不可罰とせざるをえず，被害者の保護に欠けるから妥当ではないとする批判がなされている。隠匿の場合は財物の占有を取得した段階で隠匿の実行の着手があり，これを領得しても隠匿の罪の成立を認めうるから実際の処理上不都合はない。しかし，毀棄の場合には，①例えば，毀棄の故意で絵画を奪取したが毀棄せずに放置しておく行為，および，②毀棄の故意で絵画を奪取したが後に領得の意思を生じそれを売却する行為については，奪取の段階で毀棄の実行の着手を認めることができず，不可罰とせざるをえないのではないかというのである[94]。

89　平野龍一・判例教材刑法各論（1980）126頁参照。
90　最判昭33・4・17刑集12・6・1079。
91　最決昭37・6・26裁判集刑143・201。
92　東京地判昭62・10・6判時1259・137。
93　福岡地小倉支判昭62・8・26判時1251・143。
94　団藤・563頁，大塚・200頁，曽根・123頁。

①の場合，毀棄せずに放置していたにすぎない以上は不可罰とせざるをえないというが，隠匿も損壊に含まれるとするのが通説・判例（➡363頁）であり，隠匿の故意がある以上は器物損壊罪で処罰しうるのであるから，上の批判は誤解に基づく。一方，奪取後に利用する意思を生じた②の場合も，すでに器物損壊罪が成立しているのであり，また，委託に基づかずに占有している他人の物を領得する行為に当たるから，**遺失物等横領罪**の成立も免れないと解すべきであり，処罰の間隙は大きくない。そして，①占有侵害とその認識がある以上窃盗罪が成立するものとすれば毀棄・隠匿の成立範囲が不当に狭くなること[95]，②領得罪と毀棄・隠匿の罪とを分ける要素は利用・処分する意思のみであること，③不要説を採ると，信書隠匿罪においては占有を侵害して隠匿するのが普通であるから常に奪取罪が成立することとなり，同罪の成立する場合がほとんどなくなることなどから[96]，利用処分する意思によって領得罪と毀棄・隠匿の罪とを分ける説が妥当である。

利用処分する意思と判例　利用処分する意思に関するリーディング・ケースは前掲大判大正4年5月21日であり，校長を困らせる意図で教育勅語を学校の天井裏に隠匿した行為は「単に物を毀壊又は隠匿する意思」が認められるにすぎないから窃盗罪にはならないと判示した。判例は，その後一貫してこの立場を採っている。例えば，大判昭和9年12月22日刑集13巻1789頁は，競売を延期させる目的で競売記録を持ち出し隠匿した事例に不法領得の意思を認めず，窃盗罪の成立を否定している。また，広島地判昭和50年6月24日刑月7巻6号692頁は，刑務所に入る目的で音楽テープを盗んだ事案につき「経済的用法に従って利用・処分する意思は全く認められない」とし，前掲福岡地小倉支判昭和62年8月26日は，自己に覚せい剤事犯の累が及ぶのを恐れ，覚せい剤を取り上げ廃棄する意思で暴行を加え傷害を負わせた事案につき，「領得後自己らの用に供し，あるいは他に譲渡することなく廃棄するとの意思は，不法領得の意思には含まれない」と判示して，強盗罪の成立を否定した。さらに，前掲東京地判昭和62年10月6日は，「被告人らは犯行の発覚を防ぐため腕時計等を投棄しようとしてこれらを死体から剥がし，予定どおり投棄に赴いており，その間被告人らが腕時計の占有を約2時間にわたり継続したのも専ら死体と一緒に運ぶためであった」と判示して，窃盗罪の成立を否定している。一方，利用処分する意思は財物自体の効用を享受する意思で足りる。最決昭和35年9月9日刑集14巻11号1475頁は，木材を繋留するために電線を切り取る行為について利用処分する意思を認め，最決昭和37年6月26日裁判集刑143号201頁は，性的目的で女性の下着を取る行為について利用処分する意思を認めている。

---

[95] 平野・207頁，中山・220頁。
[96] 江家・257頁。

第2節　窃盗の罪

1　総　説

1　意　義

　窃盗の罪は，他人の財物を窃取する犯罪である。本罪は，財産罪のうち財物罪に属するものであり，他人の動産を窃取する場合が**窃盗罪**（235条），他人の不動産を侵奪する場合が**不動産侵奪罪**（235条の2）である。刑法は，第2編第36章において「窃盗及び強盗の罪」のもとに窃盗罪と強盗罪とを同一章下に規定している。これは，他人の財物の占有を占有者の**意思に反して**取得する**盗取罪**の点で両者は共通し，一方が「**窃取**」であるのに対し，他方は，暴行・脅迫を手段として相手方の意思を抑圧し「**強取**」する点で，両者は単に行為の態様において違いがあるにすぎないという認識に基づいている。そこで，叙述に当たって両者を一括するほうがその趣旨に合致すると思われるが，混乱を避けるために，本書においては窃盗の罪と強盗の罪とを分けて述べることにする。

2　保護法益

　窃盗罪の保護法益については，ⓐ占有の基礎となっている所有権その他の本権であると解する本権説，ⓑ占有それ自体であると解する占有説，ⓒ一応適法な占有すなわち平穏な占有であるとする平穏占有説が対立しているが，既述のようにⓒ説が妥当である（➡203頁）。

2　窃　盗　罪

　他人の財物を窃取した者は，窃盗の罪とし，10年以下の懲役又は50万円以下の罰金に処する（235条）。未遂は，罰する（243条）。

1　客　体

　他人の占有する他人の財物である。自己の財物といえども他人の占有に属し，または公務所の命令によって他人が看守しているものであるときは，他人の財物とみなされ本罪の客体となる（242条）。電気は財物とみなされる（245

214　第1編　個人法益に対する罪　第4章　財産に対する罪

条。➡194頁）。

(1)　**占有の意義**　　刑法上の占有とは，人が物を実力的に支配すること，すなわち財物を事実上支配することをいう。その支配の態様は，物の形状その他の具体的事情によって一様ではないが，必ずしも現実の所持や監視を必要とするものではなく，財物が占有者の支配にあることを以て足りる。占有者の支配内にあるか否かの判断は，社会通念に従って判断せざるをえない[1]。窃盗罪は盗取罪であって，他人の意思に反して，その財物の**占有を奪**う点に特質があるから，被害者に財物に対する占有がなければ成立しない。したがって，窃盗罪の客体は，他人の占有する財物でなければならない。盗取罪にいう占有は，財物に対する事実上の支配を意味する。事実上の支配を**所持**ともいう。事実上の支配が認められるためには，**客観的には**他人の支配を排除する状態すなわち排他的支配を必要とし[2]，**主観的には**，排他的支配の意思すなわち占有の意思を必要とする。そこで，民法における占有概念とは異なり，「自己のためにする意思」（民180条）は必要でなく，事実上の支配が認められれば，他人のための占有でもよいのである。他方，代理占有（民181条）や占有改定（民183条）のような観念的な占有は含まれず，また，相続によって直ちに占有が取得されるということもない。

　財物の占有については，①占有の有無・限界，②占有の帰属が問題となる。①は，財物を不法に領得した場合に，占有の有無によって窃盗罪になるか遺失物等横領罪になるかが決まるところから，占有は両者を区別するものとして重要となる。これに対し，②は，例えば，財物の共有者が他の共有者に無断で領得したというように，財物の占有に複数の者が関与している場合に，その財物の占有が誰に帰属しているかによって，窃盗罪になるか委託物横領罪になるかが決まるところから，占有の帰属は両者を区別するものとして重要となる。なお，同じく刑法上の占有であっても，横領罪にいう占有は盗取罪における占有と異なることに注意する必要がある。窃盗罪の**占有は事実的支配**であるのに対し，横領罪の占有は**法律上の支配**をも含むのであって，例えば，貨物引換証を所持している場合，当該の貨物自体の占有をも有している

1　最判昭32・11・8刑集11・12・3061。中森・109頁，曽根・115頁。
2　大判大4・3・18刑録21・309。

ことになるのである（➡310頁）。

(2) **事実上の支配——占有の有無**　奪取罪における占有が認められるためには，客観的な要件として財物に対する事実上の支配と主観的な要件としての財物を支配する意思とが必要である。占有の主体が存在しないところに占有はありえないから，占有の要素として占有意思が必要なことは当然である。しかし，盗取罪で要求される占有は，他人が支配しようとするのを排除する状態を意味するから，原則的には客観的に定められるものであって，占有者の個別的な支配意思は，事実上の支配が明確にならないときに，補充的に考慮すべきものである[3]。したがって，「占有」とは，占有の意思を考慮して，社会的観点から誰かの支配に属していると見られる状態，すなわち社会通念上財物が人の事実上の支配に属している状態をいうのである。

（ア）**支配領域内にある場合**　事実上の支配は，典型的には，占有者の物理的支配力の及ぶ場所すなわち排他的支配領域において認められる。排他的支配領域内にある財物は，握持や監視をされていなくても，その者の占有に属する。例えば，自宅に置いてある財物は，その者が留守であり，また，たとえその所在を忘れていても占有は認められる。他人が置き忘れていった財物，留守中に配達された郵便物でも自宅内にある以上は，それを第三者が領得すれば窃盗罪になるのである[4]。

　ある者が占有を失っても，その財物が建物等の管理者など第三者の占有に移る場合には，その者の支配領域内にあるから，事実上の支配を認めて差し支えない。例えば，旅館内の風呂場に置き忘れた物の占有は旅館の主人の占有に属し[5]，ゴルフ場内の池の中のロストボールはゴルフ場の管理者の占有に属するのである[6]。しかし，列車内の忘れ物のように，乗客の乗降が激しく，車掌の実力的支配が及ばないような場所に在るときは，事実上の支配を認めることはできず，それを領得しても遺失物等横領罪が成立するにとどまる[7]。

　支配領域内にあっても，物理的支配力が及ばない物については，事実上の

3　曽根・116頁，西田・159頁。
4　大判大15・10・8刑集5・440。
5　大判大8・4・4刑録25・382。
6　最決昭62・4・10刑集41・3・221。
7　大判大10・6・18刑録27・545。

216　第1編　個人法益に対する罪　第4章　財産に対する罪

支配を認めることはできない。たとえば，河川の砂利[8]，海中の岩石に付着する海草[9]は，「動く物」であるため占有の対象にならない。これに対し，支配領域外にあっても，所有者の**支配領域内の場所に帰って来る習性を有する動物**は，物理的支配力が及ぶ物としてよいであろう。判例は，放し飼いにしているが夕方には家に帰る習性を有する犬につき，支配を及ぼしうべき地域外に出ていても所持を離れていないとして占有を認めているが[10]，むしろ，物理的支配力内にあるものとして占有を認めるべきであろう。また，最高裁は，バスの改札口で行列をしているうちにカメラを置き忘れたが，すぐに気付いて引き返したところすでに持ち去られており，その距離は約20メートル，時間にして5分であったという事案につき占有を認めて窃盗罪としたが，行列の移動中に置き忘れたという状況のもとでは，排他的支配が継続していたとみて差し支えないであろう[11]。

> **事実上の支配の例**　駅の窓口に財布を置き忘れ，1〜2分後，15〜16メートルのところで引き返した事例につき，被害者の占有があるとした判例[12]は，疑問である。いったんはその場を離れたのであるから，支配の継続は認められないと考えられる。単に時間的・場所的接着だけを根拠とするのではなく，排他的支配が継続していたかどうかを問題とすべきなのである。その意味で，スーパーの6階のベンチに置き忘れた財布を地下1階で思い出して取りに帰った事案（その間10分）につき，占有を否定した判例は妥当である[13]。排他的な支配領域内にあれば事実上の支配は認められるから，主観的な占有の意思は考慮に値しない。

（イ）**支配領域外にある場合**　排他的な支配領域の外にある物であっても，事実上の支配を認めるべき場合がある。①自宅前の道路に置いてある自転車[14]，②見張り人のいない堂のなかに置いてある仏像[15]，③公設または事実上の自転車置場に置いてある自転車[16]，④関東大震災の際に，公道に布団な

8　最判昭32・10・15刑集11・10・2597。

9　大判大11・11・3刑集1・622。

10　最判昭32・7・16刑集11・7・1829。

11　最判昭32・11・8刑集11・12・3061。大沼・百選Ⅱ（第5版）53頁，**齊藤・判例講義Ⅱ37頁**参照。なお，東京高判昭30・3・31裁特2・7・242［電報を打つため約10分間離れた事例］。

12　東京高判昭54・4・12刑月11・4・277。

13　東京高判平3・4・1判時1400・128。

14　福岡高判昭30・4・25高刑集8・3・418。

15　大判大3・10・21刑録20・1898。

16　福岡高判昭58・2・28判時1083・156。

第2節　窃盗の罪　　*217*

どの荷物を一時おいて避難した場合[17]は，具体的状況に照らし，社会通念上誰かの支配に属していると推認できるから，占有を認めてよいであろう。ただし，この推認は，誰かがその場所に意識して置いていたという占有の意思を前提とするものであるから，所有者が放置しておいたにすぎないというように，被害者に占有の意思がないときは，事実上の支配を認めることはできない。

占有が認められた事例　(1)放任しても飼主の所に帰る習慣をもっている動物は，飼主の手元を離れても飼主の占有に属する（春日神社の鹿）——大判大正5年5月1日刑録22輯672頁，飼育された猟犬——最判昭和32年7月16日刑集11巻7号1829頁）。(2)施設を排他的に管理・支配する者は，その内部に存在する財物を占有する（食堂内の財布——大判大正15年10月8日刑集5巻440頁，ゴルフ場内の人工池に入っているロストボール——前掲最決昭和62年4月10日）。(3)自己の実力的支配の及ぶ範囲に財物を置き忘れた場合も占有が認められる（バスを待つ行列の移動する間に置き忘れたカメラと所有者の距離が約20メートルであった事案——前掲最判昭和32年11月8日。なお，最決平成16年8月25日刑集58巻6号515頁）。(4)他人の財物を一時手渡しても，占有の継続する場合がある（顧客が買い受けることを装って商品を受け取った場合——広島高判昭和30年9月6日高刑集8巻8号1021頁，旅館の丹前・浴衣——最判昭和31年1月19日刑集10巻1号67頁）。(5)一般人の立ち入りが容易な場所の管理者は，その場所の忘れ物について占有を有しない（列車内の遺留品——大判大正15年11月2日刑集5巻491頁，酩酊者が自転車を路上に放置して，その場所を忘れてしまった場合は占有を有しない——東京高判昭和36年8月8日高刑集14巻5号316頁）。占有が否定された例として，最決昭和56年2月20日刑集35巻1号15頁——広大な湖沼に逃げ出した養殖中の鯉。

(3)　**占有の意思**　　占有が認められるためには，事実上の支配と支配意思すなわち占有の意思とが必要となる（→214頁）。**占有の意思**とは，財物を事実上支配する意欲または意思である。この意思は，法律上の効果を発生させる意思ではないから，幼児または心神喪失者も事情によっては占有者となりうる。必ずしも個々の財物に対する個別的かつ具体的な支配意思であることを要しない。例えば，家屋の敷地内にある物すべてに対するように**包括的**または**抽象的**な意思で足りる。占有者において，必ずしも不断に意識されていることも必要としない。財物に対する事実的支配が明確であれば，睡眠中であっても占有の意思は認められる。これに対し，公園のベンチに置いてあるカメ

17　大判大13・6・10刑集3・473。

218 第1編 個人法益に対する罪 第4章 財産に対する罪

ラのように，事実的支配が不明瞭である場合には，その所有者が事態を認識していたというような積極的意思の存在を必要とする。占有の意思は補充的な役割を果たすにすぎないのである。

> **占有の意思と占有の事実との関係**　(1)駅の待合室で休息していた者が鞄を置いたまま200メートルほど離れた駅構内の食堂へ50分間入っていたところ，その隙に様子をうかがっていた被告人がこの鞄を奪った事案につき，被害者がその場を離れたからといって占有を放棄したものではないという理由で，窃盗罪を適用した判例[18]，(2)新品に近い所有者の名前の書かれた自転車を14時間鍵をかけずに放置したところ夜中に持ち去られた事案につき，被害者の占有があるとした判例[19]は，いずれも占有の意思を重視しすぎている嫌いがある。

(4)　**占有の主体**　占有の主体は，自然人であると法人であるとを問わない。自然人の場合には，いやしくも財物を事実上支配する意思を有するものである以上，すべて占有の主体となりうるから，意思能力のない者および責任無能力者であってもよい。

（ア）**法　人**　法人は占有の主体となりえないとする見解も有力であるが[20]，**法人**も，その機関である代表者を通じて財物に対する事実上の支配ができるから，占有の主体となりうる[21]。

（イ）**死者の占有**　占有の主体との関係では，**死者の占有**をいかに取扱うかが問題となる。死者の占有については，①初めから領得の意思で人を殺して財物を奪った場合，②人を殺害した後に財物奪取の意思を生じて財物を奪った場合，③人の死亡とは無関係の者がその者の生前占有していた財物を領得した場合が問題となるが，重要なのは②③である。②については，ⓐ占有離脱物横領罪説[22]，ⓑ窃盗罪説，ⓒ強盗罪説[23]が対立し，さらにⓑ説は，(イ)死者の占有それ自体を保護するという説[24]，(ロ)被害者を死に致した犯人との関係では時間的・場所的に近接した範囲内において生前の占有を保護すると

18　名古屋高判昭52・5・10判時852・124。
19　前掲福岡高判昭58・2・28。
20　大塚・182頁。
21　山中・266頁。
22　植松・404頁，平野・204頁，中・199頁，曽根・118頁，中森・110頁，西田・158頁。
23　藤木・302頁。
24　小野・245頁。

いう説[25]，㊥死亡後もその物が社会観念上他人の支配を排除する状態に置かれていると認められる限り窃盗として保護されるという説[26]が対立している。なお，ⓒ説は，殺害によって被害者が抵抗不能となった状態を利用して財物を奪取したのだから強盗であると説く。

　占有の主体が死亡して存在しなくなった以上は，財物の占有は消失したのであるから，殺害直後に生前の占有物を取り去る場合であると，時間を経過した後にその財物を取り去る場合であるとを問わず，占有の侵害はないと解すべきである。また，死者が生前住居として使用していた場所から物を不法に持ち出した場合においても，それが他の者によって現に占有されているという事実がない限り，遺失物等横領罪が成立するにすぎない。なお，殺人を手段として財物を奪取する①の場合は，生前の占有を侵害するから強盗殺人罪となる（➡257頁）。また，③についても②と同様に死者の占有を認めるべきではないから，占有離脱物横領罪が成立するにすぎないと解する。

死者の占有に関する判例　　強姦後に殺害し，さらにその犯行を隠すため穴を掘って死体を埋める際に死体から腕時計を取得した事案につき，判例は，「被害者からその財物の占有を離脱させた自己の行為を利用して右財物を奪取した一連の被告人の行為は，これを全体的に考察して，他人の財物に対する所持を侵害したものというべきである[27]」とした[28]。この判旨は，殺人犯人が被害者の死体から死亡直後に財物を取得した場合は，全体的考察方法により**生前の占有**を侵害したものであるとする立場を採る[29]。この観点からすれば，殺害後9時間を経過した後に立ち戻り財物を持ち去った事案では，もはや生前の占有の継続があるとはいえないから遺失物等横領罪となるであろう[30]。住居内で人を殺し海岸に死体を遺棄した後，死亡と奪取との間に3時間ないし86時間の経過があった場合にも被害者に占有の継続があるとした判例もあるが[31]，判例や全体的考察方法を採る通説の立場では，死後の時間的経過や行為の態様によって窃盗になるか否かが決まることになり，判断の準則としても適当ではない。

25　大判昭16・11・11刑集20・598，最判昭41・4・8刑集20・4・207。団藤・572頁，福田・225頁，大塚・187頁，川端・316頁，前田・169頁。
26　江家・278頁。
27　最判昭41・4・8刑集20・4・207。小島・百選Ⅱ（第7版）60頁，**齊藤・判例講義Ⅱ40頁**参照。
28　大沼邦弘「死者の占有」刑法の基本判例128頁。
29　同旨，大判昭16・11・11刑集20・598〔傷害致死後の金銭奪取〕。
30　東京地判昭37・12・3判時323・33。
31　東京高判昭39・6・8高刑集17・5・446。

220　第1編　個人法益に対する罪　第4章　財産に対する罪

(5)　**占有の帰属**　　財物の占有に複数人が関与している場合，そのうちの誰に占有が帰属するかによって，委託物横領罪と窃盗罪のいずれが成立するかが分かれる。占有の帰属をめぐっては，特に，①複数の者の占有，②封緘委託物の占有が問題となる。

(ア)　複数の者が占有している場合　　これには，①対等者間の場合，②上下主従関係の場合がある。①の典型的なものは，**共同占有**の場合である。共有物を共同で保管している場合には，占有は共有者全員に帰属するから，その一部の者が他の共有者に無断で共同支配を排除して自己の独占的支配に移した場合は，窃盗罪が成立する[32]。

　財物の保管・管理について上位者の命令・指図によって，下位者が財物を支配している場合，占有は上位者に帰属するのか，下位者に帰属するのか，あるいは共同占有と見るべきであろうか。財物の保管・管理について，上位者が現実の所持者である下位の者を監視し，財物の支配をなしうる場合，例えば，店舗で物品を販売する店員が店主に無断で商品を領得する行為[33]，倉庫係員が倉庫に保管されている他人の財物を領得する行為[34]は，店員や倉庫係員は単なる**占有補助者**ないし**監視者**にほかならないから，横領罪ではなくて窃盗罪に当たるのである。例えば，貨物列車の**車掌**はみずからの意思で貨物を占有しているように見えるが，判例は，車掌が乗務中の貨物列車から荷物を領得した場合，占有は鉄道会社に帰属しているという理由で窃盗罪の成立を認めている[35]。車掌は占有者ではなく監視者にすぎないとする趣旨であろう。これに対し，**上位者と下位者との間に一定の信頼関係があり**，下位者が現実に財物を支配し，ある程度の処分権を有する場合，例えば，商店の管理を委ねられている**支配人**は，その商品について販売等の権限を与えられているのであるから，占有意思は従たる支配人に帰属するとすべきであり，**店主**が支配人に無断で商品を持ち出せば，窃盗罪が成立するのである（242条）。

---

[32] 大判大8・4・5刑録25・489。
[33] 大判大7・2・6刑録24・32，大判大3・3・6新聞929・29〔雇人による領得〕。
[34] 大判昭21・11・26刑集25・50。
[35] 最判昭23・7・27刑集2・9・1004。

共同占有の場合　　数人が対等な関係において共同して物を占有する共同占有の場合は，そのうちの1人が他の占有者を排除して物を領得すれば，他の共同占有者の占有を害したことになるから窃盗罪を構成する[36]。

　（イ）封緘委託物の場合　　封緘をした包装物の占有が，委託者または受託者のいずれに属するかについては争いがある。例えば，施錠してあるトランクを委託された者が鍵を開けてその内容物を領得する場合，郵便集配人が集配中の封書から現金を抜き取る場合，その内容物または現金の占有が何人に帰属するかが問題となる。学説は，ⓐ包装物全体の占有は受託者に帰属しているが中身は委託者に帰属するとする説（二分説）[37]，ⓑ包装物全体と中身とを分けずに全体につきその占有は委託者に属するとする説（窃盗罪説）[38]，ⓒ包装物の中身も含め占有は受託者に属するとする説（横領罪説）[39]に分かれる。判例は，ⓐ説を採るものと解され，トランクないし郵便物自体の占有は受託者または郵便集配人にあるが，在中物の占有は鍵や封が施されている以上委託者ないし発送人にあり，在中物の抜き取り行為は窃盗であるとし[40]，封を切らずに配達中の郵便物を着服した場合には業務上横領罪が成立するという[41]。その趣旨は，封や鍵が施してある以上，**在中物の占有は委託者**にあるが，トランク，郵便物自体の占有は現実にそれを支配している者にあるとする点にある。

　ⓐ説によると，全体を領得すれば軽い横領罪，在中物だけを抜き取れば窃盗罪で重く罰せられるという「奇妙な結論」になるという理由で[42]，在中物を含めて全部につき委託者に占有があるとするⓑ説，反対に，いずれについても受託者に占有があるとするⓒ説が主張されている。しかし，封緘により内容を披見することが禁じられている以上，内容に対する事実上の支配は，受託者を手段として委託者側に留保されているとみるべきであろう。例えば，預った鞄をそのまま領得した場合は横領罪とし，預り主が鞄をこじ開けて内

36　大判大12・6・9刑集2・508〔賃貸中の牛を共有者が窃取した例〕。
37　藤木・276頁，西田・160頁，前田・169頁。
38　団藤・570頁，福田・224頁，大塚・189頁，香川・494頁，山中・271頁，山口・152頁。
39　岡野・120頁，中森・111頁，林・188頁。
40　大判明44・12・15刑録17・2190。なお，最決昭32・4・25刑集11・4・1427。
41　大判大7・11・19刑録24・1365，東京地判昭41・11・25判タ200・177。
42　団藤・570頁。

容物を取得する行為は，占有を侵害して領得したものとして窃盗罪と解すべきであり，ⓐ説が妥当である。したがって，在中物を領得する意思で，その手段としてまず全体を領得したときは，その横領行為は窃盗の手段としての実行行為と解すべきであろう。そして，この横領行為は窃盗に吸収され窃盗罪のみが成立することとなるから，「奇妙な結論」になる場合は実際上それほど多くはないのである[43]。

> **施錠されていない場合**　東京高判昭和59年10月30日刑月16巻9＝10号679頁は，Aから預った施錠されていないかばんの上蓋を開け，在中の現金を奪ったBにつき，窃盗に当たるとした。Bは，看視する趣旨で預ったという理由からである[44]。

2　行　為

本罪の行為は，窃取である。

(1)　行為——窃取　窃取とは，占有者の意思に反して財物に対する占有者の占有を排除し，目的物を自己または第三者の占有に移すことをいう[45]。自己または第三者の支配内に目的物を移すことを要するから，例えば，他人の占有する池の鯉を川に逃がす場合のように，占有を移す行為でなければ窃取行為とはならない。窃取は，必ずしも「ひそかに取る」ことを要しない。公然と行われても本罪は成立する[46]。窃取の方法や手段には制限がなく，**間接正犯**として，例えば，是非弁別能力のない幼児を機械のように使って窃取してもよい[47]。また，顧客を装い商品の衣類を試着したまま便所に行くといって逃走した場合，自動販売機に金属の破片を入れて商品を取り出した場合のように**詐欺行為**を手段とする場合でも，被害者の意思に反して財物の占有を取得すれば窃盗罪を構成するのである[48]。磁石を用いてパチンコ機械から玉を取る行為[49]，キャッシュカードの電磁的記録部分を不正に作出して，現金自動預入払出機に挿入して現金を引き出す行為も窃盗である[50]。

43　虫明・百選Ⅱ（第4版）56頁参照。
44　平山・百選Ⅱ（第7版）54頁，齊藤・判例講義Ⅱ39頁参照。
45　大判大5・5・1刑録22・672，最決昭31・7・3刑集10・7・955。
46　大判大15・7・16刑集5・316，最決昭32・9・5刑集11・9・2143。
47　大判昭37・12・20刑録10・2415，最決昭58・9・21刑集37・7・1070。
48　広島高判昭30・9・6高刑集8・8・1021。
49　最決昭31・8・22刑集10・8・1260。
50　東京地判平元・2・22判時1308・161。

パチスロ機で遊戯する行為　被告人は，パチンコ店に設置されている回胴式遊技機が引込み抽選乱数を使用して，大当たりが連続して発生する場合を抽選しているのを奇貨として，この乱数周期と同期させる機能を有する，いわゆる体感器と称する電子機器を使用して，大当たりを意図的に連続して発生させ，不正に回胴式遊技機から遊技メダルを窃取する目的で，あらかじめ自己の身体に体感器を密かに装着して店内に侵入し，遊技機の前に着席して，体感器を使用して遊技メダル約1524枚を取得した事案につき，最決平成19年4月13日刑集61巻3号340頁は，「専らメダルの不正取得を目的として上記のような機能を有する本件機器を使用する意図のもと，これを身体に装着して不正取得の機会をうかがいながらパチスロ機で遊技すること自体，通常の遊技方法の範囲を逸脱するものであり，パチスロ機を設置している店舗がそのような態様による遊技を許容していないことは明らかである。そうすると，被告人が本件パチスロ機で取得したメダルについては，それが本件機器の操作の結果取得されたものであるか否かを問わず，被害店舗のメダル管理者の意思に反してその占有を侵害し自己の占有に移したものというべきである。」として，取得したメダル1524枚につき窃盗罪が成立すると判示した。妥当な判断である[51]。

(2)　**着手時期**　窃盗罪の未遂は罰せられ（243条），予備は罰せられないから，特に実行の着手時期が重要となる。窃取行為の着手時期は，形式的には占有侵害行為の開始時期をいう。どの時点で侵害行為があったとみるべきかの判断には若干の困難が伴うが，財物の性質，形状および行為の態様，犯行の日時・場所を考慮して[52]，特別の障害がない限り他人の財物を自己の占有下に移すことが経験則上一般に可能となる時点，すなわち結果発生の現実的危険が発生したと認められる時点をもって実行の着手とすべきである。

　判例は「他人の財物に対する事実上の支配を侵すに付き密接なる行為」をしたときに窃取行為の開始があったと解しており[53]，この判断基準は，実質上結果発生の現実的危険が発生した時点をもって実行の着手に当たると解する見解と同じである。それゆえ，財物の物色行為やすりが金品の存在を知ってポケットの外側に手を触れる行為（いわゆる「あたり行為」）では実行の着手に当たらない[54]。土蔵など内部に財物があるにすぎないような場所では，侵入行為があれば着手があるといってよい[55]。「車上狙い」の事案では，車両内の

51　なお，最決平21・6・29刑集63・5・21参照。
52　大コン(9)261頁。
53　大判昭9・10・19刑集13・1473，最判昭23・4・17刑集2・4・399。
54　最決昭29・5・6刑集8・5・634。

224 第1編 個人法益に対する罪 第4章 財産に対する罪

金員を窃取する目的で，施錠されていた乗用車のドアガラスの開披を開始した時点で実行の着手が認められる[56]。これに対し，窃盗目的で住居に侵入しても，家人がその場所に居住している場合にはその時点では直ちに占有侵害の現実的危険は生じないから，窃盗の予備段階にすぎず，住居侵入罪のみが成立するにすぎない。

> **限界となる例**　最判昭和 40 年 3 月 9 日刑集 19 巻 2 号 69 頁は，犯人が被害者方の店舗内において所携の懐中電灯により真暗な店内を照らし，電気器具の積んであることが分かったが，なるべく金銭を盗みたいので店内煙草売場の方に行きかけた事実があれば，窃盗の着手があったものと認められると判示した。結果発生の現実的危険の点に着目したものと考えられる。

(3) **既遂時期**　窃盗罪の既遂時期に関して，かつて学説は 4 説に分かれていたが，既述の窃取の定義に従う以上は，窃盗は占有を取得したときに既遂に達するとする取得説が妥当である[57]。既遂時期の判断においても，実行の着手におけると同様に，財物の性質・形状，財物に対するそれまでの他人の占有状況，さらに窃取行為の態様を考慮して具体的に判断する必要がある。例えば，住居・店内からの窃取の場合は，財物に対する占有者の支配力は強いから，目的物が小さい場合でも，容易に占有を設定できる物であるときを除き，原則として屋外への搬出が必要となる。これに対し，支配力の弱い留守宅のような場合には搬出の準備があれば既遂となる。倉庫の場合でも監視の程度によって上と同じように考えるべきである。

　進行中の貨物列車から窃取を目的として積荷を車外に落とす場合は，その行為だけでは占有の設定は完了しないから，みずから取得しない限り既遂に達しない。ただし，鉄道線路付近の地理に精通している機関士が後に回収する計画で，進行中の貨物列車から積荷を突き落とした場合[58]，あるいは共犯者がその財物を拾う目的で待機しているときは，財物を突き落とした時点で自己の事実上の支配下に移したといえるから，その時点で既遂となる。

---

55 名古屋高判昭 25・11・14 高刑集 3・4・748。反対，平野・110 頁。なお，川端・319 頁。

56 東京地判平 2・11・15 判時 1373・145。

57 最判昭 23・10・23 刑集 2・11・1396，東京高判平 4・10・28 東時 1・12・59。植田・百選Ⅱ（第 7 版）71 頁参照。

58 最判昭 24・12・22 刑集 3・12・2070。

自己の支配下に移した以上は既遂になり，例えば，他人の浴場で他人の遺留した指輪を発見し，領得する意思で一時浴室内に隠したときも既遂となる[59]。ただし，万引きしようとしていったんは指輪を手にしたが，店員に気付かれたと思い，ショーウィンドーの中に落として逃げた場合のように，支配が終了していない場合には取得したことにならない。財物が取得された以上は，占有侵害が永続的であるか一時的であるかは問わない。

既遂時期をめぐる学説　(1)財物に手を触れた時をもって既遂とする**接触説**，(2)財物が置かれている場所から，それを他の場所に移した時とする**移転説**，(3)財物を容易に発見できない場所に隠匿した時とする**隠匿説**，(4)本文で述べた**取得説**がある。判例も取得説を採る。例えば，窃盗犯人が，用意した南京袋に盗品の衣類を入れて縛り，勝手口に運び出したときは既遂となる[60]。支配力の弱い場所における例として，他人の玄関先にあった自転車の錠をはずして自転車を手に持ち，その方向を転換した時点をもって既遂とした大阪高判昭和 25 年 4 月 5 日判特 9 号 40 頁がある。なお，最判昭和 23 年 10 月 23 日刑集 2 巻 11 号 1396 頁（自動車車庫から木炭 6 俵を柵外までかつぎ出した行為を既遂とした事例），最判昭和 28 年 10 月 22 日刑集 7 巻 10 号 1956 頁（目的物をトラックに積み込み，廃品をかぶせて隠匿すれば構外に出なくても既遂とした事例）も参考になる。近年の判例としては，スーパーの店内で食料品を買物かごに入れてレジの外側に持ち出したときを既遂とした東京高判平成 4 年 10 月 28 日判タ 823 号 252 頁，大型家電売場から液晶テレビを買物カートで男子トイレに運び洗面台の下の収納柵に隠す行為を既遂とした東京高判平成 21 年 12 月 22 日判タ 1333 号 282 頁がある。

(4)　**共罰的事後行為**　窃取行為が既遂に達した後に，犯人が被害者に窃取した財物を返還しても犯罪の成立には関係がない。また，窃盗罪は**状態犯**であるから，既遂に達しても違法状態がつづくのであり，犯人が目的物を使用・処分しても，それが窃盗罪によって評価される範囲にあるときは別罪を構成しない。それゆえ，窃盗による領得物は刑法 256 条の「**盗品等**」となるが，窃盗犯人が盗品を保管したり，運搬するなどの行為は処罰されず，それらはいわゆる**共罰的事後行為**となる。**不可罰的事後行為**とするのが一般であるが，そのような行為は，もともと不可罰な行為なのではなく，窃盗というより重い罪で評価されているので，処罰に値する行為であるが独立して処罰しないとする趣旨であるから，共罰的事後行為とするのが正しい[61]。しかし，例

59　大判大 12・7・3 刑集 2・624。
60　東京高判昭 27・12・11 高刑集 5・12・2283。

226 第1編 個人法益に対する罪 第4章 財産に対する罪

えば，預金通帳と印鑑を盗んだ後に，これらを用いて銀行等を欺いて金銭の払戻しを受けたときは，新たに銀行等の法益を侵害し，窃盗罪によって評価される範囲を逸脱する行為となるから詐欺罪となるのである。この場合の**罪数関係**につき，窃盗罪と詐欺罪とは牽連犯になるとする見解[62]もあるが，2つの罪は必ずしも牽連関係にあるとはいいがたいから，両罪は併合罪になると解すべきである[63]。また，テレホンカードの自動販売機から窃取した1,000円札を自動販売機に挿入してテレホンカードを取り出した行為は，テレホンカードに対する窃盗罪を構成する[64]。

(5) **窃取額** 正当に取得しうる財物とそうでない財物とが不可分となっている場合に，後者の財物を窃取する行為は，その全体について窃盗罪を構成する。窃取したパチンコ玉の一部に正当に入手した玉が混入していて区別が不可能な場合には，全部について窃盗罪が認められる[65]。

3 主観的要件

窃盗罪が成立するためには，故意のほかに不法領得の意思が必要である（➡205頁）。

4 違法性阻却事由

窃盗罪に関しても違法性阻却が問題となることは勿論である。被害者が占有の侵害に同意しているとき，窃盗罪の構成要件該当性を阻却するか，違法性を阻却するかが問題となるが，**構成要件該当性阻却事由**と解すべきである。窃取行為は，他人の意思に反して財物の占有を移転することをその内容とするから，同意によって占有意思が放棄されている以上は，窃取行為の要件を欠くと考えられる。なお，財物の所有者と占有者が異なる場合に，所有者が同意しても犯罪の成立に影響はない。財物の所有者がその財物を窃取した窃盗犯人から窃取する行為は，原則として構成要件該当性を阻却しない。権利行使の手段として占有を侵害したときは，違法性阻却が問題になると解すべきである。他人の菜果を若干無断で取ったり，花数本を切り取るがごとき行

---

61 大谷・総論484頁。
62 大塚・196頁。
63 最判昭25・2・24刑集4・2・255。
64 福岡高判平6・6・21判タ874・286。
65 東京高判昭29・11・20東時5・11・438。

為は，被害の軽微性の観点から類型的に可罰的違法性を欠くものとして，構成要件に該当しないと解すべきである。

5 罰金刑の追加

2006（平成18）年の刑法一部改正により，窃盗罪の法定刑として50万円以下の罰金刑が追加された。近年，スーパーマーケット内の食品万引き行為など軽微な事案が増加し，懲役刑に適さないものが多くなったことが主な理由である。

6 罪数・他罪との関連

財産罪の保護法益は，生命・身体等の罪のように一身専属的ではないから，罪数は被害法益の数を基準とするのでなく占有侵害の個数を基準として確定される。例えば，数人の所有物である数個の財物を1人が占有している場合において，1回の行為でこれを全部窃取したとしても一罪の窃盗罪である。また，これを時間的に接続して数回にわたって窃取しても包括して一罪になる。これに対し，マンションに侵入して数個の家庭から同一機会に財物を窃取すれば，占有侵害は各家庭の財物ごとに行われるから数罪が成立して併合罪の関係に立つ。侵入窃盗と住居侵入罪との関係は典型的な牽連犯の事例となっているものである。窃取した財物を自己の物のように欺いて第三者から金員を交付させたときは，詐欺罪と窃盗罪との牽連犯になるとする見解[66]もあるが，行為と結果との間に一般的な関係は認められないから併合罪とすべきである[67]。

窃盗罪の加重類型は，盗犯等防止法がこれを定めており，常習特殊窃盗罪（2条），常習累犯窃盗罪（3条）がある。また，森林法は，行為の場所が森林であるため占有・管理の態様が一般にゆるやかであることに着目し，森林窃盗を特に軽く処罰している（197条，198条）。これらの罪は，いずれも窃盗罪とは特別関係に立つから法条競合として窃盗罪の適用が排除される。

罪数に関する参考例　最判昭和24年7月23日刑集3巻8号1373頁（犯人が僅か2時間余の間に同一場所で3回にわたって米俵9俵を持ち出した事案を一罪とした例〔接続犯〕），最決昭和32年3月5日刑集11巻3号989頁（同一旅館内で各室に侵入して財物を窃取した行

---

[66] 小野・248頁，大塚・204頁。
[67] 最判昭25・2・24刑集4・2・255。

為につき，たとえ同一家屋内であっても各室ごとに窃盗罪が成立するとした例），東京高判昭和55年3月3日刑月12巻3号67頁（窃取したキャッシュ・カードを用いて現金自動支払機から現金を取り出した行為につき，カードの窃盗罪とは別個に，自動支払機の管理者との関係でカードの利用による現金の窃盗罪が成立するとした例[68]），最決平成14年2月8日刑集56巻2号71頁（係員を欺いてローンカードを交付させたうえ，現金自動預入払出機から現金を引き出した場合は，詐欺罪と窃盗罪が成立するとした事例）。

③ 不動産侵奪罪

他人の不動産を侵奪した者は，10年以下の懲役に処する（235条の2）。未遂は，罰する（243条）。

1 意 義

不動産の占有侵害に対しては窃盗罪が成立するという有力な見解もあったが，実務の採用するところとはならず，土地の不法占拠は窃盗罪では処罰されなかったのである。しかし，第2次世界大戦後の大都市における土地不足から土地の不法占拠が横行したため，正当な権原をもつ者の権利保護のために刑法的な介入の必要性が自覚され，1960（昭和35）年の刑法一部改正によって境界損壊罪（262条の2）と併せて本罪が創設された。このように本罪は，理論上**不動産に対する窃盗**としうるような行為を犯罪としたものであり，窃盗罪に準じた法定刑によって処罰される。したがって，本罪の創設前に展開された不動産窃盗に関する理論的対立には，終止符がうたれることになった。また，登記簿上の所有名義の変更による不動産の領得を窃盗とする見解も，この規定の創設によって否定されるに至った。

2 客 体

本罪の客体は，他人の占有する他人の不動産である。「**他人**」は，自然人であると法人であるとを問わない。本罪にも242条の適用があるから，他人の占有に属し，または公務所の命令によって他人が看守している不動産は他人の不動産とみなされる。不動産とは**土地**およびその**定着物**をいい（民86条1項），土地は単に地面だけでなく，境界によって区切られた地上の空間および

---

[68] 東京高判平10・12・10東時49・1＝512・93。

地下をも含む。定着物を動産化して領得すれば窃盗罪が成立する[69]。工場抵当法（14条）その他の法令によって不動産とみなされるのは民法上の不動産規定を準用するためのものであり，本罪の不動産には当たらない[70]。ここにいう他人の占有についても，財物に関して述べたことがそのまま当てはまり（➡214頁），法律上正当な権原に基づかなくても事実上他人が占有している限り，その不動産は本罪の客体となる。

3 行 為

本罪の行為は，**侵奪**である。**侵奪**とは，占有者の意思に反して他人の不動産の占有を排除し，その不動産に自己または第三者の占有を設定することをいう。「侵奪」という語は，不動産に対する占有の取得をいうのであり（民200条1項，2項，201条3項），可動物件に関する「窃取」に対応する概念である。侵奪はその態様のいかんを問わず，占有の設定行為があれば足り，単なる名義の変更は含まれない。土地の占有侵害の例としては，土地の上に恒久的建造物を構築する行為[71]，囲壁を設置して監視する行為，境界線を移動させて隣地を取り込む行為，土地の無断転借人が土地上の簡易施設を改造して本格的店舗を構築する行為[72]などがある。

建物の侵奪は，居住者を排除して立ち入りを不可能にするような方法で占有を設定する必要がある。ただし，他人の占有下にある土地・建物の全体に占有を及ぼす必要はなく，例えば，アパートの一室を占拠するのも侵奪である。また，自己の支配下に置かず，他人に占有を設定させるのも侵奪であり，例えば，他人の土地を自分の土地であると偽って第三者に売却または賃貸して，その土地に住居を建てさせる行為も侵奪である。侵奪は，**他人の占有を排除すること**を必要とするので，例えば，賃貸期間が経過した後に，所有者の立ち退き要求に応じないで目的物である店舗を継続して占有しても，本罪を構成しない。また，テントを設置するとか排水口を設けるというように，原状回復が容易であり，損害も微少であるときは，侵奪に当たらないと解すべきである[73]。

---

69 最判昭25・4・13刑集4・4・544。
70 ポケット539頁。
71 大阪高判昭31・12・11高刑集9・12・1263。
72 最決平12・12・15刑集54・9・1049。

230　第1編　個人法益に対する罪　第4章　財産に対する罪

暴行・脅迫をもって不動産を侵奪する行為，例えば，脅迫して貸家から借家人を立ち退かせた場合は，本罪ではなく強盗利得罪（236条2項）を構成する。235条の2の新設により，不動産は235条および236条1項の客体でなくなったからである。また，侵奪は不動産に対する**占有の設定**を必要とするから，所有権を有しない者が他人の不動産について登記簿上その不動産に対する真正の所有者を装うというように，法律上の占有を取得しただけでは侵奪に当たらない[74]。

本罪の実行の**着手時点**は，権利者の占有を排除するための行為を開始した時である。例えば，境界線を移動させる行為や他人の土地内に建物を建設する行為が開始されれば実行の着手があったといってよく，それらの行為によって占有の設定が終了したときに**既遂**となる。本罪も**状態犯**であるから，占有取得後犯人がその不動産を第三者に売却しても共罰的事後行為として刑法上評価の対象とはならない。

判例による侵奪　一時使用を許された土地に，所有者に無断で半永久的なコンクリート等を用いて倉庫に改築した場合は侵奪に当たるか。肯定説（通説）は，占有の形態が全く変わってしまう場合には，従前の占有は質的に変化して侵奪になるとする[75]。否定説は，一時使用目的とはいえ占有は行為者にあるのだから，せいぜい横領が問題となるにすぎないとする[76]。問題は占有を新たに設定したといえるかどうかに帰着するのであり，コンクリートを用いて倉庫として改築した場合は新たな占有の設定になるが，そこまで至らずに占有態様が変化したにすぎないときは，侵奪に当たらないと解すべきである。

近年の最高裁判例として，土地上に建設廃材等の混合物からなる廃棄物を堆積させ「容易に現状回復することができない」ようにした事案を「侵奪」としたもの[77]，屋根や壁に相当する部分にビニールシートを用いただけの簡易建物を建築した事案につき「侵奪」を認めなかった最決平成12年12月15日刑集54巻9号923頁がある。さらに，撤去可能な屋台営業のみを認めるという約定で無償貸与された土地に，解体・撤去困難な風俗営業施設を作った事案につき，最決平成12年12月15日刑集54巻9号1049頁は，「占有を新たに排除した」として侵奪も認めた。

---

[73]　最決平12・12・15刑集54・9・923。

[74]　反対，柏木・442頁。

[75]　最決昭42・11・2刑集21・9・1179。齊藤・判例講義Ⅱ43頁参照。最決平12・12・15刑集54・9・1049。齊藤・百選Ⅱ（第7版）76頁。

[76]　中森・104頁参照。

[77]　最決平11・12・9刑集53・9・1117。島田・百選Ⅱ（第6版）71頁，齊藤・判例講義Ⅱ42頁参照。

第2節　窃盗の罪　*231*

4　故意・不法領得の意思

不動産侵奪罪の解釈は窃盗罪におけると同じ原理に基づいて行うべきであり，本罪においても故意のほかに不法領得の意思を必要とする。本罪の**故意**は，他人の占有する他人の不動産につきその占有を排除して自己または第三者の占有を設定することを認識し，行為に出る意思である。**不法領得の意思**は，所有権者もしくは賃借権・使用貸借権者として振舞う意思および利用処分する意思である。したがって，「空地を排水口として一時的に利用させてもらう意思[78]」では足りず，「或程度継続的に占有を奪う意思がなければ不法領得の意思があるとはいえない[79]」。他人の空き家で一夜をすごす意思，2,3日無断で他人の土地に天幕を張って演劇活動をする意思のように一時使用の目的に基づくときは（**使用侵奪**），不法領得の意思は認められない。

5　罪数・他罪との関連

他人の土地内の建物を侵奪した場合，建物とその敷地である土地双方の侵奪が問題となるが，占有関係は全体に及んでいると考えられるから1個の占有侵害であり，包括的一罪となる[80]。不動産侵奪のために住居に侵入した場合は，不動産侵奪罪と住居侵入罪は目的・手段の関係にあるとは必ずしもいえないから，牽連犯[81]ではなく観念的競合と解すべきである[82]。本罪と窃盗罪との罪数関係は，両者は補充関係にあるから法条競合である。

④　親族間の犯罪に関する特例（親族相盗例）

　配偶者，直系血族又は同居の親族との間で第235条の罪，第235条の2の罪又はこれらの罪の未遂罪を犯した者は，その刑を免除する（244条1項）。前項に規定する親族以外の親族との間で犯した同項に規定する罪は，告訴がなければ公訴を提起することができない（同条2項）。前2項の規定は，親族でない共犯については，適用しない（同条3項）。

1　意　義

本条は，配偶者，直系血族または同居の親族との間で窃盗罪，不動産侵奪

---

[78] 大阪高判昭4・12・17高刑集18・7・877。
[79] 大阪高判昭41・8・9高刑集19・5・535。
[80] 江家・376頁，大塚・207頁，中森・117頁。なお，注釈(6)76頁〔観念的競合〕。
[81] 吉川・144頁。
[82] 団藤・584頁，大塚・207頁，中森・118頁。

罪，これらの未遂罪を犯した者の刑を免除し，その他の親族間で行われた場合を親告罪とする特例を定めたものである。この特例を親族間の犯罪に関する特例（**親族相盗例**）という。本特例は，詐欺および恐喝の罪（246条〜250条），横領の罪（252条〜254条）にも準用されるが（251条，255条），強盗罪と毀棄罪には準用されない。なお，判例は，森林法上の窃盗罪への準用を認めている[83]。

この特例を規定した趣旨は，親族における財産の管理・消費が共同体的な態様で行われることに着目して，親族間の財産秩序は親子や夫婦間など**親族内部において維持**させる方が適当であるという政策的配慮から，国の刑罰による干渉を差し控えることにある。「**法律は家庭に入らず**」という法諺は，この点を端的に示したものである。したがって，親族間の特例は，これらの趣旨に即さない生命，身体，自由，名誉等に関する罪および強盗の罪等には適用されないのである。

本特例の**法的性格**について，ⓐ一身的刑罰阻却事由説（通説），ⓑ可罰的違法性阻却事由説[84]，ⓒ責任阻却事由説[85]がある。ⓐ説は，親族の身分を基礎として一身的に処罰のみが阻却されるとするものであるのに対し，ⓑ説は，親族間においては財産に対する1種の消費共同体が成立しており，共同体の成員間では相互に行われる所有・占有の侵害は一般に違法視されないから，親族相互間の窃盗等の行為は違法ではあるが可罰的な程度に達しないために犯罪が成立しないと主張する。しかし，このような原理で割り切れない重大な侵害があっても特例は適用されるのだから，この見解は適当でない。ⓒ説は，一般に近親間においては「盗むな」ということを期待できないから責任が阻却され犯罪が成立しないと主張するが，一般的に期待不可能といえるかどうかは疑わしい。そして，個人主義が徹底してきた家族関係において，暗黙の承諾による相互所有・占有という観念は稀薄になるとともに[86]，実際上も「盗むな」ということが期待可能である場合が多くなってきている。

このように考えてくると，親族間の特例は一面において両説の趣旨を含んでいるというものの，それを超えて「法律は家庭に入らず」との趣旨から形

---

[83] 最判昭33・2・4刑集12・2・109。
[84] 佐伯・148頁，平野・207頁，中森・118頁。
[85] 瀧川・113頁，曽根・126頁，西田・179頁，林・203頁。なお，山中・301頁。
[86] 植松・381頁。

式的に枠づけをして，親族の範囲内で一身的に刑罰を阻却するものとする⒜説が妥当である。ただし，同じく親族といっても，その親密の程度に差があるから，刑法は，配偶者，直系血族または同居の親族に関しては**刑を免除し**（本来の一身的刑罰阻却事由），それ以外の親族については**親告罪**としている。なお，親族でない共犯者には特例の適用を認めないと規定しているが，これは「法律は家庭に入らず」という観点から当然のことを注意的に明言したにすぎない。

> **親族相盗例の適用の排除**　最決平成 20 年 2 月 18 日判時 1998 号 161 頁は，家庭裁判所から選任された未成年後見人が，後見の事務として業務上預かり保管中の孫の貯金 1500 万円を引き出して横領したという事案につき，「未成年者後見人の後見の事務は公的性格を有するものであって，家庭裁判所から選任された未成年後見人が，業務上占有する未成年被後見人所有の財物を横領した場合に，刑法 244 条 1 項を準用して刑法上の処罰を免れるものと解する余地はない」と判示した。家庭裁判所から選任された後見人は，被後見人のためにその財産を誠実に管理すべき法律上の義務を負っているのであるから，「法律は家庭に入らず」という親族相盗例の趣旨に馴染むものではなく，その適用は排除されるという理由からである。

2　適用の要件

本特例が適用されるためには，窃盗等の財産罪の**被害者と行為者との間に**親族関係があることを要する。

⑴　**親　族**　配偶者，直系血族または同居の親族との間で犯した者であることを要する。「**配偶者**」は法律上のもので内縁関係の者を含まないとするのが判例[87]であるが，本特例の趣旨に基づき**内縁**にも準用すべきである。これに対し，法律上婚姻関係が存在している場合においても，当事者間に婚姻の意思がなく，また，婚姻が無効な場合には，本条にいう配偶者として扱うべきではない[88]。「**同居の親族**」とは，同一の住居で日常生活を共同して営んでいる親族をいい，一時宿泊したにすぎない者，例えば，下宿人として家屋の一室を借りて生活しているにすぎない親族はこれに当たらない。親族関係は犯行のときに存在していれば足り，その後消滅しても本特例の適用を妨げ

87　最決平 18・8・20 刑集 60・6・479，東京高判昭 60・9・30 判例体系（第 2 期版）刑法(9)7461〔内縁は含まない〕。西田・179 頁。
88　東京高判昭 49・6・27 高刑集 37・3・291。

234 第1編 個人法益に対する罪 第4章 財産に対する罪

ない[89]。離婚後にその相手方から窃取したような場合には，本特例は適用されない。

(2) **目的物との関係** 目的物と行為者との関係については，ⓐ目的物の占有者と行為者との間に親族関係があれば足りるとする説[90]，ⓑ目的物の占有者または所有者のどちらかと行為者との間に親族関係があれば足りるとする説[91]，ⓒ目的物の所有者および占有者の両者と行為者との間に親族関係があることを要するとする説（通説）[92]が対立している。親族間の特例の趣旨を「法律は家庭に入らず」という格言に求め，親族間の財産秩序は親族内部において維持すべきであると解する以上は，本特例は，被害を処理することが親族内部において可能な範囲にのみ及ぶと解すべきである。それゆえ，①親族以外の者が親族の所有物を占有している場合[93]，②親族が親族以外の者の所有物を占有している場合[94]，本特例の適用はないと解すべきであり，ⓒ説が妥当である。いずれも親族以外の者が被害者となるゆえ，親族内部で処理することが不可能となるからである。被害者が複数であるときは，その全員について親族関係が認められない限り，本特例は適用されない[95]。

> **判例における「親族関係」** (1)前掲大判昭和12年4月8日は，行為者と目的物の**所有者および占有者**との間に親族関係が存在しなければならないとした。しかし，(2)最判昭和24年5月21日刑集3巻6号858頁は，親族間の特例は「直接の被害者たる**占有者と犯人**との関係についていうものであって」，「その物件の所有権者と犯人との関係について規定したものではない」というように動いてきた。そして，(3)前掲最決平成6年7月19日は，再従兄弟の保管していた第三者占有の現金を窃取した事案につき，「窃盗犯人が所有者以外の者の占有する財物を窃取した場合において，刑法244条1項が適用されるためには，同条1項の親族関係は，窃盗犯人と財物の**占有者との間のみならず，所有者との間にも存する**ことを要するものと解するのが相当である」と判示したのである。

---

89 大判大13・12・24刑集3・904。
90 中・148頁，前田・初版234頁。
91 瀧川・113頁。
92 最決平20・2・18刑集62・2・37。林（陽）・百選Ⅱ（第7版）72頁。最判平6・7・19刑集48・5・190。齊藤・判例講義Ⅱ41頁参照。
93 大判明43・6・7刑録16・1103。
94 大判昭12・4・8刑集16・485。
95 大判昭11・3・5刑集15・251。大塚・209頁。

3 効 果

親族間の特例が適用されれば，配偶者，直系血族，同居の親族間において は刑が免除され（244条1項），その他の親族間でこれらの罪を犯したときは親 告罪となる（同条2項）。

(1) **刑の免除と親告罪** 「刑を免除する」というのは，有罪であるけれど も刑を科さないとする趣旨である。一方，親族関係のより薄い「その他の親 族」の場合は，告訴がなければ処罰されない。すなわち，この場合において は告訴がなければ有罪にもならないことになる。そうすると直系血族などの 近親間で犯された場合には刑の免除という有罪判決を受けるのに対し（刑訴 333条～335条），その他の親族間で犯された場合は，告訴がない限り訴追はさ れず，誤って訴追されても公訴棄却となり（刑訴338条4号），近親間の場合よ りもこの場合の方が犯人に有利になるであろう[96]。ここにおいて，両者の取 扱いについて不均衡となるところから，ⓐ近親間の場合については，刑の免 除ではなく免訴の言渡をすべきであるとする説[97]，ⓑ公訴棄却の決定（339条 1項2号）または無罪（336条）を言渡すべきであるとする説[98]，ⓒ公訴の提起に 際して行われる検察官の配慮に従うほかないとする説[99]，ⓓ親告罪として扱 うべきであるとする説[100]がある。

思うに，ⓐ説およびⓑ説は，刑法ないし刑事訴訟法の条項に必ずしも即し た解釈とはいえず，また，ⓒ説およびⓓ説は実際上法の解釈を放棄するもの として支持できない。結局，根本的には立法によって解決するほかないが[101]， 近親については必ず刑が免除されるのであるから，この場合に公訴を提起し ても実質的意味がないこととなり，近親間の場合は国が刑罰権を放棄してい ると考え，刑事訴訟法339条1項2号に準じた公訴棄却の決定によって，両 者間の不均衡を是正すべきである。

---

96 団藤・582頁。
97 小野・総論221頁，植松・381頁。
98 藤木・288頁。
99 大塚・210頁。
100 団藤・582頁，山口・205頁，前田・279頁。
101 西田・180頁，草案334条。

236　第1編　個人法益に対する罪　第4章　財産に対する罪

不均衡の是正策　　団藤博士は，近親間の犯罪についても，その他の親族間の犯罪と同様に親告罪にすることによって上の不均衡を是正しようとされるが（団藤・582頁），これは現行法の解釈を超えた立法論である。なお，草案334条は，この提案に即して近親者，同居の親族のいずれについても親告罪としたが，不均衡を是正するためには，このような規定の改正が必要となろう。一方，植松・381頁などは，処罰阻却事由がある場合は刑の免除とされていても初めから可罰的でないのであるから，実質上無罪とすべき場合であって，検察官の公訴権を欠き免訴を言渡すべきだとする。本文も基本的にこれに賛成であるが，それならば，むしろ刑事訴訟法339条1項2号の「起訴状に記載された事実が真実であっても，何らの罪となるべき事実を包含していないとき」に準じて公訴棄却とすべきであろう。通常，親族関係が明らかであるときは起訴便宜主義のもとで起訴されていないのであるが，刑の免除の場合に起訴するのは**公訴権濫用**とみてよく，免訴よりも公訴棄却に一層なじむものと解する。

(2)　**親族関係の錯誤**　　親族間の特例を適用する場合には，犯行時において親族関係が客観的に存在することを要し，かつそれで十分であるから，行為者が親族関係を認識していたか否かを問わない。それゆえ，親族関係がないのにあると誤信しても本特例の適用がないと解すべきである。子が父親の占有する他人の物を父親の所有物であると誤信して窃取した事案については，ⓐ違法性阻却事由の錯誤として故意を阻却すると解する説[102]，ⓑ責任を阻却すると解する説[103]，ⓒ刑法38条2項の趣旨に準じて親族間の特例を適用すべきであるとする説[104]が対立しているが，むしろこの場合は情状の問題として刑の減軽を考慮すべきである。

親族間の特例は，特別刑法上の窃盗罪，例えば，**森林法上の窃盗罪**にも準用される[105]。これに反対する見解は，①森林窃盗は単に私人の財産権保護を目的とするだけでなく森林の保護を目的とするものであること，②親族間の特例は刑法典上の犯罪にのみ適用されるもので特別法には及ばないことを理由とするが[106]，親族間の財産秩序に対する不介入という観点からは，準用する根拠があると考える。

102　中山・234頁，中森・105頁。
103　福田・総論218頁。
104　曽根・126頁，西田・180頁，山中・302頁。なお，前田・184頁。福岡高判昭25・10・17高刑集3・3・487。
105　前掲最判昭33・2・4。
106　植松・383頁。

錯誤の取扱い　違法性阻却事由説に立てば，違法性に関する事実の錯誤として故意を阻却し，責任阻却説に立てばその誤信が不可避的なものであるときは責任が阻却されることとなる。しかし，一身的処罰阻却事由説からは，他人の物を親族の物と誤信して窃取したときには，少なくとも窃盗の故意はあるから，故意または責任を阻却しない[107]。福岡高判昭和 25 年 10 月 17 日高刑集 3 巻 3 号 487 頁は，被告人が，同人の母の後夫 A が占有する親族外の者 B の物を A の物と誤信して窃取した事案につき，「本件は刑法第 38 条第 2 項により重い普通窃盗としてこれを処断すべきではなく，畢竟親族相盗の例に準じて処断するのを相当とする」と判示している。この錯誤を無視して窃盗罪が成立するとした判例としては大阪高判昭和 28 年 11 月 18 日高刑集 6 巻 11 号 1603 頁があり，通説もこの立場をとる[108]。

第 3 節　強盗の罪

1　総　説

強盗の罪は，暴行もしくは脅迫をもって他人の財物を強取すること，または財産上不法の利益を得，もしくは他人にこれを得させること，およびこれに準ずる行為を内容とする犯罪である。強盗の罪には，①強盗罪 (236 条 1 項)，②強盗利得罪 (同条 2 項)，③事後強盗罪 (238 条)，④昏酔強盗罪 (239 条)，⑤強盗致死傷罪 (240 条)，⑥強盗強姦罪・同致死罪 (241 条)，および⑦これらの罪の未遂罪 (243 条)，⑧強盗予備罪 (237 条) がある。これらのうち事後強盗罪と昏酔強盗罪を併せて**準強盗罪**ともいう。

強盗の罪と**窃盗罪**とは，他人の意思に反して財物の占有を侵害しそれを領得する点で盗取罪として共通するが，第 1 に，窃盗罪は財物罪であるのに対し，強盗の罪は財物を客体とする以外に「**財産上の利益**」をも客体とする点で客体の範囲において異なる。第 2 に，強盗の罪は暴行・脅迫を手段とする点で窃盗罪と行為の態様において相違する。このように，強盗罪は人身に対する侵害を含むのであるが，暴行罪または脅迫罪と窃盗罪とを結合した犯罪類型と考えるべきではなく，**暴行・脅迫を手段として**財物を奪取するところの独

107　広島高岡山支判昭 28・2・17 判特 31・67。
108　反対，藤木・287 頁，内田・267 頁。

立の財産罪である。

強盗の罪と恐喝罪とは，財物および財産上の利益を客体とする点で共通し，恐喝においても暴行・脅迫を手段とする点で強盗の罪と境界を接するが，両者は**暴行・脅迫の程度によって**区別される。強盗の罪においては，暴行または脅迫が相手方の反抗を抑圧する程度に達していることを必要とするのに対し，恐喝罪においては，暴行・脅迫が相手方に恐怖心を抱かせ，不安な心理状態で財物等の交付または処分行為をさせることに本質があるのだから，上の程度の暴行・脅迫で足りるのである。なお，強盗の罪の法益および客体については，窃盗罪の場合と同様である（➡213頁）。

> **強盗罪の特別罪**　本罪の特別罪としては，盗犯等防止法2条〜4条，破壊活動防止法39条，航空機の強取等の処罰に関する法律1条〜3条において定められている犯罪がある。草案は，加重強盗罪（325条），常習強盗罪（332条）を創設し，強盗致死傷罪を強盗殺人罪（328条）と強盗致死傷罪（327条）とに分けて規定している。

2　強　盗　罪

> 暴行又は脅迫を用いて他人の財物を強取した者は，強盗の罪とし，5年以上の有期懲役に処する（236条1項）。未遂は，罰する（243条）。

1　客　体

本罪の客体は，他人の占有する他人の財物であり，自己の財物でも他人が平穏に占有しているか，または公務所の命令によって他人が看守しているときは，他人の財物とみなされる（242条）。不動産を暴行・脅迫をもって侵奪したときは，不動産は「財物」に当たらないから（➡196頁），次に述べる強盗利得罪の問題となる。

2　行　為

本罪の行為は，①暴行または脅迫により，②相手方の反抗を抑圧し，③その意思に反して他人の財物を自己または第三者の占有に移すことである。

(1)　**暴行・脅迫**　強盗罪における暴行・脅迫は，**最狭義**の暴行・脅迫を意味し，客観的性質において相手方の反抗を抑圧するに足りる程度のものでなければならない[1]。その程度に至らない脅迫を加えて相手方を畏怖させ，財物

---

1 最判昭24・2・8刑集3・2・75。

を交付させるのは恐喝罪である。

　（ア）**判断の方法**　　相手方の反抗を抑圧する程度の暴行・脅迫は，実際に抵抗してきた場合にそれを抑圧するに足りる暴行・脅迫ばかりでなく，予想される反抗を不可能もしくは著しく困難にする程度のものをも含む。反抗を抑圧するに足りる暴行・脅迫は，①被害者の人数・年齢・性別・性格などの**被害者側の事情**，②犯行の時刻・場所などの**行為の状況**，③暴行・脅迫自体の行為態様および行為者の人相等の**行為者側の事情**とを総合的に判断して，通常**相手方の反抗を不能もしくは著しく困難にする程度**のものかどうかを基準として決定される[2]。したがって，たとえ行為者において相手方の反抗を抑圧する意思があって暴行・脅迫を行っても，行為当時の具体的状況に照らし，一般から見て反抗を抑圧する程度に達していない以上は恐喝罪が成立するにとどまる。要するに，一般人を標準として，被害者が反抗すれば，直ちにそれを抑圧して財物を奪取すると感じられる程度の強度な暴行・脅迫でなければならないのである[3]。

　（イ）**判断の基準**　　反抗を抑圧するに足りる程度の暴行・脅迫を加えた以上は，相手方が現実に反抗を抑圧されたかどうかを問わない。「相手方の反抗を抑圧する程度」について，ⓐ相手方において反抗が抑圧されていることを知って行為していることで足りるとする**主観説**[4]，ⓑ客観的に強盗の手段といえることで足りるとする**客観説**（通説）が対立している。例えば，被害者が極めて**豪胆な人物**で暴行・脅迫を気にしなかった場合でも，強盗の実行行為になるから[5]，その意味では客観説が正しい。

　しかし，強盗の意思で反抗を抑圧するに足りる程度に達しない暴行・脅迫を手段として用いたのに，被害者が**特別の臆病者**であったために反抗を抑圧された場合について，①犯人がそのことを特に知って暴行・脅迫を加えた以上強盗になると解すべきであるから，その意味では主観説が妥当である。②客観的に反抗を抑圧するに足りない程度の暴行・脅迫である以上，犯人がそ

2　前掲最判昭24・2・8。最決昭61・11・18刑集40・7・523，大山・百選Ⅱ（第5版）72頁参照。
3　最判昭23・11・18刑集2・12・1614。長井・百選Ⅱ（第7版）78頁，**十河・判例講義Ⅱ45頁**参照。
4　団藤・587頁，大塚・213頁，中森・121頁，山中・304頁，山口・218頁。
5　最判昭24・2・8刑集3・2・75。

のことを知っていたとしても強盗罪の実行行為はないとする説[6]もあるが，実行行為は結果発生の現実的危険性によって判断されるべきであり，その危険性は，行為の当時において行為者が**特に認識していた事情および一般人が認識しえた事情**を基礎として，そのような事情のもとに行為がなされたならば構成要件の実現が類型的に可能であったことを内容とするものであり，行為者が被害者の臆病な性質を知って脅迫を加えれば相手方の反抗を抑圧することは類型的に可能となるから，この場合には，強盗の手段としての暴行（脅迫）に当たると解すべきである。

　（ウ）**「暴行」の特殊性**　　強盗罪における暴行は，相手方の反抗を不可能もしくは著しく困難にする有形力の行使であれば足り，必ずしも人の身体に対して加えられることを要しない。**物に対して加えられた有形力の行使**であっても，相手方の意思，行動の自由を抑圧するに足りるものであれば本罪の暴行である[7]。相手方を**殺害する**行為も，その反抗を完全に抑圧するものであるから本罪の暴行に当たる[8]。暴行が専ら財物奪取の手段として加えられた場合について，ⓐ単に被害者の虚に乗じたにすぎず反抗を抑圧する手段を講じたのではないから窃盗罪であるとする説[9]，ⓑ人の反抗を抑圧するに足りる暴行が加えられた以上は強盗罪の成立を認めるべきであるとする説[10]があるが，反抗の抑圧がキー・ポイントになるからⓑ説が妥当である。

　（エ）**暴行・脅迫の相手方**　　強盗の手段としての暴行・脅迫の**相手方**は，財物の強取について障害となる者であれば足り，必ずしも財物の所有者または占有者であることを要しない[11]。例えば，十分な意思能力を有しない留守番をしていた10歳の少年に暴行を加えた場合であってもよい[12]。これに対し，「財物の強取について障害となる者」では広すぎるので，占有補助者や財物の保持に協力する立場にある者に限るべきであるとする説[13]が有力となってい

---

[6] 前田・186頁。
[7] 反対，中森・123頁〔脅迫として処理〕。
[8] 大判大2・10・21刑録19・982〔実際上は強盗殺人罪となる〕。
[9] 瀧川・127頁，井上＝江藤・126頁。
[10] 木村・181頁，江家・296頁，大塚・214頁，前田・187頁。
[11] 大判大元・9・6刑録18・1211。大塚・214頁，前田・189頁。
[12] 最判昭22・11・26刑集1・28。
[13] 中森・122頁，山中・307頁，山口・216頁。

る。しかし、「障害となる者」に暴行・脅迫を加えることによって財物の強取が容易になっている以上、その暴行・脅迫は強盗の手段となっているから、強盗罪の成立に支障はないと考える。

> **ひったくりと強盗**　不意打ちによる財物奪取の場合、行為の状況から判断し相手方の反抗を抑圧するに足りる程度に達していたかどうかが窃盗罪か強盗罪かの分岐点となる。「スリが他人の財物を窃取する手段として相手に突きあたった程度の暴行は、反抗抑圧のためではな」いから窃盗罪であり、「不意に相手を後方から突き倒して財物を奪取するのは、反抗抑圧の暴行があるから」強盗罪と考えるべきである[14]。その意味で、犯人が屋内に侵入して家人にピストルを突きつけ反抗を抑圧した以上、その奪取行為がたまたま被害者の気付かない間になされたものであっても強盗罪が成立するのである[15]。最決昭和45年12月22日刑集24巻13号1882頁は、被告人がひったくって窃取する目的で自動車の窓からハンドバックのさげ紐をつかんで引っぱったのに対し、被害者が手を離さなかったので、さらに自動車を進行させたため被害者を負傷させた事案につき、原審が「被害者の女性がハンドバックを手離さなければ、自動車に引きずられたり、転倒したりなどして、その生命、身体に重大な危険をもたらすおそれのある暴行であるから相手方女性の抵抗を抑圧するに足るものであった」と判示したものを「正当」とした。「ひったくり」行為を強盗罪とする場合の限界を示す適切な判例である。ただ、そのような暴行・脅迫が財物奪取の手段として評価しえなければならないのである[16]。

(2)　**強　取**　「強取」とは、暴行・脅迫をもって相手方の反抗を抑圧し、その結果として財物を自己または第三者の占有に移す行為（奪取）をいう。

(ア)　**因果関係**　強盗は、暴行・脅迫を手段とする財産罪であるから、その暴行・脅迫と財物奪取との間に**因果関係**がなければならない。財物を奪取し、次いで暴行・脅迫を加えた場合も強盗である[17]。行為者みずからが被害者から財物を奪取する必要はなく、被害者が手渡すのを受け取るのも強取であり、反抗を抑圧されている状態のもとで被害者が知らない間に占有を移す場合でも、知らなかったことが暴行・脅迫に基づく限り強取となる[18]。被害者が畏怖したことは必ずしも必要ではないのである。ただし、強取しようとして

14　東京高判昭38・6・28高刑集16・4・377。
15　最判昭23・12・24刑集2・14・1883。
16　札幌地判平4・10・30判タ817・215。**十河・判例講義Ⅱ46頁**参照。
17　最判昭24・2・15刑集3・2・164。なお、最決昭61・11・18刑集40・7・523，**十河・判例講義Ⅱ48頁**参照。
18　最判昭23・12・24刑集2・14・1883。

242 第1編 個人法益に対する罪 第4章 財産に対する罪

脅迫したところ, 被害者が恐れて逃走した際に落とした物を領得する場合は, 脅迫と財物奪取との間に因果関係がないから強盗既遂ではなく, 強盗未遂と窃盗既遂との観念的競合となる[19]。暴行・脅迫を加えたが, 憐れみなどの動機で相手方が任意に財物を交付したときは, 強盗未遂罪のみが成立すると解すべきである。判例は, この場合に強盗既遂罪の成立を認めるが[20], 暴行・脅迫と財物の取得との間の相当な因果関係を必要とする限り既遂とはなりえないと解すべきである (通説)。

(イ) **強取の意思**　強盗は故意犯であるから, 暴行・脅迫の行為の段階で財物強取の意思がなければ成立しない。それゆえ, 暴行・脅迫を加え被害者の反抗が抑圧された後に財物奪取の意思が生じたときは, 強盗ではなく窃盗である。

(a)　**暴行・脅迫と財物奪取**　暴行・脅迫は財物強取の手段として行われることを要する。単なる暴行・脅迫の意思でこれを行ったが, その結果として相手方が反抗できない状態になった後に財物奪取の意思を生じて財物を奪った場合には, 暴行罪または脅迫罪と窃盗罪との併合罪になる[21]。強姦の目的で暴行・脅迫を加え, 相手方を失神させた後に財物奪取の意思を生じて奪ったときは, 窃盗罪である[22]。暴行・脅迫の意思で暴行・脅迫を加えた後に財物奪取の意思を生じ, さらに暴行・脅迫を加えて相手方の反抗を抑圧している状態を持続させ, その財物を奪った場合には, 強盗の意思に基づく暴行・脅迫が行われたのであるから強盗罪となる[23]。この場合は, 暴行罪・脅迫罪と強盗罪の併合罪になると解すべきである。相手方を殺害後に財物奪取の犯意を生じた場合について, 判例は窃盗罪と殺人罪の併合罪としているが[24], 死者の占有を認めるべきではないから, 占有離脱物横領罪と殺人罪の併合罪になると解すべきである。

(b)　**畏怖に乗じた場合**　強姦後, 相手方女性の畏怖に乗じて財物を奪

---

19 名古屋高判昭 30・5・4 裁特 2・11・501。
20 最判昭 24・2・8 刑集 3・2・75。藤木・294 頁。
21 東京高判昭 48・3・26 高刑集 26・1・85。反対, 藤木・294 頁〔強盗とする〕。
22 札幌高判平 7・6・29 判時 1551・142。
23 前掲東京高判昭 48・3・26, 大阪高判平元・3・3 判タ 712・248。十河・判例講義 II 47 頁参照。
　　なお, 東京高判平 20・3・29 高刑集 61・1・1。嶋矢・百選 II (第 7 版) 84 頁。
24 最判昭 41・4・8 刑集 20・4・207。

取する行為について，ⓐ窃盗罪説[25]，ⓑ強盗罪説[26]が対立しているが，強盗の実行行為としての暴行・脅迫による財物奪取とはいえないから，強姦罪と窃盗罪との併合罪とすべきであろう。財物奪取の意思を生じた後にさらに暴行・脅迫を加えて財物を奪取すれば，もとより強取に当たる。例えば，暴行を加え抵抗困難な状態に陥っている被害者に，「金はないのか」等と言って懐中を探るなどして金品を奪った場合のように，**抵抗すれば何をするか分からない状況**のもとでは，その行為を脅迫と考えてよい[27]。

　強盗の故意をもって財物を奪取した後に被害者に暴行・脅迫を加えて反抗を抑圧した場合において，占有の取得と暴行・脅迫との間に因果関係が認められる限り強盗罪に当たり，後述する事後強盗罪と解すべきではない[28]。暴行・脅迫の犯人がいなくなった後に，倒れている被害者から財物を領得すれば窃盗罪となる。

> **畏怖状態の利用と強盗**　　前掲大判昭和19年11月24日は，「自己の作為したる相手方の畏怖状態を利用して，他人の物に付其の所持を取得するものなれば，畢竟，暴行又は脅迫を用いて財物を強取するに均しく，其の作為は正に強盗罪に該当」するものとして，強姦の目的で暴行・脅迫を加えたところ被害者が畏怖して金員を提供したので，これを受領した場合につき強盗の成立を認めている[29]。

(c)　**強盗殺人と財物の奪取**　　強盗の意思で人を殺してから財物を奪取すれば強盗殺人罪に当たる（→219頁）。強盗の意思で殺害して，財物を奪取すれば原則として強盗殺人罪となり，財物取得の時間的・場所的接着性は必要でない。ただし，強盗行為と無関係な財物の取得については強盗とすべきではない[30]。例えば，殺害後に死体を埋めて，一週間後に被害者が装着していた金の入れ歯を思い出し，掘りかえして取得したような場合は，その取得行為は強取の意思によるものではないから，強盗殺人罪は成立せず，占有離脱物

25　大判昭8・7・17刑集12・1314。大塚・215頁，中山・244頁，曽根・130頁，西田・184頁，山中・308頁，前田・189頁，山口・218頁。

26　大判昭19・11・24刑集23・252，東京高判昭57・8・6判時1083・150。藤木・294頁。

27　ポケット542頁，大塚・215頁。東京高判昭48・3・26刑集26・1・85。

28　最判昭24・2・15刑集3・2・164。

29　なお，大阪高判平元・3・3判タ712・248〔新たな暴行・脅迫が必要〕。山口・百選Ⅱ（第6版）81頁。

30　東京高判昭53・9・13判時916・104。西田・171頁。

横領罪になるのである。

3 未遂・既遂

強取の目的で暴行・脅迫を加えた以上は，**強盗の実行の着手**がある。暴行・脅迫行為がなければ着手にはならないから，単に強盗の目的で住居に侵入したにすぎないときは，強盗予備罪と住居侵入罪との観念的競合である。強盗の目的はあったが暴行・脅迫を用いずに財物を奪取したときは，強盗予備罪を認めるべき場合を除き窃盗罪が成立するにすぎない。窃盗の実行に着手した者が居直って財物奪取のために暴行・脅迫を行った場合には，暴行・脅迫を開始した時点が強盗の実行の着手時期である。**居直り強盗**とは，窃盗の実行に着手後，家人等に発見されて暴行・脅迫に及び財物を奪取することをいい，後述の事後強盗罪から区別される。この場合には，初めの窃盗罪と後の強盗罪が成立し，重い強盗罪に吸収される[31]。窃盗犯人が財物奪取後に居直って暴行・脅迫を加えた場合は，暴行・脅迫が財物奪取の手段となっていないから，2項強盗罪または事後強盗罪が成立することはあっても1項強盗にはならない[32]。

既遂時期は，被害者の財物に対する占有を排除し，行為者または第三者が占有を取得した時である[33]。強盗の故意で奪取した財物の確保のために暴行・脅迫を加えた場合は，全体として強盗既遂罪とすべきである[34]。本罪も**状態犯**であるから，既遂に達した以後の盗品の処分行為は，別の法益を侵害しない限り共罰的事後行為になる。

4 主観的要件

本罪は，暴行・脅迫の段階で故意および不法領得の意思を必要とする。本罪の故意は，暴行・脅迫を加えて相手方の反抗を抑圧し，財物を強取することを認識して行為に出る意思である。不法領得の意思については，既述した（➡205頁）。その内容は，窃盗の場合と同様である。

---

[31] 前掲最判昭24・2・15。
[32] 最決昭61・11・18刑集40・7・523。
[33] 最判昭24・6・14刑集3・7・1066。
[34] 前掲最判昭24・2・15，広島高判昭32・9・25高刑集10・9・701。同旨，大塚・216頁，藤木・293頁，前田・192頁。反対，西田・191頁〔事後強盗罪とする〕。

強盗罪の承継的共同正犯　　例えば，Xが強盗の目的でAに暴行・脅迫を加え，反抗を抑圧した状態に陥れた場合において，たまたまYがその場を通りかかったのでYに財物奪取の協力を求め，YがAから財物を奪取した場合，(1)Yには窃盗罪の共同正犯が成立するとの考え方，(2)YはXの先行行為を利用して財物を奪取しているから強盗の共同正犯が成立するとの考え方，(3)YはXの奪取行為に関与しているから強盗罪の共同正犯が成立するとの考え方に分かれる[35]。Xの反抗抑圧行為を利用して財物を奪取している以上，強盗罪の承継的共同正犯が成立すると考えられる。

5　罪数・他罪との関連

　強盗罪の罪数は，**占有の個数**に応じて決定される。複数の者に対して暴行・脅迫を加えても，1個の占有を侵害して財物を強取したときは強盗罪一罪が成立するにすぎない。1個の脅迫行為によって同時に数人から所持金を強取したときは，強盗罪の観念的競合となる[36]。同一機会において，最初に窃盗行為を行い，つづいて強盗の意思で暴行・脅迫を加えて財物を強取した場合は，同じ被害者から窃取し，引きつづいて強取したものである以上，前者は後者に包括されて強盗罪だけが成立する[37]。被害者を異にし別個の占有を侵害したときは，窃盗罪と強盗罪との併合罪となる。侵入強盗の場合は，住居侵入罪と強盗罪とは牽連関係に立つが，逮捕・監禁後に強取したときは，逮捕・監禁罪と強盗罪との併合罪となり，強姦後に財物を強取すれば強姦罪と強盗罪の併合罪である。

③　強盗利得罪

　暴行又は脅迫を用いて財産上不法の利益を得，又は他人にこれを得させた者は，5年以上の有期懲役に処する（236条2項）。未遂は，罰する（243条）。

1　客　体

　本罪の客体は，財産上の利益である。財産上不法の利益を得るとは，「不法な利益」を得ることではなく，利益を得る**方法が不法である**ことを意味する。例えば，債権者に暴行・脅迫を加えて支払いの請求を不能にし金銭債務の支払いを免れる場合[38]，飲食代金の支払いを免れる場合[39]などがある。不動産に

35　➡総論418頁。
36　最判昭22・11・29刑集1・36。
37　高松高判昭28・7・27高刑集6・11・1442。
38　最判昭32・9・13刑集11・9・2263。安田・百選Ⅱ（第6版）79頁，**十河・判例講義Ⅱ49頁**参照。

246 第1編 個人法益に対する罪 第4章 財産に対する罪

対する占有も財産上の利益となり，暴行・脅迫により不動産を侵奪した場合も本罪に当たる。

「不法な利益」は，不法に利益を得ることすなわち**不法利得**を意味し，利益自体が不法なものであっても本罪の客体となりうる。法律上禁止されている行為に基づく財産上の利益も，民事法上，一応適法とみられる利益であれば，財物罪において平穏な占有が保護されるのと同様に保護に値するからである。盗品等の対価であることを明らかにして現金の消費寄託を受けた者が，その返還を免れる目的で寄託者を殺害した場合[40]，いわゆる白タクの乗客が運転手に暴行・脅迫を加えてタクシー料金を免れる場合[41]，いずれも本罪に当たる。**不法原因寄託物**である覚せい剤の返還を免れる目的で殺害した場合については，委託者に民法上の物権的請求権が認められる限り本罪を適用すべきである[42]。売春代金の支払いを暴行・脅迫により免れた場合については争いがあるが[43]，公序良俗に反することが明らかな債務である以上は，刑法上保護に値しないと解すべきである[44]。

労務の提供が対価を支払うべき場合は財産上の利益となるが，いわゆる**無対価労働**も，それが社会通念上対価を支払うべき質・量のものであるときは，財産上の利益になると解すべきである。タクシーの運転手に凶器を突きつけ走行させる場合には，対価の支払いが前提となる労務であるから本罪に当たるが，窃盗犯人が逃走中に自家用車を停止させて一時的に運転させるといった通常対価が支払われないようなときは，強要罪であって強盗罪ではないと解すべきである[45]。

2 行 為

相手方の反抗を抑圧する程度の暴行・脅迫を加えて財産上の利益を取得した以上は，本罪が成立する。

---

39 大阪地判昭 57・7・9 判時 1083・158。
40 大阪高判昭 36・3・28 下刑集 3・3＝4・208。
41 名古屋高判昭 35・12・26 高刑集 13・10・781。
42 最決昭 61・11・18 刑集 40・7・523。
43 前田・195 頁。
44 広島地判昭 43・12・24 判タ 229・264。反対，大コン(9)326 頁，条解 674 頁。
45 内田・273 頁。

（1）　**財産上の処分行為**　　後述する詐欺利得罪（246条2項），恐喝利得罪（249条2項）においては，被害者が財産上の処分行為，例えば，債務免除の意思表示をしない限り既遂にならないが，本罪はこれらと同じ利得罪であっても，犯人が被害者の処分行為によって財産上の利益を取得することは，その成立要件にならない。

　（ア）　**交付罪との比較**　　1項強盗罪について前述したように，暴行・脅迫と財物取得との間に因果関係があれば強盗罪を構成するから，本罪においても同様に解すべきことは当然である。ところが，判例は相手方の財産上の処分行為は，強盗利得罪の要件になると解してきた[46]。学説上もこれを支持する立場が見られたが，その後，判例は，事実上債権者として支払いの請求をできなくすれば強盗利得罪が成立するとし，タクシー運転手の首を絞めて運賃支払の請求を不能にさせた場合，債権者を殺して債務不履行，債務免脱の目的を達成した場合につき[47]，被害者の処分行為がなくても本罪を構成するとしている。

> **処分行為をめぐる学説・判例**　　学説は，処分行為**必要説**と**不要説**とに分かれていた。財産上の利益は財物と異なり行為の客体として明確でないばかりか，利益の移転または取得の点についても明確にならない場合がありうる。そこで被害者の処分行為（意思表示）の必要性が論じられ[48]，判例にも，強盗利得罪が成立するためには「財産上の処分（作為又は不作為を含む）を強制することを要し，債務者が，債務の履行を免るる目的を以て単に債権者を殺害する行為の如きは，同条項の強盗罪を以て論ずることを得ず[49]」とするものがあった。
>
> 　しかし，暴行・脅迫によって意思の自由を奪われた被害者に対し，処分行為としての意思表示を要求することは不可能であり，その意思表示自体が法的に無意味である。また，処分行為に関して1項強盗の場合と2項強盗の場合とを区別する根拠もない。こうして，学説上は不要説が大勢を占め，判例もこれを採用するに至った。大判昭和6年5月8日刑集10巻205頁は「（刑法236条）第1項第2項共に強盗罪の成立するには，暴行，脅迫と財物奪取又は不法利得との間に因果関係あるを以て足れりとし，常に必ずしも被害者の意思表示あるを要するものに非ず」として，自分が乗客となったタクシー運転手の首を手ぬぐいで絞め，運賃支払いの請求を不能にした事実につき強盗罪に当たるとし

46　後掲大判明43・6・17。
47　大阪高判昭59・11・28高刑集37・3・438〔サラ金の取立てに来た者を殺害した事案〕。
48　木村・120頁。
49　大判明43・6・17刑録16・1210。

た。最高裁判所も，処分行為必要説に立つ前掲**明治 43 年判例を変更する旨を明言して**「1 項の罪におけると同じく相手方の反抗を抑圧すべき暴行，脅迫の手段を用いて財産上不法利得するをもって足り，必ずしも相手方の意思による処分行為を強制することを要」しないとして，債務免脱の目的で債権者を傷害した事件について強盗利得罪を適用し，強盗殺人未遂罪の成立を認めた[50]。しかし，本罪における財産上の利益の取得を確定することは必ずしも容易ではないのであるから，必要説の意図を踏まえ，1 項強盗における財物の移転と同視できる程度の財産上の利益の移転の具体性・確実性が必要なのである[51]。

（イ）**2 項強盗の限定**　　2 項強盗における利益の移転を抽象的に考えると，債権者や共同相続人を殺した場合には直ちに犯罪が成立することになり，処罰範囲が不当に広がることになる。そこで，強盗利得罪が成立するためには，暴行・脅迫によって現実に財産上の利益を取得するか，少なくとも**利益の移転を現実に可能にする**ものであることを要する。単に財産上の利益を得る目的で殺害したにすぎないときは，本罪に当たらないのである。それゆえ，相続分を独占しようとして法律上の推定相続人が他の推定相続人を殺害したとしても，その行為は，財産上の利益の移転を現実のものとするわけではないから強盗利得罪の構成要件に該当しない。

　相続を開始させて財産上の利益を得ようと企て，推定相続人である子がその親を殺す行為について，相続の対象となる財産上の利益は被害者が任意に処分できるものではないから 2 項強盗に当たらないとした判例[52]があるが，任意に処分できるかどうかが重要なのではない。単なる相続人としての地位を取得するにすぎない場合は，財産上の利益の移転が現実のものとならないから，強盗殺人罪を構成するものではないのである[53]。これに対し，殺害によって個々の財物ないし財産上の利益が現実に行為者に移転するときは，強盗殺人罪を構成する[54]。

(2)　**利益の取得**　　本罪が成立するためには，強盗罪において財物の取得が既遂の要件となるのと同じ理由で，現実に行為者または第三者が，事実上

50　前掲最判昭 32・9・13。林（幹）・百選 II（第 7 版）82 頁，**十河・判例講義 II 49 頁**参照。
51　西田・174 頁参照。
52　東京高判平元・2・27 高刑集 42・1・87。**十河・判例講義 II 50 頁**参照。
53　神戸地判平 17・4・26 判時 1904・152。中森・124 頁。
54　植松・391 頁。

または法律上，**財産上の利益を取得した結果が生ずること**を要する[55]。例えば，暴行を加えてタクシー代金の支払いを免れて逃走するとか，飲食代金を支払わずに逃走する行為は，被害者が後に代金を請求するのを事実上不能にするから，財産上の利益を現実に取得したものと考えてよい。債務履行の督促を受けている者が債権者を殺害した場合，それによって債務が法律上消滅してしまうわけではないから，行為者が現実に利益を取得したとは直ちにいえないが，殺害することによって事実上債務の履行を請求できない状態にして相当期間支払いを免れた以上は，その時点で現実に財産上の利益を取得したといえる[56]。

利益の移転が認められた事例　(1)東京高判平成 21 年 11 月 16 日判時 2103 号 158 頁は，2 項強盗の罪が成立するためには，行為者が利益を得る反面，被害者が財産的損害を被るという関係があれば足り，財産上の利益が被害者から行為者にそのまま直接に移転することは必ずしも必要ないとして，キャッシュカードを何時でも容易に取得できる状態でその占有者に脅迫を加えて暗証番号を強いて聞き出す行為は，2 項強盗罪を構成すると判示した。キャッシュカードとその暗証番号を用いれば，預貯金講座から預貯金の払戻しを受ける地位という財産上の利益を取得することになり，利益の移転の点で問題はないと思われる[57]。(2)大阪高判昭和 59 年 11 月 28 日高刑集 37 巻 3 号 438 頁は，サラ金の取り立てに来た者を殺害した事案について，相続人の速やかな債権の行使を当分の間不可能にさせた場合は行為者に利益の移転があるとして 2 項強盗罪が成立すると判示した。この考え方によると，債権者の殺害はすべて 2 項強盗殺人となってしまうとする反対があるが[58]，支払いの一次猶予は財産上不法の利益に当たるから，弁済の一時猶予を意図して殺害した以上，財産上不法の利益を取得したといってよいであろう[59]。

(3)　**故　意**　強盗利得罪にも故意が必要なことは勿論であるが，その内容は，暴行・脅迫を手段として財産上の利益を現実に取得するというように，強盗利得罪に当たる客観的な事実の認識が必要であり，それによって利益移転の現実の危険を生じさせたときに，本罪の実行行為を認めることができるのである。

---

[55] 東京高判昭 37・8・7 東時 13・8・207。

[56] 平野・209 頁，大塚・214 頁，曽根・132 頁，西田・186 頁，山口・224 頁。なお，内田・273 頁，中森・107 頁〔債務履行の切迫した必要性の存在で足りる〕。

[57] 神戸地判平 17・4・26 判時 1904・152 参照。

[58] 西田・176 頁，曽根・133 頁。

[59] 大津地判平 15・1・31 判タ 1134・311 参照。

250　第1編　個人法益に対する罪　第4章　財産に対する罪

3　違法性阻却事由

　権利を実行するに当たって相手方の反抗を抑圧する程度の暴行・脅迫を用いる場合について，ⓐ暴行・脅迫罪とする説[60]，ⓑ強盗利得罪とする説（通説）が対立している。例えば，既に期限が到来している貸金の返済を強制するためであっても，暴行・脅迫を手段として用いることは許されないから，ⓑ説が妥当である。

4　罪数・他罪との関連

　例えば，タクシー運転手に暴行を加え料金の支払いを免れたうえ売上金を強奪した場合について，1項強盗罪と2項強盗罪の観念的競合を認めるべきであるとする見解がある。しかし，被害者が同一人であり，しかも1個の暴行・脅迫行為によるのであるから，両者を包括して強盗罪一罪が成立すると解すべきである[61]。

　詐取した財物について代金支払い債務を免れるために被害者に暴行・脅迫を加えてその反抗を抑圧した場合について，ⓐ1項詐欺罪と2項強盗罪が成立するとする判例[62]，ⓑ2項強盗罪が成立し，詐欺罪はこれに吸収されるとする判例[63]，ⓒ1項詐欺罪と暴行罪との併合罪とする判例[64]がある。すでに詐欺罪が成立している以上，さらに財産上の利益について罪責を論ずることは，同一の法益について二重の刑法的評価を加えるものであり，ⓐの判例は妥当でない。また，代金支払いの段階で強盗の意思を生じた場合は強盗利得罪が成立するから，これとの均衡上ⓒの判例も妥当でない。結局，ⓑの判例が妥当である。

4　事後強盗罪

　窃盗が，財物を得てこれを取り返されることを防ぎ，逮捕を免れ，又は罪跡を隠滅するために，暴行または脅迫をしたときは，強盗として論ずる（238条）。未遂は，罰する（243条）。

60　瀧川・134頁，瀧川＝竹内・177頁。
61　内藤・注釈(6)105頁。大塚・220頁，佐久間・188頁。
62　札幌高判昭32・6・25高刑集10・5・423。
63　大阪地判昭57・7・9判時1083・158，前掲最決昭61・11・18。
64　神戸地判昭34・9・25下刑集1・9・2069。

第 3 節　強盗の罪　*251*

1　意　義

本罪については，窃盗犯人が財物を得た後，これを確保する手段として暴行・脅迫を加える行為は，実質的にみて暴行・脅迫によって財物を取得したと評価できるから，全体として強盗に準ずる性格を認めたものとする見解[65]がある。しかし，窃盗犯人が犯行を終了し，あるいは窃盗の意思を放棄して現場を離れる際に，暴行・脅迫を加えることが多いという犯罪学上の実態に着目し，**人身の安全の保護**の観点から，暴行・脅迫の加重類型を設け，強盗罪に準ずる犯罪にしたものと解すべきである。昏酔強盗罪と併せて**準強盗罪**と呼ばれるゆえんである。法文において「**強盗として論ずる**」としているのは，刑および他の罰条の適用上すべて強盗として取扱うという意味である。したがって，法定刑について 236 条に準ずるほか，強盗致死傷罪 (240 条)，強盗強姦および同致死罪 (241 条) などの適用においても強盗として取扱われる。

2　主　体

本罪の主体は，窃盗である。「**窃盗**」とは，窃盗の実行に着手した者すなわち**窃盗犯人**のことであり，未遂犯人，既遂犯人のいずれをも含むとするのが通説・判例である。窃盗未遂犯人を含むとすれば，その者が逮捕免脱の目的で暴行すれば，それだけで本条に当たることになって不当であるとする見解がある[66]。しかし，「財物を得て」という文言は，「取り返されることを防ぎ」にのみかかるという規定の仕方から見て，「**逮捕を免れ**」・「**罪跡を隠滅する**」目的の場合は，未遂犯人も含むと解すべきである。財物を得てその取り返されることを防ぐために暴行・脅迫を加える場合は**既遂犯人のみがその主体**となるが，その他の場合は**窃盗未遂犯人**であっても主体となる[67]。ただし，強盗犯人は含まない。強盗犯人が逮捕を免れる目的等で暴行を加え人を傷害した場合は，傷害罪が別個に成立することになる。ただし，強盗の機会に傷害したと認められれば強盗傷人罪となる (➡256 頁)。

本罪については，ⓐ真正身分犯とする説[68]，ⓑ不真正身分犯とする説[69]，ⓒ

65　山中・317 頁。なお，松宮・232 頁。
66　西田・191 頁。
67　前田・200 頁。
68　堀内・135 頁，前田・201 頁。大阪高判昭 62・7・17 判時 1253・141。なお，最決平 21・10・8 判タ 1336・58。

結合犯とする説[70]がある。ⓐ説は，身分があることによって事後強盗罪が成立することを根拠とする。ⓒ説は，本罪は窃盗罪を犯した者が事後に暴行・脅迫を犯して成立するものであるとすることを根拠とする。しかし，本罪は，何人でも犯しうる暴行罪，脅迫罪に窃盗犯人たる身分が加わって刑が加重される罪であるから**不真正身分犯**と解すべきである[71]。

3　行　為

本罪の行為は，目的の内容によって3つに分かれる。①窃盗犯人が財物を得てこれを取り返されることを防ぐ目的，②逮捕を免れる目的，③罪跡を隠滅する目的で，暴行・脅迫を加えることであり，本罪は**目的犯**である。暴行・脅迫の相手方は，必ずしも窃盗の被害者であることを要せず，犯行を目撃して追跡した者，現行犯人として逮捕するために追跡してきた警察官なども含む。本罪は強盗として扱われるものであるから，暴行・脅迫が相手方の反抗を不能もしくは著しく困難にする程度のものであることを要するとして，強盗罪の暴行・脅迫より強度なものであることを要するとする判例[72]もあるが，特に強盗罪の場合と区別すべき理由はないように思われる。反抗を困難にする程度の暴行・脅迫が加えられて財物が取得された以上は本罪の既遂に達し，現実に「取り返されることを防」いだか，「逮捕を免れ，罪跡を隠滅」したかは本罪の成否とは関係がない[73]。

本罪の暴行・脅迫は，財物が取り返されることをふせぎ，逮捕を免れるために行われるものであるから，**窃盗の機会**すなわち窃盗の現場およびその継続的延長と見られる場所，または犯人を逮捕しうる状況のもとで加えられることを要する。窃盗の現場で暴行・脅迫が加えられる必要はなく，「現場の継続的延長とみられる場所[74]」ないし「現場またはその機会の継続中[75]」に行われれば足りる。

---

69 団藤・総論 420 頁，大塚・225 頁，大コン⑼366 頁。
70 中森・126 頁，山中・290 頁，山口・318 頁。
71 東京地判昭 60・3・19 判時 1172・155〔不真正身分犯〕。同旨，内田・281 頁。反対，中森・111 頁〔窃盗を実行行為の一部とする〕，山口・229 頁。
72 東京高判昭 61・4・17 高刑集 39・1・30〔強度な暴行・脅迫を必要とする〕，大阪高判平 7・6・6 判時 1554・160。
73 最判昭 22・11・29 刑集 1・40。
74 広島高松江支判昭 25・9・27 裁特 12・106。
75 福岡高判昭 29・5・29 高刑集 7・6・866。

第3節　強盗の罪　*253*

> **窃盗の機会に関する判例**　(1)肯定例　最決昭和34年6月12日刑集13巻6号960頁
> (窃盗現場から数10メートル離れた地点で巡査に現行犯人として逮捕され，連行される途中に逃
> げ出し，逮捕を免れるためにその巡査に暴行を加えた事例)，広島高判昭和28年5月27日判
> 特31号15頁(犯行現場から約1キロ離れた場所で被害者から取り返されそうになったので暴
> 行・脅迫を加えた事例)，最決平成14年2月14日刑集56巻2号66頁(犯行の約1時間後に
> 被害者から天井に潜んでいたところを察知され，約3時間後に通報により駆け付けた警察官に暴
> 行を加えた事例。船山・百選II(第5版)79頁参照)。(2)否定例　東京高判昭和27年6月26
> 日判時34号86頁(窃盗の現場から200メートル離れた所で警ら中の警察官の職務質問にあっ
> たため警察官に暴行を加えた事例)。最判平成16年12月10日刑集58巻9号1047頁(他人
> の留守宅に侵入して財布を盗み，約1キロメートル離れた公園で現金を数えたが，少なかったの
> で再び盗みに入ろうと引き返し，玄関に入ったところ家人に発見されたのでナイフで脅迫した事
> 例)[76]。

4　未遂・既遂

　238条の文理上は，本罪の主体は窃盗犯人であれば足り，窃盗につき未遂・既遂を問わず本罪の既遂犯が成立すると解することができる。しかも，本条と共通する類型を定めている240条においては，強盗致死傷罪の既遂・未遂につき強盗の既遂・未遂を問わないと解すべきであるから，本罪においても同様に解しうる余地がある[77]。しかし，本罪と同様に暴行・脅迫を手段とする強盗罪では，財物の取得によって既遂となるのであるから，「強盗として論ず」べき本罪において，窃盗未遂の場合をも既遂とするのであれば，強盗罪の場合に比べて著しく**均衡を失する**ことになる。それゆえ，本罪の実行の着手は，暴行・脅迫の開始時として捉え，その未遂(243条)は**財物奪取**について未遂の場合と解すべきである。窃盗既遂犯人については本罪の既遂犯が成立し，窃盗未遂犯人については本罪の未遂罪が成立することとなる(通説)[78]。反対説に立つと，本罪の未遂犯は容易に認められないことになろう。なお，事後強盗罪が成立すれば，窃盗は本罪に吸収され別罪を構成しない。

5　共　犯

　本罪は窃盗の機会に行われる暴行・脅迫を抑止する趣旨で設けられたのであり，人身犯罪としての性質を有するから，前述のように暴行・脅迫罪を加

76　岡上・百選II(第7版)86頁，**十河・判例講義II 55頁**参照。

77　内田・284頁。なお，大判昭7・12・12刑集11・1839は，本文の趣旨であった。

78　最判昭24・7・9刑集3・8・1188。なお，曽根・136頁，西田・195頁，山中・323頁。

重する**不真正身分犯**であると解すべきである。したがって，その身分を有しない者が，本罪の目的をもって，窃盗犯人と共同して暴行・脅迫を行った場合には，65条2項により暴行罪または脅迫罪が成立する。また，共同して被害者に傷害を加えたときは，窃盗犯人は強盗傷人罪となるが，窃盗犯人でない共同者は傷害罪とすべきである[79]。

事後強盗罪は真正身分犯か　大阪高判昭和62年7月17日判時1253号141頁は，事後強盗罪は財産犯として窃盗犯人にのみ適用される真正身分犯であるから，身分なき者に対しても事後強盗罪の共同正犯が成立するとしている[80]。不真正身分犯と解する以上，窃盗犯人でない者に事後強盗罪を適用することは許されないと考える。なお，本罪の窃盗は，暴行・脅迫に先行する行為にすぎないから，本罪は身分犯でなく結合犯であるとする説は，2つに分かれる。1つは，暴行・脅迫にのみ関与した者については，暴行・脅迫罪ないし傷害罪の限度で責任を負わせるとする見解[81]であり，他は，承継的共同正犯として本罪の成立を認める見解である[82]。しかし，本文の趣旨からしていずれも賛成しがたい。

5　昏酔強盗罪

　人を昏酔させてその財物を盗取した者は，強盗として論ずる（239条）。未遂は，罰する（243条）。

1　意　義

　本罪は，財物を奪取する目的で麻酔薬[83]，睡眠薬などを使用し，不法に相手方の意識作用を害して財物を奪取する罪である。相手方の反抗を不能もしくは著しく困難にする点で暴行・脅迫と同視できるところから，強盗に準じて処罰することとしたものである（**準強盗罪**）。

2　行　為

　人を昏酔させてその財物を盗取することである。「**昏酔させる**」とは，意識作用に障害を生じさせて，財物に対する支配をなしえない状態に陥れることをいう。完全に意識を喪失させることを要しない[84]。昏酔の方法には制限が

79　前掲東京地判昭60・3・19。団藤・592頁，藤木・注釈刑法(6)117頁。
80　西田・196頁，前田・総論443頁。
81　山中・325頁，山口・229頁。
82　中森・127頁。
83　奈良地判昭46・2・4判時649・105。

第3節 強盗の罪 *255*

ないが，**犯人みずから**被害者を昏酔させることを要し，他人の行為によって生じた昏酔状態を利用して財物を奪取する行為は窃盗罪であり，昏酔以外の方法で昏倒させ財物を奪取した場合は，強盗罪となる。「**盗取**」とは財物の占有を奪取することをいい，「強取」の語が用いられていないのは，反抗しえない状態を利用する点に着眼したためである。

3 故 意

昏酔させること，および財物奪取を認識して行為に出る意思である。昏酔させる際に財物を奪取する**故意**が必要か否かが問題となるが，積極に解すべきである[85]。強盗罪においても，単純な暴行・脅迫行為が相手方の抵抗不能の状態を作り出した以後に，財物奪取の犯意を抱きこれを奪取したときは窃盗になるにすぎないから，不法に相手方の意識作用を害した後に盗取の意思が生じた場合には，窃盗罪が問題となるにすぎない（通説）。なお，本罪が成立するためには，不法領得の意思が必要である。

6 　強盗致死傷罪

強盗が，人を負傷させたときは無期又は6年以上の懲役に処し，死亡させたときは死刑又は無期懲役に処する（240条）。未遂は，罰する（243条）。

1 意 義

強盗致死傷罪は，犯罪学的にみて強盗の機会に犯人が死傷の結果を生じさせる場合が多いため，生命・身体の安全を特に保護する観点から，強盗罪の加重類型として定められたものである。それゆえ，傷害を負わせた後に強盗の故意を生じた場合は，本条は適用されない[86]。本罪は，**結果的加重犯**としての強盗致傷罪・強盗致死罪のほかに，**故意犯**としての強盗傷人罪・強盗殺人罪の4つの犯罪類型を含む。なお，2004（平成16）年の改正により，強盗致傷罪の法定刑「無期又は7年以上の懲役」が「無期又は6年以上の懲役」に改められた。酌量減軽によって執行猶予を付すのが適当とみられる事案があることを考慮したためである。

84　横浜地判昭60・2・8刑月17・1＝2・11，東京高判昭49・5・10東時25・5・37。
85　藤木・注釈(6)118頁（消極説）。
86　新潟地判昭45・12・11刑月2・12・1321。

256　第1編　個人法益に対する罪　第4章　財産に対する罪

> **本罪の趣旨**　大判昭和6年10月29日刑集10巻511頁は，「蓋し，強盗の機会に於ては，致死傷等の如き惨虐なる行為の伴うこと少からず，其の害悪たるや洵に怖るべきものあるが故に刑法が特に斯る行為を以て強盗罪の加重情状と認めたるものにして，従って苟も斯る行為に出でたる以上は其の如何なる目的に依り為されたるやを問わず」と述べている。

2　主　体

「強盗」である。強盗とは，強盗の実行に着手した者すなわち**強盗犯人**をいい（身分犯），強盗未遂犯人であると強盗既遂犯人であるとを問わない。事後強盗罪・昏酔強盗罪の犯人も含む。窃盗犯人が逮捕を免れるため追跡者に暴行を加え死傷の結果を生じたときは，238条に基づき本罪が適用される。

3　行　為

①人を負傷させ，または，②人を死亡させることである。「人」は，必ずしも強盗行為の被害者であることを要しない。

(1)　**強盗致傷罪・強盗傷人罪**　「人を負傷させ」とは，他人に傷害を加えるという意味であり，強盗の手段としての暴行・脅迫の**結果的加重犯**として傷害を生じさせた場合が強盗致傷罪であり，**故意**に傷害を加えた場合が強盗傷人罪である。「負傷させた」と規定されているから，少なくとも暴行の故意に基づくことを要し，単なる過失による強盗致傷の場合は強盗致傷罪から除外すべきであるとする見解[87]もあるが，強盗に際しては，脅迫による場合など，暴行によらずに致傷の結果を生じさせることは通常ありうることであるから，この見解は妥当でない（通説）。

本罪における**「負傷」の意義**については，傷害罪（204条）にいう傷害と同じものと解するのが通説であり，判例もかつてはこの立場をとっていた[88]。しかし，2004（平成16）年の改正前では本罪の法定刑の下限は7年以上の懲役であったため，酌量減軽しても法律上の減軽事由がない限り執行猶予を付すことができなかったことから，もし発赤程度の軽微な傷害も本罪に含まれると解すると，不当に刑が重くなるという理由で[89]，本罪における傷害は傷害罪

---

[87]　団藤・595頁，大塚・233頁。

[88]　大判大4・5・24刑録21・661，最決昭37・8・21裁判集刑144・13。

[89]　平野・211頁，大塚・227頁，吉川・156頁，岡野・147頁，中森・129頁，前田・209頁。なお，山口・235頁。

第3節　強盗の罪　*257*

におけるものよりも重く，一般に医師の治療を要する程度のものでなければならないと解されてきた[90]。しかし，改正により「6年以上の懲役」とされたことから，傷害罪におけると同じ解釈を採ってよいであろう。

(2)　**強盗致死罪・強盗殺人罪**　「死亡させた」とは，強取行為前[91]または強取行為後に他人を死亡させたことをいう。**結果的加重犯**として致死の結果を生じさせる場合が強盗致死罪であり，**故意**に人を殺した場合が強盗殺人罪である。判例は，古くは強盗殺人は強盗致死罪と殺人罪との観念的競合であるとしていたが[92]，後に改めて，本罪を強盗罪と殺人罪の結合犯，または強盗罪と傷害致死罪の結合犯であると解し，強盗殺人は強盗致死罪に包含されるとする立場から，単に240条を適用すれば足りるとしたのである[93]。最高裁判所もこの立場を踏襲しており[94]，学説でも，現在この立場が通説的な支持を得ている。

　思うに，このように解釈が分かれるのは，240条が「死亡させたとき」と規定し，故意に殺害した場合を含まないような表現をとっていることに起因する。そして，法文上は，強盗殺人を含まないとする方が文理に即するともいえる。しかし，同条の法定刑が極端に重くなっているのは，強盗に際して故意に殺傷する場合こそ240条に当たる典型的な事例として立法者が予想していたものであると考えられること，また，結果的加重犯について通常用いられている「**よって**」の文言が使われていないことなどにかんがみ[95]，通説を支持すべきである。

　強盗致死傷罪においては，致死傷の事実が，財物強取の前に発生するか後に発生するかは重要でない。しかし，**人の殺害を手段として**財物を奪取する強盗殺人の場合には，財物奪取の時点で既に被害者が死亡しているのであるから，**死者の占有**が問題となる。学説は分かれているが，殺害を手段として財物を奪取する場合は，殺害によって占有を侵害することになるから，現に生命

90　東京地判昭 31・7・27 判時 83・27，名古屋高金沢支判昭 40・10・14 高刑集 18・6・691。
91　大判昭 8・10・11 新聞 3616・13。
92　大判明 43・10・27 刑録 16・1764。
93　大連判大 11・12・22 刑集 1・815。
94　最判昭 32・8・1 刑集 11・8・2065。
95　団藤・594 頁。

258　第 1 編　個人法益に対する罪　第 4 章　財産に対する罪

を奪われようとしている生前の人の占有を侵害するものと解すべきである[96]。したがって，人を殺害してその財物を強取する意思で被害者を殺害した場合には，殺害の時点で強盗の実行の着手があり，死者の懐中等から財物を引き出したとき，または，死後に財物を完全に取得したときは強盗罪の既遂になると解すべきである。この場合は，相続人の占有あるいは死者の占有を害するものではないのである。もっとも，実際の適用上は，強盗の点が未遂にとどまっても強盗殺人罪は成立するので，その限りでは死者の占有は重要でない。

> **死者の占有に関する学説**　(1)占有の侵害を死亡の前後にわたって全体的に観察し，被害者の占有を殺害・盗取という一連の行為によって侵害したとすべきであるとする説が有力である[97]。しかし，この見解は，死者の占有自体を考慮に入れる点で妥当でない。(2)被害者の死亡と同時に財物の占有は相続人に移るとする判例[98]は，民法上の占有概念にとらわれすぎて刑法上の占有概念に即さない。このほか，(3)殺害の瞬間に占有が行為者に移転するとみる説，(4)死者の占有を侵害するとする説などがあった。しかし，強盗の手段である殺害は，生前の占有を侵害する強盗の実行行為であるから，死後に財物の占有を完全に取得しても，それは生前の占有に対する侵害の結果として行われたものであるとする本文の説が妥当である。

(3)　**強盗の機会**　　本罪は，犯罪学上強盗の機会に生じがちな致死傷の結果を防止するために設けられた犯罪であるから，死傷の結果は，強盗の手段（手段説）としての暴行・脅迫から生じたことを必ずしも要せず，強盗の実行に着手後，その強盗の機会（機会説）に行われた行為によって生じたものであればよい（通説）[99]。死傷は強盗の手段たる行為から発生したことを要するとする見解もあるが[100]，本罪の罪質にかんがみ妥当でない。もっとも，強盗の機会という場合，およそ強盗行為を契機として生じた死傷のすべてを含むとする趣旨と解すべきでなく，240 条の立法趣旨に沿って，その原因行為が性質上強盗に付随してなされるものと通常予想しうる程度に，強盗行為と**密接**

96　大判大 2・10・21 刑録 19・982。宮本・363 頁。なお，藤木・302 頁。
97　団藤・571 頁，大塚・230 頁，前田・311 頁。なお，山中・302 頁，山口・236 頁。
98　大判明 39・4・16 刑録 12・472。
99　大判昭 6・10・29 刑集 10・511，最判昭 24・5・28 刑集 3・6・873。小野・244 頁，団藤・594 頁，内田・288 頁。なお，東京高判平 23・1・25 高刑集 64・1・1。
100　瀧川・131 頁，瀧川＝竹内・182 頁。

第3節　強盗の罪　　*259*

な関連性を有する場合に限られると解すべきである[101]（密接関連性説）。

「強盗の機会」が否定されるべき場合　　本文の立場からは，強盗の過程で誤って乳児を踏みつけて死なせた場合，日頃の私怨をはらすために強盗の機会を利用して仇敵を殺した場合，強盗の共犯者が強盗の際に仲間割れして他の共犯者を殺害する場合などは，強盗の機会になされた行為とはいえない[102]。なお，参考になる判例を掲げておく。(1)「被告人が第一現場において被害者の運転するタクシーの車内で料金の支払を免れ，且つ，現金を奪取する目的で被害者に拳銃を突付け金を要求したが同人が応じないため一旦下車し，その後再び同じタクシーに乗車し約5，6分の後約6,000メートル距った第2現場である交番前に到った際，逃走するため格闘し車内において，右拳銃で被害者の頭部を殴打して傷害を負わせた傷害の所為は，その強盗の機会に犯されたもの」である[103]。(2)最判昭和32年7月18日刑集11巻7号1861頁は，前夜強盗によって得た盗品等を船で運搬し，翌晩陸揚げしようとする際に巡査に発見され，暴行を加えて同巡査を負傷させた事案につき，強盗致傷罪ではないとした。否定例として，最判昭和24年5月28日刑集3巻6号873頁（逃走中の暴行を強盗の機会における暴行に当たるとした例）。なお，Xは，窃取した財物の取り返しを防ぐためにYに暴行を加え（第1暴行），さらに，逮捕しようとしてYに暴行を加えた（第2暴行）結果Yは傷害を負ったが，いずれの暴行により傷害の結果が生じたか不明の場合，第1暴行と第2暴行は一連の行為として行われたものであり，1個の事後強盗罪の暴行と解されるから事後強盗罪の包括一罪とすべきである[104]。ただし，傷害は一連の暴行の結果として生じたものであるから，傷害罪の成立は認められる。

(4)　**因果関係**　　致死傷の結果と強盗の手段たる暴行・脅迫および強盗の機会になされる強盗行為と密接な関連性を有する行為との間には，因果関係がなければならない[105]。

脅迫による傷害　　行為者に傷害の故意があれば，傷害罪はその手段のいかんを問わないから問題はないが，脅迫による致死傷の場合はどうか。240条の成立には暴行の故意が必要であるとする立場によると，この場合には強盗罪と過失致死傷罪との観念的競合となる。しかし，脅迫は，被害者を畏怖させ危険な行動に走らせて死傷の結果を招くことが経験上ありうるから，死傷について故意がない場合でも本罪の原因行為に当たると解すべきである[106]。

101　柏木・453頁，中・156頁，大塚・230頁，曽根・138頁。
102　反対，藤木・299頁，中森・130頁。なお，前田・207頁。
103　最判昭34・5・22刑集13・5・801。**十河・判例講義Ⅱ53頁**参照。なお，最判昭24・5・28刑集3・6・873。丹羽・百選Ⅱ（第7版）90頁。
104　名古屋高金沢支判平3・7・18判時140・125。
105　大塚・231頁。最判昭46・6・17刑集25・4・567参照。
106　このことを正面から認めた判例として，大阪高判昭60・2・6高刑集38・1・50。なお，西田・186頁参照。

260 第1編 個人法益に対する罪 第4章 財産に対する罪

4 既遂・未遂

強盗致死傷罪，強盗殺人罪および傷害罪は，死傷の結果を生ぜしめることによって**既遂**に達する。財物の強取の点が未遂か既遂かを問わない。それゆえ，強盗犯人が人を殺害後に財物を奪うのを止めて逃走しても，本罪の成立を妨げない[107]。

本罪の**未遂**（243条）について，ⓐ強盗自体が未遂に終った場合とする説[108]，ⓑ殺意をもってした強盗殺人罪において，殺人の点が未遂に終った場合とする説（通説）が対立している。ⓐ説は，強盗致死傷罪を結果的加重犯と解する立場から，財物の奪取について未遂の場合が未遂であると主張するが，強盗致死傷罪は第1次的に生命・身体を法益とするものであるから，本罪の未遂は殺傷の点について未遂の場合をいうものと解すべきである。一方，傷害の意思で暴行を加えたところ暴行にとどまった場合は，単に強盗の手段としての暴行を加えたにすぎないから強盗罪にほかならず，強盗傷人未遂はありえない。結局，強盗殺人罪について**殺人が未遂**に終ったときのみが本罪の未遂罪であると解すべきである[109]。

強盗致死傷未遂罪に関する学説　(1)平野・211頁は，殺人，強取のいずれかが未遂に終った場合とされるが[110]，本罪の人身犯的性格を軽視する嫌いがある。(2)大塚・232頁は，殺人および傷害の点に未遂がある場合が本罪の未遂であるとされるが[111]，傷害の未遂は暴行にすぎないことを無視する見解として妥当でないと思う。

殺意をもって傷害を加え中止すれば**中止未遂の適用**があるのに対し，殺意のない場合は強盗致傷罪の既遂となって中止未遂の適用がないのは不均衡ではないか。この点につき大判昭和8年11月30日刑集12巻2177頁は，「強盗殺人罪の中止未遂の場合に於ては，……其の刑を減軽又は免除することとなり，強盗傷害罪に対する……刑に比し軽き結果を生ずべしと雖も，前者は故意犯として中止未遂を認め得るに反し，後者は結果犯として未遂罪の成立を認むべからざるより生ずる当然の結果」であるとしている。現行の中止犯の規定上は止むをえないが，情状によっては中止犯に準じた扱いをすべきであろう。

---

[107] 最判昭23・6・12刑集2・7・676，最決昭32・6・25裁判集刑119・357。
[108] 中山・258頁，香川・534頁。
[109] 大連判大11・12・22刑集1・815，大判昭4・5・16刑集8・251。中空・百選Ⅱ（第7版）92頁，**十河・判例講義Ⅱ54頁**参照。
[110] 同旨，中山・259頁，曽根・140頁。
[111] 同旨，内田・195頁。

第3節　強盗の罪　*261*

5　主観的要件

結果的加重犯としての強盗致死傷罪においては，死傷についての認識を要しない。ただし，暴行ないし傷害の故意があるときは強盗傷害罪となる。「負傷させた」という以上は少なくとも暴行の意思が必要であるとする見解[112]もあるが，強盗の機会になされた**過失による死傷の結果**を重く罰する根拠があると解すべきである。また，「負傷させた」という文言が暴行の故意を前提とするものであるとする必然性も認めがたい。なお，脅迫行為によって死傷の結果を生じても本罪に当たる[113]。強盗殺人罪においては，殺人についての故意が必要である。

6　罪数・他罪との関連

本罪は人身犯罪としての性格を有するから，強盗行為は1個であっても被害者が複数であるときは，その数に応じて強盗致死傷罪が成立する。この場合，1個の行為で致死傷の結果を生じさせたものでない限り併合罪となる[114]。**1個の住居侵入行為を手段として**本罪を犯した場合には，その住居侵入罪と各強盗致死傷罪とは牽連犯となるから，全体が一罪として処断される[115]。

不法原因給付物の返還を免れるため給付者を殺害した場合について，判例は強盗殺人罪の成立を認めるが[116]，学説上は，不法原因給付物の給付者はその物の返還請求権を有しないから（民708条），殺人罪が成立するにすぎないとする見解が有力である[117]。不法原因給付物は，給付と同時にその所有権は受給者に移転するから，この場合には殺人罪が成立するにすぎないと解すべきである。一方，不法原因寄託物すなわち不法原因に基づき担保に供し，賃貸し，あるいは委託したにすぎない場合は，民事法上返還請求権が認められる可能性があり，この場合には強盗殺人罪の成立を認めるべきである。例えば，麻薬購入資金として預かり保管していた犯人がその金員の返還を免れる目的で委託者を殺害したときは，強盗殺人罪が成立する。

112　団藤・595頁，大塚・232頁。
113　最判昭24・3・24刑集3・3・376，最決昭28・2・19刑集7・2・280。反対，中野・判例叢書(10) 196頁。
114　大判明42・6・8刑録15・728。
115　ポケット550頁。
116　最判昭35・8・30刑集14・10・1418。なお，最決昭61・11・18刑集40・7・523。
117　大塚・234頁。

262 第 1 編 個人法益に対する罪 第 4 章 財産に対する罪

7 強盗・強制性交等罪および同致死罪

> 強盗の罪若しくはその未遂罪を犯した者が強制性交等の罪（第 179 条第 2 項の罪を除く。以下この項において同じ。）若しくはその未遂罪をも犯したとき，又は強制性交等の罪若しくはその未遂罪を犯した者が強盗の罪若しくはその未遂罪をも犯したときは，無期又は 7 年以上の懲役に処する（241 条 1 項）。前項の場合のうち，その犯した罪がいずれも未遂罪であるときは，人を死傷させたときを除き，その刑を減軽することができる。ただし，自己の意思によりいずれかの犯罪を中止したときは，その刑を減軽し，又は免除する（同条 2 項）。第 1 項の罪に当たる行為により人を死亡させた者は，死刑又は無期懲役に処する（同条 3 項）。

1 意 義

本罪は，犯罪学上，強盗犯人が強盗の機会に強制性交等の行為に及ぶ場合が多いこと，また，強制性交等の機会に強盗の行為に及ぶ場合が多いという犯罪の実態を踏まえ，そのような行為の抑止と犯罪の重大性・悪質性に即した処罰の適正を図るため，強盗罪と強制性交等罪とを結合させて結合犯とし，独立の構成要件を設けて重い刑を科すこととしたものである。

2 行 為

本罪が成立するためには，①強盗罪（もしくはその未遂罪）および強制性交等罪（もしくはその未遂罪）または，②強制性交等罪（もしくはその未遂罪），強盗罪（もしくはその未遂罪）を，同一の機会に行う必要がある。いずれの行為が先に行われたかを問わない。強盗の罪に着手した後に強制性交等の罪に着手した場合，強制性交等の罪に着手した後に強盗の罪に着手した場合のほか，強盗の罪または強制性交等の罪いずれが先に行われたかが不明である場合や両罪を同時に着手した場合を含む。強盗に着手後，抵抗不能の状態にある被害者を見て強制性交等の犯意が生じて強制性交等に及んだときは，着手後に強盗の故意を放棄して財物を返還しても，強盗の機会に強制性交等をしたことになるのである。

本罪における「強盗の罪」には，狭義の強盗罪（236 条），事後強盗罪（238 条）および昏酔強盗罪（239 条）が含まれる。また「強制性交等罪」には，狭義の強制性交等罪（177 条）および準強制性交等罪（178 条 2 項）」が含まれる。なお，18 歳未満の被害者を現に監護する者が，そのことによる影響力に乗じて性交

等に及ぶ場合において，その性交等と同一の機会に，暴行・脅迫を用いるなどして財物の奪取に及ぶという事態は実際上想定しがたいところから，監護者性交等罪は「強制性交等の罪」から除かれたのである[118]。

3　未遂の取り扱い

本罪は，「強盗の罪若しくはその未遂罪」と「強制性交等の罪若しくはその未遂罪」とが同一の機会に行われた場合を処罰の対象とするものとしている。したがって，強盗行為と強制性交等の行為のいずれもが未遂に終わっても成立する。ただし，それらの未遂行為が人を死傷させない限り，任意（裁量）的に刑の減軽が認められる（241条2項本文）。また，強盗・強制性交等罪の未遂が適用される場合のうち，強盗か強制性交等の未遂のいずれか一方でも「自己の意思により」中止したときは，必要的に刑の減軽・免除が認められる（同項ただし書き）。例えば，財布を奪おうとして刃物で脅したところ，被害者がおびえているのを見てにわかに欲情を催し抱き着いたが，被害者が可哀想になりその場を立ち去ったような場合である。強盗および強制性交等の行為はいずれも未遂であるが，強制性交等については「自己の意思により」中止した者であるから，中止犯として必要的に刑が減免されるのである。

4　強盗・強制性交等致死罪

本罪は，強盗・強制性交等に当たる行為により「人を死亡させた」行為を処罰するものであり，「死刑又は無期懲役」という極めて重い刑に処せられるのである。

本罪は，強盗の行為と強制性交等の行為とが「同一の機会」に行われた場合を処罰するものであるが，そのような場合に死の結果が生ずるものとしては，①強盗の行為が原因となって死の結果が生じた場合，②強制性交等の行為が原因となって生じた場合，③強盗の行為と強制性交等の行為とが競合して死の結果が生じた場合，④強盗の行為か強制性交等の行為のいずれが原因で死の結果が生じたか不明の場合があり得るが，いずれも悪質・重大な犯罪として重罰に値するとする趣旨から，これ等の場合を包括する趣旨で，強盗・強制性交等致死罪が新設されたのである。

こうして，同一の機会に強盗行為と強制性交等の行為とがなされ，その結

118　松田＝今井・前掲285頁。

264　第1編　個人法益に対する罪　第4章　財産に対する罪

果として人が死亡した場合に本罪が成立するのだから，本罪の成立にとって**殺意の有無は関係がない**。強盗犯人がその被害者に対して強制性交等を行った場合，強盗・強制性交等罪と強盗殺人罪の観念的競合となるのではなく，強盗・強制性交等致死罪一罪が成立するのである。なお，本条は，強盗・強制性交等致傷については規定していない。強盗・強制性交等罪の法定刑は「無期又は7年以上の懲役」であるところから，致傷結果は同条に織り込まれているとする趣旨で，敢えて法文に入れられなかったのである[119]。

8　強盗予備罪

> 強盗の罪を犯す目的で，その予備をした者は，2年以下の懲役に処する (237条)。

1　意　義

強盗予備罪は，みずから強盗の目的でその準備をする行為を犯罪とするものである。いわゆる自己予備罪に当たる。予備は，目的の存在を客観的に認識できる外形的動作があり，その行為が強盗の実行に直接役に立つかどうかを基準に判断される。

2　行　為

本罪の行為は，強盗の目的をもって，その実行の準備をすることである。殺人予備罪 (201条)，放火予備罪 (113条) と異なり，情状による**刑の免除規定がない**点に特色がある。本罪も**自己予備罪**であるから，みずから強盗する目的で準備する行為が必要である。準備行為を定型化することは殺人予備罪の場合と同様に困難であるが，決意の存在を客観的に認識できる外形的動作があり，かつその行為が強盗の実行に直接役立つかどうかを基準に判断される。例えば，金品の強奪を企て，それに使用するため出刃包丁等の凶器や懐中電灯を買い求め，これを携えて徘徊する行為は，予備に当たる[120]。凶器の用意，侵入のための準備などの本来の準備行為も，目的の強固さによっては予備となる。

---

[119] 松田＝今井・「刑法の一部を改正する法律について」法曹時報 69 巻 11 号 211 頁参照。
[120] 最判昭 24・12・24 刑集 3・12・2088，最決昭 54・11・19 刑集 33・7・710。

3　目　的

本罪は目的犯であり，暴行・脅迫を手段として財物を強取する目的を必要とする。予備行為の範囲は曖昧であり，目的によって限定する必要があるから，未必的目的では足りず確定的なものでなければならない。**事後強盗の目的**は本罪の目的に含まれるかについて，学説上は，強盗予備罪が事後強盗の規定の前に置かれていること，事後強盗は窃盗を前提とするものであるから，窃盗の予備を罰していないのに事後強盗の予備を認めるのは妥当でないことなどを理由とする消極説[121]が有力である。

しかし，①238条は事後強盗を強盗罪として論ずると規定しているから，予備の点についても強盗罪と等しく取り扱う趣旨と解すべきであること，②発見されたら暴行・脅迫を加えるという確定的目的で凶器を用意する場合のように，事後強盗の目的であっても，その意図が強固である場合には強盗行為に至る可能性が高いこと，③窃盗の準備をすることと発見された場合に暴行・脅迫を行うことを準備することは実行行為との関係で区別されるから，強盗予備罪に当たると解すべきである[122]。また，昏酔強盗（239条）の目的で睡眠薬を準備するのも本罪に当たると考えざるをえないから，条文の位置から事後強盗の予備を否定することはできない。なお，事後強盗罪は身分犯であるが，その予備は身分がなくても実現しうるから，予備罪の成立を肯定してよい。

事後強盗目的の予備　最決昭和54年11月19日刑集33巻7号710頁は，生活費に窮したXが夜間事務所に忍び込んで窃盗を働こうと思い立ち，発山ナイフや模造拳銃を携帯して徘徊しているところを警察官に職務質問された事案につき，「刑法237条にいう『強盗の目的』には，同法238条に規定する準強盗を目的とする場合も含むと解すべきである」と判示した。

4　中止犯

予備行為をしたが実行に着手する以前に目的を任意に放棄したときは，予備の中止として刑法43条ただし書の中止犯の規定を準用すべきである（通

121　大塚・237頁，香川・524頁，内田・284頁，岡野・140頁，曽根・136頁，中森・127頁。

122　団藤・598頁，福田・284頁，西田・182頁，前田・218頁，山口・227頁。最決昭54・11・19刑集33・7・710。遠藤・百選Ⅱ（第7版）88頁，**十河・判例講義Ⅱ56頁**参照。

266　第1編　個人法益に対する罪　第4章　財産に対する罪

説）。その理由は殺人予備罪の場合と同様であるが，殺人予備罪，放火予備罪，航空機強取予備罪（航空機の強取等の処罰に関する法律3条）におけると異なり，本罪においては，情状による刑の減免，または自首による刑の減免の規定がなく，任意に中止しても刑の免除を受ける余地がないから，予備の中止犯を認めなければ殺人予備の場合よりも未遂との不均衡がさらに著しくなる。ただし，判例はこの中止犯の観念を認めていない[123]。

5　罪　数

強盗の目的で凶器を携行し被害者の住居に侵入すれば，住居侵入罪と強盗予備罪との観念的競合となる[124]。予備後に強盗の実行に着手すれば，未遂になると既遂になるとを問わず，予備はそれに吸収される[125]。

第4節　詐　欺　の　罪

1　総　　説

1　意　義

詐欺の罪は，人を欺いて財物を交付させ，または財産上不法の利益を得，もしくは他人に得させる行為，およびこれに準ずる行為を内容とする犯罪である。**相手方の意思に基づく**財物の交付または財産上の処分行為が介在する点で窃盗・強盗の罪と異なり，また，相手方を欺いて錯誤に陥らせ，瑕疵ある意思に基づいて財物を交付させまたは財産上の利益を処分させる点で，「脅して畏怖させ」財物を交付させまたは財産上の利益を処分させる恐喝罪（249条）と類似するが，瑕疵ある意思の状態を生じさせる手段においてこれと異なる。詐欺の罪には，①詐欺罪（246条1項），②詐欺利得罪（同条2項），③準詐欺罪（248条），④電子計算機使用詐欺罪（246条の2），⑤これらの罪の未遂罪（250条）が含まれている。なお，電子計算機使用詐欺罪は，1987（昭和62）年の刑法一部改正により，電子計算機の不正な使用による財産上の利得行為を

---

[123] 最大判昭29・1・20刑集8・1・41。
[124] 東京高判昭25・4・17判特12・14。
[125] 大阪高判昭30・12・15裁特2・24・1284。

第 4 節　詐欺の罪　*267*

処罰するために新設されたものである。

2　保護法益

　詐欺の罪の保護法益は，個人の財産である（通説）。これに対して，本罪の保護法益は，個人の財産と併せて取引の安全ないし「取引における信義誠実」の保障という社会法益を含むとする見解[1]がある。しかし，信義誠実性または取引の安全自体が刑法上の保護法益となっているわけではなく，信義誠実性を害する詐欺手段によって他人の財産を取得することに詐欺の罪の本質があると解すべきである。詐欺の罪の法益は個人の財産であるから，財産以外の利益が詐欺手段によって害される場合，例えば，結婚すると偽って女性の貞操を奪うような場合，あるいは詐欺的手段による結婚すなわち詐欺結婚は本罪を構成しない。

　国家・地方公共団体等の公共的利益に対する詐欺的行為は，詐欺罪を構成するかが問題となっている。否定説は，詐欺罪はもともと個人的法益としての財産的法益に対する罪であるから，公共的法益に向けられた詐欺的行為は，詐欺罪の定型性を欠くと主張する[2]。一方，公共的法益を侵害する場合でも，それが同時に詐欺罪の保護法益である財産的利益を侵害するものである以上，詐欺罪の成立を認めるべきであるとするのが判例であり[3]，これを支持する肯定説が通説である。

　思うに，国または地方公共団体自体も財産権の主体となりうる以上，その財産的利益も財産罪によって保護されるべきである。したがって，欺く行為によって公共的法益を侵害する場合であっても，それが同時に詐欺罪の保護法益である財産権を侵害するものである以上，行政法規の罰則が詐欺罪の適用を排除する趣旨と認められない限り詐欺罪が成立する[4]。例えば，生活保護費の不正受給[5]や健康保険被保険者証書[6]，簡易生命保険証書[7]など，財産的価

1　長島敦・刑法における実存と法解釈（1986）117頁。
2　団藤・607頁，福田・249頁，大塚・241頁。
3　大判昭17・2・2刑集21・77，最判昭23・4・7刑集2・4・298，最決昭51・4・1刑集30・3・425。菊池・百選II（第7版）96頁，十河・判例講義II 58頁参照。
4　条解716頁。
5　東京高判昭49・12・3高刑集27・7・687。
6　福岡高判平6・6・29高検速報。
7　最決平12・3・27刑集54・3・402。

268 第1編 個人法益に対する罪 第4章 財産に対する罪

値の移転と結びついた取得事案について判例上詐欺罪の成立が認められている。一方，公法的な徴税権の侵害とみるべき，脱税[8]，詐欺的方法による旅券[9]および印鑑証明書の取得[10]等について詐欺罪の成立を否定しているが，脱税にかかる租税逋脱罪は詐欺罪の特別法であり，また，各種証明書の不正取得は，財物性，財産上の利益の欠如等の理由により詐欺罪の成立が否定されるのであって，否定説がいうように国家の統制作用に向けられる詐欺的行為であるという理由からではないと解すべきである[11]。

> **判例の態度**　前掲最決昭和51年4月1日は，「被告人らの本件行為が農業政策という国家的法益の侵害に向けられた側面を有するとしても（中略）その故をもって当然に刑法詐欺罪の成立が排除されるものではない。欺罔行為によって国家的法益を侵害する場合でも，それが同時に，詐欺罪の保護法益である財産権を侵害するものである以上，当該行政刑罰法規が特別法として詐欺罪の適用を排除する趣旨のものと認められない限り，詐欺罪の成立を認めることは，大審院時代から確立された判例」であると述べている。最決平成12年3月27日刑集54巻3号402頁は，簡易生命保険契約の事務を担当する郵便局の係員を欺罔して簡易生命保険契約を締結させたうえ，その保険証書を騙取した行為を詐欺に当たるとしている。最決平成19年7月10日刑集61巻5号405頁は，地方公共団体からの水道工事の請負人が下請け代金分として自己の口座に振り込まれた前払金につき，下請け業者に無断で同人の口座を開設し銀行係員を欺罔して振り込み入金させる行為を詐欺罪に当たるとしている。

3　親族間の犯罪に関する特例の準用 (251条)

詐欺の罪には，親族間の特例（244条）が準用される。犯人との間に親族関係を必要とする被害者は，詐欺の罪によって財産上の損害を受けた被害者であることを要する[12]。

2　詐欺罪 (一項詐欺罪)

> 人を欺いて財物を交付させた者は，10年以下の懲役に処する（246条1項）。未遂は，罰する（250条）。

---

8 大判明44・5・25刑録17・959，東京地判昭61・3・19刑月18・3・180。
9 最判昭27・12・25刑集6・12・1387。
10 大判大12・7・14刑集2・650。
11 平野・219頁，中森・134頁，西田・206頁，山口・245頁。
12 大判大13・8・4刑集3・608。

第4節　詐欺の罪　*269*

1　客　体

他人（自然人・法人）の占有する他人の**動産および不動産**である。自己の財物であっても他人の占有に属し，または，公務所の命令によって他人が看守するものであるときは，他人の財物とみなされる（251条，242条）。電気は財物とみなされる（251条，245条）。窃盗罪および強盗罪においては，「財物」は動産に限られるが，本罪の場合は，それらの罪におけると異なり，詐欺行為の相手方の処分行為に基づいて不動産の占有を移転することが可能であるから，**不動産**も本罪の客体となるのである[13]。ただし，賃借料を支払う意思がないのに家屋を借り受けて入居する行為は，人を欺いて不動産の占有を取得したものであるが，それは単に利用する権利を取得したものであって，不動産自体を領得したものではないから，二項詐欺罪が成立する。

預金通帳の財物性　最決平成14年10月21日刑集56巻8号670頁は，他人になり済まして預金口座を開設し，銀行の窓口の係員から預金通帳の交付を受けた行為について「預金通帳はそれ自体として所有権の対象となりうるものであるにとどまらず，……財産的価値を有するものと認められる」と判示した。なお，保険証書も本罪の客体になるとした最決平成12年3月27日刑集54巻3号402頁[14]がある。キャッシュカードにつき，最決平成19年7月17日刑集61巻5号521頁[15]。

2　行　為

人を欺いて財物を交付させることである。詐欺罪の構成要件は，①詐欺行為，②相手方の錯誤，③交付（処分）行為，④財物の移転（取得）という因果の系列を予定するものである。したがって，第1に，欺く行為，すなわち，人に対して財産上の処分行為に向けられた詐欺行為が必要となる。第2に，その行為によって相手方が現実に錯誤に陥ることが必要であり，相手方が錯誤に陥らなければ未遂である。第3に，錯誤に基づいて財物を交付（処分）する行為がなければならない。瑕疵ある意思ではあるが，相手方の意思に基づく交付ないし処分行為が必要となるのである。第4に，その処分行為によって財物が交付され，行為者または第三者の手許に財物が移転するのでなければ

13　大判大12・11・12刑集2・784。
14　松宮・百選Ⅱ（第5版）94頁参照。
15　**十河・判例講義Ⅱ59頁**参照。

270　第1編　個人法益に対する罪　第4章　財産に対する罪

ならない。要するに，**詐欺行為 ⇒ 相手方の錯誤 ⇒ 交付 ⇒ 財物の移転**（取得）が相当な因果関係にあるときに詐欺罪は既遂に達する。したがって，どのように複雑な事実関係の事例でも，この基本的な図式を適用して解決すれば足りる。

機械は錯誤に陥らない　詐欺罪は，人の錯覚を利用する犯罪であるから，本来的に**人に向けて行われる犯罪**であって，機械を相手とする詐欺的行為は詐欺罪を構成しない。例えば，金属片を用いて自動販売機から商品を取り出す行為は，窃盗罪であって詐欺罪には当たらない[16]。他人のキャッシュカードを拾得した者がこれを用いて現金自動支払機から現金を引き出す行為も同様である[17]。また，公衆電話等を金属片で不正使用する場合は利益窃盗に当たるが，現行法上利益窃盗は不可罰である。なお，電子計算機使用詐欺罪（246条の2）参照。

（1）　**詐欺行為**　　詐欺罪が成立するためには，人を「欺く行為」が必要である。「人を欺」くとは，財物交付に向けて人を錯誤に陥らせる行為をいい，相手方が財産的処分行為をなすための判断の基礎となる事実を偽ること，すなわち，相手方がその点を錯覚しなければ財産的処分行為をしなかったであろうような判断の基礎となる**重要事実**を偽ることである。したがって，品物の名称を偽っても，その品質・価格に変わりがなく，買主も名称にこだわらず購入した場合[18]は詐欺とはならない。旧規定では「人を欺罔して」とされていたため欺罔行為と呼ばれていたが，「人を欺いて」と改められたので，欺く行為を**詐欺行為**と呼ぶことにする。詐欺行為には手段方法に制限はない。その行為をすれば，通常，相手方が錯誤に陥るようなものであれば足り，言語によると動作によると，また，直接的であると間接的であるとを問わない。過去・現在の事実に関するものに限らず，将来の事実に関して欺くことも含む。作為によるほか不作為による場合でもよい。

自己名義の預金通帳の交付と一項詐欺　　第三者に譲渡する意図を秘して銀行の行員に自己名義の預金口座の開設を申し込み預金通帳の交付を受ける行為について，最決平成19年7月17日刑集61巻5号521頁は，「預金通帳およびキャッシュカードを第三者に譲渡する意図であるのにこれを秘して上記申込を行う行為は，詐欺罪にいう人を欺く行為にほかならず，これにより預金通帳の交付を受けた行為が刑法246条1項の詐欺罪を構成することは明らかである」と判示した[19]。他人になりすまして他人名義の預金口座

16　最判昭29・10・12刑集8・10・1591。
17　東京高判昭55・3・3判時975・132。
18　大判大8・3・27刑録25・396，最判平26・3・28刑集68・3・582。

開設を申し込む行為の場合は詐欺行為に当たるが，自己名義の預金口座の開設申し込みについては詐欺行為は認められないとの立場もある。しかし，第三者に譲渡する意思が分かれば，相手方は預金通帳を交付しないことは明らかであり，本判決は妥当である。同じような問題を含むものとして，最決平成19年7月10日刑集61巻5号405頁〔自己の口座の預金を引き下ろす行為〕，最決平成22年7月29日刑集64巻5号829頁〔第三者を搭乗させる意図を秘して自己に対する搭乗券の交付を受ける行為〕は，いずれも詐欺に当たるとされた。なお，東京高判昭和55年3月3日判時975号132頁は，偽造したCDカードや拾得・窃取したCDカードをATM機から引き出す行為は詐欺でなく窃盗であると判示している。

（ア）**不作為による詐欺**　　詐欺行為は，不作為によっても可能である。不作為による詐欺は，すでに相手方が錯誤に陥っていることを知りつつ，真実を告知しないことを内容とするものである。例えば，相手方が誤って余分の釣銭を手渡すのを認識しながら，その事実を告知しないで交付を受ける場合（いわゆる**釣銭詐欺**），事実を告知しなければ不当な釣銭を領得することが確実に可能となるのであるから，信義誠実上，「釣銭が余分である」という事実の告知義務があり，この告知義務を怠り釣銭を受け取れば，相手方の錯誤を利用して財物を領得したことになるのである[20]。

　告知義務は，法令，契約，慣習，条理を根拠とするが[21]，単に告知義務が認められるだけでは足りず，不真正不作為犯成立の一般原則に従って，告知すべき保障人的義務があるといえるときにのみ詐欺罪が問題となる[22]。それゆえ，不作為による詐欺といえるためには，事実の秘匿によって相手方の錯覚を利用し，経験則上一般に財物を詐取できる性質をもつことが必要となる。判例は，準禁治産者（被保佐人）がその事実を黙秘して相手方から金銭を借り受けた事例[23]，生命保険契約締結の際に疾患を黙秘した事例[24]，不動産取引において担保に供してある事実を黙秘した事例[25]などにつき告知義務を認めている。

19　十河・判例講義 II 59頁。
20　反対，小暮ほか〔中森〕・206頁〔一般の取引関係の当事者に相手方の財産の保護を義務づけるのは疑問〕。
21　大判昭8・5・4刑集12・538。
22　大谷・総論131頁参照。
23　大判大7・7・17刑録24・939。
24　大判昭7・2・19刑集11・85。
25　大判昭10・3・23刑集14・294。

272　第1編　個人法益に対する罪　第4章　財産に対する罪

　不作為による詐欺は告知義務を必要とするが，作為（**挙動**）による詐欺行為には告知義務は要らない。例えば，**無銭飲食・宿泊**による詐欺罪の例では，支払の意思がないのに人を欺く意思で飲食物を注文し，あるいは宿泊の申込みをする場合は作為による詐欺行為であり[26]，無一物であることの告知義務違反としての不作為が詐欺行為となるのではない。同じことは，営業行き詰まりの際のいわゆる**取込詐欺**についてもいえる。代金を支払える見込みもその意思もないのに，商品買付けの注文をしたときは注文行為自体が作為による詐欺行為である[27]。このように，積極的な詐欺行為はないが一定の動作によって相手方を偽る行為を**黙示的詐欺行為**という場合がある[28]。しかし，この場合も作為犯であって，不作為犯と考えてはならない。例えば，暴力団員でないことを確約して銀行で口座開設等を申し込み，通帳等の交付を受けた場合は，挙動による詐欺行為に当たる[29]。

> **釣銭詐欺**　　過分の釣銭であることに気づいたときは，信義則上釣り銭が多いことの告知義務があり，この義務に違反して過分の釣銭を領得すれば不作為による詐欺罪が成立する。過分の釣銭であることを家などに持ち帰ってから気づきながら，あえてこれを返還しないときは，占有離脱物横領罪となる。相手方の錯覚を利用して財物を取得したのではなく，偶然に自己の占有に属したものを領得したにすぎないからである。①占有離脱物横領罪または②詐欺罪の成立後，余分に釣銭を交付した者がそのことに気づいて釣銭の受領者に質したのに対し，同人がこれを否定したときは，別に詐欺利得罪が成立するとする見解[30]があるが，同一財物について二重の刑法的評価を認めることになるから，①については詐欺罪に占有離脱物横領罪が包括され，②については詐欺罪に詐欺利得罪が包括され，それぞれ一罪が成立すると解すべきである。これに対し，中森・120頁は「不作為による詐欺を認めるのは，相手方の財産を保護する義務を認めることであり」「釣銭詐欺に本罪を認めるのは妥当でない」としている。傾聴に値する見解であるが，この場合に信義則上の告知義務を否定するのは難しいと思われる。

　（イ）**詐欺行為の性質**　　詐欺行為は，一般人をして財物または財産上の利益を処分せしめるような錯誤に陥れる行為すなわち処分に向けられた行為で

---

[26]　大判大9・5・8刑録26・348。
[27]　最決昭30・7・7刑集9・9・1856。
[28]　山中・316頁。最判平26・3・28刑集68・3・582（暴力団員であることを申告せずにゴルフ場の施設利用を申し込む行為）。
[29]　最決平26・4・7刑集68・4・715。
[30]　大塚・245頁，藤木・315頁。

あることを要する。詐欺行為というためには，取引の相手方の知識経験等を基準として，一般人を錯誤に陥らせる程度の虚構であることを必要とする。被害者が特に騙されやすいことを知っている場合は，一般人では欺かれないような場合でも詐欺行為となりうる。また，被害者の**不安や無知**を利用するのも詐欺行為となる[31]。**被害者の側に過失**があっても，欺く手段が人を錯誤に陥れる性質をもつ限り詐欺行為となる。取引上一般に用いられる「**かけひき**」の範囲内において，多少の誇張や事実の歪曲があっても，通常，相手方が錯誤に陥ることがない程度のものであれば詐欺行為とはいえない[32]。例えば，産物商品類を販売するに当たり，単に名称を偽っただけで，目的物の品質・価格に変わりがなく，相手方もその名称にこだわらず自分の目で確かめて買い受けたような場合には，詐欺罪を構成しない[33]。「**誇大広告**」も，上のような性質のものである限り，詐欺行為とはいえないのである。しかし，それを超えるものであるときは，価値判断その他意見に属する事柄も詐欺行為の内容となりうる[34]。入札者が競売等に際し，事前に入札価格を協定して利益を得る談合行為も，詐欺行為となりうる。

悪徳商法と詐欺罪　　商取引については，従来，詐欺罪の適用が控えられてきた。しかし，いわゆる豊田商事事件[35]などの現物まがい商法，投資ジャーナル事件[36]などの投資顧問詐欺，商品先物取引に関する詐欺について詐欺罪が適用されるようになってきた。さらに，前掲最決平成4年2月18日は，いわゆる「客殺し」商法について，外観は通常の商取引であっても，商品取引について一定の知識がある者でも確実に損害が発生する「客殺し」を行う取引に引き込むための委託証拠金を取得する行為は，証拠金そのものを詐取したことに当たると判示した。「客殺し」商法を行っているのに，顧客の利益のために正常な業務を行っているように偽って証拠金を取得した行為が詐欺行為になるとしたものである。詐欺罪の適用を拡大したといってよいであろう。

　（ウ）**詐欺行為の相手方**　　詐欺罪が成立するためには，詐欺行為による相手方の錯誤，その錯誤に基づく財産上の処分行為（以下，「処分行為」と略す）を

31　富山地判平10・6・19判タ980・278。
32　最決平4・2・18刑集46・2・1〔客殺し商法による先物取引において委託証拠金を詐取〕。
33　大判大8・3・27刑録25・396。
34　大判昭6・11・26刑集10・627。
35　大阪地判平元・3・29判時1321・3。
36　東京地判昭62・9・8判時1269・3。

274 第1編 個人法益に対する罪 第4章 財産に対する罪

必要とするから，詐欺行為の相手方すなわち**被詐欺者**は，事実上または法律上被害財産の処分をなしうる権限ないし地位を有する者（**処分権者**）でなければならない[37]。すなわち，詐欺行為の相手方と処分権者とは，**常に一致**していなければならないのである。例えば，登記係員を欺いて抵当権抹消登記をさせても，同係員は抵当権を処分しうる権限を有しないから詐欺罪を構成しない[38]。一方，本罪が既遂となるためには，処分行為に基づいて行為者ないし第三者が財物を取得することを要するが，処分権者が当該財物の占有者・所有者であることは必ずしも必要でない。詐欺罪の本質は，他人を欺き，その錯覚した意思に基づいて財物を交付させることにあるから，処分権者の意思に基づいて財物を取得するという事実があれば足りるのである。被詐欺者すなわち処分権者と被害者とは通常の場合一致しているのであるが，必ずしも両者が一致することを要しない。

(a) **三角詐欺** 三角詐欺とは，被詐欺者と被害者とが異なる場合をいう。行為者，被欺罔者，被害者の三者で構成される犯罪という意味で三角詐欺というのである。例えば，銀行の支店長をだまして融資を受けた場合，被詐欺者は支店長であり，被害者は銀行である。三角詐欺として詐欺罪の成否が問題となるのは訴訟詐欺とクレジットカードの不正使用である。

訴訟詐欺とは，虚偽の申し立てにより裁判所を欺いて勝訴の判決を得，その効力によって敗訴者から財物または財産上の利益を交付させることをいう。訴訟詐欺は詐欺罪を構成するかについて，学説は鋭く対立する。**否定説**[39]は，裁判所は，民事訴訟において形式的真実主義ないし弁論主義を採用しており，当事者の主張に拘束されて虚偽だと分かっていても裁判をしなければならないのだから，このような制度を利用するのは欺く手段となりえないということ，また，敗訴者は強制的に財物を提供させられるのであるから，この場合の財物の「交付」は任意の交付ではないことなどの理由から，訴訟詐欺は詐欺の類型に当たらないと唱え，**裁判機関の悪用**という新しい犯罪類型を設けて処罰すべきであることを示唆している[40]。これに対し，判例は，債券

---

37 最判昭 45・3・26 刑集 24・3・55。
38 大判大 12・11・12 刑集 2・784。
39 団藤・614 頁。なお，福田・256 頁。
40 団藤・614 頁。

並びに割増金の詐取を目的として，裁判所に当該債券紛失に基づく公示催告の申立をした場合を詐欺罪とした判例[41]を筆頭に，おおむね詐欺罪の成立を肯定し[42]，学説上も**肯定説**が通説となりつつある[43]。

思うに，訴訟詐欺においても，裁判所を欺いて錯誤に陥らせ，その処分行為によって財物を交付させるという関係が認められることは否定できないであろう。問題は，形式的真実主義においては裁判所の処分行為は認められないのではないかという点にあるが，民事裁判においても証拠の評価は自由心証によるのであるから錯覚による処分行為は十分に考えられる。ただ，裁判所が虚偽だと分かっていながら判決を下さなければならない場合として**擬制自白**（民訴159条1項）があり，この場合には裁判所の処分行為は考えられないが，欠席すれば敗訴することが分かっていながら口頭弁論で欠席したのであるから，被害者の同意があるものとして詐欺罪の構成要件該当性を阻却すれば足りる[44]。

残る問題は，被詐欺者と処分権者・交付者は一致するかという点であるが，被詐欺者は裁判所であり，また，裁判所は判決によって強制執行をなすことができるから処分権者でもあると解すべきであり，両者は一致する。もとより，裁判所が処分権限を有する判決手続に限られるのであり，裁判所が処分権限を有しない強制執行の段階においては，訴訟詐欺は成立しない[45]。そして，その**被害者**は敗訴者であり事実上財物の占有移転を行うが，先のごとく被詐欺者と処分権者が一致する以上，訴訟詐欺は詐欺罪の要件を満たすと考えられる。被害者は交付の補助者となるにすぎないのである[46]。したがって，訴訟詐欺は，被詐欺者と被害者とが異なる場合の三角詐欺の一形態であるといってよい。交付者は敗訴者であるとする見解[47]もあるが，敗訴者は強制されて財物を提供するにすぎないから，これを交付者と認めることはできず，

---

41 大判明44・11・27刑録17・2041。
42 最判昭45・3・26刑集24・3・55〔否定例〕。森永・百選Ⅱ（第7版）112頁，**十河・判例講義Ⅱ60頁**参照。
43 平野・217頁，曽根・148頁，川端・379頁，中森・141頁，前田・279頁，山口・263頁，佐久間・218頁。なお，西田・212頁，青木〔紀〕・百選Ⅱ（第4版）94頁参照。
44 西田・212頁。
45 最決昭42・12・21・刑集21・10・453。
46 山中・334頁。
47 大塚・249頁。

276　第1編　個人法益に対する罪　第4章　財産に対する罪

この場合の交付者は**裁判所**であると解すべきである[48]。

　(b)　**クレジットカードの不正使用**　　クレジットによる取引においては，会員は加盟店にクレジットカードを呈示して売上票に署名のうえ商品を購入し，中間に介在するクレジット会社は，加盟店に購入代金を加盟店の預金口座に振り込むことによって立替払いを行い，後日，その金額を会員の預金口座から取り立てる仕組みになっている。ここでいうクレジットカードの不正使用とは，クレジット会員が代金支払いの意思または能力がないのに，**自己名義のクレジットカード**を不正に使用して，加盟店から物品を購入する行為をいうのである。

　(α)　**学　説**　　クレジットカードの不正使用につき詐欺罪の成立を認めるべきか否かについて，学説は否定説と肯定説とに分かれる。**否定説**は，加盟店はクレジットカード自体の有効性と署名の同一性を確認すれば足り，したがって，上記の不正使用において加盟店に対する詐欺行為および加盟店側の錯誤は存在しえないから，クレジットカードを呈示して物品を買い受ける行為は詐欺罪に当たらないと説く[49]。**肯定説**は，ⓐ加盟店を通じての間接正犯と解し，被詐欺者，処分者および被害者ともクレジット会社であり，同会社に立替払いをさせた点が2項詐欺罪を構成するとする説[50]，ⓑ加盟店に対する詐欺罪が成立するが，被害者は財産上の損害を受けるクレジット会社であるとして三角詐欺を主張する説[51]，ⓒ被詐欺者と処分者は財物を交付する加盟店であり，被害者も加盟店であるとして1項詐欺罪とする説[52]に分かれる。

　(β)　**学説の検討**　　代金支払の意思または能力のない者が，その意思または能力があるように装って，クレジットカードによる物品の購入手続を行うことは，明らかに加盟店に対する詐欺行為に当たるといってよいであろう。また，加盟店は顧客が代金支払の意思または能力がなければ信義則上当然に取引を拒否するのであるから，クレジットカードの呈示行為がなければ商品

---

[48]　平野・217頁，西田・212頁，山中・368頁，前田・272頁（旧説）。

[49]　中山・概説Ⅱ59頁，松宮・240頁，吉田敏雄・百選Ⅱ（第3版）91頁。

[50]　藤木・370頁。

[51]　中森・123頁，曽根・154頁，西田・218頁（旧説），山口・261頁。

[52]　名古屋高判昭59・7・3判時1129・155，東京高判昭59・11・19判タ544・215（**十河・判例講義Ⅱ68頁**）。福田・156頁，大塚・251頁，前田・239頁。

を引き渡すことはなく，結局，代金支払の意思または能力のないクレジット会員がクレジットカードを呈示して物品を購入する行為は，加盟店に対する詐欺行為によって財物を交付させたことに当たり，加盟店の商品の占有を侵害した**1項詐欺罪**を構成すると解すべきであり肯定説の©説が妥当である。

　この点，肯定説の⒜説は，加盟店は財物を騙し取られてもクレジット会社から立替払いを受けることができ，何ら損害を被らないから1項詐欺罪ではなく，クレジット会社から加盟店に代金が支払われた時点で同会社を被詐欺者とする詐欺利得罪が成立するとする。しかし，カードの呈示によって錯誤に陥るのは加盟店であり，その錯誤に基づいて商品を交付するのであるから，この場合の被詐欺者および交付者は加盟店であるというほかはない。一方，肯定説の⒝説は，1項詐欺罪の成立を認める点で©説と結論を同じくするが，1項詐欺とする以上は，占有の取得をもって被害の発生を認めるのでなければ筋が通らないように思われる。そして，欺かれなければ交付しなかったと解される以上，その**被害は財物の「占有」**であり，被害者は財物の占有を奪われた加盟店であると解すべきである[53]。それゆえ，行為者が加盟店から財物を取得した時点で**既遂**となる。不正に入手した**他人名義のクレジットカード**を不正に使用した場合も同様の解決となる[54]。

> **最高裁の判例**　最決平成16年2月9日刑集58巻2号89頁は，他人のクレジットカードを入手した被告人が，加盟店であるガソリンスタンドで，カードの名義人本人になりすまし，そのカードの正当な利用権限がないのに，あるように装って従業員を誤信させ，ガソリンの交付を受けた行為は詐欺罪を構成するとし，仮に，被告人が，そのクレジットカードの名義人から同カードの使用を許されており，かつ自己の使用した同カードの利用代金が，会員規約に従い，名義人によって決済されるものと誤信していたとしても，詐欺罪が成立すると判示した（荒川・百選Ⅱ〔第6版〕107頁）。

　(2)　錯　誤　詐欺罪が成立するためには，詐欺行為により相手方が錯誤に陥らなければない。詐欺行為はあったが，相手方が錯誤に陥らなければ未遂にとどまる。ただし，相手方の錯誤がいかなる点において生じたかは重要でない。法律行為として民法上無効となる場合に限らず，単に取り消し得べ

---

[53] 前掲東京高判昭59・11・19。川崎（友）・百選Ⅱ（第7版）110頁，**十河・判例講義Ⅱ68頁**参照。
[54] 東京高判平3・12・26判タ787・272。

278 第1編 個人法益に対する罪 第4章 財産に対する罪

きものである場合（民96条）でもよい。例えば，金銭を借りるためにその使途を偽った場合のように，法律行為の動機に関して錯誤に陥らせる場合でも，事情によっては詐欺罪を構成する[55]。要するに，詐欺行為とは，相手方が真実を知ったならば，財物の交付をしなかったであろうというべき**重要事実**につき偽ることである。それゆえ，相手方がすでに錯誤に陥っている状態を継続させ，これを利用する場合も詐欺行為となる[56]。

相手方の事実上の判断を誤らせる場合，例えば，入手の見込みがないのに近日中に友人から金銭を借りて支払うと偽って借金したときも，詐欺罪を構成することがありうる。この事実上の判断に関連して，「**将来の事実**」が詐欺行為の内容となりうるかが問題となる。例えば，「将来土地が値上がりする」といった予測的意見は，予測が的中することは一般に不確実であり，人がそれによって通常錯誤に陥るとはいえないから詐欺行為には当たらないが，例えば，特定の建売業者が現在当該の土地を買い占める計画をもっているというように，現在の事実を偽って将来を予測するような場合は詐欺行為に当たる[57]。

(3) **交付行為** 詐欺罪が成立するためには，相手方が錯誤に陥り，その瑕疵ある意思に基づいて財産上の処分行為がなされなければならない。1項詐欺では，処分行為を特に「**交付**」という。「交付」の語は，平成7年の改正の際に初めて用いられたものであるが，解釈上は，従来から詐欺と窃盗を区別する要素として不可欠とされてきたものである。交付は，相手方の錯誤に基づくものでなければならないから，**交付の意思**に基づく**交付の事実**が必要である。それゆえ，交付の意思を欠く幼児や高度の精神障害者を欺いて財物を奪う行為は，窃盗罪を構成することになる。交付の相手方は，通常は行為者であるが，行為者以外の第三者に財物を交付させても占有の移転となる（通説）[58]。**第三者の範囲**は，行為者の道具として行動する者，行為者の代理人としてその利益のために財物を受領する者，あるいは犯人が第三者に財物を交付させて利得させる場合など，行為者との間に特別な事情が存在する者に限ら

---

[55] 大判大12・11・2刑集2・744。
[56] 大判大6・11・29刑録23・1449。
[57] 大判大6・12・24刑録23・1621。
[58] 最判昭26・12・14刑集5・13・2518。なお，最決昭61・11・18刑集40・7・523。

れる[59]。

(4) **財物の占有の移転**　詐欺罪の成立には，交付と財物の占有の移転との間に因果関係が必要となる。人を欺いてその財物を放棄させこれを拾得する行為について，ⓐ窃盗罪説[60]，ⓑ詐欺罪説（通説）がある。放棄させることによって行為者が直ちに拾得できる場合には，相手方の意思に基づいて占有が移転したといえるから，ⓑ説が妥当である。交付があったというためには，財物の占有が行為者側に移転しなければならない。商品を購入するように装って，品定めをすると偽り商品を手渡させ，店員の不注意に乗じてこれを持ち逃げした場合は，商品を手渡した段階では商品の占有は商店にあったのであり，その占有を持ち逃げによって取得したのであるから，窃盗罪であって詐欺罪ではないのである[61]。詐欺罪において**財物の交付**が必要となるのは，行為者の行為によってではなく相手方の処分行為に基づいて財物の占有が行為者に移転することが必要だからである。それゆえ，交付によって財物の占有の移転があったというためには，被詐欺者の処分行為によって直接に財物の占有が行為者側に移転することを要し（**直接性の要件**），行為者みずからの行為によって占有が行為者に移転したときは窃盗罪に当たる。

自由支配内　前掲最判昭和26年12月14日は，虚言を弄して被害者をして現金70万円を持参する気にさせた結果，被害者が紙幣を入れた風呂敷包を持ち出してきて玄関で「被告人の事実上自由に支配させることができる状態」に置いたうえで便所に赴いたところ，その隙に現金を持って逃走した事案につき，詐欺罪の成立を認めた。占有が完全に移転していなくても，「自由支配内」に置かれた以上，財物の取得は相手方の処分行為によってなされたと見るべきであろう。なお，東京地八王子支判平成3年8月28日判タ768号249頁は，車の試乗を装った乗り逃げに詐欺罪を適用したが，この場合も「自由支配内」に置かれたといってよいであろう[62]。

3　実行の着手・既遂

詐欺罪が成立するためには，詐欺行為により相手方に錯誤を生じさせ，その錯誤に基づいて財物を交付させることが必要である。

(1) **実行の着手**　詐欺罪の実行の着手時期は，行為者が詐欺の意思で人

---

59 大判大5・9・28刑録22・1467。
60 団藤・616頁。
61 広島高判昭30・9・6高刑集8・8・1021，東京高判平12・8・29判タ1057・263。
62 十河・判例講義II 60頁。

280 第1編　個人法益に対する罪　第4章　財産に対する罪

に対し**詐欺行為を開始した時**である。保険金を詐取する目的で保険の目的物である家屋に放火したり船舶を転覆させた場合は，人に対して詐欺行為を行っていないから，それだけでは実行の着手とはいえない。失火や不可抗力による沈没を装って保険会社に**保険金の支払いを請求した時**に，はじめて実行の着手となる[63]。訴訟詐欺の場合は，裁判所に訴えを提起した時が実行の着手であって，必ずしも口頭弁論で申立てをすることを要しない[64]。詐欺賭博の着手は，相手方に対する詐欺行為を開始すれば足り，錯誤に陥った相手方が財物を賭する行為を開始したことは不要である[65]。財物をだまし取ることを目的として，その交付の約束を得た場合，判例は，詐欺未遂ではなく詐欺利得罪の既遂を認めているが[66]，財物の取得を実現していないのであるから，詐欺未遂とすべきである。

(2)　**既　遂**　　相手方が財物を交付し，それによって財物の占有が行為者の側に移転した時が既遂である。詐欺行為 ⇒ 錯誤 ⇒ 交付行為 ⇒ 財物の移転の間に相当な因果関係がなければ本罪は既遂とならない。詐欺行為はあったが被詐欺者がそれを見破り，あるいは，憐憫の情から独自の意思で財物を交付した場合は，詐欺未遂罪を構成するにすぎない[67]。交付による財物の占有移転は，動産の場合には引渡しのあった時，不動産においては現実に占有を移転するか，または，所有権取得の移転登記が終了した時に既遂となる[68]。それらの行為が認められる以上，財産上の利益が究極において何人に帰属するかは犯罪の成否に関係がない。

4　財産的損害

　詐欺罪は財産罪の1類型であるから，被害者における財産的損害の発生が必要となる[69]。

(1)　**相当対価の支払い**　　詐欺行為は通常の取引形態を伴なって実行され

---

[63] 大判昭7・6・15刑集11・859。
[64] 大判大3・3・24刑録20・336。
[65] 最判昭26・5・8刑集5・6・1004。
[66] 最決昭43・10・24刑集22・10・946。
[67] 大判大11・12・22刑集1・821。
[68] 大判大12・11・12刑集2・784。
[69] 否定例──大判大12・7・14刑集2・650〔欺いて印鑑証明書の交付を受ける行為〕，最判昭27・12・25刑集6・12・1387〔欺いて旅券の交付を受ける行為〕。

る場合が多いため，詐欺の手段として相手方に相当な対価を支払った場合，被害者の**財産的損害**に関して若干の問題が生ずる。詐欺罪の法益侵害については，ⓐ個々の占有ないし財産上の利益の喪失であるとする形式的個別財産説[70]，ⓑ交付ないし処分行為の前後において被害者の財産状態に変化が生じた場合に財産上の損害が生じたと解する実質的個別財産説[71]が対立している。しかし，本罪は個別財産を対象とするものであるから，損害の有無は詐取の対象となった個別の財物または財産上の利益それ自体について行うべきであり，ⓐ説が妥当である[72]。したがって，損害の内容は財物の交付による占有ないし本権であり，**相当な対価**を支払ったことは本罪の成立に影響しない[73]。欺かれなければ財物は交付しなかったといえる以上，その財物の価格に相当する金銭，またはそれに相当する以上の対価を給付しても詐欺罪を構成する。対価の支払いは，詐欺の手段にほかならないからである。それゆえ，受給資格を偽って配給を受ける行為[74]，営農意思を偽って国有地の払下げを受ける行為[75]は，いずれも詐欺罪を構成する。

(2) **交付自体**　「交付自体」を損害であると解すると，18歳未満の者が18歳と偽ってポルノ雑誌を購入しても詐欺罪になってしまうとする批判[76]がある。しかし，そのような行為は**財物の交付に向けた詐欺行為**とはいえないであろう。本当のこと（17歳）を知っても，通常相手方は販売したであろうからである。それゆえ，医師の処方箋を偽造して要処方薬を購入しても，詐欺罪は成立しないのである[77]。

(3) **各種証明書**　損害額との関連で問題となるのは，**各種証明書**の詐取である。判例は，印鑑証明書[78]，旅券[79]等について詐欺罪の成立を否定している。

---

70 団藤・619頁，福田・250頁，大塚・256頁，前田・350頁。
71 西田・207頁，山中・379頁，山口・263頁。
72 最判昭34・8・28刑集13・10・2906。
73 大判大2・11・25刑録19・1299，最決昭34・9・28刑集13・11・2993。伊藤・百選Ⅱ（第7版）98頁，**十河・判例講義Ⅱ62頁**参照。なお，最決平16・7・7刑集58・5・309（相当対価を支払って根抵当権を放棄させた行為）。
74 最大判昭23・6・9刑集2・7・653。
75 最決昭51・4・1刑集30・3・425。
76 西田・205頁，前田・287頁。
77 東京地判昭37・11・29判タ140・117。
78 大判大12・7・14刑集2・650。
79 最判昭27・12・25刑集6・12・1387。なお，大判昭16・3・27刑集30・70。

282 第 1 編　個人法益に対する罪　第 4 章　財産に対する罪

その根拠について，ⓐ詐欺罪の定型性を欠くとする見解[80]，ⓑ財物性を欠くとする見解[81]，ⓒ免状等不実記載罪 (157 条 2 項) との均衡上不可罰とされるとする見解[82]が対立している。免状，旅券は間接無形偽造として処罰され，財産的価値の低いものとして詐欺罪としては処罰されないのであるから，それらに準ずる証明書の詐取は詐欺罪を構成しないと解すべきであり，ⓒ説が妥当である。しかし，当該証明書の詐取が財産権を侵害するような社会生活上重要な経済的価値を有する場合，例えば，健康保険証[83]，生命保険証書[84]などの詐取は，詐欺罪を構成すると解すべきである（➡267 頁）。

⑷　**預金通帳の詐取**　　他人に成り済まして預金口座を開設し，銀行窓口から他人名義の預金通帳の交付を受ければ，詐欺罪が成立する[85]。預金通帳を第三者に譲渡する意図を秘して，自己名義の預金通帳の交付を受けるのも財物の詐取である[86]。これらの最高裁判例については，「銀行側にとって経済的損失に関する重要な事実の錯誤をもたらすものでない」とする見解もあるが，形式的個別財産説（➡281 頁）からすれば当然の結論である。仮名口座や借名口座の通帳は，振り込め詐欺の受け皿として利用されているという事情が背景にあるという指摘もあり，そのとおりかとも思われるが，その通帳が財物であることを争う必要はないと思われる。

⑸　**正当な権利と損害額**　　人を欺いて財物の交付を受けた場合において，行為者がその中の一部について正当に受領しうる権利があっても，財物を詐取した以上は，その**全体**が損害額である。判例は，初め全額につき詐欺罪の成立を認め[87]，次いで超過部分についてのみ損害額としたが[88]，その後の判例は，財物全体について詐欺罪の成立を認めている。例えば，パチンコ遊戯において，正当な玉約 43 個と不正な玉約 700 個とを一緒にして景品と交換した場合について，全体につき詐欺罪の成立を認めている[89]。財物の占有を中

---

80 団藤・608 頁。
81 平野・219 頁，藤木・317 頁，曽根・353 頁，中森・135 頁，前田・221 頁。
82 西田・205 頁，山中・379 頁。
83 最決平 18・8・21 判タ 1227・184，大阪高判昭 59・5・23 高刑集 37・2・328。
84 福岡高判平 8・11・21 判時 1594・153，最決平 12・3・2 刑集 54・3・402。
85 最決平 14・10・21 刑集 56・8・670。
86 最判平 19・7・17 刑集 61・5・521。
87 大判明 43・2・17 刑録 16・267。
88 大連判大 2・12・23 刑録 19・1502。

心に考える以上は，交付された財物全体について考えるのが当然である[90]。ただし，本来受領する権利を有する請負代金を不当に早く受領しても，そのことをもって詐欺罪の成立を認めることはできず，少なくとも，「欺罔手段を用いなかった場合に得られたであろう請負代金の支払いとは社会通念上別個の支払いに当たるといい得る程度の期間，支払い時期を早めたものであることを要する[91]」。

5　主観的要件

本罪の故意は，他人の財物を詐取することを認識して行為に出る意思であり，詐欺行為，相手方の錯誤，錯誤に基づく処分行為，および，それらと財物の領得の間の因果関係についての認識も必要となる。本罪においても，**故意**のほかに**不法領得の意思**が必要である。

6　違法性阻却事由

談合入札は違法性を阻却するであろうか。**談合入札**とは，競争入札に際して入札者があらかじめ入札価格を協定しておきながら外形上競争入札に見せかけて入札する行為をいう。通説・判例[92]は，これを一種の取引上のかけひきと考え，詐欺行為としての定型性を欠くとするのであるが[93]，注文者に対する関係では，公正な入札と見せかけて価格につき錯誤を生じさせる点で詐欺行為があるというべきであるから，不法領得の意思があり，その行為によって不当な利益を得る可能性が認められる限り，詐欺罪の成立を否定する根拠はない[94]。もとより，取引慣行として一般に是認される範囲内のものであれば違法性を阻却する。

権利を実行する手段として詐欺行為を行い財物の占有を取得する場合は，詐欺罪の構成要件該当性を阻却しない。また，奪取罪の保護法益は平穏な占有であるが，事実上の支配が行われている以上は平穏な占有を推定してよいから，例えば，窃盗犯人からその盗品を詐欺的手段によって奪取するときは，

89　最判昭 29・4・27 刑集 8・4・546。
90　植松・425 頁。
91　最判平 13・7・19 刑集 55・5・371。樋口・百選Ⅱ（第 7 版）100 頁，**十河・判例講義Ⅱ 64 頁**。
92　大判大 8・2・27 刑録 25・252。
93　大塚・257 頁，福田・注釈(6)184 頁。なお，96 条の 3 第 2 項。
94　牧野・700 頁，江家・310 頁。なお，木村・150 頁。

284　第1編　個人法益に対する罪　第4章　財産に対する罪

詐欺罪の構成要件に該当すると解すべきである。一方，債務者を欺いて弁済期の到来した債務の弁済のために相当額の金銭を詐取したときには，財物である金銭について債権者はいかなる権利もなく，単に，弁済するように債務者を義務づける権利をもつにすぎないのであるから，権利行使の範囲内での行為ということはありえない。したがって，被害額の算定においても，判例は，被害者に対し財産上の権利を有する場合には，その権利の範囲外で領得した部分についてのみ詐欺罪が成立するとしたが[95]，むしろ，権利部分を含む全部が被害額というべきである[96]。ただし，詐欺行為によって財物の交付を受ける行為が社会的相当性を有する場合には，もとより違法性が阻却される。

7　罪数・他罪との関連

1個の詐欺行為によって同一人から数回にわたって財物を詐取したときは包括一罪であるが[97]，数人から財物を詐取したときは，財産権の主体を異にする以上複数の占有を侵害するから観念的競合となる[98]。

他罪との関連で注意すべき事項を掲げておくと，①窃取または詐取した郵便貯金通帳を利用して，郵便局係員を欺いて貯金払戻を受けた場合について，通帳自体の領得罪のほかに詐欺罪が成立し牽連犯になるとする有力な見解[99]があるが，両罪は必ずしも一般的な結びつきを有するとはいえないから，併合罪になると解すべきである[100]。②保険金詐取の目的で保険の目的家屋に放火し，保険金を保険会社から詐取したときも，放火罪と詐欺罪は一般的に結びつくとはいえないから，併合罪になると解すべきである。③文書偽造罪または偽造文書行使罪と詐欺罪とは牽連犯となる。訴訟詐欺と偽証罪との関係も同様である。④公務員が職務に関し他人を欺いて財物を提供させた場合は，収賄罪との観念的競合である。

他人のためにその事務を処理する者が本人を欺いて財物を交付させた場合

95　大連判大 2・12・23 刑録 19・1502。
96　東京高判昭 54・6・13 東時 30・6・81。
97　大判明 43・1・28 刑録 16・46。
98　大判明 44・4・13 刑録 17・552。
99　大塚・260 頁。
100　最判昭 25・2・24 刑集 4・2・255。

は，詐欺罪が成立するであろうか。例えば，山林立木の売買に関して，買主たる会社の係員と売主とが共謀して立木の数量を会社に過大に報告し，不当に高く売りつけたような事例につき，ⓐ詐欺罪の成立を認める説[101]，ⓑ背任罪と詐欺罪の観念的競合とする説（通説）がある。当該行為は背任罪の構成要件にも該当するから，同罪と詐欺罪との観念的競合とすべきである。**二重抵当**につき詐欺罪と背任罪との観念的競合になるとする見解もあるが，背任罪だけが成立するにすぎない。詐欺罪も**状態犯**であるから，詐取した財物の処分すなわち毀棄・運搬等の行為は，共罰的事後行為である。しかし，事後の処分行為が新たに別個の法益を侵害するときには別罪を構成する。消費者金融会社の係員を欺いてローンカードを交付させたうえ，これを用いて同社の現金自動入出機から現金を引き出した場合は，カード入手行為と現金引出行為は社会通念上別個の行為類型に属するものであるから，カード入手行為は詐欺罪となり，窃盗罪との併合罪となる[102]。

③ 詐欺利得罪 （二項詐欺罪）

前項の方法により（人を欺いて）財産上不法の利益を得，又は他人にこれを得させた者は，10年以下の懲役に処する（246条2項）。未遂は，罰する（250条）。

1 意 義

本罪は，人を欺いて，錯誤に陥れ，この錯誤による瑕疵ある意思に基づいて財産上の利益を移転させ，財産上の利益を取得することを内容とする罪である。詐欺の構造としては1項詐欺と同様であるが，客体が財産上の利益である点，および交付が**処分行為**となる点で1項詐欺罪と異なる。「財産上不法の利益を得る」とは，詐欺行為に基づく相手方の処分行為によって，行為者または第三者が財産上不法の利益を取得することをいう。「**不法の**」とは，不法な手段という意味であって，得られた財産自体が不法であるという意味ではない。

（1）**客 体** 本罪の**客体**は，財産上の利益である。財産上の利益とは，財物以外の財産上の利益一切をいい，例えば，詐欺手段によって債務の免除を

---

101 最判昭28・5・8刑集7・5・965。
102 最決平14・2・8刑集56・2・71。

286 第1編 個人法益に対する罪 第4章 財産に対する罪

承諾させるような場合である。債務の弁済の猶予，役務の提供などを受け，あるいは担保物権を取得することも財産上の利益である。利益は単に一時的なものであってもよい[103]。利益の取得すなわち**利得**は，被詐欺者の特定の処分行為によって行われることを必要とするが，その処分行為が法律上有効であるか無効であるかを問わない。欺かれなければその処分行為をしなかったといえる限り，詐欺罪の成立を認めてよい。例えば，詐欺賭博で相手方に賭金および寺銭名義の債務を負わせたとき，その債務自体は民事上無効であるが，利得の客体としての財産上の利益とはなりうるのである[104]。

(2) **行　為**　本罪の行為は，人を欺いて，不法の利益を得，または，他人にそれを得させることである。そのためには，詐欺行為→相手方の錯誤→処分行為→利益の移転が，それぞれの因果関係にあることが必要である。すなわち，詐欺利得罪の成立には，詐欺行為の結果として被詐欺者が錯誤に陥り，その瑕疵ある意思に基づいて処分行為をなし，それによって行為者または一定の第三者が財産上の利益を取得することが必要となる。本罪は，財産上の利益を行為の客体とするため，現実に財産上の利益が行為者に移転したか否かが明確でない場合が多いこと，現行法上不可罰となっている利益窃盗との区別を明確にする必要があることなどのために，特に処分行為の意義が問題となる。

（ア）**財産上の利益の移転**　処分行為は，財産上の利益を移転させる行為である。例えば，債務の免除を得る目的で債権者を欺いたところ，その債権者が錯誤に陥り，債権放棄の意思表示をしたために行為者はその目的を遂げたような場合である。処分行為は，作為による場合ばかりでなく不作為の処分行為であってもよい。

（イ）**処分意思**　1項詐欺の場合も処分行為としての交付行為が問題となるが，財物の占有移転は外形上明白であり，また，物の移転にはその意思を伴うのが通常であるから，交付行為それ自体には大きな問題はない。これに対し，2項詐欺では，**財産上の利益の移転が明確性を欠く**ために，特に処分の意思が問題となる。しかし，利益移転が相手方の意思に基づいている以上は処

---

103 大判大4・3・5刑録21・254。
104 最決昭43・10・24刑集22・10・946。

分行為があったといってよいから，必ずしも財産上の利益について意識する必要はなく，**無意識的処分行為**でもよいと解すべきである[105]。債務の免除とか財産権の放棄などのように，利益の移転とその結果についての認識が必要であるとする見解[106]もあるが，本罪の「利得」は，被詐欺者の瑕疵ある意思に基づいて財産上の利益が行為者側に移転すれば足りるから，詐欺行為がなかったならば相手方が必要な作為をすると認められる事情がある場合には，被詐欺者が**法律上の効果**について無意識であっても処分行為を認めてよいと解すべきである。例えば，宿泊代の支払を免れるために「散歩に出かけてくる」といって外出を認めさせた場合，利益移転を生ぜしめる「外出を認める」事実について処分意思および処分行為が認められる限り，その行為が作為であるか不作為であるかを問わず，それによって直接に財産上の利益が行為者側に移転する限り処分行為を認めるべきである。

処分行為をめぐる判例　詐欺利得罪における処分行為について指導的となってきた判例は，最判昭和30年4月8日刑集9巻4号827頁である。甲は，乙とりんご売買の契約をして乙からその代金を受け取っていたが，履行の期限が過ぎてもその履行をしないため督促に来た乙に対し，履行の意思がないのにりんご積出駅に乙を案内して，りんごの発送手続が完了しているかのように見せかけ，乙を安心させて帰らせ，一時債務の履行を免れたという事案について，「被告人の欺罔の結果，被害者乙は錯誤に陥り，『安心して帰宅』したというにすぎない。同人の側にいかなる処分行為があったかは，同（第1審）判決の明確にしないところであるのみならず，右被欺罔者の行為により，被告人がどんな財産上の利益を得たかについても同判決の事実摘示において，何ら明らかにされてはいないのである」と判示して，詐欺利得罪を適用した原判決を破棄し，第1審裁判所に差し戻した[107]。この判決の趣旨は，明確な「処分行為」の存在と利得の確定を要求した点にあるが，つづいて最決昭和30年7月7日刑集9巻9号1856頁は，無銭飲食・宿泊の事例について「詐欺罪で得た財産上不法の利益が，債務の支払を免れたことであるとするには，相手方たる債権者を欺罔して債務免除の意思表示をなさしめることを要する」とし，処分行為の意義を厳格に解そうとした[108]。これらの判旨は，2項詐欺罪と利益窃盗との限界を明確にする点に意義があるというべきであるが，しかし，債務の免除等の利益の移転自体につき意思表示を要求しなくても，本文のように解すれば利益窃盗との限界を画しうる（通説）。なお，無意識の処分行為を認めたものと思われる判例とし

105　平野・215頁，大塚・262頁，中森・141頁，西田・212頁，高橋・326頁。
106　曽根・149頁，山中・388頁，前田・340頁，林・237頁。なお，山口・253頁。
107　古川・百選Ⅱ（第7版）114頁，**十河・判例講義Ⅱ65頁**参照。
108　高山・百選Ⅱ（第7版）106頁，**十河・判例講義Ⅱ66頁**参照。

て，東京高判昭和 33 年 7 月 7 日裁特 5 巻 8 号 313 頁〔今晩必ず帰ってくるからと欺いて逃走する行為につき詐欺罪適用〕。

2　詐欺利得罪の諸類型

　詐欺利得罪において問題が生ずるのは，主として詐欺の相手方の処分行為なかんずく不作為による処分行為についてである。そして，これをいかに解するかによって不可罰的な利益窃盗との限界が異なってくる。

(1)　**無銭飲食・宿泊**　　無銭飲食・宿泊というのは，代金を支払わずに飲食・宿泊することであるが，これには二つの行為態様がある。第 1 は，代金を支払う意思がないのに飲食の注文または宿泊の申込をする場合であり（犯意先行型），このときは注文・申込自体が作為（挙動）による詐欺行為となり，錯誤に基づく飲食物等の提供が財物の交付に当たるから 1 項詐欺罪が成立する[109]。第 2 は，当初支払いの意思があって飲食・宿泊した者が，事後に代金支払いの意思を放棄し相手方を欺いて支払いを免れるか，または相手方の不注意に乗じて逃走する場合である（飲食・宿泊先行型）。逃走した場合には相手方の処分行為を欠くから，いわゆる利益窃盗として不可罰となることについても異論がない。係員の隙をみて無断観劇し，あるいは改札口を通過しないで列車に無賃乗車する場合も同様である。

　問題となるのは，例えば，旅館に宿泊した者が宿泊料清算の際に所持金が不足しているのに気付き，偽計を用いて支払いを免れた場合などである。判例上は，無銭飲食・宿泊した後に，自動車で帰宅する知人を見送ると偽って店先に出て逃走した事案につき，処分意思がないから詐欺に当たらないとしたものがある[110]。しかし，知人を見送ることについて承認したことが，支払いを免れさせる結果となったのであるから，その承認行為は，処分行為すなわち無意識的処分行為と解すべきである。例えば，「外出してくる」とか「散歩に行ってくる」と申し出たのに対して外出することを認めた以上，代金債権という財産上の利益が被害者の意思に基づいて移転したのであり，詐欺利得罪を認めるべきである。しかし，単に，「知人を見送る」と偽って玄関から逃走したような場合，玄関先に出ることだけを認めたにすぎないのであるから，

---

[109] 大判大 9・5・8 刑録 26・348。なお，東京高判昭 31・11・28 高刑裁特 3・1138。
[110] 前掲最決昭 30・7・7。

行為者は被害者が承認したので外に出たのではなく，みずからの意思で旅館主の支配から脱し，支払いを免れるという利益を取得したと見るべきであり，利益窃盗に当たると解すべきである。

　問題となるのは，従業員と顔を合わせる必要のないホテルの場合であるが，判例は，この種のホテルにおいても，利用客の申込み，ホテル側の承諾を認め，詐欺利得罪が成立するとしている（大阪高判平 2・4・19 判タ 739・241）。入室行為が欺罔行為に当たり，従業員が入室を確認した時点で処分行為があったと解すべきで，上記の判例は正当と考えられる。

　(2)　**キセル乗車**　　キセル乗車とは，例えば，甲駅から丁駅まで乗車する目的で，甲駅から最寄りの乙駅間の乗車券を購入し，甲駅の係員 A に呈示して電車に乗り，あらかじめ購入してあった丙丁各駅間の定期券を丁駅の係員 B に呈示して改札口を通過し，乙駅から丙駅間の乗車運賃を免れて不正乗車する行為をいう。

> **自動改札装置の利用**　　現在普及しつつある自動改札装置を利用したキセル乗車は，器械に対する詐欺行為は認められないから詐欺罪にはならない。改正刑法草案 339 条 2 項はこの種の行為の犯罪化を試み，「不正の手段を用い，対価を支払わないで，公衆のための交通機関を利用した者も，前項と同じである」とした。

　（ア）　**学説の対立**　　キセル乗車が詐欺利得罪を構成するかについて，ⓐ2 項詐欺罪の成立を肯定する**肯定説**，ⓑこれを否定して鉄道営業法の無賃乗車罪（29 条〔2 万円以下の罰金・科料〕）のみが成立すると解する**否定説**に分かれる。肯定説は，さらに，①乗車駅基準説と②下車駅基準説とに分かれる。肯定説[111]が多数説であるが，否定説[112]も有力である。

　肯定説の①は，行為者が甲駅の改札口で係員に対して乙駅までの乗車券を呈示する行為は，正当な乗客であるように装った作為による詐欺行為であり，改札係員が入場させた行為および他の係員の輸送行為は有償的な役務の提供として錯誤による処分行為に当たり，行為者が輸送の利益を得た時点で詐欺

---

[111] 植松・421 頁，福田・258 頁，大塚・264 頁，藤木・315 頁，内田・318 頁，中森・140 頁，前田・331 頁，高橋・328 頁。大阪高判昭 44・8・7 刑月 1・8・795。本間・百選Ⅱ（第 7 版）108 頁，十河・判例講義Ⅱ 67 頁参照。

[112] 西原・249 頁，平川・372 頁，曽根・148 頁，斎藤信治・155 頁，山中・392 頁。東京高判昭 35・2・22 東時 11・2・43，広島高松江支判昭 51・12・6 高刑集 29・4・651。

利得罪が成立すると主張する。肯定説の②は，行為者は，丁駅の改札口で正規の運賃の支払いが済んでいるかのように装って集札係員を欺き，集札係員の不作為による処分行為を介して債務免除の財産上の利益を得たものとして詐欺利得罪の成立を認める。一方，否定説は，行為者が甲駅の改札口で乙駅までの乗車券を呈示しても，有効な乗車券を呈示する行為である以上は詐欺行為とはいえず，また，丁駅から集札係員を欺いて出場しても，正当な乗車券を呈示している以上は係員に錯誤はないから，2項詐欺罪は成立しないと主張する[113]。

（イ）**取扱い**　それでは，いかに解決すべきであろうか。乗車駅と下車駅に分けて，詐欺罪の成否を考えてみる。

(a)　**乗車駅**　初めからキセル乗車の意図で甲駅から最寄りの乙駅までの乗車券を呈示する行為について考えてみる。改札係員が改札口の通過を許すのは，乗客が乗車券どおりに乗車すること，または，後に正規の運賃を支払うであろうことを信ずるからであり，もしキセル乗車の意図であることが判かれば改札係員が構内への入場を拒否することは明らかであるから，上記の行為は，例えば，偽造の乗車券または期限切れの定期券を呈示して乗車する場合と同様，正常な乗客であることを装った作為による詐欺行為に当たると解すべきである。

上記のような詐欺行為によって改札係員が駅構内に入場することを許諾すれば，行為者は全区間の乗車という利益を直接に取得するのが通常である。したがって，改札係員の行為は単に駅構内への入場を許したにすぎないと解すべきではなく，列車への乗車および途中区間を含む全区間の乗車を許容したとみられるから，右許諾は，**役務の提供**という財産上の利益を供与する処分行為に当たると解すべきである。行為者は，甲駅から丁駅までの有償でなければ受けられない鉄道会社の運送労務の提供を取得したことになり，行為者の乗車した列車が甲駅を出発した段階で**既遂**に達し，その後の不正乗車行為は共罰的事後行為となる。そして，被害者は鉄道営業者であるから**三角詐欺**となり，その**被害額**は乗車した全区間の相当額である[114]。なお，この場合の

---

113 なお，山中・392頁。
114 大塚・264頁，藤木・315頁。

実行の着手時点は出発駅における乗車券購入の時であるとする見解[115]もあるが，乗車券の購入自体を詐欺行為とするのは詐欺行為を広く捉えすぎるから，改札口において係員に乗車券を呈示した時点をもって実行の着手時点と解すべきである。

(b) **下車駅**　乗車中または下車後に途中区間の運賃不払の意思を生じ，丙駅から丁駅までの乗車券または定期券を呈示して集札口を通過した場合について考えてみる。行為者は，乗車中または下車後に乗車券なしに乗車した区間について所定の運賃を支払う義務があり，下車駅の係員はその運賃を請求する権利がある。そして，行為者は部分区間の定期券等を呈示することによって集札係員を欺いて運賃の支払を免れるのであるから，詐欺利得罪について必要な処分行為の内容は，運賃支払い**債務の免除**である。また，集札係員は，錯誤によって請求すべき運賃の支払を請求しないで集札口の通過を許諾するのであるから，その許諾は**不作為**による処分行為である。かくして，乗車中または下車後に運賃不払の意思を生じた場合は，運賃支払債務を客体とする詐欺利得罪が成立すると解すべきである。

キセル乗車の意思で乗車した場合については，乗車時の行為につき**役務の提供**を客体とする詐欺利得罪が，また，下車時の行為について**運賃支払債務**を客体とする詐欺利得罪が問題となるが，両者は実質上同一の利益に関する罪であるから包括的一罪として扱われるべきである。なお，行為者が集札口を通過しないで**逃走**したときは，相手方の処分行為がないから利益窃盗として不可罰となる。同じく，乗車駅，下車駅それぞれの改札が**自動設備**によって機械化されているときは利益窃盗となる。

キセル乗車に関する判例　肯定説に立つ代表的判例は，前掲大阪高判昭和44年8月7日であり，乗車駅から最寄りの駅までの「乗車券の呈示は，被告人が改札係員に対し，乗車区間に応じて運賃を支払う正常な乗客であるように装い……不正乗車の目的を達するための手段としてなされたことが明らかである。（中略）以上の被告人の行為は，単純な事実の緘黙ではなく，改札係員に対する積極的な欺罔行為といわなければならない」としている[116]。否定説に立つ判決としては，前掲東京高判昭和35年2月22日が有名で

115　植松・428頁。
116　高速道路のキセル利用につき出口での詐欺利得罪を認めたものとして，福井地判昭56・8・31刑月13・8＝9・547。

ある。「単純な事実の緘黙によって他人を錯誤に陥れた場合においては,事実を申告すべき法律上の義務が存する場合でなければ,これを以て詐欺罪における欺罔があるということはできない」として入場時の詐欺行為を否定し,「乗客が下車駅において精算することなく,恰も正規の乗車券を所持するかのように装い,係員を欺罔して出場したとしても,係員が免除の意思表示をしないかぎり」財産上不法の利益を得たことにならないとして,鉄道営業法29条の「有効の乗車券なくして乗車したるとき」の罪のみが成立するとしたものである。なお,福井地判昭和56年8月31日刑月13巻8＝9号547頁は,A地点からC地点の間の有料道路を利用しているXは,あらかじめC地点に近いBインターチェンジからの通行券を用意し,B地点からC地点間の料金だけを支払った事案につき,Cインターチェンジの料金徴収員の過少請求行為が処分行為に当たり,詐欺罪が成立すると判示した。

3　関連問題

詐欺の罪に関連して,①詐欺罪と詐欺利得罪との関係,②不法原因給付と詐欺の罪との関係の問題がある。

(1)　**詐欺罪と詐欺利得罪との関係**　両者はともに保護法益を共通にし,ただ客体において異なるにすぎないから,詐欺罪が成立するときは詐欺利得罪の成立する余地はない。例えば,財物詐取の目的で欺いて財物交付の意思表示をさせたときは詐欺未遂罪が成立し,その意思表示によって行為者が財産上の利益を取得した詐欺利得罪の既遂となり,両者は包括一罪となる。詐欺罪が成立するか詐欺利得罪が成立するかは,その行為の態様において,財物または財産上の利益のいずれを究極の目的としていたかによって決定される[117]。それゆえ,究極において財物の詐取を目的とする場合には詐欺罪だけが問題となる。財物交付の意思表示の段階で事が発覚したときは未遂にとどまり,意思表示によって債務を負担した者が後日それを履行したときに初めて詐欺罪の既遂となる[118]。1個の詐欺行為によって代金債権を取得し,さらにその債権に基づいて金品を交付させたときは,包括して詐欺罪が成立する[119]。詐欺行為によって銀行の口座に現金を振り込ませた場合は,財物を自由に支配できる状態にさせたのであるから,詐欺罪の成立を認めるべきである。

---

117 最決昭43・10・24刑集22・10・946。
118 福田・注釈(6)249頁,曽根・150頁,中森・142頁。
119 大判明44・5・23刑録17・747。

（2）**不法原因給付と詐欺罪**　　民法708条は「不法な原因のために給付をした者は，その給付したものの返還を請求することができない。ただし，不法な原因が受益者についてのみ存したときは，この限りでない」と規定している。これによると，妻を殺してやると欺いてその夫から「殺し料」を詐取しても，夫は代金の返還を請求できないことになり，詐欺罪は成立しないのではないかが問題となる。しかし，判例は，紙幣を偽造する資金として金員を詐取した場合[120]，闇米を買ってやると欺いて代金を詐取した場合[121]，売春すると偽って前借金を詐取した場合[122]，いずれも詐欺罪の成立を認めている。「欺罔手段によって相手方の財物に対する支配権を侵害した以上，たとい相手方の財物交付が不法の原因に基づいたものであって民法上其返還又は損害賠償を請求することができない場合であっても詐欺罪の成立をさまたげるものでない」という理由からである[123]。学説上は，民法708条本文を根拠にして，財産上の損害はないから詐欺罪は成立しないとする説もあったが，被害者は欺かれなければ平穏に占有している財物を交付しなかったのであるから，詐欺行為によって物ないし利益の処分行為がなされたと解すべきであり，民法708条ただし書を適用して詐欺罪の成立を認めるべきである[124]。

　問題となるのは，詐欺手段を用いて売春をさせ，「売淫料」の支払を免れたような場合に詐欺利得罪が成立するかである。学説上は，ⓐ民法上保護されない経済的利益は刑法上も保護されないとする否定説[125]，ⓑ刑法上の要保護性を認めるべきであるとする肯定説[126]が対立している。この場合も，欺かれなければ，公序良俗に反する売春行為や性行為の相手方にはならなかった点では先の場合と同じであり，刑法上保護に値すると解する肯定説が妥当である。この場合の詐欺利得罪の客体は，性行為としての労務の提供である。この結論は，妾契約に基づく生活費の提供，あるいは売春契約に基づく売淫料の支払などを詐欺行為によって免れるときにも当てはまるであろう。この場

120　大判明42・6・21刑録15・812。
121　最判昭25・12・5刑集4・12・2475。
122　最決昭33・9・1刑集12・13・2833，最決昭43・10・24刑集22・10・946（詐欺賭博）。
123　最判昭25・7・4刑集4・7・1168。田山・百選Ⅱ（第7版）94頁。
124　瀧川・157頁，松原・295頁。
125　江家・311頁，平野・220頁，大塚・253頁，中森・135頁，西田・229頁，曽根・152頁。
126　団藤・618頁，福田・注釈(6)242頁，内田・306頁，前田・296頁。

合の詐欺利得罪の客体は生活費または売淫料の支払という財産上の利益である。

> **売淫料に関する判例** 　売淫料についての下級審判例は，肯定説と否定説とに分かれている。(1)**肯定説**を採る名古屋高判昭和 30 年 12 月 13 日裁特 2 巻 24 号 1276 頁は，「契約が売淫を含み公序良俗に反し民法 90 条により無効のものであるとしても民事上契約が無効であるか否かということと刑事上の責任の有無とはその本質を異にする」「そして社会秩序を乱す点においては売淫契約の際行われた欺罔手段でも通常の取引におけると何等異るところがない」とし，売淫料も利得罪の客体になると判示している。(2)**否定説**を採る札幌高判昭和 27 年 11 月 20 日高刑集 5 巻 11 号 2018 頁は，「売淫行為は善良の風俗に反する行為であって，その契約は無効のものであるからこれによって売淫料債務を負担することはないのである。従って，売淫料を欺罔してその支払を免れても財産上不法の利益を得たとはいい得ない」と判示している[127]。

4　準 詐 欺 罪

> 　未成年者の知慮浅薄又は人の心神耗弱に乗じて，その財物を交付させ，又は財産上不法の利益を得，若しくは他人にこれを得させた者は，10 年以下の懲役に処する（248条）。未遂は，罰する（250条）。

1　意 義

　本罪は，詐欺行為を伴わない場合であっても，相手方の知慮浅薄または心神耗弱を利用して財物を交付させ，または財産上の利益を得，もしくは他人にこれを得させる行為は，相手方の意思の瑕疵状態を利用する点で詐欺罪に類似するという認識のもとに，これに準じて処罰するとするものである。

2　行 為

　本罪の行為の相手方は，未成年者および心神耗弱者である。**未成年者**とは民法により満 20 歳未満の者（民 4 条）をいう。本罪の趣旨から，婚姻による成年擬制（民 753 条）は適用されない。未成年者の知慮浅薄を利用する行為が本罪の行為であるから，単に未成年者であるというだけでは足りず，当該の具体的事項について相手方に知識が乏しく思慮が足りないことを必要とする。実質的には，詐欺的手段を用いるまでもなく，単なる誘惑的手段によって財産上の処分行為をしてしまう程度の判断力しかない者をいう。**心神耗弱**とは，

---

127 林幹人・刑法の基本判例 155 頁。

精神の障害により通常の判断能力を備えていない状態をいう[128]。相手方が誘惑的手段に乗ずるような性質を有することが核心となるから，限定責任能力者（39条2項）としての心神耗弱とは必ずしも一致する必要はなく，また，心神喪失状態の者であってもよい。現行法は，単に「心神耗弱」と規定しているにすぎないが，心神耗弱に乗ずる行為をも準詐欺罪としているところから，その当然の帰結として著しい精神障害のある心神喪失者に対する行為も含むと解すべきである。しかし，既述のように（➡269頁），意思能力を全く欠く者であるときは窃盗罪を構成する（通説）[129]。

　「**乗じて**」とは，誘惑にかかりやすい状態を利用することである。積極的に利用する場合のほか，未成年者が任意に財産的処分行為を行うのを放置しておく場合でもよい。なお，詐欺的手段を用いるときは，ここにいう未成年者などに対する場合でも詐欺罪を構成する。

5 電子計算機使用詐欺罪

　前条に規定するもののほか，人の事務処理に使用する電子計算機に虚偽の情報若しくは不正な指令を与えて財産権の得喪若しくは変更に係る不実の電磁的記録を作り，又は財産権の得喪若しくは変更に係る虚偽の電磁的記録を人の事務処理の用に供して，財産上不法の利益を得，又は他人にこれを得させた者は，10年以下の懲役に処する（246条の2）。未遂は，罰する（250条）。

1 意 義

　電子計算機の普及に伴って，銀行業務を初め種々の取引分野において，財産権の得喪・変更に係る事務が人の介入を経ずに，電磁的記録に基づいて自動的に処理される取引形態が増加しつつある。このような取引形態を悪用して財産上不法の利益を得る行為は，詐欺罪の構成要件である**人に対する詐欺行為**がなく，また，窃盗罪の構成要件である財物の占有移転を伴わないため処罰の間隙が生じたことから，1987（昭和62）年の改正により，コンピュータに係る詐欺的行為に適切に対処するため，本罪が新たに設けられた。本罪が詐欺罪の一類型として構成されているのは，行為の態様が外形上人を欺いて

---

[128] 大判明45・7・16刑録18・1087。
[129] 反対，植松・430頁〔詐欺罪とする〕。

296 第1編 個人法益に対する罪 第4章 財産に対する罪

財産上不法の利益を得る詐欺罪に類似しているからである。

本罪は，電磁的記録に基づき財産権の得喪・変更の事務が自動的に処理される場合において，他人の事務処理に使用する電子計算機に虚偽の情報もしくは不正の指令を与えて財産権の得喪・変更に係る不実の電磁的記録を作り，または，財産権の得喪・変更に係る虚偽の電磁的記録を人の事務処理の用に供して，財産上不法の利益を得，または他人に得させる行為を内容とする犯罪である。その**保護法益**は財産上の利益であるから，本罪は利得罪に当たるとともに，2項詐欺罪の補充類型としての罪質を有する。

2 行　為

(1) **財産権の得喪・変更に係る電磁的記録**　電子計算機使用詐欺罪は，財産権の得喪・変更に係る電磁的記録を作成・供用することによって，不法な利益を取得する犯罪である。財産権の得喪・変更に係る電磁的記録とは，財産権の得喪・変更の事実を記録した電磁的記録であって，その作出・変更によって，直接，財産権の得喪・変更が生ずるものをいう。例えば，登録社債の登録ファイルの記録，銀行等の顧客元帳ファイルにおける預金残高記録，プリペイドカードの残度数・残高の記録等がこれに当たる。これに対し，その作出・変更が直ちに財産権の得喪・変更をもたらさない電磁的記録，例えば，キャッシュカードやクレジットカードの磁気ストライプ部分の記録は，一定の事実を証明するためのものであるから，ここにいう電磁的記録ではない。

(2) **不法利得の手段としての加害行為**（**不法利得行為**）　これには，（ア）不実の電磁的記録の作出，（イ）不正電磁的記録の供用がある。

（ア）**不実の電磁的記録の作出**　「虚偽の情報を与え」または「不正な指令」を与えることにより，財産権の得喪・変更に係る不実の電磁的記録を作成することである（いわゆる作成型）。「**虚偽の情報**」とは，当該コンピュータ・システムに予定されている事務処理の目的に照らし，その内容が真実に反する情報をいう[130]。例えば，架空入金データの入力，預金の不正な付け替えなどがこれに当たる。「**不正な指令**」とは，電子計算機の設置管理者が本来予定したものに反する指令を与えることをいう。例えば，国際通話料金を免脱するた

---

130 東京高判平5・6・29高刑集46・2・189。神例・百選Ⅱ（第7版）116頁。

めにプログラムを改変して，不正な信号を送出する場合がこれに当たる[131]。不実の電磁的記録作出による不法利得としては，積極的に不法な利益を得ようとする積極利得型[132]と電話料金の支払いを免れるような債務免脱型[133]の区別を重視する見解が有力に主張されているが[134]，余り意味があるとは思われない。「不実の電磁的記録を作」るとは，人の事務処理の用に供されている電磁的記録に虚偽のデータを入力して，真実に反する内容の電磁的記録を作ることである。

虚偽の情報　神田信用金庫支店長が，自己の債務の弁済などのために，入金の事実がないのに預金係に命じてオンラインの端末機を操作させ入金処理をさせた事案について，東京地判平成 4 年 10 月 30 日判時 1440 号 158 頁は，支店長は入金・送金の権限を有するから虚偽の情報を作出したことに当たらないとして背任罪にとどまると判示したが，前掲東京高判平成 5 年 6 月 29 日は「被告人が係員に指示して電子計算機に入力させた振込金等に関する情報は，いずれも現実にこれに見合う現金の受け入れがなく，全く経済的・資金的実体を伴わないものである」から「虚偽の情報」に当たると判示している。この判決の方が妥当であろう。最決平成 18 年 2 月 14 日刑集 60 巻 2 号 165 頁は，「クレジットカードの名義人による電子マネーの購入の申込みがないのにかかわらず，本件電子計算機に同カードに係る番号等を入力送信して名義人本人が電子マネーの購入を申し込んだとする」ことは，「虚偽の情報」に当たると判示している。

　（イ）**電磁的記録の供用**　　財産権の得喪・変更に係る虚偽の電磁的記録を人の事務処理の用に供することによって不法な利益を得ることである（いわゆる供用型）。「虚偽の電磁的記録を人の事務処理の用に供」するとは，行為者がその所持する内容虚偽の電磁的記録を他人の事務処理用の電子計算機で使用することをいう。「**虚偽の電磁的記録**」とは，内容が虚偽の電磁的記録をいい，行為者自身が作出したものかどうかを問わない。「**事務処理の用に供**」するとは，自己の所持する電磁的記録を，他人の事務処理用の電子計算機において使用することをいう。例えば，内容虚偽の記録を正規のものと差し替えて誤った検索・演算をさせるとか，内容虚偽のプリペイドカードを使用する場合がこれに当たる。なお，他人が遺失したテレフォンカードを拾得した者

131　東京地判平 7・2・13 判時 1529・158。
132　最決平 18・2・14 刑集 60・2・165。鈴木（左）・百選 II（第 7 版）120 頁。**十河・判例講義 II 72 頁**。
133　東京地判平 7・2・13 判時 1529・158。永井・百選 II（第 7 版）118 頁。
134　西田・253 頁，山口・276 頁。

298 第1編 個人法益に対する罪 第4章 財産に対する罪

がこれを使用した場合は，虚偽の電磁的記録を用いたのではないから本罪には当たらない。また，偽造のキャッシュカードは，財産権の得喪・変更に係る電磁的記録ではないから，これを使用した場合は「不正な指令を与え」に当たらない。

(3) **不法な利益の取得** 本罪は，財産上不法の利益を得るという結果の発生を必要とする。「**不法の利益を得**」とは，財物以外の財産上の利益を不法に取得することをいう。例えば，不実の電磁的記録を使用して銀行の預金元帳ファイルに一定の預金債権があるものとして作出し，その預金の引き出し，または振替を行うことができる地位を得るなど，事実上財産を自由に処分できるという利益を得る場合はこれに当たる[135]。預金残高を増額する行為も利得に当たる[136]。作ったプリペイドカードによって一定の債務の提供を受けること，あるいは課金ファイルを改ざんして料金の支払を免れる場合でもよい[137]。他人の電子計算機から財産的価値のある情報を不法に写し取り，それを売却して利益を得る行為は，(1)(イ)の要件を満たさないから本罪を構成しない。

3 着手・既遂時期

本罪の**着手**時期は，①虚偽の情報または不正の指令を与える行為を開始した時点，または，②虚偽の電磁的記録を人の事務処理の用に供する行為を開始した時点である。**既遂**時期は，不実の電磁的記録を作出し，または，虚偽の電磁的記録を人の事務処理の用に供して，財産上不法の利益を得た時点である。利得の時点については，行為者がその電磁的記録を自由に処分できる状態になった場合に認めるべきである[138]。

本罪は，246条2項の詐欺利得罪を補充するために設けられたものであるから，コンピュータの事務処理の過程に人が介在し，その人による詐欺行為が認められる場合には，詐欺利得罪が成立する[139]。

---

[135] 大阪地判昭63・10・7判時1295・151。
[136] 東京地八王子支判平2・4・23判時1351・158，名古屋地判平9・1・10判時1627・158。
[137] 米澤・前掲69頁。
[138] 西田・239頁。
[139] 岡山地判昭6・10・7判時1295・151。

第5節 恐喝の罪 **299**

4 罪数・他罪との関連

時間的に接着して，数回にわたって，他人の事務処理用電子計算機に情報を入力し，財産上不法の利益を得た場合は，本罪の包括一罪となる。しかし，同一態様で多数回にわたって侵した場合でも，犯行日が異なる場合は別罪を構成するとした判例がある[140]。電磁的記録不正作出罪・供用罪や支払い用電磁的記録不正作出罪・供用罪と本罪は，保護法益を異にするから，本罪が成立する場合にも，これとは別に各罪が成立し，牽連犯になると解すべきである。

本罪を行った結果，一定の預金残高の記録を得て，その後現金を引き出した場合，後者の行為は不可罰的事後行為になるとの見解があるが[141]，不正電磁的記録を作出し，それによって現金を取得したのであり，後者の行為は前者の行為によって評価し尽くされているわけではないから，包括一罪とすべきであろう[142]。CDカードの不正利用や架空の入金データを入力して預金口座残高記録を改変した場合は，161条の2第1項および3項の電磁的記録不正作出・供用罪の他に電子計算機使用詐欺罪の電磁的記録作出・供用の罪が成立するが，それぞれ1個の行為によるものであるから，観念的競合とすべきである。本罪が成立した後，銀行の窓口あるいはCD機から現金を引き出した場合は，詐欺罪または窃盗罪が成立するが，1個の財物ないし財産上の利益を取得するための行為であるから，包括一罪となる。

第5節　恐喝の罪

1　総　説

恐喝の罪は，人を畏怖させて財物を交付させること，または財産上不法の利益を得，もしくは他人にこれを得させることを内容とする犯罪である。刑法には，①恐喝罪（249条1項），②恐喝利得罪（同条2項），③これらの未遂罪

---

140 前掲東京地八王子支判平2・4・23。
141 大塚・271頁。
142 西田・241頁，中森・144頁。

300　第1編　個人法益に対する罪　第4章　財産に対する罪

（250条）が規定されており，詐欺罪と同じく**親族間の特例**も準用される（251条，244条）。なお，被恐喝者と財物の交付者とが同一人でない場合には，詐欺の罪における被害者と異なり，恐喝行為の相手方となる被恐喝者も被害者となることに注意を要する。

　恐喝の罪は，人に恐怖心を生じさせ，その意思決定および行動の自由を侵害し，財物または財産上の利益を取得する罪であるから，**自由に対する侵害**を伴う。したがって，本罪の保護法益は財産のほかに自由も含むが，その本質は財産罪である。本罪は，被害者の瑕疵ある意思に基づいて財物等を領得する点で詐欺の罪と共通する。そして，手段の点を除き，詐欺の罪における諸論点は本罪においても共通の問題となるので，重複を避けるために，詐欺の罪と共通する論点については言及しないことにする。なお，恐喝の罪と強盗の罪とは，客体が共通するだけでなく暴行・脅迫を手段とする点で行為態様においても類似するが，恐喝罪は，暴行・脅迫の程度が相手方の反抗を抑圧する程度に達しない行為をその内容としている点で，強盗罪から区別される。

2 恐 喝 罪

　人を恐喝して財物を交付させた者は，10年以下の懲役に処する（249条1項）。未遂は，罰する（250条）。

1 客 体

　本罪の客体は，他人の占有する他人の財物である。自己の財物であっても他人の占有に属し，または公務所の命令によって他人が看守している場合は，他人の財物とみなされる（251条，242条）。電気も本罪の客体となりうる（251条，245条）。不動産，盗品，禁制品も客体となる（➡199頁）。

2 行 為

　本罪の行為は，人を畏怖させて財物を交付させることである。恐喝罪が成立するためには，脅迫または暴行により相手方が畏怖状態に陥り，その結果，財物を交付し，行為者側に財物が移転したことを要する。**恐喝行為 ⇒ 畏怖 ⇒ 交付 ⇒ 財物の移転**には，相当の因果関係がなければならない（➡269頁）。脅迫行為が行われても，被害者が全く恐れずに同情から財物を交付したときは，恐喝は未遂にとどまる。

第5節 恐喝の罪 *301*

(1) **恐 喝** 本罪の行為は，財物交付に向けて行われる脅迫または暴行であって，その反抗を抑圧するに至らない程度の行為をいう。

(ア) **脅 迫** 人を畏怖させるに足りる害悪の告知をいう。ただし，強盗罪における脅迫と異なり，相手方の反抗を抑圧する程度に達しないものであることを要する。

(a) **脅迫の程度** 単に人に威圧感を与え，または困惑させるにとどまる場合は恐喝に当たらない[1]。告知されるべき害悪の種類には制限がない。ただし，脅迫罪（222条）における「脅迫」とは異なり，相手方またはその親族の生命，身体，自由，名誉または財産に対するものに限らず，一家の平和を乱すとか，信用を害する内容のものであってもよい[2]。

人の秘密に関する事項を暴露するのも恐喝に当たる[3]。告知された害悪が実現可能であるか否かを問わず，さらに，行為者がみずから害悪を実現するものとして告知する必要もない。ただし，行為者によってでなく第三者によって実現されるものとして告知される場合には，その者に対して行為者が影響を与えうる立場にあるか，相手方がその事情を推測できる状況にあることが必要である[4]。しかし，現実に行為者がその第三者に影響を与えたか否かは問わない。天変地異や吉凶禍福の告知のような**警告**のたぐいは，原則として脅迫行為とはならない。害悪の告知がそれだけでは人を畏怖させるに足りない場合でも，例えば，名誉の失墜など他の事情と相まって畏怖の結果を生じさせるような行為は，恐喝に当たる[5]。害悪の内容は，それ自体として違法なものであることを要しない。「告訴する」というように権利行使を通告した場合でも，それが不当な財物取得の手段として用いられるときは脅迫に当たる[6]。

吉凶禍福 自己の力によって吉凶禍福を左右できると信じさせうる立場にあるときは，恐喝となりうる。広島高判昭和29年8月9日高刑集7巻7号1149頁は，甲がAから同人の母の病気につき祈禱の依頼を受けたのを奇貨とし，Aに対し「あんたのお母さんには外道がついている。その外道を神様に頼んでとってあげる。そのかわり金10万円

---

1 東京高判平7・9・21判時1561・138，大阪高判平9・2・25判時1625・133。
2 大判明44・2・28刑録17・230。
3 大判明45・3・14刑録18・337。
4 大判昭5・7・10刑集9・497。
5 大判昭8・10・16刑集12・1807。
6 最判昭29・4・6刑集8・4・407。

出せ，出さぬとお前の母の生命が危い」などと申し向けて A 等を畏怖させたうえ，数回にわたって 32 万 7,000 円を交付させた事案につき，恐喝罪の成立を認めた。

一方，被告人は，日刊新聞の発行を経営する者であるが，同新聞に医師の人気投票の結果を掲載することを企て連日投票成績を発表して金銭を喝取しようとした事案につき，前掲大判昭和 8 年 10 月 16 日は「恐喝罪を構成する恐喝手段は，悪事醜行の摘発又は犯罪の申告其の他之に類する害悪の告知に限定せらるべきものに非ずして，此の外凡そ**人を困惑せしむべき手段**を包含するものと解せざるべからず」として恐喝罪の成立を認めた。しかし，困惑させること自体は脅迫に当たらないと解すべきである。

(b) **告知の方法**　　害悪の告知の**方法・手段**には制限がない。必ずしも明示の方法で行うことは必要でなく，言語・文章によるほか挙動または動作による場合も含む。暗黙の告知でもよい。自己の経歴・性行および職業上の不法な威勢を利用する行為も恐喝に当たる[7]。害悪の告知に詐欺行為が含まれている場合，例えば，「あなたの息子に自分の娘が強姦された」と偽って慰藉料を支払うよう申し向け，支払いを拒否するなら告訴すると脅迫して財物を交付させたときは，相手方の処分行為の原因において錯誤と畏怖との競合が認められるから，詐欺罪と恐喝罪の観念的競合となる[8]。これに対し，究極において畏怖の結果として財物を交付したと認められるときは，恐喝罪のみを構成する[9]。

(イ) **暴　行**　　恐喝の方法には**暴行**も含まれる。暴行を加え，さらにそれが反復されるであろうことを示せば相手方は畏怖するからである[10]。相手方を畏怖させる性質の暴行で足りるから，人に対して加えられる**広義の暴行**がここにいう暴行である。第三者に対する暴行も被害者に対する脅迫となりうる。ただし，相手方の反抗を抑圧するに至らない程度のものであることを要する。

(2) **交付行為**　　本罪が成立するためには，詐欺罪におけると同様に，恐喝の手段により相手方を畏怖させた結果として，相手方の意思に基づいて財物の占有を移転させる交付行為により，財物が行為者またはそれと一定の関

7　最判昭 26・4・12 裁判集刑 43・69。
8　大判昭 5・5・17 刑集 9・303。小野・262 頁，木村・126 頁，植松・434 頁，団藤・623 頁，大塚・275 頁。反対，江家・320 頁〔法条競合とする〕。
9　最判昭 24・2・8 刑集 3・2・83。反対，山中・400 頁，山口・281 頁〔暴行自体を恐喝行為とする〕。
10　前掲最判昭 24・2・8。木村・140 頁，ポケット 574 頁，大塚・275 頁。

第5節　恐喝の罪　　*303*

係にある第三者に移転することが必要である。

　（ア）**畏　怖**　　恐喝というためには，脅迫または暴行により相手方が畏怖したのでなければならない。暴行または脅迫以外の事情によって畏怖し財物を交付しても，本罪には当たらない。

　（イ）**交　付**　　畏怖した状態で財物の占有を移転する行為をいう。交付には，交付の意思と交付の事実とが必要である。脅して注意をそらし，隙を見て財物を奪った場合は窃盗である。みずから交付する場合のみならず，畏怖して黙認しているのに乗じて行為者が財物を取得する場合のように，不作為による交付も認められる[11]。財物の移転が畏怖に基づいていれば足りるからである。

　財物の被害者と恐喝の相手方とが同一人であることは必要でないが，詐欺罪におけると同様に恐喝の相手方は財物について処分する権限または地位を有する者でなければならない。それゆえ，被恐喝者と処分行為者とは一致することを要する（通説）[12]。被害者と被恐喝者が異なる場合を三角恐喝という。ここでは，被害者に恐怖心が生じることは必要でなく，恐喝行為と交付との間に因果関係があれば足りる。ただし，被恐喝者は被害者の財産的処分につき権限または地位が必要である。なお，詐欺罪における処分行為においては，相手方は錯覚に陥っているのであるから，交付につき無意識の場合でもよいが，恐喝では脅されているのであるから，詐欺罪の場合とは異なり（➡286頁），無意識的な不作為による処分行為では足りず，少なくとも財物の交付を意識している必要があろう。財物の交付が不法原因給付である場合にも，詐欺罪の場合と同様に本罪を構成する（➡293頁）。

3　未遂・既遂

　本罪の実行の着手は，恐喝行為を開始した時である。恐喝行為によって相手方が畏怖し，それに基づいて交付がなされ，財物に行為者自身または第三者が占有を設定したときに既遂となる。したがって，相手方が畏怖せず，別の理由で財物を交付したときには未遂である。本罪の既遂というためには，被害者に財産的損害が生じたことを要する。脅迫して金員を指定の預金口座

11　最判昭24・1・11刑集3・1・1。

12　反対，団藤・624頁，内田・331頁。

304 第1編 個人法益に対する罪　第4章 財産に対する罪

に振込送金させたが，捜査官の指示により預金払戻しができない体制の整った状況にあった場合は，恐喝未遂にすぎない[13]。行為者が相当な対価を給付して財物の交付を受けても，恐喝されなければ財物を交付しなかったといえる以上，その**損害**は交付された財物全体である[14]。また，恐喝の手段として対価が提供された場合，**被害額**は対価を差し引かない財物全体である[15]。

4　主観的要件

故意のほかに不法領得の意思が必要である。本罪の故意は，相手方を畏怖させ，それに基づく財産的処分行為によって財物の占有を取得することについての認識を必要とする。

5　罪数・他罪との関連

暴行により被害者が恐れているのに乗じて，引き続き接着した場所で財物を交付させた場合は，喝取に当たる[16]。新たに脅迫行為が行われなくても，畏怖によって財物を交付したのであるから，恐喝罪が成立するのである。1個の恐喝行為で同一の被害者から数回にわたって財物を交付させたときは，包括一罪である[17]。1個の恐喝行為によって数人を畏怖させ各人から財物を取得したときは観念的競合となる[18]。人を恐喝する目的で監禁したときは，監禁罪と本罪との牽連犯になるとするのがかつての判例であり妥当と思われたが，最高裁はこれを変更して，「恐喝の手段として監禁が行われた場合であっても，両罪は，犯罪の通常の形態として手段または結果とは認められず，牽連犯の関係にはないとするのが相当である」と判示した[19]。恐喝の手段として業務妨害が行われたときは，業務妨害罪と恐喝罪との牽連犯となる[20]。公務員が恐喝行為を手段として職務に関し賄賂を収受したときは，収賄罪と恐喝罪との観念的競合である[21]。けん銃を示して脅迫し，金員を要求した後，いったんその場所から逃走した行為は強盗未遂であり，その30分後に被害

---

13 浦和地判平4・4・24判時1437・151。
14 大判明44・12・4刑録17・2095。
15 大判明42・6・22刑録15・832。
16 東京高判平7・11・27東時46・1＝12・90。
17 大判昭6・3・18新聞3283・15。
18 大判昭43・9・27刑録16・1558。
19 最決平17・4・14刑集59・3・283。なお，変更前の判例として，大判大15・10・14刑集5・456。
20 大判大2・11・5刑録19・1114。
21 大判昭10・12・21刑集14・1434。

第5節 恐喝の罪　*305*

者に電話をかけて脅迫し，翌日現金を指定する口座に振り込ませた行為は恐喝に当たるが，強盗未遂罪に包括されて一罪となる[22]。

3 恐喝利得罪

> 人を恐喝して財産上不法の利益を得，又は他人にこれを得させた者は，10年以下の懲役に処する（249条2項）。未遂は，罰する（250条）。

本罪は，人を恐喝して財産上の利益を不法に取得することを内容とする犯罪である。例えば，家主を恐喝して家賃の支払および借家の返還請求を躊躇させて一時その義務履行を免れた場合[23]，不動産に関する恐喝について，単に所有権移転の意思表示をなさしめた場合[24]などがこれに当たる。本罪においても処分意思に基づいて財産上の利益を移転する行為，すなわち財産上の**処分行為**が必要である。それゆえ，畏怖に基づく処分行為によって，行為者または行為者と一定の関係を有する第三者に財産上の利益を移転させることが必要となる。処分行為は作為によると**不作為**によるとを問わない。

恐喝行為と財産上の利益の取得との間には**因果関係**が存在することを要する。患者が医師を脅迫して麻薬の注射をさせた場合は財産上の処分行為ではなく強要罪を構成するにすぎない[25]。これに対し，売淫料の支払を恐喝行為を手段として免れた場合は，具体的事情によっては本罪を構成すると解する（➡282頁）[26]。恐喝手段によって財物交付を受ける形式的名義を取得すれば，本罪の既遂として十分である[27]。

> **処分行為の要否**　判例上，恐喝利得罪の成立要件として処分行為が必要か否かは明確でなかったが，最決昭和43年12月11日刑集22巻13号1469頁は，被告人が洋酒喫茶店で飲食後，帰りぎわに従業員から飲食代金2,440円の支払請求を受けた際，「そんな請求をしてわしの顔を汚す気か。お前は口が過ぎる。なめたことを言うな。こんな店をつぶすくらい簡単だ」といって脅迫し，従業員らを畏怖させて，その請求を一時断念させた事案につき，「原裁判所が，被告人が1審判決判示の脅迫文言を申し向けて被害者等を

---

[22] 東京高判平6・5・16東時45・1＝12・32。
[23] 大判明45・4・22刑録18・496。
[24] 大判明44・12・4刑録17・2095。
[25] 高松高判昭46・11・30高刑集24・4・769。
[26] 反対，大塚・279頁。
[27] 大判昭2・4・22新聞2712・12〔飲食代金の支払いを一時免れた事案〕。

306 第1編 個人法益に対する罪 第4章 財産に対する罪

畏怖させ，よって被害者側の請求を断念せしめた以上，そこに被害者側の黙示的な少くとも支払猶予の処分行為が存在する」と判示して，正面から処分行為に言及した。ただし，恐喝の場合には，畏怖による利益移転の黙認という形態をとるのが通常であるから，結局，畏怖したことが認められる限り不作為の処分行為を是認してよいことになる[28]。詐欺罪における処分行為に照らし，妥当な判断といってよいであろう。これに対し，処分行為は必要ではなく暴行・脅迫の程度が強盗に達しないという客観的基準に求めるべきであるとする見解[29]がある。しかし，それでは強盗と恐喝の区別が困難となるであろう[30]。ただし，無意識の不作為による処分行為は認められない（➡303頁）。

4 権利行使と恐喝罪

1 意義と学説

債権者が債務者を脅して債権を取り立てる場合，すなわち相手方から財物ないし財産上の利益を取得する権利を有する者が，その権利実行の手段として恐喝行為を行った場合について，学説は，ⓐ犯罪を構成しないとする説[31]，ⓑ債権の行使として許される範囲を超えるときは脅迫罪を構成するとする説[32]，ⓒ原則として恐喝罪を構成するとする説がある（通説）[33]。自己の財物といえども，他人が平穏に占有している以上は，その占有は一応保護されるべきであるから，これを恐喝手段に訴えて侵害するときは，これまで述べてきた各種の奪取罪におけると同様に，恐喝罪の構成要件に該当し，自救行為，正当防衛および社会的相当行為などの違法性阻却事由が存在しない限り，恐喝罪を構成すると解すべきであり，ⓒ説が妥当である。

2 違法性阻却

例えば，借金をするときは平身低頭して頼んでいながら，返済期限がきても開き直って貸した方が悪いと言って貸主を追い返すというような場合に，正当な債権を有する者が，やむをえず恐喝手段に訴えてその財物を取り返す

---

28 田寺・百選Ⅱ（第7版）124頁，川崎・判例講義Ⅱ65頁参照。
29 西田・245頁。
30 前田・236頁。
31 柏木・478頁。
32 小野・261頁，瀧川・167頁，江家・280頁，吉川・182頁，内田・337頁，西田・247頁，林・164頁，中森・136頁，山中・408頁，松原・305頁。
33 大判昭9・8・2刑集13・1011，最判昭30・10・14刑集9・11・2173。末道・百選Ⅱ（第7版）122頁，川崎・判例講義Ⅱ75頁。

第 5 節　恐喝の罪　　*307*

場合には，違法性阻却が問題となるであろう。そして，①権利の行使という正当な目的があり，②権利の範囲内であって，③その手段が社会的相当性の範囲内にあると認められるときは，**違法性を阻却**する[34]。一方，債権者がその弁済を得るために相手方を恐喝して財物を交付させる場合においても，権利の濫用にわたるような恐喝行為は権利行使の性質を失うから，行為者が受領すべき正当な権利を有していても，恐喝手段によって交付された財物または財産上の利益の全部について恐喝罪が成立すると解する。**被害額**は交付された財物，または財産上の利益の全部である。

権利行使についての判例の態度　　判例は，初め権利の範囲内であれば恐喝罪の成立を否定するものとしていた[35]。しかし，大正 2 年 12 月 23 日大審院連合部判決[36]は，権利行使のために恐喝手段を用いて財物または財産上の利益を取得しても，その権利の範囲内にあるときは恐喝罪は成立しないとしつつ，権利の範囲を超過したときは，それが権利部分から分けることができる場合に限り超過部分について恐喝罪が成立し，不可分の場合には全体について恐喝罪が成立するとした。さらに，正当な権利があっても，権利の実行に名をかりたにすぎない場合には，全体について恐喝罪が成立すると判示した。これを受けて，権利行使の範囲内にあって恐喝罪を構成しない場合には，脅迫罪を適用すべきであるとする判例が現れた[37]。
　一方，前掲大判昭和 9 年 8 月 2 日は，権利を実行する目的で他人に対し恐喝手段を用いたときは，その方法において社会通念上被害者が忍容すべきものと一般に認められる程度を超えれば恐喝罪を構成するとし，前掲最判昭和 30 年 10 月 14 日は，3 万円の債権を有する者が 6 万円を喝取したという事案につき「他人に対して権利を有する者が，その権利を実行することは，その権利の範囲内であり且つその方法が社会通念上一般に忍容すべきものと認められる程度を超えない限り，何等違法の問題を生じないけれども，その範囲程度を逸脱するときは違法となり，恐喝罪の成立することがある」と判示して，6 万円全額について恐喝罪の成立を認めた。判例は動揺を重ねながら，権利行使の手段として恐喝する行為は，原則として違法性を阻却しないとする線に固まったのである[38]。

34　前掲大判昭 9・8・2，東京高判昭 57・6・28 刑月 14・5＝6・324〔ユーザーユニオン事件〕。
35　大判大 2・11・19 刑録 19・1261。
36　刑録 19・1502。
37　大判大 11・11・7 刑集 1・642，大判昭 5・5・26 刑集 9・342。
38　末道・百選Ⅱ（第 7 版）122 頁，**川崎・判例講義Ⅱ 75 頁**参照。

308　第1編　個人法益に対する罪　第4章　財産に対する罪

第6節　横領の罪

① 総　説

1　意　義

　横領の罪は，他人の占有に属さない他人の財物，または公務所より保管を命ぜられている自己の財物を不法に領得する犯罪であり，領得罪の一種であるが，他人の占有を侵害しない点において，他の領得罪とは性質を異にする。刑法典第38章「横領の罪」は，横領罪（252条），業務上横領罪（253条）および遺失物等横領罪（254条）とに分けられる。本罪は，他人の占有を侵害しないで他人の財物を領得する点に本質があるから，①遺失物のように何人の占有にも属していない場合，②たまたま他人の財物が自己の占有に帰属した場合，③委託に基づいて自己が占有している場合の三つの態様があり，①と②は遺失物等横領罪，③は横領罪または業務上横領罪に当たる。

　横領罪および業務上横領罪は，委託に基づいて占有している他人の財物を領得する点に本質があり，そのため両者を併せて**委託物横領罪**ともいう。委託物横領罪が遺失物等横領罪から区別されて重く処罰されるのは，その行為が委託の基礎となっている委託信任関係を破るからであり，この点において委託物横領罪は背任罪と共通する。これに対し，遺失物等横領罪は，信頼を裏切るという背信的性格を有しておらず，むしろ窃盗罪に近接する犯罪であり，現行刑法は，委託物横領罪と遺失物等横領罪とを占有侵害を伴わない領得罪という見地から同一章下に規定しているが，遺失物等横領罪は窃盗の罪に併合し，委託物横領罪は背任罪と併せて認識するほうが妥当である[1]。

2　保護法益

　本罪の保護法益は，窃盗罪等の奪取罪の場合と異なり，物に対する**所有権**である。委託物横領罪においては，物の占有は委託に基づいて行為者に帰属しているから，その物を領得しても占有の侵害は生じない。また，遺失物等横領罪の場合は，他人の占有から離れた物を領得するのであるから，それを

1　団藤・626頁，中森・147頁。なお，改正刑法草案350条以下も，横領罪と背任罪を同一章下に規定している。

領得しても直接の占有侵害とはならない。なお，公務所から保管を命ぜられた自己の物の横領も処罰されるが（252条2項），この場合の保護法益は，物の保管の安全である。

3 　親族間の犯罪に関する特例

　親族関係は，委託物横領罪の場合には行為者と委託物の所有者および委託者の双方との間に存在しなければならない。委託者との間の親族関係は不要であるとする見解もあるが，単に委託物の所有者との間に親族関係があるにすぎないときは，「法は家庭に入らず」という本特例の趣旨に即さないから，親族相盗例の適用はないと解すべきである[2]。同じ趣旨から，家庭裁判所が選任した成年後見人および未成年後見人の場合にも適用はないのである。遺失物等横領罪にあっては委託者は存在しえないから，行為者と所有者との間に親族関係があればよい。

> **後見人による横領と親族相盗例**　　後見人と被後見人との間に244条所定の親族関係がある場合に，後見人が自己の管理する被後見人の財物を横領した場合につき，最高裁は，①244条の立法趣旨は「法は家庭に入らず」という政策的な理由に基づくこと，②未成年後見人は，被後見人の財産を管理するに当たり，善管注意義務を負っていること，③家庭裁判所は，後見人に対する監督権を有し，未成年後見人の後見の事務は，公的性格を有するから「刑法244条1項を準用して刑法上の処罰を免れるものと解する余地はない」という注目すべき判断を示した（最決平成20年2月18日刑集62巻2号37頁）。また，家庭裁判所から選任された成年後見人であり，かつ成年被後見人の養父であった被告人は，後見事務として業務上預かり保管中の成年被後見人の預貯金を引き出して横領したという事案につき，最決平成24年10月9日刑集65巻2号88頁は，「家庭裁判所から選任された成年後見人の後見事務は公的性格を有するものであって，成年被後見人のためにその財産を誠実に管理すべき法律上の義務を負っているのであるから，成年後見人が業務上占有する成年被後見人の財物を横領した場合，成年後見人と成年被後見人との間に刑法244条1項所定の関係があっても」親族相盗例の準用はないと判示した。本判決は，成年後見人の後見事務は「公的性格」を有するのであるから，被後見人の財産を誠実に管理する「法律上の義務がある」とした。

2 　大判昭6・11・17刑集10・604参照。大塚・282頁，中森・129頁，西田・249頁。

310 第1編 個人法益に対する罪 第4章 財産に対する罪

2 横 領 罪

自己の占有する他人の物を横領した者は，5年以下の懲役に処する（252条1項）。
自己の物であっても，公務所から保管を命ぜられた場合において，これを横領した者
も，前項と同様とする（同条2項）。

1 意 義

本罪は，他人の委託に基づいて物を占有している者が，その物を領得する
行為を内容とする犯罪である。横領罪は，委託信任関係を裏切る点で**知能犯
的**であり，本権の保護という点では奪取罪と同様に重要な犯罪であるが，自
己の支配内にある他人の財物については，他人の占有を侵害して領得する場
合に比較して領得がしやすく**誘惑的**であること，一方，被害者においても信
頼すべきでない者に物を委託したという**軽率さ**が認められることから，窃盗
罪，詐欺罪などよりも法定刑が軽くなっているのである[3]。

2 主 体

本罪の主体は，他人の物を占有する者または公務所の命令によって物を保
管する者でなければならないから，本罪は65条1項の**真正身分犯**である[4]。

3 客 体

本罪の客体は，自己の占有する他人の物（1項）または公務所から保管を命
ぜられた物である（2項）。

(1) 物 「物」とは，財物をいう。動産・不動産を含むほか，窃盗罪等に
おける財物と異なるところはない。金銭その他種類・品質・数量において他
の物と代替しうる物（代替物）も，本罪の客体となりうる。電気その他のエネ
ルギー等の管理可能なものが本罪の客体となるかについて，学説は肯定説[5]
と否定説[6]に分かれるが，本罪には245条の準用規定がないから，電気は客体
にならないとする否定説が妥当である。

(2) 自己の占有 本罪の客体は，自己の「**占有する**」他人の物である。他
人の占有する物を領得する場合は，窃盗罪である。「占有」とは，物に対して

---

3 団藤・628頁。
4 最判昭27・9・19刑集6・8・1083。
5 団藤・637頁，大塚・282頁。
6 平野・212頁，内田・261頁，西田・252頁，前田・372頁，山口・291頁。

事実上または法律上支配力を有する状態をいう。窃盗罪における占有は，物に対する事実上の支配であるのに対し，本罪においては物に対する**法律上の支配**も「占有」に当たる[7]。占有の内容が窃盗の場合と異なるのは，窃盗罪では他人の占有の侵害が特徴となる奪取罪であるため，物に対する支配の**排他性**が重要となるのに対し，横領罪では，法律上自己が容易に他人の物を処分しうる状態にあり（**処分の可能性**），処分の濫用のおそれのある支配力が重要となるからである。例えば，不動産に関する登記簿上の名義人は，上記の意味での支配力を有し，占有者となるのである。

　問題となるのは，預貯金である。たしかに，預貯金の名義人は，一定の手続きをとれば預貯金の払戻しが可能であるから，法律上の支配力があるように見える。しかし，郵便局や銀行は払戻し手続きがとられれば自動的に払戻しに応ずるわけではなく，真実の権利者であることを確認して払戻しに応ずるのであるから，預貯金の事実上・法律上の支配力は郵便局・銀行にあると解すべきである。

法律上の支配関係　　法律上の支配関係が認められる事例は，動産の場合と不動産の場合とに分けることができる。

　(1) **動産**の例としては，銀行等の預金がある。例えば，甲銀行に 100 万円の預金を有する A は，甲銀行が所持している現金のうちの 100 万円について法律上処分しうる状態にあるから占有が認められるのである（通説）。それゆえ，村長が自己の保管する村の基本金を銀行に預け入れた場合，この基本金を事実上支配しているのは銀行であるが法律的には村長の支配内にあるから，村長が不法領得の意思でこの預金を引き出せば横領罪を構成する[8]。倉荷証券・船荷証券の所持者も，その引渡しには物権的効力があるから，それを占有していれば当該寄託物自体の占有者である[9]。

　(2) **不動産**については，判例は登記簿上の所有名義人が法律上の占有者であるとする原則をとる[10]。登記名義人以外の者が法律上の権限に基づいて，例えば，未成年者の親権者や後見人がその未成年者の不動産を占有しているときは，本罪の占有者となる。これに反し，登記簿上他人名義となっている不動産を単に賃借している者や，単に事実上不動産を支配しているにすぎない場合は占有者ではない。未登記の不動産については，登記簿上の占有はありえないから，事実上それを管理・支配している者が占有者であ

7　大判大 4・4・9 刑録 21・457，最判昭 30・12・26 刑集 9・14・3053。
8　大判大元・10・8 刑録 18・1231。
9　大判大 7・10・19 刑録 24・1274。
10　大判昭 7・3・11 刑集 11・167，前掲最判昭 30・12・26。

る[11]。例えば，抵当権設定のために他人の土地の登記済証，白紙委任状を預かり保管している者も該土地の占有者としてよい[12]。要するに，動産または不動産を外見上有効に処分できる状態にあれば占有となるのである[13]。

(3) **誤振込み**の場合にも占有の問題が核心となる。誤振込みとは，振込先をあやまって別人の銀行の口座に振替送金することをいう。例えば，振込依頼人が振込先をあやまって振込んでしまった場合，預金の占有は預金者にあると考えれば，受取人がこれを奇貨として，その情を秘して預金の払戻しを請求することは，偶然に自己の占有下に入ってきた他人の金銭を領得するのであるから，占有離脱物横領罪が成立するということになる[14]。しかし，銀行は，名義人の預金払戻し請求に直ちに応ずる訳ではないから，誤振込みされた金銭の占有は銀行にあると解すのが妥当であろう。したがって，預金の払戻し請求をするということは，詐欺罪の欺罔行為に当たり，また，誤った振込みの有無に関する銀行窓口係員の錯誤は詐欺罪の錯誤に当たるというべきであるから，錯誤に陥った銀行窓口係員から受取人が預金の払戻しを受けた場合は，詐欺罪を構成する[15]。なお，その預金の引き出しをキャッシュカードを用いて行った場合は，窃盗罪になる[16]。この場合，預金の占有は受取人にあり，いずれも遺失物横領罪になるとする見解もあるが[17]，預金に対する事実上・法律上の支配力は銀行が有していると見るのが妥当であろう[18]。ATM 機を使って他人の口座に振替送金をした場合には，預金の占有は侵害されておらず，また，詐欺に必要な欺く行為も認められないから，窃盗罪または詐欺罪ではなく，電子計算機使用詐欺罪を構成することになる。

(3) **振り込め詐欺**　振り込め詐欺とは，不特定多数の者を対象に，主に電話を通じてうそをいい，架空または他人名義の銀行預金口座に現金を振り込ませて口座から現金を払い戻す形態の詐欺をいう。電話をかける役を「かけ子」（X），ATM などから現金を引き出す役を「出し子」（Y）と称する。X は被害者にうそを言って金銭を払い込ませた時点で詐欺既遂罪が成立する。Y については，いろいろな説明がなされているが[19]，当該銀行は，名義人の預金払い戻し請求に直ちに応ずるわけではなく，振り込まれた金銭の占有は銀行

[11] 最決昭 32・12・19 刑集 11・13・3316。
[12] 福岡高判昭 53・4・24 判時 905・123。
[13] 最判昭 34・3・13 刑集 13・3・310。
[14] 東京地判昭 47・10・19 研修 337・69。
[15] 最決平 15・3・12 刑集 57・3・322。西田・255 頁，山口・292 頁。松澤・百選 II（第 7 版）104 頁，**十河・判例講義 II 70 頁**。
[16] 東京高判平 6・9・12 判時 1545・113。
[17] 前掲東京地判昭 47・10・19 研修 337・69〔遺失物横領罪の成立を認めた〕。同旨，曽根・171 頁，林・281。
[18] 西田・256 頁。
[19] 井田・302 頁，大塚裕史他『基本刑法 II 各論』（第 2 版・2018）284 頁。

にあり，その金銭を ATM によって引き出す行為は窃盗罪を構成するのである。

(4) **委託信任関係**　本罪が成立するためには，以上のように事実上または法律上の占有が必要となるが，他人の物を占有するに至った原因については法律上明文の規定がない。しかし，第1に，遺失物等を横領する場合については特別の規定があるから，何人の占有にも属していない他人の物，および偶然に自己の占有に帰属した物は本罪から除外される。第2に，窃盗，強盗，詐欺，恐喝などの奪取罪によって占有を取得した物を領得する場合は，奪取後にその物を処分するのは**共罰的事後行為**となるから，横領罪を構成することはありえない。結局，他人の物を占有するに至った原因は委託信任関係のある場合に限られ，委託によって占有している他人の物を領得したときに限り横領罪を構成することとなる。委託信任関係がなければ，遺失物等横領罪となる。

委託信任関係の**発生原因**は，使用貸借（民593条以下），賃貸借（民601条以下），委任（民643条以下），寄託（民657条以下），雇用（民623条以下）などの契約を基礎とする場合が一般であるが，これらによる場合に限らない。取引における信義誠実の原則上，物の占有について委託信任関係が認められ，他人の物を有効に処分しうる状態があれば足りる。例えば，他人の依頼を受けて売却した物品の代金は，受領と同時に委託物となる。物の売主が売買契約成立後，買主にその物を引き渡すまでの間保管している状態は，委託信任関係に基づく占有となる。さらに，所有者の意思によらず，事務管理（民697条以下），後見（民838条以下）などの法律上の規定による場合も含まれ，例えば，自己が占有している被後見人名義の不動産に対する占有は，法律上の規定に基づいて生じた委託信任関係を基礎とする占有である。

集金横領の場合　最初から領得する意思で集金した場合，詐欺罪の成立する余地もあるが[20]，集金権限を有する者に対する弁済は有効であると考えるべきであるから，委託関係を否定すべきでなく，弁済金の領得は横領罪として処理すべきである（西田・204頁）。

(5) **物の他人性**　委託信任関係に基づいて占有する「物」は，公務所より

20　千葉地判昭58・11・11判時1128・160。

314　第1編　個人法益に対する罪　第4章　財産に対する罪

保管を命ぜられている場合を除き（252条2項）「他人の」物でなければならない。**他人の物**とは，行為者以外の自然人または法人の所有に属するとの趣旨である。当該の物が他人の所有に属するかどうかは，民法上の所有権を基礎にして，刑法的な立場から，その保護の必要性を考慮して決定すべきである。この点から，物の他人性が問題になる場合として以下のものがある。

　（ア）**売買の目的物**　　動産および不動産の売買の場合，売買契約の締結によって目的物の所有権は買主に移転する（民176条）。したがって，売買契約を締結したが，いまだ引渡し，または所有権移転登記を完了していない場合は，売主にとって当該目的物は他人の物となるから，その時点で売主が他に売却する**二重売買**は横領罪を構成する[21]。売買契約締結後であっても，**割賦販売**の場合には，原則として代金完済に至るまでは売主に所有権が留保されるから（割賦販売法7条），目的物の引渡しを受け，代金完済前に買主がそれを処分すれば，目的物の所有権は他人（売主）に属することとなり，横領罪を構成すると解すべきである[22]。

　問題は，譲渡担保の場合に生ずる。**譲渡担保**とは，物の担保価値の利用方法として質権などの物権設定方法をとらずに所有権自体を移転させる形式をとり，ただその物の利用権は契約によって債務者に留保してもよいという形態の担保をいう。譲渡担保の目的物に対する権利関係は，契約の内容によって多様であるから一律に断定することは困難であるが，目的物の所有権は債権者に移転するとみられる類型[23]では，債務者がこれを占有中に債権者に同意なくして他に売却するなどの領得行為をすれば，横領罪を構成する。

　（イ）**金銭の他人性**　　金銭の他人性が問題となるのは，金銭の占有を委託された場合であり，3つの類型に分けることができる。

　（a）**封金**　　相手方のために金銭等の保管を約束する際にその費消を許さないことが委託の趣旨である場合（民657条以下）は，保管だけを委託されたにすぎないから，その委託の趣旨に従って寄託者の所有権は保護されなければならない。例えば，特定物として寄託した**封金**または供託金などは，

21　最判昭34・3・13刑集13・3・310。
22　最決昭55・7・15判時972・129。反対，藤木・372頁，中森・131頁〔背任罪とする〕。
23　大連判大13・12・24民集3・555。

寄託者または供託者の所有に属するものであるから，それを占有する者にとっては他人の物となり，受託者がこれを自己または第三者のために費消すれば横領罪を構成する。

(b) **不特定物としての金銭**　消費寄託すなわち受託者が契約によって受託物を消費することができる場合（民666条）は，所有権は受託者に移転するので横領罪は成立しない。**不特定物**として委託された金銭等の所有権は，金銭の性質上委託と同時に受託者に移転すると解すべきであり[24]，受託者がこれをほしいままに処分する行為は横領ではなく背任となる。

(c) **使途が定められた金銭**　例えば，株式を買い付ける手付金として渡された現金をほしいままに費消した場合[25]，判例は横領罪の成立を認めている[26]。民法理論では，金銭は代替性があるばかりでなく高度の流通性をもつから，占有と所有とは常に一致すると解するのが通説である[27]。しかし，刑法では委託者の委託の趣旨に従って財物を保管することに力点が置かれるから，必ずしも民法理論と同じように考える必要はない。使途を定めて寄託された金銭については，寄託者の意思を尊重し，受託者が予定された使途に用いることを法的に保障することが必要であり，寄託された金銭の所有権は寄託者にあるとするのが妥当である。また，使途を定めて寄託された金額が通貨としては特定していなくても，金額が特定している限り，その金額を特定の財物とみることは可能であり[28]，金額自体が所有権の対象になる。例えば，営業許可の出願並びにそれに関連する運動費として渡された現金の所有権は依頼人にある[29]。手形代金額や運動費のごとき委託された金銭を不法に領得すれば，横領罪を構成すると解すべきである。

委託者の委託の趣旨に反することなく，必要なときには他の通貨で確実に代替させることができる状態のもとで，代替させる意思でその金銭を一時他に流用した場合（**金銭の一時流用**）は，いかに扱うべきであろうか。この場合に

---

[24] 最判昭29・11・5刑集8・11・1675。
[25] 大判大15・12・16刑集5・570。
[26] 大判昭9・4・23刑集13・517，最判昭26・5・25刑集5・6・1186。橋本・百選Ⅱ（第7版）128頁，川崎・判例講義Ⅱ76頁参照。
[27] 我妻栄・新訂物権法（民法講義Ⅱ）236頁。
[28] 藤木・332頁参照。
[29] 大判大3・12・12刑録20・2401。

は，それが流用された時点において受託者に所有権が移転するとする見解も
ある[30]。しかし，使途を定めて寄託されたものである以上，所有権は寄託者に
あると解すべきであり，金銭の一時流用は，むしろ，**不法領得の意思**を欠くも
のとして本罪を構成しないと解すべきである[31]。費消した金額以上の金銭を
自宅に所有している場合，あるいは預金を有するときがこれに当たる。それ
以外の場合，例えば，①有価証券を所持しているとき，②受託者が費消した
金額以上の一般財産を有しているとき，③後日補塡する意思および補塡する
資力があるときも，客観的には横領罪の構成要件に該当しているが[32]，不法
領得の意思を欠いていると解すべきであろう[33]。

委託された金銭の費消　特定物として寄託された封金などが横領罪の客体になること
については問題はない。一方，使途を定めて寄託された金銭は所有権の対象にならない
から，これを本人の財産上の利益と解し，同金銭を費消する行為は他人の事務を処理す
る者の背任行為と解すべきで，あえて横領罪の成否を問う必要はないとの見解もなりた
ちうる。しかし，団藤・638頁がいうように，現行刑法上の背任罪は，刑が下限において
横領罪よりも軽く，また，横領罪のように業務者に対する加重類型が設けられていない
から，単に一定の金額を寄託した場合を背任にすぎないとすると，封金を横領した場合
と法定刑のうえで不均衡が生ずる。また，特定物としての財物の領得に比べ不特定物と
して委託された金銭の費消が財産的損害において大きい場合が少なくないことにかんが
み，使途を定めて委託された一定の金額については横領罪が成立し，背任罪と横領罪は
法条競合の関係になると解すべきである。

　（ウ）**委任された行為に基づいて取得した金銭**　委任者のために受け取っ
た金銭は，委任者の所有に帰属する。したがって，受任者が委任者のために
受領した金銭をほしいままに費消する行為は，横領罪を構成する。債権の取
立てを依頼された者が取り立てた金銭の所有権は依頼者にあり[34]，集金人が
集金した売掛代金の所有権は主人にある[35]。使途を限定して委託された財物
の所有権も，特約ないし特段の事情がない限り，その所有権は委託者にある。

30　大塚・286頁。なお，前掲最判昭29・11・5。
31　反対，西田・265頁，前田・270頁〔領得行為がない〕。
32　大判大2・11・25新聞914・28。
33　東京高判昭31・8・9裁特3・17・826。
34　大判昭8・9・11刑集12・1599。
35　大判大11・1・17刑集1・1。

例えば，株式取次業者が，顧客からその名義による株式短期取引委託の取次ぎを依頼され，その取引の証拠金代用として受け取った有価証券の所有権は顧客に属する[36]。また，洋服の仕立業者が客の注文を受けて預かった洋服生地を仕立てた場合，その所有権は注文者に帰属する[37]。

共有物　共有物については，共有者が共同に各自所有権を有するから，それを占有する者が他の占有者を排除して領得すれば，横領罪を構成する。この場合には，持分に属さない部分ばかりでなく，自己の持分も含む共有物全体について横領罪が成立する[38]。

（エ）**不法原因給付・寄託物**　不法の原因に基づいて給付または寄託された物は，横領罪の客体となるであろうか。

(a)　**不法原因給付物**　民法708条本文は，「不法な原因のために給付をした者は，その給付したものの返還を請求することができない」と定め，不法の原因によって給付した者は，その不法の原因を理由に給付行為の無効を主張して不当利得の返還請求ができない旨を規定している。したがって，例えば，妾関係を継続するためA男がB女に建物を贈与した場合，AはBに不当利得の返還ができないのは当然である[39]。判例は，その場合に所有権に基づく物権的請求権の行使は許されず，「その反射的効果として，目的物の所有権は贈与者（A）の手を離れて受贈者（B）に帰属する」と解している。この考え方によれば，AがBにC殺害を依頼し，その報酬の前渡金として100万円を交付したが，BはCを殺害せずに100万円を自己のために使ってしまったとしても，Bに横領罪は成立しないことになる[40]。不法原因給付物の所有権は，不法の原因を理由として返還を請求することはできないのであり，その**反射的効果**として，贈与者ないし売渡人の手を離れて，受贈者ないし買受人に帰属すると見るのが妥当である。不法原因給付物は，受給者にとって「他人の物」ではなく自己の物であり，横領罪の客体とはなりえないと解すべきである。

(b)　**不法原因寄託物**　それでは，不法原因寄託物の場合には横領罪の

36　最判昭36・10・31刑集5・9・1622。
37　最決昭45・4・8判時590・91。
38　大判昭6・12・10刑集10・739。
39　最大判昭45・10・21民集24・11・1560。
40　西田・261頁，林・149頁。

318　第1編　個人法益に対する罪　第4章　財産に対する罪

客体となるであろうか。

(α)　**意　義**　　不法原因寄託物は，相手方に対し不法な原因で単に占有だけを移転したにすぎず，所有権を与える意思がない場合であり，給付物の場合と異なり民法708条の適用がなく，横領罪の客体となりうるかが問題となる。例えば，覚せい剤を購入してもらうため金銭を委託した場合，あるいは贈賄を依頼して贈賄金を預けた場合などがこれに当たる。これらの場合，受託者は単に物の占有を委託されたにすぎないのであり，他人の物の占有者にほかならないともいえる。他方，不法の原因で物を寄託した場合には，その寄託は法の保護を受ける価値がなく，したがって，先の不法原因給付物と同様に横領罪の客体になりえないともいえる。この点について，学説上は，肯定説，否定説および折衷説が鋭く対立している。

判例の考え方　　判例は，不法原因給付物の所有権は給付者の側にあるとする立場から，(1)贈賄の依頼を受けて贈賄金を預かりながらこれを自ら費消した事案[41]，(2)外国へ密輸出するための金地金を買い入れる資金として預かっていた金銭を着服した事案[42]などについて，横領罪の成立を認めた。ただし，事案は，いずれも不法原因寄託物に関するものであり，不法原因給付物についても同じ考えを採るか否かは不明である。

(β)　**肯定説**　　不法原因寄託物についても民法708条の適用があるという前提に立ち，ⓐ給付者・寄託者は，民法上返還請求権を認められないだけであって所有権は失っていないから，受給者・受託者にとって不法原因給付・寄託物は依然として「他人の物」に当たるとする説[43]，ⓑ行為ないし行為者の処罰の必要性の見地から，民法上保護されない委託関係であっても刑法上保護の必要があるとする説[44]に分かれる。

(γ)　**否定説**　　不法原因給付物と不法原因寄託物とを分けずに，いずれについても民法708条の適用を受けるという前提に立ち，民法で保護されない不法原因給付物の給付者に対し，刑法上横領罪の被害者として保護を与えるのは法秩序の統一を破るとする見地から，ⓐ給付者には所有権がないから不法原因給付物は「他人の物」ではないとする説[45]，ⓑ給付者に返還請求権が

41　最判昭23・6・5刑集2・7・641。豊田・百選Ⅱ（第7版）126頁，川崎・判例講義Ⅱ77頁参照。
42　大判昭11・11・12刑集15・1431。
43　藤木・340頁，内田・363頁，前田・267頁。なお，植松ほか・現代刑法論争Ⅱ171頁。
44　小野・267頁，木村・155頁。

認められない所有権は刑法上保護に値しないとする説[46]に分かれる。

(δ) **折衷説**　不法原因給付物と不法原因寄託物を分けることを前提にして，前者については所有権は受給者に移るから横領罪は問題となりえないが，不法原因寄託物を不法に領得した場合は，信任関係の違背はないから遺失物等横領罪が成立すると解する説[47]と，横領罪が成立すると解する説[48]とに分かれる。

　思うに，法律・経済財産説に立脚するときは，民法と明らかに矛盾する結論を導くことは許されないから，不法原因給付物を横領罪の客体とするのであれば妥当でない。その意味で，肯定説は到底支持することができない。他方，否定説は，不法原因寄託物も民法708条の適用があるという前提を採りつつ，およそ不法原因給付・寄託物は横領罪の客体になりえないとするのであるが，そもそも民法708条が不法原因寄託物にも適用があると解すること自体に疑問があり，民法上も返還請求権を認めうる余地がある。たしかに，不法な原因に基づいて物を委託したのであるから，委託自体が不法なものとして法の保護を受けられないと解することも不可能ではない。しかし，不法な原因に基づくにせよ，財物の委託信任関係自体は保護する必要があり，この点で委託信任関係のない不法原因給付物の場合とは決定的に異なる。また，不法原因寄託物について，寄託者にその返還請求権を認めるということは，不法な目的の実現（覚せい剤の購入，贈賄など）を未然に防止するのに有益であるばかりでなく，受託者に不法な原因に基づく利益を与えないためにも必要なことである[49]。民法上必ずしも委託者の返還請求権が否定されるものでない以上，法律・経済財産説の見地から，不法原因寄託物は横領罪の客体になると解するのが妥当である[50]。

刑法上の他人性　前田・258頁は，刑法上の他人性の解釈については，刑罰を用いるだけの要保護性の視点を考慮しなければならないとして，不法原因寄託物の場合を刑法上の見地から他人の物に当たると解している。しかし，財産罪において保護すべきものは

45　植松・444頁，西原・252頁，岡野・186頁。
46　団藤・637頁，大塚・290頁，中森・149頁，井田・305頁，松原・330頁。
47　江家・324頁。
48　井上＝江藤・175頁，西田・262頁，林・151頁。
49　谷口知平・不法原因給付の研究〔第3版・1970〕199頁。
50　林・152頁。

何かを問題とすべきであり，民事法上の一応の権利ないし利益を考慮しない要保護性は無意味である。

（オ）**盗品等処分の処分代金**　　不法原因寄託物に係るものとして，預かった盗品を勝手に処分した場合，あるいは盗品等の処分を依頼された者がその処分代金を着服した場合は，どのように解決すべきであろうか。

判例は，横領罪の成立を肯定するものと否定するものとに分かれる[51]。財物の所有権は民法上その本来の所有者にあると解すべきであり，行為者は窃盗犯人からとはいえその委託を受けて自己以外の者のために占有しているのであり，受託者にとってその財物は自己の占有する「他人の物」である。したがって，窃盗犯人から盗品の処分を委託された者がその盗品または処分した代金を領得すれば，本犯の被害者との関係で盗品関与罪（256条）が成立するとともに，別に窃盗犯人との関係において横領罪を構成し，両罪は観念的競合になると解すべきである[52]。

窃盗犯人との委託信任関係は法律上保護に値しないとの見解もありうるが，窃盗犯人の平穏な所持も刑法上保護に値すると解する以上（➡203頁），その者との間の委託信任関係も保護に値すると解すべきである。遺失物を拾得したAがBに交番への届出を委託した場合は，Bがこれを領得したとしても横領罪でなく遺失物等横領罪にすぎないから，このこととの均衡上も横領罪説は妥当でないとする見解もある[53]。しかし，Bの占有は偶然に帰属したものではなく，Aの委託に基づくものであるから，委託信任関係を認めることも不可能ではなく，Bには横領罪が成立すると解すべきである。本犯の被害者の所有権に対する関係で盗品等関与罪の成立を認める以上は横領罪の成立を否定すべきであるとする判例[54]もあるが，ここにいう盗品等関与罪は，売買，交換等のあっせん行為によって所有者の当該盗品に対する追求権の侵害を対象とするにすぎず，窃盗犯人が平穏に占有している物に対しては，別に横領罪の成立を認めるべきである。

受託者が，寄託を受ける際に盗品であることを知らずに財物を受け取り，

---

[51] 最判昭36・10・10刑集15・9・1580〔肯定例〕，大判大8・11・19刑録25・1133〔否定例〕。
[52] 藤木・340頁，前田・267頁。反対，大塚・292頁，内田・363頁，西田・262頁，山口・348頁。
[53] 西田・262頁。
[54] 大判大11・7・12刑集1・393。

後に盗品であることに気付いて事情を知らない第三者にそれを売却し代金を着服した場合の擬律について、③横領罪とする説[55]、⑤盗品等関与罪とする説[56]、ⓒ遺失物等横領罪とする説[57]が対立している。しかし、上記のように委託信任関係を保護すべきである以上は、盗品と知って売却した点につき盗品等関与罪が成立し、同時に代金を着服した点につき横領罪が成立して、両罪は観念的競合になると解すべきである。

盗品等処分代金の横領と判例 (1)前掲最判昭和36年10月10日は「被告人が自己以外の者のためにこれを占有して居るのであるから、その占有中これを着服した以上、横領罪の罪責を免れ得ない」として肯定説をとる。(2)これに対し、前掲大判大正8年11月19日は、被告人が窃盗犯人の委託により盗品を他人に売却し、その代金を領得した事案につき、委託契約自体民法90条の規定によって無効であり、窃盗犯人にはその代金について所有権が生じないから、同人の関係において横領罪は構成しないとして否定説をとる。(3)前掲大判大正11年7月12日は、盗品等関与罪が成立する以上は、目的物を領得しても所有権に対する新たな侵害はないから横領罪は成立しないとする。(1)の立場が妥当である。

　（カ）**公務所から保管を命ぜられた自己の物**　　自己の物であっても、公務所から保管を命ぜられた場合には、本罪の客体になる。公務員が差押をしたうえ保管を命じた物は公務員の占有に属するのであり、これを領得すれば窃盗罪が成立するから、横領罪で問題となるのは差押に係らない自己の物について、保管を命ぜられた場合に限られる[58]。

4　行　為

　本罪の行為は、横領することである。「横領」とは、自己の占有する他人の物を不法に領得すること、すなわち他人の物の占有者が委託の趣旨に反して、権限を逸脱して他人の物を処分することをいう。

　(1)　**横領の意義**　　横領の意義については、越権行為説と領得行為説とが対立している。**越権行為説**[59]は、横領をもって委託信任関係の破棄と解し、行

55　東京高判昭24・10・22高刑集2・2・203。斉藤・318頁。
56　大塚・292頁、岡野・187頁。
57　江家・325頁。
58　ポケット588頁参照。
59　牧野・777頁、木村・158頁、植松・444頁、中・168頁、内田・364頁、川端・397頁。なお、前田・268頁。

322 第1編 個人法益に対する罪 第4章 財産に対する罪

為者が委託に基づき占有している他人の物に対し，委託の趣旨に反し，占有物に対して権限を越えた行為すなわち権限を逸脱した行為をすることが横領であるとする。したがって，占有物を毀棄・隠匿する行為も横領になるとする。**領得行為説**（通説・判例）は，横領をもって自己の占有する他人の物を不法に領得することであり，いわゆる不法領得の意思を実現するすべての行為を意味すると解する。

　領得罪の観念は，財物罪の保護法益を考えるうえで不可欠であるとする本書の立場からみれば，横領罪においても不法領得の意思をその主観的な成立要件とすべきである。しかし，この立場からしても，横領罪は委託信任関係を裏切り財物を領得する点に本質があるのだから，物の占有という委託の任務に反して，すなわち**権限を越えて占有物を処分することが必要であり**，その意味では越権行為説が妥当である。一方，横領罪は領得罪であり，その主観的要件として不法領得の意思を必要とすると解すべきであるから，その限りでは領得行為説が妥当である。判例も領得行為説を採っていると解されるのであり，権限を越えた占有物の処分であっても，それが専ら委託者本人のためにする意思である場合は，横領罪は成立しないとしている[60]。このようにして，横領行為といえるためには，客観的には権限を逸脱する行為，主観的には不法領得の意思が必要となる。

> **領得行為説の難点**　　領得行為説は，不法領得の意思必要説と結びついたものであるが，この説によると，横領行為の客観面は不法領得の意思の発現行為であり，主観面は，不法領得の意思ということになるから，不法領得の意思は主観的超過的要素ではないということになる[61]。それゆえ，横領行為の客観面としては，権限を逸脱した不法な処分行為を観念し，主観面としては，不法領得の意思を要件とすべきである。

(2)　**権限逸脱**　　横領行為は，**委託の任務に反して**，すなわち権限を逸脱して自己の占有する他人の物を不法に領得する意思で処分することをいう。判例は，横領行為を定義して，自己の占有する他人の物について不法領得の意思を実現する一切の行為をいうとしたが[62]，横領罪は委託信任関係に違背し

---

[60] 大判大15・4・20刑集5・136，最判昭28・12・25刑集7・13・2721，最決平13・11・5刑集55・6・546。なお，西田・263頁。

[61] 前田・269頁。なお，大塚・296頁。

第6節　横領の罪　*323*

て財物を領得する点にその本質があるから，単に不法領得の意思を実現する行為としただけでは足りず，その前提として，所有者でなければできない処分，すなわち委託の趣旨に反して権限を逸脱した占有物に対する**客観的な処分行為**がなければならないと解すべきであろう[63]。

権限逸脱行為は，一般的な権限を越える行為であればよく，**事実上の処分行為**（費消・着服・拐帯・隠匿・返還の拒絶など）であると**法律上の処分行為**（売却・入質・貸与・贈与など）であるとを問わない。権限を越えた転質[64]または抵当権の設定も横領である。違法目的の処分も横領となりうる[65]。処分行為は作為であると不作為であるとを問わない。**作為**の例としては，売却・贈与などが典型であるが，例えば，着服などの**拐帯横領**においては，単に持ち逃げする意思で道路上を歩行しているだけでは足りず，持ち逃げと認められる行為がなければならない。純粋の**不作為**であってもよい。例えば，警察官が職務上保管すべき他人の物を領置手続をせずに保管をつづけた場合は，権限を逸脱した行為である[66]。

権限を逸脱する行為に着手した以上は，処分行為が完了しなくても**既遂**となる。売却代金を遊興費に当てようとして高飛びすれば，ただちに横領の既遂犯となり，現実にその金銭を費消したかどうかを問わない。横領罪には未遂を処罰する規定がなく，権限を逸脱する処分行為に着手すればただちに既遂となり，原則として**未遂の観念**は認められない。本罪の未遂罪規定がないのもそのためである。横領の未遂は理論的にも認められないかについて，ⓐ肯定説（通説），ⓑ否定説[67]がある。例えば，不動産の横領については登記の完了が必要であるから[68]，その前の段階を未遂として把握することができ，理論的には未遂を観念することができるとするⓐ説が妥当である[69]。

(3)　**実行行為の性質**　　本罪の実行行為は，権限を逸脱する行為があれば

62　大判大6・7・14刑録23・886，最判昭24・3・8刑集3・3・276。北川・百選Ⅱ（第7版）132頁，川崎・判例講義Ⅱ78頁。

63　林・291頁。

64　最決昭45・3・27刑集24・3・76。

65　東京高判平8・2・26判時1575・131。

66　大判昭10・3・25刑集14・325。

67　植松・447頁。なお，瀧川・刑事法講座886頁。

68　最判昭30・12・26刑集9・14・3053。

69　平野・227頁，大塚・301頁。

324 第1編 個人法益に対する罪 第4章 財産に対する罪

足りる。例えば，建物の真の所有者を相手としてその占有者が虚偽の所有権を主張して民事訴訟を提起すれば，それだけで横領罪の既遂に達する[70]。詐欺手段は，横領行為に吸収される。例えば，預かった物の返還を求められた際に，「預かった覚えはない」と欺いた場合，すなわち，領得後に詐欺手段を用いて財物を確保する行為は，**共罰的事後行為**と解すべきである。また，登記簿上所有名義人となって他人の不動産を保管中の者が，その不動産につき所有権移転登記手続の訴えを提起された場合に，自己の所有権を主張して争う行為があれば足りる[71]。これらは，単に不法領得の意思を有したにとどまらず，権限を逸脱した行為が認められるから横領罪となるのである。

横領罪は所有権を保護法益とする罪であるから，実行行為の結果，他人の**所有権に対して**事実上または法律上の侵害を伴うものでなければならない。例えば，質権者から質物の保管を委託された者が，これをその所有者に交付しても所有権の侵害に当たらないから，背任罪はともかく横領罪は構成しないのである[72]。なお，共有者が共有金分割前に自己のためにその全額を費消した場合の**横領額**は，分割前である以上は持分が確定していないから，全体について横領罪が成立すると解すべきである[73]。横領者が委託者に債権を有する場合でも，着服金額について横領罪が成立する。なお，保管する他人の物を毀棄する行為も権限逸脱として横領に当たるが，次に述べる不法領得の意思が欠けるため横領罪は成立しない。

5 故意・不法領得の意思

本罪の故意は，自己の占有する他人の物を，権限を逸脱して処分することについての認識を必要とする。本罪は領得罪であるから，故意のほかに不法領得の意思も必要である。

(1) **不法領得の意思の内容** 本罪にいう不法領得の意思は，他人の物の占有者が委託の任務に反して，その物につき権限がないのに，その物の経済的用法に従って，所有者でなければできないような処分をする意思と解すべきである。したがって，自己の占有する他人の物を毀棄・隠匿する行為は，権

---

[70] 最判昭25・9・22刑集4・9・1757。
[71] 最決昭35・12・27刑集14・14・2229。
[72] 大塚・299頁参照。大判明44・10・13刑録17・1698。
[73] 大判明44・2・9刑録17・59。

限を逸脱する行為ではあるが，不法領得の意思を欠くので本罪には当たらない[74]。一時使用の目的をもって占有物を処分することを**使用横領**というが，使用横領の意思であるときは，不法領得の意思は認められない。しかし，本権を有する者でなければ使用できない態様において利用する意思を有する場合は，不法領得の意思を認めてよい。したがって，短時間の使用を許された自動車を8日間乗り回す行為[75]，自己の保管する会社の秘密資料をコピーのため一時社外に持ち出し，その後返還する行為[76]は，たとえ返還する意思があっても本罪に当たる。

(2) **第三者に領得させる意思**　不法領得の意思は，目的物を専ら自己のために領得する意思に限るとする見解もある。しかし，横領罪につき特にその内容を限定する理由はないから，占有者みずからが利得する意思であることを必ずしも要するものではなく，行為者と特殊の関係を有する第三者に利得させる意思（**第三者横領**）であってもよい[77]。横領罪は領得罪であるから，行為者と全く無関係な第三者に領得させる行為は，背任罪か毀棄罪になる[78]。

(3) **本人のためにする意思**　専ら**委託者本人のためにする意思**に基づく場合は，それが権限を逸脱した他人の物に対する処分行為であっても，不法領得の意思を認めることはできない。村長が村のためにする意思で村の公金を指定外の村の経費に流用する場合[79]，農業協同組合長が組合の機関の議決を経ることなく，定款に違反して組合資金を独断で，組合名義で経営する事業に支出した場合[80]などは，背任罪の問題であり横領罪を構成するものではない。

(4) **一時流用する意思**　使途を特定された金銭等の不特定物の保管者の一時流用は，後日に返済または弁償・補償する能力・意思があっても，相当期間流用し経済的損失を与えるものであるときは，不法領得の意思を認めてよい[81]。金銭等の代替物について，補償する意思で**一時流用する行為**につい

74　平野・225頁，中森・149頁，西田・263頁。
75　大阪高判昭46・11・26高刑集24・4・741。
76　東京地判昭60・2・13刑月17・1＝2・22〔一時横領〕。城下・百選Ⅱ（第6版）133頁，**川崎・判例講義Ⅱ81頁**参照。
77　大判大12・12・1刑集2・895。
78　西田・247頁。
79　大判大3・6・27刑録20・1350。
80　最判昭28・12・25刑集7・13・2721，最決平13・11・5刑集55・6・546。鎮目・百選Ⅱ（第7版）134頁，**川崎・判例講義Ⅱ79頁**参照。

326 第1編 個人法益に対する罪 第4章 財産に対する罪

ては，不法領得の意思が否定されることもありうる（→208頁）。

(5) **集金横領** 集金人が使い込んだ金銭の穴を埋めるために，集金した金銭を順次充当した場合をいう。穴埋めのために用いた金銭について不法領得の意思がないのではないかが問題となるが，権限がないのに所有者でなければできない処分をする意思を認めてよいであろう[82]。

> **判例における不法領得の意思** 判例は，「他人の物の占有者が委託の任務に背いて，その物につき権限がないのに所有者でなければできないような処分をする意思をいう」としている[83]。この定義は窃盗罪における不法領得の意思の定義とは異なっているが，その理由は，横領罪では占有の侵害が要件となっていないためである。もっとも，例えば，市助役が自己の保管する公文書を市役所外に帯出して隠匿した場合についても（業務上）横領罪を認めていることからすれば[84]，利用・処分する意思を不要とする趣旨ともとれる。しかし，横領罪は利欲犯であるから，経済的用法に従って利用・処分する意思が必要になると解すべきである。
>
> 不法領得の意思が問題となった注目すべき例としていわゆる**納金スト**がある。最判昭和33年9月19日刑集12巻13号3047頁は，電気産業の労働組合が労働争議の手段として，会社のために集金した現金を会社に納入せず，一時保管の意味で組合執行委員長名義で預金したという事案につき，本件電気料金の預金は，もっぱら会社側のためにする保管の趣旨のもとになされたものであるから，組合員には不法領得の意思がなく（業務上）横領罪を構成しないとした。

6 二重売買

二重売買とは，物をいったん売却した後，目的物を引渡す前，あるいは所有権移転登記を完了する前に，売主がその物の占有を保持していることを奇貨として，これをさらに第三者に売却することをいう。例えば，土地を甲に売り渡して代金を受け取ったXが，登記が完了していないことを奇貨として，これを乙に売ってその登記を完了してしまうような場合である。

(1) **横領罪を認める通説・判例** 二重売買においては，売買契約の成立によって所有権は買主に移転するから（民176条），契約成立後の売主の占有は他人の物の占有となり，売主がこれをさらに第三者に売却する行為は原則として**横領行為**に当たる。動産については引渡す前に売主が第三者に売却すれ

---

81 後掲最判昭24・3・8。
82 大判昭6・12・17刑集10・789。
83 最判昭24・3・8刑集3・3・276。北川・百選Ⅱ（第7版）132頁，**川崎・判例講義Ⅱ78頁**参照。
84 大判大2・12・16刑録19・1440。

ば横領罪を構成し，登記済不動産を目的物とするときは，所有権移転登記前に第三者に売却し，その登記を完了すれば横領罪に当たるとするのが通説・判例である[85]。

(2) **通説・判例の問題点**　　通説・判例の観点からすると，不動産の場合には，占有者は登記名義人である売主Xであり，第1の売買によって不動産の所有権は買主甲に移転し，売主Xは他人の不動産を法律上占有することになる。そして，第2の乙への売買によって，甲の所有権を害し不法にこれを領得することになるから，不動産の二重売買も横領罪になるとされるのである[86]。しかし，売買における所有権の移転時期については，民法上の学説も変化しており，刑法上も横領罪としての保護に値する所有権の実質を備えていなければ処罰すべきではなく，通説・判例には次のような問題がある。

(ア) **意思表示にとどまる場合**　　第1の売買が単なる意思表示にとどまっており，金銭の授受もなく，また登記手続に必要な書類の交付もなされていない場合である。この場合についての判例の立場は明確でない[87]。形式的には他人の不動産を売買したといえるが，単に売買の意思表示があったといえるにすぎないときは，買主の売主に対する信頼も弱く，買主は，刑法上処罰に値する程度の所有権の実質を備えていないと解すべきである[88]。

(イ) **金銭の授受があった場合**　　第1の売買について甲との間に金銭の授受があったが，第2の売買においてはXが乙に対して単に売買の意思表示をしたにすぎず，甲に対する所有権移転登記を完了する余地が残されているときである。この場合の論点は，権限逸脱行為が甲の所有権を侵害する現実の危険を生じさせたか否かにあるところ，単に売却の意思表示をしたにすぎず，甲に上記登記を完了する余地が残っている以上は横領未遂の段階であり，登記が完了して初めて横領罪を構成すると解すべきである。

(ウ) **背信的悪意者の場合**　　登記を経た第2の買主乙が契約の時点で二重売買の事実を認識していたとき，すなわち乙に悪意がある場合である。単に

---

85 動産につき，大判明30・10・29刑録3・139。不動産につき，最判昭30・12・26刑集9・14・3053。
86 前掲最判昭30・12・26。
87 最判昭34・3・13刑集13・3・310参照。
88 大塚・389頁，小暮ほか〔中森〕・228頁，西田・258頁。なお，藤木英雄・経済取引と犯罪（1966）115頁。

328　第1編　個人法益に対する罪　第4章　財産に対する罪

二重売買の事実を認識していたにすぎないときは，民法上悪意者であっても登記を経ることによって完全な所有権を取得し第三者に対抗できるのであるから（民177条），民法上適法な行為を刑法上違法とすることは許されず，乙について X との間の横領罪の共同正犯または教唆犯は成立しないと解される[89]。

これに対し，民法上保護される正常な取引の範囲を逸脱する信義則違反の行為者，すなわち乙が**背信的悪意者**であるときは，X との間で横領罪の共同正犯または教唆犯が成立するであろう。単なる悪意者は，民法上保護されるという理由で処罰されないのに対し，背信的悪意者の場合は，登記を経たとしても所有権の取得を第三者に対抗できないとされ[90]，民事上も重大な違法行為として保護を受けないのであるから，刑法上も可罰的違法性を有すると解すべきである[91]。

二重売買と詐欺罪　二重売買は詐欺罪を構成するとした判例もある。大判昭和2年9月10日新聞2746号16頁は「既に他人に売渡したる不動産に付き，其の登記を経由せず登記簿上依然として自己の所有名義となり居るに乗じ，第三者を欺罔して重ねて其の者に該不動産を売渡してその登記を了したる…に於て，第2の買主…に被害なきも之が為第1の買主たる某が損害を被りたること明白なれば，…詐欺罪の成立を妨ぐるものに非ず」と判示した。しかし，X は登記名義人である以上，法律上有効に乙に売却できる地位にあり，また，乙は，所有権移転登記を済ませれば甲に優先してその不動産を取得できるのであるから，財産上の損害を被ることはなく，したがって，X は乙に対しすでに売却済みであることを告知する義務はない。また，乙には甲の財産を処分する権限はないから，乙を処分行為者，甲を被害者とする三角詐欺も成立しないことになる。二重売買において詐欺罪の成立する余地はないと考える。これに対し，X と乙の間で代金の授受が行われたが，甲が先に移転登記を完了した場合には，甲に対する横領罪は成立しないで，乙に対する詐欺罪が成立することになろう[92]。

---

[89] 最判昭31・6・26刑集10・6・874。

[90] 最判昭36・4・27民集15・4・901。

[91] 福岡高判昭47・11・22刑月4・11・1803。穴澤・百選Ⅱ（第7版）130頁，**川崎・判例講義Ⅱ87頁**参照。

[92] 東京高判昭48・11・20高刑集26・5・548。

第6節 横領の罪 *329*

3 業務上横領罪

業務上自己の占有する他人の物を横領した者は、10年以下の懲役に処する(253条)。

1 意 義

業務上横領罪は，横領罪に対する身分による刑の加重犯である（**不真正身分犯**）。本罪は，業務上自己の占有する他人の物の横領を内容とする犯罪である。横領罪より刑が加重される根拠については，法益侵害の範囲が広く頻発のおそれが大きいこと，すなわち違法性が大きいからであるとする見解[93]もあるが，むしろ，他人の物を占有する業務を行う者は横領罪を犯す可能性が高いため，一般予防の見地から**責任を加重する趣旨**で特に重い法定刑が定められていると解すべきである[94]。

2 主 体

業務上他人の物を占有する者である。横領罪は，他人の物の占有者についてのみ成立するから真正身分犯（構成的身分犯）であるのに対し，本罪は，さらに身分によって刑を加重するのであるから，占有者たる身分と業務者たる身分とが**複合した身分犯**である（いわゆる二重の意味の身分犯）。

(1) **業務の意義**　業務とは，社会生活上の地位に基づいて反復または継続して行われる事務をいう。必ずしも営業または職業として自己の生活を維持するものであることを要しない[95]。本罪においては，他人の物を占有・保管することを内容とする事務を反復または継続して行う者は，他人の物を横領する可能性が高いという理由から刑が加重されるのであり，本罪の業務者は，**委託を受けて他人の物を占有・保管する**事務を反復または継続的に行う者であることを要する。

(2) **業務の根拠・内容**　業務の根拠は，法令によると契約または慣習によるとを問わない。自己の事務として行うか他人の事務として行うか，また，公務として行うかも関係がない。他人の事務については，その事務を処理す

---

[93] 大塚・308頁。なお，小暮ほか〔中森〕・232頁。
[94] 中山・313頁，曽根・177頁，西田・263頁。
[95] 大判大3・6・17刑録20・1245。

るための裁量権を有するか否かを問わない。また，特定人の委託を受けて占有・保管する者でも，継続的または反復的にこれを行えば業務者である。継続的に行うことは必要でなく，業務の性質として占有・保管が**反復的になされる**ものであれば足りる。業務は，本務ばかりでなく兼務としてなされる場合でもよく，他人に代わって事実上行う事務でもよい。自己の業務に関連して他人の物を保管する者は，すべて業務上の占有者であり，本務に付随してなされる事務も業務である。無免許による事務のように，手続上不適法な点があっても，事務自体が違法でない限り業務としての性質を失わない。業務上の地位を失った後でも，業務の引継ぎを終わるまではなお保管者としての保管責任を免れないから，本罪の主体となるのである。

本罪の業務は，他人の委託に基づき他人の物を継続または反復して保管・占有する事務であれば足りる。その典型的なものは，質屋，倉庫業者，運送業者，修繕業者，一時預り業者，クリーニング業者などであるが，例えば，職務上公金を保管する公務員，会社・団体等の金銭を保管する会社員・団体役員・銀行員なども業務者である。弁護士が交渉相手から示談金等の金銭を預かるのも業務上の占有である[96]。

付随的業務　大判大正11年5月17日刑集1巻282頁は，芸娼妓周旋者が周旋するに際して，抱主から芸娼妓に交付すべき前借金を預って保管する行為にかかる「業務上の占有は，他人の物の占有保管を主たる職務又は営業とする場合に於ける占有のみに限局すべきものに非ず。苟も職業又は営業に附随して他人の物を占有保管する以上は，特に法令に於て之を職務又は営業の範囲より除外せざる限り，同条に所謂業務上の占有に該当するものと解すべき」であるとして，業務性を認めている。しかし，付随的業務における業務性の範囲を画することは困難な場合が多い[97]。要は，**業務遂行上，それと密接に関連して他人の物を保管するもの**といえるか否かである。

3　客体

本罪の客体は，業務と関連して保管・占有する他人の物である。業務者であっても，業務外において占有している物を目的物とするときは，本罪は成立しない。

---

[96]　大判昭6・11・18刑集10・609。

[97]　団藤・624頁。

第6節 横領の罪　　*331*

4　行　為

本罪の行為も**横領**である（➜321頁）。業務上横領罪において特に横領行為が問題となるのは，業務上の保管・占有者が委託の趣旨に反して金銭等の目的物を流用する**保管金銭の流用**の場合であるが，不法領得の意思をもって金銭等を不法に流用した場合には，横領に当たると解すべきである。例えば，使途が定められており，全く流用が禁止されているような金銭を他の目的に流用する場合には，権限を逸脱した処分を認めることができる。町長が町の公金を町行政の公共事務に属しない町会議員慰労の饗応のために費消したとき[98]，あるいは，農林省の出先機関である出張所長が，出張所の事務の円滑を図る目的で，その保管に係る人夫賃を所長自身および所員の出張旅費・接待費に流用したときは[99]，本罪が成立するのである。

4　共　犯

1　横領罪の場合

横領罪は真正身分犯（構成的身分犯）であるから，身分のない者が加功したときは，65条1項によって共同正犯[100]または教唆・幇助犯が成立する[101]。65条1項は，共同正犯の場合を含まないとする見解もあるが，非身分者の共同加功によって横領罪が実行できたといえる以上，非身分者について共同正犯の適用を除外するいわれはない[102]。なお，不動産の二重売買については，単なる悪意者である売主と買主との間に共同正犯を認めるべきではないが，第2の買主が背信的悪意者であるときは，売主との共同正犯または売主に対する教唆犯となる[103]。

2　業務上横領罪の場合

業務上横領罪は不真正身分犯であるが横領罪という真正身分犯を含む**複合的身分犯**（二重の意味の身分犯）であり，次の場合が問題となる。

---

[98] 大判昭9・12・12刑集13・1717。
[99] 最判昭30・12・9刑集9・13・2627。
[100] 大判昭10・7・10刑集14・799。
[101] 最判昭27・9・19刑集6・8・1083。
[102] 大谷・総論456頁。
[103] 前掲福岡高判昭47・11・22。

332 第1編 個人法益に対する罪 第4章 財産に対する罪

(1) 共同して占有している場合 他人の物を共同して占有している場合の共同正犯関係において，一方が業務者であり他が非業務者である場合について，ⓐ真正身分犯として65条1項が適用されて横領罪の共同正犯が成立し，業務者については65条2項に基づき業務上横領罪が成立すると解する説[104]，ⓑ業務上横領罪の共同正犯が成立し，非身分者は横領罪の刑で処断されると解する説[105]がある。しかし，非業務者と業務者とが共同して物を占有している場合，その物の横領は単独で正犯となるのであるから，あえて65条1項を適用する必要はない。ただし，業務者については65条2項により業務上横領罪が成立する。業務上横領罪は，横領罪に対する不真正身分犯（加減的身分犯）と解すべきであるから，非業務者について業務上横領罪の成立を認めることはできず，ⓐ説が妥当である。

(2) 共同して占有していない場合 業務者でも占有者でもない者が業務者の横領行為に加功した場合について，ⓐ65条1項を適用して業務上横領罪の共犯（共同正犯）を認め，65条2項に基づいて身分のない者には横領罪の刑を科すべきであるとする通説・判例[106]，ⓑ業務者という身分は責任身分であるから非身分者には作用せず，非占有者には65条1項により横領罪の共犯が成立するとする説[107]，ⓒ非業務者には占有者としての身分が全くないから，65条2項の適用は許されず業務上横領罪の共犯が成立するとする説[108]，ⓓ業務者という身分は非占有者とは無関係であるから65条1項により横領罪が成立するとする説[109]，ⓔ非業務者が業務上横領に加功した場合には横領罪となり，これとの均衡上単純横領の共同正犯とすべきであるとする説[110]，ⓕ横領罪は真正身分犯であるから65条1項に基づき横領罪の共犯が成立し，65条2項に基づき業務者には業務上横領罪が，非占有者には横領罪が成立すると解する説[111]が対立している。65条の趣旨に照らし，ⓕ説が妥当である。

---

104 平野・総論 373頁，西田・269頁。
105 大判昭 15・3・1 刑集 19・63，最判昭 25・9・19 刑集 4・0・1604。団藤・643頁，大塚・311頁，内田・372頁，中森・156頁。
106 前掲最判昭 25・9・19。
107 平野・総論 373頁，西田・269頁。
108 植松・450頁，香川・575頁。
109 中・171頁。
110 内田・372頁，小暮ほか〔中森〕・234頁，中森・156頁。
111 前田・274頁。

第6節　横領の罪　*333*

なお，ⓐ説のうち 65 条 1 項は真正身分犯の共同正犯を含まないとする立場は，この場合，非占有者の加功は実行行為性を欠くから共同正犯とはなりえず，教唆犯または従犯となるにすぎないと主張するが[112]，65 条 1 項は真正身分犯の共同正犯についても適用があることは明らかであるから，その前提自体支持しがたい[113]。

5　罪数・他罪との関連

1　罪　数

横領罪の罪数は，**委託信任関係の個数**を標準として確定される[114]。横領罪は，委託信任関係に背いて財物を領得する点に特質があるからである。寄託物の所有者が複数であっても，その占有が 1 個の委託信任関係に基づいているときは，一罪が成立するにすぎない。単一の委託信任関係に基づく占有物を時間的に接続して領得するときは，その目的物がそれぞれ異なっていても包括一罪となる。横領罪も**状態犯**であるから，横領行為の後に同一目的物に関して行為者がなした処分行為について，判例は不可罰的事後行為に当たるとして横領罪の成立を否定してきた[115]。しかし，最高裁は従来の判例を変更して，横領後において，なお，その目的物を占有しているときは，その領得行為は独立して横領罪を構成すると判示している[116]。これに対し，業務上預かり保管中の他人名義の銀行預金に勝手に質権を設定していた者が解約し，その払戻金を着服流用した場合は（**横領後の横領**），共罰的事後行為に当たらない。また，横領した預金通帳を用いて郵便局員を欺いて預金を引き出したときは，新たに詐欺罪を構成する。横領罪成立後にその犯跡を隠蔽するために文書を偽造・行使したときは，その行為は横領行為とまったく別の行為であり，併合罪となる。業務上の占有物と非業務上の占有物とを 1 個の行為によって横領したときは，横領罪は吸収されて業務上横領罪のみが成立すると解すべきである[117]。

112　大塚・312 頁。
113　大谷・総論 457 頁参照。
114　大判大 5・10・7 刑録 22・1505。
115　大判明 43・10・25 刑録 16・1747，最判昭 31・6・28 刑集 10・6・874。
116　最大判平 15・4・23 刑集 57・4・467。

横領後の横領　横領罪は状態犯であるから，横領行為の完了後に行われた財物の処分行為は，その横領行為によって評価し尽くされている限り，共罰的事後行為として横領罪を構成しないとするのが従来の判例の立場であった[118]。しかし，最高裁は，従来の判例の立場を変更して，他人の土地にほしいままに抵当権を設定して登記し横領した後に，その土地を他人に売却することによって重ねて横領した事案につき，横領罪の成立を認めた[119]。横領罪には，自己の占有する他人の物を売却したり費消したりして，所有権を完全に侵害する形態と，本件のように権限を逸脱して抵当権を設定する事案のように，完全に所有権の侵害に至らない形態とがあり，前の抵当権設定による横領行為では評価し尽くせない売却等による所有権移転行為は，共罰的事後行為に当たらないと解すべきであり，この判例は支持すべきである[120]。

2　他罪との関連

　横領罪と背任罪との区別が重要であるが，この点は後述するところに譲る（➡347頁）。詐欺罪との関係では，詐欺罪は詐欺行為によって行為者が財物を取得するのに対し，横領罪では財物をすでに行為者が占有しているものを領得するのであり，横領の手段として詐言を用いても処分行為に基づく占有の移転はないから，詐欺罪を構成しない[121]。一説によると，委託物の返還を免れる目的で委託者を欺いた場合に，委託者が事実上委託物の返還をあきらめたときは処分行為がないから詐欺罪は成立しないが，その際に委託者が返還請求権の放棄等の意思表示をすれば2項詐欺罪が成立し，横領罪との観念的競合になるとされる[122]。委託物について返還義務がある場合において，それを欺いて免れた以上は2項詐欺罪が問題となりうるが，この場合の欺く手段は横領物を確保するための共罰的事後行為と解すべきである。また，この見解を認めるとすれば，同一財物につき二重の刑法的評価を加えることになって不当である[123]。これに対し，保管中の他人の物を自己の所有物のように装って担保に供し金銭を借入れる行為は，担保に供する行為が横領行為であり，同時にそれは詐欺罪における欺く手段となるから，詐欺罪と横領罪との

117　最判昭 24・2・15 刑集 3・2・179。
118　最判昭 31・6・26 刑集 10・6・874〔担保提供後，別途債務のために同一人に担保提供した事例〕。
119　最大判平 15・4・23 刑集 57・4・467。伊東・百選Ⅱ（第 6 版）137 頁，**川崎・判例講義Ⅱ85 頁**。
120　山口・312 頁。なお，前田・272 頁，佐久間・242 頁。
121　大判明 44・4・17 刑録 17・587。
122　牧野・806 頁，藤木・342 頁。
123　植松・448 頁，前田・273 頁。

観念的競合となる[124]。

6 遺失物等横領罪

遺失物，漂流物その他占有を離れた他人の物を横領した者は，1年以下の懲役又は10万円以下の罰金若しくは科料に処する（254条）。

1 意 義

遺失物等横領罪は，他人の占有に属しない他人の物を領得する罪であり，占有侵害を伴わない点で委託物横領罪と共通するが，委託信任関係がない点でこれと異なる。「占有を離れた」とは，**占有者の意思に基づかない**でその占有を離れたことをいう。何人の占有にも属していない物だけでなく，偶然もしくは占有者の錯誤によって行為者が占有するに至った物をも含む。

2 客 体

本罪の客体は，遺失物，漂流物その他占有を離れた他人の物（占有離脱物）である。**遺失物**とは，いわゆる「落し物」のことであって，占有者の意思によらないでその占有を離れ，いまだ何人の占有にも属していない物をいう。**漂流物**とは，遺失物が水中にある場合をいう。「**その他占有を離れた物**」とは，遺失物法12条にいう「誤て占有したる物件」をいい，例えば，郵便集配人が誤って配達した郵便物[125]，電車，バス，食堂等に遺留した「他人の置去りたる物件[126]」，「逸走したる家畜」，偶然自己の支配下に入ってきた家畜，さらに風で飛んできた隣家の洗濯物などである。養殖業者のいけすから湖沼中に逸出した鯉であっても，天然のものと区別できる以上は本罪の客体となる[127]。その物の所有者が誰であるかが判明しなくてもよい[128]。**無主物**であるときは，それが財産的価値の高い物であっても本罪の客体にはならない。文化財的なもので所有関係が不明な場合，例えば，昔墳墓であった古塚に納蔵された物で1500年ないし1600年以上経過した宝石鏡剣の類も，埋葬者の権利はその子孫その他の者によって承継される関係にあるから，本罪の客体に当たる[129]。

---

124 東京高判昭42・4・28判タ210・222。
125 大判大6・10・15刑録23・1113。
126 大判大15・11・2刑集5・491。
127 最決昭56・2・20刑集35・1・15。
128 最判昭25・6・27刑集4・6・1090。

336　第1編　個人法益に対する罪　　第4章　財産に対する罪

3　行　為

本罪の行為も横領である。**主観的要件**として客体が遺失物等であることの認識（故意）以外に不法領得の意思が必要となる。当初から不法領得の意思があって，所有権者でなければできない処分をすれば，その時点で既遂となる。例えば，警察に届け出るつもりで拾得したが，後に不法領得の意思を生じて届け出なかったときは，その意思が外部的に発現した時点において本罪が成立する。被害者の占有に属する物を遺失物であると誤認して領得したときは，刑法38条2項の適用を受け，遺失物等横領罪が成立する[130]。本罪も**状態犯**であるから，例えば，遺失物である乗車券を横領した者が，これを精算所に提示して払戻しを受ける行為は，遺失物等横領罪の共罰的事後行為であり，別に詐欺罪を構成するものではない[131]。横領した占有離脱物を損壊したときも同様である[132]。共罰的事後行為であれば，法定刑の重い器物損壊罪が成立するとの見解もあるが，遺失物横領は，後から捨てたり壊したりする行為を予定して作られた犯罪類型であるから，遺失物の損壊行為は共罰的事後行為と解すべきである。

第7節　背任の罪

1　総　説

1　意　義

背任の罪は，①他人のためその事務を処理する者（**事務処理者**）が，②自己もしくは第三者の利益を図り，または本人に損害を加える目的で，③その任務に背く行為をし，④本人に財産上の損害を加えることを内容とする犯罪である。刑法は，背任の罪を「詐欺及び恐喝の罪」（第2編第37章）の章下に規定しているが，この罪の本質は，本人と事務処理者との間に法的に認められる信

129　大判昭8・3・9刑集12・232。反対，小野・271頁，平野・228頁，山口・316頁。
130　東京高判昭35・7・15下刑集2・7＝8・989。
131　東京地判昭36・6・14判時268・32。反対，西田・252頁，山口・317頁〔詐欺罪の成立を認める〕。
132　西田・271頁〔不可罰的事後行為とする〕。反対，林・298頁〔器物損壊罪と包括一罪とする〕。

任関係があるにかかわらず，その信任関係を侵害して財産上の損害を加える点にある。信任関係に違背する点で委託物横領罪と類似する犯罪であり，背任罪はいわば**二項横領罪**としての性格を有するから，詐欺および恐喝の罪が相手方の瑕疵ある財産的処分行為を要素とする犯罪であるのと本質的に異なる。したがって，委託物横領罪と本罪とを併せて認識し体系化すべきであるとする見解が今日では一般的となり，刑法改正作業においても，委託物横領罪と並べて規定する方法が一貫して採用されてきたところである。なお，背任罪は，専ら本人に損害を加える目的で行為する場合も含むから，**毀棄罪**としての一面も認められる。

草案の規定　改正刑法仮案第2編第43章においてもこの態度がとられ，また，草案は，第2編第39章において「横領及び背任の罪」と題し，横領罪の次に背任罪を配列するとともに，新たに業務上背任罪を設けている（353条）。なお，現行法上は，会社法（960条～962条），有限会社法（77条），保険業法（322条以下）において，特別背任罪が設けられているが，成立要件は主体の点を除き本罪と同じである。

2　罪　質

本罪の罪質をめぐっては，古くから背信説と権限濫用説を軸にして，激しい見解の対立がある。

(1)　**学説の対立**　ⓐ**背信説**は，本人との信任関係に違背して財産を侵害する点に背任罪の本質があるとする（通説，大判大3・6・20刑録20・1313）。ⓑ**権限濫用説**は，本人によって与えられた代理権（法律上の処分権限）の濫用によって財産を侵害する点に本質があるとする[1]。ⓒ**限定背信説**は，背信説を限定して，特定の高度の信頼関係を生じさせる事務自体に関する信頼関係に違背して財産を侵害する点に本質があるとする[2]。ⓓ**背信的権限濫用説**は，背任罪の成立範囲を明確にするという観点から「代理権の濫用」を拡大して，本人によって与えられた法律上および事実上の処分権限の濫用によって財産を侵害する点に本質があるとする[3]。

(2)　**判例の立場**　判例は，①質物の保管者が質物を任務に背いて返還し

1　瀧川・173頁。
2　中森・158頁，曽根・184頁，山中・452頁，林・268頁。
3　大塚・317頁，藤木・343頁，内田・345頁。なお，前田・332頁。なお，山口・319頁。

338 第1編 個人法益に対する罪 第4章 財産に対する罪

た場合[4]を初めとして，②帳簿への虚偽記入[5]，③コンピュータプログラムの不正入力[6]などの事実行為に関する違背行為について背任罪の成立を認めているところから，**背信説を基本としている**ことは明らかである。一方，二重抵当（→346頁）では，抵当権設定者はもともと第2の抵当権を設定する権限がないのであるから，権限の濫用ではなく権限の逸脱に他ならない。それにもかかわらず判例は二重抵当につき背任罪の成立を認めているのであるから，背信的権限濫用説と解してよいだろう。

⑶ **学説の検討** 他人の事務を処理する者が，その任務に違背して本人に損害を加える場合において，その事務が法律行為でなく事実行為であっても，本人に重大な財産上の損害を加えることがあり，その当罰性は代理権濫用におけると異ならない場合もあるところから，背任行為を代理権の濫用に限定する権限濫用説は妥当でなく，背信説を支持すべきである。しかし，従来の背信説においては，背任行為の範囲が必ずしも明確にならないところから，本人との関係において**財産上の権限が認められる**場合に限定し，その権限を濫用して行われた任務違背により財産を侵害する点に背任罪の本質があると解すべきであり，ⓓ説が妥当である。例えば，荷物の監視を依頼された者が，監視を怠って誰かに荷物を盗まれてしまったような場合は，権限を濫用して財産上の損害を加えたものではないから，背任とすべきではないのである。

権限濫用説 その説くところを要約すると，第1に，背任罪は若い犯罪であり，横領・詐欺の罪の補充として生まれたが，元来，独立の犯罪類型とすべきである。第2に，その独立性は，法に基づき一定の事務処理上の権限を与えられた者（法的処分権者）が，その権限を濫用して本人に財産上の損害を加えた点にある。第3に，行為者は，本人の代理権者として事務処理上の包括的権限をもつ者でなければならず，それゆえ第三者に対する法律行為（対外関係）についてのみ任務違背行為が認められ，本人との関係における背信的な事実行為，例えば，物の管理を委託された者がその管理を怠ることによって本人に財産上の損害を加える行為は，背任罪から除去すべきであるということになる[7]。なお，権限濫用説を維持しつつ，事務処理者の範囲を意思決定を委託された者まで拡張する考え方も主張されている[8]。

---

4 大判明44・10・13刑録17・1698。
5 大判大3・6・20刑録20・1313。
6 東京地判昭60・3・6判時1147・162。
7 瀧川・171頁。
8 上嶌一高・背任罪理解の再構成〔1997〕230頁。

第 7 節 背任の罪　*339*

(4) **事務の内容**　　本罪は，委託者と事務処理者との間に成立した信任関係に背く点で委託物横領罪と似ているが，本罪が信任関係に基づく財産上の任務の違背一切を対象とするのに対し，横領罪は物の占有という委託事務の違背を対象とする点でその範囲を異にする。本罪における**事務**は，信任関係に基づく財産管理上の**事務一般**をいい，横領罪における事務は，信任関係に基づく物の占有という**特定**の事務をいうから，それ以外の財産管理上の任務違背行為によって委託者に財産上の損害を加えたときは，背任罪の成否が問題となる。それゆえ，背任罪と横領罪とは**一般法と特別法の関係**にある（通説）[9]。

(5) **全体財産に対する罪**　　本罪が成立するためには，背任行為によって「財産上の損害」を加えたことを要する。本罪は，個別財産に対する侵害ではなく被害者の財産状態を全体としてみて損害があったときに成立するところの**全体財産に対する罪**である。

3　親族間の犯罪に関する特例

本罪についても親族間の特例の準用がある（251条，244条）。親族関係は，犯人と委託者との間に存在すれば足りる。

2　背　任　罪

　他人のためにその事務を処理する者が，自己若しくは第三者の利益を図り又は本人に損害を加える目的で，その任務に背く行為をし，本人に財産上の損害を加えたときは，5年以下の懲役又は50万円以下の罰金に処する（247条）。未遂は，罰する（250条）。

1　主　体

本罪の主体は，他人のためにその事務を処理する者に限られる。事務処理者のみが犯しうる**真正身分犯**である。

(1) **事務処理者**　　事務処理者とは，他人の事務をその本人のために行う者をいう。「**他人**」とは，行為者以外の者，すなわち「本人」の意味であり，自然人のほか法人または法人格のない団体をも含む。国または地方公共団体も「他人」となる。「**事務**」は，私的事務であると公的事務であるとを問わず，また，法律行為であると事実行為であるとを問わない。一時的な仕事であっ

9　反対，平野・228頁〔毀棄的行為を含むから独自性を有する〕。

てもよい。

(2) **事務の範囲**　本罪にいう「事務」の範囲は，ⓐ財産上の事務に限るべきであるとする**限定説**，ⓑ財産上の事務に限るべきではないとする**無限定説**とが対立している。ⓑ説は，現行刑法は事務の内容について何らの制限もしていないから，これを財産上の事務に限る法文上の根拠を欠き，例えば，医師が患者に財産上の損害を加える目的で，故意に不適切な療法を実施してその病状を悪化させ，それによって患者の仕事に支障を生じさせ財産上の損害を加えた場合も，背任罪を構成すると主張する[10]。しかし，①背任罪が財産罪として現行刑法上位置づけられていること，②法文上背任行為は本人に財産的損害を加える定型的行為として規定されているとみられることにかんがみ，他人の事務は財産管理上の事務と解すべきであり，ⓐ説が妥当である。

事務処理者は，「**他人の事務**」を処理する者でなければならない。他人の事務を処理するとは，他人すなわち本人の事務をその本人に**代わって**行うことをいう[11]。他人の利益のためであっても，自己の事務を処理する場合は事務処理者ではない。例えば，売買契約に基づき売主が買主に目的物を引き渡す事務は，買主のためのものであっても自己の事務であるから，これを怠っても単なる債務不履行となるにすぎず，背任罪には当たらない。

> **他人の事務・自己の事務**　自己の借金の返済，建築請負業者の家屋の建築などは自己の事務に当たるのに対し，運送業者の運送物保管義務は，貨物引換証の所持者のための他人の事務であり[12]，抵当権設定者が抵当権設定登記に協力すべき義務は，抵当権者のための他人の事務であるとするのが判例である[13]。

(3) **信任関係**　事務処理者といえるためには，本人との間に法律上の信任関係がなければならない。すなわち，本人に対してその事務を誠実に処理すべき義務──**信義誠実義務**を負担する者であることを要する。信任関係の発生原因が何であるかは重要でない。**法令**（親権者・後見人・会社の取締役）によると，代理権授権のような**法律行為**（委任・雇用・請負・寄託）に基づくものであ

10　ポケット 566 頁，木村・145 頁，江家・334 頁，植松・454 頁，柏木・495 頁。
11　大判大 3・10・12 新聞 974・30。
12　大判明 44・4・21 刑録 17・622。
13　最判昭 31・12・7 刑集 10・12・1592。高橋・百選 II（第 7 版）140 頁，**川崎・判例講義 II 88 頁**参照。

ると，**慣習**によって事務を処理するものであると，さらに**事務管理**（民697条）
によって事務を処理するものであるとを問わない。

　本罪の本質は，本人との関係において法律上または事実上の権限がある場
合に，その権限を濫用して行われる任務違背行為にあるから，事務処理者は，
代理権を有する者など**本人の権利・義務を左右できる権限**に基づいて他人の事
務を処理する者に限るべきである[14]。したがって，事務はある程度**包括的**なも
のでなければならず，監視などの機械的事務は含まないと解すべきである[15]。
包括的事務である限り，行為者が単独で処分しうるものばかりでなく，他の
者の決裁に従って行われる事務[16]，運送業者の雇人のような補助者として行
う事務でもよい。情報の管理者も事務処理者である[17]。事務処理者としての
身分は，実行行為の時に存在することを要する[18]。

> **債権者の任務**　　最決平成15年3月18日刑集57巻3号356頁は，株式を目的とする
> 質権設定者は，株券を債権者に交付した後も，融資金の返済があるまで，債権者のため
> にその株式の担保価値を保全すべき任務を負い，それには，除権判決を得てその株券を
> 失効させてはならないという不作為を内容とする任務も当然含まれ，その任務は，他人
> である債権者のために負う，と判示した。

2　行　為

　本罪の行為は，任務に背く行為すなわち背任行為である。「**任務**」とは，そ
の財産的事務の処理者として当該具体的事情のもとで当然になすべきものと
法的に期待される行為をいう。「**背く**」とは，信任関係に違背することをいう。
例えば，銀行員が回収の見込がないのに不良貸付をしたり，質屋の雇人が普
通の質取価格より多額の金銭を貸出すような場合である。

　背任行為は，法律行為として行われる必要はなく，**事実行為**としてであっ
てもよい。売掛代金を受け取るべき事務処理者が商品の取戻を受けた旨の虚
偽の事実を**帳簿に記載した場合**も背任である[19]。また，債権取立の事務を委任

14　藤木・344頁。
15　団藤・652頁，大塚・321頁。反対，柏木・495頁。
16　最決昭60・4・3刑集39・3・131。
17　東京地判昭60・3・6判時1147・162。
18　大判昭8・12・18刑集12・2360。
19　前掲大判大3・6・20。

342　第1編　個人法益に対する罪　第4章　財産に対する罪

されている者が，取立を怠って債権を消滅時効にかからせた場合のように**不作為**の背任行為を含む。例えば，物の管理を委託された者がその管理を怠ったため委託者に財産上の損害を加えたときのように，不作為の事実行為による場合でもよい。保管物の毀損，秘密の漏示も背任である。

　信任関係に違背したといえるかどうかは，信義誠実の原則に従い，社会通念に照らして，通常の事務処理の範囲（**事務処理の通常性**）を逸脱していたかどうかによって決まる。事務処理の通常性は，具体的状況に照らして当該事務について定める法令，官公署における通達や内規，一般の組織体においては業務執行に関する規定や定款，業務内容，さらに法律行為においては委任の趣旨などを検討したうえで，信義則に基づき社会通念に照らして決定される。自己が管理するデータを外部に流したり無断使用する行為[20]，コンピュータープログラムの不正入力[21]も背任となりうる。当該事務処理が通常性を逸脱していないと認められる限り，いわゆる**冒険的取引**によって本人に財産上の損害を加えても背任行為ではない。しかし，会社の取締役が架空の利益を計上して利益配当を行う「蛸配当」は，商法上厳格に禁止されているから（会社963条5項2号），特殊の場合を除いて特別背任罪を構成する[22]。

> **蛸配当**　　実際には赤字であるのに利益があるように見せかける方法による経理上の操作を**粉飾決算**という。この方法により架空の利益を計上して株主にその利益金を配当することを蛸配当（蛸が自分の足を食うように株主が自分の資本を食いつぶすという意味）という。商法は，この種の行為を厳格に規制し処罰しているから（会社963条5項2号），蛸配当は，常に背任行為というべきであるが，株価の安定確保を図る目的で，利益を生じたときは利益金を過少に表示して蓄積し，赤字のときは過去の利益を取りくずしによって補塡し利益を計上する場合は，後述の図利・加害目的を欠くので背任にならないと解すべきであろう[23]。

3　主観的要件

　本罪は**目的犯**であるから，故意以外に主観的構成要件要素として利得の目的または加害の目的が必要となる。

(1)　**故　意**　　本罪の故意は，自己の行為が任務に違背するものであるこ

---

[20] 神戸地判昭56・3・27判時1012・35。
[21] 前掲東京地判昭60・3・6。林〔幹〕・百選II（第5版）130頁，**川崎・判例講義II81頁**参照。
[22] 大判昭7・9・12刑集11・1317。
[23] 大判大3・10・16刑録20・1867。

と，および本人に財産上の損害を加えることを認識して行為に出る意思を内容とする。自己の行為が任務の本旨に即していると誤信して行為するときは，事実につき錯誤があるから故意を阻却する[24]。一方，財産上の損害の発生は確実に予測できない場合があるから，その点についての認識は未必的であってもよいが（通説）[25]，背任罪は**目的犯**であるため，自己の行為が任務の本旨に違反することについての認識は確定的でなければならないと解する[26]。

(2) **目　的**　　本罪の目的は，①自己もしくは第三者の利益を図る目的，または，②本人に損害を加える目的の2つを含む。①の目的で行われた場合は利得罪となり，②の目的で行われた場合は財産毀損罪となる。

(ア) **図利・加害目的**　　本罪の行為は，第1に，自己もしくは第三者の利益を図る目的すなわち利得の目的（**図利目的**）で行われる場合である。自己とは事務処理者をいい，第三者とは，事務処理者および本人以外の者を指し，例えば，蛸配当において専ら株主に利益を配当する目的の場合がこれに当たる。共犯者も第三者である[27]。「**利益**」は，身分上の利益その他の非財産的利益を含むとするのが通説・判例であるが[28]，本罪が財産罪であることの当然の帰結として，財産上の利益に限ると解すべきである[29]。第2に，本人すなわち委託者に財産上の損害を加える目的（**加害目的**）で行われる場合である。ここにいう「損害」も本罪の性質からみて財産上のものに限るべきである[30]。目的は，図利目的または加害目的のいずれか一方があれば足りるが，両者が併存する場合には，主たる目的がいずれにあるかを判断し，主たるものと認められた方が背任の目的になるとすべきである[31]。

(イ) **図利・加害目的と本人図利目的**　　本人の利益を図る目的（本人図利目的）で行為したときは，たとえ任務に違背して本人に損害を加えても，背任罪と

---

24 大判大3・2・4刑録20・119。
25 大判大13・11・11刑集3・788。
26 同旨，木村・148頁，藤木・348頁，内田・348頁。反対，大塚・327頁，中森・161頁，西田・273頁〔未必的認識で足りる〕，山口・321頁。前掲大判大13・11・11。
27 大判明45・6・17刑録18・856。
28 大判大3・10・16刑録20・1867，最決平10・11・25刑集52・8・570，品田・百選II（第7版）146頁，川崎・判例講義II 89頁。
29 団藤・655頁，前田・284頁。
30 新潟地判昭59・5・17判時1123・3〔自己の保身を図る目的〕。
31 江家・337頁。

344 第1編 個人法益に対する罪 第4章 財産に対する罪

はならない[32]。問題となるのは，図利・加害目的と本人図利目的とが併存する場合であるが，**主として**，自己もしくは第三者の利益を図る目的で行為したときは，**従として**，本人の利益を図る目的があっても，背任罪の成立を妨げない[33]。例えば，銀行の支店長が，自分の行ってきた不当な立替え払いの発覚を恐れて立替え払いを継続した場合，たとえ貸付先の倒産を回避する目的があったとしても，主として自己の利益を図る目的であったと認められれば背任罪に当たる[34]。

（ウ）**目的の内容**　図利・加害の目的については，ⓐ図利・加害の点を認識すれば足りるとする未必的認識説[35]，ⓑ認識し，かつ少なくとも認容を必要とする認識認容説[36]，ⓒ確定的認識を必要とする確定的認識説[37]，ⓓ図利・加害を意欲することを必要とする意欲説[38]とが対立している。思うに，加害目的はこれに対応する損害の発生という構成要件的結果に関する主観的要素であるから故意と重複する要素であり，両者の区別が問題となるところ，立法者があえて「目的」として規定しているのは，故意の内容を限定する趣旨と解すべきであるから，確定的認識が必要になるものと思われる。

4　財産上の損害

本罪は結果犯であり，背任行為により本人に財産上の損害が発生したことが必要である。財産上の損害が発生したときに**既遂**に達する。「財産上の損害」とは，既存財産の減少（**積極的損害**）または将来取得しうる利益の喪失（**消極的損害**）のいずれをも含む[39]。「財産」とは，全体財産の意味である（→193頁参照）。それゆえ，損害は，本人の財産状態の全体について考慮しなければならない。一方で損害が生じても，他方でこれに対応する反対給付があるときは，損害はなかったことになる。例えば，1,000万円をAに貸し付けたが，A名

---

32 大判大 3・10・16 刑録 20・1867。
33 大塚・327 頁。最判昭 29・11・5 刑集 8・11・1675。
34 最決昭 63・11・21 刑集 42・9・1251，川崎・判例講義 II 89 頁参照。なお，最決平 10・11・25 刑集 52・8・570。品田・百選 II（第 7 版）146 頁，川崎・判例講義 II 91 頁参照。
35 牧野・749 頁，中森・161 頁，山中・462 頁。大判昭 7・9・12 刑集 11・1317，最決平 17・10・7 刑集 59・8・779。
36 ポケット 566 頁。
37 大塚・327 頁，藤木英雄・経済取引と犯罪（1966）67 頁，中森・141 頁。
38 内藤・注釈(6)322 頁。
39 大判大 11・9・27 刑集 1・483，後掲最決昭 58・5・24。

義の同じ銀行の口座に 1,000 万円の入金があったときは財産上の損害は認められない。

　財産上の損害があったかどうかの判断については，ⓐ法的損害概念説，ⓑ経済的損害概念説の対立がある。ⓐ説によれば，例えば，回収の見込みがないのに貸し付けた場合，1,000 万円の代わりに同額の債権が残るのであるから，法律的には全体財産は減少しないことになる。これに対し，ⓑ説は，経済的に評価して，回収の見込みや担保がない以上，損害は貸付の段階ですでに発生していると解するのである。思うに，法律上債権を取得しても，弁済の見込みがない以上は財産的に無価値となるから，債権の履行前であっても損害が発生したと見るべきであり，ⓑ説が妥当である。最高裁判所も，財産上の損害とは，「経済的見地において本人の財産状態を評価し，被告人の行為によって，本人の財産の価値が減少したとき又は増加すべかりし価値が増加しなかったときをいう」としているところである[40]。したがって，回収不能の者に無担保で金銭を貸付けた場合について，法律上権利を実行する余地があるから実害発生の危険があるにすぎないとする判例もあるが[41]，貸付と同時に貸付元本に相当する財産上の実害が発生したとみるのが妥当である[42]。後日全額回収されても背任罪の成立を妨げない。

> **貸越債務の弁済**　最決平成 8 年 2 月 6 日刑集 50 巻 2 号 129 頁は，甲銀行から当座貸越契約に基づいて融資を受けていた乙金融会社の経営が悪化し，手形決済能力を欠く状態にあったところ，乙会社の代表者が甲銀行支店長と共謀して，乙会社に資力があるように装い，さらに甲銀行からの融資を受けようと企て，乙会社の振り出した約束手形に甲銀行として手形保証をさせ，それと引き換えに額面金額と同額の資金を乙会社名義の甲銀行口座に入金して当座貸越債務の弁済に充てたとしても，そのような会社の経営状態のもとでは，「右入金により当該手形の保証に見合う経済的利益が同銀行に確定的に帰属したものということができ（ない）[43]」と判示した。債務負担行為の場合には，これに見合う反対給付が確実に帰属しない限り全体財産の減少は避けられないから，この判決は妥当である[44]。

---

40 最決昭 58・5・24 刑集 37・4・437。内田（幸）・百選Ⅱ（第 7 版）144 頁，川崎・判例講義Ⅱ 93 頁参照。
41 最判昭 37・2・13 刑集 16・2・68。
42 前掲最決昭 58・5・24。
43 川崎・判例講義Ⅱ 92 頁参照。
44 西田・281 頁。なお，前田・287 頁。

346 第1編 個人法益に対する罪 第4章 財産に対する罪

5 二重抵当と背任罪

二重抵当とは，例えば，Xが債権者Aのために自己の不動産に抵当権を設定した後に，未だその登記をしていないことを奇貨として，さらに債権者Bのために新たに抵当権を設定し，Bのために抵当権の設定登記をする行為をいう。

(1) **学説・判例** 二重抵当については，ⓐAに対する関係で背任罪，Bに対する関係で詐欺罪を認め法条競合とする見解[45]，ⓑAに対する関係で背任罪，Bに対する関係で詐欺罪となり両者は観念的競合になるとする見解[46]，ⓒAに対して背任罪が成立するにすぎないとする見解（通説）が対立している。

判例は，かつて二重抵当は詐欺罪を構成するとしていたが，現在はAに対する背任罪だけが成立すると解するⓒの立場を採っている[47]。詐欺罪を認める立場[48]は，XはAのために抵当権を設定したことをBに告知する義務があるのに，これに違反して同不動産に抵当権を設定した点についてBを欺いたことになる一方，Aはこれによって1番抵当権たる地位を失うことになるから被害者であるとするのであろう。しかし，後の抵当権者であるBは，第1順位で抵当権の設定登記を受ける者である以上，何らの財産上の損害も被ることはないのであるから，XはAのために抵当権を設定したことをBに**告知する義務**はなく，二重抵当は詐欺罪を構成しないというべきである。

(2) **背任罪の成立** 二重抵当について背任罪が成立するというためには，①Xは他人のためにその事務を処理する者といえるか，②Xに任務違背行為があるか，③財産上の損害は何かが検討されなければならない。

まず，①について検討してみよう。抵当権設定者甲は，第1の抵当権者Aに対して登記協力義務があるから，その義務の履行はAのための事務処理であり，XはAに対して登記申請に必要な事務を処理し，抵当権を保全すべき法的誠実義務を負うのである。問題は，登記義務者であるXの任務はAの事務かX自身の事務かにある。たしかに，登記義務者の任務は，抵当権を

---

45 宮本・393頁。
46 牧野・695頁，木村・130頁，青柳・511頁。
47 最判昭31・12・7刑集10・12・1592。
48 大判大元・11・28刑録18・1431。

第7節　背任の罪　　*347*

設定して自己の財産処理行為を完成させるものであるから，自己（Ｘ）の事務としての性格をもつといえる[49]。しかし，登記権利者Ａの側からすると，登記義務者Ｘの協力がなければＡが抵当権設定登記を完了し財産を保全することは不可能であるから，登記義務者Ｘの義務履行は，Ａの**抵当権保全行為**の一部をなしていると解すべきである[50]。したがって，①の要件は，満たしているといえよう。

②はどうか。Ｘは抵当権保全義務を有するものであり，Ａが第1の抵当権設定登記をするまでその地位を保全すべきであるから，白紙委任状，住民票および権利証を一括して相手方に交付してＡの登記に必要な事務を完了したとしても，Ａが登記を完了する以前の時点でＸがＢに対する登記を完了したときには，抵当権保全義務に反するものとして任務違背行為となる。したがって，②の要件も満たしているということができる。

最後に，Ａは，甲の行為によって後順位の抵当権者になるのであるから，第1の抵当権としての既存財産の価値が減少したことになる。したがって，③の要件である財産上の損害が生ずることになるのである。

このようにして，二重抵当は背任罪を構成すると解する通説・判例の立場は妥当であり，この結論は，電話加入権の二重譲渡などについても当てはまる[51]。

③　他罪との関連

1　背任罪と横領罪の区別

背任罪は事務処理者を主体とし，横領罪は物の占有者を主体とする犯罪であるから，両者の構成要件は明確に異なり，その区別を論ずる余地がないように見える。しかし，従来から両者の区別について激しい対立が続いている。それはなぜであろうか。

⑴　**問題の所在**　　例えば，銀行の支店長Ａが明らかに回収不能であることが分かっていながら担保も取らずに銀行名義で甲会社に金員を貸し付け，

49　平野・229頁，山口・323頁。

50　大塚・324頁，曽根・184頁，中森・159頁，西田・249頁，前田・238頁。最決昭38・7・9刑集17・6・608，最決平15・3・18刑集57・3・356。

51　大判昭7・10・31刑集11・1541，東京高判平11・6・9判時1700・168。

348　第1編　個人法益に対する罪　第4章　財産に対する罪

同社からその謝礼を貰ったような場合，おそらく業務上横領罪の成立が問題になると思われるが，同時に A は任務に背いて銀行に損害を加えたのであるから，背任罪も問題となる。このように，他人のためにその事務を処理する者が，自己の占有する他人の財物または公務所より保管を命ぜられた自己の財物を不法に処分する場合，同じ任務違背行為である横領罪と背任罪の双方が問題になり，横領罪が成立するときは両罪は法条競合の関係に立ち，重い業務上横領罪が成立するとするのが通説・判例である。しかし，どの範囲で横領罪が成立するかは困難な問題である。

(2)　**学　説**　背任罪と横領罪の区別をめぐる学説は，背任罪の本質についての学説を反映して以下のように分かれる。ⓐ背信説は，財物に対する背信行為を横領とし，その他の財産上の利益に対する背信行為を背任とする。ⓑ権限濫用説は，特定物の侵害という事実行為の場合が横領罪であり，法的代理権の濫用という法律行為の場合が背任であるとする。ⓒ背信的権限濫用説は，2つに分かれる。その1は，**客体によって**区別し，財物に対する場合が横領罪，その他の財産上の利益に対する場合が背任であるとする。その2は，**行為態様**によって区別し，領得行為と見られる場合が横領であり，その他の背信的行為が背任であるとする。

(3)　**区別の基準**　横領罪と背任罪の区別が問題となるのは，自己の占有する他人の財物を信任関係に違背して流用する場合であるから，物を客体とする**横領罪の成否を基準**に両者を区別するのが本筋である。そして，不法領得の意思に基づき，委託の趣旨に反して，権限を逸脱して占有物を処分したと認められるか否か，言い換えると，委託の趣旨に反して他人の物を自己のほしいままに経済的用法に従って利用・処分したか否かが，横領罪か背任罪かを区別する基準になると解すべきであり，ⓒの1説が妥当である。それゆえ，自己の占有する他人の物を自己または第三者の利益のために費消すれば横領罪を構成することは無論であるが，委託の趣旨に反し，与えられた権限を逸脱し，または濫用して不法領得の意思に基づかずに処分した場合，例えば，占有物を損壊し，または一時使用した場合は背任に当たると解すべきである。なお，背任罪と横領罪とは一般法と特別法の関係にあるから，横領罪が成立するときは法条競合により背任罪は成立しない。

第7節　背任の罪　　*349*

⑷　**判　例**　　判例においては，本人の名義・計算で行われた場合は背任罪が成立し，自己の名義・計算で行われた場合は横領であるとするのが主流である。例えば，村長が職務上保管する村有財産を村会の議決によらずに村（本人）の計算において第三者に交付する行為は背任罪が成立するとした判例がある[52]。また，信用組合の支店長が成績を上げるために特別の謝礼を支払い，その不足分を補塡するために組合員への架空の貸与によりプールした金銭を高利で組合員以外の者に貸し付けた場合，その行為は組合（本人）でなく支店長（自己）の計算において行われたものであるとして，横領罪の成立を認めている[53]。前者では，その経済的効果は村（本人）に帰属するのであるから領得行為は認められないのに対し，後者では，組合名義で謝礼金を出し，また，金銭を貸し付けたのであるが，それは単なる名目にすぎず，その実質は，それらの金銭をいったん領得し，それを第三者に貸し付けたものと解したのであろう[54]。

一方，最判昭和34年2月13日[55]は，森林組合の組合長が組合員への転貸以外に流用を禁止された政府貸付金を組合名義で第三者である地方公共団体に貸し付けた事例につき，業務上横領罪の成立を認めている。貸付が組合員の名義で行われたとしても，森林組合（本人）の権限にも属さない権限逸脱の貸付行為は，その名義・計算のいかんを問わず，不法領得の意思が認められるとしたものと解される[56]。しかし，本人の事務として行われ，その事務処理者に何らの経済的効果も帰属しないのに不法領得の意思を認めることは不当であり，背任罪に留めるべきであったと思われる[57]。

2　詐欺罪等との関係

詐欺罪と背任罪とは構成要件を全く異にするが，例えば，保険会社の外交員または代理人が，被保険者について会社を欺いて保険契約を締結させ周旋料を支払わせる場合，すなわち他人のためその事務を処理する者が，本人を

---

[52] 大判昭9・7・19刑集13・983。浅田・百選Ⅱ（第6版）135頁参照。
[53] 大判昭33・10・10刑集12・14・3246，東京地判昭58・10・6判時1096・151。
[54] 平野・231頁，西田・243頁。
[55] 刑集13・2・101。川崎・判例講義Ⅱ96頁参照。
[56] 曽根・182頁。
[57] 西田・285頁。最決平13・11・5刑集55・6・546参照。

350　第1編　個人法益に対する罪　第4章　財産に対する罪

欺いて財物を交付させた場合が問題となる。この場合について，ⓐ任務違背は詐欺罪のなかに含まれるから詐欺罪のみを認めるべきであるとする説[58]，ⓑ単に背任罪が成立するにすぎないとする説[59]，ⓒ詐欺罪と背任罪の観念的競合とする説（通説）が対立している。背任罪の背信行為と詐欺罪の詐欺行為はそれぞれ性質を異にするから，両罪を観念的競合とするⓒ説が妥当である。背任行為は詐欺罪に吸収されるとする判例[60]は妥当でない。

　背任罪と電子計算機使用詐欺罪との関係について，例えば，不良貸付がコンピュータ端末を操作する振替入金によって行われる場合は，背任ではあっても貸付が一応民事上有効であれば，この操作は資金的実体を有し「虚偽の情報」とはいえないから，電子計算機使用詐欺罪は成立しないと解すべきである[61]。

　背任罪は，毀棄罪としての性格をもつから，背任行為によって本人の財物を毀棄した場合につき両者の関係が問題となる。学説は観念的競合説[62]と法条競合説[63]に分かれるが，背任罪は全体財産に対する罪であるのに対し毀棄罪は財物の利用価値を害する罪であり，両者は罪質を異にすると解すべきであるから，観念的競合説が妥当である[64]。

第8節　盗品等に関する罪

1　総　　説

1　意義と学説

　盗品等（旧贓物）に関する罪は，財産罪のうち，いわゆる領得罪とされる窃盗，強盗，詐欺，恐喝および横領の罪によって不法に領得された物について，①無償譲受け（旧収受），②運搬，③保管（旧寄蔵），④有償譲受け（旧故買），⑤

58　牧野・759頁，斉藤・311頁，条解747頁。
59　小野・275頁。
60　大判大3・12・22刑録20・2596，最判昭28・5・8刑集7・5・965。中森・162頁。
61　東京高判平5・6・29高刑集46・2・189。
62　木村・152頁，植松・461頁，福田・292頁，大塚・330頁，内田・357頁。
63　宮本・396頁。
64　内藤・注釈(6)338頁，大コン(13)242頁，小暮ほか〔中森〕・242頁。

有償処分あっせん（旧牙保）を内容とする犯罪である。これらを包括して，盗品関与罪と呼ぶ。盗品とは領得罪によって取得された財物をいい，この場合の領得罪を**本犯**，その行為者を**本犯者**という。

本罪の意義をめぐっては，ⓐ犯罪によって違法に成立した財産状態を維持・存続させることを内容とする犯罪であるとする**違法状態維持説**[1]，ⓑ本犯の被害者である本権者の私法上の追求権（返還請求権）の行使を困難にする犯罪であるとする**追求権説**[2]，ⓒ本犯の被害者については追求権説が妥当であるが，盗品関与罪の犯人からみれば違法状態維持説および利益関与・事後従犯説が妥当であるとする**折衷説**[3]，ⓓ無償譲受け罪は「犯罪による利益にあずかる行為」であるのに対し，それ以外の各罪は「盗品利用の幇助行為」を内容とする犯罪であるとする**利益関与・事後従犯説**[4]などの学説がある。

> **「贓物」から「盗品等」へ**　1995（平成7）年の改正により，刑法第2編39章「贓物に関する罪」は「盗品等に関する罪」に改められるとともに，客体を「盗品その他財産に対する罪に当たる行為によって領得された物」と規定したことから，本罪が財産犯であることが一層明確になった。

2　学説の検討

本罪は，本犯の被害者との関係でみれば盗品等に対する追求を困難にし，所有者等の本権者がその物を取り戻すことができなくなることを防止するための犯罪と解すべきで，その意味では追求権説が妥当である。しかし，これを本犯との関係でみれば，本罪は本犯の利益関与・事後従犯としての性質を有し，本犯を誘発・助長する犯罪でもあるから，単に追求権の保護の面からのみ本罪を捉えることは妥当でなく，本犯を助長し誘発させる危険ある行為を防止する面をも併せ考慮する必要があり[5]，ⓒ説が妥当である。

3　保護法益

問題は，このような複雑な罪質をいかに解釈論に反映させるかである。違

1　木村・166頁。なお，前田・295頁。
2　大判大11・7・12刑集1・393。小野・277頁，柏木・512頁，香川・582頁，岡野・202頁。
3　江家・342頁，団藤・660頁，植松・463頁，福田・293頁，大塚・332頁，藤木・357頁，内田・379頁，中森・166頁，西田・291頁，山中・476頁，山口・338頁，佐久間・254頁。
4　平野龍一「贓物罪の一考察」小野還暦(1)356頁。
5　最判昭26・1・30刑集5・1・117。

法状態維持説に従うならば，本犯の利益関与・事後従犯的な側面は余すところなく捕捉できる。例えば，民事上の返還請求権のない不法原因給付物も盗品関与罪の客体になるとともに，盗品を被害者宅に運搬するといった追求権の侵害がない行為をも違法状態の維持の観点から盗品関与罪を認めなければならない[6]。この結論は，本罪を財産犯として規定している刑法典の趣旨に反し，処罰の範囲を不当に拡大することになろう。その意味で，「盗品等」の観念は財産上の追求権に従って画すべきである[7]。ところで，追求権説は，追求権をもって民法上の物権的返還請求権と解してきたのであるが，奪取罪の保護法益が本権ではなく平穏な占有であると解すべきであるのと同様に，本罪において保護されるべき追求権も法律上の返還請求権に限る必要はなく，刑法上保護される事実上の返還請求権が認められれば足りると解すべきである。したがって，例えば，窃盗犯人から盗品である麻薬を買い受けた場合[8]のように，禁制品についても本罪の成立を認めることができるのである。このように解することによって，本罪の複雑な罪質を考慮しつつ，その処罰の範囲を合理的に画することができると思われる。

② 客 体

1 財産罪によって領得された物

本罪の客体は，「盗品その他財産に対する罪に当たる行為によって領得された物」である。

(1) **動産・不動産**　本罪の客体は，財産罪によって領得された財物，すなわち，財産罪によって直接的に領得された物であることを要する。それゆえ，会社の機密資料を一時持ち出し，これをコピーした後に元に戻しておく行為は，窃盗や横領にはなっても，そのコピーは財産罪によって取得された物ではないから「盗品等」には当たらない。また，例えば，収賄罪によって収受した賄賂，賭博罪で取得した財物，不法に取得した死体または納棺物，狩猟法違反によって捕獲した鳥獣などは，盗品等の性格（盗品性）を有しない。財

---

6 前田・295 頁。
7 西田・295 頁，山口・340 頁。
8 前田・299 頁。

産罪によって得た財物であれば足りるから，目的物が動産であるか不動産であるかを問わない。不動産の盗品性については一部に異論があるが[9]，不動産も盗品等に関する行為によって所有者の追求が困難になるから，盗品性を肯定すべきである（通説）。ただし，権利自体は財物ではないから，盗品となるものではない。権利が化体している証券などは勿論盗品性を有する[10]。

(2) **違法な行為**　　本罪の客体は，「財産に対する罪に当たる行為」によって領得された物であればよいから，その行為は，犯罪を構成する必要がなく，財産罪の構成要件に該当する違法な行為であれば足りる[11]。したがって，責任無能力者の行為であってもよく，また，親族相盗例によって刑が免除される場合[12]，本犯の行為について公訴時効が完成したためこれを処罰できない場合でもよい[13]。また，本犯が外国人によって外国で犯された場合に，わが国の刑法で本犯を有罪とすることができないときでも，被害者の追求権は保護されるべきであるから，盗品性を認めるべきである[14]。

(3) **領得された物**　　財産罪によって領得された物というためには，本犯が財物の領得について既遂に達していなければならない。本犯が既遂に至る前に実行行為に関与すれば，常に本犯の共犯となるからである。したがって，窃盗罪の実行を決意した者の依頼に応じて，将来窃取すべき物の売却を周旋しても窃盗幇助罪が成立するにすぎない[15]。強盗殺人の場合は，被害者が死亡しなかったため，同罪が未遂であっても，強盗が既遂であればよい[16]。

問題は，本犯が横領行為であるときに生ずる。判例は，法律上の処分行為としての意思表示または申込があれば横領行為は完成するから，相手方が委託物を不法に売却するものであることを知りつつ，その者からこれを買い受けた買主に対しては，横領罪の共犯ではなく盗品等有償譲受け罪が成立するとしている[17]。不動産の場合，単なる意思表示によって横領行為が完成すると

9　ポケット 596 頁，植松・465 頁，平野・34 頁，林・308 頁。
10　最決昭 29・6・1 刑集 8・6・787。
11　大判大 3・12・7 刑録 20・2382。
12　最判昭 25・12・12 刑集 4・12・2543。
13　大判明 42・4・15 刑録 15・435。
14　団藤・663 頁，大塚・335 頁，藤木・359 頁。反対，西田・299 頁，山中・472 頁，山口・341 頁，佐久間・272 頁，大コン(10) 445 頁。
15　大判昭 9・10・20 刑集 13・1445，最決昭 35・12・13 刑集 14・13・1929。
16　団藤・664 頁，中森・165 頁，前田・301 頁，山口 341 頁。

354 第1編 個人法益に対する罪 第4章 財産に対する罪

はいえないから，この判決には疑問もあるが，少なくとも動産については妥当である。

2 追求可能な物

「盗品等」といえるためには，被害者が法律上または事実上返還を請求できる物でなければならない。これを喪失したときは，盗品性は失われる。

(1) **民事上の返還請求権** 民事上の返還請求権が認められる場合は，当然に盗品性が認められる。これに対し，被害者がその財物について明らかに返還請求権を欠き，またはそれを喪失したときは，盗品性は失われる。例えば，民法192条によって第三者が盗品等を善意取得したときは，その盗品性は消滅する。しかし，判例によると，追求権は物権的返還請求権であるとされるが[18]，追求権は法律上・事実上の追求可能性と解すべきであり，盗品または遺失物については，即時取得の要件が具備されても，所有者は盗難または遺失の時から2年間は占有者に対してその物の回復を請求しうるから（民193条），その間は盗品性は失われない[19]。また，民法246条により加工によって財物の同一性が失われ，その所有権が工作者に帰属した場合は盗品性は失われる[20]。これに対し，盗伐した木材は，盗品性を有する[21]。

(2) **不法原因給付物** 問題は，民事裁判によって返還請求権を実現しえないような場合，ことに不法原因給付物について盗品性が認められるかにある。この点については，本罪の罪質に関する学説の対立に応じて見解が分かれるが，不法原因給付物について犯罪が成立する強盗罪や詐欺罪においては，その事実上の所有状態が刑法的に保護されているのであり，その反射的効果として被害者に事実上の返還請求権があるから，その限りで不法原因給付物にも盗品性を認めるべきである。不法原因給付物については，被害者は民事裁判を通じて返還を請求することはできないが，それ以外の方法で返還を迫ることは何ら違法ではなく，請求の結果不法原因給付物が被害者に戻れば，

---

17 大判大2・6・12刑録19・714。
18 大判大10・7・8民録27・1373。
19 大判大6・5・23刑録23・517。
20 最判昭24・10・20刑集3・10・1660〔窃取した自転車のサドルの組み替え取り付け〕。設楽・百選II（第7版）154頁，川崎・判例講義II99頁参照。
21 大判大13・1・30刑集3・38。

法律上返還された物として扱われるのである。刑法が事実上の所有状態を保護しているということは，このような民事裁判以外の方法による返還請求権をも保護する趣旨と解することができる。横領罪のように，不法原因給付物について犯罪が成立しない場合は，もちろん盗品性は認められない。

本犯の行為が詐欺または恐喝であって，法律行為として無効ではなく，民法 96 条により単に取り消しうるにすぎない場合について，その物は適法に移転した物であるから盗品性を有しないとする見解がある[22]。しかし，取り消しうることを含む趣旨で刑法が保護していると解すべきであるから，所有権に基づく民法上の請求権は認められなくても，事実上の返還請求権に基づいて盗品性を認めるべきであろう。なお，財産罪の被害物である禁制品については，被害者に追及権がある。

3　金銭の盗品性

被害者が返還を求めることができるのは，盗品等それ自体である。盗品等の対価として得た物は盗品等ではないし，盗品である金銭によって購入した物も同様である。しかし，金銭のように代替性を有するものはそれ自体が所有権の対象となるわけでなく，金額または一定の数量としてその対象となるのであるから，例えば，盗品である金銭を両替して他の金銭に変えても盗品性は失われない[23]。盗んできた現金を手持ちの現金と混合した後に，それを他の者に交付しても盗品である。判例は，小切手のように取引上金銭とほとんど同一視できる物については，盗品である小切手を呈示して現金を取得すれば，その現金自体が盗品であるとしたが[24]，この場合は，事後処分の性格を超えて新たに詐欺行為が行われたと解すべきであるから，詐欺によって領得された物として盗品等になると解すべきである[25]。窃取した郵便貯金通帳を利用して郵便局員を欺いて払戻しを受ける場合も同様である。

22　牧野・826 頁。反対，大塚・336 頁，藤木・359 頁。
23　大判大 2・3・25 刑録 19・374。反対，瀧川・147 頁，団藤・666 頁，西田・293 頁。なお，前田・296 頁参照。
24　大判大 11・2・28 刑集 1・82。
25　内田・384 頁，山中・428 頁，中森・166 頁，前田・297 頁。

356 第1編 個人法益に対する罪 第4章 財産に対する罪

③ 盗品等無償譲受け罪，盗品等運搬・保管・有償譲受け・有償処分あっせん罪

盗品その他財産に対する罪に当たる行為によって領得された物を無償で譲り受けた者は，3年以下の懲役に処する（256条1項）。前項に規定する物を運搬し，保管し，若しくは有償で譲り受け，又はその有償の処分のあっせんをした者は，10年以下の懲役及び50万円以下の罰金に処する（同条2項）。

1 主 体

本犯の正犯者と共同正犯者は，本罪の主体とはなりえない。本犯者が自己の犯罪によって領得した財物を処分する行為は，通常当該財産罪に含まれている行為であるから，**共罰的事後行為**となる[26]。共罰的事後行為の法的性質は処罰阻却事由と解すべきであり[27]，本犯者が盗品等関与罪を教唆・幇助しても不可罰となる。本犯者から盗品等を有償で譲り受けた者が，それを他に転売するに当たって本犯者が盗品等関与罪の行為に加担したときは，共罰的事後行為の範囲を逸脱し，本罪を構成する。本犯の教唆者・幇助者の共犯行為は，本犯に通常含まれる行為ではないから，本罪の主体となりうる[28]。

2 行 為

本罪の行為は，以下の諸類型に分かれる。

(1) **盗品等無償譲受け罪**（旧贓物収受罪）　本罪は利欲犯的なものであるが，単に本犯が領得した利益にあずかる行為にすぎないから，2項の法定刑より刑が軽い。無償譲受けとは，盗品等を無償で自己の物として取得することをいう。贈与を受ける場合，利息なしに消費貸借として交付を受ける場合は，本罪に当たる[29]。自己の物として取得する点で保管と区別される。単なる口約束とか契約だけでは不十分であり，**盗品等の引渡**がなければならない。本罪は，本犯が既遂に達した後でなければ成立しない。例えば，窃盗の現場で奪取しつつある財物の一部を無償で貰い受けても本罪は成立せず，窃盗の共犯が問題となるにすぎない。

---

[26] 最判昭24・10・1刑集3・10・1629。
[27] 大谷・総論484頁参照。
[28] 最判昭24・7・30刑集3・8・1418。
[29] 大判大6・4・27刑録23・451。

第8節　盗品等に関する罪　　*357*

(2)　**盗品等運搬罪**（旧贓物運搬罪）　　運搬とは，委託を受けて盗品等の所在を移転することをいう。必ずしも本犯者から委託を受ける必要はない。有償であると無償であるとを問わない。盗品等であることを知らないで委託を受け，運搬の途中にそれを知った場合でも，その後の運搬行為は本罪に当たる。ただし，運搬行為を中止することが不可能な場合は本罪を構成しない[30]。

　本罪は，2項における他の罪と同じく，**本犯を助長ないし幇助する行為**を犯罪とするものであるが，その主たる処罰根拠は被害者の追求を困難にする点にあるから，場所的移転は，被害者の盗品等に対する追求・回復に影響を及ぼす程度のものであることを要する。また，被害者に返還するために本犯者から委託を受けて運搬しても本罪を構成しない。本犯者の利益のためであって被害者のためでなくても，被害者宅に運搬する行為は運搬罪を構成しないと解すべきである[31]。

　本罪が成立するためには，運搬の委託を受けたことが必要であるから，例えば，遺失物が盗品等であることを知って運搬しても，それは遺失物等横領罪の共罰的事後行為である。しかし，本犯者と共同して盗品等を運搬した場合は，運搬者はその全体につき運搬罪の罪責を負う[32]。

> **疑問の残る判例**　　最決昭和27年7月10日刑集6巻7号876頁は，被害者のために盗品を取り戻し，これを被害者のもとに運搬した事案について「本件贓物の運搬は被害者のためになしたものではなく，窃盗犯人の利益のためにその領得を継受して贓物の所在を移転したもの」と判示し，運搬者が盗品等を被害者宅に運ぶ行為を運搬罪に当たるとしたが，この行為は盗品に対する追求を困難にするものでないから，上の判決は妥当でない[33]。なぜなら，追求権説を採る判例の立場からすれば，本罪の成立にとって重要なのは，盗品に対する追求権の実行を困難にしたといえるか否かにあるはずだからである[34]。

(3)　**盗品等保管罪**（旧贓物寄蔵罪）　　保管とは，委託を受けて盗品等を保管する行為をいう。有償・無償を問わない。質物として受け取る場合，貸金の

30　ポケット597頁。反対，山口・346頁〔占有取得の段階から認識が必要〕。
31　大塚・338頁，曽根・194頁，西田・295頁，山中・447頁。反対，中森・167頁，前田・419頁，山口・338頁。
32　最決昭35・12・22刑集14・14・2198。
33　川崎・判例講義Ⅱ99頁参照。なお，後掲最決平14・7・1。
34　最判昭33・10・24刑集12・4・3368。

担保として受け取る場合，賃貸借として受け取る場合も含む。追求を困難にするというためには，単に保管を約束するだけでは足りず，現実に盗品等を受け取ることが必要となるが，本犯者から直接に委託を受けることは必要でない[35]。盗品等であることを知らずに保管した後，その情を知るに至ったにかかわらず保管をつづける場合について，本罪は状態犯であるから，盗品性の認識は占有が移転するときに必要と解すべきであるとする見解[36]もあるが，本罪は継続犯であり，しかも保管行為は本犯を幇助するという点に照らし，知情後は保管罪を構成すると解すべきである[37]。しかし，返還するのが不可能もしくは著しく困難であるときは，期待可能性の見地から本罪を構成しないと解すべきである。

(4) **盗品等有償譲受け罪**（旧贓物故買罪）　　有償譲受けとは，盗品等を売買，交換，債務の弁済などの名義で対価を払って取得することをいう[38]。本犯者から委託を受けたかどうかは関係がない。利息付消費貸借[39]または売渡担保名義で取得したときも本罪に当たる。本罪が成立するためには，単に契約が成立しただけでは足りず，現実に盗品等が引渡されたことを要する（通説）[40]。契約の成立だけでは，追求権の行使を困難にするとはいえないからである。これに対し，盗品等が引渡された以上は，代金の支払いがなくても，また，代金額の決定がなくても本罪を構成する。本犯から直接に取得しないで転売によって取得してもよい[41]。契約の時に盗品等であることの認識がない場合にも，取得の時点で認識していれば本罪に当たる。しかし，現実に取得した後に盗品等であることを知ったときは，本罪は即成犯であるから犯罪の成立はない。

(5) **盗品等有償処分あっせん罪**（旧贓物牙保罪）　　有償処分あっせんとは，盗品等の有償的な法律上の処分行為を仲介または周旋することをいう[42]。本犯

35　最判昭 34・7・3 刑集 13・7・1099。
36　平野・235 頁，曽根・196 頁，中森・168 頁，前田・300 頁。
37　西田・251 頁，山中・429 頁。最決昭 50・6・12 刑集 29・6・365。大山・百選 II（第 7 版）152 頁，川崎・判例講義 II 97 頁参照。
38　大判大 12・4・14 刑集 2・336。
39　福岡高判昭 26・8・25 高刑集 4・8・995。
40　大判大 12・1・25 刑集 2・19，最判昭 24・7・9 刑集 3・8・1193。反対，植松・469 頁。
41　大判昭 8・12・11 刑集 12・2304。
42　大判大 3・1・21 刑録 20・41。

第8節 盗品等に関する罪 *359*

者から委託を受けたか否かを問わない。盗品等の売買，交換，質入れなどのあっせん行為がその例であり，有償・無償を問わない。あっせんは，行為者自身の名義で行うか本犯の名義で行うかを問わない。直接に買主に対して行うか，他人を介して行うかは重要でない[43]。本罪が成立するためには，盗品等自体の存在が必要であり，将来窃取すべき物の売却をあっせんしても本罪を構成しない[44]。

　では，売買のあっせんをした事実がある以上，そのあっせんに係る売買契約が成立しなくても本罪が成立するであろうか。判例[45]はこれを肯定し，また，本罪の財産犯を助長するという側面を考慮して，あっせん行為があれば本罪の成立を認めるべきであるとする見解も有力であるが[46]，あっせん行為が存在するだけでは追求権を侵害するに至っていないから，本罪を構成しないと解すべきである。

　行為者のあっせんにより契約が成立した以後は財物の引渡しに行為者は関与しないのが一般であるから，物の授受がない限り本罪が成立しないとする見解[47]は合理性を欠く[48]。したがって，あっせんに係る契約が成立した時点で本罪が成立すると解すべきである[49]。

> **被害者を相手方とする処分**　最決平成14年7月1日刑集56巻6号265頁は，前掲最決昭和27年7月10日の趣旨に従い，窃盗等の本犯の被害者を相手方として盗品等の有償処分のあっせんをする場合にも，被害者による正常な回復を困難にし本犯を助長するおそれがあるから，有償処分のあっせんに当たると判示した。追及権の侵害があったといえるか，疑問である[50]。

3　故　意

　盗品関与罪は故意犯であり，故意の内容としては，各犯罪類型について行為者に盗品等であることの認識（知情）が必要である。認識は未必的なもので

43　前掲大判大3・1・21。
44　最決昭35・12・13刑集14・13・1929。
45　最判昭23・11・9刑集2・12・1504。設楽・百選II（第5版）140頁参照。
46　前田・301頁。
47　曽根・195頁，西田・294頁。
48　内藤・注釈(6)567頁。
49　高田・刑事法講座4巻901頁，福田・300頁，大塚・339頁，内田・383頁，岡野・206頁。
50　深町・百選II（第7版）150頁，川崎・判例講義II101頁。

足り[51]，目的物が何らかの財産罪によって領得されたものであることについての認識があればよい。本犯者，被害者が誰かを知っている必要はない[52]。本犯との間に意思の連絡ないし合意があることを要するかについて，ⓐ肯定説[53]とⓑ否定説[54]とが対立しているが，本罪は被害者の追求を困難にする点に本質があるから，目的物の盗品性の認識があれば足りると解する。知情の時期について，継続犯である保管・運搬の場合には行為開始後でもよいが[55]，それ以外の罪は即成犯であるから，行為開始の時点で知情がなければ犯罪は成立しない。

4　法定刑

本罪の法定刑は，256条1項と同条2項との間で著しい差がある。無償譲受け罪は3年以下の懲役であるのに対し，運搬，保管，有償譲受けおよび有償処分あっせんの各罪は，10年以下の懲役のうえに，さらに50万円以下の罰金が併科されることとなっているのである。後者の罪が特に重く罰せられるのは，本罪が営業犯的なものとして本犯を誘発・助長するものであることを考慮したためであり，また，懲役と罰金を併科するものとしているのは，その営利的性格に着目したからである。

4　罪数・他罪との関連

1　罪　数

本罪における各犯罪類型に該当する行為を相次いで行ったときは，原則として包括一罪となる。第1に，保管の後に取得したときは無償譲受け罪は保管罪に包括され，保管後に有償で取得すれば全体を包括して有償譲受け罪が成立する。第2に，有償処分あっせんのため運搬・保管し，つづいて有償処分あっせんをした場合には，有償処分あっせん罪が成立する[56]。第3に，保管した盗品等をいったん返還した後，さらに有償処分あっせんをした場合は保

---

51 最判昭23・3・16刑集2・3・227。
52 大判昭8・12・11刑集12・2304。
53 大塚・339頁，山中・433頁，西田・274頁。なお，最判昭23・12・24刑集2・14・1877。
54 牧野・833頁，中森・148頁。
55 最決昭50・6・12刑集29・6・365。なお，平野・235頁，曽根・195頁，中森・168頁，前田・301頁〔疑問とする〕。
56 大判明44・5・23刑録17・948。

第 8 節　盗品等に関する罪　*361*

管罪と有償処分あっせん罪の併合罪となる[57]。

　窃盗を教唆した者が被教唆者から盗品等を買い受けた場合について，ⓐ併合罪説[58]とⓑ牽連犯説[59]とが対立している。窃盗教唆罪と有償譲受け罪とは，必ずしも手段と結果の関係にあるとはいいがたく，窃盗罪の教唆犯と盗品関与罪との併合罪と解するⓐ説が妥当である[60]。本犯が他の領得罪であっても，また，盗品関与罪が運搬・保管・有償処分あっせんの各罪であっても同様である[61]。

2　他罪との関連

　盗品等も財産罪の客体となるから，盗品等であることを認識して財産罪を犯せば当該の罪が成立するのであり，遺失物である盗品等を領得すれば遺失物等横領罪となる。領得罪以外に盗品関与罪も認めるべきであるとする説[62]もあるが，盗品関与罪は領得罪によって包括的に評価されるから，領得罪のみが成立すると解する（通説）。盗品等の保管者がその盗品等を着服した場合には，横領罪が成立する[63]。有償処分あっせん罪の場合，情を知らない相手から代金を受け取る行為は，あっせん行為に随伴するものであるから詐欺罪は成立せず，あっせん罪のみが成立する[64]。

5　親族等の間の犯罪に関する特例

　　配偶者との間又は直系血族，同居の親族若しくはこれらの者の配偶者との間で前条の罪を犯した者は，その刑を免除する（257条1項）。前項の規定は，親族でない共犯については，適用しない（同条2項）。

1　趣　旨

　本特例が設けられた趣旨は，盗品関与罪の犯人庇護的性格に着眼して，一

---

[57] 最判昭25・3・24刑集4・3・407。
[58] 瀧川・150頁，植松・469頁，柏木・520頁。
[59] 小野・283頁，江家・348頁，大塚・340頁，瀧川＝竹内・235頁，曽根・192頁，中森・169頁，前田・301頁。
[60] 最判昭24・7・30刑集3・8・1418。
[61] 大判大4・4・29刑録21・438〔窃盗教唆と盗品等有償譲受けの併合罪〕，前掲最判昭24・7・30〔窃盗教唆と盗品等有償処分あっせんの併合罪〕。
[62] 牧野・833頁。
[63] 最判昭36・10・10刑集15・9・1580。同旨，藤木・340頁，山中・481頁，前田・302頁。
[64] 大判大8・11・19刑録25・1133。

定の親族関係にある者が本犯者を人的に庇護しその利益を助長するために本犯者の盗品等の処分に関与する行為は，同情・宥恕すべきであるという点にある。したがって，ここで規定されている身分関係は，**盗品関与罪の犯人と本犯者との間**に存在することが必要である（通説）[65]。学説には，本特例をもって244条の特例と同旨のものとし，この身分関係は盗品関与罪の犯人と本犯の被害者との間の関係であると解する見解もある[66]。しかし，①本犯の被害者と盗品等関与罪の犯人とが親族であっても，そこに同情・宥恕すべき事情を類型的に認めることはできないこと，②本犯の被害者と盗品関与罪の犯人との間に親族関係が認められる場合は全く**偶然的**であって，特別な取扱いをするほどの社会的実態が存在しないことから，上記の見解は妥当でない。なお，盗品関与罪の犯人相互間にも同情すべき場合があろうが，それは個別的に責任に反映させるべきであろう。刑の免除は盗品関与罪の犯人相互間にも及ぶとする見解[67]もあるが，この特例は本犯者に対する人的庇護ないし事後従犯的な点に着眼して設けられたものであるから，本犯を離れた盗品関与罪の犯人相互間の親族関係に本特例を及ぼすべきでない。

刑の免除の根拠　　親族間の盗品等関与行為も，追求権の保護という見地からは犯罪を構成すると考えるべきであるが，ただ，本特例は，一定の親族関係にある者が本犯者を人的に庇護しその利益を助長する行為は類型的に期待可能性が乏しいことを根拠として，人的処罰阻却事由を認めたものと解される[68]。これに対して，期待可能性の不存在による責任阻却事由とする説[69]および可罰的違法性が欠けるとする説[70]があるが，たとえ親族間で犯されたものであっても犯罪が成立しないとするのは適当でない。

2　要　件

本特例は，**本犯者**と**盗品関与罪の犯人**との間に，配偶者，直系血族，同居の親族もしくはこれらの者の配偶者の関係が認められるときにのみ適用があ

---

[65] 大判大3・1・21刑録20・41，最決昭38・11・8刑集17・11・2367。反対，内田・392頁，曽根・196頁，中森・148頁。
[66] 小野・284頁，植松・470頁，香川・592頁。
[67] 木村・172頁，江家・349頁，中山・353頁，内田・392頁，曽根・196頁，中森・169頁，前田・302頁。
[68] 小野・284頁，大塚・342頁，香川・593頁，岡野・209頁，川端・448頁，山中・483頁。
[69] 瀧川・149頁，佐伯・172頁，福田・307頁，なお，西田・299頁。
[70] 井上＝江藤・206頁。

る。**親族の範囲**は，民法に従って定められる。同居とは，同じ場所で同じ家計のもとに日常生活を営んでいることをいう[71]。本犯が共同正犯である場合に，その共同正犯者の1人と盗品関与罪の犯人との間に親族関係が存在していても，親族関係にある共同正犯者から盗品等を買い受けた場合のように，その共同正犯者が盗品等に関与しない限り，本特例は適用されない[72]。

第9節　毀棄および隠匿の罪

1　総　説

　毀棄の罪は，不法領得の意思がなく単に他人の物を侵害する行為を内容とする犯罪であり，**隠匿の罪**は，他人の信書の発見を妨げる行為を内容とする犯罪である。刑法は，①公用文書等毀棄罪（258条），②私用文書等毀棄罪（259条），③建造物等損壊罪・同致死傷罪（260条），④器物損壊等罪（261条），⑤境界損壊罪（262条の2），⑥信書隠匿罪（263条）を定めている。なお，昭和62年のコンピューター犯罪に対応するための改正に際し，①と②に電磁的記録が加えられている。

　他人の物を不法領得の意思なくして侵害する犯罪は，例えば，外国国章損壊等罪（92条），橋等の損壊による往来妨害罪（124条），汽車・電車等破壊罪（126条）というように刑法典に多数定められている。しかし，毀棄の罪は，個人の財産としての物ないし物の効用を**保護法益**とするものであり，これらの毀棄・損壊に係る罪とは法益の点で異なる。また，本罪は財産罪であるが，不法領得の意思を要件としない点で窃盗，強盗，横領などの領得罪と異なる。そして，物を侵害するという点では，毀棄の罪は，その被害が領得罪に比較してより重大であるにもかかわらずその法定刑が一段と軽くなっているのは，領得罪に比べて主として責任非難が類型的に小さいという理由からである。

　毀棄の罪は財産罪であるが，本罪は公用文書を客体とする場合をも含んで

71　最判昭32・11・19刑集11・12・3093。
72　最判昭23・5・6刑集2・5・473。

いる。しかし，**公用文書等毀棄罪**の罪質は，むしろ公務の遂行を侵害する性質をもつものと解すべきであるから，毀棄の罪から区別して認識すべきであり，草案はこの点に着眼して，公用文書等損壊罪を公務妨害の罪のなかに配置したのである（草案148条）。**信書隠匿罪**は，信書を客体とする場合に限られる。本罪は，信書の占有者の占有を排除する点で窃盗罪と類似するが，不法領得の意思を欠く点でこれと本質的に異なる。

2 公用文書等毀棄罪

公務所の用に供する文書又は電磁的記録を毀棄した者は，3月以上7年以下の懲役に処する（258条）。

1 客 体

本罪の客体は，公務所の用に供する文書または電磁的記録である。

(1) **公用文書**　「**公務所の用に供する文書**」とは，現に公務所において使用に供せられ，または使用の目的で保管されている文書をいい，必ずしも公務所または公務員が作成した文書であることを要しない。私文書であっても，例えば，証拠物として保管中の私信のように，公務所が使用するための文書であれば公用文書である。使用する目的が私人のためのものであってもよい[1]。**未完成の文書**であっても本罪の客体になりうるとするのが判例である[2]。作成中の文書であっても，それが公務所の用に供しうる程度に文書としての意味・内容を備えるに至っていれば，本罪の客体になると解すべきである。本罪は，文書に表現されている意味・内容の保護を通じて公務を保護するのであるから，一定の意味・内容を表示する文書である限り公用文書となるのである。したがって，作成方法に欠陥ないし違法がある文書であってもよい[3]。黒板に白墨を用いて記載したときでも，その内容によっては公用文書となるから，これを抹消すれば本罪を構成する[4]。

---

1 最判昭38・12・24刑集17・12・2485。
2 最決昭33・9・5刑集12・13・2858。
3 最判昭57・6・24刑集36・5・686。
4 前掲最判昭38・12・24。

第 9 節　毀棄および隠匿の罪　*365*

未完成文書　最判昭和 52 年 7 月 14 日刑集 31 巻 4 号 713 頁は，警察官が作成中の自己に係る弁解録取書を被告人がひったくり引きちぎったという事案について「当該公務員が公務所の作用として職務権限に基づいて作成中の文書は，それが文書としての意味，内容を備えるに至った以上，…公務所において現に使用している文書にあたる」と判示した。一定の意味・内容を表示するに至った段階で，「公用文書」に当たるとしたものである。これに対しては，本罪は「文書としての効用」を保護するものであるから，実際に公務所の用に供されて初めて本罪の対象になるとする見解（香川・596 頁）があるが，それでは狭すぎるであろう。

(2)　**電磁的記録**　「電磁的記録」とは，電子的方式，磁気的方式など人の知覚によって認識できない方式により作られた記録であって，電子計算機による情報処理の用に供されるものをいう（7 条の 2）。公務所の用に供する電磁的記録とは，公務所または公務員が現に使用し，または将来使用する目的で保管している電磁的記録をいい，公電磁的記録（例―自動車登録ファイル，住民登録ファイル，不動産登録ファイル，特許原簿など）であると私電磁的記録であるとを問わない（161 条の 2 第 1 項，2 項参照）。

2　行　為

　文書を毀棄することである。「**毀棄**」とは，文書の効用を害する一切の行為をいい，破り捨てることがその典型である。文書に記載されている事項を部分的に抹消する行為[5]，形式的部分を毀損する行為，例えば，文書に貼付されている印紙を剥離する行為を含む。公用文書を隠匿して一時その使用を不可能にする無形的毀損は，毀棄に当たる。

　電磁的記録の毀棄とは，電磁的記録の証明作用としての効用を失わせることをいう。記録物自体の損壊，記録の消去，記録の意味の不明化など，およそ電磁的記録の効用を害する行為である以上は，毀棄に当たる。

公用文書の隠匿　大判昭和 9 年 12 月 22 日刑集 13 巻 1789 頁は「文書の毀棄とは，必ずしも文書を有形的に毀損する場合のみならず無形的に一時其の文書を利用すること能はざる状態に措きたる場合をも指称するものなれば…被告人が競売裁判所の使用せる判示競売事件の記録を其の競売期日に競売裁判所より窃に持出し，之を隠匿して一時競売を為すこと能はざるに至らしめたるものなる以上，被告人の行為は公務所の用に供する文書を毀棄したるもの」であるとした。これと同旨の最決昭和 44 年 5 月 1 日刑集 23 巻

5　大判大 11・1・27 刑集 1・16。

366　第1編　個人法益に対する罪　第4章　財産に対する罪

6号907頁もある。不法領得の意思不要説によれば，公務所の占有を奪って隠匿した以上
は，隠匿目的であっても窃盗罪を構成することになるから，公務所の占有を奪わずに隠
匿して使用を妨げる場合は本罪に当たるが[6]，文書の占有を奪わずに隠匿するという例
は，実際上考えられないであろう[7]。なお，隠匿を毀棄の一種と解釈する以上は，後述の
信書隠匿罪の存在理由は疑わしい[8]。

③　私用文書等毀棄罪

権利又は義務に関する他人の文書又は電磁的記録を毀棄した者は，5年以下の懲役
に処する（259条）。第259条の罪は，告訴がなければ公訴を提起することができない
（264条）。

1　意　義

私用文書毀棄罪は，公文書・私文書を問わず，権利・義務に関する他人の
文書または他人の電磁的記録の効用を害する行為を内容とする犯罪である。

2　客　体

権利・義務に関する文書すなわち権利・義務の存否，得喪，変更などを証
明するための文書である。「他人の文書」とは，その文書の名義人が誰である
かとは関係がなく，他人が所有していることを意味する。「他人」とは，行為者
以外の私人をいい，法人を含む。公務所が所有・保管しているときは公用文
書であるから本罪の客体とはなりえないが，それ以外の法人・私人が所有し
ている権利・義務に関する文書は，すべて本罪の客体となる。他人の電磁的記
録とは，他人が使用する電磁的記録をいい，公電磁的記録であると私電磁的
記録（例―銀行の口座残高ファイル，電話料金の課金ファイル，プリペイドカードの磁気
情報部分など）であるとを問わない。自己名義の文書であってもよい。また，有
価証券も権利・義務を証明する文書であるから私用文書となる[9]。自己の所有
する文書であっても，差押を受け，物権を負担し，または賃貸したものであ
るときは本罪の客体となる（262条）。例えば，質入れした自己の債権証書を破
損すれば本罪を構成する。

6　大塚・346頁。
7　江家・274頁。
8　植松・478頁。
9　最決昭44・5・1刑集23・6・907。

> **事実証明のための文書**　本罪の客体は**権利・義務に関する文書**または**電磁的記録**に限られるから，客体が事実を証明するためのものであるときは本罪の客体ではなく，これを毀損すれば261条が適用される。また，後述の信書が権利・義務に関する文書であるときは，本罪の客体になると解すべきである。

3　行　為

公用文書毀棄罪における行為と同様である。例えば，他人が所有する自己名義の文書の日付を改ざんする行為，文書の内容を変更しないで文書の連署者中1名の署名を抹消し新たに他の氏名の署名を加える行為は，文書変造罪ではなく文書毀棄罪に当たる[10]。

4　親告罪

本罪は，親告罪である。文書の所有者が被害者であるから，原則としてその所有者が告訴権を有する。ただし，自己の所有文書が本罪の客体となるときは，文書に対する物上の権利を有する者が告訴権者となる。

４　建造物等損壊罪・同致死傷罪

> 他人の建造物又は艦船を損壊した者は，5年以下の懲役に処する。よって人を死傷させた者は，傷害の罪と比較して，重い刑により処断する（260条）。

1　客　体

建造物または艦船であり，電車等艦船に類似する物件は含まない。建造物および艦船は，他の物件に比較して価値が高いとする趣旨からである。

⑴　**「他人」の意義**　「他人の建造物・艦船」にいう「他人の」とは，他人の所有する建造物・艦船という意味である。**他人性**の判断について，判例は，「他人の所有権が将来民事訴訟等において否定される可能性がないということまでは要しない」としている[11]。これは，奪取罪の保護法益に関する平穏占有説に近い考え方によると思われるが，民事法上の所有権を否定すべき明白な事由があるときは，他人性を否定すべきであろう[12]。「他人の」の意義は，民事法上の所有権を有するかどうかとは一応独立して（**独立説**），外観上特定の

10　前掲大判大11・1・27。
11　最決昭61・7・18刑集40・5・438。只木・百選Ⅱ（第7版）156頁，齊藤・判例講義Ⅱ45頁参照。
12　最決昭61・7・18における長島裁判官の補足意見。なお，西田・259頁。

368 第1編 個人法益に対する罪 第4章 財産に対する罪

者の所有に属すると推定される状況があればよいと解すべきである。

(2) **建造物** 建造物とは，家屋その他これに類似する建造物，すなわち屋蓋を有し障壁または柱材により支えられている状態のもので，土地に定着し，人がその内部に出入りできるものをいう[13]。**物置小屋**も建造物である[14]。外塀，門などは建造物ではない。単に棟上げが終了しただけで屋根や周りの壁が付されていないものも本罪の客体ではない。建造物自体を構成しているものでなければ，後述の器物にすぎない（→370頁）。

器物が建造物の一部を構成しているとするためには，**毀損しなければ取り外しができない**状態にあることを要する[15]。天井，敷居，鴨居，屋根，瓦は建造物の一部であるが，畳，雨戸，障子，ふすまなど自由に取り外すことのできる造作物または建具は，器物損壊罪の客体となるにすぎない。例えば，住宅のアルミ製玄関ドアのように取り外しは不可能ではないが，建物の一部と認められるときは建造物とすべきであるとするのが判例であるが[16]，妥当でない。なお，建物の一部とみられる屋根瓦などであっても，他の物を用いて**簡単に補修することが可能**な部分は，器物損壊罪の客体になると解すべきである[17]。通説・判例はこのような限定を認めないが[18]，建造物損壊罪は，器物損壊罪に比べ法定刑の上限だけでなく下限も重く，また非親告罪であるところから，取り外すことができる造作物が器物になることに対応し，容易に補修できるという点を標準に客体を限定すべきである。

> **建造物か器物かの判断基準** 最決平成19年3月20日刑集61巻2号66頁は，市営住宅の1階にある玄関ドアを金属バットで叩いて損壊させたという事案につき「建造物に取り付けられた物が建造物損壊罪の客体に当たるか否かは，当該物と建造物との接合の程度のほか，当該物の建築物の建物における機能上の重要性をも総合考慮して決すべきである。住居の玄関ドアとして，外壁と接触し，外界とのしゃ断，防犯，防風，防音等の重要な役割を果たしている物は，適切な工具を使用すれば損壊せずに取外しが可能であるとしても，建造物損壊罪の客体に当たる」として，建造物損壊罪の成立を認めた。

---

13 大判大3・6・20刑録20・1300。
14 大判明41・12・15刑録14・1102。
15 大判明43・12・16刑録16・2188。
16 大阪高判平5・7・7高刑集46・2・220。前田・307頁。
17 団藤・675頁，曽根・202頁，山中・490頁。
18 大判昭8・11・8刑集12・1931。

「損壊せずに取り外しが可能」な場合でも建造物の1部に当たるとする趣旨であるが，器物損壊罪との罪質の違いを考慮し，「損壊しなければ取り外しができない」ことを判断の基準とすべきである。

(3) **艦　船**　「艦船」は，軍艦および船舶を併せた用語であり，船舶を意味する。船舶という以上は航行能力を必要とすること無論であって，廃船となっているもの，解体中のものは艦船ではない[19]。建造物，艦船のいずれにおいても，人が現在しているか否かは関係がない。本条は，電車を除外しているところから，これとの均衡上，小舟や小艇は含まないとする見解もあるが，現行法上このような制限を導き出すことは不可能である[20]。なお，人が現在する艦船を破壊するときは，艦船破壊罪（126条2項）との法条競合となる。なお，自己の建造物または艦船であっても，差押を受け，物権を負担し，または賃貸したものは本罪の客体となる（262条）。例えば，他人に賃貸している家屋などがそれである。

2　行　為

損壊である。損壊とは，物理的に毀損すること，または，その他の方法によって建造物・艦船の全部または一部の**使用価値**（効用）**を減却**し，あるいは減損することをいう。柱とか屋根を破壊するといった主要部分の損壊だけでなく，取り外しのきかない部分，例えば，天井板を取り壊す場合も損壊である。建造物の定着地点から移動させる場合も含む[21]。その使用価値を減損したといえる以上，汚物を撒いたり，大量のビラを貼りつけるのも損壊である。使用価値に建物の美観を含ませてよいかは問題であるが[22]，美観も建造物の1つの重要な機能であるから，美観を害されたために本来の用途に適しない程度に建物の使用価値を減損した以上は，損壊に当たる。

ビラ貼りと建造物損壊罪　最決昭和41年6月10日刑集20巻5号374頁は，「（労働争議における）闘争手段として，当局に対する要求事項を記載した…ビラを，建造物またはその構成部分たる…庁舎の壁，窓ガラス戸，ガラス扉，シャッター等に，3回にわたり糊で貼付した所為は，ビラの枚数が1回に約4,500枚ないし約2,500枚という多数で

19　広島高判昭28・9・9高刑集6・12・1642。
20　香川・注釈(6)599頁。
21　大判昭5・11・27刑集9・810。
22　平野龍一「刑法各論の諸問題」法セ215・83頁。

370 第1編 個人法益に対する罪 第4章 財産に対する罪

あり，貼付方法が同一場所一面に…数100枚を密接集中させて貼付したこと等原審の認定した事実関係のもとにおいては，…建造物の損壊に該当する」と判示している[23]。ビラ貼りがすべて建造物損壊罪に当たるものではないことは勿論であるが，その限界，特に器物損壊罪との区別の基準を設定することは容易でない。比較的容易に旧状に復しうる場合は，本罪を構成しないとする判例[24]もあるが，その基準は，社会通念上建造物としての使用価値を滅却・減損したといえるかどうかによって決定するほかにない。なお，最決平成18年1月17日刑集60巻1号29頁は，落書き行為について「建物の外観ないし美観を著しく汚損し，原状回復に相当の困難を生じさせるものであって，その効用を減損させた」ことをもって損壊に当たると判示した。

3 建造物損壊致死傷罪

他人の建造物・艦船を破壊し，よって人を死傷に致した場合に成立する犯罪である。結果的加重犯であり，建造物・艦船に現在していた人に致死傷の結果が生じたか否かを問わない。

5 器物損壊罪・動物傷害罪

前3条に規定するもののほか，他人の物を損壊し，又は傷害した者は，3年以下の懲役又は30万円以下の罰金若しくは科料に処する（261条）。第261条の罪は，告訴がなければ公訴を提起することができない（264条）。

1 客 体

公用文書等毀棄罪，私用文書等毀棄罪および建造物等損壊罪の客体以外の物は，すべて本罪の客体となる。本罪の客体は，他人の所有に属する物であるが，自己の物についても262条の特則があることは前2条の場合と同様である。「物」とは財物のことであり動物も含む。傷害と規定してあるのは，動物を客体とすることを前提としたためである。建造物以外の不動産も客体となる。例えば，家屋を建設するために整地した敷地を掘りおこし畑として耕作物を植付けたときは，本罪を構成する[25]。違法な物，例えば，違法に掲示された政党演説会告知用ポスターも本罪の客体に当たる。電気は本罪の客体にはならないと解すべきであるが（→195頁），電磁的記録は，公用文書毀棄およ

---

23 岡本・百選Ⅱ（第6版）160頁，川崎・判例講義Ⅱ101頁参照。
24 最判昭39・11・24刑集18・9・610。
25 大判昭4・10・14刑集8・477。

び私用文書毀棄の客体以外のものであるときは本罪の客体となる。なお，自己の物であっても，差押えをうけ，物権を負担し，または，賃貸したものは，本罪の客体となりうる（262条）。例えば，他人に対して賃貸してある自己の自動車などがそれである。

2 行 為

本罪の行為は，損壊と傷害である。**損壊**とは，①物質的に器物自体の形状を変更し，あるいは滅失させること，②事実上または感情上その物を本来の用途に従って使用できなくすること，すなわち**その物の本来の効用**を失わせることをいう（**器物損壊罪**）。例えば，他人の飲食器に放尿し[26]，あるいは物の利用を妨げる目的で隠匿したり，看板を取り外して空地に投げ捨てる行為[27]，公選法違反のポスターにシールを貼る行為[28]も損壊である。

傷害とは，動物を殺傷することをいい，損壊におけると同様に動物としての効用を失わせる行為（**動物傷害罪**），例えば，鳥かごを開けて他人の鳥を逃がしたり，池に飼育されている他人の鯉を，いけすの柵をはずして流出させるのも傷害である[29]。

3 親告罪

本罪は，親告罪である（264条）。告訴権者は，損壊された物の本権者または適法に占有していた者である[30]。

6 境界損壊罪

境界標を損壊し，移動し，若しくは除去し，又はその他の方法により，土地の境界を認識することができないようにした者は，5年以下の懲役又は50万円以下の罰金に処する（262条の2）。

1 意 義

本罪は，不動産侵奪罪の新設と併せて昭和35年に創設されたものであり，不動産侵奪罪の予備的行為を犯罪とし，土地に関する権利の範囲に重要な関

---

26 大判明42・4・16刑録15・452。
27 最判昭32・4・4刑集11・4・1327。鎮目・百選Ⅱ（第5版）148頁。
28 最決昭55・2・29刑集34・2・56。
29 大判明44・2・27刑録17・197。
30 最判昭45・12・22刑集24・13・1862。

372 第1編 個人法益に対する罪 第4章 財産に対する罪

係をもつ**境界の明確性**を保護するために，土地の境界を不明にする行為を処罰するものである。

2 客 体

本罪の客体は，土地の境界標である。**土地の境界**とは，権利者を異にする土地の限界線をいい，**境界標**とは，柱，杭等の土地の境界を示す標識をいう。立木などの自然物でもよい。土地に対する権利は，所有権ばかりでなく地上権等の物権さらに賃借権のような債権であってもよい。境界の明確性が重要なのであるから，府県境・市町村境などの公法上の権利関係に基づく境界も含む。境界として認識されているものであれば足り，それが真正の法律関係を示す境界であるかどうかは関係がない[31]。

3 行 為

境界標を損壊，移動もしくは除去し，あるいは，その他の方法で土地の境界を**認識不可能**にすることである。標識によって示される境界が重要なのであるから，自己の所有物か他人の所有物かは問わないし，地下に埋没している場合でもよい。損壊・移動・除去は行為態様の例示にすぎず，その他の方法とは，これらに準ずるものをいう。例えば，境界を流れる河川の水流を変える行為も含む。境界を示す図面は，これに含まれないこと勿論である[32]。

本罪が成立するためには，損壊等の行為によって境界を認識することが不可能になるという**結果の発生**が必要である。その結果は，境界を認識する方法がなくなったという意味でなく，新たに確認の方法を採らない限り認識が不可能になったという意味である。認識を不可能にしない限り，器物損壊罪を構成するにすぎない。本罪は不動産侵奪罪の予備的行為ではあるが，同時に不動産侵奪罪の手段となる行為と解すべきであるから，本罪と不動産侵奪罪とは牽連犯となる。土地の境界を損壊して認識不能にしたときは，本罪と器物損壊罪との観念的競合である[33]。

境界損壊に関する判例 最判昭和43年6月28日刑集22巻6号569頁は，境界標として設置した有刺鉄線張りの直径約8センチメートル，長さ約1メートルの丸太32本を根元から鋸で切り倒し，境界線を損壊したという事案につき「境界毀損罪が成立する

---

[31] 東京高判昭41・7・19高刑集19・4・463，東京高判昭61・3・31高刑集39・1・24。
[32] ポケット609頁，大塚・354頁。
[33] 前掲東京高判昭41・7・19。

ためには，境界を認識することができなくなるという結果の発生することを要するのであって，境界標を損壊したが，未だ境界が不明にならない場合には，器物毀棄罪が成立することは格別，境界毀損罪は成立しない」と説示し，本件においては，境界を発見することが特に困難ではないとして本罪の成立を認めなかった[34]。

7 信書隠匿罪

他人の信書を隠匿した者は，6月以下の懲役若しくは禁錮又は10万円以下の罰金若しくは科料に処する（263条）。前条の罪は，告訴がなければ公訴を提起することができない（264条）。

1 客 体

他人所有の信書を隠匿する行為を内容とする犯罪であり，その客体は信書である。信書とは，特定人から特定人に宛てた意思を伝達するための文書をいう。信書開封罪（133条）における信書とは異なり，特に封緘された信書に限らない。郵便葉書による信書も本罪の客体となる。なお，信書としての目的を完全に果たしてしまえば信書ではなくなるから，当該書面は本罪の客体とはならない。

2 行 為

本罪の行為は，隠匿である。隠匿とは信書の発見を妨げる行為をいう。既述のように物の隠匿も損壊の一態様である以上は，信書の発見を不可能または著しく困難にしてその効用を失わせる場合は器物損壊罪を構成することになるから，隠匿は，その程度に達しない程度の軽微な隠匿行為を意味することになる[35]。もっとも，軽微な隠匿行為の内容は必ずしも明らかではなく，また損壊のなかに隠匿が含まれるとする解釈が認められた以上，本罪は，その存在理由を失ったというべきであろう[36]。しかし，本罪が現に存在している以上は，これを解釈によって抹殺することは妥当でなく，発見が可能な方法での隠匿をもって本罪の「隠匿」と解すべきである。

信書を破棄する行為について，ⓐ本罪は信書の財産的価値が低いことを理

---

34 菊池・百選Ⅱ（第6版）162頁，川崎・判例講義Ⅱ104頁参照。
35 団藤・680頁。
36 植松・478頁。

由に器物損壊罪の特別罪とされているものであり，隠匿は損壊の一態様であるから信書の破棄は本罪に当たるとする説[37]，ⓑ信書は必ずしも他の器物より財産的価値が低いとはいえないから器物損壊罪に当たるとする説[38]が主張されている。本罪は客体の価値ではなく隠匿の程度に着目した犯罪類型と解する立場からは，ⓑ説が妥当である。

3 親告罪

本罪は，親告罪である（264条）。

---

[37] 小野・286頁，瀧川・180頁，福田・308頁，井上＝江藤・210頁，西田・307頁，前田・312頁，山口・361頁。

[38] 藤木・373頁，内田・408頁。

第2編

社会法益に対する罪

376　第2編　社会法益に対する罪

　社会法益は公共的法益の一種である。公共的法益とは，具体的な個人の利益とは区別される国民一般の幸福追求にとって必要となる利益をいう。公共的法益は，社会法益と国家法益に分かれる。社会法益とは，国民各個人の具体的な利益を保護するために必要となる共通の利益をいう。その意味において，社会法益は個人法益を抽象化または一般化したものであり，その限りで独自の領域を形成している。国家法益とは，国家の存立および作用の安全をいう。社会一般の利益を保護する点では社会法益の一種であるが，国家法益は，国民の福祉を増進するための国家の権力的機構を円滑に運用するという見地から保護されるのであるから，社会法益とは一応区別して認識するのが適当である。この意味において，公共的法益を国家法益と社会法益に二分し，これに個人法益を加えて三分的に法益を認識する法益三分説が妥当であり，本書もこの立場に従って叙述することにする。

　社会法益に対する罪は，社会法益を侵害し，または侵害の危険を生じさせる犯罪であり，①公衆の平穏および安全に対する罪，②公衆の健康に対する罪，③公衆の信用に対する罪，④風俗に対する罪とに大別される。なお，ここで「公衆」の語を用いるのは，社会法益を個人から独立したものとして把握せず，個人の集合としての公衆の利益という見地から，個人法益と関連させて認識すべきであるとする趣旨に基づくものであり，一般に「公共」とされている語に当たるものである。

第1章

公衆の平穏および安全に対する罪

　公衆の平穏に対する罪は，騒乱の罪である。また，公衆の安全に対する罪
は，不特定または多数人の生命・身体・財産に対し侵害の危険を生じさせる
犯罪であって，①放火および失火の罪，②出水および水利に関する罪，③往
来を妨害する罪に分かれる。公衆の安全に対する罪は公共危険犯（罪）とも称
されるが，公共危険犯のなかに騒乱の罪を含ませるべきか否かが1つの争点
となっている。判例は，騒乱の罪の保護法益をもって公共の静謐または平穏
と解し，この立場を支持する学説が有力であるが[1]，後述のように公衆の安全
という見地から法益を把握すべきであるとする学説も有力である。しかし，
騒乱の罪は，暴徒と化した多数人の集団が公衆の平穏な生活状態を害すると
ころに本質があると解すべきであり，公共危険犯と一応区別して認識するの
が適当である。ただし，公衆の持つ不安の内容は，主として生命・身体・財
産に危害が及ぶのではないかという危惧感であるから，本書においては，公
共危険犯と類似するものとして騒乱の罪を公共危険犯と同一の章において叙
述する。

第1節　騒　乱　の　罪

1　総　　説

騒乱の罪は，多衆で集合して暴行・脅迫を行うことによって，一定の地域

---

[1] 最判昭 28・5・21 刑集 7・5・1053。団藤・173 頁，大塚・359 頁，佐久間・248 頁。反対，平野・
　241 頁，内田・415 頁，中森・179 頁，西田・309 頁，林・324 頁，山口・366 頁〔公共危険犯とする〕。

378 　第2編　社会法益に対する罪　第1章　公衆の平穏および安全に対する罪

における公衆の平穏を侵害する行為を内容とする犯罪である。多衆で集合して暴行・脅迫を行う犯罪が**騒乱罪**（106条）であり，暴行・脅迫の目的をもって集合した多数の者が，権限を有する公務員から解散命令を受けたのに解散しない真正不作為犯が**多衆不解散罪**（107条）である。いずれも多衆での行為を内容とするから，本罪は，必要的共犯としての集団犯（**多衆犯**）である。後述する国家法益に対する内乱罪（77条）とは集団犯である点で共通するが，同罪における「目的」を欠く点でこれと異なる。

法益に関する学説　騒乱罪の保護法益を公共の平穏であるとするのが通説・判例であるが，公共の平穏というのは観念的であり，そのために本罪の成立をあいまいにしているから，むしろ放火罪などと同様の公共危険犯として構成すべきであるとする見解[2]が有力である[3]。しかし，本罪のような集団犯を公共危険犯として構成すれば，危険性の判断においてかえって処罰の範囲をあいまいにするであろう。また，公衆の平穏な生活，または法秩序によって保護されているという公衆のもつ安心感は，それ自体重要な保護法益である。なお，平成7年の改正前は，本罪は「騒擾の罪」と呼ばれていた。草案は，「騒動の罪」と題して基本的には現行法を踏襲したが（167条），167条2号において謀議参与者を加え，同条3号では，「その他騒動に参加し，又はこれに関与した者」として「附和随行者」に修正を加えて2年以下の懲役と改めた。そのほか騒動予備罪（168条）をも創設したが，法務省代案では削除されている。本罪の特別法として，破壊活動防止法40条1号がある。

2 　騒　乱　罪

　多衆で集合して暴行又は脅迫をした者は，騒乱の罪とし，次の区別に従って処断する。1　首謀者は，1年以上10年以下の懲役又は禁錮に処する。2　他人を指揮し，又は他人に率先して勢いを助けた者は，6月以上7年以下の懲役又は禁錮に処する。3　付和随行した者は，10万円以下の罰金に処する（106条）。

1　主　体

本罪の主体は，集合した多衆である。「**多衆**」とは，多数人の集団をいう。幾人以上あれば多数人といえるかは規定のうえでは明らかにならないから，専ら保護法益との関連において確定する必要がある。本罪の保護法益は，公衆の平穏または平和にあるから，少なくとも一定の地域において法秩序によ

---

2 平野・241頁，中山・369頁，内田・415頁，中森・179頁，西田・309頁，林・324頁。
3 伊藤司「騒擾罪の保護法益についての一考察(1)」北大法学論集34巻1号79頁。

第1節　騒乱の罪　　*379*

る公衆の保護状態が害され，不特定または多数の者が生命・身体・財産の安全について不安を感じうる程度のもの，すなわちその集団による暴行・脅迫が一地方における公衆の平穏を害するに足りる程度の多数人であることを必要とする。それゆえ，多衆といえるか否かは，人数だけでなく，参加者の性質，持っている凶器類，集合の場所・時間などを総合して，一般人を標準に客観的に判断する必要がある。

　「集合」とは，多数人が時と場所を同じくすることをいい，多数人の間に共通する目的があるのが普通であるが，必ずしもそれを要しない[4]。内乱罪のように組織化した暴動集団でなくても多衆である。例えば，烏合の衆であってもよく，集団の首謀者が存在しなくても，各人が騒乱行為に加担する意思をもって集合している以上は，多衆の集合となる[5]。例えば，労働組合員としての多衆のように，適法な集団であっても，また，その動機が適法な集団活動である場合でも，騒乱行為に及んだ以上は，その団体は本罪の主体となる[6]。当初より暴行・脅迫を行う目的をもって集合することも必要ではないのである[7]。

判例における「多衆」　　大判大正2年10月3日刑録19輯910頁は「刑法第106条に所謂多衆とは多数人の集団を指称するものにして，其集団が法律上多数たるには幾人以上に達することを要するや其他之を判断すべき標準を明示する所なきも，一地方に於ける公共の静謐を害するに足る暴行脅迫を為すに適当なる多数人なることを要するものと解せざるべからず」と判示し，この判旨は，最高裁判所においても基本的に維持されている[8]。ちなみに，戦後において起訴された騒乱事件の参加人員は，いずれも数10名から数100名を数えるが，30余名を多衆とした最判昭和28年5月21日刑集7巻5号1053頁もある。なお，平野・法セ220号64頁は「『一地方の平穏を害するに足りる』という要件を加えるのは，無意味である」し，「限定としての役割を果たしていない」から，多衆は「これに属する個々の人の意思では支配できない程度の集団をいう[9]」と定義すべきだとされる。たしかに，判例および本文の示す要件はあいまいではあるが，公衆が脅威を感ずるという観点からみれば，おのずと一定の限界が明らかになるであろう。

4　大判明45・6・4刑録18・815。
5　最判昭24・6・16刑集3・7・1070。
6　大判昭6・12・17新聞3386・13。
7　大判大4・11・6刑集21・1897。
8　最判昭35・12・8刑集14・13・1818。
9　平野・241頁。同旨，中森・179頁，西田・309頁，山口・367頁。反対，大塚・360頁，山中・504頁。なお，曽根・210頁〔一見しただけでは人数が把握できない大集団〕。

2 行 為

本罪の行為は，多衆で集合して暴行または脅迫を行うことである。本罪における**暴行・脅迫**は，一地方の平穏を害する程度すなわちその周辺地域の人心に生命・身体・財産に危害を加えられるのではないかという不安・動揺を与えるに足りる程度のものをいい，いわゆる，**最広義**の暴行・脅迫で足りる[10]。暴行・脅迫の相手方は，個人であると公衆であると，また，特定人であると不特定人であるとを問わない。およそ不法な有形力の行使は「暴行」に当たるとともに，「脅迫」は告知される害悪のいかんを問わない。暴行・脅迫は一地方の平穏を害するに足りる程度のものであることを要し，かつそれで足りる[11]。一地方の平穏を現実に害したか，その具体的危険を発生させたかは本罪の成立要件とならない。すなわち，本罪は**準抽象的危険犯**である。

抽象的危険犯か具体的危険犯か　　前掲最判昭和 28 年 5 月 21 日は，「刑法 106 条は，多衆聚合して暴行又は脅迫をしたときは，その行為自体に当然地方の静謐又は公共の平和を害する危険性を包蔵するものと認めたが故に騒擾の罪として処罰するものであるから，同罪の成立には，右のごとき暴行脅迫の外更らに所論のごとく，群衆の暴動に発展し社会の治安を動揺せしむる危険又は，社会の治安に不安動揺を生じせしめた事実を必要とするものではない」としている。この判旨は，本罪を具体的危険犯と解する趣旨とする余地もあるが[12]，判例は一貫して公共の平穏を害すべき危険の発生を要件としないとしているのであって，結局，結果の発生に至る具体的危険の発生は要しないが，集合および暴行・脅迫行為が，本文の意味での危険をもつといえるかどうかを，具体的に判断する必要があるとする趣旨と思われる（準抽象的危険犯）。なお，最決昭和 59 年 12 月 21 日刑集 38 巻 12 号 3071 頁も同旨と考えられる[13]。学説では具体的危険犯説[14]も有力であるが，積極的根拠を欠くように思われる。

3 主観的要件

騒乱罪は集団犯であるから，暴行・脅迫は多衆の共同意思によることを必要とする。共同意思については，その性質および内容について問題がある。

(1) 共同意思の性質　　共同意思については，ⓐ集団として共同して暴行・

---

10 前掲最判昭 35・12・8。
11 小野・68 頁，団藤・176 頁。前掲最判昭 35・12・8。
12 団藤・注釈(3)151 頁。
13 松村・百選Ⅱ（第 6 版）164 頁，**安田・判例講義Ⅱ 106 頁**参照。
14 大塚・362 頁，香川・159 頁，曽根・211 頁，西田・313 頁，林・324 頁。

脅迫を加える意思であり，主観的構成要件要素であると解する説[15]，ⓑ他の者と集合して暴行・脅迫を加える意思であり，責任要素であると解する説[16]，ⓒ共同意思を不要とする説[17]が対立している。思うに，**共同意思**は，集合した多衆の個々の暴行・脅迫を集団そのものの暴行として評価せしめる要素と解すべきであるから，ⓒ説は妥当でない。また，共同意思が形成されて初めて個々の暴行・脅迫が集団のものとして社会に脅威を与えるのであるから，共同意思を単に責任要素にとどまると解するⓑ説も妥当でない。共同意思は個人を超えた集団としての多衆に共通する全体の意思であり，参加者である個々の行為者の故意とは区別された，暴行・脅迫が多衆のものとして行われることを基礎づける主観的要件であると解すべきであり，ⓐ説が妥当である。

(2)　**共同意思の内容**　　共同意思は，暴行・脅迫を集団自体のものとして行うという意思を内容とする。すなわち，具体的には，①多衆の合同力を恃んでみずから暴行・脅迫を行う意思，②多衆に暴行・脅迫を行わせる意思，および，③多衆の合同力に加わる意思の3つの場合があり，集合した多衆が，これらのうちいずれかの意思を有する者で構成されているときは，その多衆に共同意思が認められることとなる。このような共同意思に基づかない暴行・脅迫は，多衆のなかの一員によって行われたとしても本罪には当たらない。また，合法的集団が共同意思のもとに暴行・脅迫を開始した際，これを制止しようとした者，あるいは集団から離脱しようとした者は共同意思を欠くものとして扱われるべきである。

　共同意思に基づいて，集団として，すなわち多衆の合同力によって暴行・脅迫が行われたときに，初めて公衆の平穏を害する危険を有する行為となりうるから，共同意思は本罪における**主観的構成要件要素**であると解すべきである。共同意思は暴行・脅迫を多衆自体のものとして行う意思であり，多衆を構成する各個人相互における意思の連絡ないし相互認識は必要でなく，その認識は多衆集合の当初より存在する必要もない。また，暴行・脅迫の具体的内容について参加者が予見する必要もない。共同意思は，それを構成する

15　団藤・180頁，大塚・363頁，内田・420頁，曽根・212頁，西田・313頁。大判明43・4・19刑録16・657，最判昭35・12・8刑集14・13・1818。なお，山中・406頁。

16　平野龍一「刑法各論の諸問題」法セ220号65頁，小暮ほか〔岡本〕・269頁。

17　平場安治「騒擾罪の構造」法学論叢71巻5号12頁，江藤・基本講座6巻177頁。

個人ではなく全体としての意思であるから未必的共同意思を論ずる意味がないとする見解[18]もあるが，先の③においては，多衆の合同力による暴行・脅迫自体の発生について未必的に予見しながらあえて加担する意思，すなわち**未必的共同意思**であってもよい[19]。

共同意思に関する判例　前掲最判昭和35年12月8日（平事件）は，この共同意思を次のように説明する。第1に「多衆の合同力を恃んで自ら暴行又は脅迫をなす意思ないしは多衆をしてこれをなさしめる意思」である。第2に「かかる暴行又は脅迫に同意を表し，その合同力に加わる意思」も共同意思である。第3に「集合した多衆が前者（第1）の意思を有するものと後者（第2）の意思を有する者とで構成されているときは，その多衆の共同意思があるものとなるのである」〔（　）内は筆者〕。第4に「共同意思は共謀ないし通謀と同意義ではなく，（中略）元来騒擾罪の成立に必要な共同意思とは，多衆集合の結果惹起せられることのあり得べき多衆の合同力による暴行脅迫の事態の発生を予見しながら，あえて，騒擾行為に加担する意思があれば足りるのであって，必ずしも確定的に具体的な個々の暴行脅迫の認識を要するものではない」。なお，最決昭和53年9月4日刑集32巻6号1077頁（大須事件）は，騒乱罪の成立に必要な「共同意思が存するというためには，騒擾行為に加担する意思において確定的であることを要するが，多数の合同力による暴行脅迫の事態の発生については，常に必ずしも確定的な認識までを要するものではなく，その予見をもって足りる」と判示した。この判旨については，未必的共同意思を認めるのは適当でないとして批判する見解もあるが，具体的な個々の暴行・脅迫について確定的認識を要しないとしたまでで，本罪のような集団犯では当然のことである。

4　行為態様と処罰

本罪の行為は，多衆による暴行・脅迫であるが，本罪は集団犯であるから，その騒乱行為に関与する集団における役割は，参加者においておのずと異なったものとなる。それゆえ，106条は共同意思に基づいた多衆による暴行・脅迫の存在を前提にしたうえで，さらに個々の構成要件を設け，首謀者，指揮・率先助勢者および付和随行者の3種に区別し，法定刑のうえで差異を設けている。

(1)　**首謀者**　「首謀者」とは，中心人物または俗にいう張本人のことである。その行為は，共同意思をもって，騒乱となる集団行動を首唱・画策して多衆の合同力による暴行・脅迫をさせることである[20]。集合体に関してこの

18　中山・375頁。
19　最判昭35・12・8刑集14・13・1818。荘子邦雄「集団犯の構造」刑法講座5巻15頁。

ような役割を演じた以上は首謀者となるから，必ずしも 1 人であるとは限らず，騒乱の現場でみずから多衆を指揮統率する必要もない。また，現場でみずから暴行・脅迫を行うことを要しない[21]。中途から参加した者も首謀者となりうる。騒乱状態は，首謀者の存在しない烏合の衆のような集団においても生ずるから，騒乱罪が成立するために，必ずしも首謀者が存在することを要しない[22]。本罪が成立するためには，共同意思のほかに故意が必要となる。本罪の**故意**は，暴行・脅迫を行わせるために集合させることの認識，および多衆で暴行・脅迫をさせることの認識を必要とする。

(2) **指揮者・率先助勢者**　　指揮者と率先助勢者とは集団における役割において若干異なるが，同一の法定刑で処罰される。「**指揮者**」とは，騒乱に際して集団の全員または一部の者に対して**指図する者**をいい，暴行・脅迫の現場で指揮することを必ずしも要しない。事前に他の場所で指図した場合でもよく，多衆が現場に向かう際に指揮した者も含む[23]。本罪の**故意**は，指揮行為に対する認識を必要とする。「**率先助勢者**」とは，例えば，暴動の意義を唱え，その決行を促す演説をして多衆を激励するというように，群衆から抜きん出て**騒乱の勢力を増大させる行為**をする者をいう。集団において暴行・脅迫の共同意思が形成される以前においても本罪を構成することがある[24]。現場にいて暴力行為を率先して行う場合だけでなく，現場外の行為も含み，また，集団行動の妨害を排除するための見張役をして気勢を高めたときも率先助勢となりうる[25]。勢力を高めるために積極的に行動するところに率先助勢の特質があるから，必ずしも群衆の先頭に立って行動する必要はない。本罪の**故意**は，率先助勢に対する認識を必要とする。

(3) **付和随行者**　　多数の者が暴行・脅迫を行うため形成しつつある集団，または，すでに形成された集団に，共同意思をもって**付和雷同的**に参加した者を「**付和随行者**」という。みずから暴行・脅迫をする者だけでなく，単に多

---

20 前掲最判昭 28・5・21。
21 前掲最判昭 28・5・21。
22 最判昭 24・6・16 刑集 3・7・1070。
23 大判昭 5・4・24 刑集 9・265。瀧川・212 頁〔現場において指導することを要する〕。
24 大判大 8・6・23 刑録 25・800。
25 大判昭 2・12・8 刑集 6・476。

衆の集団に参加したにすぎない者も付和随行者である[26]。この場合の**故意**は，多数の者が暴行・脅迫を行うための集団を形成し，または形成しつつあること，および付和雷同的に集団に参加することの認識を必要とする。なお，付和随行行為が暴行罪または脅迫罪を構成する場合であっても本罪によって処罰されるから，単独犯の場合より刑が軽くなる。群衆心理に駆られた行為であるため責任が軽いという理由からである。騒乱事態を認識しながら単に群衆のなかにとどまる**不作為**の場合は，共同意思を欠くものとして処罰の外にあると解すべきであり，騒乱罪の従犯も構成しない。

5　集団外の関与者

暴行・脅迫をする多衆の集団外において騒乱に関与する行為については，共犯例の適用を認める積極説と認めない消極説とが対立している。消極説は，集団犯としての騒乱罪においては，首謀者，指揮・率先助勢，付和随行の3つの態様において関与の形態が定められているのであるから，刑法総則の共犯規定を適用すべきでないと主張する[27]。たしかに，内乱罪[28]におけると異なり謀議参与者は法定されていないから，単に謀議に参与したにすぎない者は処罰されない。また，本罪は必要的共犯であるから，**集団内における関与**に関しては共犯規定の適用はないと解すべきである。しかし，例えば，首謀者と共謀しつつ集団の一部を形成していない者，率先助勢者を教唆した者，他人を勧誘して集団に参加させた者などについて不可罰とするのは妥当でないばかりか，共犯の成立要件として欠けるところはないから，関与の形態に応じて共犯規定を適用すべきである[29]。

6　他罪との関連

騒乱罪における暴行・脅迫は，暴行罪，脅迫罪に当たらない程度の軽微なもので足りるが，同時に，一地方の平穏を害する程度の暴行・脅迫として，当然に暴行罪，脅迫罪にいう暴行・脅迫をも包んでいる。したがって，暴行

26　大判大4・10・30刑録21・1763。

27　大判明44・9・25刑録17・1550。小野・69頁，団藤・182頁，福田・62頁，大塚・362頁，香川・164頁，吉川・229頁，内田・427頁，小暮ほか〔岡本〕・276頁。

28　77条1項2号。

29　牧野・82頁，宮本・426頁，木村・185頁，江家・85頁，植松・92頁，藤木・81頁，曽根・213頁，中森・182頁，山中・468頁，西田・314頁。

罪，脅迫罪は本罪に吸収される。暴行・脅迫が同時に他の罪名に触れる場合に関し，判例は，殺人罪，住居侵入罪，建造物損壊罪，恐喝罪，公務執行妨害罪などと本罪との間に観念的競合の関係を認めている[30]。学説は，ⓐ騒乱罪の首謀者に対する法定刑を標準として，これより重い犯罪が成立した場合を観念的競合とする説[31]，ⓑ他の罪の刑が，指揮者，率先助勢者の刑よりも重い場合のみ本罪との間に観念的競合を認め，軽い場合には本罪に吸収されるとする説[32]，ⓒ法定刑と関係なく騒乱罪に予定されている行為は吸収され，それ以外の行為は観念的競合になるとする説[33]，ⓓ判例を支持する説[34]がある。

　思うに，暴行罪，脅迫罪が本罪に吸収されるのは，それらの行為が騒乱行為として当然予想されるからである。そうすると，それ以外の罪についても騒乱行為として予想されるものである以上は，それらの罪は本罪に吸収されると解すべきである。すなわち，人に対する暴行としての逮捕・監禁罪，公務執行妨害罪，物に対する暴行としての器物損壊罪，建造物損壊罪，住居侵入罪などは本罪に吸収され，これ以外の罪については観念的競合を認めるべきであり，ⓒ説が妥当である。

③　多衆不解散罪

　暴行又は脅迫をするため多衆が集合した場合において，権限のある公務員から解散の命令を3回以上受けたにもかかわらず，なお解散しなかったときは，首謀者は3年以下の懲役又は禁錮に処し，その他の者は10万円以下の罰金に処する（107条）。

1　主　体

　本罪の主体は，暴行・脅迫の目的で集合している多衆である。本罪は**目的犯**であり，目的の内容は騒乱罪における共同意思と同じである。解散命令を受ける時点において集団に共同意思が存在するに至れば足り，加害目的で集合した場合であると，あるいは集団を形成した後において加害目的をもつに

30　最判昭35・12・8刑集14・13・1818。
31　泉二・125頁。
32　牧野・29頁，木村・182頁，団藤・181頁，大塚・365頁，内田・427頁。
33　江家・83頁，西原・423頁。
34　小野・66頁，植松・91頁，香川・162頁，中森・182頁，西田・314頁。

至った場合であるとを問わない。本罪は，騒乱罪の予備的段階の集合を犯罪とするものであるから，集合した多衆が暴行・脅迫行為を開始した以上は騒乱罪を構成し，本罪はそれに吸収される[35]。多衆の程度および集合の態様などについては，騒乱罪におけると同様に解すれば足りるが，集団において共同意思が認められれば足りるとすべきではなく，少なくとも暴行・脅迫に至る現実の危険があることを必要とすると解すべきである。

2 行 為

本罪の行為は，権限のある公務員から解散の命令を受けること3回に及んでも，なお解散しないことである（**真正不作為犯**）。「**権限ある公務員**」とは，公安の維持に当たる公務員で解散を命令する権限を有する者であり，通常は警察官である。「解散の命令」は，警察官職務執行法5条が規定する警察官の制止権を根拠とする。この公務員が，集団を形成する個人に対し直接認識しうる方法によって命令し，それが3回以上に及んだにもかかわらず解散しないときは，直ちに本罪の既遂に達する。

「**3回以上**」の意義については，ⓐ3回に及んだときに直ちに本罪が成立すると解する説[36]，ⓑ事情によっては，それ以上に及んで初めて既遂に達する場合がありうるとする説[37]があるが，3回「以上」とされているところからみて，ⓑ説が妥当である。命令を伝達する方法は，そのいかんを問わず，他人を介して行ってもよい。命令は解散を促すための手段にほかならないから，「解散せよ」と3回連呼しても1回の命令があったにすぎず，各回の間に集合者が解散を考慮するために必要とする相当の時間がなければならない。

解散とは，集団から任意に離脱することをいう。それゆえ，集団を形成したまま場所を移動しても解散したことにはならない。また，犯罪が成立した以上は犯人となるから，逮捕を免れるために逃走し集団から離脱しても本罪の成立とは関係がない。多衆の一部が解散しても，なお多衆が解散しないで滞留する以上は本罪を構成するが，解散した者が多数あり，集団が一地方の平穏を害する程度の多衆でなくなったときは，残余者を本罪で処罰すること

---

35 大判大4・11・2刑録21・1831。
36 植松・93頁，団藤・185頁，福田・63頁，大塚・366頁，香川・166頁，藤木・82頁，内田・430頁，曽根・208頁，中森・183頁。
37 平野・243頁，中山・378頁，山中・468頁，西田・315頁，山口・373頁。

第 2 節　放火および失火の罪　*387*

はできない。

3　処　罰

　本罪も集団における役割に応じて法定刑に差が設けられており，首謀者と
それ以外の者とに分かれる。**首謀者**は，騒乱罪におけるそれと異なり，解散
命令を 3 回受けても，なお解散しない場合における主導者をいう。したがっ
て，集団を形成するに当たって主導的な役割を演じた者が，解散命令に応じ
るように群衆に呼びかけたが，他の者が群衆の不解散について主導的役割を
演じた以上は，その者が本罪の首謀者である。

第 2 節　放火および失火の罪

1　総　説

1　意　義

　放火および失火の罪は，火力の不正な使用によって建造物その他の物件を
焼損（焼燬）し，公衆の生命・身体・財産に対し危険を生じさせる犯罪であり，
出水の罪，往来を妨害する罪とともに**公共危険犯**に属し，その保護法益は公
衆（不特定または多数人）の**生命・身体・財産の安全**である。放火および失火の罪
としては，①現住建造物等放火罪（108 条），②非現住建造物等放火罪（109 条，
115 条），③建造物等以外放火罪（110 条，115 条），④延焼罪（111 条），⑤現住建
造物等放火未遂罪・非現住建造物等放火未遂罪（112 条），⑥放火予備罪（113
条），⑦消火妨害罪（114 条），⑧失火罪（116 条），⑨業務上失火罪・重過失失火
罪（117 条の 2），⑩激発物破裂罪（117 条 1 項），⑪過失激発物破裂罪（117 条 2 項），
⑫業務上過失激発物破裂罪・重過失激発物破裂罪（117 条の 2），⑬ガス漏出等
罪（118 条 1 項），⑭ガス漏出等致死傷罪（118 条 2 項）がある。

公共危険の意義　　公共危険犯とは，衆の生命，身体または財産の安全を保護法益と
する犯罪をいう。公共危険犯には，具体的公共危険犯と抽象的公共危険犯とがある。前
者は，構成要件の内容として具体的な公共の危険の発生を必要とする犯罪であり，例え
ば，建造物等以外放火罪（110 条 1 項）がその典型である。後者は，構成要件に該当する
事実があれば危険の発生があると推定される犯罪であり，例えば，現住建造物等放火罪
が典型である。なお，「公共の危険」にいう「危険」は，生命，身体または財産に対する

侵害の可能性をいうが，その可能性は必ずしも科学法則上のものではなく，一般人が危惧感を抱くか否かを基準に決定される。公共危険の意味については，(1)不特定または多数人の生命，身体または財産に対する危険とする説（通説），(2)特定・不特定を問わず多数者の生命，身体または財産に対する危険とする説（瀧川・220頁），(3)不特定の生命，身体または財産に対する危険とする説（小野・73頁）が対立している。特定されていても多数人の生命，身体または財産に危険が及ぶときは公共の危険というべきであり，また，不特定の人の生命，身体または財産に危険が及ぶときも公共の危険というべきであるから，(1)説が妥当である。

放火および失火の罪は，抽象的公共危険犯と具体的公共危険犯とに区別される。108条，109条1項の罪などは抽象的公共危険犯であるのに対し，109条2項，110条，116条2項，117条の各罪は具体的公共危険犯である。後者においては，構成要件のうえで特に「公共の危険」の発生が必要とされている。一方，放火および失火の罪は，**財産罪的性格**をも有している。放火等の行為によって建造物などの財産が侵害されるばかりでなく，刑法は，目的物が他人の所有物件であるか自己の所有物件であるかによって法定刑に差を設けているが，これは，本罪が財産罪，特に毀棄罪の性質を併せもっているからである。他方，刑法が建造物放火に関して現に人がいるか否かによって法定刑に差を設けているのは，本罪が**生命・身体に対する罪**としての性質を併せもっているからである。しかし，第1次的な保護法益は公共の安全であり，財産および生命・身体の保護は，第2次的または間接的なものにとどまっていることに注意を要する。

2 行 為

放火および失火の罪は，故意または過失によって不正に火力を使用し物件を焼損する行為を内容とする罪である。「放火」の場合（108条，109条，110条）は故意犯であり，「**失火**」（116条）の場合は過失犯であるが，いずれも焼損に対して原因力を与える行為である点で共通する。ただし，失火の場合は，焼損に達したときに初めて罪責が生ずる点で放火と異なる。

「**放火**」とは，目的物の焼損を惹起せしめる行為をいう。作為によると不作為によるとを問わない。積極的に物に火気を与える**作為**（点火）が普通であるが，発生した火力を防止すべき法律上の義務ある者が，故意に消火の手段を講じない**不作為**も放火に当たる。放火罪の**実行の着手**は，作為・不作為によっ

て焼損が発生する現実の危険を生じさせた時点に認められる。例えば，導火材料に点火した時点で実行の着手と認めてよい[1]。

不作為による放火　　不作為による放火は，不真正不作為犯の代表的なものであり，総論において詳しく論じられるから，3つの代表的判例を掲げるにとどめる[2]。

　第1は，大判大正7年12月18日刑録24輯1558頁であり，被告人が養父を殺して死体の始末を考えているとき，たまたま養父が格闘の最中に投げた燃木尻の火が飛び散って庭の藁が燃えあがっているのを見て，死体を家屋とともに焼いて罪跡を隠蔽しようと考え，そのまま放置したので家屋を全焼させたという事案につき，「自己の故意行為に帰すべからざる原因に由り既に叙上物件に発火したる場合に於て之を消止むべき法律上の義務を有し，且容易に之を消止め得る地位に在る者が其既発の火力を利用する意思を以て鎮火に必要なる手段を執らざるときは，此不作為も亦法律に所謂火を放つの行為に該当」すると判示したものである。

　第2は，大判昭和13年3月11日刑集17巻237頁であり，家屋の所有者が居宅の神棚に灯明をあげて礼拝しているとき，ロウソクが神符の方に傾いているのを見て，放置すれば家が焼損するのを確認しながら火災保険金を手に入れようとして，そのまま外出し家屋を全焼させた事案につき，「自己の家屋が燃焼の虞ある場合に，之が防止の措置を執らず却て既発の危険を利用する意思にて外出するが如きは観念上作為を以て放火すると同一」であると判示した。これらは，法律上の消火義務，消火の容易性，既発の危険を利用する意思の要件によって，作為と同視しうるとしたものである[3]。

　第3は，最判昭和33年9月9日刑集12巻13号2882頁であり，会社事務室において自席の火鉢の火の不始末から付近の物に引火したのを発見した会社員が，自己の過失の発覚を隠すため，そのまま外出して同会社の事務所などを焼失させた事案につき「自己の過失により……物件が焼燬されつつあるのを現場において目撃しながら，その既発の火力により右建物が焼燬せられるべきことを認容する意思をもってあえて被告人の義務である必要かつ容易な消火措置をとらない不作為により建物についての放火をなし」と判示した。本判決では，「利用する意思」から「認容する意思」へと意思の内容が緩和されている。

3　焼　損

　放火行為は，焼損によって既遂に達する。

(1)　学説の対立　　「焼損」の意義をめぐっては，4説が対立している。ⓐ**独立燃焼説**は，本罪が公共危険罪であることを強調して，火が放火の媒介物を離れ目的物に燃え移り，独立して燃焼する状態に達した時に焼損となり，

1　大判大3・10・2刑録20・1789。
2　大谷・総論132頁以下参照。
3　藤木・注釈(3)169頁参照。

既遂に達したものとする[4]。ⓑ**効用喪失説**は，火力が目的物の重要な部分を失い，その本来の効用を喪失した時点をもって焼損とする[5]。ⓒ**燃え上がり説**は，俗にいう「燃え上がったこと」，すなわち目的物の主要な部分が燃焼を開始した時点をもって焼損とする[6]。ⓓ**毀棄説**は，火力によって目的物が毀棄罪にいう損壊の程度に達した時点をもって焼損とする[7]。

(2) **判例の立場**　　独立燃焼説は判例の採る立場であり，例えば，新聞紙に点火して建造物に放火した場合において，火力が新聞紙を離れて建造物の一部が独立に燃え始めれば既遂であるとするのである[8]。具体的には，天井板約一尺四方を焼いた例[9]，押入床板および上段各三尺四方を焼いた例[10]などを焼損としている。それゆえ，建造物の一部分のみを焼損する目的で放火しても，本罪の故意としては十分であるとされるのである[11]。ただし，判例の立場においても畳・建具等は建造物の一部ではないから，これが燃えただけでは建造物の焼損に当たらないことに注意を要する[12]。

(3) **判例・学説の検討**　　独立燃焼説は，ドイツの通説・判例の採るものであるが，依然として木造家屋が大部分を占めているわが国の住宅事情にかんがみ，独立燃焼説を採れば放火の既遂時期が早すぎて，未遂特に中止未遂を認める余地が狭すぎる。また，効用喪失説によると，目的物の本来の効用を喪失するまで既遂に達しないことになり，本罪の公共危険犯的性格が失われるであろう。さらに，燃え上がり説は，目的物の主要な部分の燃焼開始をもって焼損とするが，その主要な部分の範囲が明確でない点に問題がある[13]。

　　思うに，「焼損」とは，元来，**火力によって物を損壊する**という意味であるから，焼損に達したかどうかを判断するに当たって，目的物自体の毀棄または

4　団藤・194頁，藤木・88頁，岡野・223頁，中森・184頁，西田・322頁，林・333頁，高橋・443頁。なお，山口・385頁。

5　牧野・85頁，瀧川・216頁，木村・189頁，植松・97頁，香川・172頁，曽根・219頁，小暮ほか〔岡本〕・288頁。

6　小野・75頁，福田・87頁，松原・395頁。

7　江家・92頁，大塚・372頁，中山・383頁，川端・481頁，山中・524頁。

8　大判大7・3・15刑録24・219，最判昭23・11・2刑集2・12・1443。

9　前掲最判昭23・11・2。

10　最判昭25・5・25刑集4・5・854。伊東・百選Ⅱ（第7版）162頁，**安田・判例講義Ⅱ103頁**参照。

11　大判昭3・2・1刑集7・35。

12　最判昭25・12・14刑集4・12・2548。

13　大塚・372頁。

損壊の意義を離れることは許されず，目的物の火力による損壊として把握する毀棄説が妥当である。また，毀棄罪にいう損壊の程度に達すれば，抽象的な公共危険が発生したと解しうるから，公共危険犯の面に照らしてみてもこの説が妥当である。

　難燃性ないし耐火式建造物の火力による損壊が焼損に当たるかについて，肯定説[14]と否定説[15]とが対立している。否定説は，焼損というためには何らかの燃焼を要するということを根拠とするが，火力による目的物の損壊により，有毒ガスの発生など燃焼するのと同様の公共危険を生じさせる可能性があるときは焼損とすべきであり，放火罪の保護法益の観点に照らし，肯定説が妥当である[16]。なお，具体的危険犯としての放火罪（109条2項，110条1項）が既遂となるためには，焼損のほかに公共の危険の発生が必要である。

独立燃焼説　　大判大正7年3月15日刑録24輯219頁は「放火罪は静謐に対する犯罪なれば，苟しくも放火の所為が一定の目的物のうえに行はれ，其状態が導火材料を離れ独立して燃焼作用を営み得べき場合に於ては，公共の静謐に対する危険は既に発生せるを以て，縦令，其目的物をして全焼其効用を喪失せしむるにおよばざるも，刑法に所謂焼燬の結果を生じ放火の既遂状態に達したるもの」と判示し，独立に燃焼を開始した以上は，焼損に当たると解するのである。焼損をめぐる解釈論が重要な意味をもつのは，108条の法定刑が重いため，既遂時期を早い段階におくと中止未遂を認める余地がせまくなり，事案の解決上具体的妥当性を欠く結果を招くからである。そのため，戦前は独立燃焼説を支持する見解は少なかったが，戦後の法改正によって，108条についても執行猶予を付すことが可能になったので，判例の独立燃焼説によっても支障がないとする見解[17]が有力となった[18]。

　一方，判例は，放火により難燃性建造物の内壁のモルタルを剝離・脱落させ，天井表面の石綿等を損傷させた事案につき，「火が媒介物を離れてそれら，ひいては建造物自体に燃え移り，独立して燃焼を維持する程度に達した事実」は認められないとして，未遂犯にとどまるとした[19]。これは，焼損と燃焼を同義と解する立場の結論であるが，焼損は「火力による目的物の損壊」と解することも十分可能であり，言葉の意味だけを根拠に否定説を採るのは[20]不当である。なお，12階建集合住宅であるマンションに設置され

14　河上和雄「放火罪に関する若干の問題について」捜査研究26巻3号42頁。なお，団藤・195頁。
15　中森・185頁，西田・323頁，山口・386頁。東京地判昭59・6・22刑月16・5＝6・467，東京高判昭49・10・22東時25・10・90。なお，大塚・374頁。
16　前田・旧版372頁は「延焼の危険が発生する程度に酸化し高温になった時点」としていた。
17　団藤・194頁。
18　吉田敏雄・刑法の基本判例176頁参照。
19　前掲東京地判昭59・6・22。

392 第2編 社会法益に対する罪 第1章 公衆の平穏および安全に対する罪

たエレベーターのかご内で火を放ち，その側壁として使用されている化粧鋼板の表面約0.3平方メートルを燃焼させた事案につき，最決平成元年7月7日判時1326号157頁は，焼損を認めた[21]。一方，東京地判昭和59年6月22日刑月16巻5=6号467頁は，ビルの塵介処理場の紙くずなどの可燃性塵介に点火し，同処理場のコンクリート壁表面のモルタルを剥離・脱落させた事案につき「モルタル剥離・脱落等は認められるが，火が媒介物を離れて，それら，ひいては建造物自体に燃え移り，独立して燃焼を維持する程度に達したと認める証拠はない」と判示して，既遂を認めず，未遂としている。

4 罪 数

本罪は公共危険犯であるから，1個の放火行為によって数個の目的物を焼損しても，それによって発生する公衆の安全に対する危険が包括的に1個として評価される限り，一罪が成立するにすぎない[22]。それゆえ，1個の放火行為によってその処罰規定を異にする数個の客体を焼損したときは，最も重い処罰規定に当たる放火罪が適用される。すなわち，1個の放火行為によって現住建造物とその内部にある他人の物件を焼損し，また，1個の放火行為によって数軒の現住建造物を焼損しても，108条の罪の1個が成立するにすぎない。同じく，現住建造物と非現住建造物とを焼損すれば，後者は前者に吸収されて108条の罪一罪が成立する[23]。さらに，数個の放火行為によって数個の現住建造物を焼損したとしても，それが1個の公共的法益を侵害したにすぎないと認められる限り包括一罪と解すべきである[24]。しかし，放火を手段として現住建造物の内部にいる人を殺害したときは，放火罪と殺人罪はその罪質を異にするから，現住建造物等放火罪と殺人罪の観念的競合となる。

2 現住建造物等放火罪

放火して，現に人が住居に使用し又は現に人がいる建造物，汽車，電車，艦船又は鉱坑を焼損した者は，死刑又は無期若しくは5年以上の懲役に処する（108条）。未遂は，罰する（112条）。

---

20 西田・323頁。
21 金・百選Ⅱ（第7版）164頁，安田・判例講義Ⅱ109頁参照。
22 大判大11・12・13刑集1・754。
23 大判明42・11・19刑録15・1645。
24 団藤・188頁。

1 意 義

本罪は，人の住居に使用している建造物，または現に人がいるその他の建造物，汽車，電車，艦船もしくは鉱坑を客体とする罪であり，その法定刑は極めて重い。特に重い法定刑をもって臨んでいる根拠については，ⓐ人の生命，身体または生活必需の財産に対する危険が特に大きいからであるとする見解[25]，ⓑ人の生命，身体に対する危険性に着目したものとする見解[26]が対立している。「現に人がいる」という要件が定められている点にかんがみ，火力から人の生命・身体を保護することを考慮して，特に重く罰する趣旨と解すべきであり，ⓑ説が妥当である。したがって，建造物，艦船または鉱坑は，人の起居，出入りが可能な程度のものであれば足りる。

2 客 体

本罪の客体は，現に人の住居に使用し，または現に人がいる建造物，汽車，電車，艦船もしくは鉱坑である。

(1) 住 居 「現に人が住居に使用し」とは，放火の当時人が起臥寝食（＝日常生活）の場所として日常使用しているという意味である[27]。「人」とは，犯人以外の者をいい，犯人の家族も含む[28]。例えば，行為者が1人で住んでいる自宅に放火するときは，109条に当たる罪を構成するにすぎないが，行為者の家族その他の者が同居している場合は，人の住居に使用する建造物である。昼夜間断なく人がその場所にいることを必要とせず[29]，例えば，学校等の宿直室のように夜間または休日にだけ使用している場所であっても，日常生活の場所として使用するものであれば住居である[30]。住宅であっても空家は本罪の客体とならないが，一定の期間だけ使用する別荘は，人がいる可能性があるから本罪の客体となる[31]。待合業の客室と母屋が別棟になっていて，客室は客があるときにだけ使用している場合でも，その利用の仕方いかんに

---

25 植松・99頁。なお，平野龍一「刑法各論の諸問題」法セ221・46頁。
26 大判大14・2・18刑集4・59。小暮ほか〔岡本〕・284頁。
27 大判大2・12・24刑録19・1517。
28 最判昭32・6・21刑集11・6・1700。
29 前掲大判大2・12・24。
30 前掲大判大2・12・24。
31 最決平9・10・21刑集31・9・755。金・百選II（第7版）168頁，安田・判例講義II 110頁参照。反対，藤木・89頁，西田・297頁。

394　　第2編　社会法益に対する罪　　第1章　公衆の平穏および安全に対する罪

よっては，その客室は住居に使用する建造物になるとするのが判例である[32]。休息および寝食の場所として使用していることが基準となるから，一般的に別棟にまで拡張し本罪の住居とするのは不当である。

> **住居の限界例**　　前掲最判昭和24年6月28日は，「被害家屋は甲が住んで居る母屋とは別棟で所謂離れではあるが，同人の営業用に使用しているもので同建物には押入のある座敷があり，其押入には常に寝具を準備してあって被告人も同建物内に数回寝泊りした事実，並に犯行のあった晩も同離れには1人の客が来て使用した事実を認め得る」として「起臥寝食の場所として使用している建物」であるとしているが，これがおそらく住居の限界例であろう。したがって，大判大正3年6月9日刑録20輯1147頁は，官庁の宿直員は執務時間後でも庁舎内を巡視するのが通例であるから，宿直室が庁舎と独立した建物内にあっても，その庁舎は「人の住居に使用せる建造物」であるとしたが，これは明らかに不当である[33]。

(2)　**複合建造物の現住性**　　本罪は人の生命・身体を保護するために特に重く処罰されるのであるから，官公署，会社，学校等の建物の一部に起臥寝食の場所がある以上は，全体が住居に当たる[34]。例えば，便所に放火しても[35]，あるいは棟割長屋の一戸が現に住居に使用され他の部分が空家になっている場合に，その空家に放火しても，それが全体として構造上独立した**1個の建造物内**にある以上は住居に対する放火となる[36]。全体として独立した1個の建造物といえるかどうかの判断は，建造物の外観・構造・物理的接続性，機能的一体性，延焼の可能性などの諸事情を総合して，**社会通念上1個の建造物**と認められるかどうかの見地から判断すべきである[37]。不燃性建造物であるマンションの空き部屋が現住建造物に当たるかについて，これを肯定する判例[38]と否定する判例[39]に分かれているが，物理的観点から一体といえても，放火したときにマンションの居住部分に延焼の危険が全く及ばないときは，一体性を有しないと解すべきである。

32　最判昭24・6・28刑集3・7・1129。

33　中森・186頁。

34　大判昭14・6・6刑集18・337。

35　最判昭24・2・22刑集3・2・198〔劇場の一部である便所に放火〕。

36　大判昭9・11・15刑集13・1502。

37　福岡地判平14・1・17判タ1097・305，最決平元・7・14刑集43・7・641。星・百選Ⅱ（第7版）166頁，安田・判例講義Ⅱ111頁参照。なお，山口・382頁。

38　東京高判昭58・6・20刑月15・4=6・299，東京地判昭59・6・22刑月16・5=6・467。

39　仙台地判昭58・3・28刑月15・3・247。

第2節　放火および失火の罪　　*395*

一体性の判断基準　　前掲仙台地判昭和58年3月28日は，鉄筋コンクリート10階建マンションにある医師が業務に使用している医院の内部に放火した事案につき，建造物の一体性は，単に物理的な観点だけでなく，効用上の関連性，接着の程度，連結・管理の方法，居住部分への延焼の可能性などを総合的に判断すべきであるとして，外観上1個の建造物であることを理由にして一体性を求めるべきでないとした[40]。また，最決平成元年7月7日判時1326号157頁は，集合住宅マンション内部に設置されたエレベータのかご内で火を放ち，その側壁として使用されている化粧鋼板の表面約0.3平方メートルを燃焼させた場合には現住建造物等放火罪が成立すると判示した。一体性の判断基準を主として延焼可能性に求める見解[41]もあるが，本罪は抽象的公共危険犯であるから，延焼可能性の有無を主たる基準にするのは妥当でない。なお，福岡地判平成14年1月17日判タ1097号305頁は，「延焼の可能性が全く認められない場合まで，それら複数の建物を1個の現住建造物と評価することは許されない」と判示している。

(3)　**現在性**　　住居として使用されていない建造物，汽車，電車，艦船，鉱坑に関しては，現に人がいない限り本罪の客体にはならない。「**現に人がいる**」とは，放火行為の時に，その内部に他人が現実にいることをいう。建造物等の用途のいかんを問わず，また，建造物等が行為者の所有物件であるか否かにかかわりなく本罪の客体となる。建造物については既述したが（➡368頁），容易に取り外しのきく雨戸，畳，建具などは建造物に当たらないことに注意すべきである[42]。一間半四方藁葺き藁囲いの掘立小屋も建造物であるとするのが判例である[43]。被害者を殺害後にその住居に放火しても本罪には該当しない[44]。**汽車，電車**のなかには，その代用機関であるガソリンカーも含まれる[45]。「**艦船**」とは軍艦その他の船舶をいい，その大小を問わないと解すべきである[46]。「**鉱坑**」とは，鉱物を採取するために掘られた地下設備をいい，炭坑も含まれる。

3　行　為

本罪の行為は，「放火」することであり，焼損に至って既遂となる（➡389頁）。

---

[40] 前掲東京高判昭58・6・20，前掲最決平元・7・14参照。
[41] 大塚・各論下751頁，山中・483頁，西田・300頁。
[42] 最判昭25・12・14刑集4・12・2548。
[43] 大判昭7・6・20刑集11・881。
[44] 大判大6・4・13刑録23・312。
[45] 大判昭15・8・22刑集19・540。
[46] 大判昭10・2・2刑集14・57参照。反対，江家・90頁，柏木・181頁，中・200頁，内田・438頁，小暮ほか〔岡本〕・287頁。

396　第2編　社会法益に対する罪　第1章　公衆の平穏および安全に対する罪

放火行為と焼損の結果との間には因果関係が認められなければならない。

4　故　意

本罪の故意には，他人が現に住居として使用していること，または現に人がいる建造物，汽車，電車，艦船，鉱坑であることの認識，および放火によってその客体を焼損せしめることの認識が必要である。未必的認識で足りる。非現住建造物に放火することによって隣接する現住建造物を焼損させることを予見していた場合には，本罪の故意が認められる[47]。住居であるのに，これを非現住建造物であると誤信して放火する行為は，38条2項により後述の非現住建造物等放火罪に当たる[48]。

5　罪数・被害者の同意

殺人または傷害の故意に基づいて放火し人を殺傷したときは，殺人罪または傷害罪と本罪との観念的競合となる。人が現在しているのに現在していないと誤信して放火し人を死に致らしめたときは，38条2項により非現住建造物等放火罪と過失致死罪とが成立し，両罪は観念的競合となる[49]。保険金を詐取する目的で住居を焼損し保険金を詐取したときは，詐欺罪と本罪との併合罪となる[50]。両罪の関係を牽連犯とする見解もあるが，両罪はその性質上一般に手段・結果の関係にはないと解すべきである。放火罪は公共危険犯であるから，**被害者の同意**は違法性を阻却しない。ただし，他人の所有物について所有者の同意があれば，その物は他人の所有物ではなくなる。また，住居に使用している居住者の同意がある場合および人の現在する建造物についてその者の同意があれば，人の現在しない建造物と同視されることになる[51]。

③　非現住建造物等放火罪

　放火して，現に人が住居に使用せず，かつ，現に人がいない建造物，艦船又は鉱坑を焼損した者は，2年以上の有期懲役に処する（109条1項）。未遂は，罰する（112条）。前項（109条1項）の物が自己の所有に係るときは，6月以上7年以下の懲役に処する。ただし，公共の危険を生じなかったときは，罰しない（109条2項）。第109

---

[47] 大判昭8・9・27刑集12・1661。
[48] 反対，名古屋高金沢支判昭28・12・24判時33・164〔故意に影響しない〕。
[49] 大塚・376頁，前田・450頁。
[50] 大判昭5・12・12刑集9・893。
[51] 中森・187頁。反対，内田・444頁。

条第1項に規定する物が自己の所有に係るものであっても，差押えを受け，物権を負担し，賃貸し，又は保険に付したものである場合において，これを焼損したときは，他人の物を焼損した者の例による（115条）。

1 客 体

本罪の客体は，現に人の住居に使用されておらず，しかも，現に人がその内部にいない建造物，艦船，鉱坑である。改正前は「又は」と規定されていたのであるが，「**かつ**」と改めたものである。「又は」を形式論理的に解釈すると，人が現在していなければ現に人の住居として使用していても本罪の客体となることになり，108条の規定と矛盾する結果となるからである。それゆえ，現住建造物等放火罪と本罪とは，法条競合の関係（択一関係）になる。建造物，艦船，鉱坑は，人の起居・出入りが可能な程度のものであればよい（➡393頁）。

> **豚小屋は建造物か** 　東京高判昭和28年6月18日東時4巻1号5頁は，豚小屋に放火した事案について，「（刑法109条に）いわゆる建造物たるには，人の起居出入に適する構造を有するものでなくても，土地に定着し，人の起居又は出入しうるものであれば，これに該当するものと解せられるのであるが，同条の立法趣旨から見ても，それは人の起居又は出入することが予定されている建物であることを前提としているのであって，……性質上人の起居又は出入が全く予定されていないもの（例えば犬小屋，堆肥小屋等）は同条にいわゆる建造物には該当しない」としている。判例は，物置小屋，掘立小屋も本罪の建造物に当たるとしている[52]。

(1) **他人所有非現住建造物等放火罪**（109条1項） 　本罪は，抽象的危険犯であるから，公共の危険の発生は，犯罪成立要件としては不要である。本罪における「**人**」は犯人以外の者をいうから，犯人が単独で居住している場合にその住宅に放火したときは本罪が問題となる。他人が所有しているという財産犯的性格を考慮して，「公共の危険」を要件としないで処罰することとしたものである。居住者を殺害した後に放火の意思を生じその家屋を焼損したときは，本罪と殺人罪との併合罪となる。本罪の客体については，汽車，電車が除外されている点で現住建造物等放火罪と異なる。したがって，汽車，電車を目的物とする放火は110条の罪の問題となる。

自己の所有物であっても，①差押を受けている物，②物権を負担している

---

[52] 大判大元・8・6刑録18・1138。

物，③賃貸している物，④保険に付した物は，他人の所有物と同様に扱われる（115条）。これらの物が他人の所有物として扱われるのは，その焼損によって他人の財産権を侵害するからである。上のうち②は，民法上の物権すなわち質権または抵当権を設定した物もしくは留置権によって留置されている物である。③は，賃貸借契約の目的物となっている物であり，賃貸借契約が成立した以上は他人の物として扱われる。④は，火災保険，海上保険，運送保険などの損害保険に付されている物のことである。

(2) **自己所有非現住建造物等放火罪**（109条2項）　非現住の建造物，艦船もしくは鉱坑が自己の所有に係るときには，公共の危険を生じさせない限り処罰されない。すなわち具体的危険犯である。「自己の所有に係る」とは，行為者が目的物の所有権を有していることをいう。本罪は**財産犯的性格**を考慮したものであるから，**無主物**に対する放火も本罪に当たると解すべきである。それゆえ，目的物が他人の所有物でない限り本罪の適用を受けることとなる。共同して放火した場合，その相手方に所有権があるときも自己の所有物として扱われるが，行為者と他人との共有物であるときは，共有者の同意がない限り他人の所有物として扱われる。他人の所有物であってもその所有者の同意があるときは自己の所有物として扱われる。

2　行　為

本罪の行為は，火を放って目的物を焼損することである。ただし，1項と2項とでは既遂の取扱いを異にする。他人所有非現住建造物放火罪は抽象的公共危険犯であるから，焼損の結果を生ずれば既遂に達するのに対し，自己所有非現住建造物放火罪は具体的公共危険犯であるから，焼損によって**具体的に公共の危険が発生しない限り**既遂に達しない（未遂は不可罰）。放火罪は，公共危険犯であるとともに財産犯的性格をも併せもつから，自己の所有物を焼損すること自体は適法である点を考慮し，自己所有非現住建造物放火罪は公共の危険の発生を構成要件的結果とする**具体的危険犯**と解すべきである。

3　公共の危険の発生

刑法109条2項にいう「公共の危険」の発生とは，一般不特定の多数人（公衆）をして，所定の目的物に延焼しその生命・身体・財産に対し危害を感ぜしめるにつき相当の理由がある状態をいう[53]。それゆえ，公共危険発生の判断

第2節　放火および失火の罪　*399*

については，当該具体的状況における**一般人の判断を基準として客観的に行うべきであり**，仮に科学法則上（自然的・物理的観点から）延焼の危険が存在しない場合でも，一般人の感覚からすればその危険を感ずる程度に達していると認められるときは，公共の危険が具体的に発生したといえる[54]。具体的危険の発生は**客観的処罰条件**であるとする見解[55]もあるが，具体的危険の発生は構成要件的結果と解すべきであるから（通説），放火行為と目的物の焼損および具体的危険の発生との間には因果関係がなければならない。

> **公共の危険が発生しなかった例**　　人家から300メートル以上離れた山腹で，周囲の雑木はすべて切り払われ，引火の危険のある物は何も存在しない場所にあった自己所有の炭焼小屋を，小雨の降るなかで延焼しないように監視しつつ焼燬したという事例で，「延焼する危険は毫頭なかった」ということと，附近の住民の中にも延焼の危険を感じたという者は全くなかったという理由で「公共の危険」の発生を否定した下級審判例がある[56]。なお，自己所有物を目的物とするときは，公共の危険を生じさせない限り処罰されないから，予備・未遂罪の適用はないが，115条の適用を受けると109条1項の適用があり，当然に112条（未遂），113条（予備）の適用がある。

4　故　意

他人所有非現住建造物放火罪の故意は，①目的物が，他人の所有に属するものであること（なお，115条参照），②現に人の住居に使用されておらず，かつ現に人がいないものであることの認識，および，③火を放って客体を焼損することの認識で足りる。これに対し，自己所有非現住建造物放火罪については，ⓐ公共の危険の発生に関する認識を必要とすると解する**必要説**[57]，ⓑ不要と解する**不要説**[58]とが対立している。本罪においては，公共の危険の発生が構成要件要素（結果）となっているから，自己の所有物を火を放って焼損するという認識以外に，**公共の危険の発生についての認識**が必要であるとするⓐ説が妥当である。自己の所有物を焼損する行為は，それ自体としては適法行為な

53　大判明44・4・24刑録17・655。最決平15・4・14刑集57・4・445。松宮・百選Ⅱ（第7版）170頁，**安田・判例講義Ⅱ112頁**参照。

54　反対，山口厚・危険犯の研究（1982）150頁，同・389頁。

55　西田・308頁，前田・455頁。

56　広島高岡山支判昭30・11・15裁特2・22・1173，大判昭7・6・15刑集11・841。

57　木村・187頁，江家・96頁，団藤・199頁，平野・249頁，吉川・243頁，内田・454頁，岡野・228頁，曽根・222頁，中森・189頁，林・332頁，山口・390頁。なお，山中・534頁。

58　最判昭60・3・28刑集39・2・75，香川・168頁，藤木・92頁，西田・329頁，前田・329頁。

のであるから，その認識だけで故意があるといえないことは理論上明白であり[59]，公共の危険発生について認識がなければ失火罪を構成するにすぎない。なお，公共の危険発生の認識は，公共の危険の発生については予見があるが，延焼の具体的認識を欠いている心理状態であると解すべきである。

公共の危険発生の認識　大判昭和16年7月2日刑集10巻303頁は，「公共の危険を生ぜしめたることを以て該犯罪構成の要件となせども，火を放ち同条所定の物を燃焼するの認識あれば足り」としているので，2項の罪については認識を不要としている点は明確である。また，最判昭和60年3月28日刑集39巻2号75頁は，刑法110条1項の罪につき「火を放って同条所定の物を焼燬する認識のあることが必要であるが，焼燬の結果公共の危険を発生させることまでを認識する必要はないものと解すべきである」と判示している[60]。不要説は，その根拠として，(1)公共の危険の認識が必要であるとすると，認識の内容は延焼する可能性の認識と同じことになるから，延焼の客体についての放火の故意と同じことになるという点，(2)本文のように公共の危険発生の認識に修正を加えると実体的内容は皆無に等しくなるという2点をあげる。しかし，本文で述べたように，単に自己所有物を焼損することの認識だけで本罪の故意があるとするのは不当であろう。なお，必要説をとる下級審判例としては，名古屋高判昭和39年4月27日高刑集17巻3号262頁がある。また，草案178条は「自己の所有に属する前項の物を焼いて，公共の危険を生ぜしめた者は…」と改めた。公共の危険発生を故意の内容とする趣旨からである。

4 建造物等以外放火罪（非建造物放火罪）

　放火して，前2条（108条，109条）に規定する物以外の物を焼損し，よって公共の危険を生じさせた者は，1年以上10年以下の懲役に処する（110条1項）。前項の物が自己の所有に係るときは，1年以下の懲役又は10万円以下の罰金に処する（同条2項）。第110条第1項に規定する物が，自己の所有に係るものであっても，差押えを受け，物権を負担し，賃貸し，又は保険に付したものである場合において，これを焼損したときは，他人の物を焼損した者の例による（115条）。

1 客　体

　108条および109条に記載されている物以外の物である。例えば，自動車，航空機，門，橋，畳，建具などのほか，廃棄物や燃料として用いる薪などが本罪の客体となる。客体が行為者の所有に属すると否とを問わない。ただし，

59　江家・96頁。

60　丸山・百選II（第7版）172頁，**安田・判例講義II 113頁**参照。

放火罪の財産犯的性格にかんがみ，自己の所有物を目的物とするときは法定刑が軽くなっている。無主物に対する放火も本罪に当たると解すべきである[61]。他人の物でも，所有者の同意があった場合は，自己の物とされるべきであろう。自己の所有物が差押えを受け，物権を負担し，または賃貸し，もしくは保険に付した物であるときは，他人の所有物として扱われる（115条）。

2　公共の危険の発生

本罪においては，放火した結果として，公共の危険を生じさせることが必要である。「公共の危険」については既述した（➡387頁）。

> **本罪における「公共の危険」**　最決平15年4月14日刑集57巻4号445頁は，刑法「110条にいう『公共の危険』は，必ずしも同法108条及び109条1項に規定する建造物等に対する延焼の危険のみに限られるものではなく，不特定又は多数の人の生命，身体又は前記建造物等以外の財産に対する危険も含まれると解するのが相当である」とし，被告人等が市街地の駐車場に無人で停車中の被害車両にガソリンをかけて点火し焼損させたが，数メートル離れた位置に無人で停車していた他の2台の車両にも延焼の危険が及んだ場合，公共の危険の発生を肯定した[62]。

3　故　意

本罪の故意は，目的物の焼損の事実以外に公共の危険の発生についての認識を必要とする。110条においては「よって公共の危険を生じさせた」と規定されており，109条2項と規定の仕方が異っているため，本罪は，焼損という基本行為から生じた結果についての結果的加重犯であると解する余地もある。本罪を結果的加重犯と解すると，基本行為は「焼損」ということになるが，「焼損」自体は不可罰であるから器物損壊罪などの毀棄罪が基本行為といわざるをえない。結果的加重犯が重い結果の発生によって本来罰せられるべき刑より重く罰せられる根拠は，基本行為がその性質上重い結果発生の危険性を備えているからである。そうすると，毀棄罪自体は公共の危険を発生せしめる性質を有していないものであるから本罪は結果的加重犯ではなく，本罪を公共危険犯たらしめているのは，まさに公共の危険の発生という要件が備わるからである。したがって，本罪は具体的危険犯にほかならず，109条2項の罪と同様に本罪においても故意の内容として公共の危険発生についての

61　大阪地判昭41・9・19判タ200・180〔他人所有のごみ箱上のハトロン紙〕。
62　松宮・百選Ⅱ（第7版）170頁，**安田・判例講義Ⅱ114頁**参照。

402　第2編　社会法益に対する罪　第1章　公衆の平穏および安全に対する罪

予見を必要とすると解すべきである（通説）[63]。なお，他人が所有する物件については，焼損の認識があれば器物損壊罪の故意を認めることができるから，公共の危険を生じさせないときは器物損壊罪が成立する。

> **判例の立場**　前掲最判昭和60年3月28日は，最高裁判所として初めて正面から認識不要説に立つ判断を示し，「刑法110条1項の放火罪が成立するためには，火を放って同条所定の物を焼燬する認識のあることが必要であるが，焼燬の結果公共の危険を発生させることまでを認識する必要はないと解すべきである」と判示した。なお，認識必要説の理論的根拠を明言するものとして，最決昭和59年4月12日刑集38巻6号2107頁および前掲最判昭和60年3月28日の谷口裁判官の意見を参照（星・百選II〔第6版〕177頁）。

5 延 焼 罪

> 第109条第2項又は前条第2項の罪を犯し，よって第108条又は第109条第1項に規定する物に延焼させたときは，3月以上10年以下の懲役に処する（111条1項）。前条第2項の罪を犯し，よって同条第1項に規定する物に延焼させたときは，3年以下の懲役に処する（同条2項）。

本罪は，自己所有物件に対する放火罪の**結果的加重犯**である。延焼の結果について認識がある場合は，その客体についての放火罪が成立するのであるから，延焼の結果について認識がないことを必要とする。本罪における放火の**客体**は，自己所有の非現住建造物等（109条2項）または自己所有の「その他の物」（110条2項）であり，結果として生ずる延焼の客体は，現住建造物等（108条）または非現住建造物等（109条1項）である。自己の所有物に放火した結果として公共の危険を生じさせ，そのうえで上記の物に延焼するという結果が生じたときに本罪を構成する。

「**延焼**」とは，行為者が予期しなかった物に燃え移って，これを焼損することである。例えば，自己所有の乗用車に火を放って燃焼させた結果，公共の危険を生じさせたうえで行為者が予期しない他の物に延焼させたのでなければ，延焼罪を構成しない。目的物の焼損と延焼の結果との間には，**因果関係**がなければならない。

重い放火罪の故意で，例えば，現住建造物に火をつけた結果，軽い放火罪の客体，例えば，非現住建造物に延焼したときは，公共危険犯としての性格

---

[63] 反対，藤木・92頁，山中・538頁，西田・331頁，前田・329頁。

にかんがみ，重い放火罪のみの成立を認めれば足りる。逆に，109条1項の罪を犯す意思で放火し，よって108条の罪の客体に延焼した場合には前者の罪だけが成立する。延焼した客体は115条の自己所有物件であるが，差押えを受け，物権を負担し，または賃貸し，もしくは保険に付したものに延焼した場合に本罪の適用があるかについて，ⓐ肯定説[64]，ⓑ否定説[65]が対立している。111条に明文の規定がないこと，および115条は故意に焼損した場合にのみ適用される規定と解すべきであるから，結果的加重犯である延焼罪の適用はないと解すべきである。

6 放火予備罪

第108条又は第109条第1項の罪を犯す目的で，その予備をした者は，2年以下の懲役に処する。ただし，情状により，その刑を免除することができる（113条）。

「**予備**」とは放火の準備行為であり，実行の着手前の行為をいう。本罪の行為は，例えば，放火の材料を用意する行為，時限発火装置を設置する行為をいう。火を放つ行為がとられても，目的物の焼損の危険が具体的・現実的にならない限り予備と解すべきである。それゆえ，発火装置を設置しても科学上発火が不能で，およそ一般人において危険が感じられないものである以上は不能犯であり，予備にも当たらない。導火物に対して点火が行われない段階では予備罪が成立するにすぎず，例えば，放火の目的で目的物の周辺にガソリンを撒きちらす行為は予備段階の行為である。ただし，発火の蓋然性が高い場合には実行の着手としてよい[66]。本罪が成立するためには，現住建造物等放火罪（108条）または他人所有非現住建造物等放火罪（109条1項）を犯す**目的**があることを要する。他人所有非現住建造物は115条に規定される物をも含む[67]。放火予備が，さらに実行の着手の段階に至れば，放火予備罪はそれらの罪に吸収される。

---

[64] ポケット284頁，柏木・183頁，内田・463頁。
[65] 大塚・381頁。
[66] 広島地判昭49・4・3判タ316・289。
[67] 大判昭7・6・15刑集11・841。

7 消火妨害罪

火災の際に，消火用の物を隠匿し，若しくは損壊し，又はその他の方法により，消火を妨害した者は，1年以上10年以下の懲役に処する（114条）。

1 行為の状況

本罪は，構成要件の要素として「火災の際に」という**行為の状況**を必要とする。「**火災の際に**」とは，現に火災が継続している場合およびまさに発生しようとしている状況をいう。火災は，社会通念上火災と認められる程度のものであり，本罪の性質上延焼の可能性がある場合でなければ成立しない。火災の原因は，放火，失火，偶然の出火のいずれによるかを問わない。自己の責に帰すべき場合でもよい。放火後に行為者がみずから消火を妨害したときには，それによって生じる公共の危険の発生は，すでに放火罪によって評価しつくされているから，本罪は放火罪に吸収されると解する[68]。

2 行 為

本罪の行為は，「**消火を妨害**」すること，すなわち消火活動を妨害する行為である。隠匿および損壊は，その方法の例示にすぎず，妨害の方法・手段に制限はない。「**隠匿**」とは，消火を行う者に対して，消火用の物の発見を不可能または困難にすることをいう。「**損壊**」とは，物質的に破壊し，その使用を不可能または困難にすることをいう。「**その他の方法**」とは，例えば，消防車の運行を不可能にするとか，消火に当たっている者に暴行を加えるなど，消火活動を妨害する一切の行為をいう。

妨害行為は**作為**を原則とするが，**不作為**による場合でもよい。ただし，不作為の妨害行為においては，法律上の作為義務がある者に限り成立する。例えば，居住者，警備員，消防職員，警察官，事務管理者などがその主体となりうるにすぎない。なお，作為義務の違反は，不作為の放火に達しない程度のものでなければならない。火災の際に公務員から援助を求められたのに，単にこれに応じなかったにすぎないときは本罪を構成せず，軽犯罪法1条8号の罪が成立するにすぎない。本罪は**抽象的危険犯**であるから，妨害行為があれば直ちに既遂に達し，消火が現実に妨害されたかどうかを問わない。

---

[68] 108条の犯人につき，松江地判昭52・9・20刑月9・9＝10・744。内田・465頁，中森・170頁。

第2節　放火および失火の罪　*405*

8 失　火　罪

　失火により，第108条に規定する物又は他人の所有に係る第109条に規定する物を焼損した者は，50万円以下の罰金に処する（116条1項）。失火により，第109条に規定する物であって自己の所有に係るもの又は第110条に規定する物を焼損し，よって公共の危険を生じさせた者も，前項と同様とする（同条2項）。

1　他人所有建造物等失火罪（1項）

　本罪の**客体**は，108条に規定されている**現住建造物等**および109条に記載されている**他人所有非現住建造物等**である。**行為**は過失により客体を焼損させることをいう。「失火により」とは，「**過失により火を放つ**」という意味であり，客体を焼損することの注意義務があるのに，不注意によって発火させ，また，既発の火力によって目的物を焼損することが本罪の行為であり，焼損によって公共の危険を発生させたか否かを問わない（**抽象的危険犯**）。

2　自己所有非現住建造物等失火罪（2項）

　本罪の**客体**は，109条に規定されている自己所有の建造物等および110条に規定されている建造物等以外の物であり，後者は他人の所有に属する物であると自己所有物であるとを問わない。ただし，公共の危険が発生しない限り本罪は成立しないから，本罪は**具体的危険犯**である。本罪の**行為**は，過失により火を放ち客体を焼損して公共の危険を発生させることである。公共の危険発生について注意義務があるのに，不注意のために公共の危険発生を予見しないで公共の危険を生じさせたこと，すなわち公共の危険発生について過失があることを要する。建造物等以外の物に関しては，目的物が他人の所有物であっても，公共の危険を生じさせない限り本罪を構成しないと解すべきである。それゆえ，故意に焼損しても公共の危険発生について過失がなかったときは，器物損壊罪のみが成立する。公共の危険発生について過失があれば，器物損壊罪などの毀棄の罪と失火罪とは法条競合となる。

9 業務上失火罪・重過失失火罪

　第116条の行為が，業務上必要な注意を怠ったことによるとき，又は重大な過失によるときは，3年以下の禁錮又は150万円以下の罰金に処する（117条の2）。

406　第2編　社会法益に対する罪　第1章　公衆の平穏および安全に対する罪

1　業務上失火罪

本罪は，業務上必要な注意を怠って116条の罪を犯した場合に，失火罪よりも刑を加重する犯罪である。業務上の注意義務を有する者（業務者）について刑が加重されるのであるから，本罪は**身分犯**である。一般に，業務上過失における「業務」は「人が社会生活上の地位に基づいて反復・継続して行う事務」をいうが，火気の取扱いは日常生活上多くの者（主婦・喫煙家）が反復・継続して行うものであるから，上記の定義では業務性を明確にすることはできず，特別の注意を必要とする者の過失を特に重く処罰しようとする刑法の趣旨に即さない。したがって，本罪の「業務」は，特に**職務として**火気の安全に配慮すべき社会生活上の地位に基づく事務をいうものと解すべきである[69]。この観点から業務を類型化すると，①火気を直接取扱う職務（調理士，ボイラーマンなど），②火気発生の蓋然性が高い物質・器具を取扱う職務（ガソリン・プロパンガス取扱業者など），③火災の発見・防止を任務とする職務（警備員，火気防止責任者など）に分けられる。

「業務」に関する判例　最判昭和33年7月25日刑集12巻12号2746頁は，駅食堂の従業員が通電状態のまま放置していた電気アイロンを，その食堂で夜警の職務に従事していた被告人が発見しなかったために火災が生じたと認定された事案につき，「同条前段にいう『業務』は，これを所論の如く当該火災の原因となった火を直接取扱うことを業務の内容の全部又は一部としているもののみに限定することなく，本件夜警の如きをもなお包含するものと解するを相当とする」と判示し，以後，プロパンガス販売・設置業者のガス器具装置を完全にすべき任務[70]，およびディーゼル自動車の運転者のエンジン操作上火気発生を未然に防止する任務について，業務性を認めた[71]。さらに，最決昭和54年11月19日刑集33巻7号728頁は，組立式サウナ風呂の欠陥によって発火させ，サウナ風呂店舗を焼損し客を死亡させた事案について「本件組立式サウナ風呂は，長期間使用するときは，電熱炉の加熱により木製ベンチ部分に火災が発生する危険があるのであり，被告人らは，その開発および製作の担当者として，その構造につき耐火性を検討，確保して火災を未然に防止する措置をとる業務上の注意義務がある」として，業務上失火罪と業務上過失致死罪の観念的競合とした原審裁判所の判断を維持した。出火と直接結びつかない本件のような事例に業務性を認めたのは，最高裁として本決定が最初であり，妥当なものと考える。なお，工事請負業者の業務性を認めたものとして，最決平成12年12月20日刑集54巻9号1095頁が参考になる。

---

[69] 最決昭60・10・21刑集39・6・362。大塚・385頁。

[70] 最決昭42・10・12刑集21・8・1083。

[71] 最決昭46・12・20刑集25・9・1086。

2　重過失失火罪

重過失失火とは，不注意の程度が著しい場合であり，行為者が極めてわずかな注意を払えば予見可能であり，かつ焼損等の結果を防止できたといえる場合である。

> **重過失失火の具体例**　最判昭和23年6月8日裁判集刑2号329頁は，盛夏炎天の日，ガソリン給油場内のガソリン缶から数10センチメートルの箇所でライターを使用した者は，重過失失火を免れないとしている。また，東京高判昭和51年6月29日判時831号121頁は，酔余店舗内に宿泊しようとして床上に椅子を並べてベッドをつくり，寒さをしのぐため電気ストーブを椅子からわずか30センチメートル離れた位置に設置し，トレンチコートを下半身に掛けたまま眠り込んだため，同コートが電気ストーブにずり落ちて火災を生じさせた事案につき，「普通人の払うべき注意義務を著しく怠ったものであり，かつ，その行為の法益に対する危険性も社会生活上著しく高く，違法性の程度が重大なもの」に当たるとして，重過失失火罪を適用している。

10　激発物破裂罪

火薬，ボイラーその他の激発すべき物を破裂させて，第108条に規定する物又は他人の所有に係る第109条に規定する物を損壊した者は，放火の例による（117条1項前段）。第109条に規定する物であって自己の所有に係るもの又は第110条に規定する物を損壊し，よって公共の危険を生じさせた者も，同様とする（同後段）。

1　意　義

激発物を破裂させる行為は，個人の生命・身体・財産に直接危害を加えるだけでなく，公衆の安全を害する結果を生じさせることがあるため，**公共危険罪**として「放火及び失火の罪」の章に規定されている。

2　客　体

「激発すべき物」つまり激発物である。**激発物**とは，急激に破裂し，生命・身体・財産に危害を加える程度の破壊力をもつ物質をいう。火薬，ボイラーはその例示であり，ほかに高圧ガス，液化ガスなどがある。銃の発砲は破裂とはいえないから，弾丸は激発物ではない。

3　行　為

「破裂」である。激発物を**破裂**させるとは，その破壊力を解放する一切の行為をいう。**爆発物取締罰則**では，理化学上の爆発現象を伴う薬品，その他の資材の結合物の爆発作用を用いることを禁止しているが（爆取1条），ここでの

408　第2編　社会法益に対する罪　第1章　公衆の平穏および安全に対する罪

爆発物も本罪の激発物に含まれる。本罪と爆発物使用罪との罪数関係を観念的競合とするのが判例であるが[72]，爆発物使用罪は本罪の特別罪とみるべきであるから，同罪のみが成立すると解する。激発物に関する特別法としては，高圧ガス保全法80条以下，破壊活動防止法39条，軽犯罪法1条10号，火薬類取締法50条以下があることに注意を要する。火炎ビンは，激発物に当たらず，別に火炎ビンの使用等の処罰に関する法律によってその使用，製造，所持が処罰される（2条，3条）。

4　損　壊

本罪が成立するためには，爆発物の破裂により建造物等を損壊する**結果の発生**が必要となる。目的物の相違に応じて，放火罪のそれぞれの法定刑が適用される（117条1項前段）。「放火の例による」というのは，この趣旨である。本罪の**予備罪・未遂罪**も処罰すべきかについては肯定説[73]と否定説[74]があり，否定説は，特に明文の規定がない以上，未遂および予備は不可罰にすべきであるとするが，3条1号は本罪の未遂罪を予定しており，また，危険性の程度において本罪を放火罪から区別すべき理由はないから肯定説が妥当である。

11　過失激発物破裂罪・業務上過失激発物破裂罪・重過失激発物破裂罪

　前項（117条1項）の行為が過失によるときは，失火の例による（117条2項）。前条第1項（117条1項）の行為が，業務上必要な注意を怠ったことによるとき，又は重大な過失によるときは，3年以下の禁錮又は150万円以下の罰金に処する（117条の2）。

過失激発物破裂罪は，不注意で激発物を破裂させる行為を罰するものであり，法定刑は「失火の例による」。業務上過失激発物破裂罪および重過失激発物破裂罪については，刑が加重される（117条の2）。

72　大判大11・3・31刑集1・186。
73　ポケット287頁，内田・470頁。なお，大塚・386頁。
74　団藤・207頁。

第2節 放火および失火の罪 *409*

12 ガス漏出等罪・ガス漏出等致死傷罪

ガス，電気又は蒸気を漏出させ，流出させ，又は遮断し，よって人の生命，身体又は財産に危険を生じさせた者は，3年以下の懲役又は10万円以下の罰金に処する（118条1項）。ガス，電気又は蒸気を漏出させ，流出させ，又は遮断し，よって人を死傷させた者は，傷害の罪と比較して，重い刑により処断する（同条2項）。

1 意 義

本条に列挙されている行為は，いずれも公共の危険をもたらす点で放火に準ずべきものとされたものである。1項の罪は，人の生命・身体・財産に対する危険の発生を要件とする**具体的危険犯**であり，2項の罪は結果的加重犯である。

具体的危険の発生 東京高判昭和51年1月23日判時818号107頁は，「（刑法118条）に所謂生命に対する具体的な危険が発生したというためには，瓦斯を漏出させることによって，人の死亡が確実視される状態あるいは所論がいうように人の死亡に密着するほどの危険な状態になることは必要でなく，瓦斯漏出の時刻，量，動機・目的，漏出場所の構造等当時の具体的な事情のもとで，通常生命を侵害するおそれがある状態になれば足りる」と説き，午前2時頃夫はすでに眠り，その妻も傍らにいた時，二間と台所，便所からなる換気のよくない家に忍び込み，台所のガスコンロの栓を全開させ都市ガスを漏出させる行為は，右両人の生命に危険を生じさせるものであると判示した。

2 ガス漏出等罪

本罪の**客体**は，ガス・電気・蒸気である（**制限列挙規定**）。草案は，このほかに「放射線」および「放射性物質」を入れているが（172条），現行法のもとでは，これらは本罪の客体に含まれない。本罪の**行為**は，漏出・流出・遮断である。「**漏出させ，流出させ**」とは，管理されているものを外部に放出し，管理しない状態に置くことをいう。「**遮断**」とは，供給を断つという意味である。これらの行為によって人の生命・身体・財産に対する具体的危険の発生が生ずることを要する。危険の発生は構成要件要素であるから，本罪の**故意**は，危険の発生についての認識を必要とする[75]。認識すべき危険の内容は，具体的状況のもとで条件の変化によっては結果発生の可能性がありうる程度のもので足りる。仮りに，結果発生の蓋然性について認識が必要であるとすると，

---

[75] 団藤・208頁，福田・733頁，大塚・388頁。反対，ポケット289頁。

410　第2編　社会法益に対する罪　第1章　公衆の平穏および安全に対する罪

本罪によって致死傷の結果を発生させたときには，常に殺人罪，同未遂罪，傷害罪などが成立することになり，本罪の致死傷罪を設けた実質的意義が失われるからである。殺人または傷害の故意がある場合には，本罪と殺人罪または傷害罪との観念的競合になる。

3　ガス漏出等致死傷罪

本罪は，ガス漏出等罪の結果的加重犯である。「傷害の罪と比較して，重い刑により処断する」とあるのは，致死の場合には傷害致死罪の法定刑，致傷の場合には傷害罪の法定刑と本条1項の法定刑とを比較し，上限・下限とも重い方に従って処断するという趣旨である。

第3節　出水および水利に関する罪

1　総　説

出水に関する罪は，水力の不法な使用によって公衆の安全を害する罪であり，放火罪と同じく**公共危険犯**である[1]。水害は，火災と同じように公衆の生命・身体・財産に対し危険を及ぼすから，放火の罪と同じように重く罰せられるのである。一方，水利に関する罪は**水利権**を直接の保護法益とするものであり，出水罪とは罪質を異にする。ただ，水利妨害行為は出水の危険を伴うのが普通なので，その限りで両者は共通の性質をもつと考えられて，同じ章下に規定されているものである。出水に関する罪は，①現住建造物等浸害罪（119条），②非現住建造物等浸害罪（120条），③水防妨害罪（121条），④過失建造物等浸害罪（122条），⑤出水危険罪（123条後段）の5種に分かれるのに対し，水利に関する罪は水利妨害罪（123条前段）のみである。

2　現住建造物等浸害罪

　出水させて，現に人が住居に使用し又は現に人がいる建造物，汽車，電車又は鉱坑を浸害した者は，死刑又は無期若しくは3年以上の懲役に処する（119条）。

1　大判明44・11・16刑録17・1987。

1 客 体

現に人の住居に使用し，または現に人がいる建造物，汽車，電車または鉱坑であり，現住建造物等放火罪と同じであるが（→393頁），犯罪の性質上艦船が除外されている。

2 行 為

出水させて浸害することである。「**出水させる**」とは，制圧されていた水力を解放し氾濫させることをいう。「**浸害**」とは，水力によって本罪の客体を流失・損壊あるいは効用の滅失・減損をもたらすことをいう。水は，流水であると貯水であるとを問わず，また解放手段のいかんも問わない。浸害は一時的なものでもよいが，きわめて軽微な場合には出水危険罪が成立するにとどまる（→413頁）。本罪は**抽象的危険犯**であり，浸害によって既遂に達する。

3 故 意

出水させて客体を浸害することの認識を必要とする。浸害の事実について予見を欠くときは，出水危険罪を構成するにとどまる。

3 非現住建造物等浸害罪

出水させて，前条（119条）に規定する物以外の物を浸害し，よって公共の危険を生じさせた者は，1年以上10年以下の懲役に処する（120条1項）。浸害した物が自己の所有に係るときは，その物が差押えを受け，物権を負担し，賃貸し，又は保険に付したものである場合に限り，前項の例による（同条2項）。

1 客 体

現住建造物等浸害罪の客体以外の物である。放火罪のように非現住建造物等とそれ以外の物とを区別せずに，それを**包括して**客体としていることに注意を要する。建造物以外の物の例としては，田畑，牧場，森林などがある。犯人の自己所有物については，差押えを受け，物権を負担し，または賃貸し，もしくは保険に付してあるときに限り本罪の客体となる。放火罪におけると同様に所有者が浸害に同意しているときは，自己所有物件と同じ扱いを受ける。自己所有物件については，2項の適用を受ける場合を除き，浸害行為によって公共の危険を発生させても罪にならない。

412 第2編 社会法益に対する罪 第1章 公衆の平穏および安全に対する罪

2 行 為

出水させて上の客体を浸害し，それによって公共の危険を発生させることである。本罪では，法文上「よって公共の危険を生じさせた」とされているところから，公共の危険の発生は客観的処罰条件ではないかとする見解[2]もあるが，公共の危険の発生は構成要件要素であり，本罪は**具体的公共危険犯**であると解すべきである（通説）。「**公共の危険**」とは，出水させて本条所定の物件を浸害し，その結果，現住建造物等の物件に波及し，不特定または多数人の生命・身体・財産について浸害のおそれを生じさせることをいう。危険の程度は，不特定または多数人に危惧感を抱かせるもので足りる[3]。

3 故 意

本罪の故意は，出水させて浸害するという事実の認識，および他に浸害が波及する可能性すなわち公共の危険発生の認識を必要とすると解すべきである。その危険性の認識を欠くときは，毀棄罪および過失出水罪が成立し，両者は観念的競合となる[4]。

4 水防妨害罪

水害の際に，水防用の物を隠匿し，若しくは損壊し，又はその他の方法により，水防を妨害した者は，1年以上10年以下の懲役に処する（121条）。

1 行為の状況

本罪は，放火の罪における消火妨害罪に対応するものであり（➡404頁），出水罪の補充規定である。構成要件における行為の状況として，「**水害の際**」であることが必要となる。水害の際とは，現に浸害が継続している場合および水害がまさに発生しようとしている状況をいう。**水害**とは，出水および浸害に基づき公共の危険が生じうる状態をいう。その原因が，人為的なものであろうと台風のような自然的なものであるとを問わない。

2 行 為

水防用の物を隠匿し，もしくは損壊し，またはその他の方法により，水防

---

2 香川・199頁。
3 大判明44・6・22刑録17・1242。
4 江家・103頁，瀧川＝竹内・270頁，大塚・391頁。

第3節　出水および水利に関する罪　　*413*

を妨害することである。出水の予防・停止活動の妨害のほか，浸害によって生ずる被害の防止活動に対する妨害も含む。「**水防用の物**」とは，土のう，石材，材木，舟など水防の用に供すべき一切の物件をいう。公有物，私有物を問わず，また，自己所有物であってもよい。水防を妨害する行為は不作為による場合も含む。

5　過失建造物等浸害罪

過失により出水させて，第119条に規定する物を浸害した者又は第120条に規定する物を浸害し，よって公共の危険を生じさせた者は，20万円以下の罰金に処する（122条）。

前段は抽象的危険犯，後段は具体的危険犯であり，いずれも失火罪に関する116条に相当する規定であるが，業務上過失，重大な過失による加重類型は設けられていない。

6　出水危険罪

堤防を決壊させ，水門を破壊し，その他出水させるべき行為をした者は，2年以下の懲役若しくは禁錮又は20万円以下の罰金に処する（123条後段）。

本罪の**行為**は，出水行為である。「**出水させるべき行為**」とは，出水の危険を生じさせる一切の行為をいう。堤防の決壊，水門の破壊は，その例示にすぎない。本罪は**抽象的危険犯**であるから，出水行為によって浸害の危険を生じさせたことを要しない。また，出水の結果が生じたことも必要でない。出水の結果が生じても，現住建造物等侵害罪（119条），非現住建造物等侵害罪（120条）に該当しない限り，その予備，未遂の段階を含めて本罪が適用される。

7　水利妨害罪

堤防を決壊させ，水門を破壊し，その他水利の妨害となるべき行為をした者は，2年以下の懲役若しくは禁錮又は20万円以下の罰金に処する（123条前段）。

1　意　義

本罪は，**水利権**の侵害を防止するための罪であり，侵害方法が出水危険罪と類似するところから，同罪と併せて同一条文のもとに規定されたものである。本罪の保護法益は，**水利権**である。水利権を有しない者に対して水の使

用を妨げても本罪は成立しない[5]。「水利」とは，灌漑，水車，発電，水道など水の利用のすべてを含む。交通のための水利および水道による飲料のための水の利用は，それぞれ124条以下の罪（往来を妨害する罪），142条以下の罪（飲料水に関する罪）によって保護されているので，本罪には含まれない。ただし，水道によらない飲料のための浄水施設を破壊する行為は，本罪に含まれる。水利権は契約に基づくものであると慣習によるものであるとを問わない。

2 行 為

堤防を決壊し，水門を破壊し，その他水利の妨害となるべき行為である。「水利の妨害となるべき行為」とは，水流の閉塞，変更，貯水の流失など，およそ水利を妨害するおそれのある一切の行為をいう。出水危険罪に該当する行為であっても，水利妨害のおそれが生じなければ本罪を構成しない。出水危険行為が水利妨害罪を構成するときは，罪質の相違に着眼して出水危険罪と水利妨害罪との観念的競合とも考えられるが，同一罰条に規定されており，手段も類似しているところから，123条の罪1個が成立すると解すべきである[6]。1個の行為によって複数の水利権を侵害した場合にも上の問題が生じるが，本罪はもともと複数の水利権に及ぶ行為を予定していると考えられるから，上の場合は1個の水利妨害罪に当たると解すべきである。ただし，水利妨害の結果が現実に発生したことは必要でない。

第4節 往来を妨害する罪

1 総 説

往来を妨害する罪は，現代の社会生活にとって不可欠となっている道路，鉄道，船舶の交通の安全を保護法益とする犯罪である。交通が妨害されるときには，公衆の生命・身体・財産が危険にさらされるから，本罪は公共危険犯である。往来を妨害する罪としては，①往来妨害罪（124条1項），②往来妨害致死傷罪（同条2項），③往来危険罪（125条），④汽車等転覆・破壊罪（126条1

---

5 大判昭7・4・11刑集11・337。
6 ポケット294頁，大塚・394頁。

第 4 節　往来を妨害する罪　*415*

項，2 項），⑤汽車等転覆・破壊致死罪（同条 3 項），⑥往来危険汽車等転覆・破壊罪（127 条），⑦往来妨害未遂罪，往来危険未遂罪，汽車等転覆・破壊未遂罪（128 条），⑧過失往来危険罪（129 条 1 項前段），⑨過失汽車等転覆・破壊罪（同条項後段），⑩業務上過失往来危険罪（同条 2 項），⑪業務上過失汽車等転覆・破壊罪（同条 2 項）がある。これらの罪は，交通の安全を害するもののうち重要なものに限られており，他に特別刑法によって多くの交通犯罪が設けられている。

交通犯罪　道路交通法，道路運送法，高速自動車国道法，新幹線鉄道における列車運行の安全を妨げる行為の処罰に関する特例法，航空の危険を生じさせる行為等の処罰に関する法律などにおいて，多くの交通関係犯罪が定められている。なお，草案は，汽車，電車，船舶に併せて航空機，バス運行の危険を生じさせる行為も刑法に取り入れることを定めている（194 条ないし 198 条）。

2　往来妨害罪

陸路，水路又は橋を損壊し，又は閉塞して往来の妨害を生じさせた者は，2 年以下の懲役又は 20 万円以下の罰金に処する（124 条 1 項）。未遂は，罰する（128 条）。

1　客　体

陸路・水路・橋である。公衆の用に供すべきものであることを必要とするが，公有か私有かを問わない[1]。「**陸路**」とは，公衆の通行の用に供すべき陸上の通路すなわち道路をいう。事実上公衆の通行に供せられていれば足りる。鉄道は，往来危険罪（125 条）の客体であるから，本罪の客体には含まれない。「**水路**」とは，舟などの航行に用いられる河川，運河，港口などをいう。海路・湖沼の水路も損壊・閉塞しうるものは本罪の水路となる[2]。また，「**橋**」は，河川・湖沼の上に架けられた橋をいい，陸橋，桟橋を含む。

2　行　為

損壊または閉塞して，往来の妨害を生じさせることである。損壊・閉塞以外の行為は含まない[3]。「**損壊**」とは，通路の全部または一部を物理的に毀損することをいう。糞尿を道路に撒き散らし心理的に通行を不可能にしても，本

---

1 最決昭 32・9・18 裁判集刑 120・457。
2 青柳・185 頁，高田・注釈(3)208 頁，大塚・396 頁，藤木・112 頁。
3 木村・198 頁。

罪には当らない。「**閉塞**」とは，障害物を置いて通路を遮断することをいう。障害物が通路を部分的に遮断するに過ぎない場合でも，その通路の効用を阻害して往来の危険を生じさせたときは，陸路の閉塞に当たる[4]。

本罪が**既遂**に達したというためには，損壊または閉塞の結果，往来の妨害を生じさせる必要がある。「**往来の妨害を生じさせた**」とは，通行を不可能または困難にする状態を生じさせることである。しかし，本罪は公共危険犯であるから，公衆の誰かが現実に通行を妨害されたという結果の発生は必要でない。すなわち本罪は，**具体的公共危険犯**である[5]。本罪の**未遂**は，損壊・閉塞の行為により右の状態を作り出す行為に着手したが，往来の妨害を生じさせなかった場合である。本罪の**故意**が成立するためには，単に，損壊・閉塞の事実を認識するだけでは不十分であり，往来妨害の具体的危険の発生についての予見を必要とする[6]。

3 往来妨害致死傷罪

> 前項の罪（124条1項）を犯し，よって人を死傷させた者は，傷害の罪と比較して，重い刑により処断する（124条2項）。

本罪は，往来妨害罪の**結果的加重犯**である。往来妨害罪が成立し，その結果として人を死傷に致したことを要するから，損壊・閉塞の行為自体によって致死傷の結果を生じさせたときは，本罪には当たらないと解すべきである[7]。例えば，橋を破壊する行為によって，過って人に傷害を与えれば，往来妨害罪と過失傷害罪の観念的競合になるのに対し，橋を破壊した結果通行人が交通を妨げられ川中に転落して負傷した場合は，本罪に当たるのである（通説）[8]。「**人**」は，通行人に限らず，犯人以外のすべての人を指す。工事に従事している者が橋の落下により傷害を受けた場合も本罪に当たる[9]。往来妨害罪の結

---

4 最決昭59・4・12刑集38・6・2107。森川・百選Ⅱ（第5版）166頁参照。
5 大塚・397頁，内田・483頁。なお，大判昭3・5・31刑集7・416参照。
6 木村・198頁，ポケット298頁，高田・注釈(3)209頁。
7 団藤・224頁。
8 最判昭36・1・10刑集15・1・1参照。
9 名古屋高金沢支判昭31・8・11裁特3・20・931。

第4節　往来を妨害する罪　*417*

果的加重犯であるから，致死の結果について予見があるときは殺人罪が成立し，本条1項の罪との観念的競合になる。1個の妨害行為によって複数の死傷者が出た場合にも，本罪の公共危険罪としての性格上包括一罪とすべきである。本罪は，傷害の罪に比較し重い刑により処断される。

4　往来危険罪

鉄道若しくはその標識を損壊し，又はその他の方法により，汽車又は電車の往来の危険を生じさせた者は，2年以上の有期懲役に処する（125条1項）。灯台若しくは浮標を損壊し，又はその他の方法により，艦船の往来の危険を生じさせた者も，前項と同様とする（同条2項）。未遂は，罰する（128条）。

1　意　義

本罪は，①鉄道またはその標識を損壊し，またはその他の方法で汽車または電車の往来の危険を生じさせること，および，②灯台・浮標を損壊し，またはその他の方法で艦船の往来の危険を生じさせることを内容とする犯罪である。その**保護法益**は，汽車，電車および艦船の**往来の安全**であり，これら主要交通機関の安全を特に保護する趣旨から，往来の危険の発生を要件として一般の往来妨害より重く処罰するものである。

2　行　為

①「鉄道若しくはその標識」を損壊し，またはその他の方法により，汽車・電車の往来の危険を生じさせること，②「灯台若しくは浮標」を損壊し，③またはその他の方法により，艦船の往来の危険を生じさせることである。

(1)　鉄道・標識の損壊等　「**鉄道**」とは線路のみならず汽車，電車の運行に直接必要な一切の施設をいう。それゆえ，枕木，犬釘，トンネルも鉄道である。「**標識**」とは，汽車，電車の運行に必要な信号機その他の標示物をいう。「**損壊**」するとは，物理的に破壊することをいう。「**その他の方法**」とは，汽車・電車の往来の危険を生じさせる一切の行為をいい，例えば，軌道上に石その他の障害物を置くことである[10]。無人電車を暴走させる行為も含む[11]。「**汽車**」とは，蒸気機関車が牽引し，軌道上を走行する交通機関をいう。「**電車**」とは，

10　大判大9・2・2刑録26・17。
11　最大判昭30・6・22刑集9・8・1189。

418　第2編　社会法益に対する罪　第1章　公衆の平穏および安全に対する罪

電力によって軌道上を走行する交通機関をいう。汽車，電車のなかにガソリンカー，ディーゼルカーも含まれると解する[12]。モノレールやケーブルカーは電車に入るが，ロープウェイ，トロリーバス，航空機は軌道上を走行するものではないから電車とはいえない。

(2)　**灯台・浮標の損壊等**　「**灯台**」とは，艦船の航行に必要な灯火による陸上の標識をいう。「**浮標**」とは，船舶の航行上の安全を示す水上の標示物，つまり，「ブイ」をいう。「**損壊**」とは，物理的に破壊することである。「**その他の方法**」とは，船舶の往来の危険を生じさせる一切の行為をいい，例えば，灯台の灯を消すとか，偽りの浮標を設ける場合をいう。「**艦船**」とは，軍用船およびその他の船舶をいう。船舶については，汽車，電車に準じた規模の大型の船に限るべきであるとする見解も有力であるが[13]，本罪は往来の安全を保護法益とするものであるから，不特定または多数の船舶の往来を危険にする以上は本罪に当たると解する。小型の舟やモーターボートなどの往来の安全も本罪の保護法益であり，船舶の大小および形状を問わない[14]。

3　往来の危険

本罪が**既遂**となるためには，汽車・電車または艦船の往来の危険を生じさせなければならない。往来の危険を生じさせるとは，脱線，転覆，衝突もしくは転覆・沈没等の災害に遭遇するおそれある状態を生じさせることをいう。災害が現実に発生したことは必要でなく，具体的な危険の発生で足りる（**具体的危険犯**）。具体的危険は，実害の発生が必然的ないし蓋然的な段階に達してなくてもよく，「安全なる往来を妨害すべき結果を発生せしむべき可能性」が認められれば足りる（通説）[15]。本罪の未遂は，汽車・電車・艦船の往来の具体的危険を生じさせるに足りる行為に着手したが，その具体的危険が発生しなかった場合である。

---

12 大判昭15・8・22刑集19・540。
13 小野・84頁，瀧川・232頁，中山・404頁。
14 大判昭10・2・2刑集14・57〔長さ4間2尺の木造船〕。木村・199頁，ポケット301頁，高田・注釈(3)215頁，大塚・400頁，中森・176頁。
15 最判昭35・2・18刑集14・2・138，最判昭36・12・1刑集15・11・1807，最決平15・6・2刑集57・6・749。

第4節　往来を妨害する罪　　*419*

> **往来の危険の意義**　　最決平成15年6月2日刑集57巻6号749頁は，「『往来の危険とは』汽車又は電車の脱線転覆，衝突，破壊など，これらの交通機関の往来に危険が生ずるおそれのある状態をいい，単に交通の妨害を生じさせるだけでは足りないが，脱線等の実害の発生が必然的ないし蓋然的であることまで必要とするものではなく，実害の発生する可能性があれば足りる」と判示した。

4　故　意

本罪の故意は，人の現在する汽車・電車・艦船について，脱線・転覆・衝突等の実害を発生させる具体的危険の認識を必要とする（通説）[16]。実害の発生について予見する必要はない[17]。

5　汽車等転覆・破壊罪

> 現に人がいる汽車又は電車を転覆させ，又は破壊した者は，無期又は3年以上の懲役に処する（126条1項）。現に人がいる艦船を転覆させ，沈没させ，又は破壊した者も，前項と同様とする（同2項）。未遂は，罰する（128条）。

1　客　体

現に人がいる汽車・電車・艦船である。「**人**」とは犯人以外の者をいう。「**現に人がいる**」の意義については，ⓐ実行の開始時に人が現在することを要するとする説[18]，ⓑ結果発生の時に人が現在することを要するとする説[19]，ⓒ実行の着手時から沈没などの結果発生時までの間において，そのいずれかの時点に人が現在していれば足りるとする説[20]が対立している。本罪は，単なる公共危険犯ではなく具体的な個人の生命・身体をも保護する趣旨に基づく犯罪であるから，実行行為のいかなる時点に現在している人に対しても，生命・身体の安全を保護する必要があり，ⓒ説が妥当である。汽車・電車は，走行中，停車中のいずれであっても本罪の客体となり，また，艦船は航行中であると停泊中であるとを問わない。交通機関としての機能を停止している場合，

16　反対・藤木・114頁。
17　大判大12・7・3刑集2・621。
18　木村・200頁，ポケット302頁，青柳・188頁，小暮ほか〔岡本〕・325頁。大判大12・3・15刑集2・210。
19　牧野・112頁，団藤・230頁，高田・注釈(3)218頁，内田・485頁。
20　植松・127頁，福田・79頁，大塚・401頁，岡野・239頁，中森・198頁，西田・341頁，山中・558頁，井田・498頁，高橋・477頁。

例えば，改修中の艦船は本罪から除外される[21]。

2 行 為

①汽車，電車に対する転覆または破壊，②艦船に対する転覆，沈没または破壊である。

(1) **汽車等の転覆または破壊**　「**転覆**」とは，汽車・電車の転倒，横転，転落をいう。単なる脱線は，転覆ではない。「**破壊**」の意義について，ⓐ不特定または多数人の生命・身体に対する危険を生ぜしめるに足りる損壊であることを要し，その大小を問わないとする説[22]，ⓑ汽車・電車の実質を害して，その交通機関としての用法の全部または一部を不能にする程度に損壊することとする通説・判例[23]が対立している。交通機関としての機能を害する程度の損壊が加えられた以上は公共の危険を含むものと解すべきであるから，ⓑ説が妥当である。したがって，交通機関としての機能に関係のない電車のガラス窓の破壊は，器物損壊罪を構成するにすぎない[24]。本罪は，きわめて低いものであるが何らかの公共の危険の発生を必要とする**準抽象的危険犯**と解すべきである。

(2) **艦船の転覆・沈没・破壊**　艦船については，船舶の転覆のほかに沈没も含む。「**転覆させ**」るとは，艦船を横転させることである。「**沈没させ**」とは船体を水浸させることであり，その全部が水中に没することを要せず，枢要部分が没すれば足りる。**座礁**それ自体は，転覆・沈没とはいえず，座礁に伴って損壊し，艦船の交通機関としての用法の全部または一部を不能にしたときは「破壊」に当たると解すべきである[25]。「**破壊**」とは，艦船の実質を害して，その航行機関としての機能の全部または一部を不能にする程度に損壊することをいう[26]。転覆，沈没，破壊は，その方法のいかんを問わない。往来危険罪の手段となる鉄道またはその標識の損壊，灯台または浮標の損壊も本罪に当たる。

---

[21] 柏木・214頁，大塚・401頁，西田・341頁，中森・198頁。
[22] 牧野・111頁，木村・200頁。
[23] 最判昭46・4・22刑集25・3・530。
[24] 大判明44・11・10刑録17・1868。
[25] 高田・注釈(3)219頁。
[26] 大判昭2・10・18刑集6・386。

第4節　往来を妨害する罪　*421*

沈め屋事件　最決昭和55年12月9日刑集34巻7号513頁は，いわゆる船舶の「沈め屋」の事件につき，厳寒の1,000島列島ウルップ島海岸の砂利原に乗り上げさせて漁船を座礁させたうえ，同船の機関室に大量の海水を流入させ，機関始動用圧縮空気を全部放出するなどして航行を不能にしたという事実関係のもとにおいては，「船体自体に破損が生じていなくても，本件所為は刑法126条2項にいう艦船の『破壊』にあたると認めるのが相当である」と判示した。「艦船に現在する人の生命・身体に対する危険の発生」（団藤）が必要であるか，または，「行為当時の具体的事情を考えて多数人の生命・身体に対する危険の発生することが一般的に認められる艦船の航行能力の全部又は一部喪失行為」（谷口）が必要であるとする団藤，谷口両裁判官の補足意見がある[27]。

3　故　意

汽車・電車・艦船に人が現在することの認識および転覆，沈没，破壊の結果についての認識を必要とする[28]。往来危険罪の故意は，往来危険発生の認識を必要とするが，本罪の故意は，転覆等の具体的結果発生の認識を必要とする点でそれと異なる。

6　汽車転覆等致死罪

前2項（126条1項，2項）の罪を犯し，よって人を死亡させた者は，死刑又は無期懲役に処する（126条3項）。

1　「よって死亡させた」の意義

本罪は汽車等転覆・破壊罪の**結果的加重犯**であり，人の現在する汽車・電車の転覆・破壊，艦船の転覆・沈没・破壊の結果として人を死に致したことが必要である。したがって，汽車等転覆・破壊罪が未遂に終った場合は本罪の適用はない。転覆等の手段自体から人の死傷が生じた場合，例えば，電車を爆弾で破壊すると同時に人を死に致した場合には，本罪を構成しないと解すべきである[29]。汽車等転覆・破壊罪を犯し，その結果として人に**傷害**を生じさせた場合について，ⓐ傷害の点は規定の性質および法定刑からみて汽車等転覆・破壊罪中に吸収されるとする説[30]，ⓑ汽車等転覆・破壊罪と傷害罪（204

27　関・百選Ⅱ（第6版）181頁，**安田・判例講義Ⅱ115頁**参照。
28　大判大12・7・3刑集2・621。
29　平野龍一「刑法各論の諸問題」法セ221号48頁，大塚・403頁，中森・199頁，小暮ほか〔岡本〕・328頁。反対，東京高判昭45・8・11高刑集23・3・524。
30　ポケット302頁，柏木・214頁。

条）または過失傷害罪（209条）との観念的競合になるとする説[31]とが対立している。本罪は人を死に致した場合を特に重く罰するものであるから，傷害の点を含むと解する@説は妥当でない。

「人を死亡させた者」の人については，@汽車または艦船に現在した人に限るとする見解[32]，⑥車船内に限らず，周囲にいる人をも含むとする見解[33]とが対立している。法は転覆・沈没・破壊に「よって」人を死に致したことを要件としていること，および本罪の公共危険罪としての性格にかんがみ，汽車等の内部に人が現在していたかどうかは問わないと解すべきである。それゆえ，歩行者その他汽車・電車・艦船の付近にいた人もここにいう「人」である[34]。

2 殺意がある場合

殺意をもって汽車等を転覆・破壊し，よって人を死亡させた場合について，@本罪のみが成立し，殺人が未遂に終ったときは刑の権衡上汽車等転覆・破壊罪と殺人未遂罪との観念的競合になるとする説[35]，⑥殺意のない場合は本罪となるから刑の権衡上殺人罪と本罪との観念的競合になるとする説[36]，ⓒ汽車等転覆・破壊罪と殺人または殺人未遂罪との観念的競合になるとする説[37]が対立している。

本罪の法定刑は死刑または無期懲役であり，殺人罪の法定刑より重い点を考慮すると，殺意をもって行為した場合も本罪に含まれるとすべきである。また，故意のある結果的加重犯を否定するいわれはないから，致死の結果について予見ある場合は本罪の一罪が成立し，ただし殺人が未遂にとどまったときは，126条3項に未遂を罰する規定がないので，殺人未遂罪の規定を適

---

[31] 高田・注釈(3)221頁，大塚・403頁，内田・486頁。前掲東京高判昭45・8・11。

[32] 柏木・215頁，高田・注釈(3)220頁，平野・前掲法セ221号49頁，中森・199頁。

[33] ポケット303頁，団藤・232頁，大塚・403頁，藤木・115頁，小暮ほか〔岡本〕・328頁，岡野・240頁，西田・295頁。

[34] 最大判昭30・6・22刑集9・8・1189。吉田・百選Ⅱ（第6版）183頁，**安田・判例講義Ⅱ117頁**参照。

[35] 木村・201頁，江家・108頁，中山・407頁，内田・486頁，岡野・240頁，曽根・230頁，中森・190頁，小暮ほか〔岡本〕・328頁，西田・342頁。

[36] 大判大7・11・25刑録24・1425。牧野・112頁，小野・84頁，団藤・232頁，植松・128頁，香川・220頁。

[37] 柏木・215頁。なお，大塚・391頁。

第4節　往来を妨害する罪　*423*

用し，汽車等転覆・破壊罪と殺人未遂罪との観念的競合を認めるべきであり，
ⓐ説が妥当である。

7 往来危険による汽車等転覆・破壊罪

第125条の罪を犯し，よって汽車若しくは電車を転覆させ，若しくは破壊し，又は
艦船を転覆させ，沈没させ，若しくは破壊をした者も，前条の例による（127条）。

1 意　義

本罪は，往来危険罪（125条）の**結果的加重犯**である。往来危険罪は，それ自
体汽車・電車の転覆，破壊，または艦船の転覆・沈没・破壊の危険を含むも
のであるから，現に，転覆・破壊，沈没の結果を生じた以上は，結果的加重
犯として，故意犯としての汽車等転覆・破壊罪と同じように罰するとする趣
旨に基づいて設けられたものである。

2 客　体

本罪は，往来危険行為の結果として汽車等を転覆・沈没・破壊したことを
成立要件とするが，汽車等に人が現在することを必要とするかについて，ⓐ
前条の例によるとされる126条の罪では人の現在性が要求されているのであ
るから，これとの均衡上本罪の汽車等にも人の現在性を必要とすべきである
と説く**必要説**[38]，ⓑ往来危険行為が汽車等の転覆・沈没・破壊の危険を伴う性
質を有すること，および法文上特に人の現在性が要件とされていないことに
照らし，人の現在することを要しないと説く**不要説**[39]が対立しているが，その
理由づけからみてⓑ説が妥当である。それゆえ，人の現在しない汽車，電車
または艦船を故意に転覆させるなどの行為は126条の罪には当たらず，本条
の罪を構成すると解すべきである。したがって，本罪における汽車，電車ま
たは艦船には人が現在していなくてもよく，また，この限度で本罪は転覆等
について故意ある場合をも含むのである。

3 致死の結果

往来危険汽車等転覆・破壊の結果として人を死亡させた場合に，126条3
項の適用があるかについて，ⓐ127条において125条の結果的加重犯の要件

---

[38] 団藤・229頁，平野・244頁，高田・注釈(3)222頁，曽根・231頁，中森・200頁。
[39] ポケット304頁，大塚・405頁，小暮ほか〔岡本〕・329頁。

として掲げられているのは，転覆・沈没・破壊の場合だけであり，人を死亡させた場合を含んでいないから適用すべきでないとする**否定説**[40]，ⓑ126条3項の適用を認めないのであれば，127条は「前条第2項の例による」と規定されるべきであるから，文理上当然に126条3項が適用されるとする**肯定説**（通説）[41]，ⓒ「前条3項」は人の現在性を要求するから，人の現在する汽車等を転覆・破壊し，その結果人を死に致した場合にのみ適用があるとする**折衷説**[42]が対立している。

　思うに，127条において「**126条の例による**」として「前条第1項第2項の例による」と規定されていない以上，文理上は当然に前条3項を除外しない趣旨と解すべきである。また，実質的にみても，125条の行為は，その性質上，汽車・電車等の転覆・破壊ばかりでなく，それによって人の致死の結果をも発生させる危険を含むのであるから，その結果を生じた以上は前条の各項と同じように処断してさしつかえないと考えられる。例えば，電車の往来を危険にする行為によって有人の電車を転覆させ，電車に乗っていた人に対して致死の結果を生じさせた場合だけでなく，無人の電車を転覆させて付近にいた人を死なせたときも，126条3項と同じように処断されるべきであり，ⓑ説が妥当である。致傷の結果が生じたにすぎないときは126条3項の適用はないから，過失傷害罪と往来危険汽車等転覆・破壊罪との観念的競合となる。

三鷹事件判決の少数意見　　前掲最大判昭30年6月22日の法廷意見は，「前条の例に同じ〔前条の例による〕と規定しているのは，文理上当然に前条3項を除外しない趣旨であるとともに，125条の行為は，本質上，汽車・電車の転覆・破壊，ひいては人の致死などの惨害を発生させる危険を含むから，その結果を生じた以上，実質的にも，前条の各項と同じく処罰しても差支えない」としたが，これには5裁判官の少数意見がある。その説くところを要約すると，127条において125条の結果犯の要件として掲げられているところは，「因て汽車又は電車の顛覆若しくは破壊，又は艦船の覆没若しくは破壊を致したる者」というだけであり，人を死に致した場合について規定していないから，多数意見には厳格解釈を旨とする刑法解釈としては無理があり，また，125条の罪を犯し，あやまって人を死に致した場合でも2年以上の有期懲役にすぎないのに，125条の罪を犯し，その結果として人の現在しない汽車・電車を転覆させて人を死に致した場合には

40　瀧川＝竹内・280頁，大塚・405頁，曽根・231頁，小暮ほか〔岡本〕・330頁。
41　前掲最大判昭30・6・22。
42　団藤・228頁。

第4節　往来を妨害する罪　*425*

死刑・無期懲役の刑に限るのは，あまりに刑の権衡を失するから，前条3項の適用を否定すべきであるとする。

8 過失往来危険罪，過失汽車等転覆・破壊罪

過失により，汽車，電車若しくは艦船の往来の危険を生じさせ，又は汽車若しくは電車を転覆させ，若しくは破壊し，若しくは艦船を転覆させ，沈没させ，若しくは破壊した者は，30万円以下の罰金に処する（129条1項）。その業務に従事する者が前項の罪を犯したときは，3年以下の禁錮又は50万円以下の罰金に処する（同条2項）。

1 過失往来危険罪

過失によって汽車等の往来の具体的危険を発生させることによって成立する犯罪であり，125条の罪の過失犯である。「往来の危険を生ぜしめ」とは，汽車・電車の転覆・破壊または艦船の転覆・沈没・破壊の具体的危険を生じさせることをいう。

2 過失汽車等転覆・破壊罪

過失によって現実に汽車等転覆・沈没・破壊の結果が生じた場合に成立する。人が汽車に現在するか否かを問わない（通説）[43]。その結果，人を死傷に致したときは過失致死傷罪（209条，210条）と本罪との観念的競合となる。

3 業務上過失往来危険罪，業務上過失汽車等転覆・破壊罪

業務上過失の場合は，2項によって法定刑が重くなる。主体は，その業務に従事する者であって，直接または間接に汽車，電車，艦船の交通往来の事務に従事する者を指す[44]。例えば，機関士，電車の運転手，乗務車掌，船長，保線助手などが業務者である。したがって，自動車運転を業務とする者は本罪にいう業務者ではない。他の業務と同様，本罪の業務も社会生活上の地位に基づき継続・反復して行う事務であって，本務であると兼務であるとを問わない[45]。本罪のなかには，過失致死傷の罪などと異なり重大な過失は含まれていない。本罪の結果として人を死傷に致したときは，業務上過失致死傷の罪（211条）との観念的競合となる。

---

43 反対，小暮ほか〔岡本〕・331頁。
44 大判昭2・11・28刑集6・472。
45 最判昭26・6・7刑集5・7・1236。

第2章

公衆の健康に対する罪

　公衆の健康を守ることは，健全な社会の維持・発展にとって重要な基礎である。また，工業化された社会においては，公衆の健康を維持するための積極的な施策が必要となってきている。刑法は，公衆の健康に対する罪として飲料水に関する罪（第2編第15章）とあへん煙に関する罪（第2編第14章）とを設けているにすぎないが，水俣病事件を筆頭に公害事件が多発したところから，昭和45年に「人の健康に係る公害犯罪の処罰に関する法律」（公害罪法）など一連の公害立法を制定し，公害に対する刑法上の規制を強化している。

第1節　飲料水に関する罪

1　総　　説

　飲料水に関する罪は，公衆の健康をその**保護法益**とし，飲料水の用途を害し，または飲料水の水道を損壊するなどの行為によって，公衆の生命・身体に対する危険を生じさせることを内容とする犯罪であり，**抽象的公共危険犯**の一種である。したがって，「人の飲料に供する浄水」（142条，144条）という場合において，その「人」とは，不特定または多数の人を意味し，特定の1人のための飲料水であるときは本罪から除外される（通説）[1]。飲料水に関する罪は，①浄水汚染罪（142条），②水道汚染罪（143条），③浄水毒物等混入罪（144条），④浄水汚染致死傷罪・水道汚染致死傷罪・浄水毒物等混入致死傷罪（145条），⑤水道毒物等混入罪（146条前段）・同致死罪（同条後段），⑥水道損壊・閉

1　反対，植松・191頁〔個人の連日飲用する水〕。

第1節　飲料水に関する罪　*427*

塞罪（147条）から成っている。

2　浄水汚染罪

　人の飲料に供する浄水を汚染し，よって使用することができないようにした者は，
　6月以下の懲役又は10万円以下の罰金に処する（142条）。

1　客　体

　本罪の客体は，「人の飲料に供する浄水」である。「人」とは不特定または多
数人をいう。それゆえ，特定人の飲料に供される浄水，例えば，特定の病人
に与えるコップのなかの飲料水は，本罪の客体とはならない[2]。しかし，「公
衆」ではなく「人」の飲料に供すべき浄水であるから，ある程度の多数人す
なわち数人であってもよい。水道設備のない農家などで，水がめに家庭また
は来客用の飲料水を貯蔵してあるところへ泥などを投入すれば，本罪が成立
する。浄水とは，人の飲料に供しうる程度の清潔な水をいい，自然水である
と水道のような人工水であるとを問わない。ただし，清涼飲料水などは含ま
ない[3]。

2　行　為

　本罪の行為は，汚染することによって，飲料水としての用途を失わせるこ
とであり，通常人の感覚を基準として物理的，生理的または心理的に使用に
堪えなくすることをいう[4]。汚染とは，水の清浄な状態を失わせることをいう。
「よって使用することができないようにした」とは，飲料水としての用途を失わ
せること，例えば，井戸水に放尿する行為をいう。本罪の故意は，飲料水とし
ての用途を失わせる状態が生ずることの認識を必要とする。

3　水道汚染罪

　水道により公衆に供給する飲料の浄水又はその水源を汚染し，よって使用すること
　ができないようにした者は，6月以上7年以下の懲役に処する（143条）。

2　大判昭8・6・5刑集12・736。
3　ポケット330頁。
4　最判昭36・9・8刑集15・8・1309。

428　第2編　社会法益に対する罪　第2章　公衆の健康に対する罪

　水道は，飲料用浄水を広範囲に供給できる設備であり，供給される水の飲用性に対する公衆の信頼が厚いため，特別の規定が置かれているのである。「水道」とは，浄水をその清浄を保持しつつ一定の地点に供給するための人工的設備をいう。設備の大小，公設，私設のいかんを問わない。浄水の水道であることが法令・慣習によって認められている必要はないが[5]，人工的設備のない自然の流水は，たとえ公衆の飲料に使用されていても水道ではない。

　「公衆に供給する飲料の浄水」とは，不特定または多数人に飲料として供給されるべき浄水であって，その供給するための途中にあるものをいう。人工的設備を施したものであっても，公衆に飲料水を供給する水路でないもの，例えば，浄水場などの水源はこれに含まれない[6]。「水源を汚染する」とは，水道に流入する以前の貯水池，浄水池など水道に流入すべき水の清潔状態を失わせることである[7]。

4　浄水毒物等混入罪

　人の飲料に供する浄水に毒物その他人の健康を害すべき物を混入した者は，3年以下の懲役に処する（144条）。

　「毒物」とは，例えば，青酸カリなどのように化学的作用によって人の健康を害する物質をいう。「人の健康を害すべき物を混入した」とは，例えば，細菌，寄生虫などのように，毒物以外の物で人の健康に有害に作用する物質を混ぜ入れることをいう。これらの物質を浄水に混入させれば本罪を構成するが，少なくとも浄水が人の健康を害すべき程度に至ったことを必要とすると解すべきである。ただし，実際に人の健康に障害を与えたかどうかを問わない[8]。

5　浄水汚染致死傷罪・水道汚染致死傷罪・浄水毒物混入致死傷罪

　前3条（142条，143条，144条）の罪を犯し，よって人を死傷させた者は，傷害の罪と比較して，重い刑により処断する（145条）。

5　大判昭7・3・31刑集11・311。
6　大判昭12・12・24刑集16・1635。
7　ポケット331頁。
8　大判昭3・10・15刑集7・665。

第1節　飲料水に関する罪　*429*

本罪は，浄水汚染罪（142条），水道汚染罪（143条），浄水毒物等混入罪（144条）の結果的加重犯である。死傷について予見がある場合には，殺人罪（199条）または傷害罪（204条）が成立し，観念的競合となる（通説）[9]。

6　水道毒物等混入罪・水道毒物等混入致死罪

水道により公衆に供給する飲料の浄水又はその水源に毒物その他人の健康を害すべき物を混入した者は，2年以上の有期懲役に処する（146条前段）。よって人を死亡させた者は，死刑又は無期若しくは5年以上の懲役に処する（同条後段）。

前段は水道毒物等混入罪を定めるものであり，毒物等を混入して人の健康を害すべき状態に至らせれば足りる。後段は，水道毒物等混入致死罪を定めるものであり，致死の結果が生じた場合にだけ適用がある。したがって，**致傷の結果**が生じても前段の適用があるにすぎない。致傷につき予見あるときは，水道毒物等混入罪の法定刑が傷害罪よりはるかに重いところから，傷害罪は水道毒物等混入罪に吸収されると解する（通説）[10]。なお，後段は結果的加重犯の規定であるが，この法定刑は殺人罪の刑よりも重くなっているから，**殺意**があって致死の結果が生じた場合にも本条だけを適用すれば足りる。ただし，未遂罪を処罰する規定を欠くから，殺意があり，死の結果が生じなかったときは，水道毒物等混入罪と殺人未遂罪との観念的競合となる。

7　水道損壊・閉塞罪

公衆の飲料に供する浄水の水道を損壊し，又は閉塞した者は，1年以上10年以下の懲役に処する（147条）。

1　客　体

本罪は，公衆に対する飲料水の供給を妨害する犯罪であって，浄水の水道の損壊および閉塞を内容とする。本罪の客体は，公衆の飲料となる浄水の水道である。公衆とは，不特定または多数の者をいい，「**浄水の水道**」とは，不特定または多数の者が使用すべき飲料水を，その清浄を保たせながら一定の地点に導く人工的設備をいう。したがって，第1に，天然の流水は水道とは

9　団藤・242頁，小暮・注釈(3)280頁〔牽連犯〕。
10　反対，内田・498頁〔観念的競合〕。

いえない。第2に，浄水を汚濁させないために必要な設備が施されていなければならない[11]。第3に，浄水を一定の水路に従って流下させるのに必要な設備があるものでなければならない。

2 行 為

本罪の行為は，損壊または閉塞である。本罪においては浄水の供給を妨害することが重要なのであるから，「**損壊**」とは，浄水の供給を不可能または著しく困難にする程度に破壊することをいうと解すべきである[12]。「**閉塞**」とは，有形の障害物によって水道を遮断し，浄水の供給を不可能または著しく困難にすることをいう。本罪に必要な程度に達しない損壊は，器物損壊をもって論ずべきである[13]。水道の鉛管を切り取って窃取した場合は，本罪と窃盗罪との観念的競合となる。

第2節 あへん煙に関する罪

1 総 説

あへん煙に関する罪は，あへん煙の吸食その他これを助長するおそれのある行為を内容とする犯罪である。あへん，麻薬，覚せい剤など常習的になりやすい薬物は，一面において医療のために必要なものであるが，他面，これらの施用を自由にすると濫用されて中毒者を生み，国民の生活を頽廃させるばかりでなく，種々の派生的害悪を生じさせる危険がある。本罪は，公衆の健康を保護法益とする**抽象的危険犯**であり，派生的に生ずる有害な事態をも防止しようとするものである。

刑法はあへんに係る犯罪として，①あへん煙輸入等罪 (136条)，②あへん煙吸食器具輸入等罪 (137条)，③税関職員によるあへん煙等輸入・輸入許可罪 (138条)，④あへん煙吸食罪 (139条1項)，⑤あへん煙吸食場所提供罪 (同条2項)，⑥あへん煙等所持罪 (140条)，⑦各罪の未遂罪 (141条) を設けている。し

---

11 大判昭 12・12・24 刑集 16・1635。
12 福岡高判昭 26・12・12 高刑集 4・14・2092〔水道の量水器の取り外し〕。
13 大阪高判昭 41・6・18 下刑集 8・6・836。

かし，現代においては，むしろ麻薬や覚せい剤の濫用が重大な社会問題となっているところから，あへん法，覚せい剤取締法，麻薬及び向精神薬取締法，大麻取締法のいわゆる薬物4法があり，シンナー等の有機溶剤については，毒物及び劇物取締法がある。さらに，平成3年には，国際的な協力の下に規制薬物に係る不正行為を助長する行為等の防止を図るための麻薬法及び向精神薬取締法等の特例に関する法律が制定され，不法輸入等の罪（5条），不法収益隠匿罪（6条），不法収益収受罪（7条）などを規定するに至っている。なお，刑法のあへん煙に関する罰条のほかに，前記あへん法が制定されて処罰の拡大が図られているから，あへんに関する行為は，刑法とあへん法との2つの法律によって規制されているわけである。そして，あへん法56条は，同法の罰則に当たる行為が刑法の罪に触れるときは，刑法の罪に比較して重きに従って処断するものとした。なお，草案は，刑法のなかに「あへん煙に関する罪」を規定せず，これを特別法に委ねることにしている。

2 あへん煙輸入罪

あへん煙を輸入し，製造し，販売し，又は販売の目的で所持した者は，6月以上7年以下の懲役に処する（136条）。未遂は，罰する（141条）。

1 客 体

本罪の客体は，あへん煙である。「あへん煙」とは，吸食用として製造されたあへん煙膏をいう[1]。その原料としての生あへんを含まない。なお，実際に取引されるのは煙膏になる以前の生あへんであるため，あへん法は，生あへんの使用等につき取締りを図っている（3条）。

2 行 為

本罪の行為は，輸入，製造，販売および販売目的の所持である。「輸入」とは，国外から国内に搬入することをいう。輸入の既遂時期については，ⓐ日本国の領域内に入れば足りるとする領海説[2]，ⓑ単に領海内に入っただけでは足りず，海上の場合は陸揚げを，また航空機による場合は荷おろしを必要とすると解する陸揚げ説[3]が対立している。輸入罪が罰せられるのは，それに

---

1 大判大8・3・11刑録25・314。
2 小野・129頁，植松・196頁，大塚・510頁，藤木・123頁。

432 第2編 社会法益に対する罪 第2章 公衆の健康に対する罪

よって公衆衛生が危険にさらされるからであり，かかる危険は，陸揚げ，荷おろしの段階で初めて認められると考えられるから，ⓑ説が妥当である。「**製造**」とは，あへん煙を作り出すことをいう。生あへんの製造だけでは，まだあへん煙の製造とはいえない。「**販売**」とは，反復の意思をもって有償譲渡することをいう。「**所持**」とは，事実上自己の支配下に置くことをいう。他人のため保管しても事実上支配していれば所持になる。所持罪においては販売の目的をもって所持することを要する（目的犯）。

③ あへん煙吸食器具輸入等罪

あへん煙を吸食する器具を輸入し，製造し，販売し，又は販売の目的で所持した者は，3月以上5年以下の懲役に処する（137条）。未遂は，罰する（141条）。

本罪の**客体**は，あへん煙を吸食する目的で作られた器具，例えば，煙管である。

④ 税関職員によるあへん煙等輸入等罪

税関職員が，あへん煙又はあへん煙を吸食するための器具を輸入し，又はこれらの輸入を許したときは，1年以上10年以下の懲役に処する（138条）。未遂は，罰する（141条）。

1 意 義

本罪は，輸入罪と輸入許可罪とに分かれ，あへん煙等の輸入の規制を徹底するため税関職員を特に重く罰する趣旨から定められたものである。輸入罪は，あへん煙輸入罪，あへん煙吸食器具輸入罪の法定刑を身分によって加重するものである（**不真正身分犯**）。輸入許可罪は，あへん煙輸入罪およびあへん煙吸食器具輸入罪の共犯に当たる行為について，取締まる立場にある公務員に着眼して独立の犯罪としたものであり，**真正身分犯**である。

2 主 体

本罪の主体は，税関職員に限られる。税関職員とは，特に税関においてあへん煙等の輸入に関する事務に従事する公務員をいい，税関に勤務する公務員すべてを意味するものではない。

---

3 大判昭8・7・6刑集12・1125。木村・203頁，香川・226頁。

第2節 あへん煙に関する罪 *433*

3 行 為

本罪の行為は，輸入または輸入の許可である。「**輸入を許す**」とは，故意に他人が輸入するのを明示的または黙示的に許可することをいう。他人の輸入が既遂に至った場合に本罪は既遂に達すると解すべきである。

5 あへん煙吸食罪

あへん煙を吸食した者は，3年以下の懲役に処する（139条1項）。未遂は，罰する（141条）。

「**吸食**」とは，あへん煙を呼吸器または消化器によって消費することをいう。吸食の目的のいかんを問わない。あへん煙の吸食は，一種の自傷行為であるという理由から，この種の行為を処罰することに疑問を抱く見解もある[4]。しかし，あへん煙の吸食は，吸食者自身の身心を害するばかりか，他の犯罪を誘発するおそれがあるとともに，個人の吸食自体が公衆へと波及し，その悪習が社会を頽廃に導く危険をもっている以上，これを放置することは許されないであろう。現行法は，吸食の目的や方法を問わず，一切の自己使用を禁止している。吸食の際に使用する吸食器具およびあへん煙そのものの所持は本罪を構成するにとどまり，かさねて140条が適用されるわけではない[5]。ただし，以前からあへん煙およびあへん煙吸食器具を所持していた者が，それを用いて吸食したときは，本罪とあへん煙等所持罪との併合罪である[6]。

6 あへん煙吸食場所提供罪

あへん煙の吸食のため建物又は室を提供して利益を図った者は，6月以上7年以下の懲役に処する（139条2項）。未遂は，罰する（141条）。

「**あへん煙の吸食のため**」とあるが，これは行為者の目的を意味するのではなく，あへん煙の吸食の用に供するためという意味であり，そのために吸食場所を提供することが，「**建物又は室を提供**」するに当たる。本罪は，あへん煙吸食罪の幇助行為のうち，「利益を図った」場合を取り出して，幇助犯より重

---

4 平野・246頁。
5 大判大6・10・27刑録23・1103。
6 大判大9・3・5刑録26・139。

434   第2編　社会法益に対する罪　　第2章　公衆の健康に対する罪

く処罰する趣旨のものである。「**利益を図る**」とは，利益を得ようとしたという意味であり，現実に利益を得たかどうかを問わない。

7　あへん煙等所持罪

あへん煙又はあへん煙を吸食するための器具を所持した者は，1年以下の懲役に処する（140条）。未遂は，罰する（141条）。

「所持」は，136条および137条の「所持」と異なり，販売目的のない場合である。

第1節　通貨偽造の罪　　*435*

第3章

公衆の信用に対する罪

　公衆の信用に対する罪とは，社会生活上の取引の手段となっている通貨，文書，有価証券，電磁的記録カード，印章，署名の真正に対する公衆の信用を侵害する犯罪をいう。**取引**とは，人間相互間の利益になるような交換条件で物事を処理することをいうが，このような取引は，経済的・財産的なものを基盤として，あらゆる人間の社会生活関係に及んでいるから，取引の安全が害されれば社会秩序を維持することが困難となる。取引の安全を図るためには，物の交換媒介または事実証明のための取引の手段として制度化されている通貨，文書，有価証券，電磁的記録カード，印章および署名の真正を担保し，取引手段に対する公衆の信用を確保する必要がある。刑法は，公衆の信用に対する保護を通じて取引の安全を図るために，それぞれの取引手段の真正を害する犯罪として，①通貨偽造の罪（第2編第16章），②文書偽造の罪（同第17章），③有価証券偽造の罪（同第18章），④支払用カード電磁的記録に関する罪（同第18章の2），⑤印章偽造の罪（同第19章），⑥不正指令電磁的記録に関する罪（同第19章の2）を設けており，これらを併せて**偽造罪**という。このようにして，偽造罪の**保護法益**は，公衆の信用の保護であり，刑法は，それによって取引の安全を図っているのである。

取引の安全に対する罪　　従来は「公共の信用に対する罪」と称するのが一般的であったが，近年では「取引の安全に対する罪[1]」，「偽造の罪[2]」，「偽造罪[3]」というように，表題が変わりつつある。しかし，その保護法益は，取引手段の真正に対する人々の信用と解すべきであるから，「公衆の信用に対する罪」と称するのが最も妥当である。

---

[1] 中森・184頁，西田・327頁，山口・420頁，高橋・475頁。
[2] 前田・483頁。
[3] 林・350頁。

第1節　通貨偽造の罪

1　総　　説

1　保護法益

通貨偽造の罪は，交換媒介としての取引手段である通貨に対する公衆の信用を侵害する犯罪である。通貨偽造の罪の**保護法益**については，ⓐ第1次的には公衆の信用であるが，第2次的には国の通貨発行権（＝通貨高権）であるとする見解[4]，ⓑ公衆の信用にとどまるとする見解[5]が対立している。通貨に対する公衆の信用は，通貨発行権者の発行権を保障することによって確保されるのであるから，通貨偽造の罪の保護法益を考察するうえで通貨発行権の侵害という面を全く無視することは妥当でない。しかし，それはあくまで通貨に対する公衆の信用を確保する限りで認められるべきであり，通貨発行権の侵害は，通貨偽造の罪以外の罪において考慮されるべきである。したがって，通貨発行権を侵害しても通貨に対する公衆の信用を侵害するおそれがない場合には，通貨発行権の侵害という見地から，紙幣類似証券取締法の対象となるにすぎないと解すべきである[6]。

> **新円切替え事件**　　最判昭和22年12月17日刑集1巻94頁は，昭和21年に実施された旧円から新円への切換の際に，紙幣発行が間に合わないため応急措置として，政府は国民1人につき金額100円に相当する証紙を交付し，各人が所持する旧円にこの証紙を貼附してこれを新円（新銀行券）として流通させたのであるが，被告人は当該証紙を不正に入手して制限額を超えて新銀行券を作成したという事案につき，「通貨偽造罪は通貨発行権者の発行権を保障することによって通貨に対する社会の信用を確保しようとするにあるのであるから作成者が通貨発行の権限を有たない者である限り……その作成行為はもとより通貨偽造たるを免れず[7]」と判示した。この事案では，制限を超えて証紙を貼付した旧銀行券でも証紙と旧銀行券が真正なものである限り真正な新銀行券として通用していたのであり，これによって新銀行券に対する公衆の信用を害することはなかったのであるから，この判決には疑問がある。

[4] 木村・232頁，植松・131頁，青柳・205頁，大塚・411頁，西田・351頁，山口・421頁。

[5] 団藤・247頁，平野・256頁，香川・240頁，中山・414頁，小暮ほか〔村井〕・359頁，内田・546頁，岡野・248頁，中森・206頁，山口・421頁，井田・411頁。

[6] 江家・117頁。

[7] 同旨，大判昭22・2・22刑集26・5。

2　外国通貨の保護

国際間の経済取引が発達するにつれて，外国の通貨に対する公衆の信用の保護は，内国のものに匹敵する程度に重要性を増してきている。ヨーロッパの諸国家においては，通貨偽造の罪に関する立法例は**世界主義的見地**に立つものが多く，わが国においても外国通貨偽造罪などを設けている。

3　諸類型

刑法は，通貨偽造の罪として，①通貨偽造罪（148条1項），②偽造通貨行使等罪（同条2項），③外国通貨偽造罪（149条1項），④偽造外国通貨等行使罪（同条2項），⑤偽造通貨等収得罪（150条），⑥各罪の未遂罪（151条），⑦収得後知情行使等罪（152条），⑧通貨偽造等準備罪（153条）を定めている。そして，外国人が外国で犯した場合にも通貨偽造罪を適用するものとして，世界主義の立場も部分的ながら認めているところである（2条4号）。

2　通貨偽造罪

行使の目的で，通用する貨幣，紙幣又は銀行券を偽造し，又は変造した者は，無期又は3年以上の懲役に処する（148条1項）。未遂は，罰する（151条）。

1　客　体

本罪の客体は，通用の貨幣，紙幣または銀行券である。これらを併せて**通貨**と称する。「**貨幣**」とは，いわゆる硬貨すなわち金属の貨幣をいう。「**紙幣**」とは，政府の発行する貨幣に代用される証券をいい，かつては小額紙幣（1円未満）として発行されていたが，現在は紙幣は存在しない。「**銀行券**」とは，政府の認許によって日本銀行が発行している貨幣に代用される証券をいう。現在のわが国では，政府の製造・発行する貨幣（いわゆる硬貨）と日本銀行の発行する銀行券（日銀券—紙幣）のみが通貨である（通貨の単位及び貨幣の発行等に関する法〔昭62法42号〕）。「**通用する**」とは，法律によって強制通用力を与えられているという意味である。それゆえ，強制通用力を失っている古銭・廃札の偽造は本罪に当たらない。新貨と引換期間中の旧貨が通貨といえるかについては学説上争いがあるが，すでに強制通用力を失っている以上は通貨とはいえない（通説）[8]。

---

8 反対，植松・132頁〔事実上の流通で足りる〕。

438　第2編　社会法益に対する罪　第3章　公衆の信用に対する罪

2　行　為

本罪の行為は，行使の目的で偽造または変造することである。

(1)　**偽　造**　通貨の製造・発行権を有しない者が，真貨に類似した外観の物を作成することである。類似の程度は，一般人をして真貨と誤認させる程度のものであれば足りる[9]。真貨に類似しているが，一般人の注意力をもってすれば真貨と誤認することのない外観を有する物を作成することは，偽造でなく**模造**である[10]。偽造の方法は，そのいかんを問わない。真貨を加工した場合は，通常変造が問題となるが，その同一性を失わせる程度に加工していれば偽造に当たる。偽貨に相当するところの真貨の存在が必要であるかについて，学説は肯定説と否定説に分かれるが，外国通貨の偽造または将来発行が予想される通貨について，一般人をして真貨と誤認させるような場合もありうるから，真価の存在は不要と解すべきである（通説）[11]。

(2)　**変　造**　通貨の製造・発行権を有しない者が真貨に加工して真貨に類似する物を作成することである。偽造の場合と同様に，真貨に加工した物が，一般人をして真貨と誤認させる程度に類似した外観を有するものでなければならない。変造の結果もたらされた偽貨について，それに相当する真貨が実際に存在することは必要でない。真貨を材料にしながら，真貨の外観を失わせて真貨と誤認する程度に類似する外観を有する物を作成するのは，偽造である。1,000円札に改ざんを加え5,000円札の外観を有するものを作り出す行為のように，真貨に手を加えてそれと名価の異なるものを作り出す行為について，ⓐ変造に当たるとする説[12]，ⓑ偽造に当たるとする説[13]が対立している。真貨の同一性が失われているか否かを基準とすべきであるから，その程度によって偽造または変造のいずれかに当たると解すべきである。廃貨を利用して真貨と類似する物を作成する行為は，偽造であって変造ではない。

9　大判昭2・1・28新聞2664・10。
10　通貨模造1条。大判大15・6・5刑集5・241〔真貨に紛わしい外観を有するもの〕。
11　反対，植松・133頁，小暮ほか〔村井〕・263頁。
12　大塚・413頁。東京高判昭30・12・6東時6・12・440。なお，小暮ほか〔村井〕・364頁。
13　判例刑法研究(6)〔熊谷〕・106頁。

変造の例 必ずしも真貨以上の名価（500円札を1,000円札）に変更する必要はない[14]。変造の例としては，銀行券の番号を変えるとか，貨幣の周辺を削ってその量目を減らすといったものがあるが，偽造と変造とは同一の構成要件に属する行為であるから，両者を区別する実益はそれほど大きくはない。したがって，判決において偽造と変造とを誤ったとしても，上級審による破棄の理由とはならない[15]。なお，最判昭和50年6月13日刑集29巻6号375頁は，1,000円札を表と裏に剝がし，これを各2片に切断した後，各々に厚紙を挿入し，2つ折りないし4つ折りにしてのり付けし，折りたたまれた真正の通貨のように見せかけて使用できるものを作成することは変造に当たるとしている[16]。

3 主観的要件

本罪は，行使の目的が認められない限り成立しない。行使の目的がなければ，通貨の真正に対する公共の信用を害する危険はないという理由に基づく。したがって，本罪は，主観的要素として，通貨を偽造または変造することの認識（故意）以外に，行使の目的を必要とする**目的犯**である。行使の目的とは，偽造・変造の通貨を真貨として**流通に置く**目的をいう。それゆえ，学校の教材または装飾品として用いる目的は，ここにいう目的に当たらない。未必的目的で足り，必ずしも意欲があることを要しない。また，自己が行使する目的だけでなく，他人をして流通に置かせる目的を有している場合も含む[17]。他人は，特定人でも不特定人でもよい。

4 既 遂

行使の目的をもって通貨を偽造・変造すれば，行使をまたずに既遂となる（**抽象的危険犯**）。通貨を偽造するに足りる器械・原料を準備して通貨の偽造に着手したが，技術が未熟であったためにその目的を遂げなかったとき，あるいは模造の程度にとどまったときは，いずれも未遂罪を構成する[18]。

3 偽造通貨行使等罪

偽造又は変造の貨幣，紙幣又は銀行券を行使し，又は行使の目的で人に交付し，若しくは輸入した者は，無期又は3年以上の懲役に処する（148条2項）。未遂は，罰する（151条）。

---

14 前掲東京高判昭30・12・6。
15 最判昭36・9・26刑集15・8・1525。
16 松原・判例講義（旧版）Ⅱ112頁参照。
17 最判昭34・6・30刑集13・6・985。
18 大判昭3・6・12新聞2850・4。大塚・413頁。

440　第2編　社会法益に対する罪　第3章　公衆の信用に対する罪

1　客　体

本罪の客体は，偽造または変造された貨幣，紙幣または銀行券である。これを総称して**偽貨**という。偽貨は行使の目的で偽造・変造されたものであることを要しない。また，誰が偽造・変造したかも問わない。例えば，行使の目的を有しない他人が作成した偽貨を真貨として流通に置く行為は，本罪を構成する。

2　行　為

本罪の行為は，①偽貨を行使すること，行使の目的で，②偽貨を人に交付し，③偽貨を輸入することである。

⑴　**行　使**　　偽貨を真正な通貨として流通に置くことをいう。「**流通に置く**」とは，偽貨を自己以外の者の占有に移転し，一般人が偽貨を真貨と誤信しうる状態に置くことをいう。それゆえ，行使の相手方は人すなわち自然人であることを要する。保証金として提供すること，両替すること[19]は，行使に当たる。

公衆電話・自動販売機等の機器に用いる場合が行使に当たるかについて，人に対して真貨である旨を主張した事実がないから行使に当たらないとする説[20]があるが，投入された偽貨も一般人の目にふれ，人によって認識され真貨と誤信される可能性があるから行使に当たる[21]。流通に置けば足りるから，その使用方法が違法であるか否かは関係がなく，例えば，賭金に使用するのも行使である。行使によって対価を得ることも必要でない。例えば，偽貨を贈与するのも行使である。流通に置くこと以外の方法で使用するのは行使に当たらない。例えば，商品として偽貨を売却すること[22]，見せ金として示すこと，標本として売却することなどは行使に当たらない。

情を知らない使者に買物をさせるため，偽貨を手渡した場合はどうか。学説上は，ⓐこれを行使に当たるとする見解[23]，ⓑ行使の間接正犯とする見解[24]，

---

[19] 最決昭32・4・25刑集11・4・1480。
[20] 牧野・143頁。
[21] 東京高判昭53・3・22刑月10・3・217。
[22] ポケット338頁。大判明28・12・9刑録1・5・63。
[23] 団藤・252頁，植松・136頁，大塚・415頁，香川・245頁，西原・305頁，中森・209頁，西田・353頁，井田・420頁，山口・425頁。
[24] 木村・237頁，福田・85頁，内田・551頁，山中・583頁。

ⓒ交付とする見解[25]が対立している。手渡す行為自体が既に流通を予想して行われているのであり，あたかも自動販売機に偽貨を投入するのと同じ意味において行使に当たると解すべきである。それゆえ，これを間接正犯とする必要はない。また，交付に当たるとする見解は，**交付**が偽造・変造の通貨であることの情を告げて相手方に手渡すことを意味する点を無視するものであり，妥当でない。行使の**相手方**は，偽造・変造の通貨であることの情を知らない者に限られる。情を告げて偽貨を交付するのは「交付」であり，また，偽造の共犯者間で分配する行為は，単に通貨偽造罪として罰すれば足りる。

(2) **交 付**　偽貨であることの情を告げて，相手方に引き渡すことをいう。既に情を知っている相手方に引き渡す場合の両者を含む(通説)[26]。情を知らない相手方に，偽貨であることを告げずに引き渡す場合も交付に当たるとする見解[27]があるが，行使の目的で情を知らない相手方に偽貨を引き渡す行為は行使に当たると解すべきである。交付は，実質上**行使の教唆・幇助**に当たる行為を独立に処罰するものであり，交付の結果，被交付者が行使したとしても偽造通貨行使罪の共犯は成立しない[28]。偽貨を偽造の共犯者間で分配しても，それは通貨偽造罪の共犯の範囲にとどまる行為であり，別に交付罪を構成するものではない。交付は行使の予備罪的性質を有する行為であるから，行使を共謀した者の間で行使のためにその偽貨を授受する行為は，交付に当たると解すべきである[29]。

(3) **輸 入**　偽貨を国外から国内に搬入することをいう。輸入の意義については，領海説と陸揚げ説とが対立しているが，領海内，領空内に搬入するだけでは公共の信用を害する抽象的危険も生じないから，輸入というためには**陸揚げ**または**荷おろし**を必要とすると解すべきである（➡431頁）[30]。

3　主観的要件

交付・輸入は，故意のほかに行使の目的を必要とする（**目的犯**）。「**行使の目**

---

25 牧野・145頁，柏木・234頁，平野・258頁，中山・418頁。
26 大判明43・3・10刑録16・402。
27 牧野・145頁。
28 前掲大判明43・3・10。
29 ポケット338頁。最大判昭41・7・1刑集20・6・623参照。
30 大判明40・9・27刑録13・1007。反対，大塚・416頁〔搬入で足りる〕。

442 第2編 社会法益に対する罪 第3章 公衆の信用に対する罪

的」は，みずから行使する目的だけでなく，他人に行使させる目的をも含む。行使の目的については既に述べた（➡439頁）。交付・輸入の結果，その偽貨が行使されたかどうかは，本罪の成立にとって関係がない[31]。

4 未遂

行使の未遂は，偽貨を代金として相手方に手渡そうとしたが，見やぶられたような場合をいう。しかし，例えば，代金の支払として偽貨を交付した以上は流通に置いたのであるから，怪しまれて相手方から返還されても既遂となる。**交付の未遂**は，例えば，交付の目的で偽貨であることを告げたところ，相手方が交付を受けることを拒否した場合である。**輸入の未遂**は，例えば，陸揚げまたは着陸の直前に警察官によって逮捕された場合である。

5 罪数・他罪との関連

通貨を偽造・変造した者が，その偽貨を行使すれば，本罪と通貨偽造罪との牽連犯である。偽貨を輸入した者が，さらにそれを行使すれば，輸入罪と行使罪との牽連犯になると解すべきである。偽貨を行使して財物を詐取し，または財産上の利益を取得した場合について，学説上は，詐欺罪と本罪とは別個の法益に対する罪であるから両罪の関係は牽連犯に当たるとする見解[32]もあるが，①通貨を行使するときは一般に詐欺的行為が随伴するのであるから，偽造通貨行使罪の構成要件は詐欺罪を予定しているものと解すべきであること，②本罪のほかに詐欺罪の成立を認めるとすると，詐欺的行為を含む偽造通貨収得後知情行使罪（152条）の法定刑が特に軽くされている趣旨に即さないこと（➡444頁），③本罪の法定刑が著しく重いことから，詐欺罪に当たる行為は本罪において評価し尽くされ，共罰的事後行為に当たると解すべきである（通説）[33]。偽貨を自動販売機等に用いたときの窃盗罪も同様である。

4 外国通貨偽造罪

行使の目的で，日本国内に流通している外国の貨幣，紙幣又は銀行券を偽造し，又は変造した者は，2年以上の有期懲役に処する（149条1項）。未遂は，罰する（151条）。

---

[31] 前掲大判明40・9・27。
[32] 木村・235頁，西原・306頁。
[33] 大判明43・6・30刑録16・1314。

第1節　通貨偽造の罪　　*443*

　本罪は，行使の目的で，日本国内に流通している外国の貨幣，紙幣または銀行券を偽造・変造する行為を処罰するものである。本罪の客体は，日本国内に流通している外国の貨幣，紙幣または銀行券である。「**外国の貨幣，紙幣又は銀行券**」とは，外国の通貨発行権に基づいて発行された通貨をいう。「**日本国内に流通している**」とは，事実上わが国内において流通しているという意味であり，それが日本全土，あるいは日本国民の取引においてのみ流通していることは必要でない[34]。法律上国内で流通させることが禁止されている外国通貨は，本罪の客体にならないと解すべきである[35]。なお，148条1項の定める「**通用する**」通貨を偽造・変造した場合に法定刑が本罪より重いのは，強制通用力のある通貨か，事実上流通している通貨かの相違に由来する。

5　偽造外国通貨行使等罪

　偽造又は変造の外国の貨幣，紙幣又は銀行券を行使し，又は行使の目的で人に交付し，若しくは輸入した者は，2年以上の有期懲役に処する（149条2項）。未遂は，罰する（151条）。

　本罪は，日本国内に流通する外国通貨の偽貨を行使する行為，または行使の目的をもって交付・輸入する行為を処罰するものであり，客体が偽造の外国の通貨である点を除き，148条2項の解釈がそのまま当てはまる（→439頁）。なお，偽造の外国通貨と邦貨とを両替するのも行使に当たる[36]。

6　偽造通貨等収得罪

　行使の目的で，偽造又は変造の貨幣，紙幣又は銀行券を収得した者は，3年以下の懲役に処する（150条）。未遂は，罰する（151条）。

1　客　体

　本罪は，偽造・変造された貨幣等を収得する行為を犯罪とするものである。本罪の客体は，偽造・変造の貨幣，紙幣または銀行券である。本条の規定には明示されていないが，前2条との関連から，本罪の客体は，日本通貨につ

---

[34] 東京高判昭29・3・25高刑集7・3・323。
[35] ポケット340頁，大塚・418頁，中森・208頁。
[36] 最決昭32・4・25刑集11・4・1480。

いては強制通用力のある通貨，外国通貨については事実上日本国内に流通している通貨の偽貨に限られる。すなわち，148条および149条に定められる偽貨を意味する。行使の目的で偽造されたものであることを要しない。

2 行 為

本罪の行為は，行使の目的をもって収得することである。「**収得**」とは，自己の所持に移す一切の行為をいい，贈与，交換，買受，窃取，詐取など，その原因のいかんを問わない。横領が収得に当たるかについては，肯定説[37]と否定説[38]とがあるが，横領は所持の移転を伴わないから収得に当たらないと解すべきであり，否定説が妥当である。それゆえ，偽貨であることの情を知らず占有の委託を受けた者が，その後に情を知って横領しても本罪を構成しない。窃取または詐取によって収得したときは，窃盗罪または詐欺罪と本罪との観念的競合となる。収得後に，さらにそれを行使すれば本罪と行使罪との牽連犯となる。ただし，詐欺罪は行使罪に吸収される。行使の共謀者間における授受があった場合にこれを受け取る行為も収得となるが，後に行使がなされれば収得は行使罪に吸収される[39]。

3 主観的要件

本罪は，「**行使の目的**」を必要とする（**目的犯**）。収得者みずから行使する目的であると，他人に行使させる目的であるとを問わない。行為者が偽貨であることの情を知って収得する必要があることは勿論である。収得の後，偽貨であることの情を知って行使の目的を生じても本罪を構成しないが，行使を実行すれば偽造通貨収得後知情行使罪（152条）に当たる。

7 偽造通貨収得後知情行使等罪

貨幣，紙幣又は銀行券を収得した後に，それが偽造又は変造のものであることを知って，これを行使し，又は行使の目的で人に交付した者は，その額面価格の3倍以下の罰金又は科料に処する。ただし，2000円以下にすることはできない（152条）。

---

[37] 牧野・146頁，植松・140頁。
[38] 木村・236頁，福田・86頁，大塚・419頁，中山・421頁。
[39] ポケット341頁。

第1節 通貨偽造の罪 *445*

1 意 義

本罪は，偽造通貨行使罪（148条2項），または偽造外国通貨行使罪（149条2項）の減軽類型である。刑が軽くされる**根拠**は，偽貨であることを知らずに受け取った者がその損害を他に転嫁するため行使または交付することは，同情に値するという点にある。すなわち，一般的にみて適法行為の**期待可能性が低い**という責任の減少を根拠とするものと解される。そのため，本罪の法定刑は，「その額面価格の3倍以下の罰金又は科料」として，極めて軽いのである。「**額面価格**」とは，その偽貨の名義上の価格をいう。例えば，1万円の偽貨を収得後知情行使した場合は，3万円以下の罰金ということになる。外国通貨の場合は，行為当時の為替相場で日本通貨の額に換算する。

2 客 体

本罪の客体は，偽造または変造された貨幣・紙幣または銀行券である。148条および149条の偽造変造通貨の意味に解すべきである。日本国のものであると外国のものであるとを問わない。

3 行 為

本罪の行為は，これらの偽貨を収得後，それが偽造・変造のものであることの**情を知って**行使すること，または，人に行使させる目的（行使の目的）で交付することである。収得は，偽貨であることの情を知らずに，かつ**適法**に行われたものであることを必要とする。偽貨であることを知らずに窃取したというように，違法に収得した偽貨を知情後行使しても同情に値しないからである（通説）[40]。この場合には，窃盗罪と148条2項または149条2項に定める行使罪との併合罪となる。なお，偽貨の行使によって財物の詐取または財産上の利益を取得した場合には詐欺罪が問題となるが，本罪の法定刑が特に軽くされている趣旨に照らし，詐欺罪の適用は排除されていると解すべきである。

---

[40] 反対，内田・550頁。

446 第2編 社会法益に対する罪 第3章 公衆の信用に対する罪

8 通貨偽造等準備罪

貨幣，紙幣又は銀行券の偽造又は変造の用に供する目的で，器械又は原料を準備した者は，3月以上5年以下の懲役に処する（153条）。

1 意 義

本罪の意義をめぐっては，ⓐ通貨偽造罪の予備行為のうち特定の形態（器械・原料の準備行為）を独立の犯罪として罰するものであるとする通説・判例[41]，ⓑ 148条，149条の通貨偽造・変造罪の**予備**ないし**幇助**の一形態を独立の犯罪類型としたものであるとする説[42]が対立している。「予備」とせずに「準備」と規定されていること，通貨偽造罪の重大性にかんがみ予備段階の幇助も独立に処罰する必要があるところから，ⓑ説が妥当である。したがって，自己予備罪とは異なり，本罪は自己の偽造・変造の用に供するためであると，他人の偽造・変造の用に供するためであるとを問わない[43]。また，独立の犯罪類型として器械の購入とか原料の入手などの行為があれば，直ちに本罪が成立するのであり，偽造・変造の実行に着手しうる程度に準備が完了することは必要でない。

2 客 体

本罪の客体は，器械または原料である。「**器械**」とは，偽造・変造の用に供しうる一切の器械類をいい，必ずしも直接必要なものに限らない[44]。「**原料**」とは地金，用紙，インクなどを指す。

3 行 為

本罪の行為は，器械または原料を準備することである。「**準備**」とは，器械，原料などを用意し，偽造・変造を容易にする行為をいう。偽造・変造の目的で「準備」すれば本罪は完成し，現実に偽造・変造の目的が実現できる程度に達することは必要でない[45]。

---

41 大判大5・12・21刑録22・1925。
42 団藤・255頁，福田・88頁，大塚・421頁，中山・423頁。
43 大判昭7・11・24刑集11・1720。
44 大判大2・1・23刑録19・28。
45 大判明44・2・16刑録17・88。木村・238頁，団藤・257頁，大塚・421頁。

4 主観的要件

本罪は，故意のほかに「**偽造または変造の用に供する目的**」を必要とする（**目的犯**）。行為者自身の偽造・変造の用に供する目的であると（予備罪としての準備），あるいは他人の偽造・変造の用に供する目的（幇助としての準備）であるとを問わない。右の目的のほかに偽貨を行使する目的が必要かについて，不要説[46]，必要説[47]がある。通貨偽造罪においても行使の目的が必要であるとされる以上，法益侵害の危険がより少ないその準備行為においても，行使の目的または行使させる目的が必要になると解すべきである。

5 共犯・罪数

器械・原料の準備を幇助するときは，本罪の幇助犯を構成し，例えば，偽造用器具の買入れのための金員の提供は幇助犯となる[48]。予備罪の共犯を否定する見解は本罪の共犯の成立も否定することになるが，肯定すべきである。なお，本罪から未遂または既遂に至ったときは，本罪はそれらの罪に吸収される[49]。

第2節　文書偽造の罪

1 総　説

1 意　義

刑法は，文書に対する公衆の信用を保護し社会生活における**取引**の安全を図るため，文書偽造の罪として，大きく2つに分けて構成要件を設けている。1つは，**客体を公文書とする罪**であって，①詔書偽造・変造罪（154条），②公文書偽造・変造罪（155条），③虚偽公文書作成等罪（156条），④公正証書原本等不実記載等罪（157条），⑤偽造公文書・虚偽公文書行使等罪（158条）を定めている。もう1つは，**客体を私文書とする罪**であって，①私文書偽造等罪（159条），

46　前掲大判明44・2・16。木村・238頁。
47　大判昭4・10・15刑集8・485。団藤・255頁，大塚・421頁，岡野・254頁，中森・208頁，西田・355頁，井田・423頁。
48　大判昭4・2・19刑集8・84。
49　前掲大判大5・12・21。

②虚偽診断書等作成罪（160条），③偽造私文書・虚偽診断書等行使罪（161条）を定めている。なお，文書に代わって**電磁的記録**が広く用いられるようになったことから，その公共信用性を確保するため，1987（昭和62）年の刑法一部改正の際に，⑨電磁的記録不正作出罪（161条の2第1項，2項），⑩不正作出電磁的記録供用罪（同条3項）が創設された。文書偽造の罪は，このような文書に対する公衆の信用を現実に侵害したか，侵害の危険を生じさせたかはその成立の要件ではなく，およそ上記の行為をした以上は，公衆の信用を害するものとして犯罪の成立を認める**抽象的危険犯**である[1]。

2 保護法益

文書偽造の罪の保護法益は，**文書に対する公衆の信用**である。文書は，意思または観念の存在を確実に保存・伝達し，それを証明する手段となるものであり，例えば，国・地方公共団体の免許書や各種の証明書，契約書などがそれである。これらの文書は，公務員等や契約当事者が真実意思表示をしたということを固定化しているから高い証明力を有し，また，証拠としての価値をもっているのである。公衆は，これらの文書を真正のものとして信用し，社会生活を営んでいるのであり，これが虚偽であるとして信用できないのであれば取引は不可能となり，円滑な社会生活は営めないことになるであろう。ここに文書偽造の罪を設けて，虚偽の文書の作成・行使を取り締まる必要がある[2]。

3 名義人の真正か内容の真正か

ところで，文書の真正または虚偽というときには，2つの意味がある。1つは，例えば，甲が乙名義の領収書を勝手に作り，本来の作成名義人である甲を乙と偽った場合のように，**文書の成立（作成）**に関して虚偽があった場合である。もう1つは，甲は，自分の名前で嘘の内容の領収書を作ったというように，文書の成立については真正であるが，**内容において虚偽**であった場合である。いずれも虚偽の文書であるから，文書の公共信用性を害する点では同じである。しかし，前者では，当該文書に基づいて取引したところ，本来は

---

1 大判明43・12・13刑録16・2181。大塚・434頁。
2 川端博・文書偽造罪の理論（1986）19頁。川端・526頁，西田・376頁，中森・216頁，山口・429頁，井田・426頁，松原・444頁。

第 2 節　文書偽造の罪　*449*

甲であるはずの文書の名義人が乙になっているというように**責任主体**が偽られているのであるから，責任の追求が困難となる。これに対して，後者では，確かに意思・観念の内容は虚偽なのであるが，名義人について偽りがなければ，内容の虚偽の点についての責任追求は可能なのであるから，前者の場合ほど厳格に禁圧する必要はない。要するに，文書の公共信用性は，まず，文書の内容について**責任をとる人**は誰かという責任主体の点にあり，次に，内容が真実かどうかという点にあるのである[3]。

2　文書偽造の罪の基本概念

1　文書の意義

文書偽造の罪の客体となる「文書」とは，文字その他の可視的・可読的方法を用い，特定人の意思または観念を，ある程度持続的状態において，物体上に表示したもので，その表示内容が法律上または社会生活上重要な事項に関する証拠となるものをいう（通説）[4]。

(1)　**可視性・可読性**　ある人の意思または観念（考え）を証拠として残すためには，可視的・可読的方法で物体上に表示されている必要がある。したがって，文書というためには，人の意思または観念が**可視的・可読的方法**で物体上に表示されていることを要する。これを文書の可視性・可読性という。文書の証拠としての価値を担保するためには，視覚として認識できる可視性および一定の意味内容を理解できる可読性が必要なのである。この意味で，点字，速記記号やマイクロフィルムは文書であるが，器械的処理を通じた変換によるビデオテープや電磁的記録は文書ではない。

(2)　**意思・観念の表示**　文書は，意思・観念の表示により一定の事実を証明するためのものであるから，文書というためには，特定人の意思・観念を表示し，一定の意味内容が一般の人にとって理解可能なものでなければならない[5]。単に当事者だけに通用するにすぎない合札，番号札などは，それに文字や数字が記載されていても文書ではない。人格または事物の同一性を表示

3　川端・530 頁，中森・213 頁，西田・377 頁，山口・428 頁。
4　大判明 43・9・30 刑録 16・1572。なお，中森・212 頁〔法的に重要な事実の表示〕。
5　前掲大判明 43・9・30。

450 第2編 社会法益に対する罪 第3章 公衆の信用に対する罪

するにすぎない名刺や門札も文書ではない。一方，文書に記載された意思・観念が一般に理解できるものであれば足りるから，法令または取引の慣習上一定の意味を与えられており，それが客観的に理解できるものである限り，簡略化された**省略文書**ないし短縮文書も文書である。例えば，物品税表示証紙[6]や銀行の支払伝票[7]なども文書である。

(3) **持続性** 文書は，特定人の意思・観念を保存し，事実関係の証拠となるところに意義があるから，文書というためには，証拠とするに足りる程度の持続性を必要とする。砂の上に書かれた文字，板上に水書きされた文字のように，短時間で消え去るものは文書ではない。少なくとも黒板に白墨で書かれた文字のように，ある程度の持続性を必要とする[8]。

(4) **社会生活上の重要性** 文書といえるためには，そこに表示された意思・観念が，社会生活上または法律上の重要な事項に関して，何らかの証拠となりうるものでなければならない[9]。単に思想を表示したに過ぎない小説，詩歌，書画などの芸術作品は，文書とはならない。

文書の例 判例によれば，入学選抜試験の答案，銀行の出金票，印鑑紙も文書である[10]。図画の例としては，製造たばこの外箱は専売品であることを証明する図画であるとした判例がある[11]。別に印章・署名偽造罪（164条以下）があることからみて，文書が極端に省略されていて署名や押印・記号と同視できるときは，文書ではなく記号等の偽造罪の客体とすべきである[12]。その意味で，郵便局の日付印を公文書とした判例[13]には疑問がある[14]。

(5) **名義人の存在** 文書が公的信用を得るのは，それに**特定人**の意思または観念が表示されているからである。文書の証拠としての価値は，名義人が表示した意思・観念の内容について責任を追求できるという点にあるから，名義人の明らかでないものは文書性を欠くのである[15]。

---

6 最決昭35・3・10刑集14・3・333。
7 大判大3・4・6刑録20・478。
8 最判昭38・12・24刑集17・12・2485。
9 最決昭33・9・16刑集12・13・3031。
10 大判大2・1・21刑録19・20。最決平6・11・29刑集48・7・453。井上・百選Ⅱ（第7版）178頁。
11 最判昭33・4・10刑集12・5・743。
12 団藤・272頁。
13 大判昭3・10・9刑集7・683。
14 大塚・438頁。

第2節　文書偽造の罪　　*451*

　文書に表示された意思または観念の主体を文書の**名義人**または作成名義人という（通説）[16]。名義人は自然人および法人が通常であるが，法人格のない団体であってもよい[17]。例えば，何々野球クラブというように，その団体が法律上の取引関係において独立の社会的地位をもって活動していると見られれば足りる。文書に表示されている意思または観念の主体は，文書およびその文書の性質から判別できることを要し，かつそれで足り，名義人が文書自体においてその氏名を表示されていることは，必ずしも要しない。名義人の判別につき判例は，文書の内容，形式，筆跡またはその他これに密接に付随する物体などから判別しうるものであれば足りるとしているが[18]，文書の公共信用性が問題なのだから，**文書それ自体**から判別できることを要する。また，名義人は，具体的に特定できるものであることを要する。名義人の不特定な文書は信用性に乏しいので，その真正を保護するに値しない[19]。ただし，特定できれば足りるから，文書の名義人は生存者であるか死者であるか，また，実在する人または団体であるか架空の人または団体であるかも問わないのである。

> **名義人の実在性**　　判例はかつて，公文書と私文書とで取扱いを異にしていた。大判大正元年 10 月 31 日刑録 18 輯 1313 頁（公文書に関して実在を要しないとする），および大判明治 45 年 2 月 1 日刑録 18 輯 75 頁（私文書について実在を要するとする）参照。しかし，戦後に至って，一般人に実在していると誤信させるおそれがある限り，公文書，私文書を問わず名義人は実在することを要しないとしたのである[20]。

(6)　**文書の確定性および原本性**　　文書が公共信用性を有するためには，ある特定の時間と場所において示された確定的な人の観念または意思の直接の表示であり，他に代替を許さない唯一のものであることを必要とする。表示された意思は確定的でなければならないということを文書の**確定性**といい，代替を許さない唯一のものであるということを文書の**原本性**という。それゆえ，不確定的な意思または観念の表示である草案や草稿は確定性を欠くから

15　大判明 43・12・20 刑録 16・2265。
16　なお，川端・460 頁。
17　大判大 7・5・10 刑録 24・578。
18　大判昭 7・5・23 刑集 11・665。大塚・439 頁。
19　大判昭 3・7・14 刑集 7・490。
20　最判昭 28・11・13 刑集 7・11・2096〔私文書〕，最判昭 36・3・30 刑集 15・3・667〔公文書〕。

文書ではなく，また，代替物にすぎない写しや謄本は原本性を欠くから，文書とはいえない。**写し**は，特定人の意思または観念を表示するものではあるが，その性質上，写しを作成する者の意思または観念が入り込み，原本の意思または観念を変更する可能性があり，名義人の意思または観念がそのまま表示されない場合がありうるところから，社会観念上は，これらにおける表示内容に対する公衆の信頼は稀薄であり，刑法上その作成の真正を保護する必要はないと考えられる。ただし，写しまたは謄本である旨の**認証文言**が記載されているときは，それによって当該文書は原本的性格が認められることになる。また，例えば，受任者とか委任事項などが記載されていない白紙委任状も，一定の意思を具体的に表示したものである以上は文書となる。

> **写しの文書性**　原本に対応する「写」には，正本，謄本および狭義の写しがある。**正本**とは，法定の形式に従って作成される写しをいい，原本を所持するのと同じ効力を有する。判決文の正本がこれに当たる。**謄本**とは，原本全体の写しであり戸籍謄本がこれに当たる。なお，**抄本**とは，原本の抜写をいう。いずれも認証文言が付されているから，それ自体として原本性を有する。狭義の**写し**とは，原本の存在を前提として初めて文書としての機能を有するものをいう。原本が当初から存在しない「写」の作成行為について「たとえ書面に写との記載はあったにしても，原本が初めから存在しない場合には，その実質は写ではなくてそれは原本そのものである」として，原審の判断を維持した最決昭和 34 年 8 月 17 日刑集 13 巻 10 号 2757 頁がある。事案は，村議会の議決書が存在しないのに，「村議会議決書（写）」とした文書を作成したというものであった。

(7)　**写真コピーと文書**　写真コピーが文書に当たるかについては，特にその原本性が争われている。

（ア）**判例の立場**　複写技術が進歩し，原本と同じ影跡を正確に紙面に顕出させることが可能となってから，社会生活において，事実証明などのために官公署の発行する証明書類が必要となる場合で，原本の提出を求めることが事実上困難な場合，あるいは証明の便宜上，電子複写装置による写真コピーの提出によってこれに代えさせることがしばしば行われるようになってきた。それに伴って，偽りの電子コピーを作成してその原本の存在を信じさせる態様の反社会的行為が発生したため，昭和 40 年代からコピーによる**写しの文書性**が問題となった。

　下級審においては，文書性を肯定する判例[21]と否定する判例[22]とが対立し，

後者の判例のほうが優勢であったが，最高裁判所は，昭和51年の第2小法廷判決において，証明文書として原本と同様の社会的機能と信用性を有すると認められる写真コピーは，原本の写しであっても公文書偽造罪の客体になると判示するに至った[23]。公文書偽造罪の客体となる文書は，原本である公文書ばかりでなく，原本と同一の意識内容を保有し，証明文書として原本と同様の社会的機能と信用性を有する。したがって，写真コピーは，原本と同一の意識内容を保有する**原本作成名義人名義**の公文書と解すべきであり，また，コピーに複写されている印章，署名も原本作成名義人の印章・署名とみるべきであるとして，写真コピーを真正な原本の写しとして作成した場合にも有印公文書偽造罪 (155条1項) が成立すると判示したのである。最近では，改ざんした公文書をファックスで送信し，写しとして行使した事例についても公文書偽造罪の成立を認める下級審判例が現われている[24]。

　（イ）**学　説**　　学説上は，否定説[25]と肯定説[26]に分かれ，肯定説は，さらに，判例と同じ有印公文書の偽造と解する見解[27]と，原本に印章・署名がある場合にもそれを欠く文書として無印公文書偽造 (155条3項) と解する見解[28]とに分かれている。

　（ウ）**写真コピーの文書性**　　肯定説は，写真コピーが，①原本と同一の意識内容を保有していること，②コピーの名義人は原本の名義人であること，③証明文書として原本と同様の社会的機能と信用性を有することを根拠とする。しかし，以下のような疑問がある。

　第1に，偽造罪の本質は作成名義の冒用にあるところ，公文書であっても，その写しを作ることは私人に自由に許されているのであるから，公文書の写

21　名古屋高判昭48・11・27高刑集26・5・568。
22　東京高判昭49・8・16高刑集27・4・357。
23　最判昭51・4・30刑集30・3・453。南・百選Ⅱ（第7版）176頁，**松原・判例講義Ⅱ119頁**参照。
24　広島高岡山支判平8・5・22高刑集49・2・246。**松原・判例講義Ⅱ121頁**参照。
25　団藤・273頁，平野龍一・犯罪論の諸問題(下)413頁，吉川・292頁，中山・429頁，内田・566頁，曽根・242頁，町野・324頁，中森・214頁，西田・378頁，平川・444頁，山中・599頁，山口・433頁。なお，小暮ほか〔村井〕・383頁。
26　大塚・444頁，藤木・144頁，西原・289頁，宮澤浩一「フォトコピーと文書偽造罪（下）」判タ335号59頁，井上＝江藤・252頁，岡野・271頁，川端・544頁，前田・374頁。
27　宮澤・前掲59頁。
28　大塚・444頁，藤木・144頁。

454 第2編 社会法益に対する罪 第3章 公衆の信用に対する罪

しが「公務所若しくは公務員の作成する」文書に当たらないことは明らかであり，したがって，写真コピーに認証文書の名義人が表示されていない以上は，同コピーの作成者（コピーを作った人）が名義人であるといわざるをえない。

第2に，写しは，いかに原本を正確に写し出したとしても原本から独立した物体である。したがって，原本作成名義人の認証文言を付して原本と異なる虚偽のコピーを作った場合は別として，通常は，写しの作成名義人と原本の作成名義人とは異なるといわざるをえない。

第3に，肯定説は，この場合，作成名義を写真コピーの上に現出させることは，作成名義人の許諾の範囲を越えるから，この点において作成名義の冒用があるというのであるが，どのように正確に原本を写し出したとしても写しに変わるところがない以上，コピーの作成名義人は，コピーの作成者というべきである[29]。結論として，写真コピーの社会的機能は保護すべきであるが，それはどこまでも原本の存在および内容の証明手段としてであり，現行法上の文書偽造の罪の客体としての「文書」には当たらないのである。したがって，これを文書とするのは，刑法の厳格解釈の範囲を逸脱し罪刑法定主義の精神に悖ると解されるから否定説が妥当であり，立法による解決が望まれる。

> **肯定判例の定着** 最高裁昭和51年判決後，写真コピーの文書性については，反対意見が付されているとはいうものの，判例上肯定説が定着したといってよい。また，近い将来，判例が否定説に変更される可能性はないといっても過言ではないであろう[30]。なお，公文書の内容に改ざんを加えたうえ，これをファクシミリで送付して写しを作成した行為について，現在普及しているファックスによって送信されたものは画像が不鮮明で，その社会的機能や信用性の面において，刑法が文書偽造罪において保護しようとする文書には当たらないとした原審の判断に対し，控訴審である広島高岡山支判平成8年5月22日高刑集49巻2号246頁は，文書の本来の性質上，その存在自体が法律的・社会的に重要な意味をもつ文書は，重要な権利の行使に関して必要な文書等においては，ファクシミリによる文書の写しを原本の代用として認められないが，隔地者間における即時性のある証明文書として利用されていることは明らかであると判示し，ファクシミリにより印字された写しも「文書」に当たるとした[31]。

29 東京高判昭49・8・16高刑集27・4・357参照。
30 公文書につき最決昭54・5・30刑集33・4・324，最決昭58・2・25刑集37・1・1，最決昭61・6・27刑集40・4・340。私文書につき東京地判昭55・7・24判時982・3。
31 松原・判例講義Ⅱ121頁参照。

第2節 文書偽造の罪 *455*

2 偽造の意義

(1) 広義の偽造　文書の公共信用性を保護するためには，文書の成立および内容が真正なものでなければならない。刑法は，文書の真正を確保するために，文書の成立および内容を偽って文書を作成することを犯罪として処罰する。これを**広義の偽造**という。刑法は，広義の偽造を類型化し，①偽造および変造，②虚偽文書作成および変造を規定している。

(2) 狭義の偽造　罰条で定められている「偽造」・「変造」(154条，155条，159条) を併せて狭義の偽造という。ここでいう偽造は，**作成権限のない者**が他人名義の文書をほしいままに作成すること (最狭義の偽造)，または変更すること (変造)，すなわち作成名義の冒用を本質としている。そして，作成名義の冒用による不真正文書の作成を**有形偽造**といい，真正文書の非本質的部分に新たな証明力を作出することを**有形変造**という。有形偽造・変造によって作成された文書は偽造文書と呼ばれている (156条)。

(3) 虚偽文書作成と変造　「虚偽文書の作成」とは，**作成権限を有する者**が内容虚偽の文書を作成することをいい，虚偽文書の「変造」とは，作成権限を有する者が既存の文書を虚偽の内容に変更をすることをいう。前者を無形偽造，後者を無形変造といい，公文書については両者を処罰するが (156条)，私文書については無形偽造のみを処罰している (160条)。無形偽造・変造によって作出された文書を虚偽文書という。

(4) 形式主義と実質主義　有形偽造の処罰を原則とする立場を**形式主義**といい，虚偽文書の作成すなわち無形偽造の処罰を原則とする立場を**実質主義**という。前者は，文書の**成立の真正**を重視するのに対し，後者は文書の**内容の真正**を重視する。形式主義と実質主義のいずれが妥当であるかはいちがいに判定することはできないが，刑法は，すでに述べたように，公文書については形式主義と実質主義を併用しているのに対し，私文書については形式主義を原則としている[32]。文書の公共信用性という観点からすると，公文書については文書の成立および内容について高度の公共信用性を確保すべきであるから，内容虚偽の文書を作成することも処罰すべきであるが，私文書についての公共の信用は，作成者によって真実その文書が作成されたかどうかに向

---

[32] 平野・261頁，曽根・259頁。

456 第2編 社会法益に対する罪 第3章 公衆の信用に対する罪

けられるから，必ずしも虚偽文書の作成を処罰する必要はないのである。

(5) **有形偽造** 狭義の偽造すなわち有形偽造は，偽造と変造に分かれる。

（ア）**狭義の偽造の内容** ここでいう「偽造」とは，作成権限のない者が他人の名義を冒用して文書を新たに作成すること，すなわち**作成名義の冒用**をいう。偽造については，ⓐ作成権限のない者が文書を作成すること（作成名義の冒用）であるとする説（通説），ⓑ他人名義の無断使用とする説[33]，ⓒ名義人と作成者の人格との間に齟齬を生じさせることであるとする説[34]がある。判例は，従来，ⓐ説によっていたが[35]，近年においては，「作成名義を偽ることすなわち文書の名義人でない者が権限がないのに，名義人の氏名を冒用して文書を作成することをいうのであって，その本質は文書作成者との人格の同一性を偽ることにある[36]」としている。

思うに，人格の同一性の偽りという定義が用いられるようになったのは，例えば，一定範囲で通用している通称名で文書を作成した場合（→483頁）などでは，作成名義の冒用として捉えるよりも別人格を名義人として表示させたかどうかを問題とするほうが理解が容易だからである。したがって，他人名義の冒用と人格の同一性を偽ることとは同じ意味といってよいが，その核心は，当該文書において，文書の性質上他人の名義を用いて文書を作成することが許されるかどうかであるから，その旨を説くⓐ説が妥当である[37]。

(a) **名義人と作成者** 名義人とは，当該文書の意思または観念の表示主体をいい，作成者とは文書を作成した者をいう。この点に関しては，誰を作成者と見るかについて，ⓐ事実上（物理的に）文書を作成した者とする事実説（行為説），ⓑ文書の記載をさせた意思の主体とする観念説（意思説）の対立がありうる[38]。文書において重要なのは文書自体に表示されている意思または観念であるから，実際に誰が文書を作ったかということよりも，誰の意思または観念を表示させたかということが重要であり，ⓑ説が妥当である。例

---

[33] 中森・216頁。

[34] 前田・321頁。

[35] 最判昭51・5・6刑集30・4・591，金澤・百選Ⅱ（第7版）182頁，**松原・判例講義Ⅱ124頁**参照。

[36] 最判昭59・2・17刑集38・3・336。

[37] 山口・435頁。

[38] 伊東研祐「偽造罪」刑法の現代的展開（2008）11頁，西田・380頁。

えば，秘書が社長に命じられて社長名義の文書を作成した場合，事実説によれば名義人は社長であり作成者は秘書であるから，その行為は偽造の構成要件に該当し，承諾によって違法性が阻却されるということになる。しかし，当該文書の意思または観念の主体は社長であるから文書の名義人は社長であり，作成者も社長とするのが妥当である。

(b) **偽造の程度**　　冒用された他人名義は，文書自体から判別できるものでなければならない。名義人が明らかでない文書については，偽造は認められない。また，偽造された文書は，正規の作成権限を有する者がその権限内で作成した真正文書であると一般人をして誤認させるに足りる程度の形式・外観を備えていなければならない。

(c) **偽造の方法・手段**　　偽造の方法・手段には限定がなく，間接正犯の方法であってもよい。第三者を利用する場合のほか，名義人を欺いて文書を作成させる行為，例えば，相手方の文盲を利用して文書の内容を誤信させ署名・押印させるのは，偽造罪の間接正犯，すなわち間接偽造である。強度の脅迫を加えた場合も同様である。ただし，名義人に内容を認識させたうえで文書を作成させた場合には，欺罔により記載内容を真実と誤信させたものであっても，名義人による文書作成があったことは否定できず，偽造にはならない（いわゆる間接無形偽造）[39]。その処罰のためには，157 条のような特別の規定が必要である[40]。新しく文書を作成することはもちろんのこと[41]，すでに完成している真正文書を改ざんし，または既存の未完成文書に加工して文書を完成させたものであってもよい[42]。一度無効となった運転免許証の写真を張り替えた場合であっても，それが真正に作成したものと誤信させるに足りる外観を具備している以上，偽造に当たる[43]。

（イ）**変　造**　　文書の変造とは，名義人でない者が，権限なしに既に成立している真正文書の内容の非本質的部分に改ざんを加えることをいう。この

---

[39] 大判明 44・5・8 刑録 17・817，大判昭 2・3・26 刑集 6・114。

[40] 中森・197 頁。

[41] 最判昭 24・9・1 刑集 3・10・1551。

[42] 前掲最判昭 24・9・1。

[43] 東京高判昭 50・9・25 東時 26・9・163，大阪地判平 8・7・8 判タ 960・293。松原・判例講義 II 122 頁参照。

458 第2編 社会法益に対する罪 第3章 公衆の信用に対する罪

意味での変造を有形変造という。

(a) **要件** 変造というためには，次の3つの要件が必要となる。

第1は，行為の**主体**は作成権限のない者でなければならない。作成権限のある者が真正文書に虚偽の訂正を加えるのは無形変造であって，ここにいう「変造」すなわち有形変造ではない。

第2に，行為の**客体**は既に成立している他人名義の**真正文書**でなければならない。それゆえ，権限なくして未完成文書を完成する行為は偽造であって変造ではない。また，不真正文書すなわち偽造文書の非本質的部分に変更を加えても，新たに公共の信用を害する危険を生じないから変造ではない。これに対し，偽造文書の本質的部分に変更を加えれば，新たに公共の信用を害する危険を惹起するので偽造になる。

第3に，**行為**は文書の非本質的部分に変更を加え，既存の文書に新たな証明力を作り出すものでなければならない。**本質的か非本質的かの区別**は必ずしも明確でないが，変更前のものと文書としての**同一性**を有するかどうかを基準とし，同一性を有する場合は非本質的部分の変更としての変造に当たると解すべきである[44]。例えば，既存の借用証書の金額の欄に別個の金額を記入したり[45]，あるいは有効債権証書中の1字を改めて内容を変更する行為は，変造に当たる[46]。なお，学生証中の学生の氏名を変更するのは変造であるとした判例[47]があるが，氏名の変更は本質的部分の変更であり，偽造と解すべきであろう。

偽造と変造の区別 両者は同一構成要件の内部における相違であり，その限界が多少あいまいであっても大きな不都合は生じないが，判例上この問題が争われた事例は多い。戦後の代表的な事例としては，米穀配給通帳における世帯主氏名の部分の改ざん[48]，外国人登録証明書貼付の写真を剝がして別人の写真を貼付[49]，自動車運転免許証につき写真の貼りかえとともに生年月日欄の改ざん[50]などの事例があり，すべて偽造罪の成立が

---

44 ポケット378頁，植松・149頁，福田・98頁，大塚・454頁。大判大3・11・7刑録20・2054。
45 大判明44・11・9刑録17・1843。
46 大判明45・2・29刑録18・231。
47 大判昭11・4・24刑集15・518。
48 最判昭24・4・9刑集3・4・511。
49 最決昭31・3・6刑集10・3・282。
50 最決昭35・1・12刑集14・1・9。

認められている。なお，公文書の内容に改ざんを加えたうえ，そのコピーを作成した場合は，その改ざんが原本自体に加えられたのであれば，変造とみられる程度にとどまっていても公文書偽造罪に当たるとした判例[51]があり，写真コピーを文書偽造に当たるとした判例の立場からは当然の結論である。

(b) **変造の手段・方法**　変造の手段・方法には限定がない。行為者にとって不利益な文字を削ることも，また，利益となる文字を追加することも変造である。間接正犯もありうるが，文書を消滅させる行為，例えば，金額100万円の0の1字を消滅して10万円とするのは新たな証明力を作り出すための変更であるが，100万円という文字を消滅させる場合のように文書全体の効用を害するに至れば文書毀棄である[52]。変造もまた偽造の場合と同様に，一般人からみて文書の非本質的部分が変更され，新たな証明力をもつに至ったと誤信させる程度に達しなければならない。

(6) **無形偽造**（虚偽文書の作成）　無形偽造とは，文書の作成権限を有する者が真実に反する内容の文書（虚偽文書）を作成することであり，虚偽文書の作成ともいう。

(ア) **有形偽造との区別**　無形偽造と有形偽造との区別は，文書の作成権限の有無にある。現行法は形式主義に立脚しているから，無形偽造が処罰されるのは，公文書についての156条および157条の罪，私文書についての160条の罪に限られる。

　無形偽造すなわち虚偽文書の作成は，作成権限を有する者の行為を犯罪とするものであり，その主体は，文書の作成権者に限られる（身分犯）。作成権限を有する者が権限の範囲内において作成するときは，その文書は自己名義のものであると他人名義のものであるとを問わない。したがって，代理権を有する者が，権限の範囲内で本人名義の内容虚偽の文書を作成すれば虚偽文書の作成となる。また，権限の範囲内で文書を作成する限り，その権限を濫用して虚偽の文書を作成したときも虚偽文書の作成となる[53]。

---

[51] 最決昭61・6・27刑集40・4・340。
[52] 大判大11・1・27刑集1・16。
[53] 大判大11・12・23刑集1・841。

460 第2編 社会法益に対する罪 第3章 公衆の信用に対する罪

偽造と虚偽文書作成との間の錯誤 甲が乙に虚偽公文書作成を教唆したところ乙は公文書を偽造した場合，甲の罪責はどうなるか。両者の本質的相違を認めて構成要件的な重なり合いを否定し，甲の公文書偽造教唆の故意を認めない見解[54]もあるが，両者は法益または行為態様が共通しており，日常生活の実態からみて実質上構成要件の重なり合いが認められるものとして，先の教唆の故意を認めるべきである。最判昭和23年10月23日刑集2巻11号1386頁は，上記の例と類似する事案につき「両者は犯罪の構成要件を異にするも，その罪質を同じくするものであり，且法定刑も同じである。而して両者の動機は全く同一である」として，公文書偽造教唆の故意を阻却しないと判示した[55]。

（イ）無形偽造の手段・方法 虚偽文書の作成は，真実に反する内容の文書を作成すれば足り，その作成方法のいかんを問わない。例えば，村会議長が村会議事録の作成に当たって，ある事実の記録をことさらに脱漏させ，村会開会中その事実がなかったもののように装うような**不作為**の場合であってもよい[56]。虚偽文書作成の罪においても，（有形）偽造・変造におけると同様に，一般人が記載内容を真実と誤信する程度に虚偽の事項を記載した文書であることを要する。

3 行 使

行使とは，偽造，変造および虚偽作成された文書を真正または内容真実の文書として使用することである。なお，文書偽造の罪においては，偽造公文書行使等罪（158条），偽造私文書行使等罪（161条）を処罰するとともに，公文書偽造等の罪（154条〜156条）および私文書偽造等の罪（159条）においては，行使の目的が必要とされている。

⑴ **意 義** 文書偽造の罪の保護法益は公衆の信用であり，公衆が真正なものとして誤信するおそれがない限り公衆の信用を害することはないから，行使というためには，①一般人に真正または真実の文書と誤信させる外観を備えていること，②偽造文書を不特定または多数の者が認識しうる状態におくこと，すなわち**認識可能性**を必要とする[57]。したがって，**行使**とは，偽造・変造または虚偽作成に係る文書を，真正文書もしくは内容の真実な文書として他人に認識させ，または認識しうる状態に置くことをいうと解すべき

---

[54] 団藤・総論401頁。
[55] 大谷・総論465頁。
[56] 最決昭33・9・5刑集12・13・2858。
[57] 最決昭52・4・25刑集31・3・169。

である[58]。必ずしも文書の本来の用法に従って使用することを要しない。例えば，犯罪の発覚をおそれて身の潔白を装うため偽造または変造の契約証書を巡査に提出するのも行使である。

(2) **客体**　本罪の客体は，偽造または変造に係る**偽造文書**または虚偽作成に係る**虚偽文書**である。行使者みずから偽造・変造した文書または虚偽記載した文書である必要はない[59]。また，その文書が行使の目的をもって偽造・虚偽記載されたものであることを要しない[60]。ただし，偽造文書，虚偽文書の原本であることを必要とする。判例は，謄本・写し自体も行使の客体となりうるとするが[61]，謄本・写しは偽造文書または虚偽文書になりえないと解する。

(3) **行使の方法・程度**　行使の方法には制限がなく，公衆の信用を害するおそれを生じさせるに足りる行為があればよく，文書を相手方に閲覧させてその内容を認識させ，または認識できる状態におけば足りる。ただし，相手方は人すなわち**自然人**であることを要する。相手方に交付・呈示する行為のほか郵送などが通常とられる行為であるが，その際に文書内容の趣旨を強いて相手方に主張する必要はない[62]。

備え付けによって閲覧可能な状態におくことも行使である[63]。行使は**間接正犯**によってもなしうる。例えば，偽造・変造の離婚届を提出し，戸籍係員をして戸籍簿に不実の記載をさせ閲覧可能な状態に置かせるのは，戸籍係員の行為を利用した不実記載公正証書の行使である。しかし，公衆が認識しうる状態に置かない限り行使として公衆の信用を害するおそれは生じないから，文書を**携帯**しているだけでは行使罪の既遂に達しない[64]。偽造文書の写しを人に示したり，その内容・形式を口頭もしくは文書で人に知らせるだけでは行使に当たらない。行使は，その相手方が文書の内容を認識しうる状態に置かれた時に既遂となり，相手方が現実に文書の内容を認識したかどうかを問

---

58 最大判昭 44・6・18 刑集 23・7・950。
59 大判明 43・10・18 新聞 682・27。
60 大判明 45・4・9 刑録 18・445。
61 最判昭 51・4・30 刑集 30・3・453。
62 大判明 41・12・21 刑録 14・1130。
63 大判大 6・12・20 刑集 23・1541。
64 最大判昭 44・6・18 刑集 23・7・950。

462 第2編 社会法益に対する罪 第3章 公衆の信用に対する罪

わない。行使の結果，実害が発生したかどうかも問わない。

> **行使罪に関する判例** 最決昭和 36 年 5 月 23 日刑集 15 巻 5 号 812 頁は「偽造にかかる公安委員会作成名義の運転免許証を携帯し自動車を運転した場合は，偽造公文書行使罪が成立する」としていたが，前掲最大判昭和 44 年 6 月 18 日は「偽造公文書行使罪は公文書の真正に対する公共の信用が具体的に侵害されることを防止しようとするものであるから，同罪にいう行使にあたるためには，文書を真正に成立したものとして他人に交付，呈示等して，その閲覧に供し，その内容を認識させまたはこれを認識しうる状態におくことを要するのである。したがって，たとい自動車を運転する際に運転免許証を携帯し，一定の場合にこれを提示すべき義務が法令上定められているとしても，自動車を運転する際に偽造にかかる運転免許証を携帯しているに止まる場合には，未だこれを他人の閲覧に供しその内容を認識しうる状態においたものというには足りず」とした。本判決は，この段階では行使未遂罪にもならないとする趣旨であろう[65]。一方，最決平成 15 年 12 月 18 日刑集 57 巻 11 号 1167 頁は，被告人が，司法書士事務所において，行使の目的で，内容虚偽の金銭消費貸借契約証書を偽造した上，司法書士に対して，その契約証書を真正な文書のように装って交付した行為について，「同証書の内容・交付の目的とその相手方等にかんがみ，文書の公共信用性を害するおそれがある」として「行使」を認めた。

(4) **行使の相手方** 行使の相手方について，法は特別の制限を設けていない。しかし，行使は，相手方に対して真正文書または内容真実の文書として使用することを本質とするのであるから，すでに偽造または虚偽内容の文書である点について事情を知っている者は除外されるのである。偽造の共犯者に呈示しても行使とならないのはそのためである[66]。

事情を知らない者であれば誰に対して使用しても本罪が成立するかについて，積極説[67]と消極説[68]が対立している。消極説は，文書偽造の罪は文書に対する公衆の信用の保護を通じて法律上または社会生活上重要な取引の安全を図るための犯罪であるから，行使の相手方に対して権利・義務または社会生活上重要な事項について何らかの行為をとらせるような形で使用されない限り，本罪の成立を認めるべきではないと説く。しかし，利害関係のない者に呈示するような場合でも，不特定または多数の者がその内容を認識しうると

---

65 須之内・百選 II（第 6 版）209 頁，**松原・判例講義 II 134 頁**参照。
66 大判大 3・10・6 刑録 20・1810。
67 藤木・150 頁，西田・392 頁，山中・570 頁，前田・393 頁。なお，中森・220 頁。
68 大塚・458 頁。

きは公衆の信用が害されるおそれがあるから，消極説は妥当でない。なお，行使の相手方が事情を知らない者と思って使用したところ，たまたま相手方が事情を知っていた場合には行使未遂罪にとどまる[69]。

> **積極説の判例**　最決昭和 42 年 3 月 30 日刑集 21 巻 2 号 447 頁は，父親を満足させるだけの目的で公立高校の卒業証書を偽造して父親に示した事実につき，「被告人〔甲〕が，所論偽造にかかる福岡県立 M 高等学校長名義の乙の卒業証書を，同人と共謀のうえ，真正に成立したものとして，その父 A に提示した行為を，偽造公文書行使罪に当るものとした原審の判断は相当である」と判示した[70]。

(5)　**行使の目的**　　行使の目的は，文書の有形偽造および無形偽造の主観的構成要件要素として常に必要となるものである。行使の目的とは，他人をして偽造文書・虚偽文書を真正・真実な文書と誤信させようとする目的をいう。必ずしも，文書の名宛人に対して使用する目的がある場合に限らない[71]。

　行使の目的は，広義の文書偽造罪の主観的要素として，その公共の信用に対する法益侵害性を基礎づけるものであるから，文書の本来の用法に従って当該文書を使用する目的でなくても，何人かによって真正・真実な文書として誤信される危険があることを意識している以上，行使の目的があるものと解すべきである[72]。それゆえ，行使の目的は未必的なもので足りる。文書偽造罪の成立にはこの目的があれば十分であり，後に行使が現実に行われたかどうかを問わない。他人を害しまたは自己を利する目的などの存在も要しない[73]。なお，写真コピーについて偽造を認める場合は，そのコピーについて行使の目的を考えることになる[74]。

3　詔書偽造等罪

　行使の目的で，御璽，国璽若しくは御名を使用して詔書その他の文書を偽造し，又は偽造した御璽，国璽若しくは御名を使用して詔書その他の文書を偽造した者は，無

---

[69] 東京高判昭 53・2・8 高刑集 31・1・1。大塚・459 頁。反対，ポケット 349 頁。
[70] 松原・判例講義 II（旧版）126 頁参照。
[71] 大判大 2・4・29 刑録 19・533。
[72] 大判大 2・12・6 刑録 19・1387，最判昭 28・12・25 裁判集刑 90・487。
[73] 大判明 41・11・9 刑録 14・994。
[74] 東京高判昭 52・2・28 高刑集 30・1・108。

期又は 3 年以上の懲役に処する（154条 1 項）。御璽若しくは国璽を押し又は御名を署した詔書その他の文書を変造した者も，前項と同様とする（同条 2 項）。

1 意 義

本罪は，公文書のうち特に天皇名義の文書の偽造（1 項）および変造（2 項）を処罰するものである。天皇は，現行憲法においても一定の重要な国事に関する行為を行う（憲 6 条， 7 条）。また，天皇名義で作成される文書は，一般の公文書よりも公衆の信用度が高く保護の必要性が大きいことを根拠として，本罪の法定刑は一般公文書の偽造・変造罪より重くなっている。しかし，天皇の国法上の権限は，旧憲法下のそれと比較し著しく縮小され，天皇は一定の国事行為を行う権限を有するにすぎないことから，詔書等の偽造は実際上問題にならない。したがって，詔書等は公文書として保護すれば足りる（草案225条参照）。

2 客 体

本罪の客体は，詔書その他の文書である。「**詔書**」とは，天皇の国事に関する意思表示を公示するために用いる公文書であって，詔書の形式をとられるものをいう（例—国会召集の詔書）。「**その他の文書**」とは，詔書以外の天皇名義の公文書をいう（例—法律に付せられる公布文）。天皇の私文書は含まない。「**御璽**」とは天皇の印章をいい，「**国璽**」とは日本国の印章をいう。また，「**御名**」とは天皇の署名をいう。

3 行 為

本罪の行為は，御璽，国璽もしくは御名を使用して，偽造・変造することである。「**使用して**」とは，これらを文書の一部として用いることをいう。

4 公文書偽造等罪

行使の目的で，公務所若しくは公務員の印章若しくは署名を使用して公務所若しくは公務員の作成すべき文書若しくは図画を偽造し，又は偽造した公務所若しくは公務員の印章若しくは署名を使用して公務所若しくは公務員の作成すべき文書若しくは図画を偽造した者は， 1 年以上 10 年以下の懲役に処する（155条 1 項）。公務所又は公務員が押印し又は署名した文書又は図画を変造した者も，前項と同様とする（同条 2 項）。前 2 項に規定するもののほか，公務所若しくは公務員の作成すべき文書若しくは図画

第 2 節　文書偽造の罪　　*465*

を偽造し，又は公務所若しくは公務員が作成した文書若しくは図画を変造した者は，3 年以下の懲役又は 20 万円以下の罰金に処する（同条 3 項）。

1　意　義

本罪は，文書のうち公文書を客体とする罪である。公文書は，公の機関が法令上の根拠に基づいて作成するものであり，その性質上私文書と比較して証拠力は強く，公衆の信用度も高い。また，偽造による被害の程度も私文書の場合より一段と大きいことが予想される。刑法が本罪を私文書に対する偽造・変造より重く処罰するゆえんである[75]。

2　有印公文書偽造等罪（155 条 1 項，2 項）

本罪は，印章もしくは署名を用いて公文書を偽造・変造する犯罪である。

(1) **主　体**　　本罪の主体には制限がない。非公務員が本罪を犯しうることは勿論であるが，公務員も，その作成権限の範囲外の文書をほしいままに作成し[76]，またはその職務と関係なく公文書を作成するときは本罪の主体となる。

> **補助公務員の作成権限**　　被告人は，市役所の市民課において印鑑証明書の発行事務に携っていたが，自宅の新築資金の借入れのため，申請書提出，係員による印影照合，手数料納付等の正規手続を経ずに印鑑証明書を作成した事案について，最判昭和 51 年 5 月 6 日刑集 30 巻 4 号 591 頁は，「公文書偽造罪における偽造とは，公文書の作成名義人以外の者が，権限なしに，その名義を用いて公文書を作成することを意味する。そして，右の作成権限は，作成名義人の決裁を待たずに自らの判断で公文書を作成することが一般的に許されている代決者のみでなく，一定の手続を経由するなどの特定の条件のもとにおいて公文書を作成することが許されている補助者も，その内容の正確性を確保することなど，その者への授権を基礎づける一定の基本的な条件に従う限度において，これを有している」とした。正規の手続を履んでいないが，印鑑証明書の内容の正確性に問題がない以上，「基本的条件」に従っているから権限内にあると解したものである[77]。しかし，本件で問題なのは，形式主義に基づいて偽造に当たるか否かなのであり，表示内容の正確性は，作成権限の有無には関係がないのであるから，結論はともかく，判旨の理由づけには問題がある[78]。

(2) **客　体**　　本罪の客体は，公文書である。**公文書**とは，公務所または公

---

[75] 最決昭 34・9・22 刑集 13・2・2985。
[76] 大判大元・11・25 刑録 18・1413。
[77] 金澤・百選 II（第 7 版）182 頁，**松原・判例講義 II 124 頁**参照。
[78] 西田・385 頁。

466 第2編 社会法益に対する罪 第3章 公衆の信用に対する罪

務員が，その名義をもって権限内において所定の形式に従って作成すべき文書もしくは図画をいい[79]，公文書，公図画ともいう。公文書の作成権限は，法令，内規または慣例のいずれを根拠とするものでもよい[80]。職務上の文書といえない私的な挨拶状，私的な会合などの連絡文書，辞職願などは，仮に記載物に公務員としての肩書が記載されていても公文書ではない。ただし，公衆の信用を保護する見地からは，その文書が一般人をして公務所または公務員の職務権限内において作成されたものと信じさせるに足りる程度の形式・外観を備えているときは，その権限に属しない文書でも公文書に当たると解すべきである[81]。

　公文書は，公務員または公務所が作るべき文書・図画であれば足り，公法上の関係で作成されたものであると，私法上の関係で作成されたものであるとを問わない。例えば，物品購入のための契約書であっても公文書となりうる。官公署外に宛てられたものであると，その内部において上司または下僚に宛てられたものであるとを問わない[82]。

公文書の例 運転免許証，印鑑証明書などがこれに当たる。なお，前掲大判明治45年4月15日は「公務所又は公務員が，其名義を以て其権限内に於て所定の形式に従ひ作成すべき文書にして，其権限が法令に因ると内規又は慣例に因るとは之を問ふことなく汎く，其職務執行の範囲内に於て作成せらるることを要するのみ」と判示している。村長が村有財産の処分に際して作成した領収書は，公文書である[83]。電報頼信紙について見解は分かれるが，その作成名義人が公務所または公務員であれば公文書であり，私人であれば私文書であり，その作成名義いかんによって公文書か私文書かを決すべきである。政党の機関紙の広告欄に掲載された「祝発展」という広告文は，公務員の肩書を用いてなされても，その公務員の個人名義の私文書である[84]。

　公文書について複数の文書が併存する場合，(1)1枚の用紙に公文書と私文書が併存する場合，例えば，私人の印鑑証明願書に公務員が証明の裏書をした場合は証明文書と合体して公文書となる[85]。(2)複数の公文書が併存する場合，例えば，1通の自動車免許証に数種の免許の記載がある場合は，その免許に応じた数の公文書がある[86]。

---

79 大判明45・4・15刑録18・464。
80 最決昭38・12・27刑集17・12・2595。
81 最決昭28・2・20刑集7・2・426。
82 大判大6・3・19刑録23・233。
83 大判昭10・12・26刑集14・1446。
84 最決昭33・9・16刑集12・13・3031。
85 大判明43・6・23刑録16・1267。

第2節　文書偽造の罪　*467*

(3)　**行　為**　本罪の行為は，行使の目的をもって，①公務所・公務員の印章・署名を使用して，公文書・公図画を偽造・変造すること，または，②偽造した公務所・公務員の印章・署名を使用して公文書・公図画を偽造・変造することである。本罪は，印章・署名のある公文書は取引上信用度が高いところから，有印公文書偽造・変造罪として，155条3項の無印公文書偽造・変造罪から区別されて重く処罰されるのである。

(ア)　**印章・署名**　公務所・公務員の「印章」とは，公務所・公務員の人格を表象するために物体上に顕出された文字，符号の影蹟すなわち印影（押印）をいう。人格を表象するものであれば足りるから，公務員の印章は，必ずしも公務員であることを表示するものであることを要せず，当該の公務員が公務上の印として使用するものであれば，私印，公印，職印，認印のいずれでもよい。「署名」の意味については，ⓐ自署に限るとする説[87]，ⓐ自署および記名（代筆，印刷などによる氏名の表記）をいうとする説[88]に分かれる。刑法が印章と並べて署名を規定し，それらを用いて公文書を偽造した場合に重く処罰するのは，印章または署名ある文書の方が公共信用性が高いという趣旨に基づくものと解されるから，記名よりもよりよく人格を表彰するという意味で，署名は**自署に限る**べきである。それゆえ，公務所の署名という観念は認められない。なお，署名ではなく記名をしたにすぎない場合にも，印章が用いられれば本罪が成立する。印章・署名は，どちらか一方だけ使用されれば足りるからである。

(イ)　**印章・署名の使用**　「印章若しくは署名」を使用するとは，公文書を偽造する場合に，真正の印顆を不正に押捺し，または正当に物体上に顕出されている公務所・公務員の印章・署名を不正に使用することをいう[89]。印章・署名とは，権限を有しない者が不正に物体上に顕出した公務所または公務員の印影または署名をいう。必ずしも偽造した印顆を押捺する必要はなく，公

86　東京高判昭42・10・17高刑集20・5・707。
87　江家・149頁，団藤・302頁，大塚・469頁，吉川・318頁，山中・588頁，中山・455頁，川端・589頁。
88　木村・253頁，植松・158頁，平野・260頁，西田・384頁，前田・387頁。大判大4・10・20新聞1052・27。
89　大判大3・6・13刑録20・1182。

468 第2編 社会法益に対する罪 第3章 公衆の信用に対する罪

務所・公務員の印章であることについて一般人をして誤信させるに足りる程度に影蹟を表示すればよい[90]。例えば，赤鉛筆で印影の輪郭を描いた場合でも，その程度によっては偽造した印章の使用に当たる[91]。使用すべき印章・署名は，他人が偽造したものでもよいが，自己が偽造したものを使用して公文書を偽造したときは，印章・署名の偽造およびその行使の点は本罪に吸収される[92]。

　（ウ）**偽造・変造** 本罪の行為は，偽造（1項［**有印公文書偽造罪**］）および変造（2項［**有印公文書変造罪**］）である。その意義についてはいずれも既述した（➡455頁）。

3 無印公文書偽造等罪（155条3項）

本罪は，有印公文書以外の公文書の偽造罪および変造罪を処罰するための犯罪であり，「前2項に規定するもののほか」としているのは，印章・署名を使用しない公文書，公図画を表わす趣旨である。例えば，旧国鉄駅名札[93]，物品税証紙などがこれに当たる。本罪の**行為**は，偽造（無印公文書偽造罪）および変造（無印公文書変造罪）である。

5 虚偽公文書作成等罪

　公務員が，その職務に関し，行使の目的で，虚偽の文書若しくは図画を作成し，又は文書若しくは図画を変造したときは，印章又は署名の有無により区別して，前2条の例による（156条）。

1 意 義

本罪は，公文書の無形偽造および変造を処罰するためのものであり，職務上文書を作成する権限を有する公務員が，その文書に虚偽の記載をすることを内容とする犯罪である。公文書の社会的信用性に着目して，私文書とは異なる扱いをするものとし，公務員の虚偽文書の作成を一般的に処罰するものである。

---

[90] 最決昭31・7・5刑集10・7・1025。
[91] 最判昭29・2・25裁判集刑92・663。
[92] 大判大12・4・23刑集2・351。
[93] 大判明42・6・28刑録15・877。

第2節　文書偽造の罪　　*469*

2　主　体

本罪の主体は，文書の作成権限を有する公務員である（**真正身分犯**）。文書の作成権限は，通常，法令，内規において定められているが，委任，慣例を根拠とする場合でもよい。したがって，公文書の名義人から法令または作成権者の委任によって文書の作成権限を委任されているいわゆる**代決者**は，当然に本罪の主体となりうる[94]。例えば，町村役場書記が町村長臨時代理として戸籍簿の記入をする場合がこれに当たる[95]。

事実上文書を作成する**補助公務員**が本罪の主体となりうるかについて，判例は，①形式上作成権限を有しないから本罪の主体となりえないとするもの[96]，②実質的作成権者と認められる以上本罪の主体となりうるとするもの[97]に分かれている。実質上公務員が作成権限を有している限り，その根拠のいかんを問わないから，②の判例が妥当である。ここで「**実質的作成権限**」とは，内容の正確性を確保するなど，その者への権限を基礎づける一定の基本的条件に従う限度において作成権限が認められることをいう。これに対し，証明書・謄本類の発行のような裁量の余地のない事項が末端の職員（補助公務員）に委任されている場合，その職員は機械的な事務の範囲内においてのみ作成が許されているにすぎないから，実質的作成権限は認められない。したがって，その地位を利用して虚偽の証明書等を作成すれば，作成権者の名義を冒用して公文書を作成したことになり，公文書偽造罪をもって論ずべきである[98]。

3　行　為

本罪の行為は，行使の目的をもって，①虚偽の文書・図画を作成し，または，②文書・図画を変造することである。

（1）虚偽公文書の作成　　虚偽公文書の作成とは，職務上文書を作成すべき公務員が，行使の目的をもってその文書に虚偽の記載をすることをいう。

（ア）虚偽の記載　　虚偽の記載とは，真実に合致しないことを知りながら

94　大判明 44・7・6 刑録 17・1347〔助役が村長を代理しうる場合〕。
95　大判大 5・12・16 刑集 22・1905。
96　最判昭 25・2・28 刑集 4・2・268。
97　前掲最判昭 51・5・6。
98　ポケット 360 頁。

470 第2編 社会法益に対する罪 第3章 公衆の信用に対する罪

その文書を作成することをいう。例えば，虚偽の意思表示であることを知り
ながら，それに係る所有権移転を登記簿に記入するような場合である[99]。

当事者の**届出**ないし**申告**に基づいて記載される文書について，当該公務員
が，その届出事項の内容が虚偽であることを知って虚偽の記載をしても本罪
を構成しない場合があるであろうか。通説は，届出につき当該公務員が**実質
的審査権**を有する場合（土地台帳の記載など）には，その文書の記載内容が真実
に合致すべきことが強く要請されているから，申告内容が虚偽であることを
知って文書に記載すれば当然本罪を構成するとしている。これに対し，戸籍
簿や登記簿のように当該公務員に**形式的審査権**があるにすぎないときは，当
該公務員が届出人または申請人と共謀して自己の職務上の義務を不法に利用
した場合は別として，例えば，偶然その虚偽であることを知った場合には，
本罪の成立を否定すべきであるとしている[100]。しかし，たとえ形式的審査権
を有するにすぎない場合でも，当該事項について虚偽記載が許されないもの
であることは，先の共犯関係が認められる場合に処罰するとされることでも
明らかであるから，その届出事項が明白に虚偽であることを知ってこれを受
理し記載したものである以上は，本罪の要件を充たすというべきであり，せ
いぜい実質的違法性の問題が生ずるにすぎないと解すべきである[101]。

（イ）**間接正犯**　　虚偽公文書作成罪の間接正犯の成立については，ⓐ肯定
説[102]，ⓑ157条は本罪の間接正犯を独立の犯罪として処罰しているから，本
罪の間接正犯は成立する余地がないとする否定説[103]，ⓒ本罪は形式的自手犯
であるから間接正犯は認めがたいとする説[104]が対立している。公務員でない
者が虚偽の申告をし，事情を知らない公務員に虚偽の事項を記載させた場合
も一種の本罪の間接正犯であるが，157条はこの種の間接正犯を独立の犯罪
類型を設けて処罰し，しかも156条の刑よりも著しく軽い法定刑を定めてい

---

99 大判大6・6・25刑録23・699。
100 前掲大判大6・6・25，大判大7・7・26刑録24・1016。福田・103頁，大塚・473頁。
101 小野・101頁。前掲大判大7・7・26〔その虚偽が一見して明白な場合は本罪が成立する〕。なお，
中森・248頁。
102 牧野・224頁，柏木・247頁，江家・150頁，平野・263頁，藤木・147頁，中森・219頁，川端・
553頁，山中・615頁。なお，西田・386頁。
103 植松・166頁，香川・274頁，前田・389頁。
104 大塚・474頁。なお，団藤・296頁参照。

第 2 節　文書偽造の罪　*471*

るところから，公務員としての身分を有しない非身分者について本罪の間接正犯を認めるのは適当でない[105]。

　しかし，職務上その公文書の作成に関与する**公務員**が，157 条の罪におけるように「虚偽の申立て」という形態をとらず，内容虚偽の文書の起案をし，作成権者にその内容の真正を確認させないまま署名もしくは記名させ，あるいは印章を押印させて虚偽公文書を完成させたような場合は，157 条よりも可罰的であるから，職務権限を有する公務員を道具とした本罪の間接正犯を認めるべきであり，ⓐ説が妥当である。本罪は身分犯であるから，職務権限を有する公務員だけが本罪の実行行為者になりうるので間接正犯の形態による実行行為は存在する余地がないとする否定説は，妥当でないと解する。ただし，157 条は，156 条の間接正犯を処罰するものである以上，157 条所定の公文書を客体とする行為に限って間接正犯を認めるべきであろう。

間接正犯を認めた判例　戦前の判例は肯定説を採っていたが[106]，戦後になって最高裁判所は否定説に転じた[107]。これに対し，最判昭和 32 年 10 月 4 日刑集 11 巻 10 号 2464 頁は，「刑法 156 条の虚偽公文書作成罪は，公文書の作成権限者たる公務員を主体とする身分犯ではあるが，作成権限者たる公務員の職務を補佐して公文書の起案を担当する職員が，その地位を利用し行使の目的をもってその職務上起案を担当する文書につき内容虚偽のものを起案し，これを情を知らない右上司に提出し上司をして右起案文書の内容を真実なものと誤信して署名若しくは記名，捺印せしめ，もって内容虚偽の公文書を作らせた場合の如きも，なお，虚偽公文書作成罪の間接正犯の成立あるものと解すべきである」と判示している[108]。

(2)　**虚偽公文書の変造**　　本罪の行為は，変造も含む。ここでいう**変造**は無形変造であり，作成権限のある公務員がその権限を濫用して，既存の公文書に不正に変更を加えてその内容を虚偽のものにすることをいう。

4　処　罰

「前 2 条の例による」と定められているが，154 条の例によるのは情を知らない天皇を利用する間接正犯の場合だけで，他はすべて 155 条の例による。すなわち，虚偽有印公文書作成罪においては，虚偽の詔書等の作成につき無

105　最判昭 27・12・25 刑集 6・12・1387。
106　大判昭 11・2・14 刑集 15・113。
107　前掲最判昭 27・12・25。
108　小名木・百選Ⅱ（第 7 版）184 頁。**松原・判例講義Ⅱ 133 頁**参照。

472 第2編 社会法益に対する罪 第3章 公衆の信用に対する罪

期または3年以上の懲役，虚偽有印公文書・公図画の作成・変造につき，1年以上10年以下の懲役に処せられる。一方，虚偽無印公文書作成については，3年以下の懲役または20万円以下の罰金に処せられる[109]。

6 公正証書原本不実記載等罪

公務員に対し虚偽の申立てをして，登記簿，戸籍簿その他の権利若しくは義務に関する公正証書の原本に不実の記載をさせ，又は権利若しくは義務に関する公正証書の原本として用いられる電磁的記録に不実の記録をさせた者は，5年以下の懲役又は50万円以下の罰金に処する（157条1項）。公務員に対し虚偽の申立てをして，免状，鑑札又は旅券に不実の記載をさせた者は，1年以下の懲役又は20万円以下の罰金に処する（同条2項）。前2項の罪の未遂は，罰する（同条3項）。

1 意 義

本罪は，特に重要な証明力を有する公文書であって，私人の申告に基づいて作成されるべき公文書につき，記載内容の真正を確保する趣旨から，虚偽公文書作成罪（156条）の間接正犯のうち特殊な場合を独立罪として規定したものである。電磁的記録については，公電磁的記録不正作出罪（161条の2第2項）の間接正犯的なものを処罰するものである。虚偽の申立てという行為態様の誘惑的要素に基づく責任の減少を考慮して，法定刑を軽減したものと解される[110]。なお，1987（昭和62）年に公正証書の原本としての電磁的記録が本罪に加えられた。

2 公正証書原本不実記載罪 (1項)

本罪は，公務員に対して，権利・義務に関する公正証書の**原本**または権利・義務に関する公正証書の原本たるべき電磁的記録に不実の記載をさせる罪である。

(1) **客 体** 本罪の客体は，公正証書である。**公正証書**は，普通は公証人の作成する公正証書を指すが，ここではより広く，公務員がその職務上作成する文書で権利・義務の得喪・変更に関する事実を公的に証明する効力を有する文書をいう[111]。「**権利，義務**」は，財産上のものばかりでなく身分上のも

---

[109] ポケット362頁，大塚・475頁。
[110] 西田・388頁。
[111] 大判大11・12・22刑集1・828，最判昭36・6・20刑集15・6・984。

第2節　文書偽造の罪　*473*

のをも含む。不動産登記簿，商業登記簿，土地台帳，戸籍簿などがその例である。住民基本台帳法に基づく住民票は，それ自体，権利・義務の得喪・変更を証明することを直接の目的とするものではないが，公職選挙法，学校教育法などの規定にある住民であることに基づく権利・義務発生の前提事実を証明する手段であるから，公証的性格をもつ文書と解してよい[112]。

自動車運転免許台帳[113]，各種課税台帳[114]などは，権利・義務の得喪・変更などの事実を証明するものではないから，公正証書ではない。また，正本，謄本，抄本は原本ではなく，本罪の客体にはならない。本罪の客体として，新たに「権利若しくは義務に関する公正証書の原本として用いられる電磁的記録」が加えられた。これは，公務員がその職務上作るべき公正証書の原本に相当する電磁的記録であり，道路運送車両法による自動車登録ファイル（6条），住民基本台帳法による住民基本台帳ファイル（6条3項）等がこれに当たる。

(2) **行　為**　本罪の行為は，公務員に対し虚偽の申立をし，権利・義務に関する公正証書の原本または電磁的記録に不実の記載をさせることである。

（ア）**公務員**　「公務員」とは，登記官，公証人のように，公正証書の原本に記入し，または公正証書の原本たるべき電磁的記録に記録する権限を有する公務員をいう。申立を受ける公務員は，当該記載ないし記録される事項が不実であることにつき知らない者であることを要する。申立を受けた公務員が，その記載事項の不実であることを知ってそれを公正証書に記載しまたは電磁的記録に記録した場合，当該公務員は虚偽公文書作成罪または公電磁的記録不正作出罪に問擬されるべきである。そうすると，申立人は，公正証書原本不実記載罪の故意で上記の各罪の共同正犯または教唆犯に当たる行為をしたのであるから，そこに錯誤が存在するけれども，行為および結果についての認識と発生した事実との間には法定的に符合する部分があるから，本罪の成立が認められるべきである。これに対し，通説は，申立を受けるべき公

112　最決昭 48・3・15 刑集 27・2・115，最決平 16・7・13 刑集 58・5・476〔政令上の船籍簿〕。
113　福岡高判昭 40・6・24 下刑集 7・6・1202。
114　名古屋高金沢支判昭 49・7・30 高刑集 27・4・324。

務員が申立についての**実質的審査権**を有する場合は先の結論でよいとし，形式的審査権があるにすぎない場合は，当該公務員に罪責は生ぜず，申立人が本罪に問われるにすぎないとするのであるが，この場合にも内容が虚偽であるときはその申立てを拒否できるのであるから，156条の罪が成立すると解すべきである[115]。なお，公務員が申立人と意思の連絡のうえで事情を知って不実の記載をすれば，その公務員には虚偽公文書作成罪が成立し，申立人も65条1項に基づき同罪の適用を受け，両者は共同正犯の関係に立つことになる。

（イ）**虚偽の申立て**　「虚偽の申立て」とは，真実に反することを申し立てることである。口頭をもってすると，書面によるとを問わず，また，自己名義をもってするか他人名義をもってするかも問わない。例えば，当事者双方に真実離婚する意思がないのに外形上離婚したように装って離婚届を提出する場合がこれに当たる[116]。申立人を欺いて虚偽の申立をさせるのは，本罪の**間接正犯**である[117]。裁判に基づいて行われる申立て（例―不登36条）も含む。官公署自体が登記手続の内容となる実体法上の権利関係の主体となる場合，例えば，官公署が不動産取引の当事者になっている場合には，当事者の双方申請による登記と実質上相違がないから，官公署に対し不動産登記の嘱託を行うことは（不登30条，31条），本罪にいう申立てに当たる[118]。ただし，官公署が公権力の主体として当事者の権利関係に介入して登記を依頼する場合は，この限りでない[119]。

（ウ）**不実の記載・記録**　「不実の記載」とは，存在しない事実を存在するものとし，存在する事実を存在しないものとして記載することをいう[120]。「**不実**」は記載事項の重要な点に関するものでなければならない。その事項の内容が不実である場合だけではなく，例えば，申告人の名義を冒用するなど，

---

[115] 小野・110頁，中森・225頁，西田・389頁。反対，福田・103頁，大塚・477頁〔申立人は教唆犯または幇助犯〕。

[116] 大判大8・6・6刑録25・754，最決平3・2・28刑集45・2・77〔株式の仮装払込みによる会社設立の登記〕，最決平17・11・15刑集59・9・147。

[117] 大判明44・5・4刑録17・753。ポケット364頁。

[118] 最決平元・2・17刑集43・2・81。反対，ポケット364頁，大塚・注釈(4)145頁。

[119] 大谷實「判批」判時1321号236頁。

[120] 大判明43・8・16刑録16・1457。

第2節　文書偽造の罪　*475*

申告に関して真実に反する場合をも含む[121]。「**不実の記録**」とは，事実に反する情報を入力して電磁的記録に記録することをいう。

（エ）**着手・既遂時期**　　本罪の着手時期は，公務員に対して虚偽の申立てを開始した時であり，虚偽の申立てをしたが公正証書の原本に記載されるに至らなかった場合は未遂である。**既遂時期**は，公務員が公正証書の原本または原本たるべき電磁的記録に不実の記載をなし，または記録をした時である。

（オ）**中間省略の登記**　　中間省略の登記は，本罪に当たらない。中間省略の登記とは，例えば，実際には不動産の所有権は甲から乙へ，さらに乙から丙へというように数次にわたって移転した場合に，最初の所有権者（甲）から最終の所有権取得者（丙）に直接に所有権を移転したように装い，その中間の所有権移転を省略して登記申請し，登記官にその旨を登記簿に記載させることをいう。判例は，かつてこれを本条の罪に当たるとした[122]。しかし，登記をするかしないかは当事者の任意であり，また，登記は第三者に対する対抗要件にすぎず，中間省略の登記も登記自体としては有効なので本罪を構成しないとする見解が通説となった。

(3)　**故　意**　　本罪の故意は，申立事項が虚偽であることを認識し，その申立てに基づいて公正証書の原本に不実の記載がなされることを予見することが必要である。

客観的に真実に合致している事項を虚偽と錯覚して申立てたときは，本罪を構成しないと解すべきである[123]。

3　免状等不実記載罪（2項）

本罪は，公務員に対し虚偽の申立てをして，免状，鑑札または旅券に不実の記載をさせる罪である。

(1)　**客　体**　　本罪の客体は，免状・鑑札・旅券である。「**免状**」とは，特定人に対して一定の行為をする権利を付与するために発行する公務所または公務員の証明書のことであり，医師免許証，運転免許証などがこれに当たる。外国人登録証明書は，特定の行為をする権利を付与するものではないから免

---

121 大判明44・5・8刑録17・817。
122 大判大8・12・23刑録25・1491。
123 大判大5・1・27刑録22・71 参照。

476 第2編 社会法益に対する罪 第3章 公衆の信用に対する罪

状ではない[124]。「**鑑札**」とは，公務所の許可・登録の存在を証明するもので，交付を受けた者がその備え付け，携帯を必要とするものをいう。例えば，古物商の許可証，犬の鑑札などがこれに当たる。「**旅券**」とは，旅券法に定める外国渡航の許可証をいう。

(2) **行 為** 本罪の行為は，公務員に虚偽の申立てをして，免状，鑑札または旅券に不実の記載をさせることである。虚偽の申立てを受ける公務員は，記載すべき事項が不実なることを知らない者であることを要する。「不実」については，既述したところを参照されたい（➡474頁）。免状等の**交付を受ける行為**は，本罪の行為とは一応区別されるが，当然に本罪が予定するものであるから別途に犯罪を構成するものではない[125]。

7 偽造公文書・虚偽公文書行使等罪

第154条から前条まで（154条，155条156条，157条）の文書若しくは図画を行使し，又は前条第1項の電磁的記録を公正証書の原本としての用に供した者は，その文書若しくは図画を偽造し，若しくは変造し，虚偽の文書若しくは図画を作成し，又は不実の記載若しくは記録をさせた者と同一の刑に処する（158条1項）。未遂は，罰する（同条2項）。

1 客 体

本罪の客体の性質に対応して，偽造詔書行使罪，偽造有印公文書行使罪，偽造無印公文書行使罪，虚偽有印公文書行使罪，虚偽無印公文書行使罪，不実記載公正証書原本等行使罪，不実記載公正証書供用罪，不実記載免状等行使罪の各罪に分けられる。文書は，必ずしも行使の目的をもって偽造・変造または不実記載されたものであることを要しない[126]。なお，それぞれの客体については，既述したところを参照されたい。

2 行 為

本罪の行為は，行使または供用である。「**供用**」とは，公正証書の原本たるべき電磁的記録を公務所に供えて公証をなしうる状態に置くことをいう。行使については既述したところを参照されたい（➡460頁）。なお，不実記載公正

---

[124] 東京高判昭33・7・15東時9・7・201。
[125] 大判昭9・12・10刑集13・1699。
[126] ポケット370頁，大塚・481頁。

証書原本行使罪は，一般公衆が閲覧できる状態に置くことをいう（通説）[127]。

8　私文書偽造等罪

　行使の目的で，他人の印章若しくは署名を使用して権利，義務若しくは事実証明に関する文書若しくは図画を偽造し，又は偽造した他人の印章若しくは署名を使用して権利，義務若しくは事実証明に関する文書若しくは図画を偽造した者は，3月以上5年以下の懲役に処する（159条1項）。他人が押印し又は署名した権利，義務又は事実証明に関する文書又は図画を変造した者も，前項と同様とする（同条2項）。前2項に規定するもののほか，権利，義務又は事実証明に関する文書又は図画を偽造し，又は変造した者は，1年以下の懲役又は10万円以下の罰金に処する（同条3項）。

1　意　義

　私文書偽造等罪は，詔書，公文書以外の文書の偽造行為を内容とする罪である。本罪の態様は，公文書偽造罪の場合と同じく有印私文書偽造・変造罪，無印私文書偽造・変造罪とに分かれる。本罪では，公文書より公衆の信用度が低い文書であるため，それから区別されて法定刑が下げられているのである。なお，既述のように，刑法は私文書については虚偽診断書作成罪（160条）を除き無形偽造を処罰しない。公衆の信用性を害することは，少ないという理由からである。

2　私文書偽造罪

　私文書を偽造・変造する犯罪である。

（1）　客　体　　本罪の客体は，他人の権利，義務または事実証明に関する文書・図画（私文書・私図画）である。私文書と公文書の区別は，作成名義人が私人であるか，公務所・公務員であるかによってなされる。作成名義人が私人である文書のうち，本罪の客体は，他人の「権利，義務若しくは事実証明に関する文書若しくは図画」に限られる。その趣旨は，法律上あるいは取引上重要な文書でなければ，その偽造によって公共の信用が害されるおそれはないという点にある。

　「他人」とは，日本国の公務所または公務員でない者で自己以外の者という意味である。したがって，外国の公務所または公務員の作成すべき文書も私文書である[128]。自然人であると法人であると，また，法人格のない団体であ

127　大判大11・5・1刑集1・252。

478 第 2 編　社会法益に対する罪　第 3 章　公衆の信用に対する罪

るとを問わない。「他人の」文書・図画とは，他人の作成名義にかかる文書・図画という意味であり，その保管者が誰であるかを問わない。公務所が保管するものでも，私文書たる性質を失うものではない[129]。「権利，義務」に関する文書とは，権利または義務の発生・存続・変更・消滅の法律効果を生じさせることを目的とする意思表示を内容とする文書をいい，公法上のものであると私法上のものであるとを問わない[130]。例えば，私人間の契約書がこれに当たる。

「**事実証明に関する**」文書の意義について，判例は，実社会生活に交渉を有する事項を証明するに足りる文書であるとしている[131]。しかし，もしそうだとすると，文書は何らかの意味で実社会生活に交渉をもつといえるから，刑法が「権利，義務若しくは事実証明に関する文書」というように客体を限定した趣旨が没却されてしまう。したがって，ここにいう事実証明に関する文書は，法律上何らかの意味を有する社会生活上の利害関係のある事実の証明に関する文書，あるいは，より限定して法律上の問題となり得べき事実の証明に役立つ文書に限るべきである[132]。

判例における事実証明に関する文書　最決平成 6 年 11 月 29 日刑集 48 巻 7 号 453 頁は，私立大学の入試に際し，いわゆる替え玉受験を行うために，解答用紙の氏名欄に実際には受験していない替え玉の相手方の氏名を記入して，他人名義の答案を作成したという事案につき，答案が「採点されて，その結果が志願者の学力を示す資料となり，これを基に合否の判定が行われ，合格の判定を受けた志願者が入学を許可されるのであるから，志願者の学力の証明に関するものであって，『社会生活に交渉を有する事項』を証明する文書に当たると解するのが相当である」と判示した[133]。前掲大判大正 9 年 12 月 24 日は，「所謂事実証明の文書は，其証明し得べき事実を法律事項に限定すべきに非ず。苟も吾人の実社会生活に交渉を有する事項を証明するに足る以上之を事実証明の文書として其公信力を保護せざるべからず」と判示している。判例は，書画はこれに当たらずその落款を偽造しても本罪には問われないが[134]，画賛として作成時・場所を記載したも

128　最判昭 24・4・14 刑集 3・4・541。

129　大判昭 9・10・22 刑集 13・1367。

130　大判大 11・9・29 刑集 1・505〔送金依頼の電報頼信紙〕，最決昭 31・12・27 刑集 10・12・1798〔無記名定期預金証書〕。

131　大判大 9・12・24 刑録 26・938。

132　江家・154 頁，団藤・293 頁，大塚・484 頁。なお，西田・394 頁。

133　井上・百選 II（第 7 版）178 頁，**松原・判例講義 II 128 頁**参照。

134　大判大 2・12・19 刑録 19・1481 ほか。

のとか，書画の真筆性を記載した箱書は，事実証明に関する文書であるとする[135]。なお，東京高判平成2年2月20日高刑集43巻1号11頁は，「自動車登録事項等証明書」の交付請求書を「事実証明に関する文書」としたが，この請求書は何人もその目的・意図とは関係なく作成しうるものであるから，いかなる名義で交付請求書を提出したかは重要ではなく，特に本罪によって保護する必要はないと解される[136]。

(2) **行 為**　本罪の行為は，偽造である。すなわち，権限がないのに他人の名義を冒用して私文書を作成すること，言い換えれば，名義人と作成者の人格の同一性を偽ることである。他人名義を冒用して文書を作成した以上は，その内容が真実であっても偽造罪となる。例えば，債権者がほしいままに債務者名義の借用証書を作成する場合がそれに当たる。

(ア) **代理名義の冒用**　例えば，代理権・代表権のないAが「甲代理人A」という名義で文書を作成すること，あるいは支店長でないAが「甲銀行支店長A」と表示して文書を作成することをいう。この場合，作成者A自身の名が表示されているので，他人の名義を冒用したといえるかが問題となる。そこで，当該文書の名義人は甲であるかAであるかについて，無形偽造説および有形偽造説を中心として，多くの学説が主張されてきた。

問題の所在は，「甲代理人A」における「甲代理人」は，単なる資格を示す肩書にすぎないのではないかという点にある。思うに，偽造罪の趣旨は文書に対する公衆の信用を保護することにあるから，名義人が誰であるかも公衆は何を信用するかという点を基礎に決すべきである。そして，代理人形式の文書は本人に私法的効果が帰属する形式の文書であるから（民99条1項），その文書は本人の意思または観念が表示された文書であるとして信用されるはずである。それゆえ，文書の性質上，文書に表示された意思または観念の主体が何人であるかを明らかにし，それが本人であると解されるとき，その名義人は本人であると解すべきである。このようにして，文書の名義人は甲であり，甲代理人という代理名義を冒用して文書を作成した行為者には有形偽造を認めるべきである（通説）[137]。このことは，代理権を有する者が代理権を

---

135 大判大2・3・27刑録19・423，大判大14・10・10刑集4・599ほか。
136 井上・百選II 187頁，松原・判例講義II（旧版）130頁参照。
137 大判明42・6・10刑集15・738，最決昭45・9・4刑集24・10・1319。塩谷・百選II（第7版）186頁，松原・判例講義II 130頁参照。

480　第2編　社会法益に対する罪　第3章　公衆の信用に対する罪

逸脱して文書を作成した場合でも同様である。

代理名義の冒用をめぐる学説　　無形偽造説は，甲の代理人でないＡが「甲代理人Ａ」と表示する文書を作成した場合，「甲代理人」は単なる肩書にすぎず，その代理資格の冒用はその資格を偽るにすぎないから作成名義の冒用ではなく，文書の内容の一部を偽った無形偽造であると主張する。そうすると私文書の無形偽造となり処罰できなくなるが，159条3項は私文書の無形偽造を含む趣旨と解するのである[138]。しかし，159条3項は無形偽造を含むとする根拠があやしく，また，なぜ本条に代理資格の冒用による無形偽造だけが含まれるかの根拠も不明である。有形偽造説は，本文のほかに，(1)裁可名義の冒用は本人の裁可名義を偽るものとして有形偽造に当たるとする説[139]，(2)代理人の表示は，代理資格の表示と一体となって1つの作成名義をなしているとし，代理資格の冒用は他人名義の冒用として有形偽造に当たるとする説[140]，(3)当該文書の名義人は本人ではなくて，正当に代理権を有する他の人格者であり，その者の名義を冒用した限りにおいて偽造に当たるとする説[141]があるが，いずれも事柄の本質を突いていないと思われる。

　（イ）**代理権限の濫用**　　代理権・代表権を有する者が，代理権限を濫用して本人名義の文書を作成する行為は，権限の範囲内で作成するものである限り名義人の冒用はなく，偽造に当たらない。ただし，本人との関係では背任罪が問題となる。これに対し，その権限の範囲を超えた事項について本人名義の文書を作成した場合は，その点について作成権限の授権がないから真正文書とはいえず[142]，代理名義を冒用して文書を作成したことになる。例えば，他人名義の白紙委任状をその使用方法を限定して預かった者が，名義人の承諾を得ずに使用方法以外に使用する目的で文字を記入した場合（**白紙偽造**）は，偽造に当たる[143]。これに対し，対外的に私法上無効となる行為であっても，それが代理権限の逸脱にわたるものでないときは，偽造に当たらない[144]。

代理権限濫用と文書偽造　　判例は，初め，株式会社の取締役がもっぱら自己または第三者の利益を図るために会社名義の文書を作成した事案について，私文書偽造罪を構成するとしていたが，その後これを改めて，自己または第三者の利益を図る目的で代理権・

---

[138] 木村・250頁。
[139] 宮本・538頁。
[140] 植松・155頁，福田・96頁。
[141] 江家・142頁。
[142] 最決昭42・11・28刑集21・9・1277。
[143] 大判明42・12・2刑録15・1700。
[144] 最決昭43・6・25刑集22・6・490参照。

第2節　文書偽造の罪　*481*

代表権を濫用した場合にも文書偽造罪は成立しないとしており[145]，学説上もこれが通説となっている。

（ウ）肩書の冒用　偽造は，先に述べたように，他人の名義を冒用することによって，名義人と作成者との人格の同一性を偽ることである（➡456頁）。したがって，表示された文書の名義が作成者と異なる人格となっていなければならない。それでは，文書の作成者が自己の氏名の上に偽りの**肩書**を付記した場合，その文書は偽造文書となるであろうか。例えば，法学博士でない甲野太郎が「法学博士甲野太郎」と記載した場合，その文書の性質上，作成名義人が作成者と異なったものとなるときは，作成権限なしに他人の名義を使って文書を作成したことになるから文書偽造となる。しかし，単に肩書を偽る行為は，それだけでは他人名義の文書となるものではなく，作成者との間に人格の同一性が認められる限り作成権限は認められるから，無形偽造であって有形偽造ではない。これに対し，文書の性質等の具体的事情に照らし，氏名が同一であっても肩書を付すことによって別な人格を表示することになる場合には他人名義の冒用となるから，代理・代表資格の冒用と同じ意味で偽造罪を構成する。

　最高裁判所は，大阪にいる甲が，同姓同名の弁護士が東京にいることを認識しつつ，弁護士の肩書を使用して弁護士業務を行い，弁護士報酬請求書を作成した事案について，「本件各文書に表示された名義人は，第2東京弁護士会に所属する弁護士甲であって，弁護士資格を有しない被告人とは別人格の者であることが明らかであるから，本件各文書の名義人と作成者との人格の同一性にそごを生じさせたものというべきである」と判示した[146]。妥当な判断であったと思われる。

資格の冒用　最決平成15年10月6日刑集57巻9号987頁は，「私文書偽造の本質は，文書の名義人と作成者との間の人格の同一性を偽る点にあると解される」。「事件文書の記載内容，性質などに照らすと，ジュネーブ条約に基づく国際運転免許証の発給権限を有する団体により作成されているということが，正に本件の文書の社会的信用性を基礎づけるといえるから，本件文書の名義人は『ジュネーブ条約に基づく国際運転免許証の

145　大連判大11・10・20刑集1・558。
146　最決平5・10・5刑集47・8・7。今井・百選Ⅱ（第7版）194頁，**松原・判例講義Ⅱ125頁**参照。

> 発給権限を有する団体である国際旅行連盟』であると解すべきである。そうすると，国際旅行連盟が同条約に基づきその締約国から国際運転免許証の発給権限を与えられているのであるから，被告人に本件文書の作成を委託していたとの前提に立ったとしても，被告人が国際旅行連盟の名称を用いて本件文書を作成する行為は，名義人と作成人との間の人格の統一性を偽るものである」と判示した。

（エ）**名義人の同意**　　私文書偽造・変造の行為は，いずれも権限なくして他人の名義を冒用すること，言い換えると作成者と名義人との人格の同一性を偽ることを内容とするものである。したがって，名義人からその名義の使用について事前の同意（嘱託・承諾）があるときには，文書に示された意思または観念の主体と作成者との間に人格の同一性についての偽りがないから，他人名義の冒用はなく，同意に基づいて文書を作成しても文書偽造罪には当たらない。この場合，名義人の同意は，明示的であると黙示的であるとを問わないが，**文書作成時に同意の存在すること**が必要である[147]。それゆえ，事後承諾を得た場合は偽造となる[148]。違法目的でなされた同意であっても，作成名義の冒用がない限り，その同意に基づいて作成された文書は真正文書である。

　　しかし，最高裁判所は，無免許運転中に交通法規違反で捕まったXが，事前に免許を持っている友人Yの承諾を得ていたことから，交通事件原票（反則切符）にY名義を記載したという事案につき，「交通事件原票中の供述欄は，その文書の性質上，作成名義人以外の者がこれを作成することは法令上許されないものであって，右供述書を他人の名義で作成した場合は，予めその他人の承諾を得ていたとしても，私文書偽造罪が成立する」としたのである[149]。その根拠は必ずしも明快ではないが，**文書の性質上**，名義人の同意があっても名義人以外の者は作成を許されないものであるから，名義の冒用があるとしたものと解される。

　　学説は，ⓐ名義人の承諾がある以上，事実説を採らない限り偽造罪は成立しないとする説[150]，ⓑ違法な目的での同意は無効だから観念説に立っても偽

147　東京高判昭50・9・10東時26・9・148。
148　大判大8・11・5刑録25・1064。
149　最決昭56・4・8・刑集35・3・57。城下・百選Ⅱ（第7版）196頁，**松原・判例講義Ⅱ126頁**参照。

造に当たるとする説[151]，ⓒ文書の性質上，名義人への責任の転嫁がありえないから同意は無効であるとする説[152]，ⓓ文書の性質上，自署性を必要とするから偽造に当たるとする説[153]などに分かれている。

思うに，「偽造」に関する観念説に立つ以上，形式的にみると名義人の意思または観念と作成者のそれは一致するといわざるをえない[154]。しかし，**文書の性質上**，表示された意思・観念についての責任の転嫁が許されず，その名義人自身による作成すなわち自署だけが予定されている文書については，事前に名義人の同意があっても，その名義人は文書の意思・観念の主体となることはできないから，その同意は無効であり，権限なくして他人の名義を冒用したことに当たると解すべきである。それゆえ，自己の名義を使って文書を作成することに同意した者は，本罪の共犯（共同正犯，教唆犯，幇助犯）となりうる。同じことは，**替え玉受験**についても妥当する[155]。例えば，Aの承諾を得て，Bが試験を受け，A名義の答案を作成した場合，答案の性質上Aがみずからその名義を使用して作成すべきであり，同意の有無とは関係なくBがA名義を使用することは，名義の冒用に当たるのである。

これに対し，ホテルの宿泊申込書に他人名を記載して宿泊しても，文書の性質上，文書の作成名義の真正は必ずしも要求されないから，名義を冒用したことにはならないと解すべきである。

（オ）通称名の使用　行為者が別名（通称，ペンネーム，雅号，芸名）を使用して文書を作成しても，それが社会一般に通用していて本人とすぐに分かるときは，別な人格を表示したものとしての他人の名義の冒用に当たらない。しかし，判例は，窃盗罪で服役中に逃走し，義弟と同一の氏名を使用して生活していた者が，無免許運転の罪を犯し，交通事件原票の供述書欄に右氏名を使用して署名した場合，その氏名がたまたまある限られた範囲で被告人を指称するものとして通用していたとしても，他人の名義の冒用であると判示し

150　林・355頁，曽根・253頁，平川・451頁。
151　木村・248頁，福田・97頁。
152　中森・218頁，前田・396頁，山口・462頁。なお，西田・398頁も同旨か。
153　川端博「判批」判例評論410号228頁。
154　林・355頁。
155　東京高判平5・4・5判タ828・275。

た[156]。一定の地域で通用していても，文書の性格上，自己以外の名前を書くことが別な人格を表示することになる以上は，名義人と作成者の同一性が偽られたことになり，名義の冒用が認められるのである。

一方，Xは，日本国に密入国した後，25年以上も適法な資格を有する甲の名義で生活していたが，出入国許可申請書を甲名義で作成した事案につき，最高裁判所は，「文書の名義人と作成者との人格の同一性に齟齬を生じている」として偽造に当たるとした[157]。この判決に対して，ⓐ甲という名称がXを識別するものとして定着している以上，人格の同一性に偽りがないから偽造にならないとする説[158]，ⓑ出入国許可申請書の性質上，この文書から認識される名義人は，適法な在留資格を有する者と解すべきであるから，通称名の定着の程度とはかかわりなく人格の同一性に偽りがあるとする説[159]が対立している。本件許可申請書は，その**文書の性質**上本名を使って文書を作成することを義務付けられ，それ以外の名義を用いる権限が与えられていないことは明らかであるから，本名を使わないで別名を使って私文書を作成する行為は，権限なしに本人以外の名義を使用したことになり，ⓑ説が妥当である。

偽名・仮名の使用　最決平成11年12月20日刑集53巻9号1495頁[160]は，他人名義の履歴書に被告人の顔写真をはり付けた場合「文書の性質，機能等に照らすと，たとえ被告人の顔写真がはり付けられたとしても，文書に表示された名義人は，被告人とは別人格の者であることが明らかであるから，名義人と作成者との人格の同一性にそごを生じさせたものというべきである」と判示した。写真だけでは人格の同一性を表示することはできないから，他人の名義を冒用した以上偽造に当たると解すべきであり，判旨を支持すべきであろう。

3　有印私文書偽造罪

行使の目的で，①他人の印章・署名を使用して，権利・義務・事実証明に関する文書・図画を偽造すること，または，②偽造した他人の印章・署名を

---

156 最判昭56・12・22刑集35・9・953。
157 最判昭59・2・17刑集38・3・336。石井・百選Ⅱ（第7版）188頁，**松原・判例講義Ⅱ129頁**参照。なお，東京地判平10・8・19判時1653・154〔自署を必要とする〕。
158 林・365頁，曽根・253頁，平川・453頁，松原・450頁。
159 西田・349頁，中森・218頁，井田・457頁，高橋・530頁。
160 葛原・百選Ⅱ（第7版）192頁，**松原・判例講義Ⅱ132頁**参照。

使用して，権利・義務・事実証明に関する文書・図画を偽造することである。「**印章**」とは，特定人の人格を表彰するものをいい，単なる記号を含まない。印章はそれが文書に存在することによってその公信力を高めるものでなければならないからである。したがって，公信力を高める性質の印章であることを要し，単に有合せ印を用いたにすぎない場合には，他人の印章を使用したことにはならないと解すべきである。これに対し，書画の雅号印は，特定人を表彰するに足りるばかりでなく，公信力を高めるものであるから印章である[161]。「署名」は，氏名の**自署**に限るべきである（➡467頁）。自署であり，特定人を表彰する仕方で署名してある限り「署名」である。印章だけ，あるいは署名だけを付したにすぎなくてもよく，また，「偽造した他人の印章若しくは署名」は，行為者みずからが偽造したものか他人が偽造したものかを問わない。

> **判例における署名**　判例も特定人を表彰したと認められれば署名に当たるとしている。片仮名で氏のみを表記した場合[162]，商号，屋号，雅号を記した場合[163]，印章のみを押捺した場合でも署名に替えたと認められる場合[164]，代筆させた場合，または印刷された記号の場合[165]，いずれも署名に当たるとする。

4　有印私文書変造罪 （159条2項）

　本罪は，他人が押印し，または署名した権利，義務または事実証明に関する文書または図画を変造した場合に成立し，3月以上5年以下の懲役に処せられる。

　変造の意義については，すでに述べた（➡457頁）。なお，本罪も行使の目的を必要とする。

5　無印私文書偽造罪・無印私文書変造罪 （159条3項）

　本罪は，権利，義務または事実証明に関する文書で印章および署名のいずれも付されていない私文書を偽造・変造する行為を内容とするものである。行使の目的が必要なことは勿論である。無印私文書の例としては，銀行の出

---

[161] 大判大 14・10・10 刑集 4・599。
[162] 大判明 43・1・31 刑録 16・74。
[163] 大判明 43・9・30 刑録 16・1572。
[164] 大判昭 12・10・7 刑集 16・1338。
[165] 大判明 45・5・30 刑録 18・790。

486　第 2 編　社会法益に対する罪　第 3 章　公衆の信用に対する罪

金票，銀行の支払伝票，封筒に封入した署名のない文書などがある[166]。

9　虚偽診断書等作成罪 (虚偽私文書作成罪)

　　医師が公務所に提出すべき診断書，検案書又は死亡証書に虚偽の記載をしたときは，3 年以下の禁錮または 30 万円以下の罰金に処する (160 条)。

1　主　体

　本罪の主体は，医師または歯科医師である。本罪は，私文書の**無形偽造**を定めるものであり，医師 (歯科医師を含む) が公務所に提出すべき診断書等の文書は，権利・義務の発生，変更および消滅その他の法律関係の証明書類として重要なものであるから，私文書のうち特に医師の作成・提出すべき文書の無形偽造だけを犯罪としたものである。したがって，本罪は**真正身分犯**である。公務員である医師が本罪の行為をなすときは虚偽公文書作成罪が成立するから，本罪の成立は，医師法等の定める有資格の医師であって，私人として医療を行う者に限られる。

2　客　体

　本罪の客体は，医師が法令上公務所に提出することを予定されている診断書，検案書または死亡証書である。医師みずからが提出すべき場合であると，他の者によって提出される場合であるとを問わない。「**診断書**」とは，医師がみずから行った診察の結果に関する判断を行い，人の健康上の状態を証明するために作成する文書をいう。「**検案書**」とは，医師が死体について死因，死期，死所などに関する事実を医学的に確認した結果を記載した文書をいう。「**死亡証書**」とは，当該の者を生前から診療していた医師が，その患者について死亡の事実を医学的に確認した結果を記載する文書であり，いわゆる死亡診断書 (医師 20 条) のことである。

3　行　為

　本罪の行為は，虚偽の記載をすることである。「**虚偽の記載**」とは，みずからの医学的判断に反しまたは真実に反する事項を記載することである。自己の認識または判断に反する証明文書の作成だけが処罰の対象となる。実質上真実であるものを医師が虚偽と誤信して証明文書に記載した場合は，本罪は

166　大判明 42・3・25 刑録 15・318。

第2節 文書偽造の罪 **487**

客観的な真実に対する公衆の信用を保護するものであるから，本罪を構成しないと解すべきである[167]。本条には，行使の目的が明記されていないが，公務所に「提出すべき」と規定されているところから，公務所に提出する目的をもって作成されることを要すると解すべきである。本罪の**既遂**は，虚偽の診断書等が作成された時であり，それが公務所に提出されたことを要しない。

10 偽造私文書・虚偽診断書等行使罪

前2条（159条，160条）の文書又は図画を行使した者は，その文書若しくは図画を偽造し，若しくは変造し，又は虚偽の記載をした者と同一の刑に処する（161条1項）。未遂は，罰する（同条2項）。

本罪の**客体**は，偽造・変造された権利，義務または事実証明に関する私文書，私図画，または医師が虚偽の記載をした公務所に提出すべき診断書・検案書・死亡証書である。何人の偽造・変造等に係るものであるかを問わない。行使の目的に出たものであるか否かも問わない。本罪の**行為**は，行使である。虚偽診断書等については，公務所に提出することが行使である。

11 罪数・他罪との関連

1 一般基準

文書偽造の罪の罪数は，偽造文書または虚偽文書の個数を基準に判断される[168]。1個の文書につき個々に公衆の信用に対する侵害の危険が生ずるからである。例えば，数個の文書を一括して行使すれば，それが同一性質の文書であると異質の文書（例えば，私文書と公文書）であるとを問わず観念的競合である[169]。問題は，文書の個数をいかに確定するかにあり，学説および判例は，ⓐ冒用された作成名義の数を標準とする説[170]，ⓑ文書自体の個数を標準とする説[171]，ⓒ文書作成の意思の個数を標準とする説[172]，ⓓ文書の内容である事

---

167 大判大5・6・26刑録22・1179。
168 大判明43・2・24刑録16・313。
169 ポケット350頁。大判明43・3・11刑録16・429参照。
170 宮本・559頁。大判明42・3・11刑録15・205。
171 柏木・244頁。前掲大判明43・2・24。
172 木村・260頁。

項の数を標準とする説[173]，ⓔ作成名義を主眼としつつ，文書の物体自体の数，事項の数および侵害される公共的信用の意味にも着眼すべきであるとする説[174]などに分かれている。

文書の重要性は，社会生活上または法律上問題となりうる事実の証明に用いられる点にあるから，文書の内容をなしている事項が社会生活関係または法律関係において1個の事実と認められるときは1個の文書と認めるべきであり，ⓓ説が妥当である。この観点からは，物体の数，文書または作成における名義人の数と関係なく，文書の内容または事項が，社会生活関係または法律関係の観念上1個のものと認められるときは一罪，数個であれば数罪という方法で罪数を定めるべきである。

2　偽造・変造等の罪とその行使罪

偽造・変造等の罪を犯した者が，その行使罪を犯せば，原因とその結果との関係が認められ牽連犯となる。その行使により詐欺罪を犯せば，行使罪と詐欺罪とがさらに牽連犯になる（通説）[175]。偽造文書を行使する行為は，通常相手方に対する詐欺行為と重複するから，両罪の観念的競合を認めるべきであるとする説[176]もある。たしかに，行使は詐欺行為を伴うが，常に必ずしも財産罪としての詐欺罪に結びつくとは限らないから，この説は妥当でない。

公正証書原本に不実の記載をさせ，これを備え付けさせて行使したうえ，その抄本を示して金員を借用し詐欺罪を犯したときは，公正証書原本不実記載，同行使および詐欺は，順次牽連するとするのが判例である[177]。しかし，公正証書原本に不実の記載をさせ，これを備え付けさせて行使する場合は，行為は1個であるから観念的競合を認めるべきであり，それと詐欺罪の牽連犯を認めるべきである。例えば，他人の印章・署名を使用して委任状を偽造し，これを行使して，当該公務員をして公正証書の原本に不実の記載をさせ，さらに行使するときは，判例は，私文書偽造罪，偽造私文書行使罪，公正証書原本不実記載罪および不実記載公正証書原本行使罪の牽連犯と解している

173　江家・157頁，瀧川＝竹内・313頁。大判明44・5・2刑録17・722。
174　大塚・465頁，内田・577頁，中森・221頁。
175　大判明44・11・10刑録17・1871，最決昭42・8・28刑集21・7・863。
176　宮本・559頁，植松・146頁，大塚・482頁。
177　前掲最決昭42・8・28。

が[178]，後2者は観念的競合と解すべきであり，全体が54条1項後段によって一罪として処断されるべきである[179]。

12 電磁的記録不正作出罪

人の事務処理を誤らせる目的で，その事務処理の用に供する権利，義務又は事実証明に関する電磁的記録を不正に作った者は，5年以下の懲役又は50万円以下の罰金に処する（161条の2第1項）。前項の罪が公務所又は公務員により作られるべき電磁的記録に係るときは，10年以下の懲役又は100万円以下の罰金に処する（同条2項）。

1 意 義

本罪は，磁気ディスクやICメモリーなどによる電磁的記録を不正な操作から保護するため，1987（昭和62）年の刑法一部改正により新設されたものである。改正規定は，文書の偽造・行使に対応して，電磁的記録の不正作出・供用を処罰するとともに，私電磁的記録不正作出・供用罪および公電磁的記録不正作出罪を新設し，後者を重く罰している。しかし，実行行為を「不正作出」に一本化し，文書であれば無形偽造に当たる行為も一般的に処罰する定め方をしている点に，文書犯罪とは大きな違いがある。いわゆる虚偽私文書の作成に当たる行為をすべて処罰することにしているのである。その理由として，文書のように名義の冒用の観念で処罰範囲を画することが難しいという点が挙げられるが[180]，処罰範囲を文書より大幅に拡張している点は否定できない。私文書について処罰されないものを本罪から排除する努力が必要である。そこで，不正作出を，広く，「本来の意図に反する事務処理」として理解し，「不正に」を文書における「偽造」に対応して「権限なくして」と「権限を濫用して」に分け，私電磁的記録不正作出罪においては「権限なくして」作出した場合を実行行為とし，公電磁的記録不正作出罪においては，「権限なくして，または権限を濫用して」作出した場合を実行行為とする解釈を取ることによって，処罰の限定を図るべきではないかと考える。処罰の適正化を図るために，同一文言を違った意味に解釈し，処罰範囲を縮小することは，

---

[178] 大判明42・3・11刑録15・210。
[179] 大谷・総論493頁以下参照。
[180] 米沢編・刑法等一部改正法の解説（1988）80頁。

罪刑法定主義に即した解釈方法として許されるのである。

2 私電磁的記録不正作出罪 (1項)

本罪は，人の事務処理の用に供する権利，義務または事実の証明に関する電磁的記録（私電磁的記録）を不正に作出する犯罪である。

(1) **客 体** 本罪の客体は，権利・義務または事実の証明に関する電磁的記録である。電磁的記録とは，①電子的方式，磁気的方式，その他人の知覚によって認識できない方式により作られ，②電子計算機による情報処理の用に供されるものをいう（7条の2）。すなわち，電子を利用した記録方式または磁気を利用した磁気ディスクのように，人の五感の作用によって記録の存在および状態を認識できない方式によって作られた記録であり，かつ，電子計算機によって演算，検索等の情報の処理に用いられるものをいう。

「人の事務処理」における「**人**」とは，自己以外の者（自然人，法人，法人格のない団体）をいう。「**事務**」とは，財産上，身分上その他人の生活に影響を及ぼしうると認められる一切の仕事をいい，業務・非業務，法律的・非法律的，財産上・非財産上のいずれをも問わない。「**用に供する**」とは，当該の事務処理のために使用できる性質を有するという意味である。

電磁的記録は，「権利，義務又は事実証明に関する」ものであることを要する。「**権利，義務**」に関する電磁的記録とは，権利・義務の発生・存続・変更・消滅に関する事実の証明に係る電磁的記録のことであり，例えば，銀行の預金元帳ファイル，乗車券・馬券[181]などである。「**事実証明**」に関する電磁的記録とは，法律上あるいは社会生活上重要な事実の証明に係る電磁的記録という意味である。例えば，キャッシュカードの磁気ストライプ部分，会計帳簿ファイルの記録などである。プログラムを記録した電磁的記録自体は，電子計算機に対する指令の組合わせを記録したにすぎないものであるから，ここにいう電磁的記録ではない。

(2) **行 為** 本罪の行為は，電磁的記録を不正に作ること，すなわち不正作出である。

「**不正に**」については，ⓐ「権限なくして」と解する説，ⓑ「権限なくして，または，権限を濫用して」と解する説に分かれる。思うに，不正作出とは，

---

181 甲府地判平元・3・31判時1311・160。**松原・判例講義II 135頁**参照。

第2節　文書偽造の罪　*491*

電磁的記録作出権者すなわちコンピュータ・システムを設置し，それによって一定の事務処理を行い，または行おうとしている者の意図に反して，権限なしに，または権限を逸脱して，自己のほしいままに電磁的記録を作り出すことをいうと考える[182]。判例は，勝馬投票券の磁気ストライプ部分に的中券のデータを印磁して改ざんする行為，キャッシュカードの磁気ストライプ部分の預金情報の改ざん[183]，パソコン通信のホストコンピュータ内の顧客データーベースファイルの改ざん[184]，市の職員による住民票ファイルへの不実記載[185]につき不正作出を認めている。電子計算機に入力する権限のない者がデータを入力したり，コンピュータ設置・運営主体によって電磁的記録作出の権限を与えられている管理事務補助者が，その権限を逸脱して記録を作る場合も含む。

　電磁的記録作出権は，いかなる内容の記録を作るかについての決定権を意味するから，電磁的記録作出権者がどのような内容の記録を作出しても不正作出には当たらない。コンピュータ・システムの設置・運営主体である個人店主が脱税目的で虚偽の取引に関するデータを磁気ファイルに入力しても，不正作出に該当しない。「作」るとは，記録の媒体に電磁的記録を新たに生じさせることをいい，既存の記録を改変・抹消することによって新たな記録を生じさせる場合も含む。ただし，記録を消去したにすぎないときは，電磁的記録毀棄罪に当たる（259条）。

虚偽記録の作出は不正作出か　「不正に」の文言は，権限ある者が内容虚偽の記録を作出する場合も含むのではないかが問題となっている[186]。たしかに，「不正に」の意義を「権限を濫用して」という意味も含むものとして捉えるとすると，電磁的記録作出権者にも不正作出罪を適用すべき場合がありうることになるが，本罪はあくまで文書偽造の罪を補充する趣旨で設けられたのであるから，私文書偽造罪に対応して，無形偽造に相当するものは除外すべきであり，結局「不正」とは「権限なくして」の意味と解釈するのが適当である[187]。問題は，公電磁的記録についての扱いであるが，客体によって行為態

---

[182] 団藤・687頁，曽根・261頁，川端・567頁，山中・594頁，林・284頁。反対，中森・229頁，西田・405頁，山口・470頁。

[183] 東京地判平元・2・17判タ700・279。

[184] 京都地判平9・5・9判時1613・157。

[185] 仙台地判平2・9・11刑事裁判資料273。

[186] 山口厚「電磁的記録と文書犯罪規定の改正」ジュリ885号8頁，中森・254頁，米沢・大コン(6) 182頁。

492 第2編 社会法益に対する罪 第3章 公衆の信用に対する罪

様を分けるのは規定の形式上妥当でないばかりか，実際上公電磁的記録よりも私電磁的記録の方に処罰の必要性があるから，特に無形偽造類型の不正作出を処罰する必要性はないであろう。

(3) **主観的要件** 本罪は**目的犯**であって，故意のほかに人の事務処理を誤らせる目的が必要となる。この要件は本罪の成立範囲を限定し，特に電磁的記録の無権限コピーを不可罰にする趣旨で設けられたものである。「**人の事務処理を誤らせる目的**」とは，当該電磁的記録に基づいて行われる他人の正常な事務処理を害し，その本来意図していたものとは異なったものにする目的をいう。それゆえ，単に他人の電磁的記録に記録されているデータを勝手にプリント・アウトするだけでは本罪に当たらない。また，既存の電磁的記録と同一内容のデータを入力して新しい電磁的記録を作出しても，それだけでは本罪は成立しない。例えば，銀行のATM機で使用するためにキャッシュカードの磁気ストライプ部分に他人の口座番号を印磁するような場合は，CD取引における銀行の資格確認の事務処理を誤らせる目的があり，本罪の「目的」に当たる。単に現金を引き出す目的が認められるにすぎないときは，他人の事務処理を誤らせる目的があるわけではないから，その目的に本罪の目的を認めるのは困難であろう。

3 公電磁的記録不正作出罪 (2項)

本罪の**客体**は，「公務所又は公務員により作られるべき電磁的記録」である。公務所または公務員の職務を遂行するために作出が予定されている電磁的記録であって，例えば，自動車登録ファイル，特許の登録マスターファイル，住民登録ファイルなどがこれに当たる。公電磁的記録は，社会的信用がより厚くその証明力もより高いから，**私電磁的記録作出罪に比べ重く**処罰されるのである。また，既述のように，公文書に準ずるものとして，無権限および権限濫用の作出も処罰すべきである[188]。

4 他罪との関連

電磁的記録を不正に作出したうえで，これをプリントアウトして文書を作成した場合，電磁的記録不正作出罪および文書偽造罪の成立を認めることが

---

187 なお，神山敏雄「電磁的記録不正作出罪」刑法基本講座6巻 (1993) 250頁。
188 神山敏雄「電磁的記録不正作出罪」刑法基本講座6巻 (1993) 250頁。

でき，両罪は併合罪になると解すべきである。後者は前者の結果とみて牽連
犯とすることも考えられないわけではないが，不正作出とプリントアウトす
る行為の結びつきは必ずしも一般的であるとはいいがたい。予め電磁的記録
を不正に作出したうえ，情を知らない文書の作成権者をしてその内容をプリ
ントアウトさせて文書を作成させた場合は，間接正犯の態様による文書偽造
または虚偽文書作成罪と本罪との併合罪となる。同一機会に複数のデータが
入力される場合の不正作出罪の個数は，作出された記録の個数によって定ま
る。記録の個数は，記録の内容をなしている**事項の個数**によって確定すべき
である。

13 **不正作出電磁的記録供用罪**

不正に作られた権利，義務又は事実証明に関する電磁的記録を，人の事務処理を誤
らせる目的で，人の事務処理の用に供した者は，その電磁的記録を不正に作った者と
同一の刑に処する（161条の2第3項）。未遂は，罰する（同条4項）。

1 意 義

本罪は，不正に作出された権利，義務または事実証明に関する電磁的記録
について，これを人の事務処理を誤らせる目的をもってその用に供する行為
を，電磁的記録不正作出罪と同様に処罰し，併せて未遂罪も処罰することと
したものである。本罪は，不正作出公電磁的記録供用罪（10年以下の懲役または
100万円以下の罰金）と，不正作出私電磁的記録供用罪（5年以下の懲役または50万
円以下の罰金）の2つの態様に分かれ，前者は後者よりも重く罰せられること
となる。

2 客 体

本罪の客体は，不正に作出された権利，義務または事実証明に関する電磁
的記録である。供用の行為者みずからが作出した電磁的記録であるか否かを
問わない。また，人の事務を誤らせる目的で作出されたものでなくてもよい。
客体が公電磁的記録に係る場合には**不正作出公電磁的記録供用罪**となり，私電
磁的記録に係るときは**不正作出私電磁的記録供用罪**となる。

3　行　為

本罪の行為は，電磁的記録を人の事務処理の用に供することである。文書偽造の罪にいう「行使」に相当する語であるが，行使は一般に人を対象とする場合に用いるので，電子計算機に使用されて人の事務処理に用いられるものであることを明らかにするために「**用に供する**」（供用）とされたものである。**供用**とは，不正に作出された電磁的記録を，他人の事務処理のため，これに使用される電子計算機において用い得る状態に置くことをいう。供用の**実行の着手**は供用行為を開始した時であり，不正に作出された電磁的記録が当該のシステムにおいていつでも用いられる状態に達すれば**既遂**となる。

4　主観的要件

本罪においても，「人の事務処理を誤らせる目的」が要件となっている。その意義は，161条の2第1項におけるものと同様である（➡489頁）。不正に作出したものであることの認識のほかに，このような目的が必要であるとされる理由は，不正に作出されたものでも内容が真正であれば証明機能を害するおそれがない場合がありうるので，そのような場合を不可罰とする点にある。

5　未遂罪

不正作出電磁的記録供用罪については，偽造文書行使罪などと同様に未遂罪も処罰することとされている。不正に作出された電磁的記録が人の事務処理において用いられる状態に置かれれば，人の識別を経ずに機械的に処理されることとなるため，実害発生の危険性が大であるという理由に基づく。その典型例としては，磁気ストライプ部分を不正に作出したキャッシュカードをATM機に差し込もうとしたが，挙動不審を怪しまれて実際に差し込めなかった場合が挙げられる[189]。

6　罪数・他罪との関連

罪数については，まず，電磁的記録不正作出罪と供用罪との関係が牽連犯であることは疑問の余地がない。次に，例えば，キャッシュカードの磁気ストライプ部分を不正に作出し，それを1週間ごとに3回にわたって供用し，各100万円を引き出した場合は，磁気ストライプ部分の作出は電磁的記録不正作出罪を構成し，3回にわたる供用は3つの供用罪となり，同罪は不正作

---

[189] 鶴田六郎＝横畠裕介「刑法等一部改正法概説(3)」警察学論集40巻10号206頁。

出罪との牽連犯となる。また，供用による現金の引出しは窃盗となり，供用罪と窃盗罪は牽連犯になると解されるから，3つの窃盗罪もまた不正作出罪によって牽連犯となり，結局，全体が科刑上一罪として処罰されることになる[190]。

　コンピュータから検索した他人名義の口座番号を自己名義の預金通帳の磁気ストライプ部分に印磁し，これをCD機に差し込んで現金を引き出した場合，データの検索行為は情報の不正入手として不可罰とされているので，磁気ストライプ部分への印磁について不正作出罪，CD機への差し込みについて供用罪，現金引き出しについて窃盗罪が成立し，各罪は牽連犯となる。供用罪と窃盗罪は1個の行為によって実現されたようにもみえるが，現金の占有の取得行為は供用行為とは別個のものと解すべきである。

第3節　有価証券偽造の罪

① 総　説

1　意　義

　有価証券偽造の罪は，行使の目的をもって有価証券を偽造・変造し，または，これに虚偽の記入をなし，もしくは，偽造・変造され，虚偽記入された有価証券の行使・交付・輸入行為を内容とする犯罪である。刑法は，有価証券偽造の罪として，①有価証券偽造等罪（162条1項），②有価証券虚偽記入罪（同条2項），③偽造有価証券行使等罪（163条1項），④同未遂罪（同条2項）を設けている。有価証券偽造の罪は，有価証券に対する公衆の信用を**保護法益**とするものである。

2　通貨との類似性

　有価証券は文書の一種であるから，有価証券偽造の罪は文書偽造の罪の特別罪といってよいが，他面，有価証券は財産権を化体しその流通性において通貨の機能をもっている。したがって，この犯罪を通貨偽造の罪と文書偽造の罪との中間に位置するものとして叙述する例[1]もあり，また，草案において

---

190 大谷・総論493頁以下参照。

496 第2編 社会法益に対する罪 第3章 公衆の信用に対する罪

も同様な位置づけがなされている（第2編第17章）。しかし，本書では，文書偽造の罪と通貨偽造の罪の両面性に着眼して規定した現行法の配列に従って叙述することにする。なお，有価証券のなかには，郵便為替証書や公債証書のように公文書的な性質をもつもの，会社の株券のように私文書的性質をもつものが含まれているが，公信力の点から両者を区別することはできないので，刑法は，両者の有価証券としての性格を強調し，同じ法定刑のもとで処罰するものとしている。また，有価証券の通貨的性質にかんがみ，通貨の場合と同じく国際的取締りを必要とすることから，外国人の国外犯にも刑法の適用がある（2条6号）。

有価証券偽造の特別罪 特別罪としては，「外国に於て流通する貨幣紙幣銀行券証券偽造変造及模造に関する法律」1条〜6条，「通貨及証券模造取締法」1条，2条，「紙幣類似証券取締法」1条，3条，「印紙犯罪処罰法」1条〜3条，「印紙等模造取締法」1条，2条などが定めている諸犯罪がある。なお，草案は，印紙・切手の偽造・行使罪（222条）を新たに設けることとしている。

2 有価証券偽造等罪

行使の目的で，公債証書，官庁の証券，会社の株券その他の有価証券を偽造し，又は変造した者は，3月以上10年以下の懲役に処する（162条1項）。

1 客 体

わが国内で発行され，または流通する公債証書，官庁の証券，会社の株券その他の有価証券である[2]。

（ア）**有価証券の意義** 有価証券制度は，それ自体知覚することのできない無形の財産的権利を有体物である証券に化体させて権利の存在を顕在化および明確化し，権利の保持・移転・行使にその証券の占有を必要とすることによって取引の便宜と安全を図るものである。

「**有価証券**」とは，財産上の権利が証券に表示されており，その表示された権利の行使または処分につき証券の**占有**を必要とするものをいう[3]。有価証券

---

1 団藤・257頁，平野・258頁，大塚・422頁，内田・555頁，岡野・255頁，西田・357頁，前田・360頁。
2 大判大3・11・14刑録20・2111。
3 大判大5・5・12刑録22・732，最判昭32・7・25刑集11・7・2037。

第3節　有価証券偽造の罪　*497*

も文書の一種であるから，偽造される有価証券には名義人が存在することを要する。表示された財産権は，債権（手形，小切手など），物権（貨物引換証など），その他の権利（株券など）のいずれでもよい。表示の方式は，無記名式（商品券など），指図式（手形，小切手など），指名式（記名債券など）のいかんを問わない。また，法律上一定の形式が要求されているもの（手形，小切手など）であるか否か（乗車券）も問わない。有価証券は，その証券に表示された権利を行使・処分する場合には，**必ず証券を所持していなければならない**点で他の証券と異なる。例えば，証券を所持していなくても正当な権利者であることを証明すれば権利を行使できる証券は**免責証券**といい，「有価証券」ではない。

「**公債証書**」とは，国または地方公共団体が負担する債務（国債，地方債）を証明するため国または地方公共団体が発行した証券をいう。「**官庁の証券**」とは，官庁の名義で発行される有価証券をいい，例えば，大蔵省証券，郵便為替証券などがこれに当たる。「**会社の株券**」は，株式会社の発行した株主たる地位を表示する証券である。「**その他の有価証券**」としては，手形，小切手，貨物引換券，預証券，船荷証券のように商法上有価証券とされる証券のほか，鉄道乗車券，宝くじ，勝馬投票券，競輪の車券，クーポン券，商品券，入場券がある。ただし，わが国で発行され，または流通する有価証券に限られ，外国において発行され，かつ流通しているものは含まないと解すべきである[4]。もっとも，本罪は，わが国における有価証券に対する公共の信用を保護するものであるから，外国で発行されたものでも**わが国で流通する有価証券**，およびわが国で発行され外国で流通する有価証券は，本罪の客体となる[5]。

流通性の要否について，これを必要とする旨の判例もあったが，刑法が有価証券を他の文書から区別して保護しているのは，その流通性よりも財産権を表示する証券である点に基づくと解すべきであるから，流通性がないものであっても刑法上は有価証券となる。

4　前掲大判大3・11・14。
5　最判昭28・5・29刑集7・5・1171〔日本国内で事実上流通する外国銀行が発行した外国貿易支払票〕。

498 第2編 社会法益に対する罪 第3章 公衆の信用に対する罪

「有価証券」に当たらない例 契約証書，郵便貯金通帳，無記名預金証書[6]，荷物預り証，下足札，ゴルフ入会保証金預証書[7]は，権利を化体するものではないから有価証券ではない。また，印紙，郵便切手は金券であって私法上の権利を化体したものではないから有価証券ではなく，その偽造は，印紙犯罪処罰法，郵便法などの規定によって罰せられる。

（イ）**テレホンカードの偽造・変造** テレホンカードとは，NTT が設置したカード式公衆電話機の料金を支払うための一方法として NTT が発行しているプリペイド・カードの一種であって，名刺大の大きさのカードの裏面の磁気部分に利用可能度数等についての情報が印磁されているものをいう。

(a) **問題点** テレホンカードの裏面に印磁された電磁的記録を操作して，利用可能度数 50 度のものを 105 度に改ざんしたり，改ざんしたカードを販売する行為は，いかなる犯罪を構成するであろうか。まず，電磁的記録としての磁気情報部分の改ざんが電磁的記録不正作出罪（161 条の2第1項）に当たり，それを公衆電話に使用すれば不正作出電磁的記録供用罪（同条3項）に当たるとともに，電子計算機使用詐欺罪（246 条の2）を構成することについては問題はない。問題は，改ざんしたカードを改ざんしたものである旨を告げて売却した場合にどのような犯罪を構成するかである。161 条に交付罪の規定があれば問題はなかったのであるが，それがないところから有価証券偽造の罪の適用が問題となった。

(b) **有価証券性** テレホンカードの有価証券性については，ⓐ有価証券は財産権を化体したものであればよく，電磁的記録も有価証券となりうるからホワイトカードも有価証券であるとする**磁気部分説**[8]，ⓑ有価証券は文書であり，電磁的記録が文書でないとされた以上，券面上の記載部分のみが有価証券であるとする**文書性説**[9]，ⓒ両者が一体となって有価証券になるとする**一体性説**[10]とがある。判例は，下級審で有価証券性を否定したものがあるというものの，最高裁判所は，「テレホンカードの磁気情報部分並びにその券面上の記載及び外観を一体としてみれば，電話の役務の提供を受ける財産上の権

---

6 最決昭 31・12・27 刑集 10・12・1798。
7 最決昭 55・12・22 刑集 34・7・747。
8 古田佑紀「判批」研修 95 号 41 頁。
9 団藤・259 頁，中森・208 頁，西田・336 頁，山中・602 頁。
10 大塚・425 頁，岡野・257 頁，前田・498 頁。

第3節　有価証券偽造の罪　*499*

利がその証券上に表示されていると認められ，かつ，これをカード式公衆電話機に挿入することにより使用するものであるから，テレホンカードは，有価証券に当たる[11]」として，一体説を採っている。

　思うに，財産権を化体しているのはテレホンカードの磁気部分であるから，その意味では磁気部分説が妥当であるが，有価証券偽造の罪は公共の信用に対する罪であるという点を考慮すると，一般人が真正な有価証券と誤解する程度の外観が必要であると解すべきであり，結局，磁気部分と可視的・可読的部分が一体となって有価証券になるとする一体説が妥当である。しかし，この問題は，後述するように，2001 (平成13) 年の刑法改正により支払用カード電磁的記録に関する罪 (刑法第18章の2) が新設されたことにより立法的に解決された。

> **テープ貼付カード**　使用済テレホンカードの磁気部分を改ざんしてパンチ穴にテープを貼付して105度通話可能なものとしたが，外観上は一見して不正なものと分かるカードを作成する行為につき，名古屋地判平成5年4月22日判タ840号234頁は，「一見明白に不正に作出されたとわかるカードであれば，社会一般のテレホンカードに対する信用を害するおそれはない」として，有価証券偽造罪の成立を否定した。これに対し，東京高判平成6年8月4日判時1524号151頁は，同様の事案につき，一般人として真正に作成されたと誤信させるに足りる程度のものであるとして本罪の成立を認めた。一体性説からは，前者が妥当であろう[12]。

2　行　為

　本罪の行為は，行使の目的をもって，有価証券を偽造または変造することである。

　(1)　**偽　造**　偽造とは，他人の名義を冒用して有価証券を作成することをいう。偽造された有価証券は，その形式・外観において一般人が真正な有価証券であると誤信する程度のものであれば足りる。例えば，裏書の連続を欠いている手形のように，法律上有効な形式・要件を具備していなくてもよい。他人名義を冒用して振出地の記載のない約束手形を作成した場合[13]，作成権限の範囲を逸脱して他人名義の有価証券を作成した場合[14]，銀行の取締

---

11 最決平3・4・5刑集45・4・171。松原・判例講義II 136頁参照。
12 反対，前田・旧版426頁。
13 大判明35・6・5刑録8・6・42。

役または支配人が銀行の業務と無関係な事項に関して手形の裏書をし銀行印を押捺した場合[15]は，いずれも偽造に当たる。これに対し，代理権・代表権を有する者が，その権限内で権限を濫用して有価証券を作成した場合は，たとえ自己また第三者の利益のためにしたものであっても偽造とはならない[16]。

偽造される有価証券には，原則として**作成名義人**がなければならないが，一般人が真正に成立した有価証券であると誤信するに足りる程度に作成されていれば，発行名義人の記載はなくても，あるいは**架空人名義**のものであっても偽造となる。なお，文書偽造罪におけると異なり，本罪においては有印・無印の区別がない。したがって，他人の印章・署名を冒用しないで有価証券を偽造したときも本罪を構成する。問題は，印章・署名を冒用して有価証券を偽造した場合，本罪以外に印章偽造罪（165条1項，167条1項）または印章不正使用罪（165条2項，167条2項）を構成するかである。有価証券偽造の行為は，当然に他人の印章・署名の冒用を予想していると考えられるから，それらの行為は本罪に吸収されて別罪を構成しないと解すべきである[17]。

架空人名義の冒用　最大判昭和30年5月25日刑集9巻6号1080頁は，架空（虚偽）人の名義を用いて約束手形を振出した事案につき，「元来，手形のような流通性を持つ有価証券の偽造は，その証券が，一般取引の信頼を害する危険性に鑑み，いやしくも，行使の目的を以て外形上一般人をして真正に成立した有価証券と誤信せしめるに足りる程度に作成されていれば，たとえ，その名義人が実在しない架空の者であり，また，その記載事項の一部が真実に合致しないものであっても，その偽造罪の成立を妨げないものと解するを相当とする」と判示した。

(2)　**変　造**　変造とは，権限を有しない者が，真正に成立した他人名義の有価証券に変更を加えることをいう。一般人が真正なものとして誤信する程度の外観・形式を備えていることを要する。ただし，有価証券の本質的部分に変更を加えれば，新たに有価証券を作成したことになり，偽造に当たる。例えば，他人の振り出した手形の振出日付または受取日付の変更[18]，他人の

14　最決昭43・6・25刑集22・6・490。橋田・百選Ⅱ（第7版）198頁，**松原・判例講義Ⅱ138頁**参照。

15　大判明43・4・19刑録16・633。

16　大連判大11・10・20刑集1・558。

17　大判明42・2・5刑録15・61。

18　大判大3・5・7刑録20・782。

第3節 有価証券偽造の罪 *501*

振出し名義の小切手の金額欄数字の変更[19]，テレホンカードの度数情報の不正改ざん[20]は，変造に当たる。これに反し，例えば，通用期間を経過して無効に帰した乗車券に増減変更を加えて，新たに効力を有するようにみせかける行為は本質的部分の変更であり，偽造となる[21]。

3 主観的要件

本罪は，**目的犯**であり，故意のほかに**行使の目的**を必要とする。「行使の目的」とは，真正の有価証券として使用する目的をいう。必ずしも具体的に他人に対し有価証券を流通輾転させる目的であることを要しない[22]。何人かによって真正な有価証券と誤信される危険があることを意識している以上は，行使の目的を認めてよい[23]。他人をして行使させる目的であってもよい[24]。なお，改ざんテレホンカードの売却は，「行使の目的」をもった「交付」に当たるかが問題となり，判例はこれを肯定したが[25]，これは163条の2の新設によって，立法的に解決された（➡505頁）。

3 有価証券虚偽記入罪

行使の目的で，有価証券に虚偽の記入をした者も，前項（162条1項）と同様とする（162条2項）。

1 客 体

有価証券である。私法上有効なものであることは必要でなく，一般人が真正な有価証券と誤信するに足りる程度の外観・形式を有するものであればよい。

2 行 為

有価証券に虚偽の記入をすることである。「**虚偽の記入**」とは，元来，真実に反する事項を記載することをいうが，その意義をめぐって，通説と判例は鋭く対立する。判例は，虚偽記入とは有価証券に真実に反する記載をする行

---

19 最判昭 36・9・26 刑集 15・8・1525。
20 前掲最決平 3・4・5。
21 大判大 12・2・15 刑集 2・78。
22 大判大 14・10・2 刑集 4・561。
23 最判昭 28・12・25 裁判集刑 90・487。
24 ポケット 385 頁。
25 前掲最決平 3・4・5。

502　第2編　社会法益に対する罪　第3章　公衆の信用に対する罪

為の一切をいい，記載の形式は，自己の名義を用いて記載する場合であると，他人の名義を冒用して記載する場合であるとを問わないとしている。ただし，有価証券そのものを作成する場合，すなわち有価証券の発行または振出しのような**基本的証券行為**に関する虚偽記入は**有価証券偽造**に当たるとする。これに対し，裏書，引受，保証等の**付随的証券行為**に関する場合には**有価証券虚偽記入**に当たるとしている[26]。一方，通説は，虚偽記入とは作成権限を有する者が有価証券に内容虚偽の記載をすることと解し，付随的証券行為に限らず，基本的証券行為についても虚偽記入が認められると解するのである。

　通説と判例の相違は，作成権限を有する者が基本的証券行為について虚偽の記載をした場合を有価証券偽造とするか虚偽記入とするかに帰着する。そして，両者は同一の法定刑で処罰されるのであるから，いずれを適用しても実質上の差は生じない。その意味で，この問題の解決は，いずれが理論的に明快かによってその優劣が決まるといっても過言ではない[27]。この点につき通説は，作成権限の有無によって有形偽造と無形偽造を区別する考え方を本罪においても貫き，虚偽記入は作成権限のある者がみずからの名義をもって真実に反する事項を有価証券に記載することとしている。この点，他人名義を冒用して付随的証券行為につき虚偽の記入をすることが虚偽記入罪であるとする判例よりも，明快だというべきである[28]。

　このようにして，**虚偽の記入**とは，作成権限を有する者がみずからの名義をもって，有価証券として効力を生ずる事項を真実に反して記入する行為をいう。既存の有価証券に記入する権限ある者が虚偽の記入をする場合であると，作成権限のある者が新たに虚偽の有価証券を作成する場合であるとを問わない。なお，この見解を採れば，偽造有価証券に虚偽の記入をする行為は本罪を構成しないで，有価証券偽造の問題となる。偽造有価証券につき有価証券としての効力を生ずる事項を記載する権限を有する者は，存在しえないからである。

26　大判大12・12・10刑集2・942，最決昭32・1・17刑集11・1・23。木村・274頁，ポケット390
　　頁，西原・299頁，藤木・159頁，内田・556頁。
27　団藤・263頁。
28　大塚・431頁。

第3節　有価証券偽造の罪　*503*

3　目的・罪数

本罪も行使の目的を必要とする**目的犯**である。目的の内容は，有価証券偽造罪の場合と同様である。行使の目的で他人名義の約束手形を「偽造」し，そのうえで裏書人欄に他人名義を冒用して「虚偽記入」したときは，包括的に観察し，有価証券偽造罪一罪を構成する[29]。作成権者を欺いて真実に反する内容の有価証券を作成させる行為は，虚偽記入罪の**間接正犯**である[30]。

4　偽造有価証券行使等罪

偽造若しくは変造の有価証券又は虚偽の記入がある有価証券を行使し，又は行使の目的で人に交付し，若しくは輸入した者は，3月以上10年以下の懲役に処する（163条1項）。未遂は，罰する（同条2項）。

1　客　体

本罪の客体は，偽造・変造の有価証券または虚偽記入をした有価証券であり，その意義については前述した。なお，偽造・変造または虚偽記入の有価証券は，行為者自身が偽造・変造または虚偽記入したものであるかどうかを問わない。また，行使の目的で偽造・変造または虚偽記入されたものかどうかも問わない。

2　行　為

本罪の行為は，行使すること，または行使の目的でこれを人に交付し，輸入することである。「**行使**」とは，偽造有価証券を真正なものとして，また，虚偽記入の有価証券を真実を記載したもののごとく装って使用することをいい[31]，通貨偽造の罪におけるように流通に置く必要はない。情を知らない者に対しその親族に呈示させるため偽造手形を交付するのも行使であるし，割引依頼のため他人の閲覧に供するのも行使である[32]。偽造手形を善意で取得した者が，その後偽造であることを知ったうえ，その弁済の請求をするため真実の裏書人または引受人等に対してこれを呈示する行為は，本罪の構成要件には該当するけれども，弁済を求めるのは権利の行使であるから，その限

---

[29] 最決昭38・5・30刑集17・4・492。
[30] 大判大8・2・12刑録25・100。
[31] 大判明44・3・31刑録17・482。
[32] 大判昭13・12・6刑集17・907。

504 第2編 社会法益に対する罪 第3章 公衆の信用に対する罪

度で違法性を阻却するものと解する[33]。行使は，これを一般人の**認識しうる状態**に置くことによって既遂に達し，現実に他人が認識したことを要しない。

「**交付**」とは，情を知らない他人に偽造・変造または虚偽記入の有価証券であることの情を告げて，または情を知っている他人にその占有を移転することをいう。有償・無償を問わない。偽造罪等の共犯者間に授受があっても交付ではない[34]。ただし，行使を共謀した者の間において行使するためその物を授受する場合は，交付に当たると解すべきである。「輸入」については通貨偽造の罪の項を参照されたい（→441頁）。

3 目 的

本罪のうち交付・輸入は，行使の目的をもって行われることを要する。「行使の目的」とは，偽造・変造または虚偽記入の有価証券を，真正なまたは内容の真実な有価証券として使用する目的をいう。交付の場合は，被交付者または第三者に行使させる目的をいう。現実に被交付者が行使したかどうかは，本罪の成否に関係がない。

4 罪 数

有価証券偽造罪を犯した者が本罪を犯した場合，それぞれ別個独立の犯罪を構成し，牽連犯となる[35]。本罪と詐欺罪とも牽連犯である。なお，本条の罪は有価証券ごとに成立するから，数通の有価証券を一括して行使または交付した場合には観念的競合となる[36]。輸入して行使すれば牽連犯である。

第4節 支払用カード電磁的記録に関する罪

1 総 説

1 意 義

クレジットカード，プリペイドカードなど電磁的記録を構成要素とする支払用カードは，国民の間で急速に普及し，現代においては，現金代用の支払

---

[33] 大判大3・11・28刑録20・2277参照。
[34] 大判昭6・3・16評論20刑訴106。
[35] 大判明43・11・15刑録16・1941。
[36] 大判昭7・6・30刑集11・911。

い手段として，通貨および有価証券に準ずる社会的機能を有するに至っている。一方，近年，カードが使用される際に，電子機器を用いてカードの電磁的記録の情報を窃かに取得し（スキミング），その複製品を大量に作成して商品を購入するなどの行為が国際的規模で行われつつあり，これら支払用カード偽造等の不正行為の急増は，支払用カードシステムに対する社会的信用を揺るがしかねない深刻な社会問題となってきた。

しかしながら，電磁的記録による情報自体の取得はこれまで不可罰であったため，偽変造カードを所持している場合やカード情報のみを盗んだ場合などはいずれも不可罰となり，支払用カードの真正に対する公共の信用を確保することが困難であるとする指摘がなされてきた。また，クレジットカードは私文書または電磁的記録として扱われるのに対し，プリペイドカードは有価証券として扱われるなど，支払用カードとしての社会的機能は共通しているのに，その偽造等に関する処罰が不統一となっているといった不合理も問題とされてきた。

このような事情を背景として，支払用カードの真正を担保し，その社会的システムに対する公共の信用を確保するという観点から，平成13年に刑法が改正された（平成13年法律97号）。すなわち，新たに「刑法」に第18章の2「支払用カード電磁的記録に関する罪」が追加され，①支払用カード電磁的記録不正作出等罪（163条の2），②不正電磁的記録カード所持罪（163条の3），③支払用カード電磁的記録不正作出準備罪（163条の4）が新設されたのである。

2　保護法益

本罪の保護法益は，支払用カードを用いて行う支払いシステムに対する公衆の信用である。ここで「**支払用カード**」とは，商品の購入，役務の提供等の対価を現金で支払うことに代えて，支払いシステムに用いるカードをいう。支払用カードとしては，現在，クレジットカード（現金後払い），デビットカード（預貯金の即時振り替え），プリペイドカード（現金先払い）などがある。それゆえ，支払機能を有しないポイントカード，ローンカードなどは含まれない。

問題となるのは，キャッシュカードである。キャッシュカードの大半は，現在，預貯金の即時振替機能すなわちデビット機能を有しているが，そのような機能を有しない預貯金の払戻し機能を有するにすぎない純粋のキャッ

506　第2編　社会法益に対する罪　第3章　公衆の信用に対する罪

シュカードは，支払用電磁的記録を有しないから，本罪の客体にはならないと解するのが本筋である。しかし，デビット機能はキャッシュカードそれ自体のものではなく，後から付加されたものであるから，デビット機能を有するカードと有しないカードとは電磁的記録の上では全く識別できない。したがって，もし，純粋のキャッシュカードを含まないとすると，デビット機能を有するカードを純粋のキャッシュカードと認識してスキミング等の行為をしたときは故意が欠けることになり，結局，デビット機能を有する支払用カードの真正を保護できないことになる。純粋のキャッシュカードも本罪の客体とせざるをえないのである。このような背景から，163条の2第1項後段（「預貯金の引出用カード」）が規定されたのである。

2　支払用カード電磁的記録不正作出等罪

　　人の財産上の事務処理を誤らせる目的で，その事務処理の用に供する電磁的記録であって，クレジットカードその他の代金又は料金の支払用のカードを構成するものを不正に作った者は，10年以下の懲役又は100万円以下の罰金に処する。預貯金の引出用のカードを構成する電磁的記録を不正に作った者も，同様とする（163条の2第1項）。不正に作られた前項の電磁的記録を，同項の目的で，人の財産上の事務処理の用に供した者も，同項と同様とする（同条2項）。不正に作られた第1項の電磁的記録をその構成部分とするカードを，同項の目的で，譲り渡し，貸し渡し，又は輸入した者も，同項と同様とする（同条3項）。未遂は，罰する（163条の5）。

1　支払用カード電磁的記録不正作出罪（163条の2第1項）

⑴　**意　義**　　本罪は，財産上の事務処理の用に供する電磁的記録のうち，特にクレジットカード等の代金または料金の支払用カードの構成要素となっているものを不正に作る行為を犯罪とするものであり，電磁的記録不正作出罪（161条の2第1項）の「支払用カードを構成する電磁的記録」に係る特則である。したがって，本罪が成立するときは，電磁的記録不正作出罪は成立しない。なお，法定刑は，支払用電磁的記録カードが通貨に次ぐ小切手等の有価証券に相当する社会的機能を有することを根拠として，その長期は有価証券偽造の罪と同じ10年とされたが，少額の軽微な事案も含まれることが予想されるところから，選択刑として罰金刑が設けられたものである。

⑵　**客　体**　　本罪の客体は，財産上の事務処理の用に供する電磁的記録

であって，支払用カードを構成する電磁的記録および預貯金引出用のカードを構成する電磁的記録である。「**支払用カードを構成する電磁的記録**」とは，支払いシステムにおける事務処理に用いるための情報が，所定のカードに電磁的方式で記録されているものをいう。具体的には，クレジットカード，デビットカード，プリペイドカードなどの構成要素となっている電磁的記録である。それゆえ，戸籍等の身分上の事務処理の用に供するものは含まない。客体は電磁的記録であるから，正規の支払用カードとしての外観を有している必要はなく，いわゆるホワイトカードのような明らかに正規のものとは異なった外観のものであっても，**機械的処理が可能な状態**になっていれば本罪の客体となる。

「預貯金の引出用カード」とは，郵便局，銀行等の金融機関が発行する預金または貯金に係るキャッシュカードのことである。既述のように，預貯金の引出用カードについては，その大半が即時振替決裁機能を有するデビットカードとして支払決済機能を有していることを考慮して，特に支払用カードと同じ取扱いをするものとされたのである。したがって，預貯金以外の金銭取引に係るローンカード等の類は，これに含まれない。

(3) **行 為**　本罪の行為は，不正に支払用カードを構成する電磁的記録を作ることである。「**不正に作る**」とは，権限なくして，支払用カードすなわち正規のカードとして情報処理が可能な状態を作り出すことをいう。例えば，窃かに取得したカード情報をカード板に印磁する場合がこれに当たる。電磁的記録がカード板と一体化した状態になった時点で既遂となる。電磁的記録とカード板を一体化すれば足りるから，その板に何も記載しなくても作出に当たる。

(4) **主観的要件**　本罪は目的犯であって，故意のほかに「人の財産上の事務処理を誤らせる目的」が必要となる。ここにいう「**目的**」は，不正に作られた電磁的記録を用いて他人の財産上の処理を誤らせる目的のことである。例えば，現金を払い戻す目的で支払用カードを不正に作った場合など，支払決済以外の財産的事務処理を目的とするときも，本罪の目的に当たる。しかし，身分証明書代わりに用いる目的の場合は，これに含まれない。

(5) **未遂罪・他罪との関連**　本罪の既遂時期は，電磁的記録がカードと一

体化し，機械的な事務処理に供することが可能になった時である。例えば，窃かに取得したカード情報を生カードに印磁したが，事務処理が可能な状態に達しなかったときは未遂である（163条の5）。ただし，支払用カードを作る目的で情報を取得ないし保管する場合，あるいは生カードを所持するにすぎないときは未遂でなく，後述の不正電磁的記録カード所持罪（163条の3）または支払用カード電磁的記録不正作出準備罪（163条の4）に当たる。

　本罪は，電磁的記録と生カードとを一体化して支払用カードを不正に作出する行為を犯罪とするものであるから，電磁的記録の不正作出のみを処罰する公電磁的記録・私電磁的記録不正作出罪を一般法とする特別罪に当たる。したがって，両者の関係は法条競合の特別関係に立つ。観念的競合であるという考え方もありうるが，本罪は，電磁的記録不正作出罪を一般法とする特別法として新たに設けられたものであるから，法条競合の特別関係とするのが妥当である。なお，テレホンカード等のプリペイドカードを偽造・変造する行為は，有価証券偽造の罪に当たるとするのが判例の立場であるが[1]，カードの電磁的記録につき本罪が成立した以上は，本罪のみが成立すると解すべきである[2]。判例は，既に述べたように，「テレホンカードの磁気情報部分並びにその券面上の記載及び外観を一体としてみれば，電話の役務の提供を受ける権利がその証券上に表示されていると認められ，かつ，これをカード式公衆電話に挿入することにより使用するものであるから，テレホンカードは有価証券に当たる[3]」とし，電磁的記録とカードの外観部分を併せて一体として観察して有価証券性の有無を判断しているのである。そうすると，テレホンカードも支払用カード電磁的記録であるから，その改変は本罪が適用されるべきところ，判例では，有価証券偽造罪が優先的に適用されることになるであろう。しかし，この判例は，今回の刑法改正によって修正されたと考えられる。

　2001（平成13）年度の刑法改正においては，プリペイドカードなどの支払用カードは公衆電話等の機械に対して使用されるものであり，そこで重要な要

1　最決平3・4・5刑集45・4・171。
2　井上宏「『刑法の一部を改正する法律』の概要」現代刑事法30号66頁参照。
3　前掲最決平3・4・5。

素は電磁的記録であるところ，この改ざん・不正作出については163条の2以下で規制するものとされたのである。同時に，その被害が比較的低額である場合があることを考慮して，法定刑に罰金を規定しているところから，テレホンカード等の支払用カード電磁的記録不正作出・供用については，今後は，163条の2が適用されることになる。その意味で，この種のカードについての判例のいわゆる一体性説による判断枠組みは変更されたのであり，同時に，テレホンカードに関する一連の問題点は，先の刑法改正によって一挙に解決された。

2　不正電磁的記録カード供用罪（163条の2第2項）

(1)　意　義　本罪は，不正に作出された支払用カードを人の財産上の事務処理の用に供した者は，そのカードを不正に作った場合と同一の刑に処し，併せて未遂を罰するとしたものである。

(2)　客　体　本罪の客体は，不正に作出された支払用カード電磁的記録である。供用の行為者みずからが作出したものであることを要しない。人の財産上の事務処理を誤らせる目的で作出されたものであるかも問わない。

(3)　行　為　本罪の行為は，不正に作出された支払用カード電磁的記録を人の財産上の事務処理の用に供することである。「**用に供する**」は「行使」に相当する用語であるが，行使は一般に人を対象として用いる場合を指すので，電子計算機で機械的に処理されるものであることを明らかにするために，「用に供する」すなわち「供用」とされたものである。**供用**とは，不正に作出された支払用カード電磁的記録を，他人の事務処理のために用いることである。例えば，キャッシュカードをCD機に対して使用した場合である。

(4)　主観的要件　「**人の財産上の事務処理を誤らせる目的**」を必要とする。不正に作出されたものであることの認識があっても，このような目的がなければ，処罰に値するほどの違法性がないとする趣旨である。

(5)　未遂罪・他罪との関係　本罪については，未遂も罰せられる。不正電磁的記録カードが人の事務処理において用いられる状態に置かれれば，人の識別を経ずに機械的に処理されることになるため，実害発生の危険性が大きいという理由に基づく。本罪は，作出罪（163条の2第1項）と同じように，161条の2第3項の不正作出電磁的記録供用罪の特別規定であるから，本罪が成

立するときは不正作出電磁的記録供用罪は成立しない。

3　不正電磁的記録カード譲り渡し，貸し渡し，輸入罪 (163条の2第3項)

本罪は，不正に作られた電磁的記録を構成部分とする支払用カードを，人の財産上の事務処理を誤らせる目的で，①譲り渡し，②貸し渡し，③輸入する行為を処罰するものである。これらの罪も**目的犯**である。

(1)　譲り渡し罪　「**譲り渡し**」とは，相手方に処分権を与える趣旨で物を引き渡す行為をいう。偽造通貨行使罪等にいう「交付」に当たるものであるが，本罪においては，金券ショップに売却するなど，不正電磁的記録カードであることの情を明かさずに引き渡す場合も処罰する必要があるところから，敢えて「譲り渡し」としたものである。これによって，改ざんテレホンカードの売却は偽造有価証券の交付に当たるかという問題は立法的に解決された（➡493頁）。したがって，相手方が情を知っている場合と知らない場合の両者を含む。有償であるか無償であるかを問わない。

情を知って譲り受けた相手方は**必要的共犯関係**に立つが，行為の違法性が微弱であるという理由から，相手方は不可罰とされている。ただし，その行為が後述の所持罪を構成するときは，その限りでない。

(2)　貸し渡し罪　「**貸し渡し**」とは，相手方に貸与する趣旨で物を引き渡す行為をいう。本罪も必要的共犯関係に立つが，情を知って譲り受けた場合は，譲り渡し罪におけると同じ問題が生ずる。

(3)　輸入罪　「**輸入**」とは，不正電磁的記録カードを国外から国内に搬入する行為をいう。陸揚げまたは荷下ろしが必要である。

③　不正電磁的記録カード所持罪

163条の2第1項の目的で，同条第3項のカードを所持した者は，5年以下の懲役又は50万円以下の罰金に処する（163条の3）。

1　意　義

有価証券偽造の罪や文書偽造の罪では，所持を処罰しない。しかし，不正電磁的記録カードは，クレジットカードを例にとっても分かるように，偽造通貨ないし文書と異なり，許される範囲で反復的な使用が可能であり，所持による法益侵害の可能性が特に大きい。また，不正電磁的記録は，電磁的記

録として真正なものと全く異ならないため，情報処理の段階で発見することはきわめて困難であることから，この種のカード使用による行為を未然に防止するとともに犯罪取締りの効果を図るため，その所持自体を処罰するものとされたのである。ただし，所持は供用罪の予備罪的な性質を有するので，その法定刑の上限は供用罪の2分の1とされた。

2　行　為

本罪の行為は，人の財産上の事務処理を誤らせる目的で所持することである。「所持」とは，一般の用語例では「持っていること」，「携帯」を言うが，本罪が供用の予備的性質を有することに鑑み，ここでは不正電磁的記録カードを事実上支配している状態をいうと解すべきである。それゆえ，自宅に保管しているのも所持に当たる。みずから不正作出したものであると，譲り渡し，貸し渡しを受けて所持するに至ったものでもよく，その原因のいかんを問わない。また，直ちに使用できない状態にあった不正電磁的記録カードについても所持罪は成立しうる[4]。本罪は目的犯であり，「人の財産上の処理を誤らせる目的」がなければならない。ただし，自ら使用する目的に限らない。

④　支払用カード電磁的記録不正作出準備罪

163条の2第1項の犯罪行為の用に供する目的で，同項の電磁的記録の情報を取得した者は，3年以下の懲役又は50万円以下の罰金に処する。情を知って，その情報を提供した者も，同様とする（163条の4第1項）。未遂は，罰する（163条の5）。不正に取得された第163条の2第1項の電磁的記録の情報を，前項の目的で保管した者も，同項と同様とする（同条2項）。第1項の目的で，器械又は原料を準備した者も，同項と同様とする（同条3項）。

1　意　義

他人のクレジットカード等の支払用カードから磁気ストライプ部分の電磁的記録をコピーしてカード情報を盗み（スキミング），その情報を基にしてカードを作成する事例があり，不正作出に至る予備的行為のうち，同罪の遂行にとって不可欠であり処罰の必要性の高い行為として，①カード情報を取得ないし提供する行為，②カード情報を保管する行為，③器械又は原料を準備す

4　広島高判平18・10・31高刑速報（平18）279。

512 第2編 社会法益に対する罪 第3章 公衆の信用に対する罪

る行為を犯罪化するものである。本罪も**目的犯**である。

(1) **客体** 「電磁的記録の情報」である。「**情報**」は，支払用カードによって行われる支払い決済システムによる情報処理の対象となる一連の情報を意味し，会員番号・氏名等の断片的情報をいうのではない。

(2) **行為** 情報の取得，提供，保管および準備である。

(ア) 電磁的記録情報取得・提供罪 **電磁的記録情報取得罪**は，支払用カードを構成する電磁的記録の情報を不正に取得する罪である。電磁的記録自体を取得する行為であり，正規のカードの券面から，スキマーと称する電子機器を用いて，電磁的記録としてのカード情報を複写し，スキマーにその情報を蓄積させて取得する方法が典型である。この取得方法が，**スキミング**と呼ばれているものである。なお，支払用カード自体を窃かに取得すれば，もちろん窃盗となる。**電磁的記録情報提供罪**は，「情を知って」すなわち不正作出罪の用に供されることを知って，支払用カードを構成する電磁的記録情報を不正に相手方に提供する罪である。カードを構成する電磁的記録情報を相手方が利用できる状態に置く行為がこれに当たる。

(イ) 電磁的記録情報保管罪 情報保管とは，委託を受けて不正に取得されたカード情報を保管する行為をいう。「**保管**」とは，情報を自己の管理・支配下に置くことである。例えば，パソコンのハードディスクに保存するなど情報機器の記録媒体に保存する行為がこれに当たる。有償か無償かを問わない。

(ウ) 電磁的記録情報機器等準備罪 不正支払用カードを作出するためには，カード情報を取得した上で，カードの原板に印磁する必要がある。そこでは，当然のことながら，スキマー，カード情報を印字する機器，カードの原材料などが不可欠となる。そこで，カード情報を取得する目的で，器械または原料を準備した者を処罰することにしたのである。「**準備**」とは，器械または原料を用意して，不正支払用カードの作出を容易にする行為をいう。

5 罪数関係

1 適用

本章の罪は，支払用カード電磁的記録不正作出準備罪，支払用カード電磁

的記録不正作出罪，支払用電磁的記録カード所持罪，不正電磁的記録カード供用罪という流れで実行されるのが一般であろう。その罪数関係について整理すると，第1に，163条の4の罪である支払用カード電磁的記録不正作出準備罪に含まれる情報の不正取得，保管および提供の各罪は，それぞれ支払用カード電磁的記録不正作出を目的とする準備行為として手段と結果の関係にあるから，それぞれ牽連犯となるであろう。第2に，不正作出準備罪から不正作出に至った場合は，準備罪は共罰的事前行為として不正作出罪に吸収されて，同罪のみが成立することになる（163条の2）。第3に，不正作出罪，所持罪，供用罪はそれぞれ牽連関係になるであろう。供用罪とその結果としての詐欺罪も牽連関係に立つ。

2　具体例

　例えば，5枚の支払用カードを不正作出し，それらのカードを所持して五つの商店から商品を詐取した場合，それぞれ五つの不正作出罪，所持罪，供用罪，詐欺罪が成立するが，不正作出，所持，供用罪，詐欺罪は牽連犯となるから，一個の所持がかすがいとしての役割を果たし（かすがい現象），所持罪と五つの供用罪および詐欺罪は牽連犯となり，科刑上一罪として処理される。これに対し，別々に一個ずつ所持して商品を詐取した場合は，各犯罪について牽連犯となり，五つの科刑上一罪が併合罪となる。カード情報の取得，提供，保管は，いずれも支払用カード電磁的記録の不正作出を目的とする準備行為であるから，取得と保管，取得と提供，保管と提供は，それぞれ牽連犯になると解すべきである[5]。

第5節　印章偽造の罪

1　総　説

1　意　義

　印章偽造の罪は，①行使の目的をもって印章・署名を偽造し，または，②印章・署名を不正に使用し，もしくは，③偽造した印章・署名を使用するこ

5　川端博「刑法の一部を改正する法律」法教253号97頁参照。

514 第2編 社会法益に対する罪 第3章 公衆の信用に対する罪

とを内容とする犯罪である。その**保護法益**は印章・署名の真正に対する公衆の信用であり，本罪はそれを抽象的に危険にすることによって成立する**抽象的危険犯**である。したがって，公衆の信用を害する危険が生ずれば既遂となり，他人に実害を生じさせたかどうかを問わない[1]。刑法は，①御璽偽造罪（164条1項），②御璽不正使用等罪（同条2項），③公印偽造罪（165条1項），④公印不正使用等罪（同条2項），⑤公記号偽造罪（166条1項），⑥公記号不正使用等罪（同条2項），⑦私印偽造罪（167条1項），⑧私印等不正使用等罪（同条2項），⑨各不正使用等罪の未遂罪（168条）を定めている。

2 印章・署名の真正の保護

特定人の人格を示しその同一性を証明する手段として，欧米では広く署名（サイン）が用いられるから，署名の偽造・変造が処罰されるのであるが，わが国ではむしろ印章の方により強い同一性の証明力が認められているといってよいであろう。わが国においては，一定の文書または物に印章または署名を使用することによって，その文書または物と特定人との間に一定の関係があることを証明することができるため，その真正を害すれば，印章・署名の真正に対する公衆の信用が害され，法律上の取引の安全に害を及ぼすこととなり，これが印章偽造の罪の処罰の根拠となっている。

印章・署名は，文書・有価証券の作成に際して用いられるのが一般であり，その偽造も文書・有価証券の偽造手段として行われる場合が多い。この場合，文書・有価証券偽造が既遂になれば印章・署名の偽造は文書・有価証券偽造罪に吸収されて，独立に犯罪を構成することはない。したがって，文書・有価証券偽造が未遂に終ったときに印章偽造罪が成立するという関係になるのである。印章偽造罪は，文書・有価証券偽造罪の**未遂的形態**であるといわれるゆえんである[2]。他方，印章・署名が文書・有価証券とは独立に，それ自体として文書の役割を果し，例えば，花押のように単に印章・署名だけで一定の事実の証明や認証を示すものとして使用される場合もある。

---

1 大判明45・3・11刑録18・331。
2 団藤・301頁。

第5節 印章偽造の罪 *515*

2 印章・署名

1 印 章

印章とは，人の同一性を証明するために使用される象形（文字または符号）をいう。一般に氏名が象形として用いられるが，必ずしも氏名に限らず，図形を現す拇印や花押などでもよい。人の同一性を証明するものであれば足りるから，有合せ印（三文判など）を用いた場合であってもよい。

(1) 印章と印顆 印章の意義をめぐっては，印鑑を押捺した場合の印影に限るとする説（通説）と印顆と印影の両者を含むとする判例の見解[3]とが対立している。**印影**とは，人の同一性を証明するために，物体（文書・有価証券など）上に顕出された文字その他の符号の影蹟（押印）をいう。**印顆**とは，印影を作成する手段としての文字その他の符号を刻した物体（判子・印形）をいう。それゆえ，判例の見解に従うと，行使の目的で他人の印顆に類似したものを作れば直ちに本罪が成立することとなる。印顆はわが国の社会生活において極めて重要な位置を占めるという理由からである[4]。

しかし，第1に，そもそも人の同一性を証明するために用いられるのは印影であるから，その手段にすぎない印顆の公共信用性までも保護する必要はない。第2に，刑法が印章の偽造と署名の偽造とを同じ証明力を有するものとして規定していることに照らし，署名に類するものは印顆でなくて印影であるから，この点からみても**印章を印影に限る**とする見解のほうが正しい。第3に，後述するように，印章不正使用罪および偽造印章使用罪における「使用」の意味を印影の使用と解する以上は，これとの均衡上も印影に限るとする見解に従うべきである。

(2) 省略文書 印章と似て非なるものに省略文書がある。**省略文書**とは，一定の意思・観念を簡略化して表示する文書をいい，例えば，銀行の出金票や捺印のない連帯保証書などがこれに当たる。問題となるのは，極端な省略文書である物品税表示証紙や**日付印**ことに郵便局の日付印である。学説は，ⓐこれを郵便局の印章とする立場（**印章説**）[5]，ⓑ郵便局の署名のある私文書と

---

3 大判明43・11・21刑録16・2093。木村・278頁，植松・184頁，香川・305頁，藤木・160頁。
4 植松・184頁，山中・668頁，ポケット396頁。

する立場（**省略文書説**）[6]とに分かれている。印章と文書を区別する基準は，名義人の一定の意思・観念を表示するものであるか，人の同一性を表示するものであるかの点にあるから，日付印が使用される場合によって区別すべきであり，例えば，金員領収の趣旨を示すために用いられる場合は，一定の意思を表示するものであるから文書であるのに対し，単に，郵便物が郵便局を経由したことを示すにすぎないときは印章とすべきである[7]。

(3) **印章の範囲**　印章偽造の罪の客体としての印章は，その偽造または不正使用などによって，印章等に対する公衆の信用が害されるおそれのあるものに限られ，法律的な取引において意味をもつものでなければならない[8]。ただし，必ずしも権利・義務に関するものであることは必要でなく[9]，書画の落款に使用される**雅号印**も印章となる。人の同一性を示すためのものでない名所・旧蹟などの記念スタンプは，印章ではない。印章は，公印と私印とに区別される。**公印**とは，公務所・公務員の印章をいう（165条）。**私印**とは私人の印章を指す（167条）。御璽，国璽も公印の一種である。なお，公務所の印章については，狭義の印章と記号とに区別され，後者の偽造・不正使用などは軽く処罰される（166条）。記号は，公務所・公務員の記号すなわち公記号と私人の記号すなわち私記号とに分かれるが，私記号については処罰規定がない（➡508頁）。

2　署　名

　署名とは，その主体たる者が自己の表彰する文字によって氏名その他の呼称を表記したものをいう[10]。氏または名のみの記載，片仮名，商号，略号，屋号，雅号などの記載も署名である。例えば「豊田村教務員」とだけ記載しても，一定の公務員を指称したことが明らかであれば署名である[11]。

　署名については，ⓐその主体がみずから書く自署である必要はなく，代筆・

5　小野・122頁，江家・167頁，団藤・303頁，福田・118頁，大塚・495頁。大判明42・6・24刑録15・848，大判大11・3・15刑集1・147。

6　柏木・242頁，藤木・136頁，前田・552頁。大判明43・5・13刑録16・860，大判昭3・10・9刑集7・683。

7　牧野・255頁，平野・264頁，中山・455頁，西田・385頁。

8　団藤・303頁。

9　大判大3・6・3刑録20・1108。

10　大判大5・12・11刑録22・1856。

11　大判明44・11・16刑録17・1989，京都地判昭56・5・22判タ447・1。

印刷等による**記名**でもよいとする通説・判例[12]，ⓑその主体がみずから書く自署に限るとする説[13]が対立している。記名は捺印を伴うときに初めて取引上自署と同視されることにかんがみ，自署に限るべきである。また，わが国の法律においても，例えば，手形の振出等における署名あるいは令状・判決録における署名は自署をいうとされているので，これとの比較からも記名は署名に含まれないと解すべきであり，記名押印の偽造は，印章だけの偽造として処罰すれば足りる[14]。

法人が主体であるときは，代表者または代理人の自署によるべきである。署名についても極端な省略文書との区別が問題となるが，例えば，自筆の「書」の署名欄に氏名を自署し，その下に「書」などの文字を付け加える場合，それが独自の意味をもつのでなければ署名の一部と解すべきである。署名も**公署名**と**私署名**とに分かれる。前者は公務員の行う署名であり（165条），後者は私人の行う署名である（167条）。

3 御璽偽造罪・御璽不正使用等罪

行使の目的で，御璽，国璽又は御名を偽造した者は，2年以上の有期懲役に処する（164条1項）。御璽，国璽若しくは御名を不正に使用し，又は偽造した御璽，国璽若しくは御名を使用した者も，前項と同様とする（同条2項）。2項の罪の未遂は，罰する（168条）。

本罪は，公印偽造罪（165条1項）および公印不正使用等罪（同条2項）の加重類型である。加重の趣旨は，詔書偽造等罪（154条）と同様である。御璽，国璽および御名については，詔書偽造等罪の説明を参照されたい（➡463頁）。また，偽造および不正使用については，公印偽造罪，公印等不正使用罪についての説明（➡518頁）を参照されたい。

---

12 大判明45・5・30刑録18・790。
13 牧野・191頁，小野・121頁，江家・165頁，団藤・302頁，大塚・496頁，中山・455頁，岡野・295頁。
14 団藤・302頁。

518　第2編　社会法益に対する罪　第3章　公衆の信用に対する罪

4 公印偽造罪

> 行使の目的で，公務所又は公務員の印章又は署名を偽造した者は，3月以上5年以下の懲役に処する（165条1項）。

1 客　体

公務所または公務員の印章または署名である。「**公務所又は公務員の印章**」とは，公務上使用される印章をいい，職印，私印，認印のいずれでもよい[15]。「**署名**」とは，公務員が公務員としての身分を示して行った自署であると解すべきである。したがって，公務所の署名はありえないこととなる[16]。

2 行　為

印章・署名を行使の目的をもって偽造することである（**目的犯**）。行為者自身が行使する目的に限らず，他人に行使させる目的でもよい。印章・署名の偽造とは，権限なしに書類等の物の上に不真正な印影を表示し，あるいは署名を作出することをいう。その方法のいかんを問わない。ただし，一般人が実在者の印章・署名と誤信する程度の形式・外観を備えている必要がある。上の程度の形式・外観を備えている以上は，架空の公務所・公務員の印章・署名を用いた場合でも本罪を構成する。印影の表示は，そのために印顆を製作して行うか，有合せ印を使用するかは本罪の成立に影響がない。ただし，印章には印顆が含まれるとする判例の見解によれば，本罪は印顆の作成によって既遂となるのに対し[17]，通説のように印影に限るとすれば，印影を書類等に顕出した時に**既遂**となる。

5 公印不正使用等罪

> 公務所若しくは公務員の印章若しくは署名を不正に使用し，又は偽造した公務所若しくは公務員の印章若しくは署名を使用した者も，前項（165条1項）と同様とする（165条2項）。未遂は，罰する（168条）。

15　大判明44・3・21刑録17・427。
16　反対，木村・380頁。大判昭9・12・24刑集13・1817〔公務所の署名〕。
17　大判明43・11・21刑録16・2093。

第5節　印章偽造の罪　　*519*

1　客　体

本罪の客体は，公務所・公務員の真正な印章・署名，および偽造した公務所・公務員の印章・署名である。偽造の場合は，犯人自身が行ったものであるか否かを問わず，また，行使の目的で偽造されたものであることも問わない[18]。

2　行為・故意

本罪の行為は，真正な印章・署名については不正使用すること，偽造の印章・署名については使用することである。**不正使用**とは，真正な印章・署名を**権限なしに**その用法に従って他人に対し使用することをいう。権限のある者が権限を越えて使用したときも不正使用に当たる[19]。不正使用にいう「**使用**」は，印影・署名を文書等の物体に顕出するだけでは完成せず，他人が閲覧できる状態に達しなければならない[20]。ただし，他人が現に閲覧したことは本罪の成立と関係がなく，また，他人が財産上の損害を受けたことも必要でない。偽造した印章・署名の「**使用**」とは，偽造の印章・署名を，その用法に従い真正なものとして他人に使用することであり，他の点は不正使用の場合と同様である。

本罪の**故意**は，権限なくして印章・署名を使用し，または偽造の印章・署名を使用することの認識を必要とする。

3　他罪との関連

第1に，印章・署名の偽造および不正使用が，文書偽造または有価証券偽造の手段として行われたときは，それらの行為は文書偽造罪，有価証券偽造罪に包括され別罪を構成しないとするのが判例である[21]。第2に，両罪が未遂に終わったときは，印章偽造罪が成立するであろう[22]。第3に，印章・署名を偽造し，これを使用したときは，印章偽造罪と公印等不正使用罪とは牽連犯となる[23]。

---

[18]　大判大 5・12・11 刑録 22・1856 参照。
[19]　大判大 5・7・3 刑録 22・1221。
[20]　大判大 7・2・26 刑録 24・121。
[21]　大判明 42・6・24 刑録 15・841。
[22]　大塚・500 頁。
[23]　大判昭 8・8・23 刑集 12・1434。

520　第2編　社会法益に対する罪　第3章　公衆の信用に対する罪

6　公記号偽造罪

行使の目的で，公務所の記号を偽造した者は，3年以下の懲役に処する（166条1項）。

1　意　義

本罪は，公記号に対する公衆の信用を**保護法益**とするものである。記号は，印章または署名と比較し公的信用力が劣るところから，それらの偽造・不正使用罪よりも本罪のほうが法定刑が軽いのである。また，私記号の偽造・不正使用は処罰されないため，記号と印章との区別が重要となる。

2　客　体

「**公務所の記号**」である。記号の意義をめぐっては，ⓐ押捺される客体が文書以外の物体である場合（産物・商品・書籍・什物など）の影蹟をいうとする**押捺物体標準説**（使用目的標準説）[24]，ⓑ人の同一性以外の事項を表示する影蹟をいうとする**表示内容標準説**（証明目的標準説〔通説〕）とが対立している。ⓐ説では，文書に押捺されたものが印章であり，ⓑ説では人の同一性を表示するものが印章ということになる。判例は，ⓐ説を採るもの[25]，ⓑ説を採るもの[26]とに分かれている。

思うに，印章は人の同一性を表示する点に本質があるから，押捺される客体のいかんによって記号か印章かを区別する説は妥当でない。**記号と印章とを区別**する意味は，両者の間に偽造等の罪に対する法定刑の軽重がある点にあり，その差が設けられている理由は，社会生活における両者の公共信用性の大小に由来する。そして，その公共信用性の大小は，主体の同一性を表示するものか否かにかかっているから，記号は，一定の事実を記録するなど人の同一性を表示する場合以外に用いられる影蹟，例えば極印，検印，訂正印などを指すと解すべきである。この意味では，印影であっても，例えば，文書の訂正印のように訂正したということを示すための符号として用いられるときは記号というべきである[27]。なお，記号は影蹟を顕出させる物体（印顆に相当するもの）をも含むとするのが判例であるが[28]，記号は影蹟のみを指すも

24　ポケット400頁，藤木・161頁。
25　大判大3・11・4刑録20・2008，最判昭30・1・11刑集9・1・25。
26　大判大11・3・15刑集1・147。
27　江家・168頁。

第5節　印章偽造の罪　*521*

のと解すべきである[29]。

3　行　為

行使の目的で偽造することである（**目的犯**）。偽造とは，権限なくして公務所の記号を物体上に顕出させることをいい，その方法のいかんを問わない。偽造の程度，既遂の時期などについては，他の偽造罪の場合と同様である。

7　公記号不正使用等罪

公務所の記号を不正に使用し，又は偽造した公務所の記号を使用した者は，3年以下の懲役に処する（166条2項）。未遂は，罰する（168条）。

公務所の記号を不正に使用するとは，権限なくして真正の記号を物体に表示し，他人が閲覧できる状態に置く行為，および真正の記号が表示されている物体を権限なくして利用または処分する行為をいう。例えば，検印のある空き袋に未検査物を詰め，真正の検印ある内容物として引渡した場合がこれに当たる[30]。偽造の記号を使用するとは，偽記号を正当に押捺されたものとして他人が閲覧しうる状態に置くことをいう。

8　私印偽造罪

行使の目的で，他人の印章又は署名を偽造した者は，3年以下の懲役に処する（167条1項）。

本罪は165条の定める公印偽造罪に対応する罪であって，客体が私人の印章・署名である点に違いがあるだけである。したがって，本罪も**目的犯**である。「**他人**」とは，公務所・公務員以外の私人をいう。本罪は，自然人，法人，法人格のない団体の印章・署名を偽造することを内容とするが，詳細は165条の解説にゆずる（➡518頁）。

本罪に固有の問題として，本罪の印章中に私人の記号が含まれるかが争われており，判例は記号もまた印章に含まれるとする[31]。しかし，私記号はその公信力が弱いため，あえて刑法の保護を必要としないとする趣旨で私記号に

28　大判明45・4・22刑録18・491。
29　福田・注釈(4)232頁。
30　大判大11・4・1刑集1・194。
31　大判大3・11・4刑録20・2008〔樹木に押印する極印〕。

522 第2編 社会法益に対する罪 第3章 公衆の信用に対する罪

関する罰則が刑法に置かれなかったと解すべきであるから，判例の立場は改められるべきである。なお，判例は，既述のように印顆も印章であるとするのであるから，これによれば印顆を偽造すれば直ちに本罪が成立することになる。

9 私印不正使用等罪

他人の印章若しくは署名を不正に使用し，又は偽造した印章若しくは署名を使用した者は，3年以下の懲役に処する（167条2項）。未遂は，罰する（168条）。

客体が私人の印章・署名である点に違いがあるだけで，他は165条2項におけると同じである（➡518頁）。他人の署名・捺印のある真正な契約書の末尾の余白に新たな条項を記入する場合は，不正使用に当たる[32]。

第6節 不正指令電磁的記録に関する罪

1 総 説

1 意 義

不正指令電磁的記録に関する罪は，コンピュータ・ウイルスの作成・供用等を処罰するために，2011（平成23）年に新設された犯罪である。今日，電子計算機は広く社会に普及し，社会生活上の活動の多くは，電子計算機による情報処理に依存しているといっても過言ではない。しかるに，近年，いわゆるコンピュータ・ウイルスが作られ，広い範囲の電子計算機が意図に反して実行され，深刻な社会的被害をもたらす事態が生じており，これを放置すれば，人は，電子計算機による情報処理を信頼することができなくなり，やがて，コンピュータ・ネットワークによる情報処理システムが崩壊してしまうおそれがある。そこで，その抑止が世界的な課題となり，2001（平成13）年には，欧州評議会で「サイバー犯罪に関する条約」が締結され，わが国でもその締結に向けた法整備が求められてきたが，ようやく法改正が実現したのである。改正法は，刑法に第19章の2を追加し，不正指令電磁的記録作成等罪（刑

---

[32] 大判明42・7・1刑録15・901。

第6節　不正指令電磁的記録に関する罪　*523*

法168条の2）および不正指令電磁的記録取得等罪（同168条の3）を新設したのである。

コンピュータ・ウイルス　コンピュータ・ウイルスとは，不正指令電磁的記録をいい，コンピュータシステムの破壊や混乱を意図して，人の使用する電子計算機に沿うべき動作をさせず，またはその意図に反する動作をさせる不正な指令を与えるプログラムのことである。ウイルスが埋め込まれた電子メールやホームページの閲覧を通じて感染し，また，増殖するから，世界中に蔓延することもありうる。情報処理推進機構（IPA）の調査によると，2010年度に発見された数は約52万個に達した。

2　保護法益

　電子計算機の電磁的記録がコンピュータ・ウイルスに感染すれば，コンピュータ・データの損壊および消去などによる電子計算機損壊業務妨害罪等に該当することになり，本罪は個人の業務などの個人法益を侵害する犯罪とも考えられる。しかし，コンピュータ・ウイルスは，個々の電子計算機に被害を与えるにとどまらず，社会一般に世界的規模で重大な損害を与えるところから，本罪の保護法益は，コンピュータ・ネットワークの安全性に対する公衆の信頼であり，**社会法益**と考えるべきである[1]。

② 不正指令電磁的記録作成等罪

　正当な理由がないのに，人の電子計算機における実行の用に供する目的で，次に掲げる電磁的記録その他の記録を作成し，又は提供した者は3年以下の懲役又は50万円以下の罰金に処する。①人が電子計算機を使用するに際してその意図に沿うべき動作をさせず，又はその意図に反する動作をさせるべき不正な指令を与える電磁的記録，②全項に掲げるもののほか，同号の不正な指令を記述した電磁的記録その他の記録（168条の2第1項）。正当な理由がないのに，前項第1号に掲げる電磁的記録を人の電子計算機にける実行の用に供した者も，同項と同様とする（同2項）。前項の罪の未遂は，罰する（同3項）。

1　客　体

　本罪の客体は，不正指令電磁的記録（コンピュータ・ウイルス）すなわち「人が電子計算機を使用するに際してその意図に沿うべき動作をさせず，又はその意図に反する動作をさせるべき不正な指令を与える電磁的記録」および，

1　杉山徳明＝吉田雅之「情報処理の高度化等に対処するための刑法等の一部を改正する法律」法曹時報64巻4＝5号66頁。西田・411頁，前田・405頁，佐久間・368頁。

不正な指令を記述した電磁的記録その他の記録である。

(1) 不正指令電磁的記録　　1号にいう「人」とは，犯人以外の者」をいう。また，「電子計算機」とは，自動的に計算やデータ処理を行なう電子装置のことで，パソコンや携帯電話を含む。さらに，「意図に沿うべき動作をさせず，又はその意図に反する動作をさせる」にいう「**意図**」とは，当該プログラムを使用する特定の個人の意図を意味するのでなく，そのプログラムの内容や機能につき一般に認識されている「意図」を意味する。意図に反するか否かは，そのプログラムの本来の機能を基準に判断されるべきである。最後に，「不正な指令」にいう「**不正**」とは，そのプログラムの機能から見て，社会的に許容されないことをいう。意図に反するような指令を与えることは，当然に「不正な指令」に当たるともいえるが，例えば，ソフトウェアの製作会社がユーザーの電子計算機に無断で修正プログラムをインストールした場合，そのプログラムは「意図」に反する場合もありうるが，それが一般に行われるものとして社会的に許容される場合には，「不正」に当たらないと解すべきである[2]。

(2) その他の記録　　2号にいう「不正な指令を記述した電磁的記録その他の記録」とは，内容的には「人が電子計算機を使用するに際してその意図に沿うべき動作をさせず，又はその意図に反する動作をさせるべき不正の指令を与える」ものとして，実質的に完成しているものの，そのままの状態では電子計算機において不正な動作をさせる状態にないものをいう。プログラムのソースコードを記録した電磁的記録などがこれに当たる。「その他の記録」は，例えば，ソースコードを印刷したものをいう。コンピュータ・ウイルスになる危険を有するものを事前に規制しようとするものである。

2　行　為

本罪の行為は，「正当な理由がないのに，コンピュータ・ウイルスに当たる電磁的記録その他の記録を「作成し，又は提供」することである。「正当な理由がないのに」とは，刑法130条の住居侵入罪におけると同様「違法に」という意味であり，あえて法文に入れる必要がないが，例えば，ウイルス対策ソフトの開発・試験等を行なうために作成する場合があり，国会審議の過程

2　杉山＝吉田・前掲83頁参照。

で追加されたものである。

(1) **不正指令電磁的記録作成罪**（168条の2第1項）　「**作成**」とは，不正指令電磁的記録等を新たに記録媒体に存在させることをいう。例えば，プログラミング言語を用いてウイルス・プログラムのソースコードを完成する行為がこれに当たる。新たに存在させることを要するから，ウイルス・プログラムを複写しただけでは作成に当たらない。不正電磁的記録として機能しうる状態になったとき，既遂に達する。

(2) **不正指令電磁的記録提供罪**（同）　「**提供**」とは，不正指令電磁的記録等であることの情を知った上で受け取るものに対し，不正指令電磁的記録をその支配下に移し利用しうる状態に置くことをいう。例えば，不正電磁的記録のソースコードを印刷した用紙を，情を知って相手方に交付する行為がこれに当たる。

(3) **不正指令電磁的記録供用罪**（168条の2第2項）　「**供用**」とは，正当なる理由がないのに不正指令電磁的記録を実行の用に供することである。「実行の用に供する」とは，電子計算機の使用者にはこれを実行しようとする意思がないのに，実行しうる状態に置くことをいう。例えば，コンピュータ・ウイルスに感染した正規のプログラムが記録されているCD-Rを，事情を知らない第三者のパソコンのドライブに設置させる場合がこれに当たる。

(4) **未遂罪**（同条3項）　作成罪，提供罪および供用罪の未遂は，罰せられる。

3　主観的要件

本罪は**目的犯**であり，故意のほかに，「人の電子計算機における実行の用に供する目的」が必要である。「実行の用に供する目的」とは，電子計算機の使用者において不正指令電磁的記録を実行しようとする意思がないのに，実行できる状態にする目的をいう。したがって，電子計算機の使用者が，電子計算機を実行する時，不正指令電磁的記録であることを知らないことが必要である。本罪の故意は，ウイルス・プログラムであることを認識しつつ作成・提供・供用を行う意思である。

③ 不正指令電磁的記録収得等罪

> 正当な理由がないのに，前条第1項の目的で，同項各号に掲げる電磁的記録その他の記録を取得し，又は保管した者は，2年以下の懲役又は30万円以下の罰金に処する。

1 行 為

本罪は，正当な理由がないのに，人の電子計算機における実行の用に供する目的で不正指令電磁的記録その他の記録を取得し，または保管する行為である。「**取得**」とは，不正指令電磁的記録等であることの情を知ったうえで，これを自己の支配下に移すことをいう。例えば，不正指令電磁的記録が添付された電子メールをメールサーバのメールボックスにおいて受信する行為は，取得に当たる。「**保管**」とは，不正指令電磁的記録を自己の実力支配下に置くことである。

2 罪数関係

作成罪と保管罪は，いずれも供用目的で行なわれる犯罪であるから，手段と結果の関係に立ち牽連犯となる。作成罪および保管罪と提供罪は，いずれも供用目的で行われる犯罪であるから牽連犯である。不正指令電磁的記録等の作成後の保管行為については，作成に伴う一時的保管行為を除き保管罪が成立し，牽連犯となる。

第4章

風俗に対する罪

　社会に成立している性生活，経済生活および宗教生活における健全な風俗を維持することは，社会生活を円滑に営み，個人の幸福追求を豊かなものにするために不可欠である。刑法は，性生活の風俗を乱す行為に対しては「わいせつ，姦淫及び重婚の罪」（第2編22章），経済生活の風俗を乱す行為に対しては「賭博及び富くじに関する罪」（同23章），宗教生活の風俗を乱す行為については「礼拝所及び墳墓に関する罪」（同24章）を規定している。

第1節　わいせつおよび重婚の罪

1　総　　説

1　意　義

　わいせつおよび重婚の罪は，健全な性的風俗を侵害することを内容とする犯罪であり，刑法は，①公然わいせつ罪（174条），②わいせつ物頒布等罪（175条），③重婚罪（184条）を規定している。刑法第2編第22章は「わいせつ，姦淫及び重婚の罪」を定めており，その元来の立法趣旨は，公衆の性的風俗ないし性秩序を保護する点にある。しかし，この章のなかには，性質を異にする3種類の規定が含まれている。第1は，公然わいせつ罪およびわいせつ物頒布等罪であって，これらは公衆の性的風俗を保護するための罪である。第2は，強制わいせつ・強姦等の罪であって，これらは主として個人の性的自由を保護するための罪である。なお，淫行勧誘罪は，その趣旨が明快ではないが，おそらくは上と同じ性質の罪として規定されたのであろう。第3は，重

婚罪であって，これは公衆の健全な性秩序すなわち一夫一婦制に対する罪である。本節においては，公衆の性的風俗を侵害するわいせつの罪，および公衆の性秩序を侵害する重婚の罪を検討する。

なお，近年，インターネットやパソコン通信を通じて性にかかる情報（画像）を有償・無償で送信する行為が問題となり，公然わいせつの罪の解釈に新たな課題を生じさせていると同時に，性的風俗の保護を図るための立法的措置も講じられた。特に，近年問題となっているサイバーポルノに対応するため，2011（平成23）年にわいせつ物頒布等罪が改められた。

特別法の規定　草案は，「姦淫の罪」の章（第2編第30章）を設けて，性的自由を保護するための罪を個人法益に対する罪として編別したが，これは正当であると思う。また，いわゆる「わいせつ及び重婚の罪」に相当する犯罪は，21章において「風俗を害する罪」として規定されている。特別法としては売春防止法があり，さらに，青少年の健全育成のためにほとんどの都道府県において，青少年の性的行為に関与する行為ないし青少年の健全育成を害する文書などの取締りを行う条例（青少年保護条例，または青少年育成条例）が制定されている。このほか，「風俗営業等の規制及び業務の適正化に関する法律」は，ハイテク風俗営業を規制するための「映像送信型性風俗特殊営業」（2条8項）という形態を規制対象に加え，営業に際しては公安委員会への届出を義務づけ，有害行為を防止するために必要な指示を出す権限を認めた（31条の7以下）。また，18歳未満の者を客とすることを禁止し（22条4号），それが守られないときには，公安委員会は必要な措置を講ずることができるものとした（25条，26条）。

2　わいせつの意義と判断方法

(1) わいせつの意義　　**わいせつ**とは，性欲を強く刺激しその他露骨な表現によって一般社会人の性的羞恥心を害し，社会の性的風俗ないし性秩序に反するものをいう。判例は，このわいせつを定義して，「①徒らに性欲を興奮又は刺激せしめ，②且つ普通人の正常な性的羞恥心を害し，③善良な性的道義観念に反するものをいう[1]」としている。わいせつに当たるかどうかは，社会の性秩序すなわち「善良な性的道義観念」に反するかどうかによって決定されるのであるから，この判断は，**社会通念に照らして客観的**に行われることを要する。しかし，社会通念は時代とともに変遷し，また，社会によって異なるものとなるから，上記の判断に当たっては，現に存在している一般人の性に関する観念すなわち社会通念を的確に把握し，いやしくも表現の自由（憲

---

[1] 最判昭26・5・10刑集5・6・1026，最大判昭32・3・13刑集11・3・997〔チャタレー事件〕。

第1節　わいせつおよび重婚の罪　　*529*

21条)，学問の自由（同23条）を侵害することがないように注意しなければならないのである。

規範的構成要件要素としてのわいせつ性　　わいせつ性は，裁判官の評価活動をまって初めて確定できる規範的構成要件要素の典型であり，従来から，明確性を欠くとともに裁判官の恣意が入り込むのではないかとの懸念が示され，憲法13条，21条，31条に違反するのではないかが問題とされてきた[2]。ことに**社会通念**について，最高裁は，事実ないし実態として存在する世論または社会意識ではなく，「社会を道徳的頽廃から守る」観点での「良識をそなえた健全な人間の観念」を基礎とする**法解釈の問題**であるとする立場を採っているところから[3]，上記の懸念には理由がある。したがって，判例理論に対しては，第1に，社会通念を法解釈の問題とせずに，社会において実態として存在している平均的な普通人の意識に還元すべきであるということ，第2に，性に関する表現の自由の制約原理を，判断者の側からではなく，普通人の側から捉えるために，何が性秩序にとって有害かを問いなおすべきであるという提言が必要であろう。

(2)　**わいせつ性の判断方法**　　表現の自由および学問の自由との関連で特に問題となるのは，**科学作品**，**芸術作品**にわいせつ性を認めてよいかである。

（ア）**諸見解**　　学説上は，ⓐ部分的にわいせつと認められる露骨な性表現があっても，作品全体からみてわいせつ性が解消しているときはわいせつに当たらないとする見解，ⓑわいせつ性の有無を文書等の販売・広告等の方法，対象とする読者層との関連で判断すべきであるとする見解（**相対的わいせつ概念**），ⓒ著述・出版の意図との関連で判断すべきであるとする見解（**主観的わいせつ概念**），ⓓわいせつ物により侵害される法益と，科学・芸術作品のもたらす利益とを比較して判断すべきであるとする見解（**利益衡量論**）などが提唱されている[4]。これらのうちⓑの見解は，対象となる読者層や売り方によっては，作品全体としてわいせつ性が解消できていてもわいせつ物となりうる点で不当である。ⓒの見解は，意図を主観的構成要件としていない175条に矛盾するばかりか，わいせつ性の有無は客観的に判断すべきであるから，その点で不当である。ⓓの見解は，芸術・学問上の価値の大小を裁判所が判断することになる点で適当でないし，もし，この見地によるのであれば，わいせ

2　もっとも，いずれについても判例は合憲としている。最判昭48・4・12刑集27・3・351など。
3　前掲最大判昭32・3・13。
4　大谷實・刑事責任論の展望（1983）143頁参照。

つの概念についではなく実質的違法性について論ずべきである。このように
して，ⓐの見解が妥当ということになるが，この見解の問題点は，露骨な性
描写がどのような方法で行われ，また，その性表現が学問・芸術といかなる
関連性を有するときにわいせつ性が解消されるかが明確でないところにあ
る。

（イ）**判　例**　　判例は，初め，作品中にわいせつ性を認めうる部分がある
以上はわいせつ物であるとする部分的ないし**絶対的わいせつ概念**を採用して
いた[5]。次いで，部分的に露骨な性描写があっても作品全体から判断してわい
せつ性を否定すべき場合があるとする**全体的考察方法**を採ることを明らかに
した[6]。そして，全体的考察方法を精密にして，「文書のわいせつ性の判断に
あたっては，当該文書の性に関する露骨で詳細な描写叙述の程度とその手法，
右描写叙述の文書全体に占める比重，文書に表現された思想等と右描写叙述
との関連性，文書の構成や展開，さらには芸術性・思想性等による性的刺激
の緩和の程度，これらの観点から該文書を全体としてみたときに，主として，
読者の好色的興味にうったえるものと認められるか否かなどの諸点を検討す
ることが必要であり，これらの事情を総合し」て行うべきであるとするに至っ
ている[7]。

（ウ）**春画・春本論**　　思うに，芸術性・科学性とわいせつ性とは次元を異
にするから，一般論としては，芸術作品・科学作品であってもわいせつ物と
なりうることは否定できず，したがって，科学性・芸術性によってわいせつ
性が昇華・解消されない場合がありうることを認めざるをえないであろう。
しかし，芸術・科学作品それ自体が表現の自由によって保護されるべき対象
であること，また，先の全体的考察方法によっても，個々の露骨な性描写が
いかなる場合に科学性・芸術性によって昇華・解消されるかは必ずしも明確
ではなく，したがって，科学性・芸術性によるわいせつ性の解消を基準とす
る方法には限界があるといわなければならない。

5　前掲最大判昭 32・3・13〔高度の芸術性といえども作品のわいせつ性を解消するものとは限らな
　い〕。
6　最大判昭 44・10・15 刑集 23・10・1239〔悪徳の栄え事件〕。
7　最判昭 55・11・28 刑集 34・6・433〔四畳半襖の下張事件〕。園田・百選Ⅱ（第 7 版）202 頁，**安
　田・判例講義Ⅱ133 頁**参照。

第 1 節　わいせつおよび重婚の罪　*531*

このようにして，解釈論として現行法のわいせつ概念を可能な限り表現・学問の自由権と調和させるために，客観的にみて専ら好色的興味にのみ訴えるための物，すなわち**端的な春画・春本類**（ハード・コア・ポルノグラフィ）だけがわいせつとするにふさわしい物というべきである[8]。すなわち，作品を全体的に考察し，露骨で詳細な性表現が用いられ，社会通念上専ら好色的興味にのみ訴えると認められるものがわいせつ物であるということになり，判例も前掲「**四畳半襖の下張事件**」において，この方向を認めたとみられる。

> **わいせつ物の有害性**　一般の人々が，健全な風俗を害するものとし，現在または将来の社会にとって有害と考えているのは，端的な春画・春本類（ハードコア・ポルノグラフィ）であろう。これらのわいせつ物が青少年にとって有害であるか，健全な社会生活にいかなる悪影響があるかについては，実証的根拠がない。したがって，立法論的には多様な選択が可能であるが，現行法が存続している以上は，その枠のなかで，何が性的風俗にとって有害であるかを具体的に明らかにすべきである。そして，社会の実態として，性的文書等に対する寛容な風潮が認められる現時点においては，好色的興味にのみ訴える端的な春画・春本の類に限定してわいせつ性を認めるべきであるとするガイド・ラインを引いてよい時期にきているといえよう。その限りでは，外国語で書かれた書籍であってもわが国においてわいせつ物となりうる（英文の書籍のわいせつ性について最判昭和45年4月7日刑集24巻4号105頁は，その読者となりうる英語を読める日本人および在日外国人の普通人，平均人を基準として判断すべきであるとしている。）。

2　公然わいせつ罪

公然とわいせつな行為をした者は，6月以下の懲役若しくは30万円以下の罰金又は拘留若しくは科料に処する（174条）。

1　行　為

本罪の行為は，公然とわいせつな行為をすることである。「**公然**」とは，不特定または多数人が認識できる状態をいう[9]。不特定または多数人が現実に認識したことは要しない。例えば，密室内で少数の者に見せる場合でも，それを反復すれば公然性の要件を満たす[10]。

「**わいせつな行為**」とは，「その行為者又はその他の者の性欲を刺激興奮又は

8　同旨，中森・246頁，前田・413頁，山口・499頁。なお，西田・418頁。

9　最決昭32・5・22刑集11・5・1526，最決昭33・9・5刑集12・13・2844。

10　最決昭31・3・6裁集112・60。ポケット412頁，中森・246頁（行為の反復［意思］）。渡邉・百選Ⅱ（第6版）213頁参照。

満足させる動作であって，普通人の正常な性的羞恥心を害し善良な性的道義観念に反するもの[11]」をいう。現実に普通人が性的羞恥心を抱いたことは必要でなく，性的羞恥心または嫌悪感を抱かせ，公衆の健全な性的感情を害する性質・程度のものであれば足りる。

本罪は健全な性的道義観念を維持し社会を道徳的頽廃から守るためではなく，現に社会生活において形成されている性的風俗を保護するための犯罪と解すべきであるから，わいせつか否かの判断は，社会一般の性的感情もしくは風俗を基礎とする社会通念に照らして，客観的に行わなければならない（規範的構成要件要素）。したがって，わいせつ行為の実質は，時代の変化とともに変わるのであり，わいせつ性の判断基準もそれに即応して当然に変遷する。

わいせつ行為の例　白黒ショウ，マナ板ショウなど公然と性交を行うものが典型であるが，性器の露出や相手方の性器に手を当てる行為もわいせつ行為となりうる。乳房など性器以外の部分の露出については，軽犯罪法1条20号が「公衆の目に触れるような場所で公衆にけん悪の情を催させるような仕方でしり，ももその他身体の一部をみだりに露出した者」は拘留又は科料に処する，と規定している。わいせつ行為は，動作による場合のほか，わいせつな言語を用いる場合も含まれると解すべきであろう。これについては，性的な動作を伴うときは全体としてわいせつになるとする説[12]，現在の性風俗に照らし，一過性の言語を伴って初めて性的羞恥心を害するものとなるような行為にまで刑法が干渉すべきではないとする説[13]もあるが，わいせつの定義からみて疑問である。

2　ストリップ・ショウ

ストリップ・ショウにおいて，性器の露出や性交を伴うショウを演ずる行為は，公然わいせつ罪に当たる[14]。

(1)　演者と興行主との関係　ストリップ・ショウの演者と興行主との関係について，ⓐ演者には公然わいせつ罪，興業主には同罪の従犯または教唆犯が成立するとする説（通説），ⓑ演者には公然わいせつ罪が，興行主にはわいせつ物陳列罪が成立するとする説[15]，ⓒ演者と興業主の双方に公然わいせつ

---

11 東京高判昭27・12・18高刑集5・12・2314。

12 瀧川・190頁，木村・208頁，平野・271頁，大塚・516頁，小暮ほか〔川端〕・427頁，前田・566頁。

13 植松正「猥褻，姦淫および重婚に関する罪」刑事法講座7巻1535頁，吉川・326頁，中山・462頁，岡野・299頁。

14 前掲最決昭32・5・22。

15 江家・173頁。

物陳列罪が成立するとする説[16]が対立している。ⓑ説およびⓒ説の根拠は，わいせつな映画を観覧させる場合には175条によって罰せられるのに，さらにわいせつの程度が高い生きた人間のわいせつ行為を観覧させていながら本罪で軽く罰せられるのは不当だという点にある。たしかに，両者間に刑の不均衡は認められるが，人間の身体を物と同視するのは類推解釈として禁止されているというほかはない（通説）。したがって，先の場合には演者について公然わいせつ罪が成立し，興行主については本罪の教唆犯または幇助犯が成立するとするⓐ説が妥当である[17]。

(2) **罪 数** ストリップ・ショウにおいて，1回の出演中に数回裸体となって別個独立の演技をしたときは併合罪になる[18]。強制わいせつを公然と行ったときは，強制わいせつ罪は個人法益に対する罪であるから，本罪との観念的競合が認められる[19]。男女2組のショウに同時に照明を当てる行為は，数人による公然わいせつ行為を幇助するものであるから，幇助犯として観念的競合となる[20]。ストリップ・ショウの演者とその単なる観客との関係は一種の必要的共犯であり，現行法はその観客について不可罰としているから，マナ板ショウなどの相手方とならない限り，正犯ないし共犯として処罰されることはない。

3 わいせつ物頒布等罪

わいせつな文書，図画，電磁的記録に係る記録媒体その他の物を頒布し，又は公然と陳列した者は，2年以下の懲役若しくは250万以下の罰金若しくは科料に処し，又は懲役及び罰金を併科する。電気通信の送信によりわいせつな電磁的記録その他の記録を頒布した者も，同様とする（175条1項）。有償で頒布する目的で，前項の物を所持し，又は同項の電磁的記録を保管した者も，同項と同様とする（同条2項）。

1 総 説

本罪は，近年に問題となっているサイバーポルノ（性表現画像）に対処する

---

16 植松・206頁。反対，平野・271頁，西田・419頁。
17 最判昭29・3・2裁判集刑93・59。
18 最判昭25・12・19刑集4・12・2577。
19 大判明43・11・17刑録16・2010。
20 最判昭56・7・17刑集35・5・563。大塚・517頁，山中・635頁，前田・566頁。

ため，2011（平成23）年に改正されたものである。①175条1項前段に「電磁的記録に係る記録媒体」を追加する，②頒布・販売を「頒布」に一本化する，③懲役と罰金を併科することとされた。この改正によって，映写，再生といった作業を加えなければわいせつ性が認識できない物をわいせつな文書・図画としてきた従来の実務上の無理を解消し，同時に，わいせつ情報を規制するために，わいせつなデータではなく，その情報を記憶・蔵置させたハードディスク自体等を規制することとしたのである。

わいせつ物頒布等罪は，①わいせつな文書，図画，電磁的記録に係る記録媒体その他の物を頒布し，または公然と陳列する行為（175条1項），②電気通信の送信によりわいせつな電磁的記録その他の記録を頒布する行為（同項前段），③有償で頒布する目的で，わいせつな文書，図画，電磁的記録に係る記録媒体その他の物を所持・保管する行為を処罰する。

2　客　体

本罪の客体は，①わいせつな文書，図画，②電磁的記録に係る記録媒体，③その他の物，④わいせつな電磁的記録その他の記録である。

(1) **文書・図画**　　**文書**とは，発音的符号によって意思内容が表示されるものをいい，小説がその典型である。**図画**とは，象形的方法によって表示されるものをいい，絵画，写真がその典型である。従来，判例によって文書・図画として認められてきた事例，例えば，①ビデオテープ[21]，②録音テープ[22]，③ダイヤル Q^2 に接続されたデジタル信号による録音再生機[23]，④パソコンネットにおけるわいせつ画像のデータを記憶・蔵置させたコンピュータのハードディスク[24]は，わいせつな文書・図画には当たらず，後述する「電磁的記録に係る記録媒体」として本罪の客体となる。

(2) **電磁的記録に係る記録媒体**　　電磁的データを記録し再生する媒介手段となるものをいい，上述のように，フロッピーディスクやハードディスクなどがこれに当たる。したがって，わいせつ画像を記憶・蔵置させたコン

21　最決昭54・11・19刑集33・7・754。
22　東京高判昭46・12・23高刑集24・4・789。
23　大阪地判平3・12・2判時1411・128。
24　最決平13・7・16刑集55・5・317。山口・百選Ⅱ204頁，**安田・判例講義Ⅱ142頁**参照。東京地判平8・4・22判時1597・151，大阪高判平11・8・25高刑集52・1・42。

ピュータのハードディスクは，電磁的記録に係る記録媒体であるが，情報としての画像データ自体は記録媒体ではない。

(3) **その他の物**　文書，図画および電磁的記録に係る記録媒体以外のものをいう。例えば，彫刻物，置き物，性器の模擬物など，視覚に訴える物を意味する。かつては，わいせつ画像を記憶・蔵置させたパソコンネットのホストコンピュータのハードディスクも，「その他の物」として扱われた[25]が，改正後は，既述のように「電磁的記録に係る記録媒体」として扱われる[26]。

(4) **電磁的記録その他の記録**　改正法175条は，電気通信の送信によるわいせつな電磁的記録その他の記録を頒布する行為を処罰する。「電気通信」とは，有線，無線その他の電磁的方式により音響または映像を送り，伝え，または受けることをいうが，改正法は，「送信」すなわち「送る」行為によって頒布することを処罰することとした（175条1項後段）。

電磁的記録とは，電子方式，磁気方式その他人の知覚によって認識することができない方式で作られる記録であって，電気計算機による情報処理の用に供されるものをいうが（7条の2），わいせつ画像をファクシミリで送信した場合のように，電磁的記録以外の形態による記録として存在することがありうるところから「その他の記録」も本罪の客体となりうるように規定された[27]。

3　行　為

(1) **頒　布**　本罪の行為は，頒布，公然陳列である。**頒布**については，不特定または多数の者に無償で交付することとする説もあったが[28]，改正法は，従来の「販売し」の文言を削除したことから，頒布とは，不特定または多数の者に有償または無償で交付し，または，記録媒体に電磁的記録を存在させることをいう[29]。したがって，販売も頒布に当たる。顧客のテープに自己のわいせつテープをダビングして代金を受け取る行為は販売罪とされてきた

25　前掲最決平13・7・16刑集55・5・317，最決平24・7・9判時2166・140。
26　反対，前田・568頁（「聴覚に訴える場合を排除する理由はないであろう」）。
27　杉山徳明＝吉田雅之「情報処理の高度化に対処するための刑法等の一部改正する法律」法曹時報64巻4＝5号94頁。東京高判平25・2・22高刑集66・1・6。
28　大塚・222頁。
29　西田・420頁，前田・410頁，曽根・271頁。

が[30]，この事案も，改正法では頒布とすべきである[31]。なお，頒布は交付を前提とするから，例えば，わいせつな映像を電気送信したが，受信先でこれを保存することができなかった場合は頒布に当たらず，公然わいせつ罪で対応すべきである[32]。

頒布の相手方は**必要的共犯**となるが，これを処罰する規定がない以上，頒布罪の共犯として教唆や幇助が処罰されることはない[33]。また，175条1項後段が新設されたので，電子メールによりわいせつな電磁的記録を添付して頒布する行為，ファックスでわいせつ画像を送信する行為は，いずれも頒布罪として処罰される。

(2) **公然陳列**　**公然陳列**とは，わいせつ物を不特定または多数人が視聴できる状態に置くことをいう[34]。映画の上映[35]，録音物の再生[36]も公然陳列である。相手方に接続・ダウンロードなどの操作が要求される場合であってもよい。知人など特別な関係にある者にわいせつな映画を観覧させても公然陳列には当たらない[37]。わいせつ画像データをパソコンネットワークに，不特定又は多数人が容易に見られる形で流す行為[38]やインターネットのホームページで閲覧可能な形でプロバイダーのサーバーに蔵置する行為も公然陳列に当たる。日本から外国のプロバイダーのサーバーにわいせつな画像データを蔵置して，日本からアクセス可能な状態にすることは，公然陳列に当たる[39]。

(3) **所持・保管**　わいせつな文書・図画および電磁的記録に係る記憶媒体その他の物を有償で頒布する目的で所持し，またはわいせつな画像等の電磁的記録を保管した行為も処罰される。所持・保管の罪は目的犯であり，「**有償で頒布する目的**」を必要とする。不特定または多数の者に対価を払わせて頒

---

30 大阪地堺支判昭54・6・22刑月11・6・584。
31 反対，前田410頁[「販売」とする]。
32 今井猛嘉・ジュリ1431 (2011) 71頁。
33 大谷・総論393頁。
34 最決平13・7・16刑集55・5・317。
35 大判大15・6・19刑集5・267。
36 東京地判昭30・10・31判時69・27。
37 広島高判昭15・7・24判特12・97。
38 神奈川地川崎支判平7・7・14[公刊物未登載]。なお，最決平24・7・9判時2166・140。
39 西田・421頁，前田・417頁。

第1節　わいせつおよび重婚の罪　*537*

布する目的で所持ないし保管する行為を処罰するもので，「有償で頒布する目的」には販売の目的も含まれる。ダビング目的の所持[40]など，改正前に販売目的が認められたケースについては本罪の「目的」を認めてよい。**所持**とは，有体物であるわいせつな文書・図画等を事実上支配することをいう。**保管**とは，所持に相当する行為であり，わいせつな電磁的記録を自己の実力支配内に置くことである。なお，刑法175条は「わが国における健全な性風俗を維持するため」の規定であるから，日本国外で有償で頒布する目的の場合は含まれない」[41]。

4　故　意

わいせつ性は本罪の規範的構成要件要素であるから，わいせつ性は故意における認識の対象になると解すべきである（通説）。一般人が性的好奇心を抱くような社会通念上の意味の認識があれば足り，当該の物件が本罪のわいせつ文書・図画などに該当するということの認識までは必要でない。

5　罪　数

本罪は，その性質上行為の反復を予想するものであるから，同一の意思のもとに行われる数個の行為は包括一罪となる。頒布，公然陳列，所持，保管の行為等が，同一意思に基づく一連の行為であれば，日時・場所等が異っても包括一罪となる[42]。

6　法定刑

175条1項の罪および2項の罪の法定刑は，「2年以下の懲役，若しくは250万円の罰金若しくは科料に処し，又は懲役および罰金を併科する」と定められている。わいせつ物頒布等罪は，利得目的で行なわれるのが通常であるところから，この種の犯罪は経済的に見合わないものであることを自覚させるために，懲役刑および罰金刑の任意的併科とされている。

---

[40] 東京地判平4・5・12判タ800・272。**安田・判例講義Ⅱ145頁**参照。最決平18・5・16刑集60・5・413。荒川・百選Ⅱ（第7版）206頁参照。
[41] 最判昭52・12・22刑集31・7・1176。**安田・判例講義Ⅱ144頁**参照。
[42] 名古屋高金沢支判昭34・12・7下刑集1・2・2559。前田・573頁。

4 重 婚 罪

　配偶者のある者が重ねて婚姻をしたときは，2年以下の懲役に処する。その相手方となって婚姻をした者も，同様とする（184条）。

1 意 義

　重婚とは，配偶者のある者が婚姻を解消（離婚）しないで重ねて婚姻をすることをいう。本罪は**一夫一婦制の性秩序**ないし**性的風俗の維持**を保護法益とするものであるが，その性質については，ⓐ法律上の婚姻を保護するための犯罪であるとする説（通説），ⓑ事実上の婚姻を保護するための犯罪であるとする説[43]とが対立している。法律婚主義を採る法制においては，保護すべき婚姻は法律上のものに限るべきであり，また，「配偶者のある者」とは法律上婚姻届をしている者にほかならないから，ⓐ説が妥当である。

2 主 体

　配偶者のある者およびその相手方となって婚姻した者である。「**配偶者のある者**」とは，法律上の婚姻関係ある者に限り，いわゆる内縁または事実上の結婚は含まない（通説）[44]。前婚が偽造の離婚届などによって戸籍上抹消されたとしても，前婚が適法に存在している以上は本罪の成立を妨げない[45]。「**相手方となって婚姻した者**」とは，相手方が配偶者のある者であることを知りながら，これと婚姻をした者をいう。本罪は，実際上文書偽造にかかる虚偽の婚姻の届出があったものを戸籍係員が錯誤に陥って受理し，戸籍の原本にその旨を記載するような場合，あるいは戸籍係員がみずからこれを犯す場合のみが問題となる。第2の婚姻届が受理されることによって**既遂**になる。

> **姦通罪**　廃止された183条は，「有夫の婦姦通したときは2年以下の懲役に処す。其相姦したる者亦同じ（1項）。前項の罪は本夫の告訴を待て之を論ず。但本夫姦通を縦容したるときは告訴の効なし（2項）」と規定していた。これは夫婦同権・男女平等の規定（憲24条）に反するとともに，夫婦間の問題に刑罰をもって干渉するのは刑法の謙抑性に反するから，夫の密通行為と併せて処罰するのも妥当でない。

---

[43] 牧野・293頁。
[44] 反対，牧野・293頁〔結婚は事実上のもので足りる〕。
[45] 名古屋高判昭36・11・8高刑集14・8・563。

3　行　為

　重ねて婚姻することである。「**重ねて婚姻をした**」とは，配偶者のある者との婚姻届をすることをいうと解すべきである。「婚姻」の意味について，事実婚で足りるとする事実婚説[46]は，通説のように法律婚に限るときは，本罪の成立は戸籍係員と通謀し，あるいはその錯誤を利用する場合などに限られ，本罪の存在理由が乏しくなるとし，実質上の一夫一婦制を侵害する行為も広く処罰すべきであると主張するのである。しかし，①現に存在する婚姻について協議上の離婚届を偽造して行使し，別の人と婚姻する方法も実際上可能であること[47]，②刑法上の「婚姻」は法律上の婚姻を意味するのが一般であること，③事実婚は慣習上の概念であり，その成立範囲が曖昧であることなどの理由から，通説が妥当である。

第2節　賭博および富くじに関する罪

1　総　説

　賭博および富くじ（富籤）に関する罪は，偶然の事情による財物の得喪を処罰するものであり，刑法は，①賭博罪（185条），②常習賭博罪（186条1項），③賭博場開張図利罪・博徒結合図利罪（同条2項），④富くじ罪（187条）を規定している。本罪の処罰根拠については，2つの考え方がありうる。第1は，これを他人の財産に対して危険を与えるから処罰するという考え方であり，これによると賭博場開張，賭博開張への参加，職業賭博は罰せられるが，いわゆる単純賭博は処罰すべきではないことになる。ドイツ刑法（284条以下）は，この見地によっている。第2は，国民の健全な経済的生活の風習すなわち勤労によって生計を維持するという経済・勤労生活の風習を堕落させることを防ぎ，あわせて賭博や富くじに付随して生ずる強盗や窃盗などの犯罪を防止することが，本罪の趣旨であるとする考え方である（通説）[1]。

46　牧野・293頁，小野・138頁。
47　名古屋高判昭36・11・8高刑集14・8・563。植松・220頁。
1　最大判昭25・11・22刑集4・11・2380。

540　第2編　社会法益に対する罪　第4章　風俗に対する罪

賭博・富くじの流行は射倖心をあおり，多くの人たちの勤労意欲を喪失させることはあるが，その原因となる経済倫理に反する行為は，他にも多様に存在しているのであって，勤労意欲の維持に本罪の趣旨を求めるのは，一種のリーガル・パターナリズムであると考える。したがって，立法論的には前者の見解が妥当であるが，現行法が一時の娯楽に供する物を賭けた場合以外は単純賭博をも罰することにかんがみ，現行法上は後者の考え方に従わざるをえないであろう。しかし他面において，財政・経済政策その他の理由によって種々の賭博・富くじ行為が公認されていることに注意しなければならない。賭博行為については証券取引法，商品取引所法が，富くじについては当せん金付証票法（宝くじ），競馬法，自転車競技法（競輪），スポーツ振興投票の実施に関する法律（いわゆるサッカー法），モーターボート競走法があり，これらの法律によって賭博・富くじ行為は正当行為とされ，35条によって違法性が阻却される。これら一種の公営賭博・富くじの存在は，賭博および富くじの罪の処罰根拠が現在においては建前だけに終っているという印象を与えるであろう。

2　賭　博　罪

賭博をした者は，50万円以下の罰金又は科料に処する。ただし，一時の娯楽に供する物を賭けたにとどまるときは，この限りではない（185条）。

1　行　為

本罪の行為は，賭博である。「賭博」とは，もともと，偶然の勝敗により，財産上の利益の得喪（失）を争うことをいう[2]。

(1)　**偶然の勝敗**　賭博は，偶然の勝敗を争うのであるから，2人以上の者が偶然の事情にかかる勝敗によって財物の得喪を争う**必要的共犯**である。偶然の事情とは，当事者において確実には予見できない事情という意味であり，したがって，当事者の主観において不確実な事実にかかっていれば足り，客観的に不確定なものである必要はない[3]。例えば，**当事者の技能**が勝敗の決定に影響する囲碁，将棋，マージャンなどの勝負に財物を賭ける場合であって

2　大判昭10・3・28刑集14・346。
3　大判大3・10・7刑録20・1816。

もよく，多少でも偶然によって勝敗が決まれば足りる。偶然の勝敗に財物を賭けて行えば直ちに本罪は成立し（挙動犯），勝敗が決したこと，財物の得喪が実現したことを問わない[4]。偶然の事情は，犯人の行為によって生ずると，その他の事実によるとを問わず，また，過去，現在，将来のいずれの事情であることも問わない。しかし，当事者双方にとって偶然であることが必要であるから，いわゆる**詐欺賭博**の被害者について片面的賭博罪の成立は認められないと解する（通説）[5]。

片面的賭博　江家・182頁は，「行為主体が2人以上である限りは，必ずしも，すべての者について当該犯罪が成立することを要しない。すなわち，当該犯罪の構成要件を充足する者についてだけ，その成立を認めることを妨げるものではない」として片面的賭博罪を認める[6]。しかし，一方の者は詐欺の相手方たる被害者であること，また，偶然の勝敗そのものが存在しないことから，賭博罪の成立を否定すべきである（通説）。なお，欺いた者の行為は詐欺罪を構成する[7]。

(2)　**財物の得喪**　偶然の勝敗にかからせて財物の得喪を争うのでなければならない。ここで財物とは，金銭に限らず，財産上の利益の一切を含み，価額の多寡を問わない。ただし，一時の娯楽に供する物については，本罪は成立しない。「賭博」にいう「博」とは**博戯**のことであり，行為者自身または代理者の動作の結果によって勝敗を決めることをいう。例えば，賭マージャンは博戯である。「賭」とは，**賭事**のことであり，行為者または代理者の動作と関係のない事情によって勝敗を決めることをいう。例えば，野球賭博は賭事である。

2　違法性阻却事由

本罪は，一時の娯楽に供する物を賭けた場合には成立しない。経済価値が僅少であるとの理由から可罰的違法性が類型的に欠けるとしたものと思われる[8]。一時の娯楽に供する物とは，関係者が即時娯楽のために費消する物をいう[9]。例えば，その場で飲食する飲食物，たばこなどを賭けるのが典型である

4　大判明43・5・27刑録16・955。
5　大判昭9・6・11刑集13・730。
6　同旨，牧野・298頁，木村・231頁。
7　最判昭26・5・8刑集5・6・1004〔モミ賭博に関するもの〕。
8　大塚・530頁。反対，中森・251頁〔構成要件に該当しない〕。
9　大判昭4・2・18刑集8・72。

542 　第2編　社会法益に対する罪　第4章　風俗に対する罪

が，多量に過ぎるときはこれに当たらない。その範囲は，具体的な状況に応じて社会通念に従い客観的に判断すべきである[10]。しかし，一時の娯楽に供する物でなければならないから，金銭についてはその多少にかかわらず原則として許されるべきではない[11]。ただし，それが他の一時の娯楽に供すべき物の対価を負担させるための金額であるときは，それを「一時の娯楽に供する物」といってよいと解する（通説）[12]。なお，既述のごとく，パチンコ，競輪，競馬，競艇のように，その実質は賭博でありながら，特別法によって適法とされている場合がある。この場合には，当該の特別法に違反すれば直ちに賭博罪が成立する[13]。本罪は国外犯を処罰しない。それゆえ，賭博が許されている外国で賭博するいわゆる賭博ツアーは不可罰である。

３ 　常習賭博罪

常習として賭博をした者は，3年以下の懲役に処する（186条1項）。

1 　意 　義

本罪は，賭博をした者が常習性を有する場合に成立する犯罪であり，賭博罪の加重的構成要件として設けられたものである。刑法典のなかで唯一の常習犯規定であって，行為者が常習性という身分を有することに基づいて刑が加重される賭博罪の加重類型であり，加減的身分犯である。

常習性については，ⓐ行為者の属性であって責任要素であるとする説[14]，ⓑ行為の属性であって違法要素であるとする説[15]，ⓒ行為者の属性であると同時に行為の属性であるとする説[16]がある。常習性とは，元来，一定の犯罪を反復・累行して行う習癖をいうから行為者の特性ないし属性を意味するが，刑法上は行為を離れた行為者の概念を認めるべきではなく，したがって，常習性は行為の属性であると同時に行為者の属性であると解するⓒ説が妥当で

---

10 大判昭9・9・28刑集13・1221。
11 大判大13・2・9刑集3・95。
12 大判大2・11・19刑録19・1253。反対，植松・226頁。
13 最判昭28・11・10刑集7・11・2067。
14 最大判昭26・8・1刑集5・9・1709，団藤・353頁，吉川・337頁，香川・339頁，小暮ほか〔川端〕・452頁，西田・427頁。
15 平野・252頁，内田・524頁，前田・422頁。
16 大塚・530頁。

ある。例えば，常習性を有するものが，友人同士で賭けマージャンをするような場合は，常習性の発露としての賭博ではないから，単純賭博にとどまる。

2 主体

本罪の主体は，賭博の常習者である。賭博の常習者とは，賭博行為を反復・累行して行う習癖を有する者をいう[17]。常習性の認定は，賭博の方法，同種前科の存在，反復の事実，賭金の額，勝負の回数・結果等を総合して，犯人が賭博の習癖を取得するに至っているかどうかから客観的に判断し，認定すべきである[18]。必ずしも博徒・遊び人であることを要しない。習癖が認められる以上，1回限りの行為でも本罪に当たる。

遊戯場経営者の常習性　賭博遊戯機を設置して客に賭博させる遊戯場の経営者も，機械の設置によって賭博の準備があり，遊戯客が機械を操作することによって賭博行為が完成することになるから，賭博罪が適用されることについて問題はない。しかし，遊戯機の設置者について常習賭博罪を適用する判例が一般的となっている[19]。遊戯機の設置者についても，その賭博意欲が習慣化し，あるいは反復・累行の意欲が人格傾向として認められる場合，勿論常習性を認めてさしつかえないが，例えば，そのような人格傾向は認められない者で，もっぱら営利追求の目的で遊戯機を設置したような場合に，なお常習性を認めてよいであろうか。

　最決昭和54年10月26日刑集33巻6号665頁は，普段は賭事をしたこともないプラスチックの加工業者が，知人から遊戯場の営業を5200万円で譲り受け，開業の3日目に摘発された事案につき，「被告人は，長期間営業を継続する意思のもとに，5200万円という多額の資金を投下して賭博遊戯機34台を設置した遊戯場の営業を開始し，警察による摘発を受けて廃業するまでの3日間，これを継続し，その間延べ約140名の客が来場して合計約70万円の売上利益を挙げたというのであり，その他原判示の諸事情に徴すると，被告人に賭博を反覆累行する習癖があり，その発現として賭博をしたと認めるのを妨げないというべきであり，これと同旨を説く原判決は正当として是認することができる」と判示し，「資本的もしくは経済活動上の依存性もまた習癖の1内容をなす」（傍点筆者）とした原判決を支持している。賭博の常習性は，肉体的，精神的，心理的依存性ばかりでなく，「賭博が容易に止められない」という意味で経済活動上の依存性も含むと解すべきであり，この判決は支持されるべきである[20]。なお，この場合には，遊戯機の種類，設置場所，台数，営業期間，資金の投下額などによって常習性を認定すべきである[21]。

---

[17] 大判大3・4・6刑録20・465。
[18] 最判昭25・10・6刑集4・10・1951，最大判昭26・8・1刑集5・9・1709。
[19] 大谷實「判批」ジュリ743号180頁。
[20] 反対，団藤・354頁，大塚・532頁〔経済活動上の依存性は習癖の内容をなしえない〕。
[21] 東京高判昭60・8・29高刑集38・2・125。

3 行 為

本罪の行為は，常習性の発現として賭博をすることである。常習性の発現と認められる限り，1回の賭博行為についても常習賭博罪を適用してよい。常習性の発現と認められる数回にわたって反復された賭博行為は，集合犯として包括一罪となり，併合罪を構成するものではない[22]。

4 共犯・累犯加重

本罪は，行為者に常習性があるため刑が加重される加減的身分犯または不真正身分犯である。

(1) **共犯関係**　不真正身分犯について，刑法は加減的身分は身分者についてのみ作用するものと定めているから，共犯者に常習性が波及することはない。したがって，第1に，賭博の常習者が非常習者を相手に賭博を行ったときは，賭博罪の限度で共同正犯が成立し，常習者には独立して常習賭博罪が成立する[23]。常習賭博罪の共同正犯が成立するという見解もあるが，非常習者に常習性を波及させる点で妥当でない。第2に，非常習者が常習賭博を教唆・幇助したときは，正犯は常習賭博罪となるが共犯者には賭博罪の教唆・幇助犯が成立する。第3に，常習者が非常習者の賭博行為を教唆・幇助したときは，正犯は賭博罪となり，共犯については，共犯行為が常習性の発現と認められるときは常習賭博罪の教唆・幇助犯を認めてよいが，そうでないときは賭博罪の教唆・幇助犯を認めるべきである[24]。通説は，常に常習賭博罪の教唆・幇助犯の成立を認めるべきであるとしているが[25]，常習賭博罪は，常習性の発現としての行為を要すると解すべきであるから，常習性の発現と認められない場合には賭博罪の教唆・幇助犯が成立すると解すべきである。

(2) **累 犯**　常習賭博の前科ある者が56条の要件があるときに重ねて賭博行為を行えば，累犯加重をすべきである。累犯的な反復行為が常習性の発現として行われる以上，集合犯の一部を形成するにすぎないから累犯加重は認められないとする見解もありうるが，累犯は常に常習犯であるとは限らないので，累犯加重を認めるべきである[26]。

---

22 大判大 12・4・6 刑集 2・309。
23 最決昭 54・4・13 刑集 33・3・179 参照。
24 団藤・355 頁，大谷・総論 460 頁参照。なお，大塚・533 頁。
25 大連判大 3・5・18 刑録 20・932〔186 条 1 項は共犯にも適用がある〕。

第2節　賭博および富くじに関する罪　　*545*

4　賭博場開張図利罪・博徒結合図利罪

　賭博場を開張し，又は博徒を結合して利益を図った者は，3月以上5年以下の懲役に処する（186条2項）。

1　賭博場開張図利罪

　本罪は，みずから主催者となって賭博をさせる場所を設けることを内容とするものである。

　(1)　**行　為**　　本罪の行為は，みずから主催者となって，その支配下において賭博をさせる場所を開設することである[27]。行為者は特に限定されず，博徒または賭博常習者であることも必要でない。賭ける人を誘引する必要がないことはもちろん，賭博の現場に臨むことも，またみずから賭博することも要しない。みずから賭博をすれば，賭博罪と本罪との併合罪となる。賭博場は，特に賭博のために設けられたものでなくてもよく，また，開張者の支配下にある場所か否か，さらにその支配の程度いかんも問わない。株式取引所の参観席で取引所の相場の高低に金銭を賭けさせるために場所を設けた場合[28]，あるいは，野球賭博のために事務所を設け電話で賭客の申し込みを受けたときは，その場所に賭博者が来集することがなくても開張に当たる[29]。

　(2)　**主観的要件**　　本罪は，「利益を図」る意思すなわち図利目的を必要とする（目的犯）。「利益を図」るとは，賭博の開張によって利益を得る目的をもつことをいい，例えば，賭博において賭博者から寺銭，入場料または手数料などの名目で，開張の対価として財産的利益を得ようとする意欲をいう。

　(3)　**既　遂**　　本罪は，図利目的をもって賭博場を開設すれば既遂に達し，現に財産上の利益を得たことを要しない。その賭博場で賭博が行われたか否かも問わない[30]。

　(4)　**罪　数**　　本罪は集合犯ではないから，別個の意思で目的・場所を異にして行う開張はそれぞれ一罪を構成し，全体として併合罪となる[31]。本罪

26　内田・525頁。
27　最判昭25・9・14刑集4・9・1652。
28　大判昭7・4・12刑集11・367。
29　最決昭48・2・28刑集27・1・68。
30　大判明43・11・8刑録16・1875。

546 第2編 社会法益に対する罪 第4章 風俗に対する罪

は継続犯であり，賭博場を開設した以上，その間，寺銭を数回にわたって徴収しても一罪である。また，賭博場開張行為は当然に賭博の教唆・幇助行為を含むから，後者は前者に吸収される。賭博場開張の情を知りながらそれに必要な房室を給与した者は，結果として賭博者の犯行を容易ならしめても単に本罪の幇助犯となるにすぎない[32]。賭博場開張の幇助は当然に賭博そのものの幇助を含むからである[33]。

2 博徒結合図利罪

本罪は，博徒を結合して利益を図る行為を内容とする。「博徒」とは，常習犯または職業的賭博者であって，親分・子分の関係で団結する者を指す[34]。「結合して」とは，犯人みずからが中心となって，博徒との間に親分・子分の関係を結び，縄張り内で賭博を行う便宜をこれに提供することをいう[35]。本罪においても図利目的が必要であるが，現に利益を得たことは必要でない。本罪は犯人がその子分らにその縄張り内で賭博させる便宜を与えれば既遂となる[36]。本罪も継続犯であるから，犯人が親分としての地位を失わない限り犯罪は継続する[37]。博徒結合図利罪の犯人が，みずから賭博場を開張した場合には，両罪は性質を異にするものであるから賭博場開張図利罪との併合罪である[38]。

5 富くじ罪（富くじ発売罪・富くじ取次ぎ罪・富くじ授受罪）

富くじを発売した者は，2年以下の懲役又は150万円以下の罰金に処する（187条1項）。富くじ発売の取次ぎをした者は，1年以下の懲役又は100万円以下の罰金に処する（同条2項）。前2項に規定するもののほか，富くじを授受した者は，20万円以下の罰金又は科料に処する（同条3項）。

---

31 前掲最判昭25・9・14。
32 大判大9・11・4刑録26・793。
33 ポケット429頁。
34 江家・184頁。
35 団藤・358頁。大判明43・10・11刑録16・1689参照。
36 前掲大判明43・10・11。
37 前掲大判明43・10・11。
38 大判明43・12・9刑録16・2157。

1 意 義

本罪は，富くじの発売，取次ぎ，授受行為を内容とする犯罪であり，「発売」は賭博場開張図利罪に，「授受」は単純または常習賭博罪に相当するものであるが，いずれも賭博に関する罪より刑が軽い。富くじは抽せんのような単純な偶然性に勝敗をかからしめるもので，人をして正業を失わしめるような性質の勝負事でない点に単純または常習賭博罪より法定刑の軽い根拠がある[39]。富くじも偶然の事情にかかる勝敗に財物を賭けるのであるが，「富くじ」とは，一定の発売者があらかじめ番号札を発売しておき，その後抽せんその他の偶然性を有する手段を用いてその購買者の間に不平等な利益を分配することをいう。したがって，賭博と富くじとの間の相違は，前者においては当事者の全員が財物を喪失する危険を負担するのに対し，後者においては発売者はこの危険を負担せずに購買者だけが負担する点にあるとすべきである（通説）[40]。当せんしなかった者が財物を全然喪失しない，例えば，「福引」は富くじ罪にならない[41]。

2 類 型

富くじを発売する場合が富くじ発売罪であり（1項），取次ぎをする場合が富くじ取次ぎ罪であり（2項），授受する場合が富くじ授受罪である（3項）。「発売」は，抽せんの方法により購買者に偶然の利益を取得させる目的でくじ札を有償的に譲渡する場合をいう[42]。「取次ぎ」とは，富くじの売買を周旋することであり，「授受」とは，富くじを購買した者がそれを第三者に贈与・売却するような所有権移転行為であって，発売以外のものをいう。

第3節　礼拝所および墳墓に関する罪

1 総 説

日本国憲法はその20条において信教の自由を保障している。したがって，

---

[39] ポケット431頁。
[40] 反対，木村・226頁。
[41] 大判大3・7・28刑録20・1548。
[42] 大判大3・11・17刑録20・2139参照。

国は宗教または宗教上の信仰に対して積極的には無論のこと消極的にも干渉することは許されない。しかし，公衆は，宗教的生活上の風俗をもっており，これを保護しないときは，公衆の宗教的感情が害され，個人の幸福追求にとって重大な支障をきたすのである。それゆえ，本罪の**保護法益**は，現に存在している健全な宗教的風俗・感情であるとすべきであり，刑法は，①礼拝所不敬罪（188条1項），②説教等妨害罪（同条2項），③墳墓発掘罪（189条），④死体損壊等罪（190条），⑤墳墓発掘死体損壊等罪（191条）および⑥変死者密葬罪（192条）を定めて，その保護を図っている。なお，変死者密葬罪は，死体に関するものであるために便宜上ここに置かれているのであって，その性質は行政上の取締規定にほかならない。

2 礼拝所不敬罪

神祠，仏堂，墓所その他の礼拝所に対し，公然と不敬な行為をした者は，6月以下の懲役若しくは禁錮又は10万円以下の罰金に処する（188条1項）。

1 客 体

本罪の客体は，宗教的な崇敬の対象となっている場所すなわち神祠，仏堂，墓所その他の礼拝所である。宗教の種類，礼拝の形式のいかんを問わない。「**神祠**」とは，神道により神を祭った施設（祠堂）をいい，「**仏堂**」とは，仏教による寺院その他の礼拝所をいう。いずれもその大小を問わない。「**墓所**」とは，人の遺体・遺骨を埋葬・安置して死者を祭祠し，または記念する場所をいう。墓碑・墓標の有無を問わない。「その他の礼拝所」とは，例えば，キリスト教，天理教の教会などである。いずれも礼拝の対象物となっていることが要件となるから，住職等の住居，祭壇とは別棟となっている社務所，寺務所または庫裡などは本罪の客体に含まれない。一部の迷信家によって尊崇されている淫祠妊堂（性器礼賛）も含まれない。

2 行 為

本罪の行為は，公然と不敬の行為をすることである。「**公然**」とは，不特定または多数人の視聴に達しうる状況をいう。「**不敬の行為**」とは，礼拝所の尊厳または神聖を害する行為のことであり，墓の仏石を押し倒し[1]，侮辱的言辞

---

1 福岡高判昭61・3・13判タ601・76。

をあびせたり，神体を足げにし，汚物を投げつけ，落書するなどの行為がその例である。判例には，墓所に対して放尿するような格好をした行為につき本罪を認めたものがある[2]。

> **公然不敬行為の例**　最決昭和 43 年 6 月 5 日刑集 22 巻 6 号 427 頁は，「被告人らが墓碑を押倒した共同墓地は，県道につながる村道に接近した場所にあり，他人の住家も遠からぬ位置に散在するというのであるから，たまたま，その行為が午前 2 時ごろに行われたもので，当時通行人がなかったとしても，公然の行為というに妨げないものというべきである」と判示した。夜が明ければ公衆の目にふれるのであるから，この決定は妥当である。また，不敬行為の参考例として，東京高判昭和 27 年 8 月 5 日高刑集 5 巻 8 号 1364 頁は，他家に対する悪感情の発露として「畜生意地がやけら，小便でもひっかけてやれ」といいながら，その家の墓所に放尿するような恰好をするがごときは，たとえ現実には放尿しなくても，見る者をして，その墓所に対する崇敬の念に著しく相反する感を与え，本罪を構成するとした。

3　説教等妨害罪

　説教，礼拝又は葬式を妨害した者は，1 年以下の懲役若しくは禁錮又は 10 万円以下の罰金に処する（188 条 2 項）。

1　客　体

　本罪の客体は，説教，礼拝または葬式である。「**説教**」とは宗旨・教義の解説をいう。「**礼拝**」とは，神仏に宗教的尊崇心を捧げる行為をいう。「**葬式**」とは死者を葬る儀式をいうが，死胎や家畜を葬る儀式は慣習上の葬式ではないと解すべきである。宗教に関する学術上の講演，宗教的儀式とみられる婚礼，托鉢などは本罪の客体とはならない。説教，礼拝または葬式が実施されているのを妨害するだけでなく，まさに行われようとしているのを妨害する場合を含む。

2　行　為

　本罪の行為は，妨害することである。「**妨害**」とは，説教等が平穏に行われることに障害を加えることをいう。言語・動作，暴行・脅迫さらに詐欺的手段によるなど，説教等が平穏に遂行されるのに支障を与える行為であれば足りる。妨害の結果として現実に説教等が阻止されたことは必要でない。

---

2 東京高判昭 27・8・5 高刑集 5・8・1364。

550　第2編　社会法益に対する罪　第4章　風俗に対する罪

4　墳墓発掘罪

> 墳墓を発掘した者は，2年以下の懲役に処する（189条）。

1　客　体

本罪の客体は，墳墓である。「墳墓」とは，人の死体，遺骨，遺髪などを埋葬して死者を祭り，礼拝の対象とする場所をいう。死胎を埋葬した場所であっても，礼拝の対象となっている以上は墳墓である。しかし，かつて墓所であった古墳のように，すでに礼拝の対象となっていない場所は墳墓ではない[3]。

2　行　為

本罪の行為は，発掘することである。「発掘」とは，墳墓の覆土の全部もしくは一部を除去し，または墓石などを破壊・解体する方法で墳墓を損壊することをいい，墳墓内の棺桶等が外部に露出することを要しない[4]。墳墓内にある死体，遺骨などが外部から認識しうる状態に至らなければ本罪は成立しないとする見解が有力であるが[5]，この説に従うと，本罪には未遂罪がないから内部の物が露出しない限り本罪は成立しないことになって不都合である[6]。発掘が適法であるときには，本罪が成立しないことは無論である（刑訴129条，222条，墓地5条2項）。

5　死体損壊等罪

> 死体，遺骨，遺髪又は棺に納めてある物を損壊し，遺棄し，又は領得した者は，3年以下の懲役に処する（190条）。

1　客　体

本罪は，葬祭に関する風俗を保護し，また，死体に対する公衆の敬虔感情を保護しようとするものである。本罪の客体は，死体，遺骨，遺髪および納

3　大判昭9・6・13刑集13・747。
4　最決昭39・3・11刑集18・3・99〔覆土除去説〕。なお，福岡高判昭59・6・19刑月16・5＝6・420〔コンクリート製納骨室の構造の墓の場合は納骨室の壁，天井，扉等の重要部分の破壊が必要〕参照。
5　植松・237頁〔内部露出説〕。
6　大塚・541頁。

棺物の4種である。「死体」とは，死亡した人の身体をいう。死胎もすでに人体の形を備えているものは死体である。死体の一部またはその内容をなしている臓器も含む[7]。遺棄行為の当時，客体が死亡していたか否か明らかでなかったときは，法医学的に生命を維持していた可能性があっても，社会通念上死体遺棄罪の刑責を問いうるかという観点を踏まえて死亡を認定すべきである[8]。固定的に死体につけられている物，例えば，金歯などは人体と一体となりその一部とみることができる。したがって，この金歯を領得すれば死体損壊罪を構成することになるが，生前において人体の一部と認められない義歯などは，死体に付着していても装身具と同視すべきである[9]。

「遺骨」および「遺髪」とは，死者の祭祠または記念のために保存しているか，または保存すべき死者の骨，頭髪をいう。「棺に納めてある物」すなわち納棺物とは，いわゆる副葬品をいい，葬る際に死体や遺骨などとともに棺内に納めた一切の物を含む。棺桶自体は納棺物ではない。祭祀，礼拝の対象とならないものは，本罪の客体ではない。例えば，骨あげの後に火葬場に遺留した骨片は，ここにいう遺骨ではない[10]。

2 行 為

本罪の行為は，損壊，遺棄または領得である。

(1) **損壊・遺棄** 「損壊」とは死体の手足を切断するというように物理的な破壊のみを指す。死体の解剖も損壊であるが，法令上違法性が阻却される場合がある（死体解剖保存法など）。死体に対する侮辱行為，例えば，屍姦は損壊ではなく[11]，また，屍姦は現行法上犯罪でもない。「遺棄」とは，風俗上の埋葬と認められない方法で死体を放棄することをいう。死体を共同墓地に埋めたとしても，それが風俗上の埋葬といえない限り遺棄である[12]。遺棄は，移して棄てる作為の場合のほかに不作為による場合も含む。

不作為による死体遺棄は，法令，契約，慣習その他条理などにより，法律上

---

7 大判大14・10・16刑集4・613。
8 札幌高判昭61・3・24高刑集39・1・8。
9 植松・238頁。
10 大判明43・10・4刑録16・1608。
11 最判昭23・11・16刑集2・12・1535。
12 大判昭20・5・1刑集24・1。

552 第2編 社会法益に対する罪 第4章 風俗に対する罪

死体の埋葬義務ある者が，死体を放置したときにのみ成立する[13]。殺人犯人は直ちに法律上の埋葬義務者とはならないから，死体を放置したまま立ち去っても必ずしも不作為による死体遺棄罪を構成しない。しかし，例えば，母親がその嬰児を殺害して，そのまま殺害現場に死体を放置して立ち去れば死体遺棄罪を構成する[14]。殺人罪または過失致死罪などの犯人については，死体を移棄するという作為がない限り，通常は死体遺棄罪を構成しない。

> **死体の放置と遺棄**　致死の結果と死体放置行為との関係について考えてみよう。(1)殺人行為によって殺した後に死体を放置しても，死体遺棄罪を構成しない[15]。殺人犯人にその被害者の死体を埋葬させるのは，かえって公衆の死体に対する敬虔感情を害するからである。しかし，殺人犯人が犯跡を隠そうとしてこれを隠匿するのは，埋葬義務者の埋葬を妨げることになるから遺棄となる。(2)過失によって人を死なせた場合には，先行行為による作為義務があり，そのまま放置して離去すれば死体遺棄罪を構成するという有力な見解があるが，この場合にも積極的に棄てる行為がない限り，死体に対する敬虔感情を害したことにはならないと解すべきである[16]。(3)傷害致死等の結果的加重犯についても，(1)と同様の理由で死体遺棄罪の成立が否定される。私見によれば，(1)(2)(3)いずれの場合にも**死体の放置行為**は不可罰的事後行為に当たり，新たに死体遺棄行為がなされない限り本罪を構成しない。ただし，不作為による死体の放置については特別罪があることに注意されたい（軽犯罪法1条18号）。なお，福岡高宮崎支判平成14年12月19日判タ1185号338頁は，死亡後約3ヵ月間，塾生に死体の側に付き添わせて生活させた本案につき，死体遺棄を認めた。

(2)　**行　為**　本罪の行為は，不法に死体，遺骨，遺髪または納棺物の占有を取得することである。取得の方法は問わない。直接に取得しない場合，例えば，買い受ける行為，領得犯人から取得する行為も含む[17]。領得には，領得の意思を要するとするのが判例[18]であるが，財産犯でない本罪について領得の意思を必要とする根拠は認められない。なお，領得については，納棺物の領得行為に財産罪の適用があるかが論じられている。しかし，死体，遺骨，遺髪が死者の祭祀または記念の対象物となっている限り，所有権その他の本

13　大判大6・11・24刑録23・1302。
14　前掲大判大6・11・24。
15　大判昭8・7・8刑集12・1195。
16　板倉・注釈(4)361頁。
17　大判大4・6・24刑録21・886。
18　大判大13・10・7新聞2331・6。

権の目的物ではなく，また，納棺物として埋葬に供された物に対する占有は，すでに放棄されたものとしてみるか，少なくともゆるやかな権利と解すべきであり，財物罪の保護法益としては消滅していると考える（➡198頁）。

納棺物と財物罪　団藤・363頁は「財産罪の競合を否定する根拠は十分でなく，刑の権衡の点からもむしろ財産罪の成立を競合的にみとめるのが妥当であろう」とされ，死体も含めて財産罪（損壊，遺棄，領得すべて）の競合を認め，本罪との観念的競合にすべきであると主張されている[19]。

(3)　**他罪との関連**　人を殺害後に死体を不法に損壊すれば，殺人罪と死体損壊罪の併合罪である。また，人を殺害後に死体を遺棄する行為は，殺人罪と死体遺棄罪との併合罪になるとするのが判例であるが[20]，死体遺棄は殺人行為の結果として行われる場合が通例であるから，牽連犯とすべきであろう[21]。

6　墳墓発掘死体損壊等罪

墳墓発掘罪（189条）を犯して，死体，遺骨，遺髪又は棺に納めてある物を損壊し，遺棄し又は領得した者は，3月以上5年以下の懲役に処する（191条）。

本罪は，墳墓発掘罪と死体損壊等罪との結合犯である。不法に墳墓の発掘をした者が，死体等の損壊，遺棄，領得をした場合に成立するものであって，適法な発掘をした機会に領得等の行為をするのは190条の罪を構成するにすぎない[22]。

7　変死者密葬罪

検視を経ないで変死者を葬った者は，10万円以下の罰金又は科料に処する（192条）。

本罪は警察目的ないし犯罪捜査目的のための一種の行政犯であり，風俗に対する罪とは無縁である。「変死者」とは，犯罪を死因とする死体，死因不明

19　同旨，福田・144頁，内田・519頁。反対，平野・201頁，大塚・545頁，中森・255頁，山口・525頁。
20　大判明44・7・6刑録17・1388。
21　小野・153頁，大塚・544頁，内田・519頁，中森・256頁。
22　大判大3・11・13刑録20・2095。

の不自然死による死体およびその疑いがある死体のことである。「検視」とは，死体に対する検証をいう。例えば，犯罪による死亡の疑いがあるときに行われる司法検視（刑訴229条），伝染病死の疑いがあるときに行われる行政検視（昭和33年国家公安委員会規則3号）がこれに当たる。検視を行わないで埋葬するときに本罪を構成する。「葬る」とは，埋葬することをいう。埋葬の方法のいかんを問わない。

変死者の例　　大判大正9年12月24日刑録26輯1437頁は，樹上より落ちて医師の治療を受けたがついに死亡した事案につき，「通俗に変死者と云ふときは不自然の死者を汎称するものと解すべきも，元来刑法第192条が変死者を埋葬するの前提として検視を受くることを必要としたるは，畢竟，死因に犯罪の嫌疑ある死者に就き死因を検案して犯罪捜査の端緒を喪わざらしむるが為めに外ならざるが故に，同条に所謂変死者とは不自然なる死亡を遂げ其死因の不明なる者のみを指称す」として変死者でないとした。結論が妥当なことは勿論であるが，犯罪であることが明らかな場合および不自然な死亡を遂げた疑いがある場合も含ませるべきであるから，引用の判旨では狭すぎると考える（通説）。

第3編

国家法益に対する罪

556　第3編　国家法益に対する罪

法益は，究極において国家のために保護されるのであるから，すべて国家法益であるといえなくもないが，刑法が直接に保護の対象としている国家法益は，国家の存立と国家の作用とに大別できる。国家の存立に対する罪は，国家の内からの侵害である内乱に関する罪と外からの侵害である外患に関する罪とに分類される。国家の作用に対する罪もまた内からの侵害すなわち公務員自体による侵害と，外からの侵害すなわち公務員以外の者による侵害とに分かれる。なお，地方公共団体の作用は厳密にいえば国家の作用から区別されるべきであるが，公的作用として国家の作用と異なるところがないから，特に指摘しない限り，国家の作用というときは地方公共団体の作用をも含むものとして取扱う。

第1章

国家の存立に対する罪

　国家の存立に対する罪は，憲法で定められた国家の基本組織を内部から破壊し，国の存立自体を危うくするものとして，最も重大な犯罪であるとする見地から，わが国の刑法は，本罪を刑法各則の冒頭に位置づけている。日本国憲法の制定前においては，第2編「罪」第1章は，天皇中心主義の国家観に基づき，「皇室に対する罪」が配列され，天皇，皇太子等に危害を加え，または加えようとする者は死刑（73条），また，皇族に対して上記の行為をしたときは死刑または無期懲役（75条）に処せられ，さらに，それぞれに対する不敬の行為をする罪が規定されていた（74条，76条）。しかし，日本国憲法の制定に伴い皇室に対する罪は1947（昭和22）年に刑法一部改正によって削除され，現在においては，①わが国の内部から国家の存立をおびやかす内乱に関する罪（第2編第2章），②外部からおびやかす外患に関する罪（同第3章），および，③国交に関する罪（同第4章）が規定されている。なお，行為者の意図が実現されれば，それまでの法秩序は否定され，当該の行為を犯罪として処罰できなくなるから，本罪は抽象的危険犯としてしか存在しえない[1]。

第1節　内乱に関する罪

1　総　説

　内乱に関する罪は，憲法の定める統治の基本秩序の壊乱を目的として暴動を起こすことを内容とする犯罪である。刑法は，上の目的をもってする暴動

1　中森・233頁。

を①内乱罪（77条1項）とし，②その未遂罪（同条2項），③予備・陰謀罪（78条），および④幇助罪（79条）を規定している。国家は，国の統治機構ないし憲法の定める統治の基本秩序を基本要素として成立するものであり，本罪は，このような国家の政治的基本組織を不法に破壊することを目的とする犯罪であり，政治犯または確信犯（非破廉恥罪）の典型である。そこで従来多くの国では，これに対し厳罰をもってのぞんではいるが，他面，犯罪者の処遇については名誉刑といった特別の処遇が考えられてきた[2]。わが国においても内乱に関する罪については，自由刑として禁錮が法定刑となっているが，これは，その趣旨に由来するものと思われる。

> **特別法**　内乱に関する罪の特別法としては破壊活動防止法および電波法があり，国家の存立を脅かす行為を罰している。刑法は，保護主義的見地から，内乱の罪の規定を外国人が日本国内で本罪を犯す場合ばかりでなく，外国人が日本国外で犯す場合にも適用するものとしている（2条2号）。

2　内 乱 罪

> 国の統治機構を破壊し，又はその領土において国権を排除して権力を行使し，その他憲法の定める統治の基本秩序を壊乱することを目的として暴動をした者は，内乱の罪とし，次の区別に従って処断される。(1) 首謀者は，死刑又は無期禁錮，(2) 謀議に参与し，又は群衆の指揮をした者は無期又は3年以上の禁錮，その他諸般の職務に従事した者は1年以上10年以下の禁錮，(3) 付和随行し，その他単に暴動に参加した者は，3年以下の禁錮に処する（77条1項）。前項の罪の未遂は，罰する。ただし，同項第3号に規定する者については，この限りでない（同条2項）。

1　主 体

本罪の行為は暴動であり，暴動は，その性質上多数人が集団として結合する必要があるから，必然的にその主体は多数人ということになる。したがって，本罪は必要的共犯の一種である集団犯（多衆犯）にほかならない。多数人は，統治の基本秩序を壊乱する目的に相当する規模の人数と，その目的遂行を可能にする程度に組織化されていることを要する[3]。多数人のなかには当然に首謀者の存在が予定されるとともに，多数人の行為は，後述のごとき関

---

2 大谷實・新版刑事政策講義（2009）38頁参照。
3 団藤・注釈(3)11頁。

第1節　内乱に関する罪　*559*

与の形態に分けられる。

2　行　為

　本罪の行為は，集団行動としての暴動である。「**暴動**」とは，多数の者が結合し，基本秩序の壊乱の目的に相当する規模の暴行・脅迫を行うことをいう。集団として暴行・脅迫を行えば足りるから，必ずしも関与者各人が暴行・脅迫を行うことを要しない[4]。通説は，社会の平穏を害する程度の暴行・脅迫で足りるとするが，本罪の性質にかんがみ，その規模および態様において国家の基本組織に動揺を与える程度の強力なものであることを要すると解すべきである[5]。また，統治の基本秩序の壊乱を目的とするのであるから，騒乱罪におけるように単に「多衆の集合」が認められるにすぎないときは本罪を構成しないと解すべきであり，「壊乱」に向けられた，ある程度まで組織化された集団による暴動が必要となる。

　暴動は，暴行・脅迫を内容とするが，本罪における暴行・脅迫は「壊乱」を目的とするものであるから，目的に相応する程度のもの，少なくとも国の統治機構に動揺を与える程度のものであることを要する[6]。「一地方の平穏を害する程度」の暴動では足りないと解される[7]。暴行・脅迫は**最広義**におけるものである。暴行は人に対すると物に対するとを問わず，また，殺人，傷害，放火等の程度の高い暴行をも含む。脅迫における告知の内容となる害悪の種類には，限定がない。そして，殺人，傷害，放火等の行為が「壊乱」の手段として行われ，それらの犯罪が社会通念からみて「壊乱」の目的を達成するための相当な手段と認められるときは，殺人罪，傷害罪，放火罪等は暴動のなかに当然に含まれるのであって（吸収関係），本罪との観念的競合になるのではない[8]。本罪は，国家の基本組織に動揺を与える程度の暴動を行うことによって**既遂**に達し，上の目的で多数人が集合し暴動を開始したが，国家の基本組織を揺がす程度の暴行・脅迫にまで至らなかったときは，**未遂罪**となる[9]。

---

4 香川・12頁。反対，内田・597頁。
5 瀧川・294頁，井上＝江藤・312頁，内田・597頁，中森・260頁。
6 小暮ほか〔江口〕・471頁。
7 団藤・17頁，大塚・550頁。反対，中森・260頁。
8 後掲大判昭10・10・24。
9 ポケット318頁，中森・261頁。反対，大塚・550頁。

未遂罪は「壊乱の目的」が実現できなかったという意味ではないのである。

3 主観的要件

本罪は，主観的要件として，内乱の故意とともに統治機構を壊乱する目的を必要とする。

(1) **故 意**　本罪の故意は，①集団としての多数者に加わる意思，②その集団としての暴動に参加する意思を必要とする。

(2) **目 的**　主体としての多数人は，統治機構を壊乱する目的を有していなければならない（目的犯）。「統治の基本秩序を壊乱する」とは，日本国の政治的基本組織を不法に変革・破壊することをいい，統治機構の破壊および「国権を排除して権力を行使し」は，その例示である[10]。「統治機構を破壊」するとは，行政組織の中枢である内閣制度を不法に破壊することをいい，具体的な個々の内閣の打倒を意味しない[11]。「国権を排除」するとは，例えば，北海道を実力で占拠し独立国を宣言する場合のように，日本国の統治権の行使を事実上排除することをいう[12]。「領土」とは日本国の領土を指す。その他，例えば，日本国憲法の定める国家の基本組織すなわち象徴としての天皇，国会制度および司法制度の不法な変革・破壊も基本秩序の壊乱に当たる。本罪の目的は，直接に基本秩序の壊乱をしようとする目的であることを要する[13]。したがって，暴動が行われても，これを契機として新たに発生する暴動によって「壊乱」の結果が生ずるものと予期したにすぎないときは，本罪に当たらない[14]。「壊乱」を直接の目的としていない暴動は，騒乱罪にはなっても内乱罪には当たらない。

4 処罰の態様

本罪においては，関与者の組織集団内部における地位・役割に応じて処罰が区別される。

(1) **首謀者**　首謀者は，死刑または無期禁錮に処せられる。「首謀者」とは，中心となって暴動を統率する者をいい，1人に限らない。必ずしも暴動の

---

10 大判昭 10・10・24 刑集 14・1267。
11 大判昭 16・3・15 刑集 20・263。
12 朝鮮高判大 9・3・22 新聞 1687・13。
13 団藤・注釈(3)10 頁。
14 前掲大判昭 10・10・24。

現場にいて指揮統率することを要しない。

(2) **謀議参与者・群衆指揮者**　謀議参与者と群衆指揮者は，無期または３年以上の禁錮に処せられる。「謀議参与者」とは，内乱の計画に参加して首謀者を補佐する者をいい，「群衆指揮者」とは，暴動の現場において，または現場に臨むに際し群衆を指揮する者をいう。いずれにおいても暴動の全体について謀議に参与し，または群衆を指揮する必要はない。

(3) **職務従事者**　その他の職務従事者は，１年以上 10 年以下の禁錮に処せられる。「その他諸般の職務に従事した者」とは，例えば，経理や弾薬・食糧の運搬の指揮をとる者のように，暴動について首謀者，謀議参与者および群衆指揮者以外の役割を担う者をいう。

(4) **付和随行者・暴動参加者**　付和随行者その他単なる暴動参加者は，３年以下の禁錮に処せられる。「付和随行し，その他単に暴動に参加した者」とは，暴動が行われるのを知って集団の一部に加わり，指揮者の命令に従って行動し，暴動の勢力を助ける者をいう。これらの者は，内乱罪が未遂に終わったときは罰せられない（77 条２項ただし書）。これらの者が暴動の一環として殺人・放火等の罪を犯しても，暴動全体のなかに包括してこれらを評価し，その全体について首謀者等が重く罰せられるのであり，実行者については３年以下の禁錮に処せられるにすぎない。群衆心理による犯行である点が考慮されるためである[15]。

5　共　犯

本罪は集団犯であるから，暴動の集団内部における関係については，刑法総則の共犯規定の適用はない。それゆえ，首謀者とされる者が付和随行者に対し暴動への参加をよびかけても，本罪の教唆犯を構成しない。では，暴動の集団外にあって他人に対して暴動に参加することをすすめる場合はどうか。これについては，共犯規定の適用を認める説と認めない説とに分かれるが，これを認めるべきである。否定説[16]は，多衆犯として集団的行動への参加者を一定の態様と限度で処罰しようとするものである以上，それ以外の態様の関与行為は処罰の外に置かれるから共犯規定を適用することは許されない

---

15 団藤・注釈(3)12 頁。
16 団藤・18 頁，福田・7 頁，大塚・552 頁，吉川・424 頁，香川・10 頁，小暮ほか〔江口〕・473 頁。

562 第3編 国家法益に対する罪　第1章 国家の存立に対する罪

と主張する。しかし，そうすると，先の場合には77条のいずれの行為者にも
当たらないから，共犯規定を適用しないときは不問に付さざるをえないこと
になり，実質的に不当な結果となる。また，集団犯には共犯規定を適用でき
ないとする否定説は，共犯理論としても認めがたい[17]。

3 内乱予備・陰謀罪

> 内乱の予備又は陰謀をした者は，1年以上10年以下の禁錮に処する（78条）。暴動
> に至る前に自首したときは，その刑を免除する（80条）。

「**予備**」とは，内乱の実行を目的とする準備行為をいう。例えば，武器，弾
薬，食糧を調達し，同志を募るなどの物的な準備行為である。「**陰謀**」とは，
2人以上の者が内乱を計画し，合意に達することをいう。内乱が実行されれ
ば，予備・陰謀は内乱の未遂または既遂に吸収される。**自首による刑の免除**は，
暴動を未然に防ぐという政策に基づく。「**暴動に至る前**」とは，暴動の実行に
着手する以前という意味である。

4 内乱幇助罪

> 兵器，資金若しくは食糧を供給し，又はその他の行為により，内乱罪（77条1項），
> 内乱未遂罪（同条2項），内乱予備・陰謀罪（78条）を幇助した者は，7年以下の禁錮
> に処する（79条）。暴動に至る前に自首したときは，その刑を免除する（80条）。

本罪は，内乱の幇助行為を独立の構成要件としたものである。本罪の**行為**
は，兵器，軍資金，食糧の提供のほか，これに準ずべき行為，例えば，陰謀
場所の提供をすることである。本罪は，その重大性にかんがみ，関与行為を
厳しく取り締まる趣旨で独立罪とされているのであるから，正犯としての内
乱罪およびその予備・陰謀罪が成立しないときにも本罪の成立を認めるべき
である[18]。これに反対する説[19]は，本罪は総則の共犯規定に対する刑のみの特
別規定にすぎないから，その成立には正犯の成立が必要であるとするが，本
罪は幇助の方法をある程度限定しているだけでなく，予備・陰謀についても

---

[17] 植松・6頁，中森・261頁，西田・436頁。
[18] 同旨，小野・13頁，瀧川・296頁，植松・9頁，香川・18頁，岡野・320頁，中森・260頁。
[19] 団藤・21頁，福田・8頁，中・260頁，大塚・554頁，吉川・425頁，中山・491頁，小暮ほか〔江
　口〕・475頁，西田・457頁，井田・524頁，松原・636頁。

第 2 節　外患に関する罪　　*563*

幇助を認めているのであるから，いわゆる**独立幇助罪**を定めたものと解すべきであり，正犯となるべき罪に従属するものではないと考える。本罪についても自首による刑の免除が認められる。

第 2 節　外患に関する罪

1　総　　説

　外患に関する罪は，国の外部から日本国の存立を害する行為を防止するためのものであるが，原則として敵国を利するために国に対する忠誠心に背いてする行為を内容とする。このような**祖国に対する裏切り**という要素があるため，本罪には選択刑として禁錮は除かれ，懲役だけが法定刑として規定されていると解されている[1]。刑法は，①外患誘致罪（81 条），②外患援助罪（82 条），③各未遂罪（87 条），④外患予備・陰謀罪（88 条）を定めている。

　本罪は，わが国と外国との戦争を前提として設けられたものであるが，日本国憲法 9 条により国際法上の戦争は放棄されたことから，昭和 22 年に根本的に改められ，「外国に通謀して帝国に対し戦端を開かしめ又は敵国に与して帝国に抗敵」する（旧 81 条）といった規定から現行の規定のように変わったのである。戦争を放棄しても，外国が不法に武力を行使してくることがありうるので，外国の不法な武力行使を誘致する行為またはこれを援助する行為を処罰するとしたものである。

保護主義　外患の罪については，日本人であると外国人であるとを問わず，また国外犯も処罰される（2 条 3 号）。外国人に対しては，保護主義的見地によって処罰するのであるが，その場合，国際法上適法であるときは犯罪を構成すべきでないとする見解もあるが，むしろ国際法によって処罰が制約されるにすぎないと解すべきである。なお，外患罪に関連する主要な特別法としては，破壊活動防止法 38 条，41 条，自衛隊法 118 条以下などがある。

1　小野・14 頁。

2 外患誘致罪

外国と通謀して，日本国に対し武力を行使させた者は，死刑に処する（81条）。未遂は，罰する（87条）。

「**外国**」とは，外国の政府・軍隊など外国を代表すべき国家機関をいい，「**通謀**」とは，意思の連絡をとる行為をいう。したがって，外国の私人または私的団体と通謀し，その結果として外国による武力行使に至らせても本罪を構成しない。「**武力を行使**」するとは，軍事力を用いて日本国の安全を害する行為をいい，国際法上の戦争である必要はなく，外国が国の意思として日本国に対し武力を行使すれば足りる。外国に通謀することによって武力行使が行われたことを要し，通謀と武力行使との間に**因果関係**が存在しなければならない。外国においてすでに武力行使の意思があった場合でも，通謀によって武力行使が行われたと認められる以上は本罪に当たる。通謀があったが武力行使に至らなかった場合，および武力行使はあったが通謀との間に因果関係が認められない場合は，未遂罪である。通謀行為があったが，外国との意思の連絡に成功しなかった場合にも実行行為はあったのであるから，これを未遂罪とすべきである。ちなみに81条は，**絶対的法定刑**として死刑のみを規定している点に留意すべきである。

3 外患援助罪

日本国に対して外国から武力の行使があったときに，これに加担して，その軍務に服し，その他これに軍事上の利益を与えた者は，死刑又は無期若しくは2年以上の懲役に処する（82条）。未遂は，罰する（87条）。

「外国から武力の行使があったとき」とは，行為が構成要件に該当するための状況（**行為の状況**）であり，外国からの武力行使の開始があったという状況のもとで，外国に与して軍務に服し，その他外国に軍事上の利益を与えることが本罪の行為である。「**加担して**」とは外国政府に加担してという意味であり，「**軍務に服**」するとは軍事上の行動をとるということである。その他の「**軍事上の利益**」とは，外国の武力行使に有利になるような有形・無形の手段を提供することをいう。武力行使開始前にした行為，例えば，外国に有利になる

ような軍事情報を提供しても，88条の罪はともかく本罪を構成するものではない。外国または占領された地域内でやむをえず軍事上の利益に加担する行為は，期待可能性を欠くため責任を阻却する場合が多いであろう（草案123条2項参照）。

4 外患予備・陰謀罪

外患誘致罪（81条）又は外患援助罪（82条）の予備又は陰謀をした者は，1年以上10年以下の懲役に処する（88条）。

第3節 国交に関する罪

1 総 説

国交に関する罪は，外国の国章を損壊・除去・汚損すること，私的に戦闘の予備・陰謀をすること，および中立命令の違反を内容とするものであり，刑法は，①外国国章損壊等罪（92条），②私戦予備・陰謀罪（93条），③中立命令違反罪（94条）を定めている。

国交に関する罪の**保護法益**をめぐっては，ⓐこれを国際法上の義務に基づく外国の法益を保護するための罪であるとする見解（多数説），ⓑ国交の円滑すなわち国家の国際的地位を保護法益と解する見解[1]が対立している。ⓐ説は，外国政府の請求が訴訟条件となりうる場合があること，本罪の内容が国の存立を危うくするようなものでないことを根拠とするが，刑法が本罪を外患に関する罪の後に規定しているところから，これを国家に対する罪としている点は疑いなく，また，わが国の刑法が外国の法益を直接に保護しているとは考えにくい。さらに，実質的にみて国際信義に反するような行為を許せば，現代のように国際関係が複雑になり外国との交流が盛んな時代では，わが国の国際的地位が危うくなるから，国家法益を保護法益と解するⓑ説が妥当である。

本罪の立法形式としては，相互主義と単独主義がある。**相互主義**とは，外国

---

1 柏木・68頁，平野・292頁，西田・439頁，中森・265頁。

の法律が同一の犯罪を規定する場合にのみ自国法を適用するという原則をいい，**単独主義**は，外国の法律の規定にかかわりなく，自国の法律を適用する原則をいう。わが刑法は単独主義を採用しているが，ⓐ説によれば相互主義を採らざるをえないであろうから，この点からみてもⓑ説が妥当である。

改正前の規定　元来は，外国の君主，大統領および使節に対する暴行，脅迫，侮辱の行為を罰するものとされていたが (90 条, 91 条)，昭和 22 年の刑法一部改正によって，皇室に対する罪が削除されたことに伴い上の規定も削除された。日本の元首である天皇が刑法上特別の保護を受けなくなったのであるから，外国の君主なども特別の保護を要しないとする理由のためである。その結果，現行法上は，外国の君主に暴行・脅迫等の行為をしても，一般の人に対するのと同様に扱われる。草案は，128 条，129 条においてこれをいったん復活するものとしたが，法務省刑法改正中間案は，これを復活しないものとした。

② 外国国章損壊罪

外国に対して侮辱を加える目的で，その国の国旗その他の国章を損壊し，除去し，又は汚損した者は，2 年以下の懲役又は 20 万円以下の罰金に処する (92 条 1 項)。前項の罪は，外国政府の請求がなければ公訴を提起することができない (92 条 2 項)。

1 客 体

本罪の客体は，外国の国旗またはその他の国章である。「**国旗**」とは，国を象徴するために定められた旗であり，「**国章**」とは国を示すために定めた一定の物件であって，例えば，国旗以外の旗である軍旗，大使館の徽章がこれに当たる。「**外国**」とは国際法上承認されている日本以外の独立国をいい，わが国が承認しているかどうかは問わない。国旗その他の国章は，外国の国家機関が公的に掲揚しているものに限ると解すべきである[2]。私人の掲揚する外国の国章に対する侮辱的行為も外国の法益侵害に当たるとする見解[3]，および公共の場所（例—国際競技場）における侮辱的な私的掲揚も含むとする見解[4]もあるが，わが国の国際的地位をもって本罪の保護法益であるとする見地にたてば，私的に掲揚しているものまで保護する必要はないと解すべきである。

---

2 瀧川・301 頁，中・264 頁，福田・58 頁，吉川・430 頁，香川・28 頁，中山・496 頁，岡野・322 頁。

3 江家・15 頁，植松・16 頁，大塚・649 頁，西原・412 頁，内田・694 頁，山中・737 頁。

4 西田・440 頁。

第 3 節　国交に関する罪　*567*

本罪（2 年以下の懲役または 20 万円以下の罰金）の法定刑が器物損壊罪（3 年以下の懲役または 30 万円以下の罰金）と比べて軽いのは，国旗等の財産的価値が器物損壊罪の予定する財物の価値よりも上限が低いと考えられたためであろう。

2　行　為

本罪の行為は，国章を損壊，除去または汚損することである。「**損壊**」とは，国章自体を破壊または毀損する方法によって，国章の外国の威信・尊厳を表彰する効用を滅失または減少せしめることをいう。「**除去**」とは，国章自体に損壊を生ぜしめることなく，場所的移転や遮蔽等の方法によって，国章が現に所在する場所において果している威信・尊厳の表彰の効用を滅失または減少せしめることをいう。「**汚損**」とは，人に嫌悪の感を抱かしめる物を国章に付着または付置して，国章自体に対して嫌悪の感を抱かしめる方法によって，国章としての効用を滅失または減少させることをいう[5]。

行為の結果，外国政府が名誉感情を害されたか否かは本罪の成立に関係がない。本罪と器物損壊罪との関係については，ⓐ観念的競合を認める説（通説），ⓑ法条競合を認める説[6]があるが，両者の法定刑の相違に着眼し，本罪が適用されれば，器物損壊罪は適用されない法条競合の択一関係に当たると解すべきである。

3　目　的

本罪の行為は，外国に対して侮辱を加える目的で行われることを要する（**目的犯**）。「**侮辱を加える**」とは，その国に対する否定的評価を表示することをいう。侮辱を加える目的については，ⓐ本罪を目的犯とし，「目的」は主観的違法要素であるとする説（通説），ⓑこれを傾向犯とし，「目的」は主観的違法要素であるとする説[7]，ⓒ目的は客観的に侮辱を表わす態様の行為を示す語と解する説[8]が対立している。侮辱の意図・目的があって初めて損壊等の行為が外交作用の侵害としての意味をもつと解すべきであるから，ⓐ説が妥当である。

5　大阪高判昭 38・11・27 高刑集 16・8・708，最決昭 40・4・16 刑集 19・3・143。
6　吉川・431 頁，中山・497 頁，内田・694 頁，小暮・注釈(3)35 頁，中森・266 頁，西田・440 頁，山口・537 頁。
7　佐伯千仭・刑法における違法性の理論（1981）266 頁。
8　小暮ほか〔佐伯（仁）〕・606 頁。

4 請 求

本罪は外国政府の請求がなければ公訴を提起することができない。それゆえ，請求は訴訟条件である（刑訴338条4号）。告訴と請求は同じ効果を有するものであるが，厳格な方式を必要としないとする趣旨から請求という語が用いられるのである。

3 私戦予備・陰謀罪

外国に対して私的に戦闘行為をする目的で，その予備または陰謀をした者は，3月以上5年以下の禁錮に処する。ただし，自首した者は，その刑を免除する（93条）。

1 行 為

本罪は，私的に，つまり国の命令によらないで外国に対して戦闘行為を行う目的をもって，予備・陰謀を行うことを内容とする犯罪である。現行法は，予備・陰謀だけを罰する趣旨によるものと解されている（通説）。しかし，万一にも私戦が開始されて殺人，放火，騒乱などの罪に当たる行為がなされた以上は，それらの罪と本罪とが成立することになる。両罪の関係については，併合罪説[9]および牽連犯説[10]とがあるが，本罪は独立罪として規定されており，他人予備罪をも含むものであるから前説が妥当である。

2 目 的

本罪の行為は，外国に対し私的に戦闘する目的で行われることを要する（目的犯）。「私的に戦闘行為をする」とは，国の命令によらない，ある程度組織的な武力の行使をいう[11]。この目的をもって予備または陰謀をなすことが本罪の行為である。予備とは私戦の準備行為をいい，兵器，弾薬の準備などその方法のいかんを問わない。陰謀とは，私戦の実行を謀議することをいう。自首した者は必要的に刑が免除される。

---

9 柏木・70頁，小暮ほか〔佐伯（仁）〕・609頁。
10 江家・17頁，大塚・651頁，中森・266頁。
11 ポケット228頁。

④ 中立命令違反罪

外国が交戦している際に，局外中立に関する命令に違反した者は，3年以下の禁錮又は50万円以下の罰金に処する（94条）。

1 意 義

外国において既に戦争が行われている場合，国際法上中立国は一定の義務を負うが，局外中立命令に違背する行動をわが国民がとるときは，国際信義に反することとなり，わが国の国際的地位が危うくなるという理由で本罪が設けられたものである。

2 行為の状況

本罪が成立するためには，「**外国が交戦している際**」に行為がなされることを要する。外国とは日本国以外の国をいい，承認・国交の有無を問わない[12]。交戦の際は，本罪の性質に照し国際法上の紛争のみならず事実上の戦争状態を含むと解すべきである。

3 行 為

本罪の行為は，局外中立に関する命令に違反することである。「**局外中立に関する命令**」とは，外国が戦争に陥った際に，わが国がそのいずれにも加担しないことを宣言し，併せて国民に対しても，そのどちらにも便益を与えてはならない旨を指示して発する命令をいう。政令に限らず，法律および法律に基づく命令を含む。

命令の具体的内容は，外国交戦の際に発する命令によって決まるから，本条は**白地刑罰法規**である。局外中立命令が廃止された後においても命令施行中の行為を処罰することができるかについて，ⓐ白地刑罰法規である本条が廃止されない以上，中立命令の廃止は刑の廃止に当たらないから処罰すべきであるとする肯定説[13]，ⓑ特に追及効を認める明文の規定がない限り，刑が廃止されたものとみる否定説[14]が対立している。中立命令の廃止によって構成要件ないし可罰的評価の変更がなされ処罰されなくなった以上，刑が廃止

---

12 小暮ほか〔佐伯〕・610頁。
13 木村・116頁，江家・16頁，植松・18頁，小暮・注釈(3)40頁。
14 大塚・653頁，香川・32頁，山中・739頁。

570   第3編 国家法益に対する罪   第1章 国家の存立に対する罪

されたものと解すべきであるから，ⓑ説が妥当である。それゆえ，戦争継続
中に局外中立命令が廃止された場合は，可罰的評価に変化があったものであ
り，刑の廃止を認めて免訴の判決をすべきであるが，戦争の終結によって廃
止された場合は構成要件的状況がなくなったにすぎないから，事実の変化と
して刑の廃止を認めないとする見解[15]は，妥当でない。

---

15 小暮ほか〔佐伯（仁）〕・610頁。

第1節　公務員と公務所　*571*

第2章

国家の作用に対する罪

　刑法は，国の立法，行政，司法の各作用が円滑かつ公正に実施されること
を保護するために，①公務の執行を妨害する罪（第2編第5章），②逃走の罪（第
6章），③犯人蔵匿および証拠隠滅の罪（第7章），④偽証の罪（第20章），⑤虚偽
告訴の罪（第21章），⑥汚職の罪（第25章）を規定している。国の作用を現実に
実施し運営するのは公務員であるから，国の作用に対する罪は**公務員に対す
る**加害行為か，**公務員による**加害行為かのいずれかである。前者を公務に対す
る犯罪，後者を公務における犯罪（**公務員犯罪**）と呼ぶことがある。

　なお，国家の作用に対する罪というときは，地方公共団体の作用をも含む
趣旨であり，②③④は，もっぱら国の作用に対する罪であるのに対し，①⑤
⑥は，国と地方公共団体のいずれにも関係がある。

第1節　公務員と公務所

1　総　　説

　本章の罪については，「公務員」および「公務所」の概念が極めて重要となっ
ている。すなわち，公務の執行を妨害する罪，逃走の罪，犯人蔵匿の罪およ
び証拠隠滅の罪は，公務員ないし公務所に対する加害行為であるのに対し，
汚職の罪は，公務員による加害行為として，公務員を主体とする犯罪である
から，何をもって公務員・公務所とするかをあらかじめ明確にしておく必要
がある[1]。

572　第3編　国家法益に対する罪　第2章　国家の作用に対する罪

2　公務員の意義

　この法律において「公務員」とは，国又は地方公共団体の職員その他法令により公務に従事する議員，委員その他の職員をいう（7条1項）。

1　国または地方公共国体の職員

　旧7条では，官吏，公吏という旧憲法下の用語が使われていたが，「国又は地方公共団体の職員」に改められた。国の職員は，国家公務員（国公2条）であり，地方公共団体の職員は地方公務員（地公3条）である。ただし，これらは公務員の例示にすぎず，その実質は「法令により公務に従事する議員，委員その他の職員」である。

2　法令により公務に従事する者

　公務員といえるためには，法令により公務に従事する者でなければならない。「**法令**」とは，法律・命令・条例を指すが，法令に根拠を有する訓令・内規の類もここにいう「法令」と解すべきである。その規定が単に行政庁内部の組織作用を定めたにすぎない訓令・内規も「法令」に当たるとするのが判例であるが[2]，一般国民を対象としない訓令・内規などは「法令」に値しないと解すべきである[3]。法令に「**より**」とは，その資格が右の法令に根拠を有するという意味であり，法令の明文上特にその職務権限の定めがあることを要しない[4]。例えば，職務権限の定めがない税務署雇も公務員である。

　公務員は公務に従事する者でなければならない。「**公務**」とは，国または地方公共団体の事務をいう。必ずしも権力的事務であることを要せず，交通事業のような非権力的ないし私的事業でもよい。公法人の事務，例えば，水利組合または土地改良組合の事務について，学説は，ⓐこれを一律に公務とする見解[5]，ⓑ公法人の職務の性質に従って判断すべきであるとする見解[6]に分かれ，判例はⓐ説を採るものとみられる[7]。ⓐ説については，公法人であって

---

1 「公務所」を用いている条項―155条，160条，161条の2第2項，165条，166条，242条，258条。
2 最判昭25・2・28刑集4・2・268，最判昭47・5・25刑集26・4・272〔みなし公務員〕。
3 大塚・558頁。
4 大連判大11・7・22刑集1・397。
5 ポケット65頁。
6 団藤・39頁，大塚・559頁，小暮ほか〔江口〕・492頁，内田・606頁。

第1節　公務員と公務所　　*573*

もその実質が私法人と異ならない場合がありうるから，一律に公務として保護するのは妥当でないという批判が可能であり，また，ⓑ説に対しては，公法人の性質によって公務員になったりならなかったりするのは，公務員概念が犯罪の成立に重大な影響を与えるものである以上疑問であるとする批判が可能である。結局，法律上「みなし公務員」とされている場合を限度とすべきである[8]。

> **公務と公務員**　　大審院の判例は，水利組合（大判昭和5年3月13日刑集9巻180頁），町村学校組合（大判昭和11年6月25日刑集15巻833頁）などについて公法人の事務を広く公務と認めてきたが，最高裁になってからは若干の変化が認められ，たとえば，最決昭和30年12月3日刑集9巻13号2596頁は，特別調達庁の職員について「当時の特別調達庁は，国の行政機関そのものではないが，前掲のような目的・機構にてらし国の行政機関に準ずるものと認められ」，その事務は「公務」に当たると解すべきであると判示して，職務の性質を考慮する方向を示している。一方，みなし公務員については，特別法によって「公務に従事する職員」とみなされる者がある。これらの者は，7条によって刑法との関係においては公務員として扱われるので「みなし公務員」または「準公務員」ともよばれる。日本銀行の役職員（日銀30条），住宅営団・農地開発営団・地方食糧営団・交易営団・復興金融公庫の職員（経罰1条），準起訴手続における指定弁護士（刑訴268条3項）などがその例である。これらのほかに，公務員とはみなされないが，その職務が公共性をもつために，破産法（破産管理人，監査委員），商法（会社の発起人，取締役）などの特別法によって，汚職罪の規定が設けられている場合がある。

3　議員，委員，その他の職員

　公務員は，法令により公務に従事する議員，委員，その他の職員でなければならない。「議員」とは，国または地方公共団体の意思決定機関である合議体の構成員をいい，衆・参両議院の議員，地方公共団体の議会の議員をいう。「委員」とは，法令に基づき任命，選挙，嘱託によって一定の公務を委任された非常勤の者をいい，各種審議会委員，教育委員，農業委員などがその例である。「職員」とは，法令上の根拠に基づいて国または地方公共団体の機関として公務に従事する者をいう[9]。意思決定機関に限らず，それを補助する地位にある者も含まれる[10]。職制上，職員とよばれる者であるか否かも問わず，技

7　大判昭11・1・30刑集15・34など。
8　平野・277頁，中森・269頁，齊藤信宰・528頁，西田・445頁，山口・541頁，松原・531頁。
9　最判昭25・10・20刑集4・10・2115。
10　大塚・注釈(1)49頁。

574 第3編 国家法益に対する罪 第2章 国家の作用に対する罪

手補，事務員などでもよい[11]。

　問題は，およそ公務員とされている以上，すべて刑法上の公務員としてよいかにある。判例は，職員は精神的・知能的な労働に属する事務を担当する者であることを要し，用務員などのように単純な機械的・肉体的労働に従事するにすぎない者は職員でないとする立場を採り[12]，通説はこれを支持している。しかし，国または公共団体の機関としてその公務を担当する者である以上は公務員であり，その事務の内容が単純な機械的・肉体的労働であるか否かは，「職員」の範囲を確定する要素にはなりえないと解すべきである[13]。

　法令に基づいて公務に従事する者であっても，機関として公務を担当する者と認められない者，例えば，現業傭人，雑役に従事する用務員などは「職員」ではない。郵便集配人は，日本郵便株式会社の雇人であるから，今は「職員」ではない。市長が非常勤の嘱託員として任命したモーターボート整備員は「職員」である[14]。

> **機械的労働と職員**　　大審院の判例は，単に機械的・肉体的な労務に従事する者は公務員でないとする理由から，郵便集配人は公務員でないとしていた（大判大正8年4月2日刑録25輯375頁）。最高裁はこれを変更し，「単純な機械的，肉体的労務に従事するもの」は公務員に含まれないが，本件の郵便集配人は，「右諸規定により公務に従事するものであり，その担当事務の性質は単に郵便物の取集め，配達というごとき単純な肉体的，機械的労働に止まらず，民訴法，郵便法，郵便取扱規程等の諸規定にもとずく精神的労務に属する事務をもあわせ担当しているものとみるべきであるから，仕事の性質からいって公務員でないというのは当を得ず，従って，同人がその職務を執行するに当りこれに対して暴行を加えた被告人の原判示所為は，刑法95条の公務執行妨害罪を構成する」と判示した（前掲最判昭和35年3月1日）。精神的・知能的な事務を担当する者に限る根拠としては，一定の程度以上の地位にある者だけを公務員とすることによって公務員の品位を保持させ，公の作用を円滑・適正に行わせようとする点が掲げられるが[15]，公の作用の適正かつ円滑な運用という見地に立てば，単純な機械的労働であっても保護の必要があると解すべきである。

11　最決昭30・12・3刑集9・13・2596。
12　大判昭12・5・10刑集16・717，最判昭35・3・1刑集14・3・209。
13　牧野・総論291頁，平野・277頁，小暮ほか〔江口〕・493頁，曽根・286頁，中森・269頁，林・429頁，西田・445頁，山口・541頁。
14　最決昭39・6・30刑集18・5・236。
15　大塚・560頁。

③　公務所の意義

この法律において「公務所」とは，官公庁その他公務員が職務を行う所をいう（7条2項）。

「公務員」のなかには，みなし公務員も含まれる。「職務を行う所」とは，有形の場所または建造物ではなく官公署その他の組織体または機関をいう。

第2節　公務の執行を妨害する罪

①　総　　説

公務の執行を妨害する罪の保護法益は，公務すなわち国または地方公共団体の作用である[1]。私人の業務を妨害する行為は，威力等業務妨害罪によって処罰されるが（→153頁），公務執行妨害罪によって公務を私人の業務より刑法上厚く保護する根拠は，国民主権を基礎とする公務は国民の総意に由来するものとして権威が与えられ，その円滑かつ公正な運用は国民の幸福追求にとって不可欠であるという点にある。したがって，公務の執行を優先させて，その対象となる国民個人の権利を不当に制限ないし侵害してはならず，国または公共の利益と個人の利益が調和しうるように，公務執行の円滑・公正を図る必要がある。

刑法は，①公務執行妨害罪（95条1項），②職務強要罪・辞職強要罪（同条2項），③封印等破棄罪（96条），④強制執行妨害罪（96条の2），⑤競売等妨害罪（96条の3第1項），⑥談合罪（同条2項）の各罪を規定している。なお，公務執行妨害罪については，2006（平成18）年の改正において，暴行・脅迫の程度等を考慮し，事案に対応した適切な処分・科刑の実現を図るために，選択刑として罰金が新設された。

公務の保護と憲法14条　　前掲最判昭和28年10月2日は「論旨は刑法95条の規定が憲法14条に違反し無効であると主張するのである。しかし刑法95条の規定は公務員を特別に保護する趣旨の規定ではなく公務員によって執行される公務そのものを保護する

1　最判昭28・10・2刑集7・10・1883〔95条に関するもの〕。

ものであるから，論旨は同条の保護法益に関し誤った見解に立つものである」と判示している。このように，公務員という身分のために公務員が刑法上厚く保護されるという官尊民卑思想に本罪が由来するものでないことは明らかである。したがって，職務強要・辞職強要罪は，公務員の地位ないし身分自体を特に保護するようにみえるが，それは公務が保護されることの反射的効果にすぎない。なお，強制執行妨害罪，競売等妨害罪および談合罪は，昭和16年の改正によって追加されたものである。一方，平成15年に制定された仲裁法（同年法律138号）に，仲裁人について賄賂罪の規定が新設されたため，刑法の賄賂の罪の行為主体から仲裁人が削除された。

[2] 公務執行妨害罪

公務員が職務を執行するに当たり，これに対して暴行又は脅迫を加えた者は，3年以下の懲役若しくは禁錮又は50万円以下の罰金に処する（95条1項）。

1 客 体

本罪の保護の客体は公務それ自体であるが，行為の客体は公務員である。公務員については既述したところを参照されたい。いわゆるみなし公務員が含まれることは勿論であるが，外国の公務員は本罪の客体となるものではない[2]。

2 行 為

本罪の行為は，公務員が職務を執行するに当たり，これに対し暴行・脅迫を加えることである。

(1) **職務の執行**　本罪の行為は，公務員が「職務を執行するに当たり」という状況にあるときになされることを要する。「職務」の範囲については，ⓐ権力的公務ないし非現業的公務に限るべきであるとする見解[3]，ⓑ公務のすべてを含むとする通説・判例[4]が対立している。公務は，公共の福祉に奉仕するものとして厚く保護されるべきであり，また，非現業的公務（例えば，知事の公務）が暴行・脅迫に対してしか保護されないとすれば公務の保護としては不十分である。すなわち，本罪の保護法益は，公務員の職務行為の円滑な実

2　最判昭27・12・25刑集6・12・1387。
3　団藤・48頁，吉川・350頁，香川・37頁，中山・503頁，藤木・20頁，岡野・326頁，曽根・286頁，中森・224頁。なお，西田・446頁〔限定積極説〕。
4　大判明42・11・19刑録15・1641，最判昭53・6・29刑集32・4・816，最判昭59・5・8刑集38・7・2621。

施にあり，非権力的公務ないし現業的公務も公務である以上，それを本罪から除外するいわれはなく，例えば，公務員が庁舎において机上で事務を行う職務行為を妨害しても本罪を構成すると解すべきであり，通説が妥当である[5]。

職務は，抽象的・包括的に把握されるべきでなく，**具体的・個別的**に特定されていることを要する[6]。**「執行するに当たり」**とは，職務を執行する際にという意味である。本来の職務と場所的・時間的に接着しており，実質的に見て職務との一体性が認められることが必要である。それゆえ，職務に着手しようとしている場合に暴行・脅迫を加える行為も含む[7]。一時中断中であっても，職務の性質によっては継続した一連の職務とみるべき場合がありうる[8]。

「執行するに当たり」の例　**(1) 肯定した例**　巡査が警ら中，たまたま他人と雑談中に暴行を受けた例（東京高判昭和30年8月18日高刑集8巻8号979頁），財務吏員が滞納者宅に至り差押物件引揚の準備中暴行を受けた例（福岡高判昭和30年3月9日裁特2巻6号148頁），公務員が職務を終了し立ち上がりかけた背後から算盤を投げつけられた例（大阪高判昭和26年3月23日判特23号56頁），県議会特別委員会の審議打切りを告げて席を離れ出入口に向かおうとした同会委員長の右腕などをつかんで引っぱり暴行を加えた例（最決平成元年3月10日刑集43巻3号188頁。生田・百選Ⅱ（4版）214頁，**安田・判例講義Ⅱ147頁**参照）。**(2) 否定した例**　漁場測量のため係留中の船に乗り，立会人の乗船を待っていた際に暴行を受けた例（大阪高判昭和50年6月4日高刑集28巻3号257頁），駅助役が点呼を終えて数10メートル離れた場所へ事務引継ぎに赴く途中暴行を受けた例（前掲最判昭和45年12月22日「保護の対象となるべき職務の執行というのは，漫然と抽象的・包括的に捉えられるべきものではなく，具体的・個別的に特定されていることを要するものと解すべきである。そして，右条項に『職務ヲ執行スルニ当リ』と限定的に規定されている点からして，ただ漫然と公務員の勤務時間中の行為は，すべて右職務執行に該当し保護の対象となるものと解すべきではなく，右のように**具体的・個別的に特定された職務の執行**を開始してからこれを終了するまでの時間的範囲およびまさに当該職務の執行を開始しようとしている場合のように当該職務の執行と時間的に接着しこれと切り離し得ない一体的関係にあるとみることができる範囲内の職務行為にかぎ」られる）。

(2)　**職務執行の適法性**　職務の執行は適法であることを要する。これを職務執行の適法性という。

---

5 平野・275頁，大塚・563頁，西田・466頁，山口・542頁。
6 最判昭45・12・22刑集24・13・1812。
7 最判昭24・4・26刑集3・5・637。
8 最判昭53・6・29刑集32・4・816。

（ア）**適法性の意義**　適法性の要素は，構成要件上明示されていないため，いやしくも公務執行行為といえるものがあれば足り，その適法・違法を問うべきでないとする説[9]もある。しかし，違法な公務員の行為を保護するとすれば，公務員そのものの身分ないし地位を保護する結果となり本罪の趣旨に反することになるから，解釈上，本罪の成立にとってこの要件は必要であると解すべきである（通説）[10]。したがって，適法性の要件を欠く公務員の行為は，公務員職権濫用罪（193条）を構成しうるだけでなく，正当防衛の対象ともなりうる。

　職務行為の適法性については，ⓐこれを構成要件要素とする通説，ⓑ違法要素とする少数説とが対立している。少数説は，適法性は具体的・個別的に判断されるべき性質を有することを根拠としているが，違法な公務員の行為は，およそ職務の執行とはいえない以上，それに対する妨害行為は，そもそも公務執行妨害罪の構成要件に該当しないから，職務行為の適法性は，規範的構成要件要素であると解する[11]。

（イ）**適法性の要件**　職務執行が適法であるといえるためには，①当該行為がその行為をなした公務員の抽象的職務権限に属すること，②当該公務員がその職務行為を行う具体的職務権限を有すること，③その職務の執行を有効にする法律上の重要な要件または方式を履践していること，以上の3つの要件を満たす必要がある。

　(a)　**抽象的権限**　公務員は，通常，自己の行いうる職務の範囲を法令上限定されているから，この抽象的な権限を逸脱して行為がなされている以上は，その行為を公務の執行ということはできない。例えば，巡査が租税を徴収する行為は，その抽象的権限に属さないから適法性の要件を具備しない。抽象的権限は，当該行為を規律する法令によって客観的に確定されるが，必ずしもその法令に明示されていることを要しない。例えば，無灯火で自転車に乗っていた者に巡査が説諭を加えることは，法令に明示されていないが抽象的権限に属する[12]。

9　小野・20頁。東京高判昭25・12・19判特15・51参照。
10　大判大7・5・14刑録24・605。
11　団藤・51頁，内田・512頁，中森・271頁〔違法要素とする〕。香川・41頁〔客観的処罰条件とする〕。

第2節　公務の執行を妨害する罪　*579*

(b)　**具体的権限**　　抽象的職務権限があっても，現実に職務を執行する権限すなわち具体的職務権限に基づいていなければ，その行為を公務員の職務執行とすることはできない。特に，職務の割当て，指定，委任などによって初めて具体的な職務行為が確定する場合には，職務の割当てなどが実施されない限り具体的権限はない。なお，職務権限が行使される場合，通常は，職務を執行すべき事実ないし状況の存在を必要とするが，そのときは具体的事実ないし状況が存在しない限り具体的職務権限は認められない。例えば，現行犯人として逮捕すべき事実が存在しないのに逮捕するのは，職務の執行ではないのである。

(c)　**要件・方式の履践**　　具体的職務権限があっても，法律上重要な要件・方式を履んでいない限り，公務員の職務行為とはいえない。公務員の職務行為の有効要件として，法律上一定の要件・方式が定められている場合において，この要件・方式に違背して行われた公務員の行為はすべて違法であるとする見解[13]がある。しかし，刑法上は，国の統制作用と個人の自由との接点にあって，いかなる範囲で公務を保護すべきか，すなわち要保護性が重要となるのだから，軽微な要件・方式の違背があっても，すべてこれを職務行為として認めないとするのは妥当でない。問題は，いかなる性質の要件・方式違背が職務行為を違法なものとするかである。この点については，ⓐ任意規定や訓示規定に違反した場合に限って適法とする説[14]，ⓑ執行行為そのものが無効とならない限り適法であるとする説[15]，ⓒ対象者の利益保護に影響を与えない要件・方式の違背は適法であるとする説[16]が対立している。執行行為が有効であるのに刑法的保護を与えないのは妥当でなく，また，執行行為が無効な場合に，それによって人を義務づけることは許されないという意味で，ⓑ説が妥当である。したがって，その行為が職務行為として無効でない限り，取り消しべき行為であっても本罪の成立を妨げない[17]。

12　大判大4・10・6刑録21・1441。
13　瀧川・267頁，村井敏邦・公務執行妨害罪の研究（1984）228頁。なお，中山・504頁。
14　大塚・565頁，曽根・288頁。
15　団藤・51頁。
16　藤木・23頁，中森・273頁，平川・519頁，西田・447頁。
17　福岡地小倉支判昭39・3・16下刑集6・3＝4・241。

要件・方式の違背と判例　最判昭和27年3月28日刑集6巻3号546頁は「所得税法施行規則63条は，収税官吏は所得税法63条の規定により帳簿書類その他の物件を検査するときは，大蔵大臣の定める検査章を携帯しなければならないと規定しているが，この規定は…単なる訓示規定と解すべきでなく，殊に相手方…はその検査を拒む正当の理由があるものと認むべきである。しかし，さればといって，収税官吏の前記検査権は右検査章の携帯によって始めて賦与されるものでないことは前記のとおりであるから，相手方が何等検査章の呈示を求めていないのに収税官吏において偶々これを携帯していなかったからといって直ちに収税官吏の検査行為をその権限外の行為であると解すべきではない。即ち，所得税に関する調査等をする職務を有する収税官吏が所得調査のため所得税法63条により同条所定の物件の検査をするにあたって検査章を携帯していなかったとしても，その一事を以て，右収税官吏の検査行為を公務の執行でないということはできない。従って，之に対して暴行又は脅迫を加えたときは公務執行妨害罪に該当するものといわなければならない」と判示している。なお，最大判昭和42年5月24日刑集21巻4号505頁は「かりに当該措置が会議規則に違反するものである等法令上の適法要件を完全に満していなかったとしても」職務執行に当たると判示している[18]。

　では，具体的状況のもとで，どの程度の要件・方式違背をもってその執行行為を無効とすべきであろうか。例えば，逮捕状を所持しないで行う逮捕について方式違背が許容されない場合として，(1)逮捕状が出ているのにこの旨を告げない行為（大阪高判昭和32年7月22日高刑集10巻6号521頁），(2)逮捕状が出ていることは告げたが犯罪事実の要旨を告げないで逮捕する行為（東京高判昭和34年4月30日高刑集12巻5号486頁，大阪地判平成3年3月7日判タ771号278頁）は，被疑者にとって重大な不利益を加えることになるから違法である。これに対して，(3)罪名を告げた場合は，なぜ逮捕するかの理由を説明したことになり，対象者に重大な不利益を与えたことにならないので有効と解すべきであろう（福岡高判昭和27年1月19日高刑集5巻1号12頁）。

　（ウ）判断基準　公務員の職務行為は適法であることを要するが，適法性の判断基準について，ⓐ公務員が真実その職務の執行と信じてこれを行ったかどうかによって定めるべきであるとする**主観説**[19]，ⓑ裁判所が法令の定める要件に従いながら客観的に定めるべきであるとする**客観説**（通説）[20]，ⓒ一般人の見解を基準として定めるべきであるとする**折衷説**[21]が対立している。

　主観説は抽象的職務権限に基づく行為である限り公務として保護すべきで

18　原田・百選Ⅱ（第7版）226頁，安田・判例講義Ⅱ150頁参照。
19　泉二・67頁。大判昭7・3・24刑集11・296。なお，柏木・77頁。
20　最決昭41・4・14裁判集刑159・181。高橋（直）・百選Ⅱ（第7版）228頁，安田・判例講義Ⅱ151頁参照。
21　牧野・26頁，木村・301頁，川端・568頁，頃安・大コン(4)105頁。大判大7・5・14刑録24・605。

あるとする考え方に立脚するものであるが，この見解によると抽象的職務権限さえ認められれば適法になるということになって，実質上職務行為の適法性の要件は不要であるとする見解と同じことになる。客観説は，適法性の要件は法令に従わない公務は保護に値しないとすることによって，職務行為の保護とそれが侵害する個人の利益の保護との調和を図る趣旨に基づくものであるとする。しかし，規範的構成要件としての判断は社会通念を基礎として行うべきである[22]から，裁判所の専門家判断に委ねるのは妥当でない。折衷説は，法令上の適法性を基礎としながら，最終的には一般人の見解すなわち社会通念を基準とするものであり，適法性は構成要件の規範的要素として社会通念を基礎として判断すべきであるから，この趣旨を含む折衷説が妥当である。したがって，裁判所の適法性の判断と一般人の判断とが異なるときは，一般人の判断に従うべきである。

　適法性の判断基準に関連して，ⓐ適法性は事後的・客観的な立場から裁判の時点を基準として判断すべきであるとする純客観説（裁判時標準説）[23]。ⓑ行為時を基準として判断すべきであるとする行為時標準説[24]が対立している。職務行為の適法性の要件は，当該執行行為が職務行為として法律上認められるかどうかの問題であるから，あくまで行為当時の状況に基づいて客観的に判断されるべきであって，裁判時に判明した事後的な事情までも考慮するのは，公務の保護を不当に軽視するものである。例えば，法律の要件・方式に従って被疑者を逮捕したところ，結果として誤認逮捕であった場合，純客観説によれば当該行為は刑事訴訟法上の職務行為ではあるが公務執行妨害罪との関係では違法ということになる。そうすると，刑事訴訟法上適法な職務行為でもこれを妨害することが許されるということになり，明らかに妥当ではない。

判例と適法性の判断方法　　後掲大判昭和7年3月24日は「該行為が其の公務員の抽象的職務権限に属する事項に該り，該公務員として真実その職務の執行と信じて之を為したるに於ては，其の行為は一応其の公務員の適法なる職務執行行為と認めらるべき」

---

[22] 大谷・総論116頁，119頁。なお，福田・14頁，川端・568頁。

[23] 福田・14頁，大塚・567頁，吉川・354頁，香川・40頁，中山・504頁，岡野・330頁，曽根・288頁，山中・697頁，齊藤信宰・531頁，山口・546頁，高橋・604頁。

[24] 団藤・53頁，植松・24頁，平野・278頁，中・271頁，西原・419頁，川端・657頁，小暮ほか〔江口〕・504頁，中森・272頁，西田・450頁，井田・537頁。前掲最決昭41・4・14。

582 第3編 国家法益に対する罪 第2章 国家の作用に対する罪

であるとして主観説の立場を採っていた。その後，前掲最決昭和 41 年 4 月 14 日は，「職務行為の適否は事後的に純客観的な立場から判断されるべきでなく，行為当時の状況にもとづいて客観的，合理的に判断されるべきであ」るとした原審判決を相当であるとしており，主観説は，判例の上では一応修正されているとみるべきであろう。なお，大阪高判昭和 32 年 7 月 22 日高刑集 10 巻 6 号 521 頁は，法が公務員に認定権ないし裁量権を認めている場合には，たとえ事後的な純客観的判断によれば，その認定に誤りがあったとしても，行為の状況に即して判断すれば，公務員としての注意義務を十分に尽した妥当な裁量が行われたと認められる限り，その職務行為は適法であるとしている。

(3) **行 為** 本罪の行為は，暴行または脅迫である。「**暴行**」とは有形力の不法な行使をいい，「**脅迫**」とは恐怖心を起こさせる目的で他人に害悪を告知する行為をいう。暴行・脅迫は，本罪の性質上，職務執行の妨害となるべき程度のものであることを要し[25]，かつそれで十分である。それゆえ，職務執行を妨害するに足りる程度の暴行である限り，直接に公務員の身体に対して加えられる必要はなく，**公務員に向けられた暴行**で足りる[26]。公務員の指示のもとに，その手足となって，公務員の職務の執行に密接不可分な関係において関与する**補助者に加えられる暴行**も，その公務員に対する暴行となる。ただし，単なる不法な有形力の行使は本罪にいう暴行ではないと解すべきであり，物に対して加えられる有形力が，間接的に公務員の身体に物理的に影響を与えるものであることが必要である[27]。この種の暴行を**間接暴行**という。例えば，差押えて自動車に積み込んだ密造酒入りの容器を鉈で破壊し，内容物を流失させた行為は間接暴行に当たる[28]。

暴行・脅迫は，**積極的**なものでなければならないとするのが判例である。そこで，労働争議に際して会社の業務妨害の現行犯として検挙に向った警察官に対して，労働者が積極的な抵抗をしないで，単にスクラムを組み労働歌を高唱して気勢をあげるだけでは，暴行・脅迫があったとはいえないとされる。

公務員に向けられた暴行の事例 **補助者に対する暴行**については，最判昭和 41 年 3 月 24 日刑集 20 巻 3 号 129 頁が，家屋明渡しの執行を委任された執行吏甲が，労務者乙

25 最判昭 33・9・30 刑集 12・13・3151。
26 最判昭 37・1・23 刑集 16・1・11〔広義の暴行〕。
27 平野・279 頁，大塚・569 頁，曽根・281 頁，中森・273 頁，西田・451 頁，高橋・607 頁，松原・532 頁。
28 最判昭 33・10・14 刑集 12・14・3264。酒井・百選Ⅱ（第 5 版）216 頁参照。

以下 6 名を指揮下において使役し強制執行に着手したところ，被告人は右乙の頭部を殴打しさらに包丁を持ち出して「殺すぞ」といって脅迫した事案につき，「暴行脅迫は，必ずしも直接に当該公務員の身体に対して加えられる場合に限らず，当該公務員の指揮に従いその手足となりその職務の執行に密接不可分の関係において関与する補助者に対してなされた場合もこれに該当すると解するを相当とする」と判示した。物に対する暴行としては旧専売局事務官に対し，洋傘を構えて突きかかるような気勢を示したうえ，押収されてトラックに積み込まれた密造タバコを道路上に投げ捨て公務の執行を不能にした事例（最判昭和 26 年 3 月 20 日刑集 5 巻 5 号 794 頁），覚せい剤取締法違反の現行犯逮捕の現場において，司法巡査に証拠物として差押えられた覚せい剤注射液入りアンプルを足で踏みつけて破壊する行為を暴行に当たるとした事例（最決昭和 34 年 8 月 27 日刑集 13 巻 10 号 2769 頁），抗議行動の過程で発生したパンフレットを丸めた紙をあご付近に触れさせた行為などを暴行に当たるとした事例（最判平成元年 3 月 9 日刑集 43 巻 3 号 95 頁）がある。それゆえ，間接暴行といえるためには，少なくとも公務員がその暴行を感知しえたことが必要となろう（西田・395 頁は「公務員の面前で行われた場合に限る」としている）。暴行・脅迫は積極的なものであることを要する。

　最大判昭和 26 年 7 月 18 日刑集 5 巻 8 号 1491 頁は，この場合に「スクラムによって振切るとか体力を以てはねかえす等積極的な抵抗のあった」（傍点筆者）ことが必要であるとする。これに対し，江家・22 頁は，上判決は労働争議のような特殊な事情がある場合にのみ適用できるものとし，例えば，犯人の逮捕を免れさせるためスクラムを組んで気勢をあげ逮捕を困難にした場合は，暴行による公務執行妨害罪を構成するとしている。しかし，問題は，労働争議行為かどうかではなく，また，積極的な抵抗が行われたか否かにあるのではなく，当該行為が本罪の暴行・脅迫の程度に達しているかどうかにあろう。

⑷　**妨　害**　本罪は公務執行妨害罪と称されるため，妨害の結果の有無が構成要件要素となるかどうかについて議論がある。しかし，本罪は暴行又は脅迫を加える行為をもって足りるのであり，暴行・脅迫がまさしく「妨害」に当たるのである。それゆえ，暴行・脅迫の結果として公務員の職務執行が現実に害されたことを要しない（**抽象的危険犯**）。

1 回の瞬間的暴行　前掲最判昭和 33 年 9 月 30 日は「公務執行妨害罪は公務員が職務を執行するに当りこれに対して暴行又は脅迫を加えたときは直ちに成立するものであって，その暴行又は脅迫はこれにより現実に職務執行妨害の結果が発生したことを必要とするものではなく，妨害となるべきものであれば足りうるものである」（傍点筆者）と判示し，1 回の瞬間的な投石行為でも「暴行」に当たると判示した。例えば，パンフレットを丸めて職員の顔面に 2，3 回突き付け，1 回は顎に接触させた場合，暴行に当たる[29]。

29　前掲最判昭 33・9・30。西岡・百選Ⅱ（第 7 版）232 頁，安田・判例講義Ⅱ 152 頁参照。前掲最判平元・3・9。

584　第3編　国家法益に対する罪　第2章　国家の作用に対する罪

3　故　意

本罪の故意は，行為の客体が公務員であること，およびその職務執行に際して暴行・脅迫を加えることの認識を必要とする。公務員の職務執行の適法性は規範的構成要件要素であるから，本罪の故意については，いわゆる意味の認識として，当該の行為が公務員の職務行為として行われているという程度の素人的認識を必要とする。

　問題となるのは，行為者が公務員の職務執行を違法と誤信して暴行・脅迫を加えた場合，すなわち職務執行の適法性の錯誤の取扱いである。この点について学説は，ⓐ事実の錯誤として故意を阻却すると解する事実の錯誤説[30]，ⓑ違法性の錯誤と解する違法性の錯誤説[31]，ⓒ事実の錯誤と違法性の錯誤の2つの場合があるとする折衷説（二分説）[32]に分かれる。この場合，公務員の職務の適法性を基礎づける事実の錯誤，例えば，刑事を泥棒と間違えたような場合は故意を阻却するが，公務員の職務行為として行われているという認識がありながら，それが違法に行われていると誤信して暴行・脅迫を加えたのであれば違法性の錯誤として故意は阻却せず，責任の阻却される場合がありうるにすぎないと解すべきであり，ⓒ説が妥当である。

適法性の錯誤と判例　大判昭和7年3月24日刑集11巻296頁は，市会議員が市会議事堂での予算審議に際して，市会議長に暴行を加えた事案につき，「議長の措置を以て適法ならずと判断し，従て，議長の職務執行行為に妨害を為すものにあらずと思惟したりとするも，右は被告人の該行為に対する法律上の判断に過ぎず」としている。なお，後掲最判昭和32年10月3日（封印破棄罪における差押の表示が法律上無効だと誤信したのは法律の錯誤であるとしたもの）を参照。

4　罪数・他罪との関連

本罪の罪数の決定については，ⓐ公務の数を基準とする説[33]，ⓑ公務員の数を基準とする説[34]が対立している。本罪の行為の客体は公務員であるけれ

---

[30]　植松・25頁，村井・前掲書287頁，岡野・333頁。
[31]　藤木・26頁。大判昭7・3・24刑集11・296。なお，香川・41頁。
[32]　中・273頁，福田・15頁，大塚・572頁，西原・420頁，内田・619頁，西田・451頁，山口・546頁，林・434頁，高橋・605頁。なお，中森・273頁。
[33]　植松・22頁，団藤・46頁，大塚・572頁。
[34]　ポケット236頁。最大判昭26・5・16刑集5・6・1157。

第2節　公務の執行を妨害する罪　　*585*

ども，保護の客体は公務そのものであるから，公務の数を基準とする@説が妥当である。本罪は暴行を手段とするため，暴行罪，傷害罪，殺人罪等との関係が問題となるが，行為が暴行にとどまるときは，その行為は本罪に吸収され別に暴行罪を構成しない。脅迫についても同様である。これに対し，殺人罪，傷害罪，逮捕・監禁罪，強盗罪，騒乱罪などを構成するときは，本罪との観念的競合となる（通説）[35]。

③　職務強要罪・辞職強要罪

　公務員に，ある処分をさせ，若しくはさせないため，又はその職を辞させるために，暴行又は脅迫を加えた者も，前項（95条1項）と同様とする（95条2項）。

1　意　義

　本罪は，公務執行妨害罪が職務の現実の執行に向けられるのに対し，公務員の将来の職務執行に向けられる点でそれと異なる。本罪は，広く公務員の職務行為の自由を保護することによって公務の公正かつ円滑な執行を保護するものであるから，公務員個人の側からみると強要罪の特別罪であるが，その保護法益の面からみると公務執行妨害罪の補充的な犯罪でもある。なお，本罪は，一定の目的を必要とする目的犯である。

2　行　為

　本罪の行為は，公務員に対して暴行・脅迫を加えることである。暴行・脅迫の内容は公務執行妨害罪の場合と同じである。以下の「目的」をもって公務員に暴行・脅迫を加えた以上，本罪は完成する。その目的が実現したか否かを問わない。

3　目　的

　本罪の目的は，①「ある処分をさせ」るため，②ある処分を「させないため」，③「その職を辞させるため」の3つに分かれる。「ため」とは「目的をもって」という意味である。「ある処分」とは，広く公務員が職務上なしうる行為をいう[36]。判例は，本罪は広くその職務上の地位の安全を保護しようとするものであるから，職務権限外の事項であっても当該公務員の職務に関係のある処

35　大塚・572頁，中森・273頁，西田・454頁。反対，木村・304頁。
36　大判明43・1・31刑録16・88。

分であれば足りると解している[37]。しかし，公務執行妨害罪との均衡上，本罪も公務員の職務の円滑かつ公正な執行を保護する罪と解すべきであるから，少なくとも抽象的職務権限下にある処分に限るべきである[38]。

①「ある処分をさせ」るためとは，一定の作為を強要することをいう。作為を強要すること自体公務員の正当な職務上の自由を侵害することになるから，違法な処分を強要する目的である場合は勿論のこと，適法な処分を行わせる目的であっても本罪を構成する。例えば，不当な課税方法を是正させる目的であっても，これを変更するためには税法所定の手続を必要とするのであるから，この手続を採らずに税務署長を脅迫する行為は本罪に当たるのである[39]。

②「させないため」とは，公務員に一定の不作為の処分を強要する目的をいう。公務員の違法な処分をさせない目的であるときは，公務員の違法な処分を事前に防止することになるから，本罪の目的に入らないと解すべきである[40]。

③「職を辞させるため」とは，当該公務員をしてみずから退職させることをいい，公務の執行を妨害する手段として辞職させようとする目的であると否とを問わない。

①および②の目的の場合を職務強要罪，③の目的の場合を辞職強要罪という。いずれも処分または辞職を強要する目的で暴行・脅迫を加えることによって成立する。手段となる暴行罪，脅迫罪は本罪に吸収される。強要罪に該当するときも本罪に吸収される。

4 封印等破棄罪

公務員が施した封印若しくは差押えの表示を損壊し，又はその他の方法によりその封印若しくは差押えの表示に係る命令若しくは処分を無効にした者は，3年以下の懲役若しくは250万円以下の罰金に処し，又はこれを併科する（96条）。

---

37 最判昭28・1・22刑集7・1・8。中森・277頁，西田・453頁。
38 平野・280頁，大塚・573頁，曽根・290頁。
39 最判昭25・3・28刑集4・3・425。団藤・60頁，福田・17頁，大塚・574頁，藤木・27頁，中森・275頁。反対，平野・280頁，吉川・360頁，山中・702頁，曽根・290頁。
40 団藤・60頁，平野・280頁，大塚・574頁，中森・275頁，西田・453頁，山口・548頁。

第2節 公務の執行を妨害する罪 *587*

1 客 体

本罪の客体は，公務員が施した封印または差押えの表示にかかる命令または処分である。本罪の保護法益は，封印もしくは差押えの表示によって実現される強制執行の適正かつ円滑な実施であるが，本罪は強制執行の妨害について，これらの客体を損壊し，またはその他の方法により，封印もしくは差押えの表示にかかる命令もしくは処分を無効にする行為に限って処罰するものである。「命令」とは，裁判所による命令をいう。例えば，裁判所が発した動産仮差押命令がこれに当たる。「処分」とは，執行官その他の公務員による差押への処分をいう。なお，2011（平成23）年に強制執行妨害犯罪等の処罰の強化を図る刑法の一部が改正され，本罪について処罰範囲を拡大し，法定刑を重くする改正が図られた。

(1) **封印・差押えの表示**　本罪の行為の客体としての「封印」とは，物に対する人の任意の処分を禁止するために，開披禁止の意思を表示して，公務員によって職務上施された動産または不動産に施した封緘その他の物的施設・設備をいう。封印の方法は，その物を開閉する部分の封鎖に限らない。また，必ずしも公務員の印章が用いられていることを要せず，その物を任意に処分することを禁止する意思が表示されていれば足りる[41]。「差押え」とは，公務員がその職務上保全すべき物を自己の占有に移す強制処分をいう[42]。例えば，民事執行法による差押え（民執122条以下），仮差押え，執行官保管の仮処分（民保20条以下），国税徴収法による差押え（税徴47条以下），刑事訴訟法に基づく証拠となるべき物の差押え（刑訴107条以下）などがこれに当たる。差押えの「表示」とは，公務員が，職務上自己の保管に移すべき物に対し占有を取得する強制処分をするに当たり，占有取得を明示するために施す封印以外の表示をいう。譲渡禁止の仮処分，通行妨害禁止の仮処分などは，単に債務者に対して一定の不作為を命ずる仮処分であるから，この処分の表示は差押えの表示に含まれない[43]。

(2) **適法性の要件**　本罪も公務執行妨害罪の一種であるから，封印・差

---

41 大判大6・2・6刑録23・35。
42 大判大5・7・31刑録22・1297。
43 大判大11・5・6刑集1・261。

押えの表示は適法に施されたものであることを必要とすると解すべきである[44]。公務員の職務行為といえない違法または無効な封印・差押えの表示は，本罪の客体から除かれる。それゆえ，封印・差押えの表示は，**適法または有効**なものであることを要し，例えば，職権濫用による違法な封印・差押え，あるいは法律上の有効要件を欠く封印・差押えは，本罪の客体とはならない。

法改正の趣旨　封印等破棄罪に係る刑法98条は，2011（平成23）年の刑法一部改正に際して改められた。改正の趣旨は，旧法は，封印破棄罪の構成要件として，「封印若しくは差押えの表示」の存在を前提としていたため，封印・差押えの効力があっても，差押えの表示としての効力が失われているときは本罪の客体とはならないという解釈が取られてきた。例えば，仮処分による差押えの表示が第三者により剝離損壊された後に，債務者が差押え物件を搬出しても本罪は成立しないとする判例[45]や，債務者が仮処分命令の出ている自己の宅地に家屋を建設する行為は，建設時に差し押えの表示が存在したかどうかが不明なときは本罪を構成しないとする判例[46]が現れ，封印・差押えの表示によって達成される公務としての執行力を保護し得なくなっていた。そこで，封印・差押えの表示を本罪成立の要件としなくても，本罪の成立を可能とするため，「表示の無効」ではなく「**命令若しくは処分**」を無効とすることを要件としたのである[47]。

2　行　為

本罪の行為は，封印または差押えの表示を損壊し，またはその他の方法で，表示にかかる命令または処分を無効にすることである。「**損壊**」とは，封印または差押えの表示を物理的に毀損，破壊または除去して，その事実上の効力を失なわしめることをいう。「**その他の方法で無効にした**」とは，封印・差押えの表示自体を物理的方法で無効とせずに，その事実上の効力を失わせることをいう。法律上の効力を失わせるという意味ではない[48]。例えば，犯則物件として差押えられ，封印を施された密造酒在中の桶から密造酒を漏出させる行為[49]，仮処分によって執行官が土地を占有し，立入禁止の表示札を立てたの

---

[44] 大塚・576頁，福田・18頁，中森・277頁，曽根・291頁，西田・455頁，山口・291頁。反対，小野・24頁。
[45] 最判昭29・11・9刑集8・11・1742。
[46] 最判昭33・3・2刑集12・4・708。
[47] 杉山＝吉田・前掲書32頁。最決昭62・9・30刑集4・6・297。森川・百選Ⅱ（第7版）234頁，安田・判例講義Ⅱ153頁参照。
[48] 大判昭12・5・28刑集16・811。
[49] 大判明44・7・10刑録17・1409。

第2節　公務の執行を妨害する罪　*589*

を無視して耕作する行為[50]などは，封印・差押えの表示を無効にするものである。

執行官が，現状不変更を条件として従来どおり係争中の一室の使用を許す旨の仮処分をした場合，室内の状況に多少の変更を加えても，仮処分によって保全しようとする目的に反しない限り本罪には当たらない[51]。

3　故　意

本罪の故意は，行為の際に有効な封印または差押えの表示が存在することを認識して行為する意思である。適法な封印・差押えの表示であるものを違法なものと誤信した場合，すなわち適法性について錯誤がある場合について，判例は，事実の錯誤とするもの[52]と違法性の錯誤とするもの[53]に分かれる。思うに，封印・差押えの要件が不存在となり，その表示の効力がなくなったと誤信したときは，適法性の基礎となる事実ないし行為事情につき錯誤があるので事実の錯誤として故意を阻却すると解すべきである。これに対し，封印・差押えの表示の要件は依然として存在することを認識しながら，法律上これを無効にすることが許されると誤信したときは，違法性の錯誤として故意を阻却しないと解すべきである。

適法性に関する錯誤の判例　(1)前掲大決大正15年2月22日は，被告人が仲裁人から債権者に債務を弁済したことを聞いて，差押えは効力がなくなったと誤信して封印・差押えの表示を損壊した事案につき，「民事訴訟法其の他公法の規定に依り差押の効力なきに至りたるものと解すべき場合又は封印等の形式存するも之を損壊するの権利ありと認めたる場合」，故意を阻却すると判示した。(2)前掲最判昭和32年10月3日は，市収税吏員の国税徴収法に基づく滞納処分による差押えに際して，当該差押調書中に重要な事項の記載を欠いているから当該差押えおよび封印は法律上無効であると誤信した場合は，故意を阻却しないと判示した。(1)の場合は，差押えの効力自体についての錯誤であるのに対し，(2)の場合は，一応有効な差押えが行われたことについての認識があったと見られるから，両者の間に矛盾はないともいえるであろう。

4　法定刑

本罪の法定刑は，「3年以下の懲役若しくは250万円以下の罰金に処し，又

---

[50] 大判昭7・2・18刑集11・42。
[51] 大阪高判昭27・11・18高刑集5・11・1991。
[52] 大決大15・2・22刑集5・97。
[53] 最判昭32・10・3刑集11・10・2413。

590　第３編　国家法益に対する罪　第２章　国家の作用に対する罪

はこれを併科する」というものである。本罪から 96 条までの罪は，一連の強制執行のプロセスのなかで，利欲犯として相互に関連して実行されるものであるから，いずれも懲役刑と罰金刑の任意的併科とされた。

5　他罪との関連

差押えのため封印をした酒類在中の徳利をそのまま窃取すれば，本罪と窃盗罪との観念的競合である[54]。横領罪の場合も同様である[55]。収税官吏から差押処分を受け，封印を施された容器から封印を破って帳簿類を取出し焼却した場合は，封印破棄罪と公用文書毀棄罪との併合罪であって牽連犯ではない[56]。

⑤　強制執行妨害目的財産損壊等罪

> 強制執行を妨害する目的で，次の各号のいずれかに該当する行為をした者は，3 年以下の懲役若しくは 250 万以下の罰金に処し，又はこれを併科する。情を知って，第 3 号に規定する譲渡又は権利設定の相手方となった者も，同様とする。① 強制執行を受け，若しくは受けるべき財産を隠匿し，損壊し，若しくはその譲渡を仮装し，又は債務の負担を仮装する行為　② 強制執行を受け，又は受けるべき財産について，その現状を改変して，価格を減損し，又は強制執行の費用を増大させる行為　③ 金銭執行を受けるべき財産について，無償その他の不利益な条件で，譲渡をし，又は権利の設定をする行為（96 条の 2）。

1　意　義

強制執行の妨害については，1941（昭和 16）年に「強制執行を免れる目的で，財産を隠匿し，損壊し，若しくは仮装譲渡し又は仮装の債務を負担」することを処罰する規定が設けられていた。しかし，1990 年代の半ば以降，バブル経済崩壊後の不良債権処理において，処罰の対象が債務者に限定されていたため，共犯関係にない第三者である「**占有屋**」が物件を占有するようなケースに対応できないことが問題となり，主として物に向けられたものを処罰するため，2011（平成 23）年に現在の規定に改められたのである。

本罪の**保護法益**については，ⓐ第 1 次的には国家の作用としての強制執行

---

[54] 大判明 44・12・19 刑録 17・2223。
[55] 最決昭 36・12・26 刑集 15・12・2046。
[56] 最決昭 28・7・24 刑集 7・7・1638。

の機能を保護し，第2次的には債権者個人の利益の保護を図る罪であるとする説，ⓑ第1次的には債権者の保護を図り，第2次的には強制執行の適正な運用を図る罪であるとする説が対立し，従来の判例[57]および通説は，ⓑ説を中心に理解してきた。しかし，2011（平成23）年改正法は，①旧法の「強制執行を免れる目的」を「強制執行を妨害する目的」に改められたこと，また，②強制執行には国税徴収法の滞納処分も含まれることが審議の過程で明確にされたことなどから，強制執行は債権を実行するための手段であるというものの，究極においては，強制執行の適正な運用が本罪の保護法益であると解すべきであり，ⓐ説が妥当である[58]。

2 主 体

旧規定では，「強制執行を免れる目的」とされていたため，本罪の主体は，強制執行を免れる者，すなわち債務者，物の所有者，占有者など客観的に強制執行を受けるおそれのある者に限られるとする有力な見解があったが，判例は，必ずしも債務者に限らないとしていた[59]。改正法は，目的を「強制執行を妨害する目的」と改め，また，「財産の仮装譲渡」を「財産の譲渡の仮装」とするとしたところから，本罪の主体は債務者に限定されないことが明らかになった[60]。

3 目 的

本罪の行為は，強制執行を妨害する目的で行われることを要する（目的犯）。「強制執行を妨害する目的」とは，一時的であれ，強制執行の進行に支障を生じさせる目的をいう。「強制執行」については，ⓐ罰金・科料など公法上の強制執行を含むとする見解[61]，ⓑ含まないとする見解とが対立しているが，債権者保護を主眼とする本罪の性質にかんがみ，民事執行法による強制執行または同法を準用する強制執行のほか，国税徴収法による滞納処分も含まれる[62]。

本罪の成立にとって「強制執行を妨害する目的」が必要となるから，本罪

---

57 最判昭35・6・24刑集14・8・1103。鋤本・百選Ⅱ（第7版）236頁，安田・判例講義Ⅱ154頁。
58 西田・458頁。反対，前田・612頁。なお，曽根・292頁。
59 大判昭18・5・8刑集22・130。大塚・579頁，内田・628頁，前田・522頁，西田・401頁。
60 西田・435頁。
61 団藤・64頁，福田・20頁，大塚・579頁。
62 西田・459頁，山口・554頁。

の成立には，現に強制執行を受けるおそれがある**客観的な状態**にあることが必要である[63]。遠い将来の強制執行を予想して財産の隠蔽等を行っても，本罪は成立しない。ただし，執行名義の存在する場合は勿論，訴訟が係属中であると，訴えが提起される以前であるとを問わない。基本となる債権・債務について，ⓐその存在を必要とする説[64]，ⓑ基本となる債権の存在とは別問題であり，行為の当時債権の存在する可能性があれば足りるとする説[65]が対立しているが，強制執行の適正な進行という点を考えれば，債務名義や債権の存在を認定することは不要である[66]。強制執行を妨害する目的をもって行為をすれば直ちに本罪は成立し（**抽象的危険犯**），強制執行の全部または一部が行われたか，または強制執行を実際に免れたかは，本罪の成立にとって重要でない[67]。

4 行 為

本罪の行為は，1号の行為，2号の行為および3号の行為に分かれる。

(1) 1号の行為　本条1号の行為は，強制執行を妨害する目的で財産を隠匿，損壊もしくはその譲渡を仮装し，または債務の負担を仮装することである。ここで「**財産**」とは，強制執行の対象となりうべき動産，不動産および債権をいう。

①「**隠匿**」とは，強制執行の対象となる財産の発見を不能または著しく困難にすることをいう。隠し，持ち去るなどの有形的方法による場合のほか，他人名義で預金する行為（東京高判昭33・12・22高検速報776号）や抵当物件の賃借料の差押へを免れるために賃借人をダミー会社に変更する行為，自己の所有物を他人の所有物と偽るなど，所有関係を不明にする場合も含む[68]。強制執行を免れる目的で被告人名義の普通預金口座から払い戻しを受ける行為もこれに当たる[69]。②「**損壊**」とは，財産を物理的に破壊し，またはその価値を減少させ，もしくは滅失させることをいう。③「**仮装の譲渡**」とは，真実譲渡す

---

63 最判昭 35・6・24 刑集 14・8・1103。
64 平野・281 頁，内田・630 頁。
65 団藤・64 頁，大塚・579 頁。
66 団藤・64 頁，大塚・579 頁，中森・278 頁，西田・459 頁，山口・555 頁。
67 最決昭 35・4・28 刑集 14・6・836。
68 最決昭 39・3・31 刑集 18・3・115。
69 東京高判平 17・12・28 判タ 1227・132。

第2節　公務の執行を妨害する罪　*593*

る意思がないのに譲渡したと見せかけるために相手方と通謀して財産名義を移転し，譲渡が行われたように装う行為をいう。第三者が，債務者との通謀なしに，強制執行の目的財産を譲り受けたように虚偽の主張をして妨害した場合も含む。有償か無償かは問わない。なお，強制執行を免れる目的であっても，真実譲渡した場合は本罪に当たらない。④**「債務の負担を仮装する」**とは，債務者が本当は債務がないのに債務があるように見せかけることである。第三者が，債務者との通謀などによって，存在しない債務を負担したように装う場合も含む。例えば，仮装の債権者と通謀して，強制執行の際にその仮装の債権者に配当要求をさせ，これを承諾することによって正当な債権者への配当要求を少なくする場合がこれに当たる[70]。

　仮装譲渡と仮装の債務を負担する行為は，必要的共犯となるので，通常の態様でその相手方となった加担者は，共犯として処罰されることはない[71]。

　⑵　**2号の行為**　　強制執行の対象となる財産について，その現状を改変して価格を減損し，または強制執行の費用を増大する行為である。例えば，家屋について無用な増改築を行ない，または廃棄物を搬入するなどの行為がこれに当たる。

　⑶　**3号の行為**　　金銭執行を受けるべき財産について，無償その他の不利益な条件で譲渡し，または権利の設定をする行為である。**「金銭執行」**とは，金銭についての強制執行のことであり，それによって受けるべき財産を，無償その他の不利益な条件で譲渡しあるいは権利の設定をする行為を処罰するものである。**情を知って譲渡または権利の設定の相手方となった者**も，同様に処罰される。債権者が強制執行により権利の実現を図ろうとする前に，債務者が自己の財産を第三者に無償または著しく低い価格で譲渡してしまい，引き当て財産がなくなってしまう事態に対処するために，処罰範囲を拡張したのである。ちなみに，金銭債権の引き当て財産に不足を生じさせる行為としては，財産の隠匿・損壊を手段とする場合および財産譲渡を仮装する行為があるが，仮装ではなく**真実譲渡して引き当て財産に不足を生じさせる場合**があり，そのような行為も強制執行の適正を害する行為として処罰に値するところか

70　ポケット243頁。
71　藤木・31頁，前田・447頁。反対，中森・279頁，西田・469頁。

594 第3編 国家法益に対する罪 第2章 国家の作用に対する罪

ら，今回の改正で処罰範囲を拡張したのである。なお，本号の罪においては，真実譲渡し権利設定する行為を処罰するものであるから，必ず相手方が存在するので，その相手方が必要的共犯として不可罰とならないように，96条の2柱書の後段に「譲渡または権利の相手方となった者」の処罰を明示したのである。

6 強制執行行為妨害等罪

> 偽計又は威力を用いて，立入り，占有者の確認その他の強制執行の行為を妨害した者は，3年以下の懲役若しくは250万円以下の罰金に処し，又はこれを併科する（96条の3第1項）。強制執行の申立てをさせず又はその申立てを取り下げさせる目的で，申立権者又はその代理人に対して暴行又は脅迫を加えた者も，前項と同様とする（同条2項）。

1 意 義

本罪は，強制執行の進行を阻害する行為であって，主として**人に向けられた**ものを念頭に置き，近時の悪質な対人的妨害行為を把捉して，2011（平成23）年の刑法一部改正によって処罰することとしたものである。執行官等の公務員に向けられた強制執行妨害行為については，改正前の刑法においても，公務執行妨害罪（95条1項）が成立し，私人である債権者に対する妨害行為については，事案によって，強要罪（234条），信用毀損罪，業務妨害罪または威力業務妨害罪（234条）で処罰することができた。しかし，現実には，執行官に対する暴行・脅迫にまでは至らず，威力または偽計にとどまる妨害行為の事案が多発した。例えば，明け渡し執行に赴いた執行官が，目的建物の付近で放し飼いにされている危険な動物のために執行を妨害されるという事態も生じた。そこで，この種の事案を処罰できるようにするため，96条の3第1項の罪が設けられたのである。一方，強制執行妨害行為として最も効果的なのは，「強制執行の申立をさせず又はその申立を取り下げさせる」ための行為であることは明らかである。しかし，これらの行為が強要罪や威力業務妨害罪で把捉できるわけではなく，強制執行の適正な運用を強化するためには，この種の行為を独立して処罰する必要があると考えられた。96条の3第2項が設けられた所以である。

2　1項の罪

本罪は，偽計または威力を用いて，立ち入り，占有者の確認その他の強制執行の行為を妨害する行為を犯罪とするものである。**主体**については制限がなく，必ずしも債務者であることを要しない。「**偽計**」を用いてとは，人の判断を誤らせるような術策を用いることをいい，例えば，建物の明渡しを執行する際に，事情を知らない外国人を入居させて，占有関係の認定を不可能にする場合が考えられる。また，「**威力**」を用いてとは，人の意思を制圧する力を加えることをいい，例えば，建物の明け渡しに際し，その敷地内に猛犬を放し飼いにする場合が考えられる。「**占有者の確認**」とは，強制執行の相手方となる占有者が誰であるかを識別・特定する行為のことである。「**強制執行の行為**」とは，強制執行の現場で行なわれる公務員の事実上の行為である。「**妨害する**」とは，強制執行の行為に支障をきたすこと，すなわち強制執行の円滑な進行を不可能または著しく困難な状態を生じさせることをいう。なお，「妨害した」とある以上，結果の発生を必要とする**侵害犯**と解すべきである（234条➡155頁。反対，最決平31・1・29判例集未登載〔危険犯とする〕）。

本罪の法定刑は，3年以下の懲役，250万円以下の罰金の任意的併科であるが，暴行・脅迫を手段としたときは公務執行妨害罪が成立し，3年以下の懲役・禁錮または50万円以下の罰金となる。両者の罪数関係の取り扱いにつき，ⓐ観念的競合とする説[72]，ⓑ本罪1罪が成立するとする説[73]に分かれるが，威力は暴行・脅迫を含む概念であるから，公務執行妨害罪は重い本罪に吸収され，包括1罪として本罪が成立すると解するⓐ説が妥当である。

3　2項の罪

強制執行の申立てをさせずまたはその申し立てを取り下げさせる目的で，申立権者またはその代理人に対して暴行・脅迫を加える行為を犯罪とするものである。本罪は**目的犯**であり，本罪の行為には，「強制執行の申立をさせず，又はその申立を取り下げさせる目的」が必要である。「申立権者」とは，自己の名義で強制執行の申立をする権利を有する者をいい，「法人」を含む。「その代理人」とは，申立て権者に代わって，独立して申し立てができる者すな

---

[72] 西田・461頁。
[73] 杉山＝吉田・前掲書59頁。

596 第3編 国家法益に対する罪 第2章 国家の作用に対する罪

わち法定代理人，任意代理人をいう。本罪の行為は，申立権者，その代理人に対して暴行・脅迫を加えることである。実際に，申立て等が妨害されたことは必要でない。

7 強制執行関係売却妨害罪

偽計又は威力を用いて，強制執行において行われ，又は行われるべき売却の公正を害すべき行為をした者は，3年以下の懲役若しくは250万円以下の罰金に処し，又はこれを併科する（96条の4）。

1 意 義

本罪も，2011（平成23）年の刑法一部改正に際して新設されたものである。旧96条の3第1項の競売等妨害罪は，「偽計又は威力を用いて，公の競売又は入札の公正を害すべき行為をした者」と定め，①「公の競売」に係る強制執行に関する妨害行為，②「公の入札」に係る公共契約に関する妨害行為の2つの妨害行為を含んでいた。本罪は，これら2つのうち，①の強制執行に係る部分を取り出し，「偽計又は威力を用いて，強制執行において行なわれ，又は行なわれるべき売却の公正を害すべき行為をした者は」と定め，罪名を強制執行関係売却妨害等罪と変更して，その構成要件を拡充したものである。

このような改正に至った理由として，3点を掲げることができる。その1は，旧法で混在していた保護の対象を明確に振り分け，本罪は強制執行における売却の公正を保護法益とするのに対し，公契約の公正を保護法益とする別罪（96条の6＝公契約関係競売等罪）を設置するというものである。したがって，本罪の保護法益は，強制執行における売却の公正である。その2は，旧法の「公の競売又は入札」の概念が必ずしも明確になっていなかったことを踏まえ，これを「売却」に改めることとされた。その3は，改正前の競売等妨害罪では，処罰対象となる行為は競売開始決定後のものに限るとされていたが[74]，いわゆる「占有屋」が行うところの開始決定前の妨害行為も処罰の必要があるという点である。「強制執行において行なわれるべき売却」とする文言が入れられた所以である。

---

[74] 最判昭41・9・16刑集20・7・790。

占有屋　抵当物件である土地や建物を不法に，または短期の賃貸借や使用貸借を主張して膨大な立退料を請求し，占拠する者をいう。また，不動産が競売に付される前に占有し，担保価値を損なったり，競売を妨害して，高額の立退料を請求する者を含む。

2 客 体

本罪の客体は，強制執行における「**売却**」である。強制執行における売却は，「入札またはせり売り」が中心となる。「**せり売り**」とは，旧法 96 条の 3 第 1 項の「競売」に当たり，売主が 2 人以上の者に口頭で買受け条件の申込みを促し，最高額の申込みをした者（落札者）に承諾を与え，売買契約を成立させることをいう。「**入札**」とは，競争契約について，2 人以上の参加者のうち最も有利な申込みをした者（落札者）を相手方として契約するため，文書によりその申込みの意思表示をさせることをいう。国税徴収法による公売，会計法および地方自治法による「せりうり」も売却に当たる。このほか，期間を定めて申出を募るなど，民事執行規則 51 条の定める売却もある。いずれも強制執行としての売却に当たる。

3 行 為

本罪の行為は，「偽計又は威力を用いて，強制執行において行なわれ，又は行なわれるべき売却の公正を害すべき行為をすることである。「**偽計**」を用いるとは，人の判断を誤らせる術策を用いることをいう[75]。例えば，入札の際に入札者に敷札額を通報する行為である[76]。「**威力**」を用いるとは，人の意思を制圧するような力，例えば，暴行・脅迫を加えることをいう[77]。職権を濫用し，地位・権勢を利用して意思を制圧する場合も含む。「強制執行において行なわれ，または行なわれるべき」売却とは，売却開始決定から売却終了までの間および売却開始以前で強制執行を受ける客観的な状況が生じている場合を意味する。したがって，公正を害すべき「行為」とは，強制執行開始が切迫している状態から売却終了までに行なわれる行為を意味する。「**公正を害すべき行為**」は，強制執行で行われる売却に不当な影響を及ぼす行為のことである。売却に関する談合も含む。ここで「**談合**」とは，競売人が相互に通謀

---

[75] 最決平 10・7・14 刑集 52・5・343。岡部・百選Ⅱ（第 7 版）240 頁，**安田・判例講義Ⅱ155 頁**参照。

[76] 最決昭 37・2・9 刑集 16・2・54。

[77] 岡山地判平 2・4・25 判時 1399・146。

598 第3編 国家法益に対する罪 第2章 国家の作用に対する罪

し，特定の者を契約者とするために，他の者は一定価格以下または以上で競売の意思表示をすることをいう（➡603頁）。

強制執行を受ける状態が生じた時点，あるいは強制執行の開始が決定された以後，偽計または威力を用いて売却の公正を害すべき行為をすれば，その時点で直ちに本罪は成立する（**抽象的危険犯**）。妨害行為が終了するとともに，本罪は既遂に達する[78]。

8 加重封印等破棄等罪

> 報酬を得，又は得させる目的で，人の債務に関して，第96条から前条までの罪を犯した者は，5年以下の懲役若しくは500万円以下の罰金に処し，又は之を併科する。

1 趣 旨

本罪は，96条から96条の4までの罪について，報酬目的で人の債務に関して行なわれた場合，加重処罰を可能にするものである。バブル経済崩壊後，不良債権の回収が積極的になされるようになり，その過程で，占有屋等による不動産等の強制執行妨害事案が多発するとともに，反社会的集団等による対価として報酬を得る職業的妨害者が増加してきた。そこで，2011（平成23）年の刑法一部改正において，他人の強制執行に介入して，報酬目的等で96条から96条の4までの犯罪を加重処罰する規定を新設したのである。

2 行 為

本罪は，「報酬を得る目的」で行なわれる**目的犯**である。「**報酬**」とは，封印破棄等罪（96条），強制執行妨害目的財産損壊等罪（96条の2），強制執行妨害等罪（96条の3），強制執行行為妨害等罪（96条の3）の各罪を犯すことの対価として供与される財産上の利益のことである。「**得る**」目的とは，自ら利益を取得することを目的とする場合をいい，「**得させる目的**」とは，例えば，反社会集団の上部団体に立ち退き料を得させる目的のように，他の第三者に取得させることを目的とする場合をいう。「人の債務に関して」とは，他人に対する強制執行が行なわれる際に，その強制執行に介入するという意味である。したがって，債務者自身による行為は含まれない。本罪は，その違法性および責任を加重処罰の根拠とするものであるから**不真正身分犯**であり，債務者が第

---

[78] 最決平18・12・13刑集60・10・857。なお，西田・467頁。

第2節　公務の執行を妨害する罪　*599*

三者と共謀して本罪を犯したときは，65条2項により債務者には通常の犯罪すなわち96条から96条の4の罪が成立する[79]。

9　公契約関係競売等妨害罪

偽計又は威力を用いて，公の競売又は入札で契約を締結するためのものの公正を害すべき行為をした者は，3年以下の懲役若しくは250万円以下の罰金に処し，又はこれを併科する（96条の6第1項）。

1　意　義

本罪は，旧96条の3における競売等妨害罪の「公の競売又は入札」には強制執行におけるものと公共契約に関するものとが含まれていたが，2011（平成23）年の刑法一部改正により，強制執行に関する妨害行為は既述の強制執行関係売却妨害罪において処罰することとし（96条4），公共契約に関するものを公契約関係競売等妨害罪（96条の6第1項）として独立の犯罪としたものである。本条の対象となる手続きは「公の競売又は入札で契約を締結するためのもの」であり，本罪の保護法益は，国にまたは地方公共団体の権限ある機関が実施する公共工事等の**契約締結の公正**である。「公の」競売・入札の意義につき，判例は，「公の機関又はこれに準ずる団体の実施する競売又は入札を指す」[80]とするが，公の機関は法令の根拠を有する場合に限られると解すべきであろう[81]。

「**公の競売又は入札**」とは，国または公共団体の権限ある機関が競売・入札に付す旨の決定をし，これを実施する競売・入札のことである。「**競売**」とは，売主が2人以上の者に口頭で買い受け条件の申込みを促し，最高額の申込みをした者に承諾を与え売買契約を成立させることをいい，最も有利な条件で申込みをした者を**競落者**という。民事執行法による競り売り，国税徴収法による公売，会計法・地方自治法によるせり売などが公の競売である。「**入札**」とは，競争契約について，2人以上の参加者のうち最も有利な申込みをしたものを相手方として契約するため，**文書**によりその申込みの意思表示をさせ

---

[79]　西田・467頁。
[80]　東京高判昭36・3・31高刑集14・2・77。
[81]　西田・468頁。なお，曽根・295頁。

600　第3編　国家法益に対する罪　第2章　国家の作用に対する罪

ることをいい，最も有利な条件で申込みをした者を**落札者**という。これらの競売・入札は**適法**に行われることを要する[82]。

> **不動産競売における特別売却手続**　札幌高判平成13年9月25日高刑集54巻2号128頁は，不動産競売における特別売却手続（民執64条，民執規51条）は，入札，競売を補充する制度であり，それと一体となって適正妥当な価額による売却を実現する手続を構成するものであり，それら全体を1個の手続として，刑法96条の3第1項の「競売又は入札」に含めて考えることができるから，特別売却手続を不正に妨害する行為は本罪に当たると判示している。

2　行　為

本罪の行為は，偽計または威力を用いて，公の競売・入札を妨害することである。「**偽計**」を用いるとは，人の判断を誤らせる術策を用いることをいい，例えば，入札の際入札者に敷札額を通報することは偽計に当たる[83]。「**威力**」を用いるとは，人の意思を抑圧するような力，例えば，暴行・脅迫を加えることをいう[84]。職権を濫用したり，地位・権勢を利用して抑圧する場合も含む。

「**公正を害すべき行為**」とは，公の競売・入札に不当な影響を及ぼす行為をいう。談合も公正を害すべき行為であるが，談合罪（本条2項）との関係で本罪の行為からは除外される。本罪は，公の競売または入札の公正を害すべき行為が行われれば直ちに既遂に達する（**抽象的危険犯**）。それゆえ，行為の結果入札の公正が害されたという結果の発生は必要としない[85]。ただし，適法な公の競売・入札について権限ある機関が入札に付すべき旨の決定をしない以上抽象的危険も生じないから，少なくとも入札に付すことが権限ある機関によって決定されることを要すると解すべきである[86]。

> **偽計競争入札妨害罪の例**　最決平成10年7月14日刑集52巻5号343頁は，「被告人は，徳島地方裁判所が不動産競売の開始決定をした甲ら所有の土地建物について，その売却の公正な実施を阻止しようと企て，同裁判所に対し，賃貸借契約が存在しないのにあるように装い，右土地建物は既に他に賃貸されているので取調べを要求する旨の上申

---

[82] 最判昭41・9・16刑集20・7・790。
[83] 最決昭37・2・9刑集16・2・54。
[84] 最決昭58・5・9刑集37・4・401。**安田・判例講義II 155頁**参照。
[85] 高松高判昭33・12・10高刑集11・10・618。
[86] 前掲最判昭41・9・16。

第2節　公務の執行を妨害する罪　　*601*

書とともに，競売開始決定より前に短期賃貸借契約書写しを提出したいというのである
から」偽計による競売入札妨害罪が成立することは明らかであると判示した。妥当な判
断である。

10　談 合 罪

　　公正な価格を害し又は不正な利益を得る目的で，談合した者も，前項（96 条の 16 第
　1 項）と同様とする（96 条の 6 第 2 項）。

1　意 義

　1941（昭和 16）年の改正で本罪を創設する際，およそ公の競売・入札に関し
て談合した者は，すべて処罰する趣旨で提案されたのである。しかし，談合
は，偽計による競売または入札妨害の一種ではあるが，取引上是認してよい
場合があるため，これを目的犯とすることによって要件を厳格にし，正当な
談合行為を除外したのである。このように，本罪は**目的犯**として入札協定の
段階で処罰するものであり，公の競売・入札の公正に対する**抽象的危険犯**で
ある。本罪の例としては，談合により落札予定者と落札価格を決め，他の参
加者には，その代償として談合金を支払いまたはその約束をする行為が中心
である。

2　目 的

　談合は，公正な価格を害しまたは不正な利益を得る目的で行われたことを
要する。

(1)　**公正な価格**　　「**公正な価格**」の意義については，ⓐ競売・入札において
公正な自由競争によって形成されるであろう落札価格とする説（通説）[87]，ⓑ
社会的に相当な利潤額を加えた価格とする説[88]，ⓒ客観的に公正な価格とす
る説[89]，ⓓ平均的な市場価格とする説[90]に分かれる。本罪は，自由競争を前提
とする競売・入札の公正を保護法益とするものである以上，公正な価格とは，

---

[87] 最決昭 58・5・9 刑集 37・4・410，最決平 10・7・14 刑集 52・5・343。**安田・判例講義 II 155 頁**
　　参照。
[88] 東京高判昭 28・7・20 判特 39・37，東京高判昭 32・5・24 高刑集 10・4・361，大津地判昭 43・
　　8・27 下刑集 10・8・866。大塚 584 頁，中山・518 頁，中森・283 頁。
[89] 内田・633 頁，山口・564 頁。なお，西田・472 頁。
[90] 小野・220 頁，平野・282 頁。

談合がなかったならば，すなわち自由な入札が行われたならばそこで形成されたであろう価格をいうものと解すべきであり，ⓐ説が妥当である。

「公正な価格を害」する目的とは，公正な価格を引き下げ，または引き上げる目的をいう。談合のうえ本来自由競争ならば入札するであろう価格よりも高い入札金額を記載させ，みずからはそれよりも低い入札金額を入札書に記載して入札したような場合には，公正な価格を害する目的があったと判断される[91]。「不正の利益」とは，談合によって得る金銭その他の経済的利益をいう。競落者または落札者が契約上の利益を得るかわりに他の者が談合金を得るのが通常の形である。しかし，談合金が社会通念上祝儀の程度を越え不当に高い場合に限られる[92]。以上の目的をもって談合したときに本罪は直ちに既遂に達する。その談合に従って競売者・入札者が現実に行動したことを要しない[93]。なお，本罪の目的は未必的認識で足りるとする判例があるが[94]，目的犯として規定された趣旨にかんがみれば，確定的認識を必要とすると解すべきである[95]。

(2)　**二つの目的の関係**　　公正な価格を害する目的をもってする談合罪と不正の利益を得る目的をもってする談合罪とは，別個に独立して成立しうる。前者は，公正な価格を害する具体的危険の発生を必要とするのに対し，後者は，入札の公正を害する抽象的危険犯であるとするのが判例の見解である[96]。他方，競売入札妨害罪は具体的危険犯であるから，これとの均衡上，いずれの場合も具体的危険犯と解すべきであるとする見解[97]もある。目的の相違によって本罪の性質を分ける根拠はないから，判例の見解は支持しがたいとともに[98]，本罪は談合したことをもって直ちに成立するものであり，**抽象的危険犯**であると解すべきである。

---

91 最判昭 31・4・24 刑集 10・4・617。
92 最判昭 32・1・22 刑集 11・1・50。
93 最決昭 28・12・10 刑集 7・12・2418。
94 仙台高秋田支判昭 29・9・7 裁特 1・6・221。
95 江家 30 頁，大塚・583 頁。
96 前掲最判昭 32・1・22。
97 江家・30 頁，瀧川＝竹内・390 頁。
98 大塚・585 頁。

第3節 逃走の罪 　*603*

3　行　為

　本罪の行為は，談合である。「**談合**」とは，公の競売または入札において，競争に加わる者が通謀して，特定の者を競落者，落札者とするために，一定の価格以下または以上に入札または付け値しないことについての**協定**をいう[99]。競争に加わる者の通謀が必要であるから，本罪は**必要的共犯**である。ただし競売人・入札者の全員が談合に加わる必要はなく，入札・競売に不当な影響を及ぼしその公正を害するような協定をなしうる限り，一部の競売人・入札者によって行われた場合も談合である[100]。ただし，自由取引による談合に限られるから，偽計・威力の手段を用いた談合は，競売入札妨害罪を構成すると解すべきである[101]。行為は先の協定だけで足りるから，公の競売・入札に参加する希望がなくてもよい[102]。ただし，みずから入札・競売に参加しない場合には，自己と特別な関係にある者が競売・入札を希望しており，これに何らかの影響を及ぼしうる地位にある者でなければならない。

第3節　逃走の罪

1　総　説

　国家は，犯罪を行った者その他自由を拘束する必要のある者に対して拘禁権を有しており，逃走の罪の**保護法益**は，国の拘禁作用である。本罪は，被拘禁者自身が拘禁作用を侵害する場合と，それ以外の者がこれを侵害する場合とに分かれる。**被拘禁者**とは，国の拘禁権に基づき身柄を拘束されている者をいい，①裁判の執行により拘禁された既決・未決の者，②勾引状の執行を受けた者，③法令によって拘禁された者をいう。被拘禁者がみずから逃走する行為は，その心情からみてやむをえないという理由から，特に悪質な場合を除き処罰すべきでないと考えられる。刑法は，逃走する行為および逃走させる行為をともに処罰し，逃走する行為として，①逃走罪（97条），②加重逃

99　大判昭 19・4・28 刑集 23・97。
100　最判昭 32・12・13 刑集 11・13・3207。
101　最決昭 58・5・9 刑集 37・4・401。反対，大塚・582 頁〔本罪に当たるとされる〕。
102　最決昭 39・10・13 刑集 18・8・507。

604 　第 3 編　国家法益に対する罪　第 2 章　国家の作用に対する罪

走罪 (98条) を規定し, また, 逃走させる行為として, ③被拘禁者奪取罪 (99
条), ④逃走援助罪 (100条), ⑤看守者等による逃走援助罪 (101条), ⑥これら
の未遂罪 (102条) を規定している。

2 逃 走 罪

裁判の執行により拘禁された既決又は未決の者が逃走したときは, 1 年以下の懲役
に処する (97条)。未遂は, 罰する (102条)。

1 主 体

本罪の主体は, 裁判の執行により拘禁された既決の者と未決の者である (身
分犯)。裁判の執行により拘禁された「既決」の者とは, 刑の言渡が確定し, そ
れによって刑事施設 (刑事収容 3 条) に拘禁されている者をいう。自由刑 (懲役,
禁錮, 拘留) のほか, 死刑の執行に至るまで拘置されている者 (11条 2 項), 罰
金, 科料を完納できないために換刑処分として労役場に留置されている者(18
条) を含む。保護処分として少年院に収容されている者は, 少年院は刑事施設
ではないから含まれないと解する。

裁判の執行により拘禁された「未決の者」とは, 勾留状によって, 刑事施設
に拘禁されている者, すなわち, 被告人または被疑者をいう。鑑定留置に付
されている者も含む[1]。ただし, 逮捕者は本罪の主体とはならない (通説)[2]。

「拘禁された」者とは, 現に刑事施設に拘禁されている者をいう (通説)[3]。収
監状または勾留状によって身体を拘束されていても, 刑事施設に収容前の者
は含まれず, 刑事施設に引き渡される途中で逃走しても本罪を構成しない。
したがって, 逮捕状により, または現行犯人として逮捕された者は含まれな
い。いったん収監された以上は, 例えば, 公判に出廷するため護送中の自動
車内にいた場合でもよい。拘禁は適法なものでなければならない。

2 行 為

本罪の行為は, 逃走することである。「逃走」とは被拘禁者が拘禁状態から
離脱することをいう。逃走の手段・方法を問わない。離脱するとは, 看守者

---

1 仙台高判昭 33・9・24 高刑集 11・追録 1。
2 札幌高判昭 28・7・9 高刑集 7・874。
3 反対, 平野・283 頁〔逮捕された被疑者も含む〕。

第3節　逃走の罪　*605*

の実力的支配を脱することをいい，一時的であっても完全に離脱すれば既遂となる。拘禁作用の侵害を開始すれば，実行の着手が認められる。それゆえ，刑事施設から脱出すれば当然に実行に着手したものであるが，刑事施設の囲壁内にある間は，未だ拘禁を離脱したといえないから既遂ではない。囲壁を乗り越えても，追跡を受けている間は拘禁状態を脱出したとはいえない（通説）[4]。追跡者が完全に犯人を見失ったときに既遂となり，本罪は終了する。したがって，本罪は**状態犯**であって継続犯ではない。天災事変により解放された在監者が 24 時間以内に出頭しないときは，本罪によって処罰される。

> **未　遂**　福岡高判昭和 29 年 1 月 12 日高刑集 7 巻 1 号 1 頁は，未決の被拘禁者が裁判所構内から逃走したのを看守者巡査が発見して直ちに追跡し，途中 1，2 度姿を見失っても，間もなく同所から約 600 メートル隔てた地点で逮捕した場合には，未だ看守者の実力的支配を完全に脱したとはいえず，本罪の未遂犯が成立するとした。

3 加重逃走罪

　前条（97 条）に規定する者又は勾引状の執行を受けた者が拘禁場若しくは拘束のための器具を損壊し，暴行若しくは脅迫をし，又は 2 人以上通謀して，逃走したときは，3 月以上 5 年以下の懲役に処する（98 条）。未遂は，罰する（102 条）。

1　主　体
　本罪は，単純逃走罪の加重類型であるが，行為態様が悪質であることにかんがみ，主体の範囲を広げて処罰するものである。すなわち，裁判の執行により拘禁された既決・未決の者のほかに，勾引状の執行を受けた者も主体となる。「**勾引状**」とは，広く一定の場所に拘禁することを許す令状をいい，勾留状，収容状，逮捕状，勾引状（刑訴 152 条，民訴 194 条），引致状（予防更生 41 条）がある。「**勾引状の執行を受けた者**」とは，被告人，被疑者として拘禁されている者のほかに，勾引された証人，逮捕状によって逮捕された被疑者，収容状・勾留状の執行を受けたが収監されていない者も含む[5]（**身分犯**）。しかし，現行犯として逮捕された者および緊急逮捕されて逮捕状が発付される前の者は，勾引状の執行を受けた者とはいえないから，本罪の主体とはなりえない。

4　前掲福岡高判昭 29・1・12。反対，江家・33 頁〔既遂とする〕。
5　東京高判昭 53・7・19 高刑集 11・6・347。団藤・75 頁。反対，山口・569 頁。

2 行 為

本罪の行為は，①拘禁場または拘束のための器具（械具）を損壊し，②暴行・脅迫をし，または，③2人以上が通謀して逃走することである。

「**拘禁場**」とは，刑事施設，留置場その他拘禁のために使用する場所をいう。「**拘束のための器具**」とは，手錠など身体の自由を拘束するために用いる器具をいう。「**損壊**」とは，**物理的に毀損する**ことをいう。それゆえ，単に手錠をはずし，これを放置して逃走する行為は本罪に当たらない[6]。暴行・脅迫は，逃走の手段としてこれを行う必要がある。暴行・脅迫は看守者または看守者に協力する者に加えられることを要するが，暴行は間接暴行で足りる。「**2人以上通謀して**」とは，2人以上の「裁判の執行により拘禁された既決又は未決の者」または「**勾引状の執行を受けた者**」が，逃走するために意思の連絡をとりあい合意することをいう（**必要的共犯**）。通謀したうえで通謀者がともに逃走し，もしくは逃走の実行に着手しない限り本罪は成立しない。なお，その各人につき既遂・未遂を論ずべきであり，通謀はしたが1人が本罪の実行に着手し逃走したにすぎないときは，逃走者につき逃走罪を認めるべきであり，通謀者には逃走援助罪を適用すべきである[7]。

3 実行の着手

逃走を目的として拘禁場または「拘禁のための器具」の損壊を開始し[8]，または，暴行・脅迫の行為を開始して逃走の現実の危険が生じた時に**実行の着手**があり，現実に拘禁状態から離脱したときに**既遂**となる。通謀の場合には，意思の連絡をとりあっただけでは逃走の現実的可能性が生じたとはいえないから，逃走行為の開始時をもって着手があったとすべきである。通謀者各人につき既遂・未遂を論ずべきであるから，一方が既遂となっても他方が未遂となることはありうる。本罪の各行為が1個の逃走目的に併用されたときは，包括一罪となる。また，公務執行妨害罪は本罪に吸収される。

---

6 広島高判昭31・12・25高刑集9・12・1336。団藤・75頁，大塚・587頁，中森・286頁，山口・569頁。

7 大塚・588頁，西田・477頁。佐賀地判昭35・6・27下刑集2・5＝6・938。反対，団藤・75頁，内田・645頁，中森・286頁〔単純逃走罪の幇助〕。

8 最判昭54・12・25刑集33・7・1105。

4 被拘禁者奪取罪

法令により拘禁された者を奪取した者は，3月以上5年以下の懲役に処する（99条）。未遂は，罰する（102条）。

1 客 体

本罪の客体は，法令によって拘禁された者である。裁判の執行により拘禁された既決または未決の者は無論のこと，およそ法令に基づき国家機関によって身体の自由を拘束されている被拘禁者は，本罪の客体となる。少年院または少年鑑別所に収容中の少年（少24条，17条，43条）は法令による被拘禁者といえるが（通説）[9]，児童自立支援施設に入所中の児童（児福44条），精神保健福祉法により入院措置を受けた精神病者（精保29条，29条の2）などが本罪の客体となるかが問題となる。本罪は国の拘禁作用を保護法益とするものであるから，拘禁自体よりも保護または治療を第1次的な目的として身体を拘束されている者は，本罪の客体にならないと解すべきである（通説）。

2 行 為

本罪の行為は，奪取である。「奪取」とは，被拘禁者を自己または第三者の実力的支配下に移すという意味である（通説）[10]。奪取の手段を問わないから暴行・脅迫・欺く行為などによる場合であってもよく，また，本人が同意しているか否かも関係がない。しかし，実力的支配内に移すことが必要であるから，単に解放するにすぎないときは逃走援助罪であって本罪ではない[11]。奪取が完成することによって，直ちに既遂に達する。暴行・脅迫を用いて被拘禁者を奪取した場合について，ⓐ公務執行妨害罪と本罪との観念的競合とする説，ⓑ本罪一罪が成立するにすぎないとする説[12]があるが，奪取は暴行・脅迫を手段とする場合も含むから，ⓑ説が妥当である。

---

9 福岡高宮崎支判昭30・6・24裁特2・12・628。反対，植松・40頁，佐伯・25頁，平野・284頁，中山・523頁，中森・287頁，西田・478頁。
10 反対，平野・284頁，中森・287頁〔拘禁を離脱させる〕。
11 前田・629頁。反対，中森・287頁〔奪取に当たる〕。
12 小暮ほか〔神山〕・518頁。

608　第３編　国家法益に対する罪　第２章　国家の作用に対する罪

⑤　逃走援助罪

　法令により拘禁された者を逃走させる目的で，器具を提供し，その他逃走を容易に
すべき行為をした者は，３年以下の懲役に処する（100条１項）。前項の目的で，暴行
又は脅迫をした者は，３月以上５年以下の懲役に処する（同条２項）。未遂は，罰する
（102条）。

1　意　義

　本罪は，元来，逃走罪の共犯ことに幇助犯となる行為を独立の類型として
設けた犯罪である。刑法は，被拘禁者がみずから逃走する行為は期待可能性
が乏しいことを考慮して，逃走罪の法定刑を軽くしているのであるが，逃走
を援助する者についてはこのような考慮は必要でないため，単に逃走罪の共
犯として扱ったのでは処罰の適正が図れないとの理由で，逃走罪の共犯に相
当する行為を独立させ重く処罰することとし，併せて，被拘禁者の逃走が犯
罪を構成しない場合でも，逃走援助を犯罪として処罰できるようにしたもの
である。

2　行　為

　本罪の行為は，被拘禁者を逃走させる目的で，①器具を提供し，その他逃
走を容易にする行為をすること，または，②暴行・脅迫をすることである。
被拘禁者とは，「法令により拘禁された者」であり，被拘禁者奪取罪の客体と同
じである。器具の提供は，「逃走を容易にすべき行為」の例示にすぎず，した
がって，本罪の行為は，逃走の機会または方法を教示し，手錠を解除するな
ど，言語によると動作によるとを問わず，およそ被拘禁者の逃走を容易にす
る行為であればよい。その行為の終了によって本罪は既遂となり，被拘禁者
が逃走したかどうかを問わない。

　逃走を援助する手段として暴行・脅迫を行えば刑が加重される（2項）。暴
行・脅迫は，逃走を容易にする程度のもので足り，看守者に直接向けられた
ものばかりでなく，物に対する暴力の行使も含むと解すべきである。暴行・
脅迫が行われれば直ちに本罪は既遂に達する。本罪は，逃走させる目的があ
ることを必要とする目的犯である。逃走させる目的で被拘禁者を暴行・脅迫
を用いて奪取する行為について，ⓐ被拘禁者奪取罪と本罪との観念的競合と

第3節　逃走の罪　*609*

解する説[13]，ⓑ本罪は被拘禁者奪取罪に吸収されるとする説[14]が対立している。被拘禁者奪取罪は暴行・脅迫を手段とする場合も含むから，ⓑ説が妥当である。

被拘禁者奪取罪の未遂と本罪　被拘禁者を奪取する目的で暴行・脅迫を行ったが奪取が未遂に終わった場合について，(1)被拘禁者奪取罪の未遂とする説（通説），(2)本罪の既遂とする説（植松・43頁）が対立している。被拘禁者奪取罪の未遂罪であれば刑を減軽することが可能となるのに対し，逃走援助の故意で暴行・脅迫を行えば直ちに本罪の既遂となって被拘禁者奪取罪と同じ法定刑で処罰されることになる。問題は，奪取の故意によるか，逃走させる目的によるかによって，このような法定刑の差を認めてよいか，さらに，前者のほうが一般的に犯情が重いのに刑の減軽の可能性を認めるのが妥当かの2点にある。(2)説は，この点を考慮して，本罪の既遂とすべきであるとするのである。たしかに一理あるところだが，奪取目的と援助目的とは性質が異なる以上，相互に置きかえることは許されないから，立法上の過誤を認めて，さしあたり量刑の上で考慮するほかないであろう[15]。

6　看守者等による逃走援助罪

法令により拘禁された者を看守し又は護送する者がその拘禁された者を逃走させたときは，1年以上10年以下の懲役に処する（101条）。未遂は，罰する（102条）。

1　主　体

本罪は，看守者または護送者が被拘禁者を逃走させる罪である。主体は看守者および護送者に限られており，真正身分犯である。身分は行為当時に存在していれば足り，逃走の事実が看守・護送の任務解除後に生じても，本罪を構成する[16]。公務員であることを必ずしも要しないが，法令上の根拠に基づいて任務につく者に限ると解する[17]。

2　行　為

本罪の行為は，看守者等が拘禁された者すなわち被拘禁者を逃走させることである。「逃走させ」るとは，逃走を惹起しまたはこれを容易ならしめる一

---

[13] 所・注釈(4)108頁。
[14] 小暮ほか〔神山〕・520頁。
[15] 木村・388頁，団藤・77頁，中森・287頁，西田・479頁，山口・551頁。
[16] 大判大2・5・22刑録19・626。
[17] 団藤・78頁，大塚・591頁。

切の行為をいうと解するのが通説である。これに対し,「逃走させ」るという本条の文言から考えて,被拘禁者を積極的に解放するか,その逃走を黙認する行為に限定すべきであるとする説[18]がある。本罪は逃走の幇助行為を独立の犯罪として処罰するものである。したがって,逃走の原因となる行為があり,それによって被拘禁者が逃走すれば「逃走させ」たといえるから,通説が妥当である。被拘禁者の解放その他の作為のみならず,逃走しようとしている事実を認識しながらこれを放置する不作為も含む。被拘禁者が逃走することによって既遂に達する。本罪は逃走の幇助行為を独立の犯罪としたものであり,本罪が適用されれば幇助犯の総則規定は適用されない。ただし,本罪に関与した非身分者は,本罪の共犯となる[19]。

第4節　犯人蔵匿および証拠隠滅の罪

1　総　説

犯人蔵匿および証拠隠滅の罪は,犯罪の捜査,刑事裁判,刑の執行など国の刑事司法作用を保護法益とする犯罪であり[1],刑法は,①犯人蔵等匿罪（103条），②証拠隠滅等罪（104条），③証人等威迫罪（105条の2）を定めている。いずれも犯人を庇護するために行われることが多いが,刑事司法作用を侵害するものであれば,必ずしも犯人の利益のために行われることを要しない。なお,証人威迫罪は,刑事事件の証人などが犯人側から加えられる「お礼参り」を恐れて正しい証言ができなくなるため,1958（昭和33）年の刑事訴訟法の改正に伴って創設されたものである。したがって,その保護法益は,刑事被告事件の証人,参考人またはその親族らの私生活の平穏も含むが,その本質は国の刑事司法作用の円滑な運用である。ただし,本罪の成立については現に刑事司法が害されたか,その危険が具体的に生じたかを問わないと解すべきである。

18　平野・284頁,中森・289頁,西田・481頁。
19　中森・288頁,前田・631頁,山口・575頁。
 1　最決平元・5・1刑集43・5・405。団藤・79頁,大塚・591頁,中森・289頁,西田・481頁,山口・576頁。

第 4 節　犯人蔵匿および証拠隠滅の罪　　*611*

本罪の性質　　ドイツ刑法は，人的庇護罪および物的庇護罪という考え方のもとに，本罪を盗品等に関する罪と同一章下に規定している（各則編 21 章）。わが国の判例は，一方で犯人蔵匿罪は，「司法に関する国権の作用を妨害する」ものであるとしているが（最判昭和 24 年 8 月 9 日刑集 3 巻 9 号 1440 頁），他方，罪数の取扱においては，犯人庇護の面を強調している。すなわち，「犯人を蔵匿又は隠避せしむる罪は，**不法に個人を庇護して**捜査権の作用を妨害するものなるを以て，同一の犯罪事件に付共犯者数名ある場合に数個の行為を以て各別に之を蔵匿又は隠避せしむるは犯人 1 名毎に独立の一罪を構成し，又，1 個の行為を以て之を蔵匿又は隠避せしむるは一行為数罪名に触るるものに該当するものとす」と判示している（大判大正 12 年 2 月 15 日刑集 2 巻 65 頁，最判昭和 35 年 3 月 17 日刑集 14 巻 3 号 351 頁）。本罪の犯人庇護的性格を全面的に否定することはできないが，その本質は刑事司法作用の侵害にあると解すべきである（通説）。

2　犯人蔵匿等罪

　罰金以上の刑に当たる罪を犯した者又は拘禁中に逃走した者を蔵匿し，又は隠避させた者は，2 年以下の懲役又は 20 万円以下の罰金に処する（103 条）。

1　客　体

　本罪の客体は，罰金以上の刑に当たる罪を犯した者，または拘禁中逃走した者である。犯人が自らを蔵匿する行為は，類型的に期待可能性がないとの理由から不可罰とされている。「**罰金以上の刑に当たる罪**」とは，法定刑が罰金以上の刑を含む罪をいう。

　「**罪を犯した者**」の意義に関しては，ⓐ実際に罰金以上の刑に当たる罪を犯した者すなわち真犯人とする説[2]，ⓑ犯罪の嫌疑を受けて捜査または訴追されている者とする説[3]，ⓒ真犯人であると強く疑われている者とする説[4]に分かれている。

　思うに，「罪を犯した者」とする規定からみて，真に罰金以上の刑に当たる罪を犯した者を指すと解すべきであり，ⓐ説が妥当である。もっともⓐ説を採る場合，犯人蔵匿事件の裁判所が被蔵匿者自身の犯罪事実を対象として審

2　瀧川・279 頁，植松・45 頁，団藤・81 頁，平野・285 頁，中・283 頁，福田・27 頁，香川・77 頁，中山・526 頁，内田・647 頁，曽根・300 頁，林・460 頁，山口・560 頁，高橋・659 頁。

3　小野・122 頁，木村・310 頁，江家・38 頁，西原・437 頁，藤木・39 頁，岡野・342 頁，中森・290 頁，西田・482 頁。大判大 12・5・9 刑集 2・401，最判昭 24・8・9 刑集 3・9・1440。大山・百選Ⅱ（第 7 版）242 頁，**奥村・判例講義Ⅱ 156 頁**参照。

4　大塚・593 頁。なお，小暮ほか〔神山〕・525 頁。

判し，真犯人を確定する必要があり，実際の適用上困難が伴うことは否定できない。しかし，この困難は現行法の明文上やむをえないばかりか，真犯人でない者を蔵匿することは，その違法性が極めて微弱であり期待可能性も小さいから，この点に「罪を犯した者」を真に罪を犯した者と解釈する実質上の根拠があると考えられる。

こうして，いやしくも真に罰金以上の刑に当たる罪を犯した者であれば，捜査の開始前であると，捜査中であると，逮捕勾留中であると[5]，公判において審理中であると，さらに確定判決後であるとを問わず，本罪の客体となりうる。犯人が死亡していても本罪は成立する（札幌高判平17・8・18高刑集58・3・40。平野・百選Ⅱ〔第7版〕254頁，**奥村・判例講義Ⅱ158頁**参照）。ただし，告訴権の消滅，時効の完成などによって訴追または処罰の可能性がなくなったときは，刑事司法作用を害するおそれがなくなり，その対象者は本罪の客体とはならない。**不起訴処分を受けた者**については疑問も残るが，訴追・処罰の可能性がある以上は，本罪の客体に当たると解すべきである。同じ理由で，親告罪について告訴がまだなされていない者も含む[6]。罪を犯した者に教唆者，幇助者，予備・陰謀罪の犯人が含まれることはいうまでもない。**「拘禁中に逃走した者」**とは，法令により拘禁されている間に逃走した者をいう。当該の逃走が犯罪を構成するものであることは，必要でない。みずから逃走した者のほか，奪取された者も含む。

真犯人であることの審判　本文の説によると，犯人蔵匿事件を担当する裁判所は，被蔵匿者自身の犯罪事件について，その者が真犯人であることを確定しなければ，犯人蔵匿罪につき有罪とすることが許されないこととなる。そこで，真犯人であることの確定は，(1)犯人蔵匿事件を担当する裁判所がみずから事実認定して確定するのか，(2)被蔵匿者自身の事件を担当する裁判所の裁判に従うべきかの問題がある。(2)に従うと，被蔵匿者の事件が起訴され有罪判決が確定しない限り犯人蔵匿罪について有罪判決を下すことができなくなるという不合理を生ずるから，(1)の方法によらざるをえない。なお，この場合には，犯人蔵匿事件の裁判所は，常に被蔵匿者自身の事件について審判しなければならないという過重な負担を強いられるうえ，被蔵匿者自身の事件に対する裁判所の事実認定と，犯人蔵匿事件に対する裁判所の事実認定とが異なる場合に困難が生ずるという懸念が示されるが，これは現行法の規定上やむをえないというべきである[7]。

5 最決平元・5・1刑集43・5・405。松生・百選Ⅱ（第7版）252頁，**奥村・判例講義Ⅱ157頁**参照。
6 東京高判昭37・4・18高刑集15・3・186。

2 行 為

本罪の行為は，蔵匿しまたは隠避させることである。「蔵匿」とは，官憲による発見・逮捕を免れるべき隠匿場所を提供して匿うことをいう。「隠避」とは，蔵匿以外の方法により官憲による発見・逮捕を免れしめるべき一切の行為をいう[8]。官憲による発見・身柄の拘束を困難にするおそれを生じさせれば足りるから，本罪は抽象的危険犯である。したがって蔵匿・隠避行為があれば，たとえ捜査官憲が被蔵匿者の所在を知っていても本罪を構成する[9]。隠避の方法としては，変装させたり，逃走のための資金の調達をし，あるいは身代わり犯人を立てるなどの有形的方法ばかりでなく，犯人等に逃避を勧告し，あるいは逃避中の者に捜査の形勢を知らせて逃避の便宜を与えるなどの無形的方法による場合も含む[10]。また，逮捕の義務ある警察官がことさらに逮捕を怠って逃走を許すがごとき不作為も隠避に当たる[11]。

本人の逮捕勾留中に身代り犯人を立てる行為について，これを隠避に当たるとする判例[12]と隠避に当たらないとする判例[13]とがあるが，最高裁判所は，犯人が殺人未遂事件で逮捕勾留された後，被告人が他の者を教唆して右事件の身代り犯人として警察署に出頭させ，自己が犯人である旨の虚偽の陳述をさせた行為を犯人隠避教唆罪に当たると判示した[14]。本人の身柄拘束状態に変化をもたらす可能性がある以上は隠避に当たるから，身代り犯人を立てることは，犯人隠避教唆罪になるとすべきである。「隠避させた」というためには，その者が官憲の発見・逮捕を一応免れる状態に達したことを要する。したがって，隠避を勧告したが，その者がこれに応じなかったときは本罪は完成しない[15]。

---

7 植松・46頁，団藤・81頁。なお，山中・734頁〔推定真犯人説〕。
8 大判昭5・9・18刑集9・668〔留守宅および捜査の形勢を知らせる〕。
9 東京地判昭52・7・18判時880・110。
10 大判大4・8・24刑録21・1244，前掲最決平元・5・1。大塚・595頁。
11 大判大6・9・27刑集23・1027。
12 高松高判昭27・9・30高刑集5・12・2094。
13 福岡地小倉支判昭61・8・5判時1253・143。札幌高判平17・8・18高刑集58・3・40〔犯人死亡の場合〕。
14 前掲最決平元・5・1。なお，最決昭60・7・3判時1173・151。奥村・判例講義Ⅱ159頁参照。
15 ポケット256頁，西田・484頁。

3 故 意

本罪の故意は，客体である被蔵匿者が罰金以上の刑に当たる罪を犯した者であること，または拘禁中逃走した者であることを認識し，かつ，これを蔵匿・隠避することを認識して行為に出る意思である。罰金以上の刑に当たることの認識を要するかについて，通説はこれを必要であるとするが，この認識は素人的判断を超えるものであるから，実際には殺人犯人，窃盗犯人であるといった認識があれば足りると解すべきである[16]。単に拘留または科料に当たる罪を犯したにすぎないものと誤信したとき，または，拘禁中の逃走者でないと信じて蔵匿・隠避させたときは，故意を阻却する。被蔵匿者は真犯人であることを要するから，たとえ捜査の対象となっている被疑者であることを知っていても，無実の者と信じて蔵匿・隠避した以上は故意を阻却すると解する。その者の氏名，犯した罪の種類などについて不知や錯誤があっても，故意に影響を及ぼさない。

4 罪 数

同一人を蔵匿し，かつ隠避したときは，本罪の包括一罪であり，同一事件についての共犯者数名を1個の行為で蔵匿・隠避させたときは，本罪の観念的競合となる[17]。

5 共犯関係

犯人自身は，本罪の主体から除外されている。それゆえ，犯人自身がみずから匿う自己蔵匿や自己隠避は処罰されない。その理由は，犯人がそのような行為をすることは無理もないという**期待可能性の欠如**にある。

問題は，犯人が第三者に自己を匿ってくれるように蔵匿・隠避行為を教唆した場合にある。この点につき学説は，ⓐ肯定説[18]，ⓑ否定説[19]が対立している。肯定説は，他人に罪を犯させて目的を達成するのは，自ら犯す場合とは情状が違い，期待可能性がないとはいえないとする根拠に基づいている。判例は，「犯人自身の単なる隠避行為が罪とならないのは，これらの行為は刑事訴訟法における被告人の防御の自由の範囲内に属するからであり，他人を教

---

16 大塚・596頁，中森・291頁。大判大4・3・4刑録21・231。反対，平野・285頁。

17 最判昭35・3・17刑集14・3・351。

18 小野・36頁，団藤・90頁，福田・34頁，大塚・601頁，藤木・43頁，中森・290頁。

19 平野・286頁，中山・532頁，西田・484頁，山口・582頁，林・462頁，高橋・666頁。

唆してまでその目的を遂げようとすることは防御権の濫用である」というこ
とを根拠にして，一貫して肯定説をとってきた[20]。

　しかし，犯人の正犯としての蔵匿・隠避に期待可能性が認められないとす
る以上，それより軽い罪である教唆について期待可能性が認められるとする
のは不当であろう。また，防御権の濫用を根拠とする考え方は，他人に教唆
することの捜査上の有害性を根拠とするのであるが，他人に頼んでも匿って
欲しいと願うことは無理もないことであり，自己蔵匿・隠避と同じように，
教唆についても期待可能性が欠如していると解すべきである。

> **犯人隠避罪を認めた事例**　最判平成29年3月27日刑集71巻3号4183頁は，Xが自
> 動車運転過失致死罪などの被疑事実で逮捕され，勾留されている段階において，被告人
> が参考人として虚偽の供述をした事件について，「被告人は，前記道路交通法違反および
> 自動車運転過失致死の各罪の犯人がXであることを知りながら，同人との間で，X車が
> 盗まれたことにするという，Xを前記各罪の犯人として身柄の拘束を継続することに疑
> 念を生じさせる内容の口裏合わせをした上，参考人としての警察官に対して前記口裏合
> わせに基づいた虚偽の供述をしたものである。このような被告人の行為は，刑法103条
> にいう『罪を犯した者』をして現にされている身柄の拘束を免れさせるような性質の行
> 為と認められるのであって，同条にいう『隠避させた』に当たると解するのが相当であ
> る」と判示して，犯人隠避罪の成立を認めた。なお，既述のように，最決平成元年5月
> 1日は，すでに犯人が身柄を確保されている場合であっても，身代わり犯人を出頭させ
> る行為は，本罪を構成するとしている。

③　証拠隠滅等罪

　他人の刑事事件に関する証拠を隠滅し，偽造し，若しくは変造し，又は偽造若しく
は変造の証拠を使用した者は，2年以下の懲役又は20万円以下の罰金に処する（104
条）。

1　客　体

　本罪の客体は，**他人の刑事事件**に関する証拠である。「**他人**」とは，自己以外
の者すなわち行為者以外の者をいう。自己の刑事事件の証拠を隠滅する行為
については，事件の当事者であるから処罰の対象から除外しているとする説
もあるが，このような行為は，人間の自然の心情に基づくものであって，期

20　大判昭8・10・18刑集12・1820，最決昭35・7・18刑集14・9・1189。

616　第3編　国家法益に対する罪　第2章　国家の作用に対する罪

待可能性が乏しいから処罰されないと解する通説が妥当である。自己の刑事事件の証拠であっても，それが同時に他人の刑事事件の証拠であるときは，必ずしも期待可能性がないとはいえないから，本罪の客体になると解すべきである[21]。

(1)　**共犯者の刑事事件**　共犯者の刑事事件が他人の刑事事件といえるかについては，ⓐ他人の刑事事件として本罪の成立を肯定する説[22]，ⓑ自己の刑事事件として本罪の成立を否定する説[23]，ⓒもっぱら共犯者のためにする意思で行為した場合には他人の刑事事件として本罪の成立を認める説（多数説）[24]が対立している。

自己の刑事事件に関する証拠隠滅が不可罰とされているのは，そのような行為は人間の心情からみてやむをえないとする期待可能性の欠如の点にあるから，この根拠に照らしてみると，第1に，共犯者の事件に関する証拠が自己の刑事事件と共通した利害の関係にある場合は，自己の刑事事件に関する証拠と解すべきである。それゆえ共犯者を隠匿しても，本罪には当たらない[25]。第2に，共犯者の刑事事件の証拠であっても自己の刑事事件と関連のない，あるいは相反する利害関係にある証拠は，他人の刑事事件の証拠として本罪の客体になると解すべきであり，ⓒ説が妥当である。

(2)　**「刑事事件」の意味**　証拠は「刑事事件に関する」ものであることを要する。民事事件などの証拠は含まない。刑事司法作用を保護するためには，公訴提起前の将来刑事被告事件となりうべきものに関する証拠も確保する必要があるから，現に裁判所に係属している被告事件に限らず，捜査中の事件[26]，捜査開始前の刑事事件も含む（通説）[27]。

21　大判昭12・11・9刑集16・1545。

22　大判大7・5・7刑録24・555。青柳・26頁。

23　瀧川・280頁，植松・48頁，柏木・108頁，中・285頁，中山・528頁，内田・657頁，藤木・42頁，中森・291頁，西田・486頁。なお，平野・286頁。

24　大判大8・3・31刑録25・403，広島高判昭30・6・4高刑集8・4・585，東京地判昭36・4・4判時274・34。団藤・86頁，大塚・597頁，平川・543頁，曽根・303頁，山口・585頁，井田・560頁。

25　旭川地判昭57・9・29刑月14・9・713〔犯人蔵匿罪の成立を肯定〕。阿部・百選Ⅱ（第7版）250頁参照。

26　大判明45・1・15刑録18・1。

27　大判昭10・9・28刑集14・997。反対，江家・420頁，藤木・41頁〔被疑事件〕，植松・49頁，吉川・377頁〔被告事件〕。

第4節 犯人蔵匿および証拠隠滅の罪　*617*

告訴のない段階での親告罪の証拠および再審の可能性のある事件に関する証拠も含むかについて，これを肯定する説[28]があるが，前者は捜査開始前の事件に関する証拠として本罪の客体になると解すべきであるが，後者は確定判決事件の証拠として本罪の客体とはならず，現に再審の申立がなされている事件の証拠に限るべきである[29]。刑事事件が結局において起訴されずに終る場合であると，また無罪に終る場合とを問わない[30]。本罪は，証拠に作為を加えることによって刑事事件の捜査・審判を誤らせる点に処罰の根拠があるから，被疑者などがそれによって利益を得たか否かは関係がないのである。刑事事件は，日本の裁判所が審判すべきものをいう。「証拠」とは，犯罪の成立，刑の量定に関する一切の証拠資料をいう。物的証拠としての証拠物，証拠書類，人的証拠としての証人，参考人も証拠である。

2　行　為

本罪の行為は，①証拠を隠滅すること，②偽造・変造すること，または，③偽造・変造の証拠を使用することである。

(1)　**証拠の隠滅**　「隠滅」とは，証拠の顕出を妨げまたはその証拠としての価値を滅失・減少させる行為のすべてをいう[31]。証拠たる物件の物理的滅失・隠匿は勿論のこと，証人，参考人となるべき者および共犯者を逃避させ，隠匿するのも隠滅である[32]。また，証人に偽証させることも証拠隠滅行為の一種であるが，別に偽証罪があるので(169条)，法律によって宣誓した証人に偽証させる行為(間接正犯または教唆犯)は，法条競合によって偽証罪のみが成立すると解すべきである[33]。したがって，宣誓しない証人，参考人に偽証させる場合のみが成立すると解する。

(2)　**証拠の偽造・変造**　「偽造」とは，存在しない証拠を新たに作成することをいう。犯罪事実に関係のない既存の物件を利用して，犯罪事実に関係のあるもののように作為を加えるのも偽造である[34]。「変造」とは，真実の証拠

28　柏木・106頁，瀧川＝竹内・403頁。
29　小暮ほか〔神山〕・530頁。
30　ポケット258頁。
31　大判明43・3・25刑録16・470。
32　最決昭36・8・17刑集15・7・1293。田中・百選Ⅱ（第7版）244頁，奥村・判例講義Ⅱ161頁参照。前掲旭川地判昭57・9・29。
33　木村・313頁，大塚・598頁。

に加工してその証拠としての効果に変更を加えることをいう。作成権限の有無、内容の真否を問わない。「**使用**」とは、偽造・変造の証拠を真正のものとして提出することをいう。裁判所に対しては勿論のこと捜査機関に提出することも使用に当たる。求めに応じて提出する場合も使用になる[35]。

参考人の虚偽供述　参考人等が他人の刑事事件に関し、虚偽の供述をした場合、いかに取り扱うべきであろうか。判例は、(1)虚偽の供述は偽証罪に限って処罰するのが刑法の建前であること（大阪地判昭和43年3月18日判タ223号244頁、千葉地判平成8年1月29日判時1583号156頁）、(2)証拠は物理的な証拠方法（物証・人証）に限られること（最判昭和28年10月19日刑集7巻10号1945頁）、これら2つの理由で証拠偽造罪の成立を否定している。参考人等に偽証させた場合は隠滅に当たるとすると、みずから虚偽の供述をした場合に不可罰とするのは均衡を欠くであろう。しかし、虚偽供述自体を証拠とするのはいかにも証拠概念を広げすぎるばかりでなく、供述だけでは証拠としての価値も高くないから、不問に付すのが妥当であろう。これに対して、内容虚偽の上申書や供述書を作成するというように文書化された場合、それはまさに物理的存在となったものであり、証拠としての価値もあるから、その作成を証拠偽造として捉えることは十分可能である。従来の判例も、参考人が内容虚偽の上申書を捜査機関に提出した事例について証拠偽造罪の成立を認めているところである（東京高判昭和40年3月29日高刑集18巻2号126頁。十河太朗「内容虚偽の供述調書と証拠偽造罪」同志社法学49巻2号28頁。なお、西田・426頁）。その意味では、検事の作成した内容虚偽の供述調書に署名・押印する行為も、証拠の偽造に当たると解すべきである（反対、千葉地判平7年6月2日判時1535号144頁。前田・541頁）。

3　他罪との関連

他人の刑事被告事件について証拠を隠滅する目的で盗品を隠匿すれば、本罪と盗品保管罪との観念的競合である[36]。また、その目的で証拠物を窃取すれば、同じく窃盗罪と本罪との観念的競合である[37]。証人等をその目的で殺した場合は、殺人罪と本罪との観念的競合となる。逮捕・監禁罪との関連も同様である[38]。

34　大判大7・4・20刑録24・359。
35　大判昭12・11・9刑集16・1545。
36　大判明44・5・30刑録17・981。
37　大判大3・11・30刑録20・2290。
38　大塚・599頁。

4 共犯関係

証拠隠滅等罪は，犯人が自己の刑事事件に関する証拠を隠滅等しても処罰されないが，他人が関与した場合には，2つの点が問題となる。先ず，本罪においても客体が他人の刑事事件に限られているため，犯人と他人との共犯関係が問題となる。判例は，他人を利用してまで証拠隠滅等をする行為は，被疑者・被告人の防御の範囲を越えるという理由から，犯人が他人を教唆して自己の刑事事件に関する証拠隠滅等をさせる場合には，証拠隠滅等罪の教唆犯が成立するとしている[39]。また，他人を使って証拠の隠滅等をするのは期待可能性の問題とはなりえないとする学説も有力である[40]。しかし，犯人が他人を教唆して証拠隠滅等を犯させるのは，自己の証拠隠滅等の行為について他人を利用することにほかならないから[41]，犯人みずからが証拠隠滅等を行った場合と同一の根拠で，この場合の共犯を不可罰とするのが妥当である[42]。通説は，犯人・逃走者みずからが犯人蔵匿・証拠隠滅を行う場合と他人にこれを行わせる場合とでは情状が異なるとするが，期待可能性が乏しいという点では同じであると解すべきである。

次に，他人が犯人を教唆して犯人の刑事事件に関する証拠の隠滅等を教唆した場合の他人の罪責が問題となる。しかし，犯人が隠滅等をする行為は構成要件に該当しないから，実行従属性の要件を欠き，他人の教唆行為についての共犯は成立しない。なお，組織犯罪処罰法7条の証人等買収罪は，「自己又は他人の刑事事件に関し，証言しないこと，若しくは虚偽の証言をすること，又は証拠を隠滅し，偽造し，若しくは変造の証拠を使用することの報酬として，金銭その他の利益を供与し，又はその申込み若しくは約束する」行為を処罰する。

---

39 大判昭8・10・18刑集12・1820，大判昭10・9・28刑集14・997，最決昭40・9・16刑集19・6・679〔犯人による犯行現場の偽装教唆〕。
40 団藤・90頁，大塚・601頁，佐久間・389頁。
41 木村・314頁参照。
42 瀧川・281頁，木村・314頁，平野・287頁，中山・532頁，岡野・347頁，曽根・303頁，山中・807頁，西田・489頁，山口・589頁，高橋・650頁。

4 親族間の犯罪

1 親族間の犯罪に関する特例

前2条（103条，104条）の罪については，犯人又は逃走した者の親族がこれらの者の利益のために犯したときは，その刑を免除することができる（105条）。

(1) **意 義**　この規定は，1947（昭和22）年の刑法一部改正によって改められたものである。改正前は「之を罰せず」としていたが，任意的な刑の免除規定に変更された。旧規定は，親族間の情誼を重視するとともに「父は子のために隠し，子は父のために隠す。直きことその中にあり」（論語子路編13）とする儒教道徳に基づいたものであったとされる。戦後に至って新規定に改められたのは，一般に親族間の行為を免責事由としない英米法の影響による。親族間の犯人蔵匿・証拠隠滅罪は，自然の人情，情誼に由来するものとして，任意的な刑の免除事由とされたのである。その根拠は，**期待可能性**が乏しいということによる責任の減少にある。

(2) **要 件**　本特例が適用される者は，犯人または逃走者の親族である。「**犯人**」とは，罰金以上の刑に当たる罪を犯した者（103条），または刑事被告人など（104条）を意味する。「**逃走者**」とは拘禁中に逃走した者をいう（103条）。「**親族**」の範囲は民法によって定まる（民725条）。本特例が適用されるためには，犯人または逃走者の利益のために上記の罪が犯されたことを要する。

「**利益のため**」とは，刑事訴追，有罪判決，刑の執行または拘禁を免れさせることの**目的**をいう。それゆえ，その不利益のためにしたときは勿論のこと，共犯者の利益だけのためにした場合も本特例の適用はない。犯人の利益のために犯しても，同時にそれが第三者の刑事事件にも関係するものであり，行為者がそのことを認識しているときは，本特例の適用を認めないとすること判例である[43]。本特例は，期待可能性が乏しいことを根拠とするものであるから，親族でない犯人・逃走者を親族であると誤信してこれを蔵匿した者については，期待可能性の錯誤を認め本特例の適用を認めるべきである。

2 親族の他人への教唆行為

犯人・逃走者の親族が他人を教唆して犯人蔵匿または証拠隠滅をさせた場

---

[43] 大判昭7・12・10刑集11・1817。大塚・600頁，香川・89頁，山中・745頁。

合について，通説・判例は，本特例は親族自身の行為についてのみ適用する
ものとされているという理由で，本特例の適用を認めない[44]。しかし，犯人・
逃走者の親族がみずから正犯行為として犯人蔵匿・証拠隠滅の罪を犯しても
刑の免除がありうるのであるから，それより軽い態様の教唆について刑の免
除を認めても不当ではない[45]。

3 他人の親族への教唆行為

一方，他人が犯人・逃走者の親族を教唆して犯人蔵匿・証拠隠滅の罪を犯
させた場合は，親族の行為につき正犯が成立するから，他人の行為について
教唆犯が成立する。そして，正犯については刑の免除が認められるが，その
効果は他人である教唆者には及ばないから，教唆者には刑の免除は認められ
ないのである（通説）。

4 犯人の親族への教唆行為

犯人・逃走者 X がその親族 Y を教唆して，みずからを蔵匿等させまたは
その刑事事件に関する証拠を隠滅させる場合，Y の正犯行為は犯罪として成
立し，105 条の適用を受けて刑の免除が可能となる。一方，犯人・逃走者 X
の教唆行為は正犯に従属して形式的には教唆犯の成立を否定できない。この
教唆行為の取扱いについて，ⓐ教唆犯が成立しないとする説[46]，ⓑ教唆犯は
成立するが親族の刑が免除されるのに準じて犯人・逃走者の刑も免除すべき
であるとする説[47]が対立している。

思うに，犯人・逃走者が他人を教唆する場合を不可罰とすべきである以上，
この場合にもそれと同じ理由で不可罰とすべきことは当然である。ⓑ説は，
正犯である親族の刑が免除されるのに準じて，犯人・逃走者にも刑の免除を
なしうるとするのであるが，この立場は他人を教唆した場合に共犯の成立を
認めるので，その結論と矛盾する疑いがある。また，ⓑ説は，犯人・逃走者
といえども他人を教唆して自己を庇護させる行為には期待可能性の適用がな
いということを根拠として，他人を教唆する行為に共犯の成立を認めるので
あるから，親族を教唆する場合にも当然，教唆犯の成立を認めるべきことと

---

44 大判昭 8・10・18 刑集 12・1820。
45 植松・51 頁，平野・285 頁，岡野・347 頁，西田・491 頁，曽根・304 頁，前田・467 頁。
46 柏木・112 頁，小暮ほか〔神山〕・534 頁，岡野・347 頁。
47 団藤・89 頁，福田・34 頁，吉川・381 頁，香川・90 頁，内田・653 頁。

622 第3編 国家法益に対する罪 第2章 国家の作用に対する罪

なり，刑の免除を適用する根拠はないというべきである。

5 証人等威迫罪

> 自己若しくは他人の刑事事件の捜査若しくは審判に必要な知識を有すると認められ
> る者又はその親族に対し，当該事件に関して，正当な理由がないのに面会を強請し，
> 又は強談威迫の行為をした者は，1年以下の懲役又は20万円以下の罰金に処する（105
> 条の2）。

1 意 義

本条は，「お礼参り」を防止するために1958（昭和33）年に創設された規定で
あり，その保護法益は刑事司法作用であるが，副次的に個人の意思決定の自
由ないし私生活の平穏をも含む[48]。証人等の供述に影響を与えない類の威迫
行為が処罰されるのは，本罪が意思決定の自由を保護法益としていることの
証左である。

2 客 体

本罪の客体は，自己もしくは他人の刑事事件の捜査もしくは審判に必要な
知識をもっていると認められる者またはその親族である。本罪は，他人の刑
事事件ばかりでなく自己の刑事事件についても成立する。将来刑事事件とな
りうるものも含む[49]。刑事事件の意義については既述した（→616頁）。「捜査若
しくは審判に必要な知識」とは，犯罪の成否，量刑の資料となるべき情状など
犯人または証拠の発見に役立つ知識のすべてをいう。知識を有すると「認め
られる者」とは，現にその知識を有する者ばかりでなく，諸般の事情から客観
的に知識を有すると認められる者をいう。その事件を担当した捜査官や警察
官であっても，証人として証言するような知識を有していると認められる限
り，本罪の客体となる[50]。証人としてすでに証言を終った者でも再度喚問の
可能性がある限り，本罪の客体になると解すべきである[51]。「親族」の範囲は，
民法の規定による（民725条）。

---

48 大塚・603頁，中森・294頁，西田・493頁，山中・811頁，前田・468頁。
49 東京高判昭35・11・29高刑集13・9・639。
50 前掲東京高判昭35・11・29，東京高判昭39・7・6高刑集17・4・422。福岡高判昭51・9・22判
　 時837・108。
51 ポケット263頁。なお，大阪高判昭35・2・18下刑集2・2・141。

3 行 為

本罪の行為は，当該事件に関し，正当な理由がないのに面会を強請し，または強談威迫することである。「**当該事件に関して**」とは，自己または他人の刑事事件に関連してという意味であり，当該事件と無関係な行為を除外するための要件である[52]。その終局裁判または再審判決の確定前の刑事事件であることを要する。「**正当な理由がないのに**」という文言は，弁護人の正当な調査活動などを排除する趣旨で設けられた要件である。「**面会を強請し**」とは，正当な理由なくして面会する意思のない相手方の意に反して面会を強要することをいう。「**強談**」とは，言語をもって自己の要求に応ずるよう迫ることであり，「**威迫**」とは言語・動作をもって気勢を示し，不安・困惑の念を生じさせることである。面会の強請，強談・威迫いずれの行為も，書信・電話等による間接のものは含まないと解する[53]。間接的行為によって相手方が被る不安困惑の程度は，通常，比較的軽微だからである。本罪は**抽象的危険犯**であるから，面会の強請等の行為がなされれば犯罪は成立する[54]。

強請強談・威迫　　面会の強請および強談威迫の観念は，旧警察犯処罰令1条4号に由来するものであるところから，本条の解釈については，同法に関する大審院の判例が援用される。大判大正12年11月30日刑集2巻884頁は，「故なく面会を強請しとは正当の理由なく相手方の意に反して面会を要求するの義」であるとする。ただし，私生活の平穏ないし自由が保護法益となっていることにかんがみ，電話や手紙などの間接的方法による場合は，強請には含まれないと解すべきである（前掲最決平成19年11月13日）。また，相手方の面前で行うときが典型であるが，例えば，奥にいる本人に玄関から大声で「出てきて会え」というように要求する行為も面会の強請となりうる。前橋地判昭和37年10月31日判タ140号112頁は，「今日の裁判では随分ひどいことを言ったねえ，私達のことがどうなるかあんたわかっているのかい」と申し向けて，その後の証人尋問において虚偽の証言をしてもらいたい旨を暗示し，かつ難詰して不安困惑の念を抱かせたときは，強談威迫の行為をしたものであるとしている。また，前掲最決平成19年11月13日は，「『威迫』には，不安，困惑の念を生じさせる文言を記載した文書を送付して相手にその内容を了知させる方法による場合が含まれ，直接相対する場合に限られるものではない」と判示した。

---

[52] ポケット263頁。
[53] 大塚・604頁。反対，西田・493頁，山口・587頁。最決平19・11・13刑集61・8・743。
[54] ポケット262頁。

624 第3編　国家法益に対する罪　第2章　国家の作用に対する罪

4　故　意

本罪の故意は，既述のような客体および行為に関する客観的事実の認識を
もって行為に出る意思で足り，それ以上に公判の結果に影響を及ぼす目的な
いし意図があることを要しない[55]。

5　罪　数

面会の強請が相手方を畏怖させる性質・程度のものであるときは，脅迫罪
または強要未遂罪との観念的競合である。証人として虚偽の証言をすること，
あるいは，証人として出頭または供述することを拒否するよう要求して強
談・威迫の行為をしたときは，偽証罪（169条），証人不出頭罪（刑訴151条），
証言拒絶罪（同161条）の教唆犯と本罪との観念的競合となる。面会を強請し
かつ強談威迫の行為に及べば，本条の罪の包括一罪となる。

第5節　偽　証　の　罪

1　総　説

偽証の罪は，法律により宣誓した証人，鑑定人，通訳人，翻訳人が虚偽の
陳述，鑑定，通訳，翻訳を行うことを内容とする犯罪であって，その**保護法益**
は国の審判作用（裁判，懲戒処分）の適正な運用である。刑法は，偽証の罪とし
て，①偽証罪（169条），②虚偽鑑定，虚偽通訳，虚偽翻訳罪（171条）を規定し
ている。この犯罪は，一面で偽造罪に類似し，他面において詐欺罪に類似す
るが，その本質は国の審判作用の適正な運用を危険にする点にある。

> **本罪の特別罪**　議院における偽証罪（議院証人6条1項），選挙人等の偽証罪（公選253
> 条，212条2項），出入国管理手続における偽証罪（出入国75条，10条5項，48条5項），公
> 正取引委員会に対する参考人の虚偽陳述，鑑定人の虚偽鑑定罪（独禁92条の2，53条の2）
> など数多いが，その本質は刑法上の偽証の罪と同様である。

---

[55] 東京高判昭35・11・29高刑集13・9・639。

第 5 節　偽証の罪　　*625*

2　偽　証　罪

　法律により宣誓した証人が虚偽の陳述をしたときは，3月以上 10 年以下の懲役に処する（169 条）。

1　主　体

　本罪の主体は，証人である（身分犯）。主体については，ⓐ単に「証人」であれば足り，「宣誓」は構成要件的行為にほかならないとする説[1]，ⓑ宣誓した証人であることを要するとする説（通説）が対立している。①証人が宣誓という行為と偽証という行為をして初めて本罪の構成要件を充足するものであること，②後述するように事後宣誓の場合も本罪の成立を認めるべきであるから，ⓐ説が妥当である。なお，ⓐ説に対しては，宣誓のときに偽証の故意がない以上，後に偽証の故意を生じて虚偽の陳述をしても本罪が成立しないことになり不当であるとする批判があるが[2]，この場合には，故意は宣誓したことを認識して偽証すれば足りると解すべきであるから，この批判は妥当でない。

2　行　為

　本罪の行為は，宣誓と虚偽の陳述である。

(1)　宣誓　　宣誓は法律によることを要する。法律の根拠に基づかないで行う宣誓は，本罪の「宣誓」となりえない。「法律により」とは，法律の根拠に基づいてという意味である。直接法律に規定されている場合のほか，その委任に基づいた命令その他の下位法規に根拠がある場合も含む。法律による宣誓は，民事・刑事事件だけでなく，非訟事件，懲戒事件さらに行政事件においても行われる。

　宣誓は有効に行われることを要する。宣誓が有効といえるためには，宣誓が法律の定める手続によるものでなければならない。ただし，軽微な手続上の瑕疵があっても，直ちに無効とすべきではない。例えば，刑事訴訟において宣誓書によらずに行われた宣誓は無効であるが，「偽証の罰」の告知を欠いただけでは宣誓は有効である。宣誓無能力者[3]に誤って宣誓させても法律上

1　団藤・98 頁，中森・296 頁，西田・496 頁，山中・813 頁，小暮ほか〔神山〕・537 頁。
2　平野・288 頁。
3　民訴 201 条，刑訴 155 条。

626 第3編 国家法益に対する罪 第2章 国家の作用に対する罪

の宣誓としては無効であるから，その者が虚偽の陳述をしても偽証罪を構成しない[4]。

証言拒絶権[5]を有する者が，これを行使しないで宣誓のうえ虚偽の陳述をすれば本罪が成立する[6]。**共犯者**または**共同被告人**が，証人として証言する場合においても同様である。すなわち，共犯者または共同被告人が，被告人としてでなく他の共犯者または共同被告人の刑事事件の証人となり，証言拒絶権を行使しないで宣誓のうえ虚偽の陳述をすれば，偽証罪を構成する。証言すべき事項が共犯者としての証人の犯罪事実に関するものであるか否かを問わない。この場合について，証言を拒否すること自体が不利益になることもあるから，宣誓したうえで虚偽の陳述をしても偽証とすべきではないとする見解もある[7]。しかし，証言拒絶権を放棄して宣誓した以上は，本罪の成立を否定すべき根拠に乏しい（通説）。一方，刑事被告人が被告人としての地位にある以上は，本罪の証人とはなりえない。したがって，仮に被告人が宣誓のうえ証言したとしても本罪を構成することはない。

> **被告人の親族による偽証**　被告人の親族が被告人の利益のために偽証したときは，105条の親族の特例を準用して，刑の免除をなしうるとする見解がある。しかし，親族が刑事訴追を受け，または有罪判決を受けるおそれのあるときは，何人も証言を拒むことができるのであり（刑訴147条。なお，民訴196条），証言拒絶権を行使しないで積極的に偽証した以上は，当然に偽証罪として処罰される。

(2) **虚偽の陳述**　本罪の行為は，宣誓して虚偽の陳述をすることである。

（ア）**宣誓**　宣誓は，証人として陳述する前に行う**事前宣誓**が原則である。しかし，虚偽の陳述をして，その後に宣誓する場合（**いわゆる事後宣誓**）も含むと解すべきである（通説）[8]。刑法は「宣誓した証人」と規定しているから，文理上，宣誓が陳述に先行すべきであるとともに，宣誓したうえで虚偽の陳述をする場合こそ処罰に値するという理由をあげて，宣誓して虚偽の陳述をする事前宣誓の場合に限るべきであるとする見解もある[9]。しかし，宣誓に

---

4 大判明42・11・1刑録15・1498参照。
5 民訴196条以下，刑訴146条以下。
6 最決昭28・10・19刑集7・10・1945。大塚・607頁，山中・841頁。
7 瀧川・385頁。
8 大判明45・7・23刑録18・1100。
9 大塚・608頁，吉川・386頁，内田・662頁，岡野・353頁，前田・471頁。

第5節　偽証の罪　*627*

よって陳述の証明力が強まるのであり，事後宣誓による場合であってもその審判作用の適正な運用に対する危険は事前宣誓の場合と異ならないと解すべきであるから，通説・判例の立場が妥当である。

> **事後宣誓と判例**　　判例は，「刑法第169条の偽証罪成立するには，証人が適法に宣誓したる後に於て虚偽の陳述を為したることを必要とせず。証人が (1) 法律に従ひ宣誓したること，及び (2) 故意に虚偽の陳述を為したることの2要素併存するを以て足る。宣誓が陳述の前に在ると其後に在るとに因りて本罪の構成に影響を及ぼすこと」はないとしている（前掲大判明治45年7月23日）。なお，刑事訴訟においては事後宣誓を認めておらず，「宣誓は，尋問前に，これをさせなければならない」（刑訴規則117条）のである。

　（イ）**虚偽の意義**　　偽証行為の中核は，**虚偽の陳述**である。「**虚偽**」の意味については，ⓐ客観的真実に反することをいうとする**客観説**[10]，ⓑ証人の記憶に反することをいうとする**主観説**（多数説）[11]とが対立している。客観説は，証人がその記憶に反する陳述をしても，その内容が客観的真実に合致していれば国の審判作用を害する危険がないことを根拠とする。それゆえ，この説によれば，本罪は具体的危険犯であり，故意の内容は真実に反していることの認識であるということになる。しかし，偽証罪は国の審判作用の適正を害するために罰せられるのであり，これを証人の陳述についてみるときは，証人の記憶自体確実な信憑性を有するわけではないから，証人がみずから実際に体験したことだけを信頼できるものとして扱うほかはなく，したがって，体験しない事実を陳述すること自体が国の審判作用を誤らせるものとして有害とみるべきであり，主観説が妥当である。

　この観点からすると，**虚偽の陳述**とは，体験した事実に関する自己の記憶と異なる事実の陳述をいうと解すべきである。それゆえ，自己の体験した事実を自己の記憶に従って陳述した以上，たとえそれが客観的真実に反していても本罪に当たらないだけでなく，逆に，自己の記憶に反して陳述した以上，たまたまそれが客観的真実に合致していた場合にも本罪を構成する。客観説は，いかに記憶に反したことを述べても，客観的真実に合致している限り審判作用を害するおそれはないと主張するが，この見解は，審判作用の適正を

10　平野・289頁，吉川・387頁，中山・537頁，内田・663頁，小暮ほか〔神山〕・540頁，中森・296頁，山中・816頁，西田・498頁，前田・472頁，山口・596頁，高橋・678頁。
11　大判大2・6・9刑録19・687，大判昭7・3・10刑集11・286，最判昭28・10・1刑集7・10・1945。

628 第3編 国家法益に対する罪 第2章 国家の作用に対する罪

害するのは，記憶に反する陳述をすることだということを無視するものである。また，この立場に従うと，証人が自己の記憶に反する事実を真実と信じて陳述したが，客観的には虚偽であったときは，過失による偽証が処罰されないわが刑法においては本罪の故意が阻却され（ドイツ刑法163条は過失の偽証を処罰する），それが真実でない場合にも常に不可罰とせざるをえないという不当な結果となるであろう[12]。

黙秘が本罪を構成するかは1つの問題となる。宣誓した証人が陳述中に自己の記憶する事項の全部について黙秘し，または，一部を黙秘して全体として虚偽の陳述をした場合，例えば，要証事実の一部について記憶しているにかかわらず「記憶にない」と陳述するときは，積極的な偽証行為があるから本罪を構成すると解する（通説）。ただし，事実を全く黙秘している場合には審判作用を誤らせるおそれはないから，証言拒否罪[13]が問題となりうるにすぎないと考える。

> **判例における「虚偽」** 判例が主観説，客観説のいずれの立場を採るものであるかは明確でないとする見解（平野・289頁）もあるが，むしろ，主観説によっていることは明らかというべきである。大判大正3年4月29日刑録20輯654頁は「証言の内容たる事実が真実に一致し，若くは少くとも其不実なることを認むる能わざる場合と雖も，苟くも証人が故らに其記憶に反したる陳述を為すに於ては，偽証罪を構成すべきは勿論にして，即ち偽証罪は証言の不実なることを要件となすものに非ざるが故に，裁判所は一面偽証の犯罪事実を認め，他面証言の内容が不実ならざることを認めるも2箇の認定は必ずしも相抵触するものと謂うを得ず」としており[14]，同旨の大審院判例もある（例えば，大判明治42年6月8日刑録15輯735頁）。戦後においては，最決昭和28年10月19日刑集7巻10号1945頁が主観説を確認しているとともに，東京高判昭和34年6月29日下刑集1巻6号1366頁が「証人がその認識，記憶するところと異ることを故意に陳述したときは，仮にその陳述にかかる事実が偶々真実に符合していたとしても，虚偽の陳述をしたものとして，偽証罪が成立する」としている。

(3) **間接正犯** 本罪は自手犯であるから，法律により宣誓した証人自身による虚偽の陳述のみが実行行為となり，他の者がこれを利用して犯す間接正犯は認められないとする見解がある。しかし，宣誓した証人を道具のよう

---

12 団藤・100頁。
13 刑訴161条，民訴200条。
14 岡本・百選Ⅱ（第7版）248頁，**奥村・判例講義Ⅱ164頁**参照。

に利用して偽証の結果を実現することは可能であるから，偽証罪の間接正犯はありうると解すべきである。

3　主観的要素

偽証行為は，行為が記憶に反するという内心の状態を表現する形で行われるものであり，偽証罪はいわゆる表現犯にほかならない。また，そのような内心の状態の表現であってはじめて審判作用を害することになるから，内心の状態は主観的違法要素である。

本罪の故意については，ⓐ陳述の内容が自己の体験した事実に反していることの認識であるとする説（主観説の結論），ⓑ陳述の内容が客観的に真実に反していることの認識であるとする説（客観説の結論）があるが，偽証の意義を主観的に解する以上，ⓐ説が妥当である。それゆえ，本罪の故意は，宣誓したことを認識して虚偽の陳述をすること，または虚偽の陳述をしたことを認識して宣誓すること，これら両者のいずれかの認識を必要とする。

4　着手時期と既遂

本罪は挙動犯であるが，実行行為は宣誓と虚偽の陳述を含むから，事前宣誓の場合は虚偽の陳述の開始があったとき，また，事後宣誓の場合は宣誓の開始があったときに，実行の着手があったというべきである。本罪は，証人が宣誓をし，虚偽の陳述を含む陳述の全体を終了すれば既遂に達し（抽象的危険犯），虚偽の陳述の結果，国の審判作用が現実に侵害されたか否かを問わない。しかし，例えば，虚偽の陳述の内容となる事実が，当該の事件と全く関連がないような場合，すなわち虚偽の陳述が国の審判作用を害する抽象的危険性を有しない場合には，不能犯として本罪を構成しないと解すべきである[15]。

では，虚偽の陳述をすれば，直ちに既遂に達するであろうか。学説は，ⓐ個別的な陳述が終了した時に既遂に達するとする説[16]，ⓑ1回の尋問手続における陳述全体の終了した時に既遂に達するとする説（通説）に分かれている。証人の陳述は，全体として証拠としての価値を有するとともに，尋問の

15　牧野・267頁，団藤・102頁，大塚・609頁，山口・591頁。反対，大判大2・9・5刑録19・844〔尋問事項のいかんにかかわらず偽証罪成立〕。
16　牧野・268頁，植松・58頁，藤木・47頁。

途中で虚偽の陳述を訂正すれば審判作用の適正を害するおそれは消失するから，陳述を全体として考察する必要があり，ⓑ説が妥当である。それゆえ，虚偽の陳述を行っても，1つの尋問手続における陳述が終了するまでにこれを訂正したときは，本罪を構成しないと解する（通説）[17]。1個の証人尋問手続の間に数個の虚偽の陳述が行われても，単純一罪である。しかし，いやしくも尋問手続が終了した以上，その後に虚偽の陳述を訂正しても犯罪の成立には影響せず，後述する自白による刑の減免を受けるにすぎない（170条）。

5　共　犯

刑事被告人が自己の刑事被告事件につき他人を教唆・幇助して虚偽の陳述をさせた場合について，ⓐ偽証教唆・幇助罪の成立を否定する説[18]，ⓑこれを肯定する説[19]とに分かれている。ⓑ説は通説的見解となっており，①被告人自身が自己の刑事被告事件について虚偽の陳述をしても罰せられないが，他人を罪に陥れてまで自己の利益を図ることは国民の道徳観念上許されない[20]，②自己の偽証行為は期待不可能であるとしても，他人に偽証させることは期待可能である，③憲法38条1項の趣旨は，被告人に自己に不利益な供述を拒否する権限を与えたにとどまり虚偽の陳述をすることまでを許したわけではない，④被告人が偽証罪の主体となりえないのは，現行刑事訴訟法上の制度的制約であって，制度上証人適格を認めれば当然にその主体となりうるなどの理由から，他人を偽証させる行為は当然許されないと主張している。

　思うに，被告人が本罪の主体となりえないのは，証拠隠滅罪におけると同様に**類型的に期待可能性がない**ためであると解すべきである[21]。そうすると，みずから正犯として偽証しても処罰されないのであるから，共犯として他人に自己の刑事被告事件について偽証させてもその罪責を問うべきでないことは，証拠隠滅罪との均衡上当然であるといってよい。また，被告人の偽証教唆は自己の刑事被告事件に関する証拠隠滅行為としての性格を併せもってお

17　大判明35・10・20刑録8・9・75。
18　瀧川・285頁，木村・317頁，植松・55頁，柏木・119頁，岡野・354頁，川端・712頁，西田・498頁，林・469頁。
19　最決昭28・10・19刑集7・10・1945。
20　大判昭11・11・21刑集15・1501。
21　前掲大判昭11・11・21〔責任阻却事由ある一場合として法律上不問に付する〕。山中・755頁。

り，もともと不可罰であるから[22]，否定説が妥当である。

　共犯の成立が問題となる場合，教唆・幇助行為の当時において被教唆者が証人として証言しうる地位にあったか否かは，教唆犯の成立に影響しない。また，教唆者は，被教唆者に対して，その記憶に反する陳述をさせることの認識がある以上，それが客観的真実に合致するものであることを確信していたとしても，偽証教唆罪の成立を妨げない[23]。

6　罪　数

　財物を詐取する目的で訴訟を提起した者がその目的を遂げるために偽証した場合は，偽証罪と詐欺未遂罪との牽連犯となる[24]。民事訴訟により虚偽の債権を主張して裁判所を欺き財物を交付させようとした者が，他人を教唆して偽証させた場合は，偽証教唆と詐欺未遂との牽連犯である[25]。

③　虚偽鑑定等罪

　法律により宣誓した鑑定人，通訳人又は翻訳人が虚偽の鑑定，通訳又は翻訳をしたときは，3月以上10年以下の懲役に処する（171条）。

1　主　体

　本罪の主体は，鑑定人，通訳人および翻訳人である（**身分犯**）。鑑定人とは，特別の知識経験を基礎として現在の経験事実につき意見を陳述する者をいう（刑訴165条など）。捜査機関によって実施される簡易鑑定の鑑定人やその他の鑑定，通訳または翻訳を嘱託された者などは，本罪の主体ではない。

2　行　為

　本罪の行為は，宣誓すること，および虚偽の鑑定または虚偽の通訳・翻訳をすることである。宣誓は法律によって行うことを要する。法律上の宣誓については既述した（→625頁）。「**虚偽**」とは鑑定人，翻訳人または通訳人の所信に反することをいう[26]。虚偽の「**鑑定**」とは，鑑定人が自己の所信に反する虚偽の意見または判断を陳述することをいう。虚偽の「**通訳または翻訳**」とは，

22　不破武夫・刑事責任論（1948）316頁。
23　大判大3・4・29刑録20・654。
24　大判大2・1・24刑録19・39。
25　大判昭5・7・11刑集9・572。
26　大判明42・12・16刑録15・1795。

632 第3編 国家法益に対する罪 第2章 国家の作用に対する罪

通訳人または翻訳人が自己の所信に反した内容の訳述を審判機関に伝達することをいう。本罪の完成にとって，鑑定または通訳または翻訳の結果が審判の資料として用いられたことは必要でない。書面で結果を提出すべきときは提出した時点で，口頭の場合は陳述が全体として終了したときに本罪の**既遂**となる（挙動犯）。なお，本罪についても自白の特例（170条）の適用がある。

4　自白による刑の減免

前条（169条）の罪を犯した者が，その証言をした事件について，その裁判が確定する前又は懲戒処分が行われる前に自白したときは，その刑を減軽し，又は免除することができる（170条）。

この特例は，審判作用に対する侵害を未然に防止するためのものである。それゆえ，自白は裁判確定前または懲戒処分前になされることを要する。本特例は，偽証の正犯者ばかりでなく共犯者特に**偽証教唆者**にも適用がある[27]。もっとも，正犯者が自白したときに，その教唆者にこの特例が適用されないのは当然である[28]。**自白**とは，自己が虚偽の陳述，鑑定，通訳または翻訳をしたことにつき，その事実を具体的に告白することをいう。虚偽の事実の全体について告白することを要するが，虚偽であることを告白すれば足り，さらに進んで真実を述べることは必要でない。自首に限らず**自認**で足りるから，尋問に応じて告白しても自白となる[29]。自白の**相手方**は，裁判所，懲戒権者および捜査機関に限られる。

第6節　虚偽告訴の罪

1　総　説

虚偽告訴の罪は，人に刑事または懲戒の処分を受けさせる目的をもって，虚偽の告訴，告発その他の申告をする犯罪である。その**保護法益**については，

27　大決昭5・2・4刑集9・32。
28　大判昭4・8・26刑集8・416。
29　大判明42・12・16刑録15・1795。

ⓐ個人の私生活の平穏に対する罪とする説[1]，ⓑ国家の審判作用の適正な運用に対する罪とする説[2]，ⓒ第1次的には国家法益に対する罪であるが，第2次的には個人法益に対する罪とする説[3]の対立がある。

人をして刑事または懲戒の処分を受けさせる目的をもって虚偽の申告が行われれば，国の審判作用の前提となる捜査権または調査権の適正な運用が害されることは疑いないから，**第1次的には**国の審判作用の適正な運用が保護法益となる。しかし，虚偽告訴等の対象となる被申告者は，本罪の結果として捜査機関等の捜査または調査を受けるから，**第2次的には**，被申告者となる個人が不当に国の刑事または懲戒処分の対象にされないという**個人法益**も保護法益になっているのであり，その意味からⓒ説が妥当である。

172条にいう「**人**」は他人を意味する。それゆえ，自己が犯人の身代りとなって処分を受ける目的で虚偽の申告をする場合（いわゆる**自己申告**），および死者・架空人を被申告者とする場合は本罪を構成しない（なお，軽犯1条16号〔虚構の犯罪又は災害の事実を公務員に申し出た罪〕）。被申告者の**同意**が本罪の成立を阻却するかであるが，第1次的には国家の審判作用が保護法益になっていると解する以上，この同意は無効であり，本罪の成立を妨げないと解する（通説）[4]。

2 虚偽告訴等罪

人に刑事又は懲戒の処分を受けさせる目的で，虚偽の告訴，告発その他の申告をした者は，3月以上10年以下の懲役に処する（172条）。

1 行 為

本罪の行為は，虚偽の告訴，告発その他の申告をすることである。「**虚偽**」とは，客観的真実に反することをいう[5]。真実である限り，国の審判作用を害することはないからである。それゆえ，偽証罪におけると異なり，客観的に真実である事実を虚偽であると誤信して申告しても，本罪を構成しない。申

---

1 平野・290頁，曽根・294頁，中森・267頁，平川・189頁，林・457頁，山口・600頁。
2 牧野・274頁，江家・55頁，団藤・109頁，香川・106頁，西原・434頁，藤木・48頁。
3 大判大元・12・20刑録18・1566。大塚・613頁，西田・501頁，前田・476頁，高橋・685頁。
4 前掲大判大元・12・20。反対，平野・291頁。
5 最決昭33・7・31刑集12・12・2805。

告の内容としての虚偽の事実は，刑事または懲戒処分の原因となりうるものでなければならず，また，当該官庁の誤った職権発動を促すに足りる程度の具体的なものでなければならない[6]。例えば，責任無能力者を対象とする場合のように，申告された事実が法律上処分を受ける適格を有しなくても本罪の成立を妨げない[7]。このような場合でも，国の審判作用を誤らせるおそれがあることは否定できないからである。

申告は，**相当官署**（機関）に対して行われることを要する。**相当官署**とは，刑事処分については捜査権ある検察官，司法警察職員[8]をいい，懲戒処分については懲戒権者または懲戒権の発動を促す機関をいう。申告は**自発的**でなければならない。捜査機関，懲戒権者などの取調を受けて虚偽の回答をするのは，申告に当たらない。申告の方法は，そのいかんを問わない。告訴，告発の方式を履む必要はないし，匿名によると他人名義によるとを問わない。

本罪は，虚偽の申告が相当官署に到達することによって**既遂**となる。文書が相当官署に到達し，閲覧しうる状態に置かれれば足り，被申告者が申告の内容を知ることや，検察官等が捜査に着手したとか起訴したことは必要でない[9]。しかし，文書を郵便に付して申告する場合，発送しただけでは既遂にならない[10]。発送しても相当官署に届かなかったときには，未遂として不可罰である。

2 主観的要件

本罪は目的犯であり，故意のほかに「人に刑事又は懲戒の処分を受けさせる目的」が必要となる。

(1) **故 意** 本罪の故意は，申告すべき事実が虚偽であることの認識を要する。この認識については，ⓐ未必的認識で足りるとする説[11]，ⓑ確定的認識を要するとする説[12]とが対立している。問題は，告訴人・告発人をいかなる

---

6 大判大4・3・9刑録21・273。
7 大判大6・6・28刑録23・773。
8 大判大2・3・20刑録19・365。団藤・114頁，平野・292頁，大塚・615頁，山口・596頁。
9 大判大5・11・30刑録22・1837。
10 大判大4・4・2刑録21・337。
11 江家・61頁，植松・61頁，平野・291頁，内田・699頁，藤木・49頁，小暮ほか〔神山〕・549頁，前田・556頁。大判大6・2・8刑録23・41，最判昭28・1・23刑集7・1・46。
12 団藤・112頁，福田・41頁，大塚・616頁，吉川・393頁，香川・110頁，岡野・359頁，中森・300頁，西田・503頁，山中・823頁，山口・602頁，井田・576頁，高橋・665頁。

範囲で保護すべきかにあるが，ⓐ説によれば，いやしくも告訴・告発する以上は，告訴人・告発人が申告すべき事実を真実と確信していなければならないという結論となる。しかし，告訴・告発は，犯罪の嫌疑に基づいて行われるものであるから，それを行う者が，その事実について，あるいは虚偽であるかもしれないという未必的認識を有するのが一般であるといってよいであろう[13]。そうだとすると，ⓐ説によれば告訴権・告発権を不当に制限することになるから，ⓑ説をもって妥当としなければならない。

(2) **目　的**　　本罪は，「人に刑事又は懲戒の処分を受けさせる目的」を必要とする。「**人**」とは他人をいい，自然人であると法人であるとを問わない。本罪は個人法益をも保護法益とするものであるから，自己に対する虚偽告訴は，本罪を構成しない。また，個人法益を侵害するおそれのない**虚無人**を相手とする虚偽申告も本罪を構成することはない。それゆえ「人」は，**実在人**であることを要する[14]。実在人である限り，被申告者は，責任無能力であっても，また，懲戒処分を受けるべき身分を有しない者であってもよい。両罰規定等における法人処罰に関しては，法人も「人」である。

「**刑事の処分**」とは，刑事上の処分すなわち刑罰，保安処分および起訴猶予処分をいう。「**懲戒の処分**」とは，公法上の監督関係に基づいて職務規律維持のために課される制裁をいう。例えば，公務員に対する懲戒，弁護士・医師・公認会計士などに対する懲戒がこれに当たる。過料が懲戒に当たるかについて，ⓐ肯定説[15]，ⓑ否定説[16]が対立している。その根拠が公法上の監督関係に基づくものである以上，過料も懲戒に当たると解すべきであり，ⓐ説が妥当である。これらの処分をなさしめる目的が本罪の目的である。

目的の内容について，ⓐ刑事または懲戒の処分を受けさせる結果発生の意欲を必要とする説[17]，ⓑその結果発生の未必的認識で足りるとする説（通説）[18]がある。本罪は国の審判作用の適正な運用に対する侵害の可能性を中核とす

13　大塚・616頁。
14　反対，牧野・275頁。
15　木村・324頁，江家・58頁，柏木・124頁。
16　植松・61頁，大塚・617頁。
17　瀧川・287頁，佐伯・38頁，植松・61頁，団藤・111頁，中・293頁，福田・40頁，小暮ほか〔神山〕・550頁，曽根・311頁。
18　大判昭8・2・14刑集12・114，平野・291頁，大塚・618頁，西田・503頁，山口・601頁。

636　第3編　国家法益に対する罪　第2章　国家の作用に対する罪

るものであるから，不当な捜査権ないし懲戒権の発動を促す可能性を認識して虚偽の申告をなす限り，本罪を構成すると解すべきであり，ⓑ説が妥当である。刑事処分または懲戒処分を受けさせる目的は，唯一または主要な動機であることを要しない[19]。

3　罪　数

本罪の罪数関係は，個人法益の侵害の点を考慮して，被申告者の数を標準として解決すべきである[20]。それゆえ，1通の告訴状で同一人が数個の罪を犯した旨の虚偽の事実を申告しても一罪である[21]。1個の申告で数人について虚偽告訴すれば観念的競合となる[22]。同一人に対して同一の虚偽の申告事項を記載した書面を，時期および作成名義を異にして2通作成し，それぞれ別の捜査機関に提出したときには，2個の虚偽告訴罪が成立し併合罪になる[23]。

③　自白による刑の減免

前条（172条）の罪を犯した者が，その申告をした事件について，その裁判が確定する前又は懲戒処分が行われる前に自白したときは，その刑を減軽し，又は免除することができる（173条。➡632頁）。

第7節　汚職の罪

汚職の罪とは，職権の濫用により，国または地方公共団体の立法・司法・行政作用の適正な運用を侵害することを内容とする犯罪である。刑法は，①職権濫用の罪（193条〜196条），②賄賂の罪（197条〜198条）を定めており，両者は，国または地方公共団体の機関である公務員が自己の職務を遂行するに当たって，いわば国家機関の内部から公務の公正を汚す点で共通している。そのため汚職の罪と呼ばれるのであり，また，公務員の職務犯罪とも呼ばれる。

19　大判昭12・4・14刑集16・525。
20　大判昭45・7・1刑録18・971，前田・477頁。
21　曽根・301頁，中森・300頁。大判明44・2・28刑録17・220。反対，団藤・109頁。
22　大判大2・5・2刑録19・541。
23　最決昭36・3・2刑集15・3・451。大塚・618頁。

第7節　汚職の罪　*637*

第1款　職権濫用の罪

1　総　説

　職権濫用の罪とは，公務員がその職権を濫用し，または，その職務を執行する際に違法な行為をすることを内容とする犯罪をいう。刑法は，職権濫用の罪として，①公務員職権濫用罪 (193条)，②特別公務員職権濫用罪 (194条)，③特別公務員暴行陵虐罪 (195条)，④特別公務員職権濫用致死傷罪・特別公務員暴行陵虐致死傷罪 (196条) を規定している。本罪の**保護法益**については，ⓐ公務の公正あるいは国家の威信にあるとする説，ⓑ個人の自由，権利であるとする説[1]，ⓒ第1次的には公務の適正な執行であるが，第2次的には職権濫用の相手方となる個人の利益であるとする説[2]が対立している。公務員は公務を遂行するため国民に対し法律上または事実上の負担・不利益を生ぜしめる特別の権限が与えられており，それを不法に行使するときは，公務の適正な執行を害するのみならず，国民の利益を不当に侵害するところから，公務の適正な執行と併せて国民の利益を保護するため本罪が設けられたものと解すべきであり，ⓒ説が妥当である。

　旧憲法下においては，官僚主義的な政策のために，公務員の職務に関連してなされる違法行為に対する措置はきわめて寛大なものであった。しかし，日本国憲法によって「すべて公務員は，全体の奉仕者であって，一部の奉仕者ではない」(憲15条2項) とされ，また，「公務員による拷問……は，絶対にこれを禁ずる」(憲36条) とされるとともに，個人の権利の保護が重視されたことから，昭和22年の刑法一部改正に際して，職権濫用の罪に対する法定刑が著しく加重されるに至ったのである。

職権濫用罪の沿革　　旧刑法は，この犯罪を「主として人民を害するもの」(岡田朝太郎・日本刑法論各論の部623頁) として把握し，2編9章2節276条は「官吏擅に威権を用い人をして其権利なき事を行はしめ又其為す可き権利を妨害」することを処罰することにし

1　平野・301頁。

2　佐伯・40頁，大塚・619頁，小暮ほか〔神山〕・553頁，西田・507頁，前田・478頁。

ていた。現行法上もこの趣旨に基づいて規定されたと考えることもでき,「職権濫用に依り一個人の法益を害する罪」として理解する見解（大場・各論下 669 頁）が有力であった。現在では, 個人法益の保護は「国家的法益の保護に伴う反射的効果」（大塚・各論下 666 頁, 瀧川＝竹内・425 頁）とする見解も有力であるが, 第 1 次的には, 国家の立法・司法・行政作用を保護法益とするにしても, 第 2 次的には, 個人の安全および自由などの個人法益も保護されると解すべきであり, このことは, 本罪については**準起訴手続**（刑訴法262 条～269 条）という特別な手続を設けて被害者の救済を図っていることからも理解できる。

2 公務員職権濫用罪

公務員がその職権を濫用して, 人に義務のないことを行わせ, 又は権利の行使を妨害したときは, 2 年以下の懲役又は禁錮に処する（193 条）。

1 主 体

本罪の主体は, 公務員である（**身分犯**）。公務員については, ⓐ公務員であれば足りるとする見解[3], ⓑある行為を強制しうる権限を有する公務員であることを要するとする見解[4]がある。当該公務員の権限が濫用された場合, 相手方をして義務なきことを行わせ, または行うべき権利の行使を事実上妨害する可能性があれば足り, 必ずしも強制力を伴う権限を有する公務員であることを要しないと解する[5]。

2 行 為

本罪の行為は, 公務員がその職権を濫用して, 人に義務のないことを行わせ, または行うべき権利を妨害することである。

(1) **職権の濫用**　「職権を濫用し」とは, 一般的職務権限に属する事項について, 不当な目的のために, 不法な方法によって行為することをいう。**不作為**も含まれる[6]。

(ア) **職権の意義**　「職権」とは, 当該公務員の有する**一般的職務権限**のこ

---

3 江家・64 頁, 福田・43 頁, 香川・117 頁, 瀧川＝竹内・428 頁。
4 小野・50 頁, 瀧川・260 頁, 大塚・620 頁, 西原・451 頁, 内田・675 頁, 小暮ほか〔神山〕・554 頁, 岡野・361 頁。
5 最決昭 57・1・28 刑集 36・1・1。団藤・122 頁, 中森・270 頁, 曽根・314 頁, 西田・480 頁, 前田・659 頁, 山口・605 頁。
6 団藤・121 頁。

とである。職務権限があるように見えるだけでは足りず，現実に職務権限を有していることが必要である。ただし，法令上の明文の根拠規定は必ずしも必要でない[7]。職権の性質について，ⓐ強要罪と文言が共通しており，意思の制圧の要素を含む強制的権限でなければならないとする説[8]，ⓑ法律上の強制力を伴うものであることは必要でなく，職権行使の相手方をして事実上義務なきことを行わせまたは権利を妨害するに足りる権限であればよいとする説[9]とが対立している。本罪は，権限の不当な行使によって国民に不利益を生じさせる行為を処罰するものであるから，一般的職務権限は，国民に対し法律上または事実上の不利益を生じさせる効力を有する権限であれば足りると解すべきであり，ⓑ説が妥当である。例えば，裁判官が女性の被告人に対し，被害弁償のことで会いたいなどといって喫茶店に呼び出し同席させる行為は，一般的職務権限に属する[10]。それゆえ，職権行使の相手方の具体的な行動の自由を侵害することを必ずしも要しない。

（イ）**濫用行為**　「濫用して」とは，一般的職務権限に属する事項につき，実質的・具体的に違法・不当な行為をすることをいう[11]。職権の行使に仮託して（かこつけて）違法・不当な行為をすることも含む。濫用行為は相手方が職権の行使であることを認識できるものに限るかについて，ⓐ職権をもつ者が客観的に職権を濫用した以上濫用行為に当たるから，被害者に職権の行使と認識させなくても本罪の行為に当たるとする説[12]，ⓑ構成要件の類似から強要罪と同様に考え，相手方が職権行使であることを認識できる外観を備えたもので，相手の意思に働きかけ，影響を与えるものに限るとする説[13]が対立している。

　思うに，193条は，強要罪を定める223条と同様に，「人に義務のないことを行わせ，又は権利の行使を妨害したときは」と定めており，その規定ぶり

7　宮本身分帳事件。前掲最決昭57・1・28。
8　古田・大コン(7)409頁，小野・50頁，瀧川・260頁，大塚・620頁，内田・675頁，松原・586頁。
9　前掲最決昭57・1・28。西田・508頁，前田・478頁，青木紀博「判批」同志社法学41巻6号145頁。
10　最決昭60・7・16刑集39・5・245。
11　前掲最決昭57・1・28。
12　前田・579頁。なお，山口・607頁，青木紀博「判批」ジュリ935号152頁。最決平元・3・14刑集43・3・283。
13　東京高決昭63・8・3高刑集41・2・327。鈴木義男・刑法判例研究3 220頁。

からみて，文理上当然に相手方の意思に働きかけ，これを抑圧して一定の作
為・不作為を強要することが職権濫用行為の本質的要素であるという解釈も
十分可能である。この観点からすると，職権濫用行為は相手方に職権の行使
であるということを認識させるに足りる外観を有し，かつ，相手方の意思に
働きかけ，影響を与えるものに限るということになる。

　しかし，本罪は，国民に対し法律上または事実上の不利益を生ぜしめる効
力を有する特別の権限を与えられている公務員が，その権限を濫用した結果
として国民の利益を侵害した場合を処罰し，もって公務の適正と個人の利益
の保護を図ろうとするものであるから，国民の利益を侵害し，または不利益
を生ぜしめるような権限の不法な行使が認められる限り，濫用行為はあった
といってよい。したがって，それが職権行使としての外観を備えているか，
相手方の意思に働きかけそれに影響を与えるものであるかを問うものではな
いと解すべきである。それゆえ，相手方に気づかれず，または秘かに行う場
合も濫用行為となりうる[14]。一般的職務権限に属さない事項について行われ
たときは，本罪ではなく強要罪の問題となる。

> **電話盗聴と職権濫用**　　この点が争われたものとして警察官がその職務として日本共産
> 党に関する警備情報を得るため，同党幹部の自宅の電話を盗聴したという事案がある。
> 東京地決昭和 63 年 3 月 7 日判時 1266 号 13 頁は，濫用行為は「相手方において，職権の
> 行使であることを認識できる外観を備えたものでなければならない」として，盗聴を職
> 権濫用行為に当たらないとし，前掲東京高決昭和 63 年 8 月 3 日は，「行為の相手方の意
> 思に働きかけ，これに影響を与える」性質を備えていないという理由で公務員職権濫用
> 罪の成立を否定した。いずれも，本罪を強要罪に類似する犯罪として把握したものと考
> えられる。
>
> 　これに対し，前掲最決平成元年 3 月 14 日は，相手方の意思に働きかけることは濫用行
> 為の不可欠の要素ではないとしつつ，「被疑者らは盗聴行為の全般を通じて終始何人に
> 対しても警察官による行為でないことを装う行動をとっていたというものであるから，
> そこに警察官に認められている職権の濫用があったとみることはできない」ということ
> を理由に，職権濫用行為に当たらないと判示した。その趣旨は，警察官であることを知
> られないように行動していたのであるから，警察官の職権行使として行われたものでな
> いということにある。しかし，盗聴は，警察官の警備情報収集の一般的権限に基づいて
> 行われたといってよく，ただ，それを不法に行使した場合なのである。また，相手方に

14　最決昭 38・5・13 刑集 17・4・279〔本人の知らない間に公示札を立てる〕。

第 7 節　汚職の罪　　*641*

職権の行使であると認識させなくても権利を侵害することは可能であるから，職権行使の外観を与えることは，本罪の成立要件ではない。以上の 2 点において，判旨には疑問が残る[15]。

(2)　**結　果**　「義務のないことを行わせ」とは，法律上全然義務がないのに行わせ，または，義務がある場合に不当・不法に義務の態様を変更して行わせることをいう。受忍義務がないのにこれを強制する場合も含む。例えば，義務の履行期を早期に変更し，あるいはこれに一定の条件を付けて行わせるような場合である[16]。「権利の行使を妨害し」とは，法律上認められている権利の行使を妨害することである。権利行使が不可能ないし困難になる状態を作り出す場合も含む[17]。権利は，必ずしも法律上の権利であることを要せず，プライバシーなど事実上の利益も含むと解すべきである[18]。

本罪は，「義務のないことを行わせ，又は権利の行使を妨害したときは」と規定されているところから，本罪が既遂となるためには，現に人が義務のないことを行わされ，または権利の行使が妨害されたという結果の発生を必要とすると解すべきである（結果犯）[19]。相手方に具体的な作為・不作為を強要しないで事実上の負担ないし不利益を甘受せしめることも含む[20]。

職権濫用の参考例　(1) 義務のない行為を行わせた例　大判大正 11 年 10 月 20 日刑集 1 巻 568 頁は,「職権を行使するに適当なる条件を具備せざる場合なることを認識したるに拘らず他人を害するの故意を以て右条件を具備したる場合と同一なる処分を為したるとき」に職権濫用になるとし，町会議員が戸数割等差配当案の審議に当たり，不当に反対派の者に対する等級を引き上げ，町会の決議の効力によって過当の納税義務を負わせたのは，職権を濫用し人をして義務のないことを行なわせたものであると判示している。前掲最決昭和 57 年 1 月 28 日は,「裁判官が，司法研究その他職務上の参考に資するための調査・研究という正当な目的ではなく，これとかかわりのない目的であるのに，正当な目的による調査行為であるかのように仮装して身分帳簿の閲覧，その写しの交付等を求め，刑務所長らをしてこれに応じさせた場合は，職権を濫用して義務なきことを行わせたことになるといわなければならない」〔宮本身分帳簿事件〕と判示している。また，前

15　萩原・百選Ⅱ（第 7 版）224 頁，**奥村・判例講義Ⅱ 167 頁**参照

16　ポケット 438 頁。

17　藤木・51 頁参照。

18　団藤・122 頁，曽根・314 頁，中森・302 頁，山口・607 頁。

19　団藤・122 頁。

20　前掲最決平元・3・14。

掲最決昭和 60 年 7 月 16 日は，裁判官が自己の担当する窃盗被告事件の被告人である女性と情交を結ぶ意図で，夜間，電話で被害弁償のことで話し合いたいといって同女を喫茶店に呼び出し，店内において約 30 分間同席させた行為につき，義務のないことを行わせたものとしている。

(2) 権利妨害の例　最決昭和 38 年 5 月 13 日刑集 17 巻 4 号 279 頁は，執行力ある和解調書の正本には，土地を執行吏の保管に付しその公示を命じる旨の条項が存在しないのに，執行吏が職権を濫用し，その和解調書の執行として，「本職がこれを占有保管する」旨虚偽の記載をした公示札を土地上に立てたときは，その土地がたまたま第三者の占有に属し，公示札表示の土地と異なるものであっても，「行う可き権利を妨害したる」場合に当たると判示している。

3　罪　数

公務員が暴行・脅迫を加えて職権濫用の行為をした場合について，ⓐ本罪と強要罪との観念的競合とする説（通説），ⓑ強要罪のみが成立するとする説[21]，ⓒ本罪と暴行罪・脅迫罪の観念的競合とする説[22]が対立している。強要罪と本罪は罪質および行為において異なるところから，両罪が成立することは否定できず，ⓐ説が妥当である。公務員が職権を濫用して人の業務を妨害したときは，本罪と業務妨害罪との観念的競合である。

③　特別公務員職権濫用罪

裁判，検察若しくは警察の職務を行う者又はこれらの職務を補助する者がその職権を濫用して，人を逮捕し，又は監禁したときは，6 月以上 10 年以下の懲役又は禁錮に処する（194 条）。

1　主　体

本罪の主体は，裁判，検察もしくは警察の職務を行う者，またはこれを補助する者である。これらの者を一般に「**特別公務員**」という。行為者が特別公務員であることによって逮捕監禁罪（220 条）の刑を加重するのであるから，本罪は**不真正身分犯**である。特別公務員は，その職務の性質上逮捕・監禁の権限を有しているため，職権を濫用して人権を侵害する危険があるところから，その濫用の防止を考慮して本罪が設けられている。

21　江家・64 頁。
22　植松・65 頁。

「**裁判，検察，警察の職務を行う**」者とは，裁判官，検察官，司法警察職員をいう。「**補助する者**」とは，裁判所書記官，検察事務官，司法警察員，森林・鉄道その他特別の事項について警察の職務を行う者など，その職務上補助者の地位にある者をいう。単なる事実上の補助者はこれに含まれない。例えば，警察署長の委嘱を受けた少年補導員は，警察の「職務を補助する者」ではない。

2 行　為

本罪の行為は，職権の濫用による逮捕または監禁である。逮捕および監禁については，逮捕罪・監禁罪の説明を参照されたい（➡86頁）。本罪の逮捕・監禁は，職権の濫用として行われることを要する。それゆえ，その職務を仮装することなく職権と無関係になされた逮捕・監禁は，本罪を構成しない。なお，本罪が成立する以上，逮捕・監禁罪は本罪に吸収される。

4 特別公務員暴行陵虐罪

裁判，検察若しくは警察の職務を行う者又はこれらの職務を補助する者が，その職務を行うに当たり，被告人，被疑者その他の者に対して暴行又は陵辱若しくは加虐の行為をしたときは，7年以下の懲役又は禁錮に処する（195条1項）。法令により拘禁された者を看守し又は護送する者がその拘禁された者に対して暴行又は陵辱若しくは加虐の行為をしたときも，前項と同様とする（同条2項）。

1 主　体

本罪の主体は，①裁判，検察もしくは警察の職務を行う者またはこれを補助する者（1項），②法令により拘禁された者を看守または護送する者であり（2項），本罪も加減的**身分犯**である。本条に定められている**公務員**は，その職務の性質上，人の自由や権利を侵害する職権を与えられているところから，公正さを厳しく要求され，その濫用が国民に重大な人権侵害を及ぼす類型の者でなければならない。「**裁判，検察若しくは警察の職務を行う者**」とは，裁判官，検察官，司法警察職員をいう。「**補助する者**」とは，裁判所書記官，廷吏，検察事務官，司法巡査をいう。職務上補助者の地位にない者，例えば，警察署長の委嘱を受けた少年補導員のごとき事実上の補助者は，本罪の主体ではない[23]。

644 第3編 国家法益に対する罪 第2章 国家の作用に対する罪

2 客 体

本罪の客体は，①被告人，被疑者，その他の者（1項），または，②被拘禁者（2項）である。①の「その他の者」とは，証人，参考人など捜査・公判上取調べの対象になる者をいう。本罪の主体は，特別の権力的地位にある者であるから，その職権を濫用するおそれを防止するため，職権行使の対象となる者については広く客体のなかに含ませる必要がある。

3 行 為

本罪の行為は，職務を行うに当たり暴行または陵辱・加虐（陵虐）の行為をすることである。「その職務を行うに当たり」とは，職務を行う際にという意味である。したがって，職務執行に際してなされたものでない公務員の暴行は，暴行罪を構成するにすぎない。「暴行」は，広義の暴行で足りると解すべきである。「陵辱若しくは加虐の行為」とは，「他人をあなどり，はずかしめる」こと，「他人をいじめる」ことをいい，具体的には，暴行以外の方法で精神上または肉体上の苦痛を与える一切の虐待行為をいう。相当な飲食物を与えないこと，必要な睡眠をさせないこと，女子の被疑者に対し取調べに当たった巡査がわいせつまたは姦淫の行為をすること[24]などは，陵辱・加虐に当たる。

4 違法性阻却事由・罪数

本罪における被害者の同意は，無効と解すべきである。本罪は，一面において職務の適正を保護するものである以上，暴行・陵虐の相手方個人の同意によって，その法益が放棄されることはありえないからである[25]。暴行罪，脅迫罪は，本罪に吸収される。

わいせつ・姦淫が陵虐行為として行われた場合について，ⓐ本罪のみを適用すれば足りるとする見解[26]，ⓑ強制わいせつ罪・強姦罪との観念的競合とする見解（通説）が対立している。致死傷の結果を生じた場合，181条と196条との比較において刑の権衡を失することになること，また，本罪は国家法益に対する罪が中核となる罪であるのに対し，強制わいせつ罪・強姦罪は個人

---

23 最決平6・3・29刑集48・3・1。

24 大判大4・6・1刑録21・717。

25 大判大15・2・25新聞2545・11。反対，中森・272頁，西田・486頁〔同意がある以上陵虐はありえない〕。

26 前掲大判大4・6・1。小野・51頁。

法益に対する罪であり，本罪とはその罪質を異にするから⑥説が妥当である。

5 特別公務員職権濫用致死傷罪・特別公務員暴行陵虐致死傷罪

　前2条（194条，195条）の罪を犯し，よって人を死傷させた者は，傷害の罪と比較して，重い刑により処断する（196条）。

本罪に関する判例　最決平成11年2月17日刑集53巻2号64頁は，警察官が銃砲刀剣類所持等取締法違反および公務執行妨害の犯人を逮捕し，自己を防護するためけん銃を発砲し死亡させた行為について，犯人の所携していたナイフが小型であり，抵抗の仕方も警察官の接近を阻もうとする程度のものであり，その発砲行為は警察官職務執行法7条の定める基準に当たらない違法なものであったとして，特別公務員暴行陵虐致死罪の成立を認めた。

第2款　賄　賂　の　罪

1 総　　説

1 意　義

　賄賂の罪とは，収賄の罪と贈賄の罪とを総称する犯罪である。刑法は，収賄の罪として，①収賄罪（197条1項前段），②受託収賄罪（同項後段），③事前収賄罪（同条2項），④第三者供賄罪（197条の2），⑤加重収賄罪（197条の3第1項，2項），⑥事後収賄罪（同条3項），⑦あっせん収賄罪（197条の4）を規定し，贈賄の罪としては，贈賄罪（198条）のみを規定している。

　賄賂の罪の**保護法益**については，従来，@職務の公正およびそれに対する社会の信頼であるとする説[27]，⑥職務行為の不可買収性であるとする説[28]，ⓒ職務の不可買収性および公正であるとする説[29]，@公務員の清廉義務であるとする説[30]などが対立してきた。賄賂の罪も，究極においては国家の立法・司

27　泉二・469頁，宮本・519頁，内藤・注釈(4)398頁，西原・454頁，西田・515頁。なお，山口・611頁。
28　木村・288頁，平野・294頁，香川・132頁，山中・835頁。
29　団藤・129頁，福田・46頁，大塚・627頁。なお，前田・664頁，小暮ほか〔神山〕・562頁。
30　小野・48頁。

646 第3編 国家法益に対する罪 第2章 国家の作用に対する罪

法・行政作用の適正な運用を保護法益とするものである以上，単に清廉義務に違反していることのみをもって賄賂の罪とすることは許されないから，ⓓ説は妥当でない。一方，ⓑ説は，公務は利益の対価とされてはならないとすることによって職務の公正を期待するものであり，それ自体は正しい主張を含んでいるが，この説によるとあっせん贈収賄罪のように必ずしも職務が利益の対価となっていない犯罪の説明が困難となる。

公務員の裁量を伴う職務行為については，国家の立法・司法・行政作用の適正な運用にとって職務の公正は不可欠のものであるから，第1次的に本罪の保護法益が**職務行為の公正**にあることはいうまでもない。しかし，職務行為が公正に行われたとしても，職務に関連して公務員が賄賂を受け取っていれば，公務に対する国民の信頼が失墜し，公務の適正な運用が害され，あるいはその危険を生ずる。このようにして，ⓐ説が最も妥当である。判例もこの立場を採っていると考えられる[31]。

なお，2003（平成15）年に制定された「仲裁法」において，仲裁人についての賄賂罪の規定が新設されたため，刑法の賄賂罪の行為主体から仲裁人が削除された。

賄賂の罪の立法主義　本罪の立法形式には，ローマ法主義とゲルマン法主義があるとされている。前者は，ローマ法に由来するとされるもので職務行為の不可買収性を原理とする立法形式であり，これは，職務行為を利益の対価としてはならないとする考え方に基づき，賄賂罪の成立にとって職務行為が不正に行われたことは要件にならないとするものである。後者は，ゲルマン法に由来するとされるもので，職務の不可侵性を原理とする立法形式であり，賄賂罪の成立にとっては，職務が不正に行われたことが要件になるとするものである。わが刑法は，ローマ法主義を基本としつつ，ゲルマン法主義をも補充的に導入しているものであり，現行法の賄賂罪の規定は，本罪の保護法益に即した立法形式といってよい[32]。

2 沿 革

賄賂の罪は，旧刑法以来大きく変遷してきた。旧刑法は収賄だけを処罰し贈賄は処罰しなかったが，現行刑法は，収賄罪を防止するためにこれを処罰

---

31 大判昭6・8・6刑集10・412，最大判昭34・12・9刑集13・12・3186，最大判平7・2・22刑集49・2・1。京藤・百選Ⅱ（第6版）216頁，**奥村・判例講義Ⅱ174頁**参照。

32 北野通世「収賄罪の一考察」刑法雑誌27巻2号16頁。

第7節　汚職の罪　*647*

するものとし，賄賂の罪としては単純収賄罪，加重収賄罪および贈賄罪を規定した。1941（昭和16）年には，戦時中の統制経済下において公務員が許認可にからみ強大な権限を有するに至ったことから，公務員の綱紀の粛正を図るため賄賂の罪の大幅な修正が施され，新たに受託収賄罪，事前収賄罪，第三者供賄罪，事後収賄罪が追加された。

戦後になってからは，1958（昭和33）年の刑法一部改正によってあっせん収賄罪とあっせん贈賄罪が設けられ，さらに昭和55年にはロッキード事件などを契機として政治倫理確立のためという理由から改正がなされ，各罪の法定刑が引き上げられたのである。これら一連の改正は，公務員の職務について不正な報酬の授受がなされていることから，公務員の綱紀粛正を図るために，賄賂の罪の処罰範囲を拡大するとともに重罰化をすすめたものといえる。一方，特別法の領域では，行為の主体の面で処罰の範囲が拡張されつつある。特別法によって，その組織体の役職員が公務に従事する職員とみなされるいわゆる「みなし公務員」のほか，「経済関係罰則の整備に関する法律」による贈収賄罪，商法上の贈収賄罪など，多くの賄賂の罪が設けられている。これらにおいても，職務の公正とそれに対する社会の信頼が保護法益とされていると解すべきである。

2　賄賂の意義

1　職務関連性

賄賂の罪の客体は，賄賂である。「賄賂」とは，公務員の職務に関する不正の報酬としての利益をいう。賄賂は，職務に関する報酬でなければならない。公務員が正当な理由のない金銭等の報酬を受ければ，公務の公正に対する社会の信頼は害されるから，特に「職務に関」するという限定は必要ないともいえる。しかし，それでは賄賂罪の保護法益を公務員の清廉義務に求める見解に至り[33]，あまりにも無限定になってしまうところから，刑法は「職務に関し」という要件を設けたと解すべきである。そして，一定の職務権限を有する公務員が，その職務と対価関係を有する金銭等の報酬を受け取ったとき，はじめて社会一般は職務の公正に対する信頼を疑うことになるであろう。そ

33　西田・518頁。

648 第3編　国家法益に対する罪　第2章　国家の作用に対する罪

こで，賄賂の罪においては，いかなる公務に対して金銭等の利益の授受が行
われたかが重要となるのである。

(1) **「職務に関し」の意義**　賄賂罪においては，「職務に関し」がその成否
の中核となるから，その解釈が最も重要な意味をもつ。ここで**「職務に関し」**
とは，職務行為自体に対する場合のほか，職務と密接な関連を有する行為に
対する場合も含む（通説）[34]。「職務」行為とは，公務員がその地位に伴い公務
として取り扱うべき一切の執務をいう[35]。その範囲は原則として法令によっ
て定められるが，必ずしも法令に直接の規定があることを要しない[36]。法令
は，権限についてすべて規定しているわけではないから，法令の解釈によっ
て合理的にその範囲を確定できれば足りる。職務は独立して決裁する権限を
伴う場合に限らず，上司の指揮監督の下にその命令を受けて行う補助的職務
であってもよい[37]。

職務は，法令上当該公務員の一般的な職務権限に属するものであれば足り，
現に具体的に担当している事務であることは必要でない。ただし，職務が要
件となるのは，当該公務員がその職務行為に影響を与えることができるとい
う理由からであるから，一般職務権限のうち，公務員の地位，担当変更の可
能性，事務処理の状況から判断して，当該公務員がその**職務行為に影響を与え
る**ことができるという可能性が必要である[38]。一般的職務権限に属し，当該
公務員が何らかの意味で職務行為に影響を与えうる可能性があれば，①内部
的な事務分配のいかんにかかわらず職務となり，②将来において行うべき職
務でもよいし[39]（→638頁），さらに，③過去に担当していた事務，また，特に
命ぜられて行った他局課所管の事務も職務に当たる[40]。職務に関する行為は，
不作為であってもよい。例えば，議員が欠席して議事に加わらないことも職
務行為に当たる[41]。

---

[34] 大判大2・12・9刑録19・1393，最判昭25・2・28刑集4・2・268。
[35] 最判昭28・10・27刑集7・10・1971。
[36] 大判昭13・12・3刑集17・889。
[37] 前掲最判昭28・10・27。
[38] 最判平17・3・11刑集59・2・1。平野・297頁，西田・493頁。北野・百選Ⅱ（第7版）212頁，
　　奥村・判例講義Ⅱ172頁参照。
[39] 最決昭61・6・27刑集40・4・369〔市長の再選後に担当すべき職務〕。小野寺・百選Ⅱ（第7版）
　　218頁参照。
[40] 最判昭26・10・25裁判集刑55・365。

第 7 節　汚職の罪　　*649*

内閣総理大臣・国務大臣の職務権限　　監督的地位にある者の職務は，監督権限の行使がその職務である。**内閣総理大臣**の職務権限の範囲を考えてみると，内閣総理大臣は憲法 68 条に基づき国務大臣の任免権を有するから，各省の主管大臣に対して行政上の指示をし，それに主管大臣が従わないときは，いつにても当該大臣を罷免することができる。したがって，内閣総理大臣は，行政上の責任者として行政各部の所管事項について一般的職務権限があり，その職務に関して金品等の授受があれば本罪を構成する[42]。ここで重要なことは，通常その行為を職務として行っているかどうかではなくて，**職務上影響を及ぼしうるかどうか**なのである。

　国務大臣の職務権限については，第 1 に，自己の所管する行政各部の具体的な事務運営について職務権限を有するとともに，第 2 に，その他の各主任の大臣が管理する行政部門の行政事務についても，内閣全体としてその処理の方針を決定するのが相当であるときは，閣議を求め，その審議決定に関与する職務権限を有するから，一般的職務権限が認められる[43]。

　国会議員の職務権限については，議員としての本来の権限すなわち議院における審議・表決，議員として行政機関に影響を及ぼしうる監督的地位に基づく権限の行使はその職務に当たる。自己が所属しない委員会の議事要件についても，職務権限がある[44]。なお，以上の点は，地方公共団体の行政担当者，議員についても妥当する。

　このほかに，内閣官房長官の職務権限[45]，北海道開発長官の職務権限[46]が参考になる。

(2)　**転職前の職務**　　「職務」は，一般的職務権限に属することを要するが，転職前の職務に関して賄賂を収受した場合，「職務に関し」に当たるであろうか。公務員が，その一般的職務権限を異にする他の職務に転じた後に，転職前の職務に関して賄賂罪が成立するか否かについて，学説は，ⓐ肯定説[47]，ⓑ否定説[48]が鋭く対立している。大審院の判例は，転職によって職務の変更があれば賄賂罪は成立しないとしていたが[49]，最高裁判所は，収受の当時において公務員である以上は収賄罪はそこに成立すると判示するに至った[50]。こ

41　大判大 5・11・10 刑録 22・1718，最決平 14・10・22 刑集 56・8・690。

42　最大判平 7・2・22 刑集 49・2・1〔田中ロッキード事件〕。京藤・百選Ⅱ（第 7 版）216 頁，**奥村・判例講義Ⅱ172 頁**参照。

43　最判昭 26・5・11 刑集 5・6・1035 参照。

44　最決昭 63・4・11 刑集 42・4・419。大越・百選Ⅱ（第 4 版）196 頁参照。

45　最決平 11・10・20 刑集 53・7・641〔肯定〕。**奥村・判例講義Ⅱ182 頁**参照。

46　最決平 12・3・22 刑集 54・3・119〔肯定〕。

47　小野・57 頁，木村・294 頁，柏木・147 頁，平野・296 頁，中山・552 頁，西原・456 頁，岡野・370 頁，中森・308 頁，川端・408 頁，西田・522 頁，前田・485 頁。

48　江家・69 頁，団藤・135 頁，植松・70 頁，福田・49 頁，大塚・631 頁，内藤・注釈(4)405 頁，香川・138 頁，藤木・60 頁，小暮ほか〔神山〕・568 頁，曽根・320 頁。

49　大判大 4・7・10 刑録 21・1011。

650 第3編 国家法益に対する罪 第2章 国家の作用に対する罪

れを支持する肯定説は，否定説によると公務員の身分を失った後に賄賂を収受すれば事後収賄罪になるのと比較し権衡を失することになる一方，転職の場合を事後収賄罪に準じて取り扱うとすれば文理に反すると主張する。

職務が一般的職務権限に属するものでなければならない以上，過去の職務を含むものでないことは当然であり，肯定説は，賄賂の罪は過去の職務の公正に対する侵害であると解するときにのみ成り立ちうる見解であるといってよいであろう[51]。また，肯定説は事後収賄罪との権衡を問題とするが，公務員が退職後に退職前の職務に関して不正な利益を収受しても，直ちに本罪を構成するわけではないことを忘れている。さらに，賄賂が職務に関するものでなければならないという原則を無視するもので，賄賂罪の成立を不当に拡げる結果となろう。

この観点からすると，転職によっても一般的職務権限に変更がなく，職務によって影響を及ぼしうる地位にあれば賄賂罪の成立を認めるべきであるが，転職によって一般的職務権限が変更された場合は，転職前の職務に関して収賄罪等の罪は成立せず，**事後収賄罪**が問題となるにすぎないと解すべきである（➡657頁）。ただし，転職前にその職務に関し賄賂を約束していたときは，賄賂約束罪（➡653頁）を構成する。この場合，没収・追徴の関係では「収受」を認めるべきである[52]。

(3) **職務密接関連行為** 職務密接関連行為とは，職務に属するものではないが，職務と密接な関係を有するため，職務行為に準じた扱いを受けるものであり[53]，厳密には職務に属さないが職務行為に当たると解すべきである（通説）[54]。職務密接関連行為には，2つの類型がある[55]。第1は，本来の職務行為ではないが慣行上担当している場合であり，例えば，市会議員の会派内において市会議長の候補者を選ぶ行為がこれに当たる。第2は，自己の職務権限に基づいて事実上の影響力を及ぼしうる場合であり，例えば，国立芸大の

---

50 最決昭28・4・25刑集7・4・881，最決昭58・3・25刑集37・2・170。山本・百選Ⅱ（第7版）220頁，奥村・判例講義Ⅱ176頁参照。
51 内藤・注釈(4)405頁，曽根・120頁，伊東・512頁。
52 団藤・136頁。なお，小野・57頁。
53 最決昭31・7・12刑集10・7・1058。
54 大判大2・12・9刑録19・1393。反対，中森・308頁。
55 西田・521頁。

教授が学生に特定のバイオリンの購入をあっせんする行為がこれに当たる。これら事実上の公務員の権限に基づく行為について不正な利益が結びつくときは、職務の公正とそれに対する社会の信頼が害されるから、このような行為も職務行為と認めるべきである。

職務密接関連行為と判例　前掲大判大正 2 年 12 月 9 日がリーディングケースであるが、最高裁判所は、「被告人が権限に属する職務執行に当り、其の職務執行と密接な関係を有する行為を為すことにより相手方より金品を収受すれば賄賂罪の成立を妨げるものではない[56]」として、これを踏襲した。この判例は、戦災復興院福井建築出張所雇員が、板ガラス割当証明書所持者に、ある特定の店から買い受けるように仕向けた事案に関するものである。また、前掲最決昭和 31 年 7 月 12 日は、「公務員が法令上管掌するその職務のみならず、その職務に密接な関係を有するいわば準職務行為又は事実上所管する職務行為に関して賄賂を収受すれば刑法 197 条の罪は成立する」としている。

　最高裁判所はこのほかに大学設置審議会委員および同審議会内の歯学専門委員会委員が、歯科大学設置の認可申請中の関係者らに、その委員会の審査基準に従って教員予定者にあらかじめ判定してやること[57]、および現職の市議会議員によって構成される市議会派に所属する議員が市議長選挙における投票につき、同会派所属職員を拘束する趣旨で同会派として同選挙において投票すべき者を選出すること[58]につき、職務に密接な関連ある行為としている。音楽大学の教授が学生にバイオリンの購入の勧告幹旋を行うことは、職務密接関連行為である[59]。

2　賄賂の意義

賄賂は、職務に関する不正な報酬としての利益である。

(1)　**賄賂の目的物**　賄賂となりうる利益は、金品その他の財産的利益に限らず、およそ人の需要または欲望を満たす利益であれば、いかなるものであるとを問わない。謝礼金、菓子箱はもとよりのこと、金融の利益、ゴルフクラブ会員権、異性間の情交、就職のあっせん、地位の供与なども賄賂となりうる。ただし、社交的慣習ないし儀礼の範囲内にある贈与は、職務行為と対価的関係にあっても社会的に是認され、賄賂にはならない。

　儀礼的贈与か賄賂かの限界（賄賂性の限界）は、公務員と贈与者の関係、社会

56　最判昭 25・2・28 刑集 4・2・268。
57　最決昭 59・5・30 刑集 38・7・2682。金澤・百選Ⅱ（第 6 版）225 頁、奥村・判例講義Ⅱ 169 頁参照。
58　最決昭 60・6・11 刑集 39・5・219。
59　東京地判昭 60・4・8 判時 1171・16。

的地位，財産的価値等を考慮し，究極において社会通念を標準として決定すべきである。その限界を逸脱すると認められるときは，**中元・歳暮**などの名目で贈られても賄賂である。これに対して，職務上の生活関係において，職務行為と離れた行為について行われる贈与は賄賂ではない。職務行為の対価として支払われたものと，職務外の行為に対する謝礼とが不可分的になって提供されたときは，その全体が賄賂になる[60]。

> **判例における賄賂**　大判明治43年12月19日刑録16輯2239頁がそのリーディング・ケースである。「賄賂の目的物は，其有形なると無形なるとを問はず，苟も人の需要若しくは其欲望を充たすに足るべき一切の利益を包含すべきものなるを以て，…金1,000円に相当する飲食物等を饗応し，飲食物等の費用中所論の如く芸妓揚代若しくは其演芸代等を包含せりとするも，芸妓の演芸は饗応の一部にして人の欲望を充たすの目的たるに外なら」ずとしている。最決昭和63年7月18日刑集42巻6号861頁は，「間近に予定されている上場時にはその価格が確実に公開価格を上回ると見込まれるものであ」るときは，右株式を公開価格で取得できる利益は賄賂に当たると判示している[61]。
>
> 　社交的慣習・儀礼に関し，大判昭和4年12月4日刑集8巻609頁は，「苟も公務員の職務に関し授与せらるる以上は，賄賂罪の成立すること勿論にして，其の額の多少，公務員の社会上の地位若くは時期の如何を理由として，公務員の私的生活に関する社交上の儀礼に依る贈答たるに止まると認めざるべからざる理由あることなし」と述べている。賄賂性の限界につき，最判昭和50年4月24日判時774号119頁は，被告人は受け持ち生徒の父母から，別々に額面5,000円の小切手と額面1万円の小切手を受け取ったが，被告人は，それぞれの生徒に対し学習指導・訓育に熱心であったことにかんがみ「被告人の職務行為を離れた，むしろ私的な学習上生活上の指導に対する感謝の趣旨と，被告人に対する敬慕の念に発する儀礼の趣旨に出たものではないかと思われる」として原判決を破棄し，原審裁判所に差戻した[63]。

(2)　対価的関係　賄賂は，職務行為または職務と密接に関連する行為の**対価**として提供されたものでなければならない。この対価関係は，一定の職務に対する抽象的・包括的な反対給付としての性質が認められれば足り，個々の職務行為とその利益との間に対価的関係があることを要しない[64]。なお，賄賂は不正な報酬であるが，その反対給付として行われる職務行為は，必ずしも不正なものでなくてもよい[65]。

60　最判昭23・10・23刑集2・11・1386。
61　斎藤・百選Ⅱ（第5版）205頁，**奥村・判例講義Ⅱ170頁**参照。
63　渡邊・百選Ⅱ（第7版）210頁，**奥村・判例講義Ⅱ168頁**参照。
64　前掲大判昭4・12・4。

第7節　汚職の罪　*653*

③　収　賄　罪

公務員が，その職務に関し，賄賂を収受し，又はその要求若しくは約束をしたときは，5年以下の懲役に処する（197条1項前段）。

1　主　体

本罪の主体は，公務員である（**真正身分犯**）。公務員は，7条のいう「法令により公務に従事する職員」および「みなし公務員」である（**➡**572頁）。

2　行　為

本罪の行為は，賄賂を収受し，要求し，または約束することである。「**収受**」とは，賄賂を取得することをいい，この態様の罪を**賄賂収受罪**という。収受の時期は職務行為の前であると，後であるとを問わない。目的物を取得し，または利益を授受した時点で既遂となる。「**要求**」とは，賄賂の供与を要求することをいい，相手方がこれに応じなくても既遂となる。この態様の罪を**賄賂要求罪**という。「**約束**」とは，贈賄者と収賄者との間で将来賄賂を授受すべきことについて合意することをいう。この態様の罪を**賄賂約束罪**という。約束が行われれば既遂に達する。それゆえ，賄賂の授受があったことは必要でなく，また，要求を撤回し，あるいは約束解除の意思を表示しても，本罪の成立に影響しない[66]。

3　故　意

本罪の故意が成立するためには，客体の**賄賂性について認識**を要する。すなわち，目的物が職務行為の不正な対価であることを認識していることが必要である。ただし，この認識は意味の認識であるから，刑法上の賄賂であることを認識する必要がないことは無論である。正当な報酬であると誤信したときは，故意を阻却する。また，受託収賄罪におけると異なり，本罪の場合は賄賂の対価として職務執行をする意思すなわち対価意思は必要でない[67]。

---

[65] 最判昭27・7・22刑集6・7・927，最決平24・10・15裁時1566・21。
[66] 大判昭9・11・26刑集13・1608。
[67] 反対，中森・311頁，西田・525頁，山口・621頁。

654　第3編　国家法益に対する罪　第2章　国家の作用に対する罪

4　受託収賄罪

> 公務員が，その職務に関し，請託を受けて，賄賂を収受し，又はその要求若しくは約束をしたときは，7年以下の懲役に処する（197条1項後段）。

　本罪は，請託を受けたことによって収賄罪よりも重く罰するもので，同罪の加重類型である。「請託」とは公務員に対して，職務に関し一定の職務行為を依頼することをいう[68]。その依頼が不正な職務行為に関するものであると，正当な職務行為に関するものであるとを問わない。正当な職務行為の請託であっても刑が加重されるのは，それによって賄賂と職務行為との対価関係が明白となり，枉法の危険が一層高くなるとともに，職務の公正に対する信頼をより強く侵害するからである。請託の対象となる職務行為は，ある程度具体的なものでなければならない。「何かと世話になったお礼」の趣旨であるときは，請託があったとはいえない[69]。「請託を受け」たとは，依頼を承諾したという意味である。承諾は，黙示であってもよい。

将来の職務に関する受託　一般の公務員につきその職務の担当・行使が将来の条件にかかっている場合であっても，「その職務に関し」に当たる[70]。では，現職の市長が近く施行される市長選挙に立候補の決意を固めていた場合において，再選後に執行する予定の職務に関し請託を受けて賄賂を収受した場合はどうか。最決昭61年6月27日刑集40巻4号369頁は，「市長が，任期満了の前に，現に市長としての一般的職務権限に属する事項に関し，再選された場合に担当すべき具体的職務の執行につき請託を受けて賄賂を収受したときは，受託収賄罪が成立する」と判示している。

5　事前収賄罪

> 公務員になろうとする者が，その担当すべき職務に関し，請託を受けて，賄賂を収受し，又はその要求若しくは約束をしたときは，公務員となった場合において，5年以下の懲役に処する（197条2項）。

---

[68] 最判昭27・7・22刑集6・7・927，最決平20・3・27判時2012・148。
[69] 最判昭30・3・17刑集9・3・477。
[70] 最決昭36・2・9刑集15・2・308。

1　主　体

本罪の主体は，公務員になろうとする者である。例えば，公務員として採用願いを出しているがまだ採用されていない者をいう。

2　行　為

その担当すべき職務に関して，請託を受け，賄賂を収受・要求・約束することである。「その担当すべき職務に関し」とは，将来，相当程度の蓋然性をもって担当する可能性がありうるという意味である。「関し」とは，担当すべき職務行為またはそれと密接に関係がある行為に関してという意味である。本罪は，行為者が公務員になった場合に初めて処罰される。この要件の法的性質については，ⓐ客観的処罰条件とする説[71]，ⓑ構成要件要素とする説[72]とが対立している。行為者が公務員に就任して初めて公務の公正およびそれに対する社会の信頼を害するおそれが生ずるのであるから，公務員になったということは，単なる処罰条件ではなく構成要件要素であると解すべきであり，ⓑ説が妥当である。

6　第三者供賄罪

公務員が，その職務に関し，請託を受けて，第三者に賄賂を供与させ，又はその供与の要求若しくは約束をしたときは，5 年以下の懲役に処する（197 条の 2）。

1　意　義

本罪は，これまで述べた収賄の態様と異なり，公務員がみずから賄賂を収受するのでなく，第三者に対して贈賄者に金品等の提供をさせるところに特色がある。第三者を介して間接的に職務に関連して利益を得る脱法的行為を取締ることが本罪の趣旨である。

2　行　為

「請託を受けて」とは，職務に関して依頼を受け，これに承諾を与えることをいう。「第三者」とは，当該公務員以外の者をいう。自然人であると，法人であると，法人格のない団体であるとを問わない[73]。例えば，警察の署長に対

---

71 瀧川・256 頁，小野・54 頁，大塚・637 頁，藤木・65 頁。
72 植松・75 頁，ポケット 446 頁，団藤・143 頁，福田・57 頁，香川・140 頁，中山・557 頁，曽根・324 頁，中森・314 頁，西田・528 頁，山口・625 頁。
73 最判昭 29・8・20 刑集 8・8・1256〔法人への賄賂の供与〕。

656 第3編 国家法益に対する罪 第2章 国家の作用に対する罪

しその職務に関して請託し，警察署で使用する自動車の改造費用の負担を申し込んだときは本罪を構成する[74]。第三者と公務員とが共同して賄賂を収受した場合は，当該公務員には受託収賄罪が成立することになり，また，当該第三者は65条1項により収賄罪の共犯となるから，ここにいう「第三者」ではない。これに対し**教唆者・幇助者**は，「第三者」である[75]。第三者は，公務員と無関係な者であってもよく[76]，それゆえ，第三者がその目的物の賄賂性を認識していることを要しない。

「**供与させ**」とは，第三者に賄賂を受け取らせることをいう。第三者が受け取らないときは供与の約束罪である。「**供与を要求**」とは，第三者に賄賂を供与するよう相手方に求めることである。「**約束**」とは，第三者への賄賂の供与について相手方と合意することである。

7 加重収賄罪

公務員が，前2条の罪（197条，197条の2）を犯し，よって不正な行為をし，又は相当の行為をしなかったときは，1年以上の有期懲役に処する（197条の3第1項）。公務員が，その職務上不正な行為をしたこと又は相当の行為をしなかったことに関し，賄賂を収受し，若しくはその要求若しくは約束をし，又は第三者にこれを供与させ，若しくはその供与の要求若しくは約束をしたときも，前項と同様とする（同条2項）。

1 意 義

本罪は，収賄行為とともに，それに関連して職務違反の行為が行われたことを理由に，これを特に重く罰する趣旨に基づくものである。そのため加重収賄罪と称されている（「**枉法収賄罪**」ともよばれる。法を枉げて不正の行為をするの意）。収賄行為の後に職務違反の行為が行われる場合が1項の罪であり，職務違反の行為の後に収賄行為が行われる場合が2項の罪である。

2 主 体

本罪の主体は，公務員である。事前収賄罪における「公務員になろうとす

---

[74] 最判昭31・7・3刑集10・7・965。
[75] 内藤・注釈(4)421頁。
[76] 前掲最判昭29・8・20。反対，中森・312頁。なお，平野・300頁，山口・625頁。

第7節 汚職の罪 *657*

る者」も含まれる。職務違背行為の時には，既に公務員となっているからである。

3 行 為

本罪の行為は，①収賄，受託収賄，事前収賄および第三者供賄の罪を犯し，よって，不正な行為をし，または相当の行為をしないこと（1項），または，②その職務上不正な行為をし，または相当の行為をしなかったことに関し，賄賂を収受・要求・約束し，または第三者にこれを供与させ，その供与を要求・約束することである。

「**よって不正な行為をし，又は相当の行為をしなかったとき**」とは，前2条の行為の結果として，その職務に違反する行為をしたという意味である。それゆえ，1項の罪においては，収賄行為と職務に反する行為との間には**因果関係**がなければならない。職務に違反する行為とは，その職務に違反する作為・不作為の一切の行為を指し[77]，必ずしも法規に違反する行為に限らない。例えば，入札担当の公務員が賄賂を収受して工事請負の入札に際し工事最低予定価格等を通報する行為は**作為**の例であり[78]，県会議員が請託を受けて議場を欠席する行為は**不作為**の例である[79]。

2項の罪は，その職務上不正な行為をし，または相当の行為をしなかったことに関する収賄行為を罰するものである。それゆえ，不正の作為または不作為は収賄行為の前になされることを要する。請託の有無は問わない。賄賂を要求・約束した後に職務行為がなされ，さらにその後に賄賂が収受された場合も本罪が成立する。職責違反の行為が，例えば，公文書偽造など他の犯罪を構成するときは，本罪との観念的競合となる。

8 事後収賄罪

公務員であった者が，その在職中に請託を受けて職務上不正な行為をしたこと又は相当の行為をしなかったことに関し，賄賂を収受し，又はその要求若しくは約束をしたときは，5年以下の懲役に処する（197条の3第3項）。

---

[77] 大判大6・10・23刑録23・1120。
[78] 高松高判昭33・5・31裁特5・6・257。
[79] 大判明44・6・20刑録17・1227。

658 第3編 国家法益に対する罪 第2章 国家の作用に対する罪

本罪は，退職後において在職中の職務違反の行為に関連して収賄すること
を内容とする犯罪である。本罪の**主体**は，過去において公務員であった者で
ある。ただし，既述のように（→650頁），公務員の身分は継続していても，賄
賂の対象となる一般的職務権限に属する職務から離脱していれば，本罪の主
体になると解すべきである[80]。在職中に職務に関して賄賂を要求・約束し，退
職後その要求・約束に基づいて賄賂を収受した場合について，在職中の要求・
約束に関しては通常の収受罪が成立するから，退職後，それに基づいて賄賂
を収受する行為は，前の収賄罪に吸収されて一罪が成立するにすぎないとす
る見解がある。しかし，在職中の要求・約束罪が請託の承諾と職務違反行為
を伴う場合には，加重収賄罪と事後収賄罪が成立し，重い前者の罪で処罰す
べきである[81]。

9 あっせん収賄罪

公務員が請託を受け，他の公務員に職務上不正な行為をさせるように，又は相当の
行為をさせないようにあっせんをすること又はしたことの報酬として，賄賂を収受し，
又はその要求若しくは約束をしたときは，5年以下の懲役に処する（197条の4）。

1 意 義

本罪は，公務員特に国会議員等の**公選による公務員**が，その地位を利用して，
他の公務員の所管事項についてあっせん行為をし，それに対する謝礼を受け
る行為が社会問題となり，この種の行為を放置しておくと政治・行政の腐敗
を招くという理由から，1958（昭和33）年に新設されたものである。それゆえ，
本罪も国の作用特に行政作用の公正およびそれに対する社会の信頼を**保護法
益**とする点では疑いない。しかし，本罪は**他の収賄の罪と異なり**，自己の職務
行為の対価として賄賂を収受するものでないから，収賄の罪としては異質の
ものといってよい。ただ，主体が公務員に限定されており，他の公務員の職
務に関連する収賄を処罰する点で収賄の罪としての性質を有するといってよ
いであろう。

---

[80] 反対，最決昭28・4・25刑集7・4・881参照。
[81] 柏木・158頁。

2 主 体

本罪の主体は，公務員である。単なる私人として行為するときは本罪の主体とはならないが，公務員の地位ないし立場で行為する限り，積極的にその地位を利用しなくても本罪の主体となりうる。

地位利用と学説・判例　学説は，(1)本罪の主体は公務員であれば足り，その地位を利用したか否かを問わないとする説[82]，(2)公務員がその地位を利用する場合に本罪を構成するとする説[83]，(3)公務員が公務員としての地位において行う場合に限るとする説[84]に分かれている。地位利用は本罪の成立要件ではないから(2)説は認めがたい。他方，単なる私人として行うときも本罪に当たるとする(1)説は広すぎる。最決昭和43年10月15日刑集22巻10号901頁は「幹旋収賄罪が成立するためには，その要件として，公務員が積極的にその地位を利用して幹旋することは必要でないが，少なくとも公務員としての立場で幹旋することを必要とし，単なる私人としての行為は右の罪を構成しない」と判示し，(3)の立場を採っている。この立場が妥当である[85]。

3 行 為

本罪の行為は，請託を受け，他の公務員をして，その職務上不正の行為をさせ，または相当の行為をさせないようにあっせんすること，またはあっせんしたことの報酬として，賄賂を収受・要求・約束することである。「**請託を受け**」とは，他の公務員の職務行為についてあっせんすることの依頼を受け，これを承諾することをいう。「**あっせん**」とは，他の公務員に職務に違反する行為（作為・不作為）をさせることにつき，請託者（または贈賄者）と他の公務員との間に立って仲介し便宜を図ることをいう。「**あっせんをすること又はしたこと**」とは，将来のあっせん行為または過去のあっせん行為という意味である。このあっせん行為の対価としてということが「**報酬として**」の意味である。それゆえ，当該あっせん行為と対価の関係にある利益でなければ，本罪の賄賂とはいわないと解すべきである[86]。賄賂は，謝礼，車代などその名義のいかんを問わないが，実費の弁償は報酬となるものではない。

---

[82] 鈴木義男「幹旋贈収賄罪論」法時30巻6号110頁。
[83] 小野清一郎「幹旋収賄罪について」ジュリ156号6頁。
[84] 団藤・150頁，香川・146頁。
[85] 北野・百選II（第5版）218頁，**奥村・判例講義II 179頁**参照。
[86] 植松・80頁。

660　第3編　国家法益に対する罪　第2章　国家の作用に対する罪

10　没収・追徴

　犯人又は情を知った第三者が収受した賄賂は，没収する。その全部又は一部を没収することができないときは，その価額を追徴する（197条の5）。

1　意　義

　没収に関する刑法19条および刑法19条の2は任意的なものである。本条は，これらに対する特則であり，没収および追徴ともに必要的なものである。すなわち，19条および19条の2では，「することができる」となっているが，本規定では，賄賂はこれを「没収する」ものとしている。

　没収の趣旨については，ⓐ収賄者等に不法の利益を保有させないためであるとする説（多数説），ⓑ収賄および贈賄者等に不法の利益を保有せしめないためであるとする説[87]が対立している。贈賄者の手許に戻ってきた場合を不法の利益とするのは妥当でないから，収賄罪の犯人または情を知った第三者に対し不法の利益を保有させない趣旨と解すべきであり，ⓐ説が妥当である。ただし，贈賄者については任意的没収の適用がありうる。

2　対象者

　没収・追徴の対象となる者は，「犯人又は情を知った第三者」である。犯人には共犯者も含まれる[88]。「犯人」は起訴されていない場合でも，事実認定によって犯人と認定できれば足りる[89]。「情を知った第三者」とは，犯人およびその共犯者以外の者で賄賂であることを知っている者をいう。第三者たる法人の代表者が賄賂であることを知ってそれを受け取れば，その法人が「第三者」である[90]。農業共同組合支部のように法人格を有しないものでも，独立の団体である場合には「第三者」に当たる[91]。

3　没収の対象

　没収の対象は，犯人または情を知った第三者の「収受した賄賂」に限られる。収受されなかった賄賂は任意的没収の対象となる。饗応を受けた酒食[92]，

87　最決昭29・7・5刑集8・7・1035。木村・398頁，植松・73頁，福田・56頁，藤木・68頁。
88　大判明44・2・13刑録17・75参照。
89　ポケット451頁。
90　最判昭29・8・20刑集8・8・1256。
91　最大判昭40・4・28刑集19・3・300。

第7節　汚職の罪　*661*

ゴルフクラブの会員権[93]のように，賄賂が「物」としての性質を有しないために本来没収の対象となりえない場合には，追徴の対象となる。賄賂として金員の貸与を受けたときは，金融上の利益が賄賂であるから，その金員自体は没収の対象となるものではない。賄賂を収受した事実がある以上，必ずしも当該賄賂につき収受罪が成立することを要しない[94]。

> **任意的没収の場合**　例えば，賄賂として金員の貸与を受けた場合は，その金員は収受した賄賂ではないから197条の5の適用はない。その金員は，19条1項3号の「犯罪行為によって得た物」として同条による任意的没収の対象となり，没収不能のときは19条の2により価額の追徴がなされる[95]。

4　追　徴

　追徴は，没収が不可能であるときに行われる。「**没収することができないとき**」とは，例えば，饗応を受けた酒食や芸妓の接待のような賄賂の性質上没収できない場合ばかりでなく，賄賂が費消されたり第三者の所有に帰属した場合のように，収受後に没収不能となったときをも含む。**追徴すべき価額**は，没収できない場合にそれを金銭に換算した金額である。情交のように金銭に換算することが不可能であるときは，追徴の対象になりえない。**追徴価額**は，賄賂が収受された当時の価額を基準として算定されるべきである[96]。

　数人が共同して賄賂を収受した場合は，賄賂の分配額に応じて追徴される[97]。分配額が不明なとき，あるいは共同で費消したときは平等の割合で追徴される。収賄者が賄賂を**贈賄者に返還**したときは，贈賄者から没収し[98]，没収できないときは追徴するとするのが判例である[99]。しかし，この場合の没収・追徴は，不法な利益は保持することを許さないとする趣旨に基づくものであるから，この点にかんがみれば，贈賄者に対する没収・追徴は，本条ではなく19条および19条の2によるべきである[100]。この場合において，収受

92　大判大4・6・2刑録21・721。
93　最決昭55・12・22刑集34・7・747。
94　内藤・注釈(4)432頁。
95　最決昭36・6・22刑集15・6・1004。
96　最大判昭43・9・25刑集22・9・871。
97　大判昭9・7・16刑集13・972，最決平16・11・8刑集58・8・905。
98　大判大11・4・22刑集1・296，仙台高判平5・3・15高刑集46・1・13。
99　最決昭29・7・5刑集8・7・1035。
100　団藤・155頁。なお，山口・631頁。

662　第3編　国家法益に対する罪　第2章　国家の作用に対する罪

した賄賂を費消したうえで後にそれと同額の金銭を返還したときは，費消したことによって利益を得たのは収賄者であるから，追徴の対象となるのは収賄者である（通説）[101]。収賄者が収受した賄賂の一部をさらに他の者に贈賄した場合には，その残額を没収すれば足り，贈賄した部分をその者から追徴する必要はない[102]。

追徴価額算定の基準　学説上は，本文に述べた**収受時説**[103]のほか，没収不能の事実が発生した時を標準とする**没収不能時説**[104]，追徴の裁判の時を基準にすべきであるとする**裁判時説**[105]がある。問題は，物価の変動に伴って，没収と追徴との間に生ずる価額の増減をいかに是正するかにあるが，「収賄者は賄賂たる物を収受することによってその物のその当時の価額に相当する利益を得たものであり，その後の日時の経過等によるその物の価額の増減の如きは右収受とは別個の原因に基づくものにすぎないのであるから，没収に代えて追徴すべき金額はその物の授受当時の価額によるべきものと解するのが相当」[106]である[107]。

11　贈　賄　罪

第197条から第197条の4までに規定する賄賂を供与し，又はその申込み若しくは約束をした者は，3年以下の懲役又は250万円以下の罰金に処する（198条）。

1　主　体

贈賄罪は，公務員に賄賂を供与し，またはその申込もしくは約束をすることによって公務の執行の公正を害する犯罪である。本罪の**主体**は，非公務員であることを原則とするが，公務員であっても単なる私人として行うときは本罪の主体となる。

2　行　為

本罪の行為は，賄賂の供与・申込・約束である。「**供与**」とは，賄賂を相手方に収受させる行為をいう。収賄罪における「収受」に対応する観念である

---

[101] 最判昭24・12・15刑集3・12・2023。
[102] 大判大12・2・6刑集2・87。
[103] 江家・75頁，団藤・157頁，香川・150頁，中山・555頁，中森・316頁，西田・533頁，前田・495頁。なお，山口・632頁。
[104] 小野・413頁，植松・73頁，福田・57頁。
[105] 大塚・645頁。
[106] 前掲最大判昭43・9・25。
[107] 奥村・判例講義Ⅱ181頁参照。

第7節 汚職の罪　*663*

から，相手方が収受しない限り申込にとどまる。収受罪とは必要的共犯関係に立つから，相手方が賄賂であることを認識していない限り申込罪である。「**申込**」とは，賄賂を供与する意思を示すこと，すなわち収受を促すことをいう。相手方が賄賂であることを認識することは必ずしも要しないが，認識できる状態に置かれることは必要である[108]。「**約束**」とは，将来において賄賂を供与することについて公務員と合意に達することをいう。請託を要件とする収賄罪については，請託をし，かつ公務員がこれを承諾しない限り申込罪は成立しないとする説[109]があるが，「申込」は一方的に成立するものであるから，この説は妥当でない[110]。

3　収賄罪との関係

　贈賄罪と収賄罪とは，原則として**必要的共犯**（対向犯）の関係に立つ。すなわち，賄賂の供与と収受との間，および約束者相互の間は必要的共犯の関係にあるから[111]，実質的に収賄の教唆または幇助に相当する行為があっても，供与罪および約束罪の限度で罰せられるにすぎない。これらの罪に該当しない以上は処罰されないのであって，収賄罪の教唆・幇助が別個に成立することはない。贈賄者は，収賄者よりもむしろ悪質な場合が多いから，贈賄罪として軽い法定刑で罰せられるのは不合理であり，別個に収賄の教唆・幇助犯が成立するとすべきであるとの見解もあるが妥当でない。一方，収賄者側の要求罪と贈賄者側の申込罪とは，それぞれ独立の犯罪であるから，相手方において犯罪が成立しない場合にも**独立して**犯罪を構成する。申込罪は収賄罪の教唆となるが，供与罪および約束罪との均衡上，申込罪の限度で処罰されるにすぎない。

12 　贈収賄罪と他罪・罪数

1　他罪との関連

　公務員がその職務関連行為に関して，他人を**恐喝**し金銭等を交付させた場合は，恐喝罪のほかに収賄罪が成立するであろうか。場合を分けて考えてみ

108　最判昭 37・4・13 裁判集刑 141・789。
109　大塚・643 頁，川端・762 頁。
110　中森・315 頁。
111　大判明 43・7・5 刑録 16・1382。

ると，第1に，公務員が職務執行に仮託して，自己の職務と全く関係のない事項について人を恐喝し財物を交付させたときは，恐喝罪のみが成立し収賄罪を構成しない。第2に，例えば，警察官において犯罪検挙の意思があり，また客観的にみて犯罪の嫌疑がある場合に，被疑者を畏怖させて財物を交付させる行為については，ⓐ恐喝罪のみの成立を認める説[112]，ⓑ恐喝罪と収賄罪との観念的競合を認め，贈賄側に贈賄罪の成立を認める説（通説）[113]が対立しているが，公務員については，恐喝罪のほかに収賄罪が成立し，両罪は観念的競合に立つと解すべきである。恐喝罪は個人的法益に対する罪であり，収賄罪とは罪質を異にするだけでなく，もし上の事例について恐喝罪の成立のみを認めるにすぎないとすれば，収賄の点が全く考慮されないという不合理な結論となる。この場合において，被恐喝者は被害者であるが，財物交付について任意性が認められる以上は贈賄罪の成立を否定する根拠はなく，期待可能性の法理を適用して例外的に責任を阻却するほかにないであろう。

公務員が，例えば，職務上不正な行為をしていないのにこれをしたと欺いて職務に関し金品を要求したような場合，詐欺的方法による収賄が問題となる。この場合においても，金品を供与した者は詐欺罪の被害者であるが，財物を交付すべきか否かを選択するに足りる意思の自由はその者に残っていると解されるから，公務員については詐欺罪が成立することはもちろん収賄罪も成立し，両罪は観念的競合になると解すべきである。また，賄賂の供与等の行為は，贈賄罪に当たる。

2　罪　数

罪数の取扱いについては，第1に，賄賂の要求・約束後に収受しても包括して一罪となる[114]。1個の公務の公正およびそれに対する社会の信頼の侵害行為があるにすぎないからである。第2に，1個の行為で数名の公務員に贈賄したときは，各公務員の数に応じた贈賄罪が成立して観念的競合になる[115]。第3に，贈賄の申込または約束の後に賄賂を供与したときは，賄賂供与罪だけが成立する。

---

112 大判昭2・12・8刑集6・512，最判昭25・4・6刑集4・4・481。大場・691頁。
113 最決昭39・12・8刑集18・10・952，福岡高判昭44・12・18刑月1・12・1110。
114 大判昭10・10・23刑集14・1052。
115 大判大5・6・21刑録22・1146。

事 項 索 引

あ

赤信号無視運転……………59
握持………………………215
悪徳商法…………………273
あたり行為………………223
あっせん収賄罪…………658
あへん煙…………………431
　——吸食罪……………433
　——吸食場所提供罪……433
　——吸食器具輸入等罪
　　　　　　　　　　……432
　——等所持罪…………434
　——輸入罪……………431
安全な場所………………117
安否を憂慮する者………107
安楽死………………………22

い

遺棄…………………………74
　——罪…………………76
　——の罪………………73
遺棄等致死傷罪……………82
意思・観念の表示………449
遺失物等横領罪…………335
委託信任関係……………313
委託物横領罪……………308
移置…………………………73
一項詐欺罪………………268
1個の造造物内…………394
一時使用…………………209
一部露出説…………………8
一般職務権限……………648
一般的職務権限…………638
居直り強盗………………244
囲繞地……………………141
いやがらせ電話…………154
医薬品販売業者…………163
威力………154,595,597,600

　——業務妨害罪………153
印顆………………………515
淫行勧誘罪………………137
印章………………467,485,515
印章偽造の罪……………513
隠匿………………373,404
　——の罪………………363
隠避………………115,613
陰謀………………………562
飲料水に関する罪………426

う

写し………………………452
　——の文書性…………452

え

営利の目的………………105
営利目的等買受け罪……113
営利目的等略取・誘拐罪
　　　　　　　　　　……104
営利・わいせつ等目的引渡
　し等罪…………………115
越権行為説………………321
延焼罪……………………402

お

枉法収賄罪………………656
往来危険罪………………417
往来危険による汽車等転覆・
　破壊罪…………………423
往来の安全………………417
往来の危険………………418
往来妨害罪………………415
往来妨害致死傷罪………416
往来を妨害する罪………414
横領罪……………310,347
　——の罪………………308
汚職の罪…………………636
汚損………………………567

お礼参り…………………610

か

害悪の告知………………93,301
外患援助罪………………564
外患に関する罪…………563
外患誘致罪………………564
外患予備・陰謀罪………565
外国国章損壊罪…………566
外国通貨偽造罪…………442
解散………………………386
会社の株券………………497
拐取………………………102
拐帯横領…………………323
外部的名誉………………168
壊乱………………………559
替え玉受験………………483
加害…………………………92
加害(の)目的………106,343
架空人名義………………500
確信犯……………………558
額面価格…………………445
雅号印……………………516
可視性・可読性…………449
過失運転致死傷アルコール
　等影響発覚免脱罪………61
過失運転致死傷罪…………63
過失往来危険罪…………425
過失汽車等転覆・破壊罪
　　　　　　　　　　……425
過失激発物破裂罪………408
過失建造物等浸害罪……413
過失傷害罪・過失致死罪…50
過失傷害の罪………………49
可視的・可読的方法……449
貸し渡し罪………………510
ガス漏出等罪……………409
ガス漏出等致死傷罪……410
肩書の冒用………………481

加重収賄罪……………………656
加重逃走罪……………………605
加重封印等破棄等罪………598
割賦販売………………………314
可動性…………………………196
可罰的行為………………………3
貨幣……………………………437
監禁罪……………………………87
監護者わいせつおよび監護
　者性交等罪…………………130
鑑札……………………………476
監視……………………………215
　——者…………………………220
看守……………………………142
看守者等による逃走援助罪
　………………………………609
間接暴行………………………582
艦船…143,369,393,418,419
官庁の証券……………………497
姦通罪…………………………538
姦通目的と住居侵入………146
鑑定……………………………631
観念説（意思説）……………456
管理可能性説…………………194

き

議員，委員，その他の職員
　………………………………573
機械的労働と職員………574
毀棄……………………………365
　——の罪………………………363
毀棄罪…………………………193
毀棄説…………………………390
偽計業務妨害罪………………153
既決の者………………………604
危険運転致死傷罪…49,55,56
汽車……………393,417,419
汽車転覆等致死罪…………421
汽車等転覆・破壊罪………419
偽証罪…………………………625
擬制自白………………………275
キセル乗車……………………289
偽造……………………………438
　——罪…………………………435
　——と変造の区別………458

　——の方法・手段………457
偽造外国通貨行使等罪…443
偽造公文書・虚偽公文書行
　使等罪………………………476
偽造私文書・虚偽診断書等
　行使罪………………………487
偽装心中…………………………18
偽造通貨行使罪………………439
偽造通貨収得後知情行使等
　罪……………………………444
偽造通貨等収得罪……………443
偽造文書………………………461
偽造有価証券行使等罪…503
器物損壊罪……………………370
基本的証券行為………………502
客観的処罰条件………………399
キャッシュカード……………505
吸食……………………………433
境界損壊罪……………………371
境界標…………………………372
恐喝罪…………………………300
恐喝の罪………………………299
恐喝利得罪……………………305
凶器………………………………44
凶器準備結集罪…………………47
凶器準備集合罪…………………42
狭義の偽造……………………455
狭義の脅迫………………………91
狭義の暴行………………………37
行政刑罰法規……………………1
強請強談………………………623
強制執行関係売却妨害罪
　………………………………596
強制執行行為妨害等罪…594
強制性交等罪…………………123
強制性交等の機会…………134
強制通用力……………………437
強制わいせつ罪………………120
強制わいせつ等致死傷罪
　………………………………134
共同意思………………………382
共同加害の目的…………………42
共同占有………………………220
脅迫……91,97,121,124,238,
　　　　301,380,582

　——の罪…………………………90
共罰的事後行為
　…………203,313,324,356
業務………51,150,329,406
　——に対する罪……………149
業務上横領罪………329,331
業務上過失往来危険罪…425
業務上過失汽車等転覆・破
　壊罪…………………………425
業務上過失激発物破裂罪
　………………………………408
業務上過失致死傷罪………50
業務上失火罪…………………406
業務上堕胎罪……………………71
業務上堕胎致死傷罪…………71
業務妨害罪……………………150
共有物…………………………317
供与…………………656,662
供用………………476,509
虚偽………153,190,627,631
　——の記載……………………486
　——の記入……………………501
　——の情報………158,296
　——の風説の流布………190
　——の申立て…………………474
虚偽鑑定等罪…………………631
虚偽公文書作成等罪………468
虚偽公文書の作成…………469
虚偽公文書の変造…………471
虚偽告訴等罪…………………633
虚偽診断書等作成罪………486
虚偽文書………………………455
　——作成…………455,460
局外中立に関する命令…569
御璽……………………………464
　——偽造罪……………………517
　——不正使用等罪………517
挙証責任………………………179
　——の転換………………………34
御名……………………………464
銀行券…………………………437
禁制品…………………………198
金銭の一時流用………………315

事項索引　*667*

く

具体的権限……………………579
クレジットカード…………504
　──の不正使用………276
群衆指揮者……………………561

け

経済財産説……………………200
形式的審査権……………470
刑事事件……………615,616
刑事の処分……………635
激発物……………………407
激発物破裂罪……………407
月刊ペン事件……………177
結婚の目的……………105
決闘殺人罪………………24
検案書……………………486
権限逸脱……………………322
権限濫用説………………337
現在性……………………395
現住建造物等浸害罪……410
現住建造物等放火罪……392
建造物……142,368,370,393
建造物損壊致死傷罪……370
建造物等以外放火罪……400
建造物等損壊罪・同致死傷
　罪……………………367
限定背信説………………337
現に監護する者…………130
現場助勢罪…………………32
権利行使…………………306
権利を実行する手段……283

こ

公印偽造罪……………518
勾引状……………………605
公印不正使用等罪………518
公記号偽造罪……………520
公記号不正使用等罪……521
広義の偽造………………455
広義の暴行………………302
公共危険犯（罪）………377
公共的法益………………376
公共の危険………398,401

抗拒不能…………………127
拘禁場……………………606
公契約関係競売等妨害罪
　………………………599
鉱坑……………………395
公債証書…………………497
行使……………………460
　──の相手方…………462
　──の方法・程度……461
　──の目的…………463
公衆の健康に対する罪……426
公衆の信用に対する罪……435
公衆の平穏および安全に対
　する罪…………………377
公正証書原本不実記載等罪
　………………………472
公正な価格………………601
構成要件…………………3
公然陳列…………………536
公選による公務員………658
公然わいせつ罪…………531
高速度危険運転…………58
拘束のための器具………606
強談……………………623
交通犯罪…………………415
公電磁的記録不正作出罪
　………………………492
強盗・強制性交等罪……262
強盗・強制性交等致死罪
　………………………263
強盗罪……………………238
強盗殺人罪………………257
強盗傷人罪………………256
強盗致死罪………………257
強盗致死傷罪……………255
強盗致死傷罪未遂罪……260
強盗致傷罪………………256
強盗の機会………………258
強盗の罪…………………237
強盗予備罪………………264
強盗利得罪………………245
公図画……………………466
交付……………………441
　──行為………278,302
　──罪…………193,247

公文書……………447,465
　──偽造等罪…………464
公務員……………572,643
　──職権濫用罪………638
公務執行妨害罪…………576
公務所……………………575
公務と業務………………151
公務の執行を妨害する罪
　………………………575
効用喪失説………………390
公用文書…………………364
　──等毀棄罪…………364
呼吸停止説………………10
国璽……………………464
国章……………………566
個人法益に対する罪………5
誇大広告…………………273
国家の作用に対する罪……571
国家の存立に対する罪……557
国家法益……………2,376
　──に対する罪………555
国交に関する罪…………565
誤振込み…………………312
個別財産に対する罪……193
昏酔強盗罪………………254
昏酔させる………………254

さ

最狭義の偽造……………455
最狭義の脅迫………91,238
最狭義の暴行………38,238
罪刑法定主義………………2
最広義の暴行……………38
最広義の暴行・脅迫……380
財産上の利益………199,285
財産的価値………………196
財産的損害………………281
財産に対する罪…………192
財産犯……………………192
　──の分類……………192
財物……………………194
　──罪…………192,201
詐欺行為…………………270
詐欺罪……………………268
詐欺的方法による収賄……664

事項索引

詐欺賭博‥‥‥‥‥‥‥‥541
詐欺の罪‥‥‥‥‥‥‥‥266
詐欺利得罪‥‥‥‥‥‥‥285
作成権限‥‥‥‥‥‥‥‥469
作成権者‥‥‥‥‥‥‥‥459
作成者‥‥‥‥‥‥‥‥‥456
作成名義人‥‥‥‥‥‥‥500
作成名義の冒用‥‥‥453,456
座礁‥‥‥‥‥‥‥‥‥‥420
殺人罪‥‥‥‥‥‥‥‥‥12
殺人と傷害致死の区別‥‥‥31
殺人の罪‥‥‥‥‥‥‥‥11
殺人予備罪‥‥‥‥‥‥‥15
三角詐欺‥‥‥‥‥‥‥‥274
参考人の虚偽供述‥‥‥‥618
三徴候説‥‥‥‥‥‥‥‥10

し

私印‥‥‥‥‥‥‥‥‥‥516
私印偽造罪‥‥‥‥‥‥‥521
私印不正使用等罪‥‥‥‥522
資格の冒用‥‥‥‥‥‥‥481
指揮者‥‥‥‥‥‥‥‥‥383
事後強盗罪‥‥‥‥‥‥‥250
事後従犯‥‥‥‥‥‥‥‥115
事後収賄罪‥‥‥‥‥‥‥657
自己所有非現住建造物等失
　火罪‥‥‥‥‥‥‥‥‥405
自己所有非現住建造物等放
　火罪‥‥‥‥‥‥‥‥‥398
事後宣誓‥‥‥‥‥‥‥‥626
自己予備罪‥‥‥‥‥15,264
自殺‥‥‥‥‥‥‥‥‥‥16
自殺関与罪‥‥‥‥‥‥‥17
　──と殺人罪の区別
　‥‥‥‥‥‥‥‥‥‥‥18
事実上の支配‥‥‥‥‥‥215
事実証明‥‥‥‥‥‥‥‥490
　──に関する文書‥‥‥478
　──のための文書‥‥‥367
事実説（行為説）‥‥‥‥456
事実的支配‥‥‥‥‥‥‥101
事実の摘示‥‥‥‥‥‥‥172
死者の占有‥‥‥‥218,257
死者の名誉毀損‥‥‥‥‥185

自署‥‥‥‥‥‥‥‥467,485
自傷行為‥‥‥‥‥‥‥‥24
辞職強要罪‥‥‥‥‥‥‥585
事前収賄罪‥‥‥‥‥‥‥654
事前宣誓‥‥‥‥‥‥‥‥626
事前の意思表示‥‥‥‥‥21
私戦予備・陰謀罪‥‥‥‥568
死胎‥‥‥‥‥‥‥‥‥‥67
死体損壊等罪‥‥‥‥‥‥550
実質的作成権限‥‥‥‥‥469
実質的審査権‥‥‥‥‥‥470
私電磁的記録不正作出罪
　‥‥‥‥‥‥‥‥‥‥‥490
自動車運転過失致死傷罪‥‥55
自動車の運転により人を死
　傷させる行為等の処罰に
　関する法律‥‥‥‥49,55
支払用カード電磁的記録に
　関する罪‥‥‥‥‥‥‥504
支払用カード電磁的記録不
　正作出準備罪‥‥‥‥‥511
支払用カード電磁的記録不
　正作出等罪‥‥‥‥‥‥506
私文書‥‥‥‥‥‥‥‥‥447
　──偽造等罪‥‥‥‥‥477
紙幣‥‥‥‥‥‥‥‥‥‥437
　──類似証券取締法‥‥436
死亡証書‥‥‥‥‥‥‥‥486
事務処理者‥‥‥‥‥‥‥339
社会法益‥‥‥‥‥‥2,376
　──に対する罪‥‥‥‥375
車上狙い‥‥‥‥‥‥‥‥223
写真コピー‥‥‥‥‥‥‥452
自由および私生活の平穏に
　対する罪‥‥‥‥‥‥‥84
重過失激発物破裂罪‥‥‥408
重過失失火罪‥‥‥‥‥‥407
重過失致死傷罪‥‥‥‥‥54
住居‥‥‥‥‥‥‥‥140,393
　──権‥‥‥‥‥‥‥‥141
　──を侵す罪‥‥‥‥‥138
住居侵入罪‥‥‥‥‥‥‥140
集金横領‥‥‥‥‥‥‥‥313
集合‥‥‥‥‥‥44,45,379
重婚罪‥‥‥‥‥‥‥‥‥538

収受‥‥‥‥‥‥‥‥‥‥115
集団犯‥‥‥‥‥‥‥‥‥378
収得‥‥‥‥‥‥‥‥‥‥444
収賄罪‥‥‥‥‥‥‥‥‥653
主観的わいせつ概念‥‥‥529
受託収賄罪‥‥‥‥‥‥‥654
出産（陣痛）開始説‥‥‥‥9
出水および水利に関する罪
　‥‥‥‥‥‥‥‥‥‥‥410
出水危険罪‥‥‥‥‥‥‥413
首謀者‥‥‥‥‥‥‥382,560
春画・春本論‥‥‥‥‥‥530
準危険運転致死傷罪‥‥‥‥60
準強制性交等罪‥‥‥‥‥126
準強制わいせつ罪‥‥‥‥126
準強盗罪‥‥‥‥‥251,254
準詐欺罪‥‥‥‥‥‥‥‥294
準抽象的危険犯‥‥‥‥‥380
使用横領‥‥‥‥‥‥‥‥325
傷害‥‥‥‥‥‥‥‥24,371
　──罪‥‥‥‥‥‥‥‥24
　──致死罪‥‥‥‥‥‥31
　──の罪‥‥‥‥‥‥‥24
消火の妨害‥‥‥‥‥‥‥404
消火妨害罪‥‥‥‥‥‥‥404
消極的損害‥‥‥‥‥‥‥344
証言拒絶権‥‥‥‥‥‥‥626
証言拒否罪‥‥‥‥‥‥‥628
条件付の目的‥‥‥‥‥‥16
証拠‥‥‥‥‥‥‥‥‥‥616
　──の隠滅‥‥‥‥‥‥617
　──の偽造・変造‥‥‥617
証拠隠滅等罪‥‥‥‥‥‥615
常習賭博罪‥‥‥‥‥‥‥542
詔書偽造等罪‥‥‥‥‥‥463
使用侵奪‥‥‥‥‥‥‥‥231
浄水汚染致死傷罪‥‥‥‥428
浄水毒物混入致死傷罪‥‥428
浄水毒物等混入罪‥‥‥‥428
使用窃盗‥‥‥‥‥‥‥‥209
焼損‥‥‥‥‥‥‥‥‥‥389
譲渡担保‥‥‥‥‥‥‥‥314
証人等威迫罪‥‥‥‥‥‥622
私用文書等毀棄罪‥‥‥‥366
情報の財物性‥‥‥‥‥‥195

事項索引　　*669*

抄本・・・・・・・・・・・・・・・・・・・・・452
省略文書・・・・・・・・・・・・450,515
職務関連性・・・・・・・・・・・・・・・647
職務強要罪・・・・・・・・・・・・・・・585
職務行為の公正・・・・・・・・・・646
職務従事者・・・・・・・・・・・・・・・561
職務の執行・・・・・・・・・・・・・・・576
職務犯罪・・・・・・・・・・・・・・・・・636
職務密接関連行為・・・・・・・・650
所在国・・・・・・・・・・・・・・・・・・・110
所在国外移送目的人身売買
　罪・・・・・・・・・・・・・・・・・・・・・113
所在国外移送目的略取・誘
　拐罪・・・・・・・・・・・・・・・・・・・110
助産師・・・・・・・・・・・・・・・・・・・163
職権濫用の罪・・・・・・・・・・・・637
処分行為・・・・・・・247,273,285
署名・・・・・・・・・・・・467,485,516
白地刑罰法規・・・・・・・・・・・・569
浸害・・・・・・・・・・・・・・・・・・・・・411
人格の同一性・・・・・・・・・・・・456
人工妊娠中絶・・・・・・・・・・・・・66
神祠・・・・・・・・・・・・・・・・・・・・・548
真実性の誤信・・・・・・・・・・・・181
真実の証明による不処罰
　・・・・・・・・・・・・・・・・・・・・・・175
信書・・・・・・・・・・・・・・161,373
　　――開封罪・・・・・・・・・・・161
人身売渡し罪・・・・・・・・・・・・113
人身買受け罪・・・・・・・・・・・・111
心神喪失・・・・・・・・・・・・・・・・127
人身取引議定書・・・・・・・・・・100
人身売買の罪・・・・・・・・・・・・111
親族相盗例・・・・・・・・・231,232
身体完全性侵害説・・・・・・・・・25
侵奪・・・・・・・・・・・・・・・・・・・・・229
診断書・・・・・・・・・・・・・・・・・・・486
侵入・・・・・・・・・・・・・・・・・・・・・144
信任関係・・・・・・・・・・・・・・・・340
信用毀損罪・・・・・・・・・・・・・・189
信用に対する罪・・・・・・・・・・188

す

水道汚染罪・・・・・・・・・・・・・・427
水道汚染致死傷罪・・・・・・・・428

水道損壊・閉塞罪・・・・・・・・429
水道毒物等混入罪・・・・・・・・429
水道毒物等混入致死罪・・・429
水防妨害罪・・・・・・・・・・・・・・412
水利妨害罪・・・・・・・・・・・・・・413
スキミング・・・・・・505,511,512
ストリップ・ショウ・・・・・・532
図利目的・・・・・・・・・・・・・・・・343

せ

生育可能性・・・・・・・・・・・・・・・68
性交等・・・・・・・・・・・・・・・・・・・125
政治犯・・・・・・・・・・・・・・・・・・・558
正常な運転が困難な状態・・・58
生存可能性説・・・・・・・・・・・・・・9
請託・・・・・・・・・・・・・・・・・・・・・654
性的自由に対する罪・・・・・・118
生命および身体に対する罪
　・・・・・・・・・・・・・・・・・・・・・・・・7
生命・身体に対する加害の
　目的・・・・・・・・・・・・・・・・・・106
生理的機能障害説・・・・・・・・・25
説教等妨害罪・・・・・・・・・・・・549
積極的損害・・・・・・・・・・・・・・344
接近の遮断・・・・・・・・・・74,77
窃取・・・・・・・・・・・・・・・・・・・・・222
絶対的わいせつ概念・・・・・・530
窃盗罪・・・・・・・・・・・・・・・・・・・213
窃盗の機会・・・・・・・・・・・・・・252
窃盗の罪・・・・・・・・・・・・・・・・213
善意取得・・・・・・・・・・・・・・・・354
宣言・・・・・・・・・・・・・・・・・・・・・625
全体財産に対する罪
　・・・・・・・・・・・・・・・・・193,339
全部露出説・・・・・・・・・・・・・・・8
占有・・・・・・・・・・・・・214,310
　　――の意思・・・・・・・・・・・217
　　――の帰属・・・・・・・・・・・220
　　――の主体・・・・・・・・・・・218
占有説・・・・・・・・・・・・・・・・・・・202
占有補助者・・・・・・・・・・・・・・220

そ

騒音による暴行・・・・・・・・・・39
臓器移植法・・・・・・・・・・・・・・・10

総合判定説・・・・・・・・・・・・・・・10
葬祭対象物・・・・・・・・・・・・・・198
相対的わいせつ概念・・・・・・529
相当官署・・・・・・・・・・・・・・・・634
蔵匿・・・・・・・・・・・・・・115,613
騒乱の罪・・・・・・・・・・・・・・・・377
贈賄罪・・・・・・・・・・・・・・・・・・・662
訴訟詐欺・・・・・・・・・・・・・・・・274
率先助勢者・・・・・・・・・・・・・・383
損壊・・・・・・・371,404,408,415,
　　　　　　　　　　417,430
尊厳死・・・・・・・・・・・・・・・・・・・・22
尊属遺棄罪・・・・・・・・・・・・・・・73
尊属殺人罪・・・・・・・・・・・・・・・14
尊属傷害致死罪・・・・・・・・・・・32
尊属逮捕・監禁罪・・・・・・・・・86

た

耐火式建造物・・・・・・・・・・・・391
対価的関係・・・・・・・・・・・・・・652
第三者横領・・・・・・・・・・・・・・325
第三者供賄罪・・・・・・・・・・・・655
胎児・・・・・・・・・・・・・・・・・・・・・・67
胎児性傷害・致死・・・・・・・・・27
逮捕・監禁罪・・・・・・・・・・・・・86
逮捕・監禁致死傷罪・・・・・・・90
逮捕罪・・・・・・・・・・・・・・・・・・・86
代理権限の濫用・・・・・・・・・・480
代理名義の冒用・・・・・・・・・・479
蛸配当・・・・・・・・・・・・・・・・・・342
多衆・・・・・・・・・・・・・・・・・・・・・378
　　――不解散罪・・・・・・・・・385
堕胎罪・・・・・・・・・・・・・・・・・・・69
堕胎の罪・・・・・・・・・・・・・・・・・64
奪取罪・・・・・・・・・・・・193,201
建物・・・・・・・・・・・・・・・・・・・・・229
他人所有建造物等失火罪
　・・・・・・・・・・・・・・・・・・・・・405
他人所有非現住建造物等放
　火罪・・・・・・・・・・・・・・・・・・397
談合・・・・・・・・・・・・・・597,603
　　――罪・・・・・・・・・・・・・・・601
　　――入札・・・・・・・・・・・・・283
短縮文書・・・・・・・・・・・・・・・・450

ち

地位利用················659
中間省略の登記·········475
抽象的権限···············578
中立命令違反罪·········569
懲戒の処分···············635
沈没·······················420

つ

追求可能な物············354
追徴·······················660
通貨偽造罪···············437
通貨偽造等準備罪······446
通貨偽造の罪············436
通貨発行権···············436
通行禁止道路進行········60
通行妨害危険運転········59
通称名の使用············483
通謀·······················564
通訳または翻訳·········631
通用·······················437
釣銭詐欺············271,272

て

邸宅·······················142
定着物················196,228
抵当権保全行為·········347
鉄道·······················417
デビットカード·········505
テレホンカード·········498
電気の盗用···············194
電子計算機（コンピュータ）
···························157
電子計算機使用詐欺罪····295
電子計算機損壊等業務妨害
罪·······················157
電磁的記録
···········296,365,370,472
──の供用···············297
電磁的記録情報機器等準備
罪·······················512
電磁的記録情報取得罪····512
電磁的記録情報提供罪····512
電磁的記録情報保管罪····512

電磁的記録に係る記録媒体
···························534
電磁的記録不正作出罪····489
電車·············393,417,419
転職前の職務············649
転覆·······················420
電話盗聴···············640

と

同意殺人罪·········16,20
同意堕胎罪··············70
同意堕胎致死傷罪·······70
同一(の)機会······35,263
同居の親族···············233
動作阻害···············159
動産·······················196
同時傷害の特例··········33
盗取罪···················193
逃走援助罪···············608
逃走罪···················604
逃走の罪···············603
灯台·······················418
盗犯等防止法············227
盗品性···················352
盗品等運搬罪············357
盗品等処分···············320
──代金···············321
盗品等に関する罪·······350
盗品等保管罪············357
盗品等無償譲受け罪······356
盗品等有償処分あっせん罪
···························358
盗品等有償譲受け罪······358
動物傷害罪··········370,371
謄本·······················452
図画·······················534
特別公務員···············642
特別公務員職権濫用罪····642
特別公務員職権濫用致死傷
罪·······················645
特別公務員暴行陵虐罪····643
特別公務員暴行陵虐致死傷
罪·······················645
独立呼吸説·················9
独立燃焼説···············391

独立幇助罪···············563
賭事·······················541
賭博·······················540
──および富くじに関する
罪·······················539
──の常習者············543
賭博罪···················540
賭博場開張図利罪·········545
富くじ罪···············546
取込詐欺···············272
取引の安全に対する罪····435
図利目的···············545

な

内部的名誉···············168
内容において虚偽·······448
内乱罪···················558
内乱に関する罪·········557
内乱幇助罪···············562
内乱予備・陰謀罪·······562
生カード···············508
難燃性建造物············391

に

荷おろし···············441
二項詐欺罪···············285
二重抵当············285,346
二重売買············314,326
認証文言···············452

の

納棺物················198,553
脳死説·····················10

は

売淫料·············294,305
売春防止法···············138
背信説···················337
背信的悪意者············327
背信的権限濫用説·········337
背任罪···················347
背任の罪···············336
破壊·······················420
博戯·······················541
白紙偽造···············480

事項索引　*671*

博徒……………………546
博徒結合図利罪…………546
破裂……………………407
犯人蔵匿および証拠隠滅の
　罪……………………610
犯人蔵匿等罪……………611
販売……………………535
頒布……………………535
　──する目的…………536

ひ

被拐取者収受者の身の代金
　要求罪…………………110
被拐取者引渡し等罪……114
引き渡し…………………115
非現住建造物等浸害罪…411
非現住建造物等放火罪…396
被拘禁者奪取罪…………607
人の始期……………………8
人の終期…………………10
人の同一性………………515
秘密漏示罪………………163
標識……………………417
漂流物……………………335
被略取者等所在国外移送罪
　…………………………114

ふ

封印・差押えの表示……587
封印等破棄罪……………586
封緘委託物………………221
封金……………………314
風俗に対する罪…………527
複合建造物の現住性……394
複合した身分犯…………329
不敬の行為………………548
不実の記載・記録………474
侮辱罪……………………186
付随的証券行為…………502
不正作出公電磁的記録供用
　罪……………………493
不正作出私電磁的記録供用
　罪……………………493
不正指令電磁的記録作成等
　罪……………………523

不正指令電磁的記録収得等
　罪……………………526
不正指令電磁的記録に関す
　る罪……………………522
不正電磁的記録カード供用
　罪……………………509
不正電磁的記録カード所持
　罪……………………510
不正な指令…………158, 296
不退去罪…………………148
物色行為…………………223
仏堂……………………548
不同意堕胎罪……………72
不同意堕胎致死傷罪……72
不動産……………………196
　──侵奪罪……………228
不特定物…………………315
浮標……………………418
不法原因寄託物……246, 317
不法原因給付……………293
　──物…………317, 354
不法領得の意思
　……205, 231, 283, 316, 324
不保護……………………73
　──罪……………78, 81
振り込め詐欺……………312
プリペイドカード………505
振舞う意思………………206
付和随行者…………383, 561
文書……………449, 534
　──の意義……………449
　──の確定性…………451
　──の成立（作成）…448
粉飾決算…………………342
墳墓発掘罪………………550
墳墓発掘死体損壊等罪…553

へ

平穏占有説………………202
平穏な占有………………203
閉塞……………416, 430
別荘……………………393
変死者密葬罪……………553
変造……………438, 457
　──の手段・方法……459

片面的賭博………………541

ほ

法益関係的錯誤……19, 89, 145
法益三分説…………2, 376
妨害……………155, 583
放火および失火の罪……387
放火予備罪………………403
法禁物……………………198
冒険的取引………………342
暴行……38, 97, 121, 124, 238,
　　　302, 380, 582
暴行罪……………………37
暴動……………………559
　──参加者……………561
法律・経済財産説………200
法律財産説………………200
保護責任者………………79
　──遺棄罪……………78
保護法益……………………2
墓所……………………548
補助公務員…………465, 469
母体保護法………………66
没収……………………660
本権説……………………202
本人図利目的……………343

み

身代り犯人………………613
未完成の文書……………364
未決の者…………………604
未熟危険運転……………59
未成年者買受け罪………112
未成年者略取・誘拐罪…101
密接に関連する行為……134
みなし公務員……………653
身の代金取得目的収受罪
　…………………………115
身の代金目的略取・誘拐予
　備罪……………………116
身の代金要求罪…………106
未必の目的………………16
脈搏停止説………………10

む

無意識的処分行為····287, 288
無形偽造········455, 459, 486
——の手段・方法······460
無形的方法······12, 26, 86, 88
無形変造··················455
無主物··················197, 335
無印公文書偽造等罪······468
無銭飲食・宿泊···········288
無対価労働··············246
村八分··················93

め

名義人··················450, 456
——の同意···········482
酩酊危険運転············57
名誉および信用に対する罪
·······················167
名誉感情···············168
名誉毀損罪·············169
名誉に対する罪·········167
免状···················475
——等不実記載罪·····475
免責証券··············497

も

燃え上がり説············390
目的の公益性············177
黙秘··················628
模造··················438

や

約束··················663

ゆ

有印公文書偽造等罪······465
有印私文書偽造罪······484
有印私文書変造罪······485
誘拐··················102
有価証券偽造等罪······496
有価証券偽造の罪······495
有価証券性············498
有形偽造··············455
有形的方法······12, 26, 86, 87
有形変造··············455, 458
有体性説··············194
譲り渡し罪···········510
輸入罪··············510

よ

要扶助者··············73
預金通帳の財物性·········269
四畳半襖の下張事件
·······················530, 531
予備の中止···········16

ら

濫用行為··············639

り

陸揚げ··············441
利得罪···········193, 199, 201

略取··················102
略取, 誘拐および人身売買
の罪··················99
略取・誘拐者身の代金要求
罪··················108
流通··················439, 440
陵辱・加虐（陵虐）······644
利用処分する意思·········206
領得行為説·············322
領得罪··············193, 211
旅券··················476

れ

礼拝所および墳墓に関する
罪··················547
礼拝所不敬罪···········548

ろ

ロストボール·········198, 215

わ

わいせつ··············528
——および重婚の罪
·······················527
わいせつな行為·········120
わいせつの目的·········105
賄賂収受罪·············653
賄賂の罪··············645
賄賂の目的物···········651
賄賂約束罪·············653
賄賂要求罪·············653

判 例 索 引

大判明 28・12・9 刑録 1・5・63 ………… 440
大判明 30・10・29 刑録 3・139 ………… 327
大判明 35・1・27 民録 8・1・77 ………… 196
大判明 35・6・5 刑録 8・6・42 ………… 499
大判明 35・10・20 刑録 8・9・75 ………… 630
大判明 36・5・21 刑録・9・874 …… 194,195
大判明 36・7・6 刑録 9・1217 …………… 8
大判明 37・12・20 刑録 10・2415 ………… 222
大判明 39・4・16 刑録 12・472 ………… 258
大判明 40・9・26 刑録 13・1002 ………… 162
大判明 40・9・27 刑録 13・1007 …… 441,442
大判明 41・11・9 刑録 14・994 ………… 463
大判明 41・12・15 刑録 14・1102 ………… 368
大判明 41・12・21 刑録 14・1130 ………… 461
大判明 42・2・5 刑録 15・61 ………… 500
大判明 42・3・11 刑録 15・205 ………… 487
大判明 42・3・11 刑録 15・210 ………… 489
大判明 42・3・25 刑録 15・318 ………… 486
大判明 42・4・15 刑録 15・435 ………… 353
大判明 42・4・16 刑録 15・452 ………… 371
大判明 42・6・8 刑録 15・728 ………… 261
大判明 42・6・8 刑録 15・735 ………… 628
大判明 42・6・10 刑録 15・738 ………… 479
大判明 42・6・14 刑録 15・769 ………… 16
大判明 42・6・21 刑録 15・812 ………… 293
大判明 42・6・22 刑録 15・832 ………… 304
大判明 42・6・24 刑録 15・841 ………… 519
大判明 42・6・24 刑録 15・848 ………… 516
大判明 42・6・28 刑録 15・877 ………… 468
大判明 42・7・1 刑録 15・901 ………… 522
大判明 42・10・19 刑録 15・1420 ……… 65,67
大判明 42・11・1 刑録 15・1498 ………… 626
大判明 42・11・19 刑録 15・1641 ………… 576
大判明 42・11・19 刑録 15・1645 ………… 392
大判明 42・12・2 刑録 15・1700 ………… 480
大判明 42・12・3 刑録 15・1722 ………… 72
大判明 42・12・16 刑録 15・1795 …… 631,632
大判明 43・1・28 刑録 16・46 ………… 284
大判明 43・1・31 刑録 16・74 ………… 485

大判明 43・1・31 刑録 16・88 ………… 585
大判明 43・2・17 刑録 16・267 ………… 282
大判明 43・2・24 刑録 16・313 ………… 487
大判明 43・3・10 刑録 16・402 ………… 441
大判明 43・3・11 刑録 16・429 ………… 487
大判明 43・3・25 刑録 16・470 ………… 617
大判明 43・4・19 刑録 16・633 ………… 500
大判明 43・4・19 刑録 16・657 ………… 381
大判明 43・4・28 刑録 16・760 ………… 21
大判明 43・5・12 刑録 16・857 ………… 8
大判明 43・5・13 刑録 16・860 ………… 516
大判明 43・5・27 刑録 16・955 ………… 541
大判明 43・6・7 刑録 16・1103 ………… 234
大判明 43・6・17 刑録 16・1210 ………… 247
大判明 43・6・23 刑録 16・1267 ………… 466
大判明 43・6・30 刑録 16・1314 ………… 442
大判明 43・7・5 刑録 16・1382 ………… 663
大判明 43・8・16 刑録 16・1457 ………… 474
大判明 43・9・27 刑録 16・1558 ………… 304
大判明 43・9・30 刑録 16・1569 ………… 100
大判明 43・9・30 刑録 16・1572 …… 449,485
大判明 43・10・4 刑録 16・1608 ………… 551
大判明 43・10・11 刑録 16・1689 ………… 546
大判明 43・10・18 新聞 682・27 ………… 461
大判明 43・10・25 刑録 16・1747 ………… 333
大判明 43・10・27 刑録 16・1764 ………… 257
大判明 43・11・8 刑録 16・1875 ………… 545
大判明 43・11・15 刑録 16・1941 ………… 504
大判明 43・11・17 刑録 16・2010 …… 123,533
大判明 43・11・21 刑録 16・2093 …… 515,518
大判明 43・12・9 刑録 16・2157 ………… 546
大判明 43・12・13 刑録 16・2181 ………… 448
大判明 43・12・16 刑録 16・2188 ………… 368
大判明 43・12・19 刑録 16・2239 ………… 652
大判明 43・12・20 刑録 16・2265 ………… 451
大判明 44・2・9 刑録 17・52 …… 153,189
大判明 44・2・9 刑録 17・59 ………… 324
大判明 44・2・13 刑録 17・75 ………… 660
大判明 44・2・16 刑録 17・88 ……… 446,447

大判明 44・2・27 刑録 17・197⋯⋯⋯371
大判明 44・2・28 刑録 17・230⋯⋯301,636
大判明 44・3・21 刑録 17・427⋯⋯⋯518
大判明 44・3・31 刑録 17・482⋯⋯⋯503
大判明 44・3・31 刑録 17・497⋯⋯⋯104
大判明 44・4・13 刑録 17・552⋯⋯⋯284
大判明 44・4・17 刑録 17・587⋯⋯⋯334
大判明 44・4・21 刑録 17・622⋯⋯⋯340
大判明 44・4・24 刑録 17・655⋯⋯⋯399
大判明 44・4・28 刑録 17・1330⋯⋯134
大判明 44・5・2 刑録 17・722⋯⋯⋯488
大判明 44・5・4 刑録 17・753⋯⋯⋯474
大判明 44・5・8 刑録 17・817⋯⋯457,475
大判明 44・5・23 刑録 17・747⋯⋯⋯292
大判明 44・5・23 刑録 17・948⋯⋯⋯360
大判明 44・5・25 刑録 17・959⋯⋯⋯268
大判明 44・5・30 刑録 17・981⋯⋯⋯618
大判明 44・6・20 刑録 17・1227⋯⋯657
大判明 44・6・22 刑録 17・1242⋯⋯412
大判明 44・6・29 刑録 17・1330⋯⋯135
大判明 44・7・6 刑録 17・1347⋯⋯469
大判明 44・7・6 刑録 17・1388⋯⋯553
大判明 44・7・10 刑録 17・1409⋯⋯588
大判明 44・8・15 刑録 17・1488⋯⋯197
大判明 44・9・5 刑録 17・1520⋯⋯⋯93
大判明 44・9・25 刑録 17・1550⋯⋯384
大判明 44・10・13 刑録 17・1698⋯⋯324,338
大判明 44・11・9 刑録 17・1843⋯⋯458
大判明 44・11・10 刑録 17・1868⋯⋯420
大判明 44・11・10 刑録 17・1871⋯⋯488
大判明 44・11・16 刑録 17・1987⋯⋯410
大判明 44・11・16 刑録 17・1989⋯⋯516
大判明 44・11・27 刑録 17・2041⋯⋯275
大判明 44・12・4 刑録 17・2095⋯⋯304,305
大判明 44・12・15 刑録 17・2190⋯⋯221
大判明 44・12・19 刑録 17・2223⋯⋯590
大判明 45・1・15 刑録 18・1⋯⋯616
大判明 45・2・1 刑録 18・75⋯⋯⋯451
大判明 45・2・29 刑録 18・231⋯⋯458
大判明 45・3・11 刑録 18・331⋯⋯514
大判明 45・3・14 刑録 18・337⋯⋯301
大判明 45・4・9 刑録 18・445⋯⋯461
大判明 45・4・15 刑録 18・464⋯⋯466
大判明 45・4・22 刑録 18・491⋯⋯521
大判明 45・4・22 刑録 18・496⋯⋯305

大判明 45・5・30 刑録 18・790⋯⋯485,517
大判明 45・6・4 刑録 18・815⋯⋯379
大判明 45・6・17 刑録 18・856⋯⋯343
大判明 45・6・20 刑録 18・896⋯⋯25
大判明 45・6・27 刑録 18・927⋯171,174,188
大判明 45・7・1 刑録 18・971⋯⋯636
大判明 45・7・16 刑録 18・1083⋯⋯77
大判明 45・7・16 刑録 18・1087⋯⋯295
大判明 45・7・23 刑録 18・1100⋯626,627

＊　　＊　　＊

大判大元・8・6 刑録 18・1138⋯⋯397
大判大元・9・6 刑録 18・1211⋯⋯240
大判大元・10・8 刑録 18・1231⋯⋯311
大判大元・10・31 刑録 18・1313⋯⋯451
大判大元・11・25 刑録 18・1413⋯⋯465
大判大元・11・25 刑録 18・1421⋯⋯197
大判大元・11・28 刑録 18・1431⋯⋯346
大判大元・12・20 刑録 18・1563⋯⋯199
大判大元・12・20 刑録 18・1566⋯⋯633
大判大 2・1・21 刑録 19・20⋯⋯450
大判大 2・1・23 刑録 19・28⋯⋯446
大判大 2・1・24 刑録 19・39⋯⋯631
大判大 2・1・27 刑録 19・85⋯⋯190
大判大 2・3・20 刑録 19・365⋯⋯634
大判大 2・3・25 刑録 19・374⋯⋯355
大判大 2・3・27 刑録 19・423⋯⋯479
大判大 2・4・29 刑録 19・533⋯⋯463
大判大 2・5・2 刑録 19・541⋯⋯636
大判大 2・5・22 刑録 19・626⋯⋯609
大判大 2・6・9 刑録 19・687⋯⋯627
大判大 2・6・12 刑録 19・714⋯⋯354
大判大 2・9・5 刑録 19・844⋯⋯629
大判大 2・10・3 刑録 19・910⋯⋯379
大判大 2・10・21 刑録 19・982⋯⋯240,258
大判大 2・11・5 刑録 19・1114⋯⋯304
大判大 2・11・19 刑録 19・1253⋯⋯542
大判大 2・11・19 刑録 19・1255⋯125,126
大判大 2・11・19 刑録 19・1261⋯⋯307
大判大 2・11・25 刑録 19・1299⋯⋯281
大判大 2・11・25 新聞 914・28⋯⋯316
大判大 2・11・29 刑録 19・1349⋯⋯93
大判大 2・12・6 刑録 19・1387⋯⋯463
大判大 2・12・9 刑録 19・1393
⋯⋯⋯⋯⋯⋯⋯⋯⋯648,650,651
大判大 2・12・16 刑録 19・1440⋯⋯326

大判大 2・12・19 刑録 19・1481 ············· 478
大連判大 2・12・23 刑録 19・1502
··· 282, 284, 307
大判大 2・12・24 刑録 19・1517 ············· 393
大判大 3・1・21 刑録 20・41 ···· 358, 359, 362
大判大 3・2・4 刑録 20・119 ················ 343
大判大 3・3・6 新聞 929・29 ················ 220
大判大 3・3・24 刑録 20・336 ·············· 280
大判大 3・4・6 刑録 20・465 ·············· 543
大判大 3・4・6 刑録 20・478 ·············· 450
大判大 3・4・29 刑録 20・654 ········· 628, 631
大判大 3・5・7 刑録 20・782 ··············· 500
大連判大 3・5・18 刑録 20・932 ············· 544
大判大 3・6・3 刑録 20・1108 ·············· 516
大判大 3・6・9 刑録 20・1147 ·············· 394
大判大 3・6・13 刑録 20・1182 ············· 467
大判大 3・6・17 刑録 20・1245 ············· 329
大判大 3・6・20 刑録 20・1300 ············· 368
大判大 3・6・20 刑録 20・1313
··· 337, 338, 341
大判大 3・6・27 刑録 20・1350 ············· 325
大判大 3・7・4 刑録 20・1403 ··············· 25
大判大 3・7・21 刑録 20・1541 ············· 132
大判大 3・7・28 刑録 20・1548 ············· 547
大判大 3・10・2 刑録 20・1789 ············· 389
大判大 3・10・6 刑録 20・1810 ············· 462
大判大 3・10・7 刑録 20・1816 ············· 540
大判大 3・10・12 新聞 974・30 ············· 340
大判大 3・10・16 刑録 20・1867
··· 342, 343, 344
大判大 3・10・21 刑録 20・1898 ············· 216
大判大 3・11・4 刑録 20・2008 ······· 520, 521
大判大 3・11・7 刑録 20・2054 ············· 458
大判大 3・11・13 刑録 20・2095 ············· 553
大判大 3・11・14 刑録 20・2111 ······· 496, 497
大判大 3・11・17 刑録 20・2139 ············· 547
大判大 3・11・28 刑録 20・2277 ············· 504
大判大 3・11・30 刑録 20・2290 ············· 618
大判大 3・12・1 刑録 20・2303 ··············· 96
大判大 3・12・3 刑録 20・2322 ············· 154
大判大 3・12・7 刑録 20・2382 ············· 353
大判大 3・12・12 刑録 20・2401 ············· 315
大判大 3・12・22 刑録 20・2596 ············· 350
大判大 4・2・10 刑録 21・90 ······· 13, 82, 83
大判大 4・3・4 刑録 21・231 ··············· 614

大判大 4・3・5 刑録 21・254 ··············· 286
大判大 4・3・9 刑録 21・273 ··············· 634
大判大 4・3・18 刑録 21・309 ·············· 214
大判大 4・4・2 刑録 21・337 ··············· 634
大判大 4・4・9 刑録 21・457 ··············· 311
大判大 4・4・29 刑録 21・438 ·············· 361
大判大 4・5・21 刑録 21・663
··· 152, 206, 208, 212
大判大 4・5・21 刑録 21・670 ··········· 73, 76
大判大 4・5・24 刑録 21・661 ·············· 256
大判大 4・6・1 刑録 21・717 ··············· 644
大判大 4・6・2 刑録 21・721 ··············· 661
大判大 4・6・22 刑録 21・875 ·············· 169
大判大 4・6・24 刑録 21・886 ········· 198, 552
大判大 4・7・10 刑録 21・1011 ············· 649
大判大 4・8・24 刑録 21・1244 ············· 613
大判大 4・10・6 刑録 21・1441 ············· 579
大判大 4・10・20 新聞 1052・27 ············· 467
大判大 4・10・30 刑録 21・1763 ············· 384
大判大 4・11・2 刑録 21・1831 ············· 386
大判大 4・11・5 刑録 21・1891 ··············· 87
大判大 4・11・6 刑録 21・1897 ············· 379
大判大 4・12・11 刑録 21・2088 ············· 137
大判大 5・1・27 刑録 22・71 ··············· 475
大判大 5・5・1 刑録 22・672 ········· 217, 222
大判大 5・5・4 刑録 22・685 ··············· 16
大判大 5・5・12 刑録 22・732 ·············· 496
大判大 5・5・25 刑録 22・816 ·············· 171
大判大 5・6・1 刑録 22・854 ··············· 189
大判大 5・6・21 刑録 22・1146 ············· 664
大判大 5・6・26 刑録 22・1153 ········· 156, 189
大判大 5・6・26 刑録 22・1179 ············· 487
大判大 5・7・3 刑録 22・1221 ············· 519
大判大 5・7・31 刑録 22・1297 ············· 587
大判大 5・9・28 刑録 22・1467 ············· 279
大判大 5・10・7 刑録 22・1505 ············· 333
大判大 5・11・1 刑録 22・1644 ············· 188
大判大 5・11・10 刑録 22・1718 ············· 649
大判大 5・11・30 刑録 22・1837 ············· 634
大判大 5・12・11 刑録 22・1856 ······· 516, 519
大判大 5・12・13 刑録 22・1822 ············· 170
大判大 5・12・16 刑録 22・1905 ············· 469
大判大 5・12・18 刑録 22・1909 ········· 153, 190
大判大 5・12・21 刑録 22・1925 ······· 446, 447
大判大 6・1・26 新聞 1230・29 ··············· 67

大判大 6・2・6 刑録 23・35 ……………… 587
大判大 6・2・8 刑録 23・41 …………… 634
大判大 6・3・19 刑録 23・233 ………… 466
大判大 6・4・13 刑録 23・312 ………… 395
大判大 6・4・27 刑録 23・451 ………… 356
大判大 6・5・23 刑録 23・517 ………… 354
大判大 6・6・25 刑録 23・699 ………… 470
大判大 6・6・28 刑録 23・773 ………… 634
大判大 6・7・3 刑録 23・782 ………… 175
大判大 6・7・14 刑録 23・886 ………… 323
大判大 6・9・27 刑録 23・1027 ……… 613
大判大 6・10・15 刑録 23・1113 ……… 335
大判大 6・10・23 刑録 23・1120 ……… 657
大判大 6・10・27 刑録 23・1103 ……… 433
大判大 6・11・9 刑録 23・1261 ……… 13
大判大 6・11・12 刑録 23・1197 ……… 95
大判大 6・11・24 刑録 23・1302 ……… 552
大判大 6・11・29 刑録 23・1449 ……… 278
大判大 6・12・20 刑録 23・1541 ……… 461
大判大 6・12・24 刑録 23・1621 ……… 278
大判大 7・2・6 刑録 24・32 ………… 220
大判大 7・2・26 刑録 24・121 ………… 519
大判大 7・3・1 刑録 24・116 ………… 172
大判大 7・3・15 刑録 24・219 ……… 390,391
大判大 7・3・23 刑録 24・235 ……… 79
大判大 7・4・20 刑録 24・359 ………… 618
大判大 7・5・7 刑録 24・555 ………… 616
大判大 7・5・10 刑録 24・578 ………… 451
大判大 7・5・14 刑録 24・605 ……… 578,580
大判大 7・7・17 刑録 24・939 ………… 271
大判大 7・7・26 刑録 24・1016 ……… 470
大判大 7・8・20 刑録 24・1203 ……… 122
大判大 7・9・25 刑録 24・1219 …… 204,205
大判大 7・10・16 刑録 24・1268 ……… 105
大判大 7・10・19 刑録 24・1274 ……… 311
大判大 7・11・19 刑録 24・1365 ……… 221
大判大 7・11・25 刑録 24・1425 ……… 422
大判大 7・12・6 刑録 24・1506 …… 139,146
人判大 7・12・18 刑録 24・1558 ……… 389
大判大 8・2・12 刑録 25・100 ………… 503
大判大 8・2・27 刑録 25・252 ………… 283
大判大 8・2・27 刑録 25・261 ……… 70
大判大 8・3・11 刑録 25・314 ………… 431
大判大 8・3・27 刑録 25・396 ……… 270,273
大判大 8・3・31 刑録 25・403 ………… 616

大判大 8・4・2 刑録 25・375 ………… 574
大判大 8・4・4 刑録 25・382 ………… 215
大判大 8・4・5 刑録 25・489 ………… 220
大判大 8・4・18 新聞 1556・25 ……… 171
大判大 8・4・24 刑録 25・596 ………… 138
大判大 8・6・6 刑録 25・754 ………… 474
大判大 8・6・23 刑録 25・800 ………… 383
大判大 8・7・31 刑録 25・899 ……… 25
大判大 8・8・30 刑録 25・963 ……… 79,80
大判大 8・11・5 刑録 25・1064 ……… 482
大判大 8・11・13 刑録 25・1081 ……… 53
大判大 8・11・19 刑録 25・1133
………………………………… 320,321,361
大判大 8・12・13 刑録 25・1367 ……… 8
大判大 8・12・23 刑録 25・1491 ……… 475
大判大 9・2・2 刑録 26・17 ………… 417
大判大 9・2・4 刑録 26・26 …… 206,209,210
大判大 9・2・26 刑録 26・82 …… 142,155
大判大 9・3・5 刑録 26・139 ………… 433
朝鮮高判大 9・3・22 新聞 1687・13 ……… 560
大判大 9・5・8 刑録 26・348 ……… 272,288
大判大 9・6・6 刑録 26・382 ……… 71
大判大 9・11・4 刑録 26・793 ………… 546
大判大 9・12・10 刑録 26・912 ……… 93
大判大 9・12・24 刑録 26・938 ………… 478
大判大 9・12・24 刑録 26・1437 ……… 554
大判大 10・5・7 刑録 27・257 ……… 66,70
大判大 10・6・18 刑録 27・545 ………… 215
大判大 10・7・8 民録 27・1373 ……… 354
大判大 10・10・24 刑録 27・643 ……… 151
大判大 11・1・17 刑集 1・1 ………… 316
大判大 11・1・24 新聞 1958・22 ………… 38
大判大 11・1・27 刑集 1・16 …… 365,367,459
大判大 11・2・28 刑集 1・82 ………… 355
大判大 11・3・15 刑集 1・147 ……… 516,520
大判大 11・3・31 刑集 1・186 ………… 408
大判大 11・4・1 刑集 1・194 ………… 521
大判大 11・4・22 刑集 1・206 …………… 661
大判大 11・5・1 刑集 1・252 ………… 477
大判大 11・5・6 刑集 1・261 ………… 587
大判大 11・5・17 刑集 1・282 ………… 330
大判大 11・7・12 刑集 1・393 …… 320,321,351
大連判大 11・7・22 刑集 1・397 ……… 572
大判大 11・9・27 刑集 1・483 ……… 344
大判大 11・9・29 刑集 1・505 ………… 478

判例索引　*677*

大連判大 11・10・20 刑集 1・558……481,500
大判大 11・10・20 刑集 1・568……641
大判大 11・11・3 刑集 1・622……216
大判大 11・11・7 刑集 1・642……307
大判大 11・11・28 刑集 1・705……68
大判大 11・12・13 刑集 1・754……392
大連判大 11・12・22 刑集 1・815……257,260
大判大 11・12・22 刑集 1・821……280
大判大 11・12・22 刑集 1・828……472
大判大 11・12・23 刑集 1・841……459
大判大 12・1・25 刑集 2・19……358
大判大 12・2・6 刑集 2・87……662
大判大 12・2・15 刑集 2・65……611
大判大 12・2・15 刑集 2・78……501
大判大 12・3・15 刑集 2・210……419
大判大 12・4・6 刑集 2・309……544
大判大 12・4・14 刑集 2・336……358
大判大 12・4・23 刑集 2・351……468
大判大 12・5・9 刑集 2・401……611
大判大 12・5・24 刑集 2・437……173
大判大 12・6・4 刑集 2・486……171
大判大 12・6・9 刑集 2・508……221
大判大 12・7・3 刑集 2・621……419,421
大判大 12・7・3 刑集 2・624……225
大判大 12・7・14 刑集 2・650…268,280,281
大判大 12・11・2 刑集 2・744……278
大判大 12・11・12 刑集 2・784…269,274,280
大判大 12・11・30 刑集 2・884……623
大判大 12・12・1 刑集 2・895……325
大判大 12・12・3 刑集 2・915……101,102
大判大 12・12・10 刑集 2・942……502
大判大 13・1・30 刑集 3・38……354
大判大 13・2・9 刑集 3・95……542
大判大 13・3・31 刑集 3・259……52
大判大 13・4・28 新聞 2263・17……71
大判大 13・6・10 刑集 3・473……217
大判大 13・6・19 刑集 3・502……102
大判大 13・8・4 刑集 3・608……268
大判大 13・10・7 新聞 2331・6……552
大判大 13・10・22 刑集 3・749……122
大判大 13・11・11 刑集 3・788……343
大判大 13・12・12 刑集 3・871……104,106
大判大 13・12・24 刑集 3・904……234
大連判大 13・12・24 民集 3・555……314
大判大 14・2・18 刑集 4・54……155

大判大 14・2・18 刑集 4・59……393
大判大 14・10・2 刑集 4・561……501
大判大 14・10・10 刑集 4・599……479,485
大判大 14・10・16 刑集 4・613……551
大判大 14・12・23 刑集 4・780……25,31
大判大 15・2・15 刑集 5・30……151
大決大 15・2・22 刑集 5・97……589
大判大 15・2・25 新聞 2545・11……644
大判大 15・3・24 刑集 5・117…98,169,170
大判大 15・4・20 刑集 5・136……322
大判大 15・5・14 刑集 5・175……137
大判大 15・6・5 刑集 5・241……438
大判大 15・6・15 刑集 5・252……96
大判大 15・6・19 刑集 5・267……536
大判大 15・6・25 刑集 5・285…127,128,129
大判大 15・7・5 刑集 5・303……169,187
大判大 15・7・16 刑集 5・316……222
大判大 15・7・20 新聞 2598・9……26
大判大 15・8・6 刑集 5・374……173
大判大 15・9・28 刑集 5・387……80
大判大 15・10・8 刑集 5・440……215,217
大判大 15・10・14 刑集 5・456……304
大判大 15・11・2 刑集 5・491……217,335
大判大 15・12・3 刑集 5・558……18
大判大 15・12・16 刑集 5・570……315

＊　　　＊　　　＊

大判昭 2・1・28 新聞 2664・10……438
大判昭 2・3・26 刑集 6・114……457
大判昭 2・3・28 刑集 6・118……33
大判昭 2・4・22 新聞 2712・12……305
大判昭 2・6・17 刑集 6・208……67,68
大判昭 2・9・10 新聞 2746・16……328
大判昭 2・10・16 刑集 6・413……50
大判昭 2・10・18 刑集 6・386……420
大判昭 2・11・28 刑集 6・472……425
大判昭 2・12・8 刑集 6・476……383
大判昭 2・12・8 刑集 6・512……664
大判昭 3・2・1 刑集 7・35……390
大判昭 3・5・31 刑集 7・416……416
大判昭 3・6・12 新聞 2850・4……439
大判昭 3・7・14 刑集 7・490……451
大判昭 3・10・9 刑集 7・683……450,516
大判昭 3・10・15 刑集 7・665……428
大判昭 3・12・13 刑集 7・766……171
大判昭 4・2・18 刑集 8・72……541

大判昭 4 ・ 2 ・19 刑集 8 ・ 84 ……………… 447
大判昭 4 ・ 5 ・16 刑集 8 ・251 …………… 260
大判昭 4 ・ 8 ・26 刑集 8 ・416 …………… 632
大判昭 4 ・10・14 刑集 8 ・477 …………… 370
大判昭 4 ・10・15 刑集 8 ・485 …………… 447
大判昭 4 ・12・ 4 刑集 8 ・609 …………… 652
大阪高判昭 4 ・12・17 高刑集 18・7・877
……………………………………………… 231
大決昭 5 ・ 2 ・ 4 刑集 9 ・ 32 ………… 632
大判昭 5 ・ 2 ・ 7 刑集 9 ・ 51 ………… 165
大判昭 5 ・ 3 ・13 刑集 9 ・180 ………… 573
大判昭 5 ・ 4 ・24 刑集 9 ・265 ………… 383
大判昭 5 ・ 5 ・17 刑集 9 ・303 ………… 302
大判昭 5 ・ 5 ・26 刑集 9 ・342 ………… 307
大判昭 5 ・ 7 ・10 刑集 9 ・497 ………… 301
大判昭 5 ・ 7 ・11 刑集 9 ・572 ………… 631
大判昭 5 ・ 8 ・ 5 刑集 9 ・541 ………… 145
大判昭 5 ・ 9 ・18 刑集 9 ・668 ………… 613
大判昭 5 ・11・27 刑集 9 ・810 ………… 369
大判昭 5 ・12・12 刑集 9 ・893 ………… 396
大判昭 5 ・12・13 刑集 9 ・899 ………… 148
大判昭 6 ・ 3 ・16 評論 20 刑訴 106 ……… 504
大判昭 6 ・ 3 ・18 新聞 3283・15 ……… 304
大判昭和 6 ・ 5 ・ 8 刑集 10・205 …… 247
大判昭 6 ・ 8 ・ 6 刑集 10・412 ………… 646
岡山地判昭 6 ・10・ 7 判時 1295・151 …… 298
大判昭 6 ・10・19 刑集 10・462 ………… 173
大判昭 6 ・10・29 刑集 10・511 …… 256,258
大判昭 6 ・11・17 刑集 10・604 ………… 309
大判昭 6 ・11・18 刑集 10・609 ………… 330
大判昭 6 ・11・26 刑集 10・627 ………… 273
大判昭 6 ・12・10 刑集 10・739 ………… 317
大判昭 6 ・12・17 刑集 10・789 ………… 326
大判昭 6 ・12・17 新聞 3386・13 ………… 379
大判昭 7 ・ 2 ・ 1 刑集 11・ 15 ………… 67
大判昭 7 ・ 2 ・18 刑集 11・ 42 ………… 589
大判昭 7 ・ 2 ・19 刑集 11・ 85 ………… 271
大判昭 7 ・ 2 ・22 刑集 11・107 ………… 137
大判昭 7 ・ 2 ・29 刑集 11・141 ………… 86
大判昭 7 ・ 3 ・10 刑集 11・286 ………… 627
大判昭 7 ・ 3 ・11 刑集 11・167 ………… 311
大判昭 7 ・ 3 ・17 刑集 11・437 ………… 99
大判昭 7 ・ 3 ・24 刑集 11・296…580,581,584
大判昭 7 ・ 3 ・31 刑集 11・311 ………… 428
大判昭 7 ・ 4 ・11 刑集 11・337 ………… 414

大判昭 7 ・ 4 ・12 刑集 11・367 ………… 545
大判昭 7 ・ 5 ・23 刑集 11・665 ………… 451
大判昭 7 ・ 6 ・15 刑集 11・841 ……… 399,403
大判昭 7 ・ 6 ・15 刑集 11・859 ………… 280
大判昭 7 ・ 6 ・20 刑集 11・881 ………… 395
大判昭 7 ・ 6 ・30 刑集 11・911 ………… 504
大判昭 7 ・ 7 ・20 刑集 11・1104 ……… 92,98
大判昭 7 ・ 9 ・12 刑集 11・1317 …… 342,344
大判昭 7 ・10・10 刑集 11・1519 ………… 155
大判昭 7 ・10・31 刑集 11・1541 ………… 347
大判昭 7 ・11・24 刑集 11・1720 ………… 446
大判昭 7 ・12・10 刑集 11・1817 ………… 620
大判昭 7 ・12・12 刑集 11・1839 ………… 253
大判昭 8 ・ 2 ・14 刑集 12・114 ………… 635
大判昭 8 ・ 3 ・ 9 刑集 12・232 ………… 336
大判昭 8 ・ 4 ・12 刑集 12・413 ………… 155
大判昭 8 ・ 4 ・15 刑集 12・427 ……… 38,39
大判昭 8 ・ 4 ・19 刑集 12・471 ………… 13
大判昭 8 ・ 5 ・ 4 刑集 12・538 ………… 271
大判昭 8 ・ 6 ・ 5 刑集 12・736 ………… 427
大判昭 8 ・ 7 ・ 6 刑集 12・1125 ………… 432
大判昭 8 ・ 7 ・ 8 刑集 12・1195 ………… 552
大判昭 8 ・ 7 ・17 刑集 12・1314 ………… 243
大判昭 8 ・ 8 ・23 刑集 12・1434 ………… 519
大判昭 8 ・ 9 ・ 6 刑集 12・1590 ………… 170
大判昭 8 ・ 9 ・11 刑集 12・1599 ………… 316
大判昭 8 ・ 9 ・27 刑集 12・1661 ………… 396
大判昭 8 ・10・11 新聞 3616・13 ………… 257
大判昭 8 ・10・16 刑集 12・1807 ……… 301,302
大判昭 8 ・10・18 刑集 12・1820
…………………………………… 615,619,621
大判昭 8 ・11・ 8 刑集 12・1931 ………… 368
大判昭 8 ・11・30 刑集 12・2177 ………… 260
大判昭 8 ・12・11 刑集 12・2304 ……… 358,360
大判昭 8 ・12・18 刑集 12・2360 ………… 341
大判昭 9 ・ 4 ・23 刑集 13・517 ………… 315
大判昭 9 ・ 6 ・11 刑集 13・730 ………… 541
大判昭 9 ・ 6 ・13 刑集 13・747 ………… 550
大判昭 9 ・ 7 ・16 刑集 13・972 ………… 661
大判昭 9 ・ 7 ・19 刑集 13・983 ………… 349
大判昭 9 ・ 8 ・ 2 刑集 13・1011 ……… 306,307
大判昭 9 ・ 9 ・28 刑集 13・1221 ………… 542
大判昭 9 ・10・19 刑集 13・1473 ………… 223
大判昭 9 ・10・20 刑集 13・1445 ………… 353
大判昭 9 ・10・22 刑集 13・1367 ………… 478

判例索引 *679*

大判昭 9・11・15 刑集 13・1502 ………… 394
大判昭 9・11・26 刑集 13・1608 ………… 653
大判昭 9・12・10 刑集 13・1699 ………… 476
大判昭 9・12・12 刑集 13・1717 ………… 331
大判昭 9・12・20 刑集 13・1767 ………… 144
大判昭 9・12・22 刑集 13・1789 …… 212,365
大判昭 9・12・24 刑集 13・1817 ………… 518
大判昭 10・2・2 刑集 14・57 ……… 395,418
大判昭 10・3・23 刑集 14・294 ………… 271
大判昭 10・3・25 刑集 14・325 ………… 323
大判昭 10・3・28 刑集 14・346 ………… 540
大判昭 10・5・5 刑集 14・454 ………… 102
大判昭 10・7・10 刑集 14・799 ………… 331
大判昭 10・9・28 刑集 14・997 ……… 616,619
大判昭 10・10・23 刑集 14・1052 ……… 664
大判昭 10・10・24 刑集 14・1267 …… 559,560
大判昭 10・12・21 刑集 14・1434 ……… 304
大判昭 10・12・26 刑集 14・1446 ……… 466
大判昭 11・1・30 刑集 15・34 ………… 573
大判昭 11・2・14 刑集 15・113 ………… 471
大判昭 11・3・5 刑集 15・251 ………… 234
大判昭 11・3・24 刑集 15・307 ………… 166
大判昭 11・4・24 刑集 15・518 ………… 458
大判昭 11・5・7 刑集 15・573 ………… 156
大判昭 11・5・30 刑集 15・705 …………90
大判昭 11・6・25 刑集 15・823 …………35
大判昭 11・6・25 刑集 15・833 ………… 573
大判昭 11・11・12 刑集 15・1431 ……… 318
大判昭 11・11・21 刑集 15・1501 ……… 630
大判昭 12・2・27 刑集 16・241 ………… 199
大判昭 12・2・27 新聞 4100・4 ………… 155
大判昭 12・3・5 刑集 16・254 …… 110,114
大判昭 12・4・8 刑集 16・485 ………… 234
大判昭 12・4・14 刑集 16・525 ………… 636
大判昭 12・5・10 刑集 16・717 ………… 574
大判昭 12・5・28 刑集 16・811 ………… 588
大判昭 12・9・10 刑集 16・1251 …………36
大判昭 12・9・30 刑集 16・1333 ……… 110
大判昭 12・10・7 刑集 16・1338 ……… 485
大判昭 12・11・9 刑集 16・1545 …… 616,618
大判昭 12・11・19 刑集 16・1513 ……… 172
大判昭 12・12・24 刑集 16・1635 …… 428,430
大判昭 13・2・28 刑集 17・141 ……… 169,173
大判昭 13・3・11 刑集 17・237 ………… 389
大判昭 13・11・10 刑集 17・799 ……… 103

大判昭 13・12・3 刑集 17・889 ………… 648
大判昭 13・12・6 刑集 17・907 ………… 503
大判昭 13・12・23 刑集 17・980 …………13
大判昭 14・6・6 刑集 18・337 ………… 394
大判昭 14・11・4 刑集 18・497 …………87
大判昭 14・12・22 刑集 18・565 ……… 146
大判昭 15・3・1 刑集 19・63 ………… 332
広島高判昭 15・7・24 判時 12・97 ……… 536
大判昭 15・8・8 刑集 19・529 ………… 154
大判昭 15・8・22 刑集 19・540 ……… 395,418
大判昭 16・3・15 刑集 20・263 ………… 560
大判昭 16・3・27 刑集 30・70 ………… 281
大判昭 16・7・2 刑集 10・303 ………… 400
大判昭 16・11・11 刑集 20・598 ……… 219
大判昭 17・1・30 刑集 21・1 ………… 106
大判昭 17・2・2 刑集 21・77 ………… 267
大判昭 18・5・8 刑集 22・130 ………… 591
大判昭 19・4・28 刑集 23・97 ………… 603
大判昭 19・11・24 刑集 23・252 ……… 243
大判昭 20・5・1 刑集 24・1 ………… 551
大判昭 21・11・26 刑集 25・50 ……… 220
大判昭 22・2・22 刑集 26・5 ………… 436
最判昭 22・11・26 刑集 1・28 ………… 240
最判昭 22・11・29 刑集 1・36 ………… 245
最判昭 22・11・29 刑集 1・40 ………… 252
最判昭 22・12・17 刑集 1・94 ………… 436
最判昭 23・3・16 刑集 2・3・227 ……… 360
最判昭 23・4・7 刑集 2・4・298 ……… 267
最判昭 23・4・17 刑集 2・4・399 ……… 223
最判昭 23・5・6 刑集 2・5・473 ……… 363
最判昭 23・5・20 刑集 2・5・489 …… 144,145
最判昭 23・6・5 刑集 2・7・641 …… 199,318
最判昭 23・6・8 裁判集刑 2・329 ……… 407
最大判昭 23・6・9 刑集 2・7・653 …… 281
最判昭 23・6・12 刑集 2・7・676 ……… 260
最判昭 23・7・27 刑集 2・9・1004 …… 220
最判昭 23・10・23 刑集 2・11・1386 …460,652
最判昭 23・10・23 刑集 2・11・1396 …224,225
最決昭 23・10・31 刑集 65・7・1138 ………58
最判昭 23・11・2 刑集 2・12・1443 ……… 390
最判昭 23・11・9 刑集 2・12・1504 ……… 359
最判昭 23・11・16 刑集 2・12・1535
……………………………… 135,137,551
最判昭 23・11・18 刑集 2・12・1614 ……… 239
最判昭 23・11・25 刑集 2・12・1649 ……… 142

最判昭 23・12・24 刑集 2・14・1877 ……… 360
最判昭 23・12・24 刑集 2・14・1883 ……… 241
最判昭 24・1・11 刑集 3・1・1 ………… 303
最判昭 24・1・27 裁判集刑 7・109…………35
最判昭 24・2・8 刑集 3・2・75
　　　　………………………………238,239,242
最判昭 24・2・8 刑集 3・2・83 ……… 302
最判昭 24・2・15 刑集 3・2・164
　　　　………………………………241,243,244
最判昭 24・2・15 刑集 3・2・175…・199,205
最判昭 24・2・15 刑集 3・2・179 ……… 334
最判昭 24・2・22 刑集 3・2・198……… 394
最判昭 24・3・8 刑集 3・3・276…・323,326
最判昭 24・3・24 刑集 3・3・376 ……… 261
最判昭 24・4・9 刑集 3・4・511……… 458
最判昭 24・4・14 刑集 3・4・541 ……… 478
最判昭 24・4・26 刑集 3・5・637……… 577
最判昭 24・5・10 刑集 3・5・10・711 …・ 125
最判昭 24・5・21 刑集 3・6・858……… 234
最判昭 24・5・28 刑集 3・6・873…・258,259
最判昭 24・6・14 刑集 3・7・1066……… 244
最判昭 24・6・16 刑集 3・7・1070…379,383
最判昭 24・6・28 刑集 3・7・1129……… 394
最判昭 24・7・9 刑集 3・8・1174…127,135
最判昭 24・7・9 刑集 3・8・1188……… 253
最判昭 24・7・9 刑集 3・8・1193……… 358
最大判昭 24・7・22 刑集 3・8・1363…… 145
最判昭 24・7・23 刑集 3・8・1373……… 227
最判昭 24・7・30 刑集 3・8・1418…356,361
最判昭 24・8・9 刑集 3・9・1440……… 611
最判昭 24・9・1 刑集 3・10・1551……… 457
最判昭 24・10・1 刑集 3・10・1629……… 356
東京高判昭 24・10・15 高刑集 2・2・171
　　　　…………………………………………… 151
最判昭 24・10・20 刑集 3・10・1660……… 354
東京高判昭 24・10・22 高刑集 2・2・203
　　　　…………………………………………… 321
最判昭 24・12・15 刑集 3・12・2023……… 662
最判昭 24・12・22 刑集 3・12・2070……… 224
最判昭 24・12・24 刑集 3・12・2088……… 264
最判昭 25・2・24 刑集 4・2・255
　　　　………………………………226,227,284
最判昭 25・2・28 刑集 4・2・268
　　　　………………………………469,572,648,651
最大判昭 25・3・15 刑集 4・3・355

……………………………………………… 135,136
最判昭 25・3・24 刑集 4・3・407………… 361
最判昭 25・3・28 刑集 4・3・425………… 586
大阪高判昭 25・4・5 判特 9・40………… 225
最判昭 25・4・6 刑集 4・4・481………… 664
最判昭 25・4・11 刑集 4・4・528…・199,205
最判昭 25・4・13 刑集 4・4・544……… 229
東京高判昭 25・4・17 判特 12・14 …・148,266
最判昭 25・5・25 刑集 4・5・854……… 390
東京高判昭 25・6・10 高刑集 3・2・222…39
最判昭 25・6・27 刑集 4・6・1090……… 335
広島高松江支判昭 25・7・3 高刑集 3・2・
247 …………………………………………………95
最判昭 25・7・4 刑集 4・7・1168……… 293
最判昭 25・8・29 刑集 4・9・1585……… 197
最判昭 25・9・14 刑集 4・9・1652…・545,546
最判昭 25・9・19 刑集 4・9・1664……… 332
最判昭 25・9・22 刑集 4・9・1757……… 324
最大判昭 25・9・27 刑集 4・9・1783
　　　　………………………………141,142,143
広島高松江支判昭 25・9・27 裁特 12・106
　　　　…………………………………………… 252
最判昭 25・10・6 刑集 4・10・1951……… 543
最大判昭 25・10・11 刑集 4・10・2012……145
最大判昭 25・10・11 刑集 4・10・2037………14
福岡高判昭 25・10・17 高刑集 3・3・487
　　　　………………………………………236,237
最判昭 25・10・20 刑集 4・10・2115……… 573
最判昭 25・11・9 刑集 4・11・2239………… 30
名古屋高判昭 25・11・14 高刑集 3・4・748
　　　　…………………………………………… 224
最大判昭 25・11・22 刑集 4・11・2380……539
最判昭 25・11・24 刑集 4・11・2393……… 144
最判昭 25・12・5 刑集 4・12・2475……… 293
最判昭 25・12・12 刑集 4・12・2543……… 353
最判昭 25・12・14 刑集 4・12・2548…390,395
最判昭 25・12・19 刑集 4・12・2577……… 533
東京高判昭 25・12・19 判特 15・51………… 578
福岡高判昭 25・12・21 高刑集 3・4・672…52
大阪高判昭 25・12・23 判特 15・95 ……… 180
最判昭 26・1・30 刑集 5・1・117……… 351
最判昭 26・3・20 刑集 5・5・794………… 583
大阪高判昭 26・3・23 判特 23・56 ……… 577
最判昭 26・4・12 裁判集刑 43・69 ……… 302
最判昭 26・5・8 刑集 5・6・1004…280,541

判例索引　*681*

名古屋高金沢支判昭 26・5・9 判特 30・55
　　　　　　　　　　　　　　　　　　142
最判昭 26・5・10 刑集 5・6・1026⋯⋯⋯528
最判昭 26・5・11 刑集 5・6・1035⋯⋯⋯649
最大判昭 26・5・16 刑集 5・6・1157⋯⋯584
最判昭 26・5・25 刑集 5・6・1186⋯⋯⋯315
最判昭 26・6・7 刑集 5・7・1236⋯⋯50,425
最判昭 26・7・13 刑集 5・8・1437
　　　　　　　　　⋯⋯⋯206,208,209,210
最大判昭 26・7・18 刑集 5・8・1491
　　　　　　　　　　　　　　　　153,583
最大判昭 26・8・1 刑集 5・9・1709
　　　　　　　　　　　　　　　　542,543
福岡高判昭 26・8・25 高刑集 4・8・995
　　　　　　　　　　　　　　　　　　358
最判昭 26・9・20 刑集 5・10・1937
　　　　　　　　　　　　　　　31,36,57
最判昭 26・10・25 裁判集刑 55・365⋯⋯⋯648
福岡高判昭 26・12・12 高刑集 4・14・2092
　　　　　　　　　　　　　　　　　　430
最判昭 26・12・14 刑集 5・13・2518
　　　　　　　　　　　　　　　　278,279
福岡高判昭 27・1・19 高刑集 5・1・12
　　　　　　　　　　　　　　　　　　580
最決昭 27・2・21 刑集 6・2・275⋯⋯⋯13,18
最判昭 27・3・28 刑集 6・3・546⋯⋯⋯580
東京高判昭 27・4・16 判特 29・138⋯⋯⋯147
東京高判昭 27・6・3 高刑集 5・6・938
　　　　　　　　　　　　　　　　　　198
最判昭 27・6・6 刑集 6・6・795⋯⋯⋯25,26
東京高判昭 27・6・26 東時 34・86⋯⋯⋯253
東京高判昭 27・7・3 高刑集 3・7・1134
　　　　　　　　　　　　　　　　　　151
最決昭 27・7・10 刑集 6・7・876⋯⋯357,359
最判昭 27・7・22 刑集 6・7・927⋯⋯653,654
最判昭 27・7・25 刑集 6・7・941⋯⋯⋯⋯95
東京高判昭 27・8・5 高刑集 5・8・1364
　　　　　　　　　　　　　　　　　　549
最判昭 27・9・19 刑集 6・8・1083⋯310,331
高松高判昭 27・9・30 高刑集 5・12・2094
　　　　　　　　　　　　　　　　　　613
札幌高函館支判昭 27・11・5 高刑集 5・11・
　1985⋯⋯⋯⋯⋯⋯⋯⋯⋯⋯⋯⋯⋯141
大阪高判昭 27・11・18 高刑集 5・11・1991
　　　　　　　　　　　　　　　　　　589

札幌高判昭 27・11・20 高刑集 5・11・2018
　　　　　　　　　　　　　　　　　　294
東京高判昭 27・12・11 高刑集 5・12・2283
　　　　　　　　　　　　　　　　　　225
東京高判昭 27・12・18 高刑集 5・12・2314
　　　　　　　　　　　　　　　　　　532
最判昭 27・12・25 刑集 6・12・1387
　　　　　　　　268,280,281,471,576
最判昭 28・1・22 刑集 7・1・8⋯⋯⋯586
最判昭 28・1・23 刑集 7・1・46⋯⋯⋯634
最判昭 28・1・30 刑集 7・1・128⋯⋯⋯155
広島高岡山支判昭 28・2・17 判特 31・67
　　　　　　　　　　　　　　　　　　237
最決昭 28・2・19 刑集 7・2・280⋯⋯⋯261
最判昭 28・2・20 刑集 7・2・426⋯⋯⋯466
東京高判昭 28・2・21 高刑集 6・4・367
　　　　　　　　　　　177,179,180
最判昭 28・3・13 刑集 7・3529⋯⋯⋯⋯125
最判昭 28・4・14 刑集 7・4・841⋯⋯⋯⋯72
最決昭 28・4・25 刑集 7・4・881⋯650,658
最決昭 28・5・4 刑集 7・5・1042⋯⋯⋯140
最判昭 28・5・8 刑集 7・5・965⋯285,350
最決昭 28・5・14 刑集 7・5・1042⋯⋯⋯141
最判昭 28・5・21 刑集 7・5・1053
　　　　　　　　377,379,380,383
広島高判昭 28・5・27 判特 31・15⋯⋯⋯253
最判昭 28・5・29 刑集 7・5・1171⋯⋯⋯497
最大判昭 28・6・17 刑集 7・6・1289
　　　　　　　　　　　　　　　　88,89
東京高判昭 28・6・18 東時 4・1・5⋯⋯397
札幌高判昭 28・7・9 高刑集 7・874⋯⋯⋯604
東京高判昭 28・7・20 判特 39・37⋯⋯⋯601
最決昭 28・7・24 刑集 7・7・1638⋯⋯⋯590
高松高判昭 28・7・27 高刑集 6・11・1442
　　　　　　　　　　　　　　　　　　245
広島高判昭 28・9・9 高刑集 6・12・1642
　　　　　　　　　　　　　　　　　　369
最判昭 28・10・1 刑集 7・10・1945⋯⋯⋯627
最判昭 28・10・2 刑集 7・10・1883⋯⋯⋯575
最判昭 28・10・19 刑集 7・10・1945
　　　　　　　　618,626,628,630
最判昭 28・10・22 刑集 7・10・1956⋯⋯⋯225
最判昭 28・10・27 刑集 7・10・1971⋯⋯⋯648
最判昭 28・11・10 刑集 7・11・2067⋯⋯⋯542
最判昭 28・11・13 刑集 7・11・2096⋯⋯⋯451

大阪高判昭 28・11・18 高刑集 6・11・1603
・・・・・・・・・・・・・・・・・・・・・・・・・・・・・・・・・・・・・ 237
最決昭 28・12・10 刑集 7・12・2418 ・・・・・・・・ 602
最判昭 28・12・15 刑集 7・12・2436 ・・・172,178
名古屋高金沢支判昭 28・12・24 判時 33・164
・・・・・・・・・・・・・・・・・・・・・・・・・・・・・・・・・・・・・ 396
最判昭 28・12・25 刑集 7・13・2721 ・・・322,325
最判昭 28・12・25 裁判集刑 90・487 ・・・463,501
福岡高判昭 29・1・12 高刑集 7・1・1
・・・・・・・・・・・・・・・・・・・・・・・・・・・・・・・・・・・・・ 605
最大判昭 29・1・20 刑集 8・1・41 ・・・・・・・・ 266
最判昭 29・2・25 裁判集刑 92・663 ・・・・・・・・・ 468
最判昭 29・3・2 裁判集刑 93・59 ・・・・・・・・・・ 533
東京高判昭 29・3・25 高刑集 7・3・323
・・・・・・・・・・・・・・・・・・・・・・・・・・・・・・・・・・・・・ 443
最決昭 29・4・1 裁判集刑 94・49 ・・・・・・・・・・・ 54
最判昭 29・4・6 刑集 8・4・407 ・・・・・・・・・ 301
最判昭 29・4・27 刑集 8・4・546 ・・・・・・・・・ 283
最決昭 29・5・6 刑集 8・5・634 ・・・・・・・・・ 223
東京高判昭 29・5・29 判時 40・138 ・・・・・・・・ 121
福岡高判昭 29・5・29 高刑集 7・6・866
・・・・・・・・・・・・・・・・・・・・・・・・・・・・・・・・・・・・・ 252
最決昭 29・6・1 刑集 8・6・787 ・・・・ 197,353
最決昭 29・7・5 刑集 8・7・1035 ・・・・660,661
広島高判昭 29・8・9 高刑集 7・7・1149
・・・・・・・・・・・・・・・・・・・・・・・・・・・・・・・・・・・・・ 301
最判昭 29・8・20 刑集 8・8・1256
・・・・・・・・・・・・・・・・・・・・・・・・・・・ 655,656,660
最判昭 29・8・20 刑集 8・8・1277 ・・・・・ 38,40
仙台高秋田支判昭 29・9・7 裁特 1・6・
221 ・・・・・・・・・・・・・・・・・・・・・・・・・・・・・・・・・ 602
最判昭 29・10・12 刑集 8・10・1591 ・・・・・・・・ 270
最判昭 29・11・5 刑集 8・11・1675
・・・・・・・・・・・・・・・・・・・・・・・・ 315,316,344
最判昭 29・11・9 刑集 8・11・1742 ・・・・・・・・ 588
東京高判昭 29・11・20 東時 5・11・438 ・・・・ 226
最判昭 30・1・11 刑集 9・1・25 ・・・・・・・・・ 520
福岡高判昭 30・3・9 裁特 2・6・148 ・・・・ 577
最判昭 30・3・17 刑集 9・3・477 ・・・・・・・・・ 654
大阪高判昭 30・3・25 裁特 2・6・180 ・・・・ 178
東京高判昭 30・3・31 裁特 2・7・242 ・・・・ 216
最判昭 30・4・8 刑集 9・4・827 ・・・・・・・・・ 287
名古屋高判昭 30・4・21 高刑裁特 2・9360
・・・・・・・・・・・・・・・・・・・・・・・・・・・・・・・・・・・・・ 126
福岡高判昭 30・4・25 高刑集 8・3・418

・・・・・・・・・・・・・・・・・・・・・・・・・・・・・・・・・・・・・ 216
名古屋高判昭 30・5・4 裁特 2・11・501
・・・・・・・・・・・・・・・・・・・・・・・・・・・・・・・・・・・・・ 242
最大判昭 30・5・25 刑集 9・6・1080 ・・・・・ 500
広島高判昭 30・6・4 高刑集 8・4・585
・・・・・・・・・・・・・・・・・・・・・・・・・・・・・・・・・・・・・ 616
最大判昭 30・6・22 刑集 9・8・1189
・・・・・・・・・・・・・・・・・・・・・・・・ 417,422,424
福岡高宮崎支判昭 30・6・24 裁特 2・12・
628 ・・・・・・・・・・・・・・・・・・・・・・・・・・・・・・・・・ 607
東京高判昭 30・6・27 東時 6・7・211 ・・・・ 177
最決昭 30・7・7 刑集 9・9・1856
・・・・・・・・・・・・・・・・・・・・・・・・ 272,287,288
東京高判昭 30・8・18 高刑集 8・8・979
・・・・・・・・・・・・・・・・・・・・・・・・・・・・・・・・・・・・・ 577
東京高判昭 30・8・30 高刑集 8・6・860
・・・・・・・・・・・・・・・・・・・・・・・・・・・・・・・・・・・・・ 151
広島高判昭 30・9・6 高刑集 8・8・1021
・・・・・・・・・・・・・・・・・・・・・・・・ 217,222,279
札幌高判昭 30・9・15 高刑集 8・6・901
・・・・・・・・・・・・・・・・・・・・・・・・・・・・・・・・・・・・・ 133
最決昭 30・9・29 刑集 9・10・2098 ・・・・・・・・・ 88
最判昭 30・10・14 刑集 9・11・2173
・・・・・・・・・・・・・・・・・・・・・・・・・・・・・ 306,307
東京地判昭 30・10・31 判時 69・27 ・・・・・・・・・ 536
広島高岡山支判昭 30・11・15 裁特 2・22・
1173 ・・・・・・・・・・・・・・・・・・・・・・・・・・・・・・・ 399
最決昭 30・12・3 刑集 9・13・2596 ・・・573,574
東京高判昭 30・12・6 東時 6・12・440
・・・・・・・・・・・・・・・・・・・・・・・・・・・・・ 438,439
最判昭 30・12・9 刑集 9・13・2627 ・・・・・・・・ 331
名古屋高判昭 30・12・13 裁特 2・24・1276
・・・・・・・・・・・・・・・・・・・・・・・・・・・・・・・・・・・・・ 294
大阪高判昭 30・12・15 裁特 2・24・1284
・・・・・・・・・・・・・・・・・・・・・・・・・・・・・・・・・・・・・ 266
最判昭 30・12・26 刑集 9・14・3053
・・・・・・・・・・・・・・・・・・・・・・・・ 311,323,327
最判昭 31・1・19 刑集 10・1・67 ・・・・・・・・・ 217
最決昭 31・3・6 刑集 10・3・282 ・・・・・・・・ 458
最決昭 31・3・6 裁集 112・60 ・・・・・・・・・ 531
福岡高判昭 31・4・14 裁特 3・8・409
・・・・・・・・・・・・・・・・・・・・・・・・ 100,101,118
最判昭 31・4・24 刑集 10・4・617 ・・・・・・・・ 602
東京高判昭 31・5・31 裁特 3・11・591 ・・・・ 197
最判昭 31・6・26 刑集 10・6・874 ・・・328,334

最判昭 31・6・28 刑集 10・6・874………333
最決昭 31・7・3 刑集 10・7・955………222
最判昭 31・7・3 刑集 10・7・965………656
最決昭 31・7・5 刑集 10・7・1025……468
最決昭 31・7・12 刑集 10・7・1058
　………………………………………650,651
東京地判昭 31・7・27 判時 83・27……257
東京高判昭 31・8・9 裁特 3・17・826…316
名古屋高金沢支判昭 31・8・11 裁特 3・20・
931　……………………………………416
最決昭 31・8・22 刑集 10・8・1237
　………………………………144,147,148
最決昭 31・8・22 刑集 10・8・1260……222
東京高判昭 31・9・27 高刑集 9・9・1044
　………………………………………104,105
最判昭 31・10・25 刑集 10・10・1455
　………………………………………136,137
東京高判昭 31・11・28 高刑裁特 3・1138
　……………………………………………288
最判昭 31・12・7 刑集 10・12・1592
　………………………………………340,346
大阪高判昭 31・12・11 高刑集 9・12・1263
　……………………………………………229
広島高判昭 31・12・25 高刑集 9・12・1336
　……………………………………………606
最決昭 31・12・27 刑集 10・12・1798
　………………………………………478,498
最決昭 32・1・17 刑集 11・1・23………502
東京高判昭 32・1・22 刑集 10・1・10…121
最判昭 32・1・22 刑集 11・1・50………602
最判昭 32・2・21 刑集 11・2・877………155
最決昭 32・2・28 裁判集刑 117・1357…142
最決昭 32・3・5 刑集 11・3・989………227
最大判昭 32・3・13 刑集 11・3・997
　…………………………121,528,529,530
最判昭 32・3・19 裁判集刑 118・367……209
最判昭 32・4・4 刑集 11・4・1327………371
仙台高判昭 32・4・18 高刑集 10・6・491
　……………………………………………128
最決昭 32・4・23 刑集 11・4・1393………25
最決昭 32・4・25 刑集 11・4・1427………221
最決昭 32・4・25 刑集 11・4・1480
　………………………………………440,443
最決昭 32・5・22 刑集 11・5・1526
　………………………………………531,532

東京高判昭 32・5・24 高刑集 10・4・361
　……………………………………………601
最判昭 32・6・21 刑集 11・6・1700………393
札幌高判昭 32・6・25 高刑集 10・5・423
　……………………………………………250
最決昭 32・6・25 裁判集刑 119・357………260
東京地判昭 32・7・13 判時 19・1………173
最判昭 32・7・16 刑集 11・7・1829
　………………………………………216,217
最判昭 32・7・18 刑集 11・7・1861………259
大阪高判昭 32・7・22 高刑集 10・6・521
　………………………………………580,582
最判昭 32・7・25 刑集 11・7・2037………496
最判昭 32・8・1 刑集 11・8・2065………257
最決昭 32・9・5 刑集 11・9・2143………222
大阪高判昭 32・9・13 高刑集 10・7・602
　……………………………………………93
最判昭 32・9・13 刑集 11・9・2263
　………………………………………245,248
最決昭 32・9・18 裁判集刑 120・457………415
広島高判昭 32・9・25 高刑集 10・9・701
　……………………………………………244
最判昭 32・10・3 刑集 11・10・2413
　………………………………………584,589
最判昭 32・10・4 刑集 11・10・2464………471
最判昭 32・10・15 刑集 11・10・2597
　………………………………………197,216
最判昭 32・11・8 刑集 11・12・3061
　………………………………214,216,217
最判昭 32・11・19 刑集 11・12・3093………363
最決昭 32・12・13 刑集 11・13・3207………603
最決昭 32・12・19 刑集 11・13・3316………312
最判昭 33・2・4 刑集 12・2・109………232
最判昭 33・3・2 刑集 12・4・708………588
最決昭 33・3・19 刑集 12・4・636
　…………………………………85,86,89
最判昭 33・4・10 刑集 12・5・743………450
最判昭 33・4・17 刑集 12・6・1079………211
最判昭 33・4・18 刑集 12・6・1090
　…………………………………51,52,53
最大判昭 33・5・28 刑集 12・8・1694…156
高松高判昭 33・5・31 裁特 5・6・257…657
東京高判昭 33・7・7 裁特 5・8・313…288
東京高判昭 33・7・15 高刑集 11・7・394
　……………………………………………173

東京高判昭 33・7・15 東時 9・7・201…476
最判昭 33・7・25 刑集 12・12・2746……406
最決昭 33・7・31 刑集 12・12・2805……633
最決昭 33・9・1 刑集 12・13・2833……293
最決昭 33・9・5 刑集 12・13・2844……531
最決昭 33・9・5 刑集 12・13・2858
　　　　　　　　　　　　　　　364,460
最判昭 33・9・9 刑集 12・13・2882……389
最決昭 33・9・16 刑集 12・13・3031
　　　　　　　　　　　　　　　450,466
仙台高判昭 33・9・24 高刑集 11・追録 1
　　　　　　　　　　　　　　　　604
最判昭 33・9・30 刑集 12・13・3151
　　　　　　　　　　　　　　　582,583
大判昭 33・10・10 刑集 12・14・3246……349
最判昭 33・10・14 刑集 12・14・3264……582
最判昭 33・10・24 刑集 12・4・3368……357
最判昭 33・11・21 刑集 12・15・3519
　　　　　　　　　　　　　　13,18,20
高松高判昭 33・12・10 高刑集 11・10・618
　　　　　　　　　　　　　　　　600
東京高判昭 33・12・22 高検速報 776………592
広島高判昭 33・12・24 高刑集 11・10・701
　　　　　　　　　　　　　　　127,128
最判昭 34・2・13 刑集 13・2・101………349
最決昭 34・2・19 刑集 13・2・186………172
最決昭 34・3・13 刑集 13・3・310
　　　　　　　　　　　　　312,314,327
最判昭 34・4・28 刑集 13・4・466…………98
東京高判昭 34・4・30 高刑集 12・5・486
　　　　　　　　　　　　　　　　580
最判昭 34・5・7 刑集 13・5・641
　　　　　　　　　　　　171,181,182
最判昭 34・5・22 刑集 13・5・801………259
大阪高判昭 34・5・29 下刑集 1・5・1159
　　　　　　　　　　　　　　　　146
最決昭 34・6・12 刑集 13・6・960………253
東京高判昭 34・6・29 下刑集 1・6・1366
　　　　　　　　　　　　　　　　628
最判昭 34・6・30 刑集 13・6・985………439
最決昭 34・7・3 刑集 13・7・1088………88
最判昭 34・7・3 刑集 13・7・1099………358
最判昭 34・7・24 刑集 13・8・1163…74,80
最決昭 34・8・17 刑集 13・10・2757………452

最決昭 34・8・27 刑集 13・10・2769………583
最判昭 34・8・28 刑集 13・10・2906
　　　　　　　　　　　　　　205,281
最決昭 34・9・22 刑集 13・2・2985………465
神戸地判昭 34・9・25 下刑集 1・9・2069
　　　　　　　　　　　　　　　　250
最決昭 34・9・28 刑集 13・11・2993………281
大阪高判昭 34・11・9 下刑集 1・11・2337
　　　　　　　　　　　　　　　　35
名古屋高金沢支判昭 34・12・7 下刑集 1・
2・2559………537
最大判昭 34・12・9 刑集 13・12・3186…646
最決昭 34・12・25 刑集 13・13・3360………172
最判昭 35・1・12 刑集 14・1・9………458
最判昭 35・2・11 裁判集刑 132・201………136
最判昭 35・2・18 刑集 14・2・138………418
大阪高判昭 35・2・18 下刑集 2・2・141
　　　　　　　　　　　　　　　　622
東京高判昭 35・2・22 東時 11・2・43
　　　　　　　　　　　　　　289,291
最判昭 35・3・1 刑集 14・3・209………574
最決昭 35・3・10 刑集 14・3・333………450
最判昭 35・3・17 刑集 14・3・351…611,614
最判昭 35・3・18 刑集 14・4・416………95
東京高判昭 35・3・22 東時 11・3・73…52
最判昭 35・4・26 刑集 14・6・748………205
最判昭 35・4・28 刑集 14・6・836………592
最判昭 35・6・24 刑集 14・8・1103
　　　　　　　　　　　　　　591,592
佐賀地判昭 35・6・27 下刑集 2・5＝6・938
　　　　　　　　　　　　　　　　606
東京高判昭 35・7・15 下刑集 2・7＝8・989
　　　　　　　　　　　　　　　　336
最決昭 35・7・18 刑集 14・9・1189………615
東京高判昭 35・7・27 東時 11・7・205……54
東京高判昭 35・8・25 下刑集 2・7＝8・
1023………188
最判昭 35・8・30 刑集 14・10・1418………261
最決昭 35・9・9 刑集 14・11・1475………212
最決昭 35・11・15 刑集 14・13・1677………48
東京高判昭 35・11・29 高刑集 13・9・639
　　　　　　　　　　　　　　622,624
最判昭 35・12・8 刑集 14・13・1818
　　　　　　　　379,380,381,382,385
最決昭 35・12・13 刑集 14・13・1929

判例索引　*685*

………………………………… 353,359

最決昭 35・12・22 刑集 14・14・2198 ……357

名古屋高判昭 35・12・26 高刑集 13・10・781
………………………………………………… 246

最決昭 35・12・27 刑集 14・14・2229 …324

最判昭 36・1・10 刑集 15・1・1 …………416

最決昭 36・1・25 刑集 15・1・266………136

最決昭 36・2・9 刑集 15・2・308………654

最判昭 36・3・2 刑集 15・3・451………636

大阪高判昭 36・3・28 下刑集 3・3＝4・208
………………………………………………… 246

最判昭 36・3・30 刑集 15・3・667………451

東京高判昭 36・3・31 高刑集 14・2・77
………………………………………………… 599

東京地判昭 36・4・4 判時 274・34………616

名古屋高金沢支判昭 36・4・18 高刑集 14・
6・351 ………………………………………… 48

最判昭 36・4・27 民集 15・4・901………328

名古屋高判金沢支判昭 36・5・2 下刑集 3・
5＝6・399 …………………………………… 121

大阪高判昭 36・5・11 下刑集 3・5＝6・406
………………………………………………… 54

最決昭 36・5・23 刑集 15・5・812………462

東京地判昭 36・6・14 判時 268・32………336

最決昭 36・6・20 刑集 15・6・984………472

最決昭 36・6・22 刑集 15・6・1004………661

東京高判昭 36・8・8 高刑集 14・5・316
………………………………………………… 217

最判昭 36・8・17 刑集 15・7・1244………136

最判昭 36・8・17 刑集 15・7・1293………617

最判昭 36・9・8 刑集 15・8・1309………427

最判昭 36・9・26 刑集 15・8・1525
………………………………………… 439,501

最判昭 36・10・10 刑集 15・9・1580
…………………………………… 320,321,361

最判昭 36・10・13 刑集 15・9・1586………171

仙台高判昭 36・10・24 高刑集 14・7・506
………………………………………………… 70

最判昭 36・10・31 刑集 5・9・1622………317

名古屋高判昭 36・11・8 高刑集 14・8・563
………………………………………… 538,539

最判昭 36・12・1 刑集 15・11・1807 ……418

最決昭 36・12・26 刑集 15・12・2046………590

最判昭 37・1・23 刑集 16・1・11………582

最決昭 37・2・9 刑集 16・2・54 ……597,600

最判昭 37・2・13 刑集 16・2・68 ………345

最決昭和 37・3・27 刑集 16・3・326………43

最判昭 37・4・13 裁判集刑 141・789 ……663

東京高判昭 37・4・18 高刑集 15・3・186
………………………………………………… 612

大阪地判昭 37・4・19 下刑集 4・3＝4・324
………………………………………………… 43

最決昭 37・6・26 裁判集刑 143・201
………………………………… 208,211,212

東京高判昭 37・8・7 東時 13・8・207…249

最決昭 37・8・21 裁判集刑 144・13………256

前橋地判昭 37・10・31 判タ 140・112………623

最決昭 37・11・21 刑集 16・11・1570 ……105

東京地判昭 37・11・29 判タ 140・117………281

東京地判昭 37・12・3 判時 323・33………219

名古屋高判昭 37・12・22 高刑集 15・9・674
………………………………………………… 23

東京地判昭 38・3・23 判タ 147・92………25

福岡高宮崎支判昭 38・3・29 判タ 145・199
………………………………………………… 52

最決昭 38・4・18 刑集 17・3・248……88,136

最決昭 38・5・13 刑集 17・4・279…640,642

最決昭 38・5・30 刑集 17・4・492………503

東京高判昭 38・6・28 高刑集 16・4・377
………………………………………………… 241

最判昭 38・7・9 刑集 17・6・608………347

最判昭 38・11・8 刑集 17・11・2357………362

大阪高判昭 38・11・27 高刑集 16・8・708
………………………………………………… 567

最判昭 38・12・24 刑集 17・12・2485
………………………………………… 364,450

最決昭 38・12・27 刑集 17・12・2595………466

広島高松江支判昭 39・1・20 高刑集 17・1・
47 ……………………………………………… 45

東京高判昭 39・1・27 判時 373・47………45

最決昭 39・1・28 刑集 18・1・31………39

最決昭 39・3・11 刑集 18・3・99………550

福岡地小倉支判昭 39・3・16 下刑集 6・3＝
4・241 ……………………………………… 579

最判昭 39・3・31 刑集 18・3・115………592

大阪高判昭 39・4・14 高刑集 17・2・219
………………………………………………… 16

名古屋高判昭 39・4・27 高刑集 17・3・262
………………………………………………… 400

東京高判昭 39・6・8 高刑集 17・5・446

………………………………………………219
最決昭 39・6・30 刑集 18・5・236………574
東京高判昭 39・7・6 高刑集 17・4・422
………………………………………………622
大阪高判昭 39・8・11 下刑集 6・7＝8・816
………………………………………………43
最決昭 39・10・13 刑集 18・8・507………603
最判昭 39・11・24 刑集 18・9・610………370
最決昭 39・12・8 刑集 18・10・952………664
最判昭 40・3・9 刑集 19・2・69…………224
東京高判昭 40・3・29 高刑集 18・2・126
………………………………………………618
最決昭 40・4・16 刑集 19・3・143………567
最大判昭 40・4・28 刑集 19・3・300……660
東京高判昭 40・5・22 下刑集 7・5・869
………………………………………………177
福岡高判昭 40・6・24 下刑集 7・6・1202
………………………………………………473
東京地判昭 40・6・26 下刑集 7・6・1319
………………………………………………195
最決昭 40・9・16 刑集 19・6・679………619
東京地判昭 40・9・30 下刑集 7・9・1828
………………………………………………83
名古屋高金沢支判昭 40・10・14 高刑集 18・
6・691………………………………………257
最判昭 41・3・24 刑集 20・3・129………582
最決昭 41・4・8 刑集 20・4・207…219,242
最決昭 41・4・14 裁判集刑 159・181
………………………………………580,581,582
最決昭 41・6・10 刑集 20・5・374………369
大阪高判昭 41・6・18 下刑集 8・6・836
………………………………………………430
最大判昭 41・7・1 刑集 20・6・623……441
東京高判昭 41・7・19 高刑集 19・4・463
………………………………………………372
大阪高判昭 41・8・9 高刑集 19・5・535
………………………………………………231
最判昭 41・9・16 刑集 20・7・790…596,600
大阪地判昭 41・9・19 判タ 200・180……401
東京地判昭 41・11・25 判タ 200・177……221
最大判昭 41・11・30 刑集 20・9・1076…153
東京地判昭 41・11・30 下刑集 8・11・1432
………………………………………………173
最決昭 42・3・30 刑集 21・2・447………463
東京高判昭 42・4・28 判タ 210・222……335

最大判昭 42・5・24 刑集 21・4・505……580
大阪地判昭 42・8・13 下刑集 9・5・1277
………………………………………………38
最決昭 42・8・28 刑集 21・7・863………488
最決昭 42・10・12 刑集 21・8・1083……406
東京高判昭 42・10・17 高刑集 20・5・707
………………………………………………467
最決昭 42・11・2 刑集 21・9・1179……230
最決昭 42・11・28 刑集 21・9・1277……480
大阪地判昭 42・12・16 判タ 221・234……136
最決昭 42・12・21 刑集 21・10・453……275
最決昭 43・1・18 刑集 22・1・7……179,180
尼崎簡判昭 43・2・29 下刑集 10・2・211
………………………………………………146
大阪高判昭 43・3・4 高刑集 10・3・225
………………………………………………197
大阪地判昭 43・3・18 判タ 223・244……618
岡山地判昭 43・5・6 下刑集 10・5・561
………………………………………………106,129
最決昭 43・6・5 刑集 22・6・427………549
最決昭 43・6・25 刑集 22・6・490…480,500
最判昭 43・6・28 刑集 22・6・569………372
大津地判昭 43・8・27 下刑集 10・8・866
………………………………………………601
最決昭 43・9・7 刑集 22・9・853………90
最決昭 43・9・17 刑集 22・9・862…134,135
最決昭 43・9・17 裁判集刑 168・691……210
最大判昭 43・9・25 刑集 22・9・871
………………………………………………661,662
岡山地判昭 43・10・8 判時 546・98………81
最決昭 43・10・15 刑集 22・10・901……659
最決昭 43・10・24 刑集 22・10・946
………………………………280,286,292,293
最決昭 43・11・7 判時 541・83………74
最決昭 43・12・11 刑集 22・13・1469……305
広島地判昭 43・12・24 判タ 229・264……246
広島高判昭 44・2・27 判時 566・95………54
最判昭 44・5・1 刑集 23・6・907…365,366
最大判昭 44・6・18 刑集 23・7・950
………………………………………………461,462
最大判昭 44・6・25 刑集 23・7・975
………………………………………………180,182
最決昭 44・7・25 刑集 23・8・1068
………………………………………………120,123
大阪高判昭 44・8・7 刑月 1・8・795

判例索引　*687*

　………………………………… 289,291
東京地判昭 44・9・1 刑月 1・9・865…… 145
最大判昭 44・10・15 刑集 23・10・1239 …… 530
福岡高判昭 44・12・18 刑月 1・12・1110
　…………………………………………… 664
最判昭 45・1・29 刑集 24・1・1 ……… 122
最判昭 45・3・26 刑集 24・3・55 …… 274,275
最決昭 45・3・27 刑集 24・3・76 ……… 323
東京高判昭 45・4・6 東時 21・4・152… 197
最判昭 45・4・7 刑集 24・4・105 ……… 531
最決昭 45・4・8 判時 590・91 …………… 317
東京高判昭 45・5・11 高刑集 23・2・386
　……………………………………………… 80
札幌高判昭 45・7・14 高刑集 23・3・479
　……………………………………………… 35
最決昭 45・7・25 刑集 24・7・585……… 125
最決昭 45・7・28 刑集 24・7・585……… 133
東京高判昭 45・8・11 高刑集 23・3・524
　…………………………………………… 421,422
最決昭 45・9・4 刑集 24・10・1319 …… 479
京都地判昭 45・10・12 刑月 2・10・1104 … 86
最大判昭 45・10・21 民集 24・11・1560 …… 317
名古屋高判昭 45・10・28 判時 628・93……… 95
最決昭 45・12・3 刑集 24・13・1707
　…………………………………… 41,42,44,45,46
新潟地判昭 45・12・11 刑月 2・12・1321
　…………………………………………… 255
最判昭 45・12・22 刑集 24・13・1812 …… 577
最判昭 45・12・22 刑集 24・13・1862 …… 371
最決昭 45・12・22 刑集 24・13・1882 …… 241
大阪地判昭 46・1・30 刑月 3・1・59 …… 145
東京高判昭 46・2・2 高刑集 24・1・75
　………………………………………… 25,135
奈良地判昭 46・2・4 判時 649・105 ……… 254
東京地判昭 46・3・19 刑月 3・3・444…… 45
最判昭 46・4・22 刑集 25・3・530……… 420
大阪高判昭 46・4・26 高刑集 24・2・320
　………………………………………… 43,45
最判昭 46・6・17 刑集 25・4・567……… 259
福岡高判昭 46・10・11 刑月 3・10・1311 …… 38
大阪高判昭 46・11・26 高刑集 24・4・741
　…………………………………………… 325
高松高判昭 46・11・30 高刑集 24・4・769
　…………………………………………… 305
最決昭 46・12・20 刑集 25・9・1086 …… 406

東京高判昭 46・12・23 高刑集 24・4・789
　…………………………………………… 534
大阪高判昭 47・1・24 高刑集 25・1・11 … 47
最判昭 47・3・14 刑集 26・2・187…… 44
最判昭 47・5・25 刑集 26・4・272……… 572
札幌地判昭 47・7・19 判時 691・104 …… 137
東京地判昭 47・10・19 研修 337・69……… 312
福岡高判昭 47・11・22 刑月 4・11・1803
　…………………………………………… 328,331
最決昭 48・2・8 刑集 27・1・1 ……… 47,48
最決昭 48・2・28 刑集 27・1・68 ……… 545
東京地判昭 48・3・9 判タ 298・349 …… 81
最決昭 48・3・15 刑集 27・2・115……… 473
東京地判昭 48・3・26 刑集 26・1・85 …… 243
東京高判昭 48・3・26 高刑集 26・1・85
　…………………………………………… 242
最大判昭 48・4・4 刑集 27・3・265……… 14
最判昭 48・4・12 刑集 27・3・351……… 529
東京地判昭 48・4・16 判時 716・113 ……… 48
東京地判昭 48・7・3 刑月 5・7・1139…… 47
東京高判昭 48・8・7 高刑集 26・3・322
　…………………………………………… 154
東京高判昭 48・11・20 高刑集 26・5・548
　…………………………………………… 328
名古屋高判昭 48・11・27 高刑集 26・5・568
　…………………………………………… 453
大阪高判昭 49・2・14 刑月 6・2・118…… 154
東京高判昭 49・3・27 刑月 6・3・202…… 46
広島地判昭 49・4・3 判タ 316・289 …… 403
東京地判昭 49・4・25 刑月 6・4・475…… 153
東京地判昭 49・5・10 東時 25・5・37 …… 255
最大判昭 49・5・29 刑集 28・4・114…… 54
最判昭 49・5・31 裁判集刑 192・571 …… 139
東京高判昭 49・6・27 高刑集 37・3・291
　…………………………………………… 233
名古屋高金沢支判昭 49・7・30 高刑集 27・
　4・324 …………………………………… 473
東京高判昭 49・7・31 高刑集 27・4・328
　……………………………………………… 48
東京高判昭 49・8・16 高刑集 27・4・357
　…………………………………………… 453,454
東京高判昭 49・10・22 東時 25・10・90 …… 391
東京地判昭 49・11・7 判タ 319・295 ……… 31
東京高判昭 49・12・3 高刑集 27・7・687
　…………………………………………… 267

東京地判昭 50・3・4 判タ 320・316 ………43
東京高判昭 50・4・15 刑月 7・4・480……39
最判昭 50・4・24 判時 774・119 …………652
大阪高判昭 50・6・4 高刑集 28・3・257
　……………………………………………577
最決昭 50・6・12 刑集 29・6・365…358,360
最判昭 50・6・13 刑集 29・6・375 ………439
広島地判昭 50・6・24 刑月 7・6・692…212
東京高判昭 50・7・1 刑月 7・7=8・765
　………………………………………………91
東京高判昭 50・9・10 東時 26・9・148…482
東京高判昭 50・9・25 東時 26・9・163…457
東京高判昭 51・1・23 判時 818・107 ……409
最判昭 51・3・4 刑集 30・2・79 ……141,143
最決昭 51・3・23 刑集 30・2・229…180,184
最決昭 51・4・1 刑集 30・3・425
　………………………………267,268,281
最判昭 51・4・30 刑集 30・3・453…453,461
最判昭 51・5・6 刑集 30・4・591
　………………………………456,465,469
東京高判昭 51・6・29 判時 831・121 ……407
東京高判昭 51・8・16 東時 27・8・108
　……………………………………………127
広島高判昭 51・9・21 刑月 8・9=10・380
　………………………………………86,89
最大判昭 51・9・22 刑集 30・8・1640 ……54
福岡高判昭 51・9・22 判時 837・108 ……622
大阪地判昭 51・10・25 刑月 8・9=10・435
　……………………………………………107
広島地判昭 51・12・1 刑月 8・11=12・517
　……………………………………………143
広島高松江支判昭 51・12・6 高刑集 29・
　4・651 ……………………………………289
東京高判昭 51・12・13 東時 27・12・165…127
東京高判昭 52・2・28 高刑集 30・1・108
　……………………………………………463
最決昭 52・4・25 刑集 31・3・169 ………460
最判昭 52・5・6 刑集 31・3・544…………44
名古屋高判昭 52・5・10 判時 852・124 …218
最判昭 52・7・14 刑集 31・4・713 ………365
東京地判昭 52・7・18 判時 880・110 ……613
松江地判昭 52・9・20 刑月 9・9=10・744
　……………………………………………404
最判昭 52・12・22 刑集 31・7・1176 ……537
東京高判昭 53・2・8 高刑集 31・1・1

………………………………………………463
大阪高判昭 53・3・14 判タ 396・150 ………77
東京高判昭 53・3・22 刑月 10・3・217…440
福岡高判昭 53・4・24 判時 905・123 ……312
最判昭 53・6・29 刑集 32・4・816…576,577
東京高判昭 53・7・19 高刑集 11・6・347
　……………………………………………605
最決昭 53・9・4 刑集 32・6・1077 ………382
東京高判昭 53・9・13 判時 916・104 ……243
最決昭 54・1・10 刑集 33・1・1 …………153
熊本地判昭 54・3・22 刑月 11・3・168……27
東京高判昭 54・3・29 東時 30・3・55 ……197
秋田地判昭 54・3・29 刑月 2・3・264……29
東京高判昭 54・4・12 刑月 11・4・277…216
最決昭 54・4・13 刑集 33・3・179………544
東京高判昭 54・5・21 高刑集 32・2・134
　……………………………………………141
最決昭 54・5・30 刑集 33・4・324………454
東京高判昭 54・6・13 東時 30・6・81…284
大阪地堺支判昭 54・6・22 刑月 11・6・584
　……………………………………………536
最決昭 54・6・26 刑集 33・4・364………117
東京地判昭 54・8・10 判時 943・122 ………26
最決昭 54・10・26 刑集 33・6・665………543
大阪高判昭 54・10・30 刑月 11・10・1146…43
最決昭 54・11・19 刑集 33・7・710…264,265
最決昭 54・11・19 刑集 33・7・728………406
最決昭 54・11・19 刑集 33・7・754………534
最判昭 54・12・25 刑集 33・7・1105 ……606
東京地判昭 55・2・14 刑刊 12・1=2・47
　……………………………………………210
最決昭 55・2・29 刑集 34・2・56 ………371
東京高判昭 55・3・3 刑月 12・3・67…228
東京高判昭 55・3・3 判時 975・132
　………………………………………270,271
最決昭 55・7・15 判時 972・129 …………314
東京地判昭 55・7・24 判時 982・3 ………454
名古屋地判昭 55・7・28 判時 1007・140
　………………………………………127,128
名古屋地判昭 55・7・28 刑月 12・7・709
　……………………………………………129
最決昭 55・10・30 刑集 34・5・357………210
最判昭 55・11・28 刑集 34・6・433………530
最決昭 55・12・9 刑集 34・7・513………421
最決昭 55・12・22 刑集 34・7・747…498,661

判例索引　*689*

最決昭 56・2・20 刑集 35・1・15 ⋯⋯ 217, 335
神戸地判昭 56・3・27 判時 1012・35 ⋯⋯⋯ 342
最決昭 56・4・8 刑集 35・3・57 ⋯⋯⋯ 482
最判昭 56・4・16 刑集 35・3・84 ⋯⋯ 176, 177
京都地判昭 56・5・22 判タ 447・1 ⋯⋯⋯ 516
最判昭 56・7・17 刑集 35・5・563 ⋯⋯⋯ 533
東京高判昭 56・8・25 判時 1032・139 ⋯⋯ 195
福井地判昭 56・8・31 刑月 13・8＝9・547
　　　　　　　　　　　　　　　⋯⋯⋯⋯⋯ 291, 292
最決昭 56・12・22 刑集 35・9・953 ⋯⋯⋯ 484
最決昭 57・1・28 刑集 36・1・1
　　　　　　　　　　　　　⋯⋯⋯⋯ 638, 639, 641
最判昭 57・3・16 刑集 36・3・260 ⋯⋯⋯ 148
東京高判昭 57・5・26 東時 33・5・30 ⋯⋯ 146
最判昭 57・6・24 刑集 36・5・686 ⋯⋯⋯ 364
最決昭 57・6・28 刑集 36・5・680 ⋯⋯⋯ 105
東京高判昭 57・6・28 刑月 14・5＝6・324
　　　　　　　　　　　　　　　　　　⋯⋯⋯ 307
大阪地判昭 57・7・9 判時 1083・158
　　　　　　　　　　　　　　　　⋯⋯⋯ 246, 250
東京高判昭 57・8・6 判時 1083・150 ⋯⋯ 243
福岡高判昭 57・9・6 高刑集 35・2・85 ⋯27
旭川地判昭 57・9・29 刑月 14・9・713
　　　　　　　　　　　　　　　　⋯⋯⋯ 616, 617
最決昭 57・11・29 刑集 36・11・988 ⋯⋯⋯ 109
東京高判昭 58・1・20 判時 1088・147 ⋯⋯ 142
最決昭 58・2・25 刑集 37・1・1 ⋯⋯⋯ 454
福岡高判昭 58・2・28 判時 1083・156
　　　　　　　　　　　　　　　　⋯⋯⋯ 216, 218
東京地判昭 58・3・1 刑月 15・3・255 ⋯ 129
東京地判昭 58・3・1 判時 1006・145 ⋯⋯ 128
最決昭 58・3・25 刑集 37・2・170 ⋯⋯⋯ 650
仙台地判昭 58・3・28 刑月 15・3・247
　　　　　　　　　　　　　　　　⋯⋯⋯ 394, 395
最判昭 58・4・8 刑集 37・3・215
　　　　　　　　　　　　⋯⋯ 140, 142, 144, 145
東京高判昭 58・4・27 高刑集 36・1・27
　　　　　　　　　　　　　　　　　　⋯⋯⋯ 172
最決昭 58・5・9 刑集 37・4・401
　　　　　　　　　　　　　⋯⋯⋯ 600, 601, 603
最決昭 58・5・24 刑集 37・4・437 ⋯ 344, 345
東京地判昭 58・6・10 判時 1084・37 ⋯⋯ 177
東京高判昭 58・6・20 刑月 15・4＝6・299
　　　　　　　　　　　　　　　　⋯⋯⋯ 394, 395
最判昭 58・6・23 刑集 37・5・555 ⋯⋯ 42, 45

最決昭 58・9・21 刑集 37・7・1070 ⋯⋯⋯ 222
最決昭 58・9・27 刑集 37・7・1078
　　　　　　　　　　　　　　　　⋯⋯⋯ 109, 110
東京地判昭 58・10・6 判時 1096・151 ⋯⋯ 349
最決昭 58・11・1 刑集 37・9・1341
　　　　　　　　　　　　　　⋯⋯ 91, 169, 186
千葉地判昭 58・11・11 判時 1128・160 ⋯⋯ 313
最決昭 59・2・17 刑集 38・3・336 ⋯ 456, 484
最決昭 59・3・23 刑集 38・5・2030 ⋯⋯⋯ 155
最決昭 59・4・12 刑集 38・6・2107
　　　　　　　　　　　　　　　　⋯⋯⋯ 402, 416
最決昭 59・4・27 刑集 38・6・2584 ⋯⋯⋯ 154
最判昭 59・5・8 刑集 38・7・2621 ⋯⋯⋯ 576
新潟地判昭 59・5・17 判時 1123・3 ⋯⋯⋯ 343
大阪高判昭 59・5・23 高刑集 37・2・328
　　　　　　　　　　　　　　　　　　⋯⋯⋯ 282
最決昭 59・5・30 刑集 38・7・2682 ⋯⋯⋯ 651
鹿児島地判昭 59・5・31 判タ 531・251 ⋯⋯ 27
東京地判昭 59・6・15 判時 1126・3 ⋯⋯⋯ 196
福岡高判昭 59・6・19 刑月 16・5＝6・420
　　　　　　　　　　　　　　　　　　⋯⋯⋯ 550
東京地判昭 59・6・22 刑月 16・5＝6・467
　　　　　　　　　　　　　　⋯⋯ 391, 392, 394
東京地判昭 59・6・28 刑月 16・5＝6・476
　　　　　　　　　　　　　　　　　　⋯⋯⋯ 195
名古屋高判昭 59・7・3 判時 1129・155 ⋯ 276
東京地判昭 59・10・30 刑月 16・9＝10・679
　　　　　　　　　　　　　　　　　　⋯⋯⋯ 222
東京高判昭 59・11・19 判タ 544・215
　　　　　　　　　　　　　　　　⋯⋯⋯ 276, 277
大阪高判昭 59・11・28 高刑集 37・3・438
　　　　　　　　　　　　　　　　⋯⋯⋯ 247, 249
最判昭 59・12・18 刑集 38・12・3026 ⋯⋯ 142
最決昭 59・12・21 刑集 38・12・3071 ⋯⋯ 380
大阪高判昭 60・2・6 高刑集 38・1・50
　　　　　　　　　　　　　　　　　　⋯⋯⋯ 259
横浜地判昭 60・2・8 刑月 17・1＝2・11
　　　　　　　　　　　　　　　　　　⋯⋯⋯ 255
東京地判昭 60・2・13 刑月 17・1＝2・22
　　　　　　　　　　　　　　　　　　⋯⋯⋯ 325
東京地判昭 60・3・6 判時 1147・162
　　　　　　　　　　　⋯⋯ 196, 338, 341, 342
東京地判昭 60・3・19 判時 1172・155
　　　　　　　　　　　　　　　　⋯⋯⋯ 252, 254
最判昭 60・3・28 刑集 39・2・75

················· 399, 400, 402
最決昭 60・4・3 刑集 39・3・131········· 341
東京地判昭 60・4・8 判時 1171・16······ 651
最決昭 60・6・11 刑集 39・5・219········· 651
最決昭 60・7・3 判時 1173・151··········· 613
最決昭 60・7・16 刑集 39・5・245···639, 642
東京高判昭 60・8・29 高刑集 38・2・125
··········· 543
東京高判昭 60・9・30 判例体系 (第 2 期版)
　刑法(3)7461················· 233
最決昭 60・10・21 刑集 39・6・362·····52, 406
東京高判昭 60・12・10 判時 1201・148···77, 78
横浜地判昭 61・2・18 判時 1200・161······ 151
福岡地判昭 61・3・3 判タ 595・95········· 154
福岡高判昭 61・3・13 判タ 601・76········· 548
東京地判昭 61・3・19 刑月 18・3・180···268
札幌高判昭 61・3・24 高刑集 39・1・8
··········· 551
東京高判昭 61・3・31 高刑集 39・1・24
··········· 372
東京高判昭 61・4・17 高刑集 39・1・30
··········· 252
最決昭 61・6・27 刑集 40・4・340···454, 459
最決昭 61・6・27 刑集 40・4・369···648, 654
最決昭 61・7・18 刑集 40・5・438········· 367
福岡地小倉支判昭 61・8・5 判時 1253・143
··········· 613
最決昭 61・11・18 刑集 40・7・523
··········· 239, 241, 244, 246, 250, 261, 278
大阪高判昭 61・12・16 高刑集 39・4・592
··········· 91
最決昭 62・3・12 刑集 41・2・140········· 153
最決昭 62・3・24 刑集 41・2・173···107, 108
最決昭 62・4・10 刑集 41・3・221
··········· 198, 215, 217
大阪高判昭 62・4・15 判時 1254・140········· 24
東京地判昭 62・4・16 判時 1304・147
··········· 128, 129
広島高松江支判昭 62・6・18 高刑集 40・1・
　71··········· 124, 133
福岡高宮崎支判昭 62・6・23 判時 1255・38
··········· 25
大阪高判昭 62・7・10 判時 1261・132·······37
大阪高判昭 62・7・17 判時 1253・141
··········· 251, 254

福岡地小倉支判昭 62・8・26 判時 1251・143
··········· 211, 212
東京地判昭 62・9・8 判時 1269・3······· 273
最決昭 62・9・30 刑集 4・6・297········· 588
東京高判昭 62・10・6 判時 1258・136········54
東京地判昭 62・10・6 判時 1259・137
··········· 211, 212
最決昭 63・1・19 刑集 42・1・1
··········· 68, 80, 81, 83
最決昭 63・2・29 刑集 42・2・314······27, 29
東京地決昭 63・3・7 判時 1266・13······ 640
東京地判昭 63・3・17 判時 1284・149······48
最決昭 63・4・11 刑集 42・4・419········· 649
最決昭 63・7・18 刑集 42・6・861········· 652
新潟地判昭 63・8・判時 1299・152········· 121
東京高決昭 63・8・3 高刑集 41・2・327
··········· 639, 640
東京高判昭 63・10・5 判時 1305・148······ 148
大阪地判昭 63・10・7 判時 1295・151······ 298
最決昭 63・11・21 刑集 42・9・1251······ 344
広島高判昭 63・12・15 判タ 709・269······ 143
　　　　＊　　　＊　　　＊
最決平元・2・17 刑集 43・2・81········· 474
東京地判平元・2・17 判タ 700・279······ 491
東京地判平元・2・22 判時 1308・161······· 222
東京高判平元・2・27 高刑集 42・1・87
··········· 248
大阪高判平元・3・3 判タ 712・248
··········· 242, 243
最判平元・3・9 刑集 43・3・95········· 583
最決平元・3・10 刑集 43・3・188·········· 577
最決平元・3・14 刑集 43・3・283
··········· 639, 640, 641
福岡高宮崎支判平元・3・24 高刑集 42・
　2・103··········· 18, 19
大阪地判平元・3・29 判時 1321・3········ 273
甲府地判平元・3・31 判時 1311・160···490
最決平元・5・1 刑集 43・5・405
··········· 610, 612, 613
最決平元・7・7 刑集 43・7・607····201, 205
最決平元・7・7 判時 1326・157······ 392, 395
最決平元・7・14 刑集 43・7・641······ 394, 395
東京地判平元・10・31 判時 1363・158······ 126
最決平元・12・15 刑集 43・13・879···80, 81, 82
東京高判平 2・2・20 高刑集 43・1・11

………479
京都地峰山支判平 2・3・26 刑事裁判資料
273・218………158
大阪高判平 2・4・19 判タ 739・241……289
東京地八王子支判平 2・4・23 判時 1351・
158………298,299
岡山地判平 2・4・25 判時 1399・146……597
仙台地判平 2・9・11 刑事裁判資料 273…491
東京地判平 2・11・15 判時 1373・145……224
最決平 3・2・28 刑集 45・2・77………474
大阪地判平 3・3・7 判タ 771・278……580
東京高判平 3・4・1 判時 1400・128……216
最決平 3・4・5 刑集 45・4・171
………499,501,508
名古屋高金沢支判平 3・7・18 判時 140・
125………259
東京地八王子支判平 3・8・28 判タ 768・
249………279
大阪地判平 3・12・2 判時 1411・128……534
東京高判平 3・12・26 判タ 787・272……277
最決平 4・2・18 刑集 46・2・1………273
大阪地判平 4・3・25 判タ 829・260……176
浦和地判平 4・4・24 判時 1437・151……304
東京地判平 4・5・12 判タ 800・272……537
東京地判平 4・6・19 判タ 806・227
………107,108
東京高判平 4・10・28 東時 1・12・59……224
東京高判平 4・10・28 判タ 823・252……225
札幌地判平 4・10・30 判タ 817・215……241
東京地判平 4・10・30 判時 1440・158……297
最判平 4・11・27 刑集 46・8・623………155
津地判平 4・12・14 判タ 822・281………129
仙台高判平 5・3・15 高刑集 46・1・13
………661
東京高判平 5・4・5 判タ 828・275……483
名古屋地判平 5・4・22 判タ 840・234……499
札幌地判平 5・6・28 判タ 838・268
………196,210
東京高判平 5・6・29 高刑集 46・2・189
………296,297,350
大阪高判平 5・7・7 高刑集 46・2・220
………368
東京高判平 5・7・7 判時 1484・140……143
最決平 5・10・5 刑集 47・8・7………481
最決平 5・10・12 刑集 47・8・48………63

最判平 6・2・8 刑集 48・2・149………178
最決平 6・3・29 刑集 48・3・1………644
仙台高判平 6・3・31 判時 1513・175
………140,145
東京高判平 6・5・16 東時 45・1＝12・32
………305
福岡高判平 6・6・21 判タ 874・286……226
福岡高判平 6・6・29 高検速報…………267
最決平 6・7・19 刑集 48・5・190………234
東京高判平 6・8・4 判時 1524・151……499
東京高判平 6・9・12 判時 1545・113……312
最決平 6・11・29 刑集 48・7・453…450,478
東京地判平 7・2・13 判時 1529・158……297
最大判平 7・2・22 刑集 49・2・1
………646,649
横浜地判平 7・3・28 判時 1530・28……23
千葉地判平 7・6・2 判時 1535・144……618
大阪地判平 7・6・6 判時 1554・160……252
札幌高判平 7・6・29 判時 1551・142……242
神奈川地川崎支判平 7・7・14………536
東京地判平 7・9・21 判時 1561・138……301
那覇地沖縄支判平 7・10・31 判時 1571・153
………54
名古屋地判平 7・10・31 判時 1552・153…141
東京高判平 7・11・27 東時 46・1＝12・90
………304
高松高判平 8・1・25 判時 1571・48……91
千葉地判平 8・1・29 判時 1583・156……618
最決平 8・2・6 刑集 50・2・129……345
東京高判平 8・2・26 判時 1575・131……323
東京高判平 8・4・22 判時 1597・151……534
広島高岡山支判平 8・5・22 高刑集 49・
2・246………453,454
大阪地判平 8・7・8 判タ 960・293……457
福岡高判平 8・11・21 判時 1594・153……282
名古屋地判平 9・1・10 判時 1627・158…298
大阪地判平 9・2・25 判時 1625・133……301
京都地判平 9・5・9 判時 1613・157……491
大阪地判平 9・8・20 判タ 995・286……37
大阪地判平 9・10・3 判タ 980・285……158
最決平 9・10・21 刑集 31・9・755………393
東京地判平 9・12・5 判時 1634・155……196
東京高判平 10・6・4 判時 1650・155……15
富山地判平 10・6・19 判タ 980・278……273
最決平 10・7・14 刑集 52・5・343

··597,600,601
東京地判平 10・8・19 判時 1653・154······484
最決平 10・11・25 刑集 52・8・570···343,344
東京高判平 10・12・10 東時 49・1＝512・93
···228
神戸地判平 11・2・1 判時 1671・161········54
最決平 11・2・17 刑集 53・2・64··········645
東京高判平 11・6・9 判時 1700・168······347
大阪高判平 11・8・25 高刑集 52・1・42
···534
最決平 11・10・20 刑集 53・7・641········649
最決平 11・12・9 刑集 53・9・1117········230
最決平 11・12・20 刑集 53・9・1495········484
最決平 12・2・17 刑集 54・2・38··········153
東京高判平 12・2・21 判時 1740・107
···134,135
最決平 12・3・2 刑集 54・3・402········282
最決平 12・3・22 刑集 54・3・119········649
最決平 12・3・27 刑集 54・3・402
···267,268,269
福岡高判平 12・5・9 判時 1728・159········25
東京高判平 12・5・15 判時 1741・157······208
東京高判平 12・6・13 東時 51・1＝12・76
··54
東京高判平 12・8・29 判タ 1057・263······279
福岡高判平 12・9・21 判時 173・131······158
最決平 12・12・15 刑集 54・9・923········230
最決平 12・12・15 刑集 54・9・1049
···229,230
最決平 12・12・20 刑集 54・9・1095······406
大阪高判平 13・3・14 判タ 1076・297······208
富山地判平 13・4・19 判タ 1081・261······25
最決平 13・7・16 刑集 55・5・317
···534,535,536
最判平 13・7・19 刑集 55・5・371········283
札幌高判平 13・9・25 高刑集 54・2・128
···600
最決平 13・11・5 刑集 55・6・546
···322,325,349
福岡地判平 14・1・17 判タ 1097・305
···394,395
最決平 14・2・8 刑集 56・2・71····228,285
最決平 14・2・14 刑集 56・2・66········253
東京地判平 14・4・17 判時 1800・157······117
最決平 14・7・1 刑集 56・6・265···357,359

名古屋高判平 14・8・29 判時 1831・158·····37
函館地判平 14・9・17 判時 1818・176········58
最決平 14・9・30 刑集 56・7・395···151,153
函館地判平 14・10・3 LEX/DB 28085002
··45
最決平 14・10・21 刑集 56・8・670···269,282
最決平 14・10・22 刑集 56・8・690···649
東京高八王子支判平 14・10・29 判タ 1118・299
··57
福岡高宮崎支判平 14・12・19 判タ 1185・338
···552
大津地判平 15・1・31 判タ 1134・311······249
最判平 15・3・11 刑集 57・3・293········189
最決平 15・3・12 刑集 57・3・322········312
最決平 15・3・18 刑集 57・3・356···341,347
最決平 15・3・18 刑集 57・3・371········111
大阪地判平 15・4・11 判タ 1126・284······133
最決平 15・4・14 刑集 57・4・445···399,401
最大判平 15・4・23 刑集 57・4・467
···333,334
最決平 15・6・2 刑集 57・6・749···418,419
最判平 15・7・10 刑集 57・7・903·········90
最決平 15・8・18 刑集 57・3・371········104
大阪高判平 15・8・21 判タ 1143・300········59
名古屋高判平 15・10・5 裁判所 HP ·········13
最決平 15・10・6 刑集 57・7・987········481
最決平 15・12・18 刑集 57・11・1167······462
最決平 16・1・20 刑集 58・1・1·········13
最決平 16・2・9 刑集 58・2・89········277
大阪高判平 16・4・22 判タ 1169・316······174
最決平 16・7・7 刑集 58・5・309········281
最決平 16・7・13 刑集 58・5・476········473
最決平 16・8・25 刑集 58・6・515········217
最決平 16・11・8 刑集 58・8・905········661
最決平 16・11・30 刑集 58・8・1005······208
最判平 16・12・10 刑集 58・9・1047······253
最決平 17・3・11 刑集 59・2・1········648
最決平 17・3・29 刑集 59・2・54·······26,40
最決平 17・4・14 刑集 59・3・283········304
神戸地判平 17・4・26 判時 1904・152
···248,249
札幌高判平 17・8・18 高刑集 58・3・40
···613
最決平 17・10・7 刑集 59・8・779········344
最決平 17・11・15 刑集 59・9・147·········474

最決平 17・12・6 刑集 59・10・1901 …… 102
東京高判平 17・12・28 判タ 1227・132 ……592
最決平 18・1・17 刑集 60・1・29 ………370
最決平 18・2・14 刑集 60・2・165 ………297
京都地判平 18・2・21 判タ 1229・344 ……128
最決平 18・3・14 刑集 60・3・363 ………59
最決平 18・5・16 刑集 60・5・413 ………537
静岡地判平 18・6・8（朝日新聞 2005・11・
28 朝刊）……………………………………29
最決平 18・8・20 刑集 60・6・479 ………233
最決平 18・8・21 判タ 1227・184 …………282
広島高判平 18・10・31 高刑速報（平 18）279
…………………………………………………511
最決平 18・12・13 刑集 60・10・857 ………598
最決平 19・3・20 刑集 61・2・66 ………368
最決平 19・4・13 刑集 61・3・340 ………223
最決平 19・7・2 刑集 61・5・379 …144,145
最決平 19・7・10 刑集 61・5・405 …268,271
最決平 19・7・17 刑集 61・5・521
…………………………………………269,270,282
東京高判平 19・9・26 判タ 1268・345
……………………………………………124,133
最決平 19・11・13 刑集 61・8・743 ………623
最決平 20・1・22 刑集 62・1・1 …………135
東京高判平 20・2・4 東時 59・1=12・40
…………………………………………………103
最決平 20・2・18 刑集 62・2・37 …234,309
最決平 20・2・18 判時 1998・161 ………233
東京地判平 20・2・20 判時 2009・151 ……174
最決平 20・3・27 判時 2012・148 ………654
東京高判平 20・3・29 高刑集 61・1・1
…………………………………………………242
最判平 20・4・11 刑集 62・5・1217 ……143
最決平 20・10・16 刑集 62・9・2797 ………60

東京高判平 21・1・30 判タ 1309・91 ……175
最決平 21・6・29 刑集 63・5・21 ………223
最決平 21・7・13 刑集 63・6・590 ………143
最決平 21・10・8 判タ 1336・58 …………251
東京高判平 21・11・16 判時 2103・158 ……249
最決平 21・12・7 刑集 63・11・1899 ………23
東京高判平 21・12・22 判タ 1333・282 ……225
最決平 22・3・1 刑集 64・2・1 ………175
最決平 22・7・29 刑集 64・5・829 ………271
東京高判平 23・1・25 高刑集 64・1・1
…………………………………………………258
東京高判平 23・4・18 LEX/DB 25472521 …80
大阪地判平 23・4・28 裁判所 HP …………95
最決平 23・7・7 刑集 65・5・619 ………155
千葉地判平 23・7・21 裁判所 HP …………135
大阪地判平 23・11・28 判タ 1373・250 ………53
最決平 24・2・3 刑集 66・4・405 ………165
最決平 24・7・9 判時 2166・140 ……535,536
最決平 24・7・24 裁時 1560・1 ……………25
最決平 24・10・9 刑集 65・2・88 ………309
最決平 24・10・15 裁時 1566・21 ………653
東京高判平 25・2・22 高刑集 66・1・6
…………………………………………………535
東京高判平 25・6・11 判時 2214・1279 ……63
札幌高判平 25・7・11 LEX/DB 25503243
…………………………………………………22
最判平 26・3・28 刑集 68・3・582 …270,272
最判平 26・4・7 刑集 68・4・715 ………272
東京高判平 27・3・231 LEX/DB25506206 …58
最決平 28・3・24 刑集 70・3・1 …………36
最決平 29・3・27 刑集 71・3・4183 ……615
最大判平 29・11・29 刑集 71・9・467 ……123
最決平 31・1・29 判例集未登載 ……………595

著者略歴

大谷　實（おおや　みのる）

　1934年　茨城県に生まれる
　1957年　同志社大学法学部法律学科卒業
　現　在　同志社大学名誉教授、法学博士
　　　　　司法試験考査委員（1982〜1995）
　　　　　日本学術会議会員（1991〜2000）
　　　　　法制審議会委員（2001〜2005）
　　　　　学校法人同志社総長（2001〜2017）
　　　　　世界人権問題研究センター理事長（2015〜）

主要著書

刑事責任の基礎（1968　成文堂）
人格責任論の研究（1972　慶応通信）
刑法改正とイギリス刑法（1975　成文堂）
犯罪被害者と補償（1975　日経新書）
被害者の補償（1977　学陽書房）
刑事規制の限界（1978　有斐閣）
刑法総論の重要問題（1986　新版・1990　立花書房）
刑法各論の重要問題（1987　新版・1990　立花書房）
刑法講義総論（1986　新版・2000　新版第5版・2019　成文堂）
刑事責任論の展望（1983　成文堂）
刑法解釈論集Ⅰ（1984　成文堂）
刑事政策講義（1987　新版・2009　弘文堂）
刑法解釈論集Ⅱ（1990　成文堂）
刑事法入門（1994　第8版・2017　有斐閣）
刑法総論（1996　第5版・2018　成文堂）
刑事司法の展望（1998　成文堂）
刑法各論（2001　第5版・2018　成文堂）
精神保健福祉法講義（2010　第3版・2017　成文堂）

刑法講義各論［新版第5版］

1983年 4 月 1 日　初　　版第1刷発行
2000年 5 月 1 日　新　　版第1刷発行
2007年 4 月 1 日　新版第2版第1刷発行
2009年 4 月20日　新版第3版第1刷発行
2013年 4 月20日　新版第4版第1刷発行
2015年 9 月 1 日　新版第4版補訂版第1刷発行
2019年12月20日　新版第5版第1刷発行
2021年 7 月 1 日　新版第5版第2刷発行

著　者　大　谷　　實

発行者　阿　部　成　一

〒162−0041　東京都新宿区早稲田鶴巻町514

発行所　株式会社　成　文　堂

電話 03（3203）9201（代）　Fax 03（3203）9206
http://www.seibundoh.co.jp

製版・印刷　三報社印刷　製本　弘伸製本　　　　検印省略

©2019 大谷　實　ISBN 978-4-7923-5290-5 C3032

定価（本体4000円＋税）